国家哲学社会科学成果文库

NATIONAL ACHIEVEMENTS LIBRARY
OF PHILOSOPHY AND SOCIAL SCIENCES

天山廊道军镇遗存
与唐代西域边防

张安福 著

社会科学文献出版社
SOCIAL SCIENCES ACADEMIC PRESS (CHINA)

张安福 山东临沂人，历史学博士，上海大学历史系教授，博士生导师，教育部新世纪优秀人才，多年在塔里木盆地、天山廊道进行汉唐西域史、丝绸之路文化研究的田野调查与历史遗存整理工作。出版《环塔里木历史文化资源调查与研究》（上海人民出版社，2018）《西域屯垦经济与新疆发展研究》（广东人民出版社，2017）、《环塔里木历史文化资源调研行纪》（中国社会科学出版社，2016）、《唐蕃古道》（广东人民出版社，2020）、《玄奘之路》（广东人民出版社，2020）、《环塔里木汉唐遗址》（广东人民出版社，2021）等著述 12 部；先后主持完成国家社科基金重大项目 1 项（2011）、国家社科基金重点项目 1 项（2017）、国家社科基金一般项目 1 项（2008）、教育部后期资助项目 1 项（2012）。著述的《环塔里木历史文化资源调查与研究》《天山廊道军镇遗存与唐代西域边防》先后入选"国家哲学社会科学成果文库"。

《国家哲学社会科学成果文库》
出版说明

为充分发挥哲学社会科学研究优秀成果和优秀人才的示范带动作用，促进我国哲学社会科学繁荣发展，全国哲学社会科学工作领导小组决定自2010年始，设立《国家哲学社会科学成果文库》，每年评审一次。入选成果经过了同行专家严格评审，代表当前相关领域学术研究的前沿水平，体现我国哲学社会科学界的学术创造力，按照"统一标识、统一封面、统一版式、统一标准"的总体要求组织出版。

全国哲学社会科学工作办公室

2021 年 3 月

内容摘要

天山位于亚洲大陆腹地，是亚洲中部最大的山体。沿山麓东西交通、穿越山体的南北交通及其内部交通线路，与天山内部盆地、绿洲、山麓南北盆地等共同组成了天山廊道。天山廊道是人类族群的迁徙之地、文化融合互动之地，是中原王朝对外交往之地，也是中原王朝维护西北边疆安全的军镇布防之地。

通过梳理历史发展脉络可以发现，古代活跃在亚洲大陆的群体，只要控制了天山廊道就意味着掌控了欧亚大陆的交通命脉和战略要地。在唐朝有效经营西域的百余年间，其战略推进以及军防布局正是以天山廊道为核心展开的。7世纪前叶，唐朝先后设置了伊、西、庭三州进行直接的州县管理，使得东天山成为经营西域的后勤基地和治理西域的人才摇篮。平定阿史那贺鲁叛乱之后，唐朝将安西都护府迁往龟兹，在中天山南麓以"安西四镇"为依托治理塔里木盆地，在北麓轮台、弓月城等地部署力量，控扼"碎叶道"，防御游牧势力的入侵。唐朝在"热海道"以西的西天山设碎叶军镇，并在楚河流域、河中地区的昭武九姓之地、吐火罗之地等设置了大量羁縻州府，建立起以碎叶为中心的西天山廊道的军事防御体系、信息情报搜集渠道，至开天年间唐朝跻身中亚博弈大局，与突骑施、大食、吐蕃等势力逐鹿中亚。

结合唐代西域军镇、烽戍遗存的空间分布格局，可进一步探寻天山廊道的军防体系在唐朝治理西域时发挥的重要作用。伊州为唐朝在东天山最早设置的正州，是从河西走廊进入西域的桥头堡；西州成为唐朝经营西域的经济、战略大后方；庭州则是唐朝深入天山北麓的北向凸防之地，有效遏制了游牧势力东连西接的侵夺，唐朝多次稳定天山廊道的行军皆是从西州、庭州南北两道发出，三州联防屯戍，使得中原王朝第一次稳定控制天山北麓和东天山。

中天山东部的焉耆军镇为西域交通的"十字路口",也是天山廊道的联防轴心;地处"西域之中"的龟兹是唐朝治理西域的战略中枢,是中天山乃至整个天山廊道的核心枢纽;天山北麓的轮台扼守天山内部廊道、"碎叶道",与地处伊犁河流域的弓月城相呼应,成为天山北麓的重要交通节点。

西天山的碎叶镇守军处于楚河流域,地近昭武九姓之地,不仅发挥着"碎叶镇压十姓使"的作用,而且因处于"逐鹿中亚"的核心地区,便于及时搜集信息情报,为保障丝绸之路畅通、及时制定相应对策应对西天山形势奠定基础。

由此可见,唐朝在经营天山廊道的过程中,以东天山为基础、中天山为指挥中心、西天山为信息前沿的战略布局,使得天山廊道成为经济屯戍廊道、商贸交通廊道、军防布局廊道和文化融合廊道。直至安史之乱后,天山廊道的体系惯性仍然发挥着作用,稳定着天山地区的局势。

凡　例

1. 正文中某一年号首次出现时，其后跟"（）"注明相应公元纪年，复次出现从略。

2. 正文中所引材料，若为古代史籍，相应著者等信息参见文末参考文献，脚注仅列示书名、校注者或整理者、版本及页码；若为近代以来学术研究著述，首次引用时，著者、书名、版本、页码等信息在脚注中全部列示，复次出现版本信息从略。

3. 正文中插入的各类图片，若为他人拍摄均在题注后的"（）"中注明拍摄者，若无标示的均为作者拍摄；文中的交通路线图绘制，由山东正元航空遥感技术有限公司提供技术支持。

4. 正文表格中所列示的新疆维吾尔自治区现存遗址概况，相应资料数据主要取自2011年出版的《新疆维吾尔自治区第三次全国文物普查成果集成》（科学出版社2011年版）、2011年新疆文物局编辑出版的《新疆维吾尔自治区第三次全国文物普查资料汇编》（内部资料），各地州、兵团分卷相关内容，详细出处在正文中不再另行标注。

目　录

Contents

图表目录

绪　论

天山，世界七大山系之一，位于欧亚大陆腹地，东西横跨中国、哈萨克斯坦、吉尔吉斯斯坦和乌兹别克斯坦四国，全长约 2500 公里，南北平均宽 300 公里，最宽处达 800 公里以上，是世界上最大的独立纬向山系。天山廊道是以天山为导向的交通道路。这些廊道既有东西向连接东方和西方的道路，也有交通天山南北不同区域的南北向道路，还有最初由游牧族群在宽阔的天山内部河谷中开拓的内部交通走廊。这些天山廊道，不仅没有被天山山体阻隔，反而充分利用了天山的自然优势和地理优势，沟通了西方和东方，连接了南方和北方。军镇遗址是研究唐代西域军防和交通的重要线索，体现了唐朝经营西域是以天山廊道为基础进行战略布局的。

一　唐代天山廊道战略地位的底定

天山是连接亚洲东西的重要山脉，唐代在经营西域的过程中充分利用了天山廊道，对吐鲁番盆地、准噶尔盆地、塔里木盆地、楚河盆地等进行经营，加强了东西方的联系，繁荣发展了对外交往的道路，提升了自身在欧亚历史上的地位。

（一）唐代天山廊道交通

唐朝是当时亚洲大陆最大的国家，《新唐书·地理志》载："唐之盛时，开元、天宝之际，东至安东，西至安西，南至日南，北至单于府，盖南北如汉之盛，东不及而西过之。"[①] 唐高宗时期，唐朝在天山西部设置了碎叶军镇，并在原来波斯之地设羁縻波斯都督府，这样，整个天山成为唐朝的管辖范围。进出中亚的道路不仅有原来天山南麓的"塔里木北道"，还有从庭州

---

① 《新唐书》卷三七《地理一》，中华书局 1975 年版，第 960 页。

到碎叶的"碎叶道"。费尔南·布罗代尔认为，这种"结构性"因素往往"支配着长时段的种种问题"，"某些结构有很长的寿命，因而它们成为经历无数代人而稳定不变的因素"。① 天山廊道所处的地理环境及其在唐朝中的地理位置，就如同布罗代尔所言，是一种自然集合，其作为唐朝经略西域中的因素，就非常重要了。

天山山系是全球唯一由巨大沙漠夹峙的大型山系，深居内陆的地理区位、温带大陆性干旱气候的特征，尤其是山地、盆地相间的地貌格局和众多冰川河流汇集的优势，将天山和周围的绿洲连为一体。有学者将天山比作"东西交往以及南北交往两线相交的'十字点'"② 及"亚洲心脏"③，这体现了天山在人类文明交流中的媒介作用和对人类历史进程的支配作用。

根据天山地理与唐代交通情况，可以将天山分为"东天山"、"中天山"和"西天山"三大部分。天山山脉，东起中国哈密星星峡，西到乌兹别克斯坦克孜勒库姆沙漠，东西延展 2500 公里，南北跨越 300—800 公里。天山廊道即指依托于天山山麓的东西道路、跨越山体的南北道路以及经行在天山内部以山间盆地、河流为依托的交通道路。根据唐代天山廊道的地理军政形势，可以将天山廊道划分为东天山、中天山和西天山三个部分。东天山：从星星峡（东经 96°23′）到天山北麓的唐轮台城即今乌拉泊古城（乌鲁木齐，东经 87°35′）和南麓的焉耆一带。中天山：从乌拉泊古城、焉耆一带到大石城（新疆乌什县），沿唐代"热海道"到巴尔喀什湖一线（77°32′）。西天山：从唐代"热海道"以西到乌兹别克斯坦撒马尔罕西部克孜勒库姆沙漠的西天山余脉（东经 66°57′）。伊州、西州、庭州、轮台，主要分布在东天山，这里是唐代治理西域的后勤基地。焉耆、龟兹、疏勒、于阗、弓月城等，主要分布在中天山，这里是唐代治理西域的重心。碎叶、撒马尔罕、塔什干等地，是唐朝在西天山的重要军镇或者羁縻州府，是唐朝逐鹿中亚之地，唐朝在此与波斯、东罗马帝国、大食、吐蕃、西突厥、昭武九姓等势力保持接触。此处也是唐朝在天山廊道的信息情报获取之地。

---

① 〔法〕费尔南·布罗代尔：《论历史》，刘北成、周立红译，北京大学出版社 2008 年版，第 34 页。

② 〔日〕松田寿男：《古代天山历史地理学研究》，陈俊谋译，中央民族学院出版社 1987 年版，第 26 页。

③ Skrine, F. H. and Ross, E. D, *The Heart of Asia*, London, 1899.

图 0-1　东天山、中天山和西天山

（二）唐代天山廊道交通研究

天山廊道在亚洲东西方交通中发挥了至关重要的作用。天山北部为古尔班通古特沙漠，南部为塔克拉玛干沙漠，因此东西方普遍将其看作连接东西的道路，这在史籍记载中最为常见。对生活在天山南北的人们而言，沟通天山隘口的南北通道可能更为重要，它们在人们日常生活、生产发展中被使用的频率会更高，因此人们发现与开拓南北交通的动力也更强。对于生活在天山内部和北部的游牧民来说，马匹是其重要的出行工具，他们更喜欢在山涧、溪谷中活动，常常将天山作为游牧之处，天山内部廊道水草丰美便于行军，因此天山内部河流、盆地常常为这些逐水草而居的游牧民所重视。这样，在天山廊道中，就形成了外部廊道、穿越天山的南北廊道、穿行天山内部的廊道三条交通道路。

1. 以东西向为主的天山外部交通廊道

生活在亚洲东西部的人们，习惯上将天山廊道看作交通彼此的通道，因此史书中记载的该条道路基本以东西向呈现。《汉书·西域传》载："自玉门、阳关出西域有两道。从鄯善傍南山北，波河西行至莎车，为南道；南道西逾葱岭则出大月氏、安息。自车师前王廷随北山，波河西行至疏勒，为北道；北道西逾葱岭则出大宛、康居、奄蔡焉。"① 《三国志·魏书》引鱼豢《魏略·西戎传》："从敦煌玉门关入西域，前有二道，今有三道。从玉门关西出，经婼羌转西，越葱领，经县度，入大月氏，为南道。从玉门关西出，发都护井，回三陇沙北头，经居卢仓，从沙西井转西北，过龙堆，到故楼兰，转西诣龟兹，至葱领，为中道。从玉门关西北出，经横坑，辟三陇沙及龙堆，出五船北，到车师界戊己校尉所治高昌，转西与中道合龟兹，为新道。凡西域所出，有前史已具详，今故略说。南道西行，且志国、小宛国、精绝国、楼兰国皆并属鄯善也。戎卢国、扞弥国、渠勒国皆并属于阗。"② 《隋书·裴矩传》引裴矩所撰的《西域图记》，对丝绸之路的"三道"做了较为明晰的叙述："发自敦煌，至于西海，凡为三道，各有襟带。北道从伊吾，经蒲类海铁勒部、突厥可汗庭，度北流河水，至拂菻国，达于西海。其

---

① 《汉书》卷九六《西域传》，中华书局 1962 年版，第 3872 页。
② 《三国志》卷三〇《魏书·乌丸鲜卑东夷传》，中华书局 1959 年版，第 859 页。

中道从高昌、焉耆、龟兹、疏勒，度葱岭，又经铍汗、苏对沙那国、康国、曹国、何国、大小安国、穆国，至波斯，达于西海。其南道从鄯善、于阗、朱俱波、喝盘陀，度葱岭，又经护密、吐火罗、挹怛、帆延、漕国至北婆罗门，达于西海。其三道诸国，亦各自有路，南北交通。其东女国、南婆罗门国等，并随其所往，诸处得达。故知伊吾、高昌、鄯善，并西域之门户也。总凑敦煌，是其咽喉之地。"①

唐代天山外部廊道主要是从伊吾到碎叶和从焉耆、龟兹经热海到碎叶的道路。

（1）天山北麓外部廊道

该道主要指天山北麓从伊吾（即今巴里坤）经北庭至碎叶的东西交通路线。这条道路自魏晋南北朝至唐初，一直被频繁使用。唐贞观元年（627），玄奘西行求法时，正是从瓜州到达伊吾，并打算从伊吾北上进入草原道。

这条路线以北庭为中心，又可分为东段和西段。东段为伊吾通往北庭的道路。《新唐书·地理志》载，从伊州纳职县出发，"自县西经独泉、东华、西华驼泉，渡茨萁水，过神泉，三百九十里有罗护守捉；又西南经达匦草堆，百九十里至赤亭守捉，与伊西路合。别自罗护守捉西北上乏驴岭，百二十里至赤谷；又出谷口，经长泉、龙泉，百八十里有独山守捉；又经蒲类，百六十里至北庭都护府"。② 罗护守捉即哈密七角井，独山守捉即今木垒县城南半公里照壁山乡油库古城遗址，扼守着从伊州通往北庭的道路。按照实际道路走向来看，《新唐书·地理志》所记纳职到赤亭之间的北线，是今天东天山南麓的鸭子泉、梯子泉、一碗泉、车轱辘泉、七角井、西盐池之路；其南线为"伊西路"，即今天穿越哈顺戈壁的老了墩、三间房、十三间房之路。两线合于赤亭，至鄯善后，北线经火焰山北麓的今连木沁、胜金台到今吐鲁番，南线经今鲁克沁至高昌故城。

此外，又有"伊吾军道"，是唐代连通伊州和北庭驻军的道路。景龙

---

① 《隋书》卷六七《裴矩传》，点校本二十四史修订本，中华书局 2019 年版，第 1772 页。
② 《新唐书》卷四〇《地理四》，第 1046 页。

四年（710），唐在伊州西北 150 公里左右的折罗漫山北甘露川（即今哈密巴里坤东南一带）驻军。这里曾发现《任尚纪功碑》《裴岑纪功碑》以及反映唐贞观十四年平高昌事迹的《姜行本纪功碑》，其中有"以贞观十四年五月十日，师次伊吾折罗漫山，北登黑绀岭"①的记载。其时交河道行军副总管姜行本与大总管侯君集兵分两路，姜行本北上伊州巴里坤。在"折罗漫山"（哈密以北的天山）屯集粮草并阻断西突厥对高昌的救援。唐伊吾军驻地即今哈密大河古城，位于巴里坤湖之东。从伊州北上南山口，穿过与口门子之间长约 24 公里的古道，经奎苏便可至大河古城。这段道路较之清代从哈密至镇西厅（巴里坤城）的道路略远。从大河古城西南行，经巴里坤湖，过今石泉子至三个泉一带，与伊庭道相接，便可进入北庭。②

西段是从北庭西行进入碎叶的道路。《新唐书·地理志》记载："自庭州西延城西六十里有沙钵城守捉，又有冯洛守捉，又八十里有耶勒城守捉，又八十里有俱六城守捉，又百里至轮台县，又百五十里有张堡城守捉，又渡里移得建河，七十里有乌宰守捉。"③ 这条道路从今巴里坤过木垒县、奇台县至吉木萨尔县，又西行过呼图壁县、玛纳斯县经乌苏市到达精河县，或由乌苏市直接进入新源县。其中沙钵城守捉和冯洛守捉皆位于吉木萨尔县，耶勒城守捉位于今阜康市滋泥泉子镇北庄子古城，俱六城守捉为六运古城，是拱卫庭州的重要据点；轮台县是丝绸之路北道重要的纳税点。轮台为今乌鲁木齐乌拉泊古城，轮台之西为张堡城守捉，即今昌吉古城。古城出土陶片的器形、建筑形制等与北庭故城风格相似，里移得建河即呼图壁河，乌宰守捉即今玛纳斯古城（楼南古城）。

"又渡白杨河，七十里有清镇军城，又渡叶叶河，七十里有叶河守捉，又渡黑水，七十里有黑水守捉，又七十里有东林守捉，又七十里有西林守捉。又经黄草泊、大漠、小碛，渡石漆河，逾车岭，至弓月城。过思浑川、蛰失蜜城，渡伊丽河，一名帝帝河，至碎叶界。又西行千里至碎叶城，水皆

---

① 戴良佐：《西域碑铭录》，新疆人民出版社 2013 年版，第 40 页。
② 孟凡人：《丝绸之路史话》，社会科学文献出版社 2011 年版，第 98 页。
③ 《新唐书》卷四〇《地理四》，第 1047 页。

北流入碛及入夷播海。"① 这里的白杨河似为沙湾市境内北部的玛纳斯河。长安二年（702），唐廷派军至清海镇屯田，有耕地万余亩，至贞元六年（790），吐蕃占领北庭后该地屯田荒芜；清海镇在石河子市巴音沟河流域，渡奎屯河至乌苏市后，其后的四个守捉皆在乌苏市境内。继续西行，渡乌苏市古尔图河，过精河县，到达博乐市达勒特古城，即双河都督府所在地。

双河都督府隶属昆陵都护府，在西突厥摄舍提暾部基础上设置。贞观末，原瑶池都督西突厥阿史那贺鲁叛乱，自称沙钵罗可汗，统五咄陆、五弩失毕十姓部落，其中摄舍提暾啜为咄陆五啜之一②，此部落与唐早有交集，《唐张義之夫人阿史那氏墓志》有"夫人姓阿史那，本部落左厢第二蘬官、双河郡都督憎舍提暾啜第二女"③ 的记载，当是来自双河都督西突厥部落。

从双河都督府所在的今达勒特古城即可翻过科古琴山，其山口通道位于天山北支之一的博罗科努山与科古琴山交界的阿恰勒河谷，这里自古以来就是从天山北麓进入伊犁河谷的便捷通道。清代名为登努勒台，是伊犁地区翻越天山的最佳路径。进入伊犁河谷，到达伊宁、霍城一带，进入弓月城，或渡过伊犁河进入碎叶。"水皆北流入碛及入夷播海"，其中"夷播海"指的是伊犁河最终注入的巴尔喀什湖。这一路沿线军镇屯戍遗存有阜北古城、土墩子烽火台、西泉七队烽火台、阿克木那拉烽火台（滋泥泉子烽火台）等，这些是唐代在沿途沙漠草原道上设置的防御工事。

（2）天山南麓外部廊道

塔里木北道主要是从伊州经西州过龟兹至碎叶的道路，这条道路自汉唐以来占有重要的地位，是战争行军、西行求法、使者往来、商贸流通广泛使用的一条道路。

从西州西南经"银山道"可至焉耆。从焉耆出发西行的交通道路，是唐代拱卫安西都护府的重要防戍之地，留有大量的唐代屯戍遗存。《新唐书·地理志》载："自焉耆西五十里过铁门关，又二十里至于术守捉城，又二百里至榆林守捉，又五十里至龙泉守捉，又六十里至东夷僻守捉，又七十

---

① 《新唐书》卷四〇《地理四》，第1047页。
② 其余四部为"处木昆律啜"、"胡禄屋阙啜"、"突骑施贺逻施啜"及"鼠尼施处半啜"。
③ 赵振华：《洛阳古代铭刻文献研究》，三秦出版社2009年版，第486页。

里至西夷僻守捉,又六十里至赤岸守捉,又百二十里至安西都护府。"① "铁门关"是焉耆盆地南部重要的出入口,其遗迹位于今库尔勒与塔什店之间峡谷的中段,② 前凉张植曾屯军铁门关,于遮留谷击败焉耆王龙熙;于术守捉为库尔勒南约 6 公里的夏渴兰旦古城;轮台县东约 75 公里的野云沟乡之东的阿克墩城堡,为唐代的榆林守捉;策大雅乡西约 26 公里的阳霞镇博斯坦村,当为龙泉守捉,这一带泉水丰富,为重要的农业区。阳霞镇西南 30 公里的恰库木排来克成堡为东夷僻守捉,拉依苏成堡则为西夷僻守捉,赤岸守捉可能为西距库车 65 公里的大涝坝附近城堡遗址。由此看来,从于术守捉到达龟兹的交通路线,大致为今天南疆公路库尔勒至库车段的走向。

天山南麓外部廊道西段主要为从龟兹西至姑墨和温宿国(今阿克苏一带)之路。《新唐书·地理志》载:"安西西出柘厥关,渡白马河,百八十里西入俱毗罗碛。经苦井,百二十里至俱毗罗城。又六十里至阿悉言城。又六十里至拨换城,一曰威戎城,曰姑墨州,南临思浑河。"③ "柘厥关"遗址,即今库车市渭干河东岸的乌什吐尔古城以及新和县渭干河西岸的夏合吐尔古城,两城隔河遥遥相对。"俱毗罗碛"为色库都克与库车之间的一片沙碛,"俱毗罗城""阿悉言城"(白州)为龟兹的下辖州,"思浑河"或指塔里木河。这条路也是玄奘由焉耆经龟兹至姑墨的道路。从姑墨继续西行便可至别迭里山口,翻越山口循热海前往碎叶的道路也叫作"热海道",从此道可通往伊塞克湖、七河地区和河中之地,尤其是从安西通碎叶镇,主要使用"热海道"。西汉陈汤击匈奴郅支单于时,兵分两路,一路从南部入大宛,另一路则是从温宿国出别迭里山口,进入康居,灭郅支单于。

除《新唐书·地理志》所记之外,从龟兹西行至姑墨也有北线可以通行。北线是西突厥属部进入天山南麓的通道,也是唐朝与游牧部落进行畜牧交易的常用路线,即从龟兹克孜尔石窟北入尤尔都斯盆地进入伊犁西突厥部落。从库车市北偏西行至伊西哈拉镇,距离库车市西北 10 公里的戈壁滩上有克孜尔尕哈烽燧(东北 1.2 公里为克孜尔尕哈千佛洞),该烽燧为留存至今的西域最高单体烽燧。继续西北行,在今独库公路 20 公里处有盐水沟烽

---

① 《新唐书》卷四三《地理七》,第 1151 页。
② 陈戈:《铁门关、铁关谷和遮留谷》,《西北史地》1985 年第 4 期。
③ 《新唐书》卷四三《地理七》,第 1149 页。

燧，唐代时设有盐水关，在这里曾发现 7 世纪通行盐水关的龟兹文木简。过盐水关西行至克孜尔乡，北约 500 米处有克孜尔古城，乡南约 5 公里有克孜尔吐拉古城，其东 9 公里处有克孜尔石窟。又西至赛里木镇，南约 1.5 公里处是赛里木古城，西 15 公里处有温巴什千佛洞。①

"龟兹北线"即库车市伊西哈拉镇—克孜尔尕哈烽燧—盐水关—克孜尔乡—拜城县赛里木镇—察尔齐镇—雅丹地貌—温宿县，② 这条线路从盐水关、克孜尔古城、赛里木古城西南至温巴什（温巴什西之鄂依斯堂向南有小路与南线相接），再西行经察尔齐后则逐渐与现代公路相近，直至温宿县。克孜尔石窟第 222 窟汉文题记有"贞元七年西行牛二十一头""□□节度押牙特进太常卿"，③ 在另一窟发现了记有"碛西行军押官""碛（西）行军押官杨思礼请取……（于）阗镇军库讫被问依……"等的文书，④ 这说明在唐代经过克孜尔古城西行道路是经常被使用的交通线路。这条路在清代时使用更为普遍，《莎车行记》载："初五日，库车宿……住二日。初七日，夜行四十里，过盐水沟。两山相夹，险要可扼。初八日，赫瑟尔宿……初九日，赛里木尖，入阿克苏界，拜城宿。"⑤ 这指的正是龟兹北道过盐水沟取道赛里木镇经过拜城的道路。

2. 穿越天山的南北交通廊道

东天山、中天山、西天山都有大量穿越天山的道路，便于南北交通，同时是游牧经济与绿洲经济交往的廊道。匈奴、突厥控制塔里木盆地时，也是通过天山隘口从准噶尔盆地进入塔里木盆地征收赋税、交换商品并进行管理的。

（1）东天山的南北交通

《西州图经》中记载了唐代西州通向周边的十一条道路，其中直接翻越东天山到庭州的有六道，从西州到轮台的白水涧道为第七道。

---

① 参见孟凡人《丝绸之路史话》，第 134 页。
② 参见孟凡人《丝绸之路史话》，第 134 页。
③ 刘安志：《唐五代押牙（衙）考略》，《魏晋南北朝隋唐史资料》第 16 辑，武汉大学出版社 1998 年版。
④ 黄文弼著，黄烈编《西域史地考古论集》，商务印书馆 2015 年版，第 261—262 页。
⑤ 《莎车行记》，《西北史地丛书》第 3 辑《西征续录》，中国国际广播出版社 2016 年版，第 68 页。

第一条道，他地道，"右道出交河县界，至西北向柳谷，通庭州四百五十里，足水草，唯通人马"。《新唐书·地理志》西州交河县条记载："自县北八十里有龙泉馆，又北入谷百三十里，经柳谷，渡金沙岭，百六十里，经石会汉戍，至北庭都护府城。"[①]

第二条道，乌骨道，"右道出高昌县界北乌骨山，向庭州四百里，足水草，峻险石磴，唯通人径，马行多损"。贞观十六年安西都护郭孝恪从高昌"自乌骨邀击"处月部，当走此路。

第三至第六条道，均是从西州蒲昌县出发，即花谷道"右道出蒲昌县界，西合柳（谷）向庭州七百卅里，丰水草，通人马"；移摩道"右道出蒲昌县界移摩谷，西北合柳谷，向庭州七百卅里，足水草，通人马车牛"；萨捍道"右道出蒲昌县界萨捍谷，西北合柳谷，向庭州七百卅里，足水草，通人马车牛"；突波道"右道出蒲昌县界突波谷，西北合柳谷，向庭州七百卅里，足水草，通人马车牛"。

第七条道为白水涧道。该道是连接交河和轮台城的重要道路，也是早期从西州到处月、处密部的道路。今天从吐鲁番到乌鲁木齐的道路也基本是沿白水涧道翻越天山的。

（2）中天山的南北交通

中天山从焉耆、龟兹地区到天山北麓的交通，见诸史籍记载的线路主要有四条。

第一，从今库车北，经苏巴什佛寺遗址，而后沿库车河北上过大尤尔都斯盆地，再由巴音布鲁克草原进入天山北麓。

第二，从今拜城东喀拉克达格山口"刘平国治关亭诵"石刻处，进入天山河谷北行至天山北麓。

第三，"夏特古道"，从今温宿县扎木台，向北行至盐山口，翻越木素尔岭抵达天山北麓。

第四，唐代的"热海道"，从今乌什县出发西北行，翻越别迭里山口向北，穿过阿克别里、喀苏山口抵达热海（即今伊塞克湖），到碎叶军镇。

---

① 《新唐书》卷四〇《地理四》，第1046—1047页。

天山南北交通廊道对于天山南北的政治势力形成了不同的影响。受整体自然地理的作用和古代生产力水平的影响，天山南北形成"南耕北牧"的经济格局。战争成为农耕社会与游牧社会相互交往的最重要形式，[①] 而天山山麓绿洲或沙漠边缘始终是双方接触或对抗的前沿。

3. 穿行天山内部的廊道

穿行天山内部的廊道最初是由游牧族群开发使用的，由于中原史家对天山廊道较为陌生，即使是作为使臣进入西域也很难进入天山内部廊道深处，所以在记载西域道路的史书中，虽然叙述有所体现但语焉不详。如裴矩在《西域图记》中说："其三道诸国，亦各自有路，南北交通。"[②] 但是，南、中、北三道诸国有着怎样的道路和交通，缺少记载。这一状况，到元代、清代才有了改观。尤其是清代再一次统一天山南北，将天山置于伊犁将军府治下，对于天山内部道路的记载就更为明确了。

（1）清代从哈密到伊犁的天山内部廊道

"小裕勒都斯出自阿勒坦阴克逊之北……又西南，与大裕勒都斯河会。会处有二水，经乌什卡克山东西来汇，地当西域东西之中。东达阿拉癸山。西接伊犁空格斯河源。准部未靖时，自哈密至伊犁者，恒取道于兹。"[③] 这说明，从哈密到伊犁，完全可以避开天山外部廊道的官道，从天山内部经行。那么，这条道路是怎么行走的呢？又经过哪些地方？

首先，从哈密到吐鲁番盆地及托克逊之地，沿途河流沟谷众多，可以沿着东天山南北山麓到托克逊阿拉沟口，即上文所说的"阿拉癸山"。阿拉沟口是进入中部天山廊道的入口。在永徽二年（651）唐攻伐阿史那贺鲁战役中，追随阿史那贺鲁的西突厥处月部首领朱邪孤注率兵驻守牢山（新疆阿拉沟），挡住了唐军前往伊犁河追击阿史那贺鲁的通道。永徽三年正月，唐军攻克牢山，斩朱邪孤注。[④] 目前在该地的考古发现已证实，唐朝在阿拉沟口建有军事戍堡，王炳华先生对该遗址进行了考古发掘，认为从阿拉沟口上

---

① 〔英〕阿诺德·汤因比著，〔英〕D. C. 萨默维尔编《历史研究》，郭小凌等译，上海人民出版社2010年版，第326页。

② 《隋书》卷六七《裴矩传》，第1772页。

③ 《西域水道记（外二种）》卷二，朱玉麒整理，中华书局2005年版，第105页。

④ 吴玉贵：《突厥汗国与隋唐关系史研究》，商务印书馆2017年版，第340—341页。

溯一直进入内部 30 公里处，沿沟都有唐朝军事设施。[①]

其次，天山内部以开都河为依的大小尤尔都斯河谷可以通往库车、焉耆、吐鲁番、乌鲁木齐、精河、伊宁等地。清代《西域水道记》《新疆识略》《回疆通志》《新疆图志》等文献记载，从尤尔都斯河谷出发，至少有六条道路。

其一，该河谷以西，翻越达吉特纳喇特、阿顿库尔、空森诸峰，到空格斯河，或者是昌曼河上游，顺河而行即可到达伊犁；其二，溯大尤尔都斯河，经喀喇海塔什，到科克苏河上游，在这里分为两途，一为通往特克斯河谷的道路，一为通往吉尔噶朗河的道路；其三，由依库勒等岭越过位于南部的库克纳克山，顺着库车河就进入了库车绿洲；其四，去焉耆，另外可以从小尤尔都斯河的上游去巴勒干塔特河上游相接的路；其五，上溯小尤尔都斯河上游扎嘎斯坦河，越过同名的岭，到达阿拉祭河上游的地方，再沿着这条河便到了吐鲁番盆地的托克逊；其六，小尤尔都斯河越过喀喇乌森山峰腾格里达坂（胜利达坂）便到达乌鲁木齐，越过重叠于尤尔都斯河以北的额林哈毕尔嘎诸峰，便可到达玛纳斯。

这样看来，尤尔都斯河谷虽然位于天山之中，但是完全称得上交通要冲，以至于帖木儿东征经过该地时也禁不住赞叹。

著名的帖木儿在东征之际，经过空格斯河，到达了裕勒都斯河谷，记录帖木儿远征的夏拉夫丁·叶孜狄的《胜利书》记载道："裕勒都斯河谷非常美，而且是个欢乐的地方，在这里有很多质地纯净的泉水，有着使人生活舒适的辽阔牧地。由于这里的牧草很茂盛，且营养丰富，不管多瘦的马，只需要放牧一周，就可以健壮起来。"[②]

（2）从乌鲁木齐到伊犁的山间道路

唐代在今乌鲁木齐附近置轮台城，后设轮台县，置静塞军，[③] 表明唐代

---

① 王炳华：《阿拉沟古堡与唐鸜鸽镇》，《西域考古文存》，兰州大学出版社 2010 年版，第 186 页。

② 〔日〕松田寿男：《古代天山历史地理学研究》，第 325 页。

③ 《新唐书》卷四〇《地理四》，第 1047 页。

轮台是扼守从吐鲁番盆地出发的"白水涧道"和从北庭出发的"碎叶道"的关口。同时，唐代规定天山北麓的道路税收由轮台负责："诏焉耆、龟兹、疏勒、于阗征西域贾，各食其征，由北道者轮台征之。"[①] 这说明，乌鲁木齐附近的唐代轮台城，不仅在军事地理位置上十分重要，而且在交通税收上也同样重要。这其中，不仅因为轮台可以连接庭州和西州，还因为轮台可以控制通过今天的乌鲁木齐河经胜利达坂从天山内部到达焉耆和龟兹的道路，甚至一直到弓月城以及今天的伊犁的交通。清人在《新疆图志》中记载了这条道路：

> （迪化）城西八里旧满城，西南行三十里入山，有径路通伊犁。《水道记》曰："阿拉癸山南，有径路通伊犁，自惠远城百六十里至塔勒奇山口，又四百七十里至哈什河岸之都尔伯勒津回庄，又五十里至察罕拜牲，又七十里至空格斯河岸之乌图岭，又九十里至图尔根河。又七十里至奈兰部勒，又二十里至乌努古特岭，又三十里至昌曼，又三十里至纳喇特岭，又三十里至大裕勒都斯河，又四十里至阿尔沙图，又百九十里至胡吉尔台，又五十里至哈屯博克达山，又百五十里至萨勒哈郭勒，又百五十里至乌兰布拉克，又六十里至达尔达木图，又七十里至乌兰拜，又三十里出山，至巩宁城。"[②]

经由该条道路可以直接从今天的乌鲁木齐进入南部的天山内部廊道，经过巴音布鲁克草原、特克斯河谷、伊犁河谷，到达伊犁。这表明唐朝重视轮台城，并通过设置轮台城来控制天山内部廊道，以控制商路税收和保障交通安全。

（3）以尤尔都斯河谷为中心的天山内部廊道

"尤尔都斯道"是指通过尤尔都斯（清代称"裕勒都斯"）盆地诸道，又称"天山中道"。在尤尔都斯盆地有一连接今托克逊和伊宁的东西交通干线，此线与今从新疆和静县巴仑台，经察汗淖尔、小尤尔都斯沿巩乃斯河、伊犁河至伊宁的218国道走向基本相同。

---

① 《新唐书》卷二二一《西域传》，第6230页。
② 《新疆图志》卷七九《道路一》，朱玉麒等整理，上海古籍出版社2015年版，第1510—1511页。

尤尔都斯河谷是天山山脉中央的巨大接合部，这里土壤肥沃，为游牧族群提供了良好的牧场。同时该地有西到伊犁河上游巩乃斯、特克斯河谷，南至库车，东至焉耆和托克逊，北向乌鲁木齐以及玛纳斯的重要交通线，是天山廊道四通八达的交通路网的接合点。因此，尤尔都斯河谷从古代就接纳了去往伊犁方向的众多游牧族群，附近的铁矿石、硫黄等矿产资源，对游牧族群产生了巨大的吸引力。

早在隋代和唐初，西突厥的南庭就设在今巴音布鲁克草原，从南庭东行经小尤尔都斯、巴仑台，翻越胜利达坂可以很快到达可汗浮图城（北庭）。该条道路是连接西突厥南、北庭的重要通道。唐灭阿史那贺鲁后，以活动于尤尔都斯的西突厥鼠尼施处半部置鹰娑都督府，尤尔都斯河（开都河）即鹰娑川。都督府的建立，进一步促进了这里交通的发展。

值得注意的是，在西突厥初期的室点密时期，东罗马帝国有位名叫蔡马库斯的使者，曾万里迢迢访问了突厥王庭，出使的始末由东罗马帝国历史学家弥南记载了下来：

> 蔡马库斯及其一行，经过多日行程，来到了粟特人境内。他们下马时候，好像专门为了迎接他们而派遣来的两三个突厥人，要求他们买下拿来的铁。依我看来，这是表明突厥人国内有铁矿产的证据。因为对他们来说，铁的铸造绝不是轻易的行当，他们出示铁，估计是显示他们不仅产铁，而且有高超的铸造水平，是一种自豪的行为。[①]

这一时期，西突厥一度将牙帐设在了鹰娑川。而鹰娑川是龟兹通往弓月城的必经之路，所以作为粟特商胡之一的弓月部，也将"尤尔都斯道"作为重要商道。该条道路一路经小尤尔都斯道、阿拉沟、托克逊至吐鲁番；另一路出巩乃斯河后折南行入大尤尔都斯，经巴音布鲁克，西南越山沿库车河南下至库车。

---

① Müller, *Fragmenta Historicorum Graecorum*, Ⅵ, p. 227.

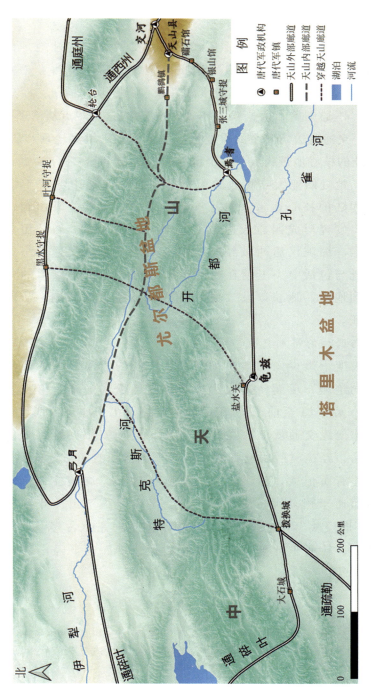

图 0 - 2　天山内部廊道交通

（三） 天山廊道交通网络的变迁

地理空间与交通网络作为影响地域社会发展的结构性地理因素，往往因人类有目的的活动而被历史赋予重要地位。清人有言："夫古者设边，守在四夷。西徼深沟重堑，天险之国，不患其不能守，而患其不能通。通则富，不通则贫；通则强，不通则弱。"①这一观点从治理西域的角度看，强调了交通对边防安全的重要性。麦金德立足世界地理和历史视角，认为欧亚大陆的核心地带构成了整个世界的枢纽。②而在海路交通尚不发达的陆权时代，地处欧亚大陆腹地的天山廊道犹如交通中的"十字路口"，恰置于这片内陆的核心地带。如此重要的地理位置，使天山廊道在不同的时空阶段，发育形成四通八达的交通网络，成为影响西域历史进程的重要地理因素。综观汉唐西域经略史即会发现，西域交通网络的不断拓展和变化，既与包括中央王朝在内的诸政治势力在天山廊道的角逐密切相关，又受到地形、地貌以及气候等自然地理因素的影响，从而凸显较强的时代特征。

1. 中原与西域的早期交通

塔里木极度干燥少雨的沙漠性气候、广袤的沙漠，并未使其成为亚欧陆路交通的绝域，反而使其成为文明传播的繁华通道。考古发掘资料显示，早在公元前 13 至前 12 世纪的殷商时期，由中原进入西域通往于阗古国的塔里木南缘交通就已存在。1976 年，河南安阳妇好墓中出土了大量玉石雕刻品，经检测所用玉石材料均为来自新疆的和田籽玉。③《史记》亦对此条线路有所记载，苏秦代齐王写信给赵王，"逾句注，斩常山而守之，三百里而通于燕，代马胡犬不东下，昆山之玉不出，此三宝者亦非王有已"④，即反映出存在一条由今和田沿南道向东至古楼兰，再沿今罗布铁路抵哈密，转而东行至今呼和浩特附近，继而南下经山西到达安阳的交通路线。⑤

---

① 《新疆图志》卷七九《道路一》，第 1509 页。
② 〔英〕哈·麦金德：《历史的地理枢纽》，林尔蔚、陈江译，商务印书馆 2010 年版。
③ 中国社会科学院考古研究所编著《殷墟玉器》，文物出版社 1982 年版，第 11—19 页。
④ 《史记》卷四三《赵世家》，点校本二十四史修订本，中华书局 2013 年版，第 2189 页。
⑤ 林梅村：《丝绸之路考古十五讲》，北京大学出版社 2006 年版，第 59 页。

这大概是有迹可循的早期中原与西域之间的交通情形。此外,《山海经》等一些中国早期文学作品中亦简略提及塔里木与天山廊道,均直观地反映出当时人们对西域地理概念的认知尚处于充满神秘和模糊不清的状态,就其实质而言,一是中原与西域的交往处于记载相对缺失的阶段;二是交通路网相对单一,拓展动力不足。

2. 两汉时期的中原与西域交通

公元前 138 年与公元前 119 年,张骞两度出使西域,为实现"断匈奴右臂"的策略,消除北方匈奴南下的侵扰,虽未实现外交的联合,但作为对西域地理、交通和绿洲政权开展的正式考察,其不仅开辟了主导东西交通的官方路线,而且开阔了西汉统治阶层的西北边防视野,尤其是认识到占据塔里木与开拓天山廊道的长远战略意义。

西汉后期,中央政权与西域的交通已进入相当成熟的阶段,此由史籍对西域绿洲城邦及道路的记载即可获知。《汉书》对沿线诸国人口、军事力量以及道里等信息有着详细的记载。不难推测,《汉书》中之所以出现如此详细的记载,与西汉在西域的战略实施和沿天山南麓东西交通的开拓有着密切的关系。

西汉末期,中央政权在西域经略集中在天山廊道的东部边缘,为便捷交通而开辟了"大海道"。《汉书》载:"元始中,车师后王国有新道,出五船北,通玉门关,往来差近。戊己校尉徐普欲开以省道里半,避白龙堆之厄。"① 此道自玉门关经今哈顺戈壁,至车师后国,沿天山北麓西行至乌孙、康居等地。该道路的开辟价值在于其接近匈奴南缘,又与天山南麓廊道相连,相对较为安全。东汉时期又开通"伊吾路","自伊吾北通车师前部高昌壁千二百里,自高昌壁北通后部金满城五百里"。② 此道开通目的亦在于加强天山东部军事力量,集中打击天山北麓的匈奴势力。由此可知,两汉西域交通布局,均是围绕对天山廊道的控制权而开展的,凸显了天山廊道对经营西域的重要意义。

3. 魏晋南北朝时期的中原与西域交通

这一时期中原与西域交通的变化,主要受曹魏、西晋、前秦、五凉以及

---

① 《汉书》卷九六《西域传》,第 3924 页。
② 《后汉书》卷八八《西域传》,中华书局 1965 年版,第 2914 页。

北魏等政权的影响。就连接西域的交通路线而言，"伊吾路"因相继受鲜卑、柔然势力的影响不能畅通，由此在东汉"柳中道"的基础上开辟了由玉门关直抵高昌的"北新道"。这条道路可以避开影响东天山的一些政治势力，但自然条件恶劣，"从玉门关西北出，经横坑，辟三陇沙及龙堆，出五船北，到车师界戊己校尉所治高昌，转西与中道合龟兹"。① 西晋时期，高昌与楼兰成为中央王朝在西域的军政要地，负责屯田的戊己校尉一度设置在高昌，自玉门关西行的"楼兰道"和"北新道"皆处于畅通状态。前秦、五凉时期，原"楼兰道"开始衰落，被"出玉门关，径直沿阿尔金山北麓西南行，抵鄯善的南道"替代，如前秦吕光征伐西域、后秦僧人西行求法所行即是此路。②

北魏时期，由于受到柔然、吐谷浑等势力的影响，中原与西域的交通发生了一些变化，如由敦煌西行的"鄯善道"、北上的"伊吾道"、经由吐谷浑及阿尔金山北麓进入塔里木的"吐谷浑道"，成为该时期的主要交通路线。隋唐之际，中原与西域的交通被详细记载了下来："发自敦煌，至于西海，凡为三道，各有襟带。北道从伊吾，经蒲类海铁勒部、突厥可汗庭，度北流河水……其中道从高昌、焉耆、龟兹、疏勒，度葱岭……其南道从鄯善、于阗、朱俱波……其三道诸国，亦各自有路，南北交通。……故知伊吾、高昌、鄯善，并西域之门户也。总凑敦煌，是其咽喉之地。"③隋唐及之后以天山廊道为载体的西域交通至此基本定型。

由此可见，中原与西域的交通是不同时期不同地域的政治力量围绕天山廊道博弈的结果，山脉、河流、沙漠、戈壁等被纳入交通网络，而天山廊道是重要的交通道路和航标方向。地理性结构是引导地域历史发展趋势的重要影响因素，这种影响往往通过人类社会发展而发挥作用，这从天山廊道的交通与唐朝对其经营中可以明显看出来。

---

① 《三国志》卷三〇《魏书·乌丸鲜卑东夷传》，第859页。
② 石云涛：《三至六世纪丝绸之路的变迁》，文化艺术出版社2007年版，第99页。
③ 《隋书》卷六七《裴矩传》，第1772页。

二　天山廊道的军镇遗存

对天山廊道军镇遗存的调查整理是从清代中后期的"舆地之学"开始的，此后西方探险家开始了在天山南北的大肆发掘，各种遗存的陆续发现将西域推向国际视野，成为世界"显学"；新中国成立后，对天山廊道遗存的调查整理步入正轨。从目前已有资料看，唐代天山廊道的军镇遗存主要集中在塔里木盆地和吐鲁番盆地，另外天山北麓、七河地区也多有发现。

（一）早期的天山廊道调查

1. 18 世纪中叶至 19 世纪末的相关调查

18 世纪中叶至 19 世纪末恰是西北边疆多事、"舆地之学"兴盛之际，诸多仁人志士开始专注于西域史地的考察研究，"自乾隆后边徼多事，嘉道间学者渐留意西北边新疆、青海、西藏、蒙古诸地理"。[①] 由此，横亘在新疆中部的天山廊道塔里木盆地和准噶尔盆地、吐鲁番盆地亦被纳入西域史地考察研究的范畴。作为西域历史载体的古城、烽燧、墓葬、石窟寺、碑刻等历史文化资源随之成为史地考察研究的重要内容。这一时期涌现出大批与新疆史地考察研究相关的人物和著述。

表 0 - 1　清末代表性西域历史文化资源调查概况

人物	考察或编纂内容	代表著述
祁韵士	对天山以北的清代卡伦、军台、城堡有简要的论述，亲自考察了汉唐龟兹故城和库车石窟群遗址	《西陲要略》《西陲竹枝词》《西域释地》
徐松	以新疆十一个水系为路径，对流域内政区下的清代卡伦军台、矿藏牧场、名胜古迹等进行了详细考察，其中涉及对龟兹石窟、城址的考察	《西域水道记》
王树枏	主持编纂《新疆图志》，有对汉唐历史古迹的专门调查以及清代军台设置概况的资料整理	《新疆图志》
陶保廉	对汉玉门阳关路交通进行了实地考察	《辛卯侍行记》
俞浩	未亲临西域考察，但对历代史籍中所载地名、城址按清代地理进行了厘定	《西域考古录》
椿园氏	对清代西域人物、物产、道里、山川等进行了实地考察	《西域闻见录》

---

① 梁启超：《清代学术概论》，上海古籍出版社 2005 年版，第 47 页。

这一时期以祁韵士、徐松、王树枏为代表的中原士人来到西域，他们的调查整理集中在历史沿革、军事布防、山川道里、风土民俗等方面，也被称为"西北舆地之学"。该时期从事西域考察的人数量较多，且以"流放官员"为主，因此队伍文化修养普遍较高，对西域诸多问题的思考有着较为深邃的历史视野和国家民族情怀。这些考察与他们在新疆生活的时间相始终，呈现周期长、地域广、调查内容丰富等特点，考察资料相对真实客观，有较强的系统性和学术性，许多考察的成果至今仍是我们进行西域史地学术研究的必备资料。

2. 19 世纪末 20 世纪初的西方探险家

15 世纪的地理大发现开启了全球地理探险的时代。作为一个后起的资本主义国家，俄国在 16 世纪对西伯利亚进行探险与征服，足迹逐渐延伸到远东和北极，直至美洲。俄国在发现南极大陆中厥功至伟，出现了像克鲁逊什特恩、戈洛夫宁、别林斯高晋、拉扎列夫、米克鲁霍·马克莱、谢苗诺夫等可以载入史册的探险家。普尔热瓦尔斯基在中亚探险史上是标志性人物，也是引领其后探险的先驱。在俄国影响下，英国、瑞典、法国、德国等地探险家纷至沓来。

（1）早期俄国探险家

普尔热瓦尔斯基（Николай Михайлович Пржевальский）是较早对中亚和天山廊道进行探险的人。他全面系统地采集了亚洲腹地的动植物标本，数量之巨，前所未有，其后以其名字命名的动植物有数十种之多。欧洲人以为早就灭绝的珍稀蒙古野马，因他的发现而被命名为"普氏野马"。考察队在搜集军事地理情报的同时，在天山沿线发现了诸多古代历史遗迹，并由此掀起西方列强进入天山南北探险的热潮。

1867—1888 年，普尔热瓦尔斯基在中国西北边陲先后进行了四次考察活动。其中，1876—1877 年他进入天山廊道地区开展地理考察。考察路线大致为沿伊犁河谷南下，再经由塔里木河最终抵达罗布泊。[①] 他所到达的罗布泊与地图标示坐标相差数百公里，由此引出学界认为罗布泊是"游移的

---

① 〔俄〕普尔热瓦尔斯基：《走向罗布泊》，黄健民译，新疆人民出版社 1999 年版。

湖"的相关理论。① 普氏考察的经过和成果收录于其撰写的《从伊宁越过天山向罗布淖尔前进》中。

图 0 - 3 斯文·赫定凭吊安葬在伊塞克湖畔的普尔热瓦尔斯基素描

普尔热瓦尔斯基的弟子科兹洛夫也参与其中。彼得·库兹米奇·科兹洛夫（Пётр Кузьмич Козлов）曾参加普尔热瓦尔斯基组织的最后两次探险。科兹洛夫第一次独立的探险（1899—1901）是穿越戈壁滩到达长江和湄公河的上游，此行为皇家地理学会测绘了超过 6000 米的地形图。他带回圣彼得堡的收集品包括 2000 年前的大夏织物的样本。他在 1907—1909 年中国北部探险中的最大发现是发掘了古老的沙埋黑水城遗址。

1891 年，俄国科学院派遣克列门兹（D. A. Klementz）前往吐鲁番考察。其所率领的考察队沿阿尔泰西部戈壁滩东南行，沿途收集了大量植物标本，而后抵达吐鲁番。他在哈拉和卓、阿斯塔那和交河故城都有重要的考古发现，包括回鹘文、汉文、梵文写本和绘画残片以及带有鲁尼文（runic）的文物，这大概是近代以来欧洲人在中国西部所进行的首次考古学专业调查。②

① 〔俄〕尼·费·杜勃罗文：《普尔热瓦尔斯基传》，吉林大学外语系俄语专业翻译组译，商务印书馆 1978 年版。

② 周伟洲、丁景泰主编《丝绸之路大辞典》，陕西人民出版社 2006 年版，第 803 页。

1909—1910 年，俄国人谢尔盖·奥多诺维奇·奥登堡（Ольденбург，Сергей Фёдорович）在吐鲁番考察了交河故城、哈拉和卓、库鲁克塔格、柏孜克里克石窟群、木头沟、吐峪沟和连木沁峡谷。此后，他到达库车，在这里发掘了各种遗址，如焉耆附近的锡克沁（Shikchin）佛寺遗址、苏巴什佛寺、森木塞姆石窟、克日西戌堡、克孜尔石窟、库木吐拉石窟等。相比克列门兹的考察，奥登堡的考察活动更为细致专业，他为考古发掘品拍摄精确清晰的照片，对吐鲁番地区的高昌故城、交河故城、阿斯塔那古墓群、柏孜克里克石窟寺、胜金口石窟寺等古迹遗存状况进行了详细绘制和考古发掘。

（2）瑞典探险家斯文·赫定（Sven Hedin）

1895—1935 年，斯文·赫定在中国进行了四次探险考察，三次在塔里木盆地，尤以前两次成就最大。1896 年 1 月，斯文·赫定由和田塔瓦库勒村出发，向东进入塔克拉玛干沙漠寻找沙漠古城，开始了第一次塔里木探险。斯文·赫定在沙漠腹地发现了沙埋古城——丹丹乌里克遗址。他怀着激动的心情写道："至今没有探险家发现过这个故城。我已经将一个千年来长眠着的城子唤醒。我站在这里如同那个太子在迷惑的树林中似的。"[①] 之后，斯文·赫定又在丹丹乌里克遗址东北的克里雅河流域发现喀拉墩古城。同年，斯文·赫定抵达和田，考察发掘了约特干遗址，获取 500 余件珍贵文物。

1900 年 1 月，斯文·赫定开始了在塔里木的第二次探险，发现了位于安迪尔河尾闾的安迪尔古城遗址群。是年 3 月，斯文·赫定抵达罗布泊西缘发现楼兰古城，并于次年 3 月对楼兰遗址进行了考古发掘，绘制平面图，并出土了大量汉文文书、简牍、瓦罐、毛笔以及数量较多的钱币等。这批文物后来被转交给汉学家卡尔·希姆和康拉德教授，他们整理出版了《斯文·赫定在楼兰所得的中国文书与其他发现》一书。楼兰古城的发现，让斯文·赫定誉满天下，而楼兰古城也让西域焕发迷人魅力。

---

① 〔瑞典〕斯文·赫定：《我的探险生涯》，孙仲宽译，杨镰整理，新疆人民出版社 2010 年版，第178 页。

（3）英籍匈牙利人马尔克·奥莱尔·斯坦因（Marc Aurel Stein）

斯坦因是近代西域探险史中的传奇人物，其一生四次进入塔里木盆地从事考古发掘活动。1900 年 5 月，38 岁的斯坦因由印度河畔斯利那加出发，经吉尔吉特、罕萨到达喀什，再经莎车至和田，开始了首次塔里木盆地考察。斯坦因在喀什期间重点对汗诺依古城进行了考察。抵达和田后，斯坦因对约特干遗址进行了考古发掘，发现大量陶器、钱币、印章等。是年末，斯坦因抵达丹丹乌里克遗址，在此进行了为期 16 天的考古发掘。1901 年 1 月，斯坦因抵达尼雅遗址，在此进行了为期 18 天的考古发掘。其后，斯坦因先后抵达安迪尔古城、喀拉墩古城、热瓦克佛寺等遗址进行考察。返回伦敦后，斯坦因根据首次和田考古调查，出版了《沙埋和阗废墟记》（1903 年）[1] 和《古代和田——中国新疆考古发掘的详细报告》（1907 年）[2]。

1906 年 5 月，斯坦因取道阿富汗进入新疆。夏末，他再次抵达丹丹乌里克遗址，重点对寺院遗址进行考古发掘。之后，斯坦因先后抵达尼雅、安迪尔遗址，对遗址内部的佛寺建筑遗迹进行发掘清理。是年末，斯坦因到达天山廊道东南缘的罗布泊附近，对米兰遗址古城、佛寺、佛塔及汉代水渠遗迹进行了测绘与调查，这些成果至今仍是研究米兰遗址的一手资料。斯坦因由此向东进入河西走廊，重点对敦煌、瓜州境内汉长城、石窟寺遗址进行了考古调查，并在敦煌藏经洞窃取大量写本。此后，斯坦因经由哈密沿天山廊道，先后抵达吐鲁番、焉耆，再由库车沿克里雅河道穿越塔克拉玛干沙漠抵达达玛沟与和田，完成了除"库车—喀什"段外的环塔克拉玛干沙漠两缘的探险考察活动。此次考察重点对吐鲁番交河、高昌故城，焉耆七个星佛寺，克里雅河畔喀拉墩古城，达玛沟佛寺等遗址进行了考古调查，并根据第二次探险活动出版了考察报告《西域考古图记》（1912 年）[3]。

1913—1916 年，斯坦因进行了在塔里木的第三次探险考察，此次是

---

[1]　〔英〕马克·奥里尔·斯坦因：《沙埋和阗废墟记》，殷晴等译，新疆美术摄影出版社 1994 年版。

[2]　〔英〕奥雷尔·斯坦因：《古代和田——中国新疆考古发掘的详细报告》，巫新华等译，山东人民出版社 2009 年版。

[3]　〔英〕奥雷尔·斯坦因：《西域考古图记》，巫新华等译，广西师范大学出版社 1998 年版。

他对前两次探险活动的补充，填补了"库车—喀什"段的考察空白。其间，他重访了尼雅、楼兰等遗址，再次进入敦煌千佛洞，卷走大量写本，并对东天山北麓诸遗址，如吐鲁番石窟寺与古代墓葬、尉犁孔雀河烽燧群、拜城克孜尔石窟、阿克苏至巴楚段的相关古迹进行了补充考察。斯坦因基于此次天山廊道地区考察，撰写了考察报告《亚洲腹地考古图记》（1928 年）[①]。1930 年，斯坦因计划的第四次西域探险因中国学界的抗议无功而返。

斯坦因将他的全部生命献给了他所认定的探险考古事业，尽管这些事业与英帝国主义的殖民侵略密切相关。为了事业，他终身未娶，在考察中冻掉几个脚趾也无怨言。而且他精力过人，终日写作不辍，著作等身，信件多到无法统计。斯坦因在西方学界的地位极高，当代历史学家欧文·拉铁摩尔（Owen Lattimore）誉之为同代人中集学者、探险家、考古学家和地理学家于一身的最伟大的人物。但是斯坦因在中亚考察过程中，从新疆、甘肃、宁夏等地发掘并劫走大量中国的珍贵文物，而且由于他的盲目挖掘，许多原来保存在流沙层中的文物毁于一旦。与其他探险家一样，他盗掘中国文物的性质是没有争议的。

（4）德国探险队

1902—1914 年，以阿尔伯特·格伦威德尔（Albert Grünwedel）与阿尔伯特·冯·勒柯克（Albert von Le Coq）为代表的德国探险队，先后四次进入新疆，对东自哈密、西至喀什天山廊道沿线的历史古迹进行了考察发掘。

1902 年 11 月，格伦威德尔由德国柏林出发，经伊犁抵达吐鲁番，开始了在新疆的首次考察。格伦威德尔对高昌故城进行了重点发掘，详细绘制了高昌故城平面图，在此出土大量梵文、回鹘文、蒙古文、古突厥文、汉文、藏文等文本。1904 年 9 月，勒柯克与助手巴图斯率队抵达吐鲁番，展开了"德国皇家吐鲁番考察队"的首次（德国第二次）[②] 考察。其间，勒柯克对

[①]　〔英〕斯坦因：《亚洲腹地考古图记》，巫新华等译，广西师范大学出版社 2004 年版。

[②]　〔德〕勒寇克：《普鲁士皇家第一次（即德国第二次）新疆吐鲁番考察队的缘起、行程和收获》，陈海涛译，杨富学校，《敦煌研究》1999 年第 3 期。

交河故城、高昌故城的遗存进行了详细的测量，① 同时对胜金口、柏孜克里克、七康湖及吐峪沟等多处石窟寺遗址进行了发掘。1905 年 12 月，勒柯克与格伦威德尔进行了"德国皇家吐鲁番考察队"的第二次新疆考察，考察地域不再局限于吐鲁番盆地。1906 年 1 月，考察队首先在图木舒克佛教遗址（托库孜萨来佛教遗址）进行发掘，而后行至库车绿洲，对库木吐拉、克孜尔石窟所存壁画进行了疯狂割取，并在焉耆七个星佛教遗址获取了壁画、犍陀罗风格彩塑以及印度语和吐火罗语文献写本。② 1913 年 1 月至次年 2 月，勒柯克率队第四次进入天山廊道，对库车绿洲的苏巴什、森木塞姆、库木吐拉以及图木舒克石窟寺等遗址进行了考察发掘。③

在考察过程中，勒柯克等大肆切割壁画的行为给天山廊道地区石窟艺术带来劫难，使天山廊道历史文化资源蒙受巨大损失。

（5）法国人保罗·伯希和（Paul Pelliot）

伯希和是世界著名的汉学家、探险家，曾师从法国汉学家 E. E. 沙畹（1865—1918）等人，精通中国文化和语言，是欧美学界公认的中国学领袖。

1906 年 9 月，伯希和率"西域探险团"抵达喀什，开始了对天山廊道的考察与探险。伯希和精通中国历史文化，这为他的西域探险和考察奠定了良好的基础。伯希和的考察活动主要集中于喀什、库车以及敦煌三个区域。在喀什，伯希和探险团对"三仙洞"进行了考察，并对洞窟保存现状、形制规模及壁画题记进行了测量和记录。继而，探险团又对附近的水磨房、喀什东北部的汗诺依古城遗址进行了考察发掘。是年 10 月底，探险团抵达巴楚，重点对图木舒克佛教遗址群进行了长达 6 周的发掘，发掘出大量雕塑、壁画、陶器。1907 年初，探险团抵达库车绿洲的克孜尔石窟，伯希和等人发掘出土了一大批木雕、印鉴、钱币、涂漆与绘画的舍利盒以及诸多写本。此后，伯希和考察了附近的都勒都尔—阿乎尔寺庙遗址，绘制了遗址考古平面图，发掘出大量早于 9 世纪的梵文和婆罗谜文写本与木简、木雕像、钱币

---

① 〔德〕阿尔伯特·冯·勒柯克：《新疆的地下文化宝藏》，陈海涛译，新疆人民出版社 1999 年版，第 44—45 页。

② 〔德〕阿尔伯特·冯·勒柯克：《新疆的地下文化宝藏》，第 113 页。

③ 〔德〕勒柯克：《中国新疆的土地和人民》，齐树仁译，耿世民校，中华书局 2008 年版。

以及各种装饰物。6 月初，伯希和等又在苏巴什佛寺遗址进行了考古发掘，获取彩绘木盒、雕塑像残片以及壁画等。1908 年 1 月，伯希和探险团自吐鲁番前往敦煌，中途在吐鲁番柏孜克里克、木头沟、七克台发掘出少量写本卷子，并于 2 月中旬抵达敦煌县城。在完成对千佛洞 182 个石窟编号、拍摄以及平面草图的绘制后，伯希和浏览了藏经洞中的所有经卷，选取带走了极具学术研究价值的汉文、梵文、于阗文、粟特文、突厥文、回鹘文、婆罗谜文、吐火罗文等 6000 余卷文书以及画卷、织物、木制品等珍贵文物。1908年 6 月初，伯希和探险团由河西走廊辗转至北京，结束了在天山廊道的探险考察。①

以伯希和为代表的"西域探险团"在天山廊道地区的考察与发掘活动，在国际汉学界影响深远。法兰西学院在其考察结束之后，先后整理和出版的考察著述有《图木舒克》（1961 年图版卷，1964 年文字卷）、《库车建筑寺院，都勒都尔—阿乎尔和苏巴什》（1967 年图版卷，1982 年文字卷）、《敦煌的织物》（1970 年）、《敦煌的幡画》（1974 年文字卷，1976 年图版卷）、《伯希和敦煌石窟笔记》（6 册，1980—1992 年）、《库车地区诸遗址，龟兹文题记》（1987 年）以及《吐鲁番的道路》（2000 年）等，这些成果成为之后推动西域学术研究的重要文献。

伯希和是语言天才，精通 13 种语言，而且博闻强识。他可与中国学者交流，这得益于其超强的汉语能力和对中国文化的熟知。伯希和在中国目录版本、语言文字、考古艺术、宗教文化、东西交通以及边疆史地等方面都有论著。

（6）日本大谷探险队

日本大谷探险队，是日本佛教净土宗西本愿寺第二十二代宗主大谷光瑞组织的中亚考察队，曾三次在中国西北地区进行考察探险活动，盗走和秘购的文物不计其数。近期出版的《旅顺博物馆藏新疆出土汉文文献》，就是在日本大谷光瑞探险队在天山廊道掠取文书基础上整理的成果。②

---

① 〔法〕伯希和等：《伯希和西域探险记》，耿昇译，人民出版社 2011 年版。
② 王振芬、孟宪实、荣新江主编《旅顺博物馆藏新疆出土汉文文献》（全 35 册），中华书局 2021年版。

1902—1914 年，以渡边哲信、堀贤雄、橘瑞超和吉川小一郎为主要成员的大谷光瑞探险队，先后对天山廊道地区进行了三次探险。1902 年，大谷光瑞、渡边哲信和堀贤雄由伦敦出发抵达塔什库尔干，大谷光瑞由此赴印度，留下渡边哲信与堀贤雄二人开始了在天山廊道地区的首次考察。他们先后抵达和田、喀什、库车、吐鲁番，对沿途约特干、牛角山遗迹、柳中古城、交河故城和雅尔湖石窟进行了考察。1908 年，日本大谷探险队第二次中亚考察由橘瑞超、野村荣三郎二人执行。他们从北京出发，出张家口和外蒙古，考察鄂尔浑河畔突厥、回鹘、蒙古等游牧族群的遗迹，然后西进南下，越阿尔泰山到东天山北麓的破城子，即唐北庭都护府遗址。

此后，二人又对东天山南麓的交河故城、柳中古城与高昌故城进行发掘，获取许多佛教文本。1909 年 1 月，二人在库尔勒调查完石窟寺遗址后分为两队，一队由野村荣三郎负责由天山廊道向西至喀什的考察，一队由橘瑞超负责南下进入罗布泊的考察。不久，橘瑞超抵达楼兰古城（日本学者森鹿三认为其是斯坦因所标注的"LK"古城，即"李柏文书"中的海头古城），在此发掘出轰动学术界的"李柏文书"。1910—1914 年，橘瑞超与吉川小一郎进行了大谷探险队的第三次中亚考察。橘瑞超由吐鲁番南下，翻越库鲁克塔格直接进入罗布地区，再次调查楼兰古城，在斯坦因所标示的 LA 古城处发现新的废墟，并在此获取诸多古代遗物。1911 年 2 月，橘瑞超经历了翻越昆仑山前往西藏失败的打击，只得沿塔里木南道东行至敦煌。在敦煌，橘瑞超与吉川小一郎会合，随后，橘瑞超由乌鲁木齐返回日本，吉川小一郎留下继续探险，直至 1914 年考察结束。

大谷光瑞探险队在天山廊道三次探险考察的基础上，先后整理和出版了相关考察报告。其中，渡边哲信、堀贤雄根据 1902—1904 年的首次探险出版了《西域旅行日记》，橘瑞超、野村荣三郎和吉川小一郎等人根据第二、三次探险分别出版了《中亚探险》（橘瑞超）、《蒙古新疆旅行日记》（野村荣三郎）和《支那纪行》（吉川小一郎）等。

令人遗憾的是，大谷探险队三次探险考察获取的珍贵文物，最后因西本愿寺卷入疑狱案件而被变卖一空，流散东亚各地。

表 0 - 2　19 世纪末 20 世纪初其他代表性外籍探险家考察简况

考察时间	人物	国籍	考察路线简况
1885—1890 年	哥隆赤夫司基	俄	自费尔干纳盆地进入塔里木,仅在盆地西缘喀什噶尔、疏勒、莎车、叶尔羌以及和田考察,后越兴都库什山脉,考察帕米尔。最后经新疆返俄属土耳其斯坦
1887 年	杨哈司班德	英	由北京出发,经归化城赴哈密、吐鲁番、喀什噶尔等地考察,后经克什米尔地区进入印度
1889—1890 年	柯斯洛夫、别夫佐夫	俄	沿南道考察莎车、叶尔羌、和田、于阗、克里雅、尼雅等地,而后进入西藏
1892—1894 年	格莱那	法	在和田获取大量梵文佛经残本,以及土俑、残陶、古钱等文物
1899—1900 年	博南	法	沿塔里木自西向东考察,在敦煌千佛洞获取四帧版画,上有"大历十一年""乾宁元年"等题记
1903—1906 年	亨廷顿	美	第一次中亚探险在喀什噶尔与奥什之间的山区,重点考察与研究帕米尔高原的气候和地理;第二次中亚探险,亨廷顿自克什米尔、拉达克,翻越喀喇昆仑山脉进入塔里木,沿南道对沿线的历史遗迹进行了详细的考察,旨在探索塔里木气候与人类文明关系的演变
1906—1907 年	日野强	日本	探险考察主要集中于 1907 年 1—9 月,其由天山北麓经尤尔都斯河谷抵喀喇沙尔,而后向西经阿克苏、喀什噶尔、叶尔羌等进行考察。日野强的考察虽具明显的军事与政治目的,但对汉唐古迹亦多有涉及,对后世的调查与研究工作具有一定的价值
1906—1908 年	涅尔海姆	芬兰	重点对塔里木东北边缘的吐鲁番进行地理和历史古迹的考察,并购得遗址出土的古代写本文献等
1910 年	格楼卜	德	游历天山南部
1920 年	欧尔定布	俄	主要在新疆进行探险考察
1924—1925 年	瓦尔纳	美	先后两次前往敦煌千佛洞考察,第一次其使用特制胶粘取壁画 26 幅;第二次瓦尔纳组织哈佛大学旅行团再次到敦煌千佛洞粘取壁画,因遭地方阻止而未得逞

　　资料来源:马大正《外国探险家新疆探险考察的档案文献资料整理与研究评述》,《西部蒙古论坛》2016 年第 2 期;〔日〕日野强《伊犁纪行》,华立译,黑龙江教育出版社 2005 年版;〔美〕梅耶、布里萨克《谁在收藏中国:美国猎获亚洲艺术珍宝百年记》,张建新、张紫薇译,中信出版社 2016 年版;郭物《和田考古简史》,上海博物馆编《于阗六篇:丝绸之路上的考古学案例》,北京大学出版社 2014 年版,第 37—62 页;魏长洪、何汉民《外国探险家西域游记》,新疆美术摄影出版社 1994 年版;田卫疆编著《近代新疆探险百年——没有航标的沙海之旅》,新疆青少年出版社 1998 年版;中国新疆维吾尔自治区档案馆、日本佛教大学尼雅遗址学术研究机构编《外国探险家新疆考古档案史料》,新疆美术摄影出版社 2001 年版。

　　这一阶段来自西方的考察团体，大多打着探险考察的幌子，实则是想获取天山廊道的重要军事情报。但对于考察团体的成员而言，无论是早期的俄国学者还是后来的英国探险人物，在肩负团队使命的同时，亦有对探险考古事业的热衷，继而是对西域博大精深的古老文明的羡慕，这一点以斯坦因、斯文·赫定、伯希和最为典型。为了获取西域古代遗存，更多的人不惜肆意发掘和破坏天山廊道的历史古迹，以德国勒柯克最为典型。

　　另外，值得一提的是美国气象学家亨廷顿。除发现恰哈、米兰等新遗址外，他所考察的其他古迹皆为前代探险家业已考察发掘之地，但亨廷顿与斯坦因、斯文·赫定等人考察的不同之处在于，他的重点是通过探访历史古迹遗存状况，进而从中求得气候与人类文明的关系。①

　　这些考察活动开启了西域文明殿堂的学术研究之门。1890 年，英国军人鲍尔中尉因追捕杀害英国旅行家的凶手而进入天山廊道地区，在库车获取桦树皮文书，这就是著名的"鲍尔文书"。在返回印度后，鲍尔将所获文书交由著名的东方学者赫雷勒释读研究，由此发现许多用梵文抄写的印度医学资料，成为印度古代医学的实证。有学者认为，"鲍尔文书"的发现与释读这一事件"使欧洲对中国新疆的考察由以往的地理探险转到文物的发掘与掠夺"。②如此评价固然很有见地，但我们更应该客观认识到西方探险家在天山廊道进行考察和发掘的同时，也让诸多掩埋千年的历史遗迹得以重见天日，重新被世人了解和重视。

　　长远观之，早期探险家的作用并非仅止于"发现"这一层面。大量历史古迹和文物的发现，为中国传世文献的记载提供了实物的佐证；而对古迹和文物的研究，使得我们的研究突破了传世文献记载的局限，使天山廊道的研究区域更为宽广，研究内容更为丰富，研究时段更有针对性。

（二）20 世纪 30 年代初至 80 年代末的考察发现

　　早期西方探险家在西域肆意考察与窃取文物的行为引起社会各界的普遍

---

① 〔美〕亨廷顿：《亚洲的脉搏》，王彩琴、葛莉译，新疆人民出版社 2013 年版。
② 许建英：《近代英国和中国新疆：1840—1911》，黑龙江教育出版社 2014 年版，第 294 页。

不满与关注。1926 年，斯文·赫定再次率领探险队进入中国西北考察，遭到北京学术界的强烈抗议。经过近 6 个月的协商，斯文·赫定与中国学术团体协会就考察事宜达成一致，组建"中国学术团体协会西北科学考察团"（简称"西北科学考察团"）。考察团广义上的科考可分为三个阶段，时间持续至 1935 年，地域涵盖包括新疆在内的中国北方和西北的 12 个省，[①] 在天山廊道地区的考察，涉及历史遗迹的调查与考古发掘甚多。更为重要的是，这次考察培养出了以黄文弼、徐炳昶等为代表的一批与国际接轨的专业考古学者，并引领中国学者在天山廊道地区先后开展历史遗迹的专业调查与考古发掘事业。因此，在某种意义上，"西北科学考察团"的成立是中国学者开始西域考古的标志性事件。

　　1. 新中国成立前后以黄文弼为代表的发现

　　1927—1930 年，黄文弼作为中瑞"西北科学考察团"中方成员，参与了中瑞双方组织的西北考察活动，由此奠定了他在天山廊道地区进行考古研究的基础。其间，黄文弼对天山廊道地区焉耆至阿克苏、吐鲁番盆地、罗布泊附近等地的历史遗迹进行了踏查。1933 年，黄文弼抵达若羌，再次对罗布泊附近的历史古迹进行调查。1943 年，他率队考察了探险家未曾发现的区域，填补了斯坦因新疆考察区域的空白。1957—1958 年，黄文弼作为中国科学院考古研究所新疆考古队成员再赴新疆开展考古调查，共计调查古城、遗址及寺庙 127 处，并在焉耆、库车做了一些发掘工作，[②] 其中在焉耆调查古城遗址 11 座，寺庙、古墓葬等 9 处。随后，考察队又向西分别前往库车、沙雅、新和等地，调查古城和遗址 16 处，包括 4 座古城址。在对库车龟兹故城的调查中，发现古城东墙、北墙和南墙遗迹，并对古城内数处土墩及遗址进行了勘测。同时，考察队对龟兹故城哈拉墩遗址、库车河畔苏巴什古城进行了发掘，并对出土物进行了详细的分类整理。[③]

---

　　① 中国新疆维吾尔自治区档案馆、日本佛教大学尼雅遗址学术研究机构编《中瑞西北科学考察档案史料》，新疆美术摄影出版社 2006 年版。

　　② 黄文弼：《新疆考古发掘报告（1957—1958）》，文物出版社 1983 年版，第 48—53 页。

　　③ 黄文弼：《新疆考古的发现》，《考古》1959 年第 2 期。

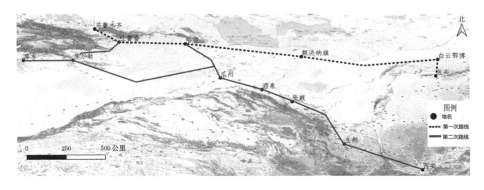

图 0 - 4　1927—1935 年中瑞"西北科学考察团"主要考察路线

2. 新中国成立后至改革开放初期国内考古机构和个人的发现

新中国成立后，国家十分重视历史文化资源的普查和保护工作。1953年和 1957 年，文物部门组织了两次较大规模的文物普查，许多文物档案得以建立，为之后新疆境内历史古迹的调查工作奠定了基础。之后直至 20 世纪 80 年代初，出于经济建设、学术研究、文物保护等需要，相关部门及考古工作者对天山廊道地区历史文化古迹的考古调查增多，调查的专业性、系统性也随之不断提升。考察由初期的区域性一般调查逐渐向史前遗址、石窟寺、墓葬遗存、岩画遗存等多种专业类型联合考察过渡。

在联合考察的基础上，国家和新疆文物部门将若干重要古代遗址列为"重点文物保护单位"。同时，诸多科研单位和文化机构出于学术研究或文化产业开发的需要，相继对天山廊道地区所存历史古迹进行了较为专业的调查，并形成和刊布了一大批考古调查报告。这些文献记录成为之后学界开展相关学术研究的重要基础。

这一时期在取得丰硕调查成果的同时，也存在一些值得注意的问题。一是调查的地域范围仅限于山麓、绿洲以及沙漠边缘地带，且多集中于塔里木北缘；而南道所存遗址，尤其是 20 世纪初西方探险家发现和调查的古代遗址，在这一时期并未得到及时复查，从而未能获取一手资料，导致许多遗址保护工作相对滞后。二是许多科研机构出于研究需要纷纷组织考察队进入天山廊道地区调查，但由于机构所属部门和性质不同，出现了许多重复的调查，所获资料未能系统整理，历史遗存档案未能建立，文物信息无法共享。

（三）20世纪90年代至今国内外的发现

改革开放以来，随着中国经济巨大发展，作为国家文化软实力重要组成的西域历史文化得到政府的高度重视。这一阶段对天山廊道地区历史文化资源的调查工作主要分为三类：一是文物机构组织的大规模文物普查；二是对地处沙漠腹地的遗址，成立专业综合考察队相继开展调查；三是国内外文物部门加强国际合作，借助遥感、卫星影像技术的专业文物调查。

1. 两次全国文物专项普查

1988年，新疆维吾尔自治区政府根据《国务院关于进一步加强文物工作的通知》（国发〔1987〕101号）和国家文物局《关于进一步做好文物普查工作的通知》（文物字〔1984〕867号）等文件，决定利用两年时间在全区范围进行一次全面的文物科学普查工作。各地区文管部门据此对所在行政区内的文物古迹开展了调查，调查情况如表0-3所示。

表0-3　20世纪80年代末90年代初新疆对天山廊道文物普查简况

序号	调查地区	调查报告	普查概况
1	哈密地区	《哈密—巴里坤公路改线考古调查》，《新疆文物》1994年第1期；《新疆木垒县伊尔卡巴细石器遗存调查与探讨》，《新疆文物》1995年第1期	1993年历时3个月对伊吾军马场以东的北山与天山主脉之间的地带进行考古调查，发现的主要是墓葬，计21处近400座，遗址1处。1985年5月对伊尔卡巴克遗存地点进行了调查，发现了细石器遗存及汉唐时期文化遗物
2	吐鲁番地区	《1994年吐鲁番交河故城沟西墓地发掘简报》，《新疆文物》1996年第4期	以联合国教科文组织资助的交河故城保护为契机，对交河故城进行全面测绘，对故城北部墓地、交河沟西墓地、鄯善苏巴什沟竖穴古墓进行发掘。1994年，对托克逊县北小草湖遗址进行了考古发掘
3	昌吉州	《吉木萨尔县小西沟遗址的初步调查》，《新疆文物》1992年第4期；《新疆阜康县阜北农场基建队古遗存调查》，《新疆文物》1995年第1期	1990年对吉木萨尔小西沟遗址进行考察，根据遗物采样，判定小西沟疙瘩梁遗址是车师后国之中心务涂谷遗址。1993年对阜康市阜北农场基建队古遗存进行为期3个月的考古调查，初步断定其年代为中原地区的东周时期
4	乌鲁木齐市	《乌鲁木齐板房沟新发现的两批铜器》，《新疆文物》1990年第4期	对1990年在天格尔山北麓的板房沟地区收集到的两批铜器进行分析，两批铜器的年代可能为春秋至汉代，器形文化体现塔加尔文化及匈奴文化元素

续表

序号	调查地区	调查报告	普查概况
5	罗布泊地区	《罗布泊地区文物普查简报》，《新疆文物》1988 年第 3 期	调查历时 22 天。调查队自米兰深入罗布荒原，先后对米兰城堡、吐蕃古墓、米兰佛教塔庙遗址、灌溉遗址、墩里克烽燧、海头古城、LL 古城、楼兰古城、细石器遗存以及近代罗布人渔村遗址与墓葬进行了调查
6	伊犁州	《伊犁河谷新发现的古堡及相关遗迹》，《文博》1990 年第 2 期；《新疆文物考古新收获（1990—1996）》（续），新疆美术摄影出版社 1997 年版	1990 年前后，对新源县、察布查尔县、伊宁县、霍城县等地进行了为期 3 个月的考察，调查了伊宁县布拉克贝西古城、伊宁县可坦买里古城址、伊宁县阿布那什城址、霍城县索伦古城、霍城县三宫古城、霍城县磨河古城
7	巴州	《巴音格楞蒙古自治州文物普查资料》，《新疆文物》1993 年第 1 期	调查历时 3 个月。囿于地理环境和交通条件，调查仅在巴州绿洲及沙漠边缘地区展开，未能涉足诸多掩埋大漠深处或遗存于高山之巅的文物古迹。此次共调查文物点 246 处，其中且末 26 处、若羌 8 处、尉犁 24 处、轮台 35 处、库尔勒 13 处、焉耆 34 处、博湖 3 处、和硕 26 处、和静 77 处。调查文物遗址类型主要为岩画石刻、墓葬等
8	阿克苏地区	《阿克苏地区文物普查报告》，《新疆文物》1995 年第 4 期	调查历时 6 个月。调查组共调查阿克苏地区 8 县 1 市文物遗址点 241 处。调查文物遗址类型主要为墓葬、石窟寺、冶炼遗址。通过此次调查，基本弄清了阿克苏地区史前墓葬数量、类型和分布规律；调查到一批汉唐时期屯戍古城、烽燧等遗址；新发现 10 余处晋唐龟兹佛教文化遗址、冶铸遗址及文物

2007 年 4 月，国务院发布《国务院关于开展第三次全国文物普查的通知》。2007 年 7 月，新疆维吾尔自治区成立第三次全国文物普查工作领导小组，开始了新疆第三次全国文物普查工作。此次文物普查工作历时两年，共调查"不可移动文物 9545 处，其中古遗址 2991 处，古墓群 4555 处，古代建筑 172 处，石窟寺及石刻 555 处，近现代重要史迹及代表性建筑 1253 处，其他 19 处"。① 其中涉及天山廊道地区的文物调查结果如表 0 - 4 所示。

---

① 统计数据源自《新疆维吾尔自治区第三次全国文物普查成果集成》"丛书总序"，科学出版社 2011 年版。

表 0 - 4　新疆第三次全国文物普查涉及天山廊道地区的文物调查结果

单位：处

区划	辖区	古遗址	古墓葬	石窟寺、石刻、岩画及碑刻	古建筑	近现代重要史迹及代表性建筑	其他
哈密地区	哈密	37	13	10	4	18	2
	巴里坤	28	15	11	9	1	—
	伊吾	10	8	7	—	1	1
吐鲁番地区	吐鲁番	22	13	8	2	8	1
	鄯善	17	7	7	6	7	2
	托克逊	8	4	7	—	2	1
昌吉州	昌吉	2	—	1	1	1	—
	呼图壁	3	6	5	—	—	—
	玛纳斯	8	4	1	3	3	—
	奇台	15	9	2	4	5	2
	木垒	25	6	7	—	15	—
	阜康	10	6	4	2	3	—
	吉木萨尔	24	7	6	—	—	—
巴州	库尔勒	9	7	—	—	1	—
	轮台	27	11	—	—	2	—
	焉耆	28	14	1	—	—	—
	尉犁	29	29	3	—	1	—
	且末	16	28	2	—	2	—
	若羌	95	78	—	—	10	—
	和硕	10	34	—	2	2	—
	博湖	3	3	—	1	—	—
	和静	18	167	14	5	1	—
克州	阿图什	39	60	1	—	4	—
	阿合奇	3	71	2	—	1	—
	乌恰	7	76	2	—	5	—
	阿克陶	16	19	1	—	1	—
	麦盖提	—	7	—	—	6	—
	莎车	24	31	—	6	7	—
	泽普	6	8	—	2	—	—
	叶城	17	20	4	1	3	—
	伽师	19	6	—	1	2	—
	岳普湖	6	8	—	—	—	—
	巴楚	50	18	—	—	6	1
	塔什库尔干	85	80	14	2	7	—

续表

区划	辖区	古遗址	古墓葬	石窟寺、石刻、岩画及碑刻	古建筑	近现代重要史迹及代表性建筑	其他
阿克苏	阿克苏	6	6	—	1	2	—
	新和	61	1	2	—	1	
	阿瓦提	8	3	—	2	2	—
	温宿	15	20	—	4	5	—
	沙雅	28	6	—	1	—	—
	拜城	64	103	17	—	5	
	库车	114	35	9	7	37	
	乌什	14	10	2	1	4	
	柯坪	19	28	—	—	—	—

注："—"表示无。

资料来源：新疆维吾尔自治区文物局编《不可移动的文物》涉及上述地区的数据。

2. 专业考察队对沙漠遗址的典型调查

1988—1997 年，中日双方共同组成"中日尼雅遗址学术考察队"，先后 9 次深入大漠，对尼雅遗址进行考古调查，为尼雅遗址的专业调查和学术研究奠定了基础。

1988 年 4 月，新疆文物考古研究所楼兰文物普查队由若羌米兰进入罗布荒原，对古楼兰遗址进行文物普查。考察队由米兰东行，经米兰吐蕃戍堡、墩里克，抵达楼兰、海头古城等遗址，对沿途米兰戍堡、吐蕃古墓、米兰佛塔遗址、米兰古代灌溉渠道、墩里克烽燧、海头古城、楼兰古城以及罗布泊地区的细石器遗存、近代罗布人遗址与墓葬等多处古迹进行了调查。[①]

1996 年 10 月初，在丹丹乌里克遗址发现百年之际，和田文管所李吟屏率队前往丹丹乌里克遗址进行调查。考察队对遗址的范围、规模形制及遗存状况进行了测量与记录，编号建筑 9 个，在地表采集到"乾元重宝"、无字无廓钱、剪轮五铢钱、龟兹小钱、石球、陶片、料珠、铜器残片、手推磨盘、木碗残片、石膏贴壁佛像和图案等文物。[②]

---

① 楼兰文物普查队：《罗布泊地区文物普查简报》，《新疆文物》1988 年第 3 期。

② 李吟屏：《和田考古记》，新疆人民出版社 2006 年版，第 65 页。

2002—2006 年，新疆文物考古研究所联合日本学界组成 "中日共同丹丹乌里克遗址学术考察队"，先后四次①深入大漠对丹丹乌里克遗址展开宗教学、考古学等专业考察与发掘，为国际合作考察开拓了新的路径。

2002 年 12 月，新疆文物考古研究所小河考古队抵达孔雀河下游河谷南约 60 公里的罗布泊荒漠，对小河墓地进行考古调查与发掘。考古队获取了大量考古资料，对墓地布局结构的了解以及原始宗教的专业研究具有重要学术价值。②

2008 年 11 月，由中国科学院地质与地球物理研究所等单位组成的联合科考队在小河墓地西北约 6.3 公里处新发现一座边长约 220 米的方形古城，这是目前楼兰地区所发现的面积仅次于 LA 的第二大城址。经碳 14 测定分析可知，新发现古城的年代应在公元 400—600 年，为南北朝时期的遗存。

三　天山廊道与唐朝经营西域战略

陈寅恪在《唐代政治史述论稿》中对唐代西北地区如此定位："李唐承袭宇文泰'关中本位论'，全国重心本在西北一隅，而吐蕃盛强及二百年之久。故当唐代中国极盛之时，已不能不于东北方面采维持现状之消极政略，而竭全国之武力财力积极进取，以开拓西方边境，统治中亚细亚，借保关陇的安全为国策也。"③ 体现了西北地区在唐代边防中的重要地位。

天山廊道是唐朝经营西域的战略通道，充分体现了唐朝西北的安防态势：以博格达山为中心的东天山，是唐朝经营西域的肇始与保障，唐朝在此设置伊、西、庭三州作为经营西域的后方基地；中天山南麓的焉耆、龟兹是唐朝 "安西四镇" 之地，中天山北麓的轮台是保障 "碎叶道" 通行之地，设置在中天山的安西都护府成为唐朝经营西域的战略中枢；唐朝在西天山设置的碎叶镇和大量羁縻州府，成为其深入西突厥、吐火罗、吐蕃等势力活动范围内的信息触角，是唐朝接触中央亚洲的信息前沿。正是由于唐廷持久控制了东天山，在中天山广泛屯戍，并充分发挥西天山的信息与情报功能，才成就了唐朝西域的辉煌时期，从而使天山廊道成为唐朝经营西域的战略缩

---

① 中日联合考察队先后于 2002 年、2004 年、2005 年、2006 年四次抵达丹丹乌里克遗址进行考察。
② 新疆文物考古研究所：《2002 年小河墓地考古调查与发掘报告》，《新疆文物》2003 年第 2 期。
③ 陈寅恪：《唐代政治史述论稿》，三联书店 2001 年版，第 326—327 页。

影，为丝绸之路安全提供了可靠保障。

（一）唐朝西域经略的肇始与保障——东天山

李渊建唐前后，玉门关东移至瓜州，沙州与瓜州遂成为李唐西北边陲。唐武德五年（622），高祖废隋朝的常乐县置州，并设立军事性质的总管府，管辖河西走廊的沙州和肃州。从瓜、沙二州军政建置变更数次可以看出，唐高祖在建国初期已经关注到西北边陲的重要性。

此时连接瓜州、沙州与西域东陲门户伊吾的"稍竿道"与"第五道"代替了两汉魏晋时期的"大碛路"，① 成为由中原进入西域的主要交通路线。

稍竿道，是从敦煌向北（略偏西），经青墩峡、碱泉戍、稍竿戍抵伊州之路。隋末丧乱，此道不通。至贞观四年，伊吾首领石万年率伊吾七城归唐，此道复通。

第五道，即"莫贺延碛道"。隋末及唐初，与伊吾国不相交通，此道闭锁。唐朝保据此道之南段，并在所控路段递置五所警烽，其第五烽最临前线、最关紧要，故当地以此烽名此道，称"第五道"。②

"大碛路"，是从敦煌经罗布泊地区沿着孔雀河直接到达焉耆的道路。由于受到隋末战乱的影响，"大碛路"关闭。《旧唐书·焉耆传》载：

> 贞观六年，突骑支遣使贡方物，复请开大碛路以便行李，太宗许之。自隋末雁乱，碛路遂闭，西域朝贡者皆由高昌。及是，高昌大怒，遂与焉耆结怨，遣兵袭焉耆，大掠而去。③

以上是隋末唐初"稍竿道""第五道""大碛路"的道路交通状况。

唐高祖武德二年，在平定河西李轨的割据政权后，设置凉州总管府，管辖凉、甘、瓜、肃四州，控制了河西走廊，打开了通往西域的大门。东突厥始毕可汗的势力范围，东至契丹、室韦，西到吐谷浑、高昌诸国，伊吾臣属始毕可汗。《旧唐书·突厥传》载：

---

① 严耕望：《唐代交通图考》第 2 卷《河陇碛西区》，上海古籍出版社 2007 年版，第 423 页。
② 李正宇：《"莫贺延碛道"考》，《敦煌研究》2010 年第 2 期。
③ 《旧唐书》卷一九八《焉耆传》，中华书局 1975 年版，第 5301 页。

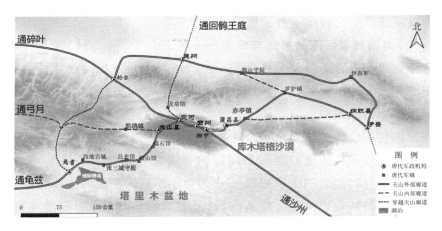

图 0-5　东天山交通路网

　　射匮可汗者，达头可汗之孙也。既立后，始开土宇，东至金山，西至海，自玉门已西诸国皆役属之。遂与北突厥为敌，乃建庭于龟兹北三弥山，寻卒。弟统叶护可汗代立。

　　统叶护可汗，勇而有谋，善攻战。遂北并铁勒，西拒波斯，南接罽宾，悉归之，控弦数十万，霸有西域，据旧乌孙之地。又移庭于石国北之千泉。其西域诸国王悉授颉利发，并遣吐屯一人监统之，督其征赋。西戎之盛，未之有也。①

从伊吾归附的时间分析，其显然是受到东突厥颉利可汗兵败的影响，因此伊吾当属于东突厥。② 根据《旧唐书·杨恭仁传》的记载：

　　俄而突厥颉利可汗率众数万奄至州境，（杨）恭仁随方备御，多设疑兵，颉利惧而退走。属瓜州刺史贺拔威拥兵作乱，朝廷惮远，未遑征讨。恭仁乃募骁勇，倍道兼进，贼不虞兵至之速，克其二城。恭仁悉放俘虏，贼众感其宽惠，遂相率执威而降。久之，征拜吏部尚书，迁左卫

---

① 《旧唐书》卷一九四《突厥传》，第5181页。
② 刘子凡：《瀚海天山——唐代伊、西、庭三州军政体制研究》，中西书局2016年版，第23页。

大将军、鼓旗将军。①

　　杨恭仁任职凉州总管在武德三年至六年之间，② 东突厥颉利可汗曾南下至州境，此番交战"颉利惧而退走"，而《资治通鉴》言"突厥莫贺咄设寇凉州，总管杨恭仁击之，为所败，掠男女数千人而去"。③ 杨恭仁"募骁勇"，由凉州赴瓜州进行军事援助，值得关注，这凸显凉州在河西走廊及防御东突厥时的战略地位。

　　贞观四年，东突厥灭亡，伊吾城主石万年归附，史载："（伊州）隋伊吾郡。隋末，西域杂胡据之。贞观四年，归化，置西伊州。六年，去'西'字。"④ 唐在此置伊州，下辖伊吾、柔远和纳职三县。伊吾地理位置极为重要，东汉明帝时期"取伊吾卢地，置宜禾都尉以屯田"，窦宪、班超先后在此筑城，作为西域长史的居所。伊吾的归附，令唐朝获取了通往西域的主动权，伊吾成为唐廷赖以推进西域战略的"桥头堡"，占据伊吾乃是推进西域战略的必然选择。

　　伊吾是西域中道和进入北道的交通要冲。隋裴矩所著《西域图记》载：

　　　　发自敦煌，至于西海，凡为三道，各有襟带。北道从伊吾，经蒲类海铁勒部、突厥可汗庭，度北流河水，至拂菻国，达于西海。⑤

　　大碛路废弃后，伊吾成为从河西进入天山廊道的必经之地，也是东突厥灭亡后，唐廷防御西突厥势力东向渗透的前哨。结合伊吾所处的时空形势分析可知，唐廷攻灭东突厥后，伊吾成为权力真空带。因而，唐廷果断占据伊吾，遂置伊州，抢先占据了东天山南麓的关键之地。

　　唐廷与伊吾之西的高昌国保持着良好的朝贡关系，而且高昌一度充当探察突厥动静的耳目。根据《旧唐书·高昌传》的记载：

---

① 《旧唐书》卷六二《杨恭仁传》，第 2382 页。
② 郁贤皓：《唐刺史考全编》，安徽大学出版社 2000 年版，第 466 页。
③ 《资治通鉴》卷一八八，高祖武德三年，中华书局 2011 年版，第 6003 页。
④ 《旧唐书》卷四〇《地理三》，第 1643 页。
⑤ 《隋书》卷六七《裴矩传》，第 1772 页。

（武德）七年，文泰又献狗雄雌各一，高六寸，长尺余，性甚慧，能曳马衔烛，云本出拂菻国。中国有拂菻狗，自此始也。太宗嗣位，复贡玄狐裘，因赐其妻宇文氏花钿一具。宇文氏复贡玉盘。西域诸国所有动静，辄以奏闻。贞观四年冬，文泰来朝，及将归蕃，赐遗甚厚。其妻宇文氏请预宗亲，诏赐李氏，封常乐公主，下诏慰谕之。①

唐高祖与唐太宗前期，唐与高昌关系良好，双方交往频繁。"西域诸国所有动静，辄以奏闻"，显示出高昌是唐廷西域信息来源的重要之地。

唐廷占据伊吾引起了西突厥的警惕。西突厥遂唆使高昌背弃唐廷，阻塞西域中道交通。《旧唐书·高昌传》载：

时西戎诸国来朝贡者，皆涂经高昌，文泰后稍壅绝之。伊吾先臣西突厥，至是内属，文泰又与叶护连结，将去伊吾。太宗以其反覆，下书切让，征其大臣冠军阿史那矩入朝，将与议事。文泰竟不遣，乃遣其长史麹雍来谢罪。初，大业之乱，中国人多投于突厥。及颉利败，或有奔高昌者，文泰皆拘留不遣。太宗诏令括送，文泰尚隐蔽之。②

由于大碛路处于闭塞状态，因而西域诸国多经高昌入朝。而此时麹文泰不仅壅绝西域诸国出使，甚至跟从西突厥攻打伊吾，再加上他拘留并拒绝归还大业时期因躲避战乱而留居高昌的中原民众，使得高昌与唐朝关系恶化。

交通阻断对唐廷在西北的经营造成了较大影响：一是高昌反目，使唐廷失去了了解西域政局变化的眼线；二是直接导致了东西贸易的受阻，并在一定程度上挫伤了李唐王朝欲塑造四夷臣服天下秩序的信念与雄心；三是偏居东天山一隅的伊吾，虽已被唐所控，而其西则向距离不远的高昌完全敞开，加之与凉州之间又隔有宽广的莫贺延碛，因而时刻面临失陷的危险。

在此背景下，唐廷决定出兵高昌。贞观十四年，"太宗乃命吏部尚书侯君集为交河道大总管，率左屯卫大将军薛万均及突厥、契苾之众，步骑数万

---

① 《旧唐书》卷一九八《高昌传》，第5294页。
② 《旧唐书》卷一九八《高昌传》，第5294页。

众以击之"。① 唐军破高昌后，太宗力排众议，设西州，实行与中原同轨的郡县制。高昌故地自秦汉以降即是中原民众向北迁徙的重要地带，中原儒家传统文化亦随之传播至此，成为郡县制得以实施的社会基础。② 更为重要的是，西州与伊州同处吐哈盆地之中，与周缘地域的交通多通过天山垭口或谷道实现，唐廷控制高昌后，即可利用西、伊两州的天然地形对外进行统筹防御。具体而言，唐廷在占据西、伊两州后，只需扼守诸条对外交通路线，即可保障西、伊两州的安全。

平定高昌以后，唐廷除了建置州县，还实行与内地一样的均田、户籍等经济制度以及府兵等军事制度，并设立安西都护府。唐朝在西州有相当严密的乡里、城坊、邻保体制，还拥有一套庞大完整的由镇、戍、烽、驿等构成的防御、信息传递系统，这是唐朝为保有西州，对抗强大的突厥、吐蕃等势力所必需的。③

唐朝设安西都护府于西州，统领东天山三州，在其战略西进的过程中，伊州、西州的军事力量在历次西域用兵中发挥了积极作用。贞观十八年，唐朝伐焉耆之战，仅安西都护郭孝恪出动，未再派其他军队，史载"西突厥重臣屈利啜为其弟娶焉耆王女，由是相为唇齿，朝贡遂阙。安西都护郭孝恪请击之，太宗许焉"。④ 贞观二十二年，伐龟兹，安西都护郭孝恪、伊州刺史韩威发挥了重要作用，时昆丘道行军大总管阿史那社尔"遣伊州刺史韩威率千余骑为前锋，右骁卫将军曹继叔次之"。⑤ 从吐鲁番出土的文书中能看到，唐朝对焉耆、龟兹的征伐战争中，伊、西、庭三州本地军队也参与其中，这表明东天山是唐廷经营西域的重要基地。⑥

此后西域发生叛乱，安西都护府及伊、西、庭三州都利用地缘优势参与征讨，如麟德二年（665），疏勒、弓月引吐蕃侵于阗，西州都督崔知辨、

---

① 《旧唐书》卷一九八《高昌传》，第5295页。

② 参见孟宪实《汉唐文化与高昌历史》，齐鲁书社2004年版，第2—21页。

③ 参见张广达《唐灭高昌后的西域形势》，《文书、典籍与西域史地》，广西师范大学出版社2008年版，第114—136页。

④ 《旧唐书》卷一九八《焉耆传》，第5302页。

⑤ 《旧唐书》卷一九八《龟兹传》，第5303页。

⑥ 刘子凡：《瀚海天山——唐代伊、西、庭三州军政体制研究》，第114—124页。

左武卫将军曹继叔将兵救之。① 咸亨元年（670），吐蕃攻陷四镇，唐朝撤回四镇防人，安西都护府治所迁回西州，此后数十年间又数度迁移，这亦可直观地体现出东天山西州等地"进可攻、退可守"的重要战略地位。

（二）唐朝经营西域的军政重心——中天山

唐朝完全控制东天山南麓后，中天山成为李唐与西突厥等游牧势力对抗的前沿，唐朝在中天山的战略进程可分为三个历史阶段。

自贞观十四年唐朝占据高昌至咸亨元年四镇首次被吐蕃攻陷为第一阶段。此阶段为唐朝统一塔里木在天山南麓的战略尝试。

贞观十八年，唐朝沿天山廊道西进中天山，决定与西突厥乙毗咄陆可汗争夺焉耆。时安西都护郭孝恪率步骑三千出银山道，虏焉耆王龙突骑支，以其弟栗婆准摄知国政。② 但西突厥乙毗咄陆可汗部下重臣屈利啜与焉耆早有联姻，"相为唇齿"，郭孝恪回师不久，焉耆又处于西突厥的控制之下。此后，贞观二十二年，唐太宗继续向西征伐龟兹，"遣左骁卫大将军阿史那社尔为昆山道行军大总管，与安西都护郭孝恪、司农卿杨弘礼率五将军，又发铁勒十三部兵十余万骑，以伐龟兹。社尔既破西蕃处月、处密，乃进师趋其北境，出其不意，西突厥所署焉耆王弃城而遁，社尔遣轻骑追擒之"。③

唐高宗平定阿史那贺鲁叛乱以后，分别以阿史那弥射、阿史那步真统领西突厥故地。同时，在西突厥地区、塔里木盆地、吐火罗地区、河中地区设置了大量羁縻府州。④ 这表明该时期唐廷对西域的管理整体上处于相对稳定的状态，但是局部的摩擦仍不可避免。唐朝在中天山需要应对诸如阿史那贺鲁旧部率领的疏勒、朱俱波的叛乱，而且吐蕃染指塔里木盆地后，天山廊道的形势更为复杂。

自咸亨元年四镇陷落至开元七年（719）唐廷弃置碎叶镇守军为唐朝经营天山廊道的第二阶段。此阶段唐廷在天山南麓的攻略受挫后，立足时局，将经略西域的重心转移至天山北麓，以期强化对西突厥的监督和控制，阻断

---

① 《资治通鉴》卷二〇一，高宗麟德二年，第6458页。
② 《旧唐书》卷一九八《焉耆传》，第5302页。
③ 《旧唐书》卷一九八《龟兹传》，第5303页。
④ 参见余太山主编《西域通史》，中州古籍出版社2003年版，第164—169页。

其与吐蕃的联盟。

在第二阶段，唐廷与吐蕃围绕安西四镇展开反复争夺，学者们对此讨论尤多，也存在较大的分歧。① 唐廷延续扶植西突厥阿史那氏的政策，《旧唐书·突厥传》载：

> 则天临朝，十姓无主数年，部落多散失。垂拱初，遂擢授弥射子左豹韬卫翊府中郎将元庆为左玉铃卫将军兼昆陵都护，令袭兴昔亡可汗，押五咄六部落，步真子斛瑟罗为右玉铃卫将军兼濛池都护，押五弩失毕部落。寻进授元庆左卫大将军。②

如引文所言，西突厥十姓部落逐渐离散，阿史那氏对西突厥的统治力下降。但即便如此，由于唐廷和吐蕃都无力在西域投入大量兵力，西突厥酋领就成为唐蕃双方争相扶植的对象。③ 同时，该阶段西突厥别部突骑施的兴起成为西域局势的最大变数，尤其是突骑施娑葛在击败阿史那忠节之后，在西突厥地区取得了统治地位。

自开元七年至北庭陷没为唐朝经营天山廊道的第三阶段。此阶段唐廷对天山北麓的游牧势力不断进行治理策略的调整及强化控制，但因安史乱起，西域主力军队撤防中原而控制力渐趋衰弱，史载：

> 开元中，置朔方、陇右、河西、安西、北庭诸节度使以统之，岁发山东丁壮为戍卒，缯帛为军资，开屯田，供糗粮，设监牧，畜马牛，军城戍逻，万里相望。及安禄山反，边兵精锐者皆征发入援，谓之行营，所留兵单弱，胡虏稍蚕食之；数年间，西北数十州相继沦没，自凤翔以西，邠州以北，皆为左衽矣。④

唐玄宗时期，得益于安西节度使、北庭节度使的建置以及内地兵源、军资的

---

① 参见尚永亮《唐碎叶与安西四镇百年研究述论》，《浙江大学学报》2016 年第 1 期。
② 《旧唐书》卷一九四《突厥传》，第 5189 页。
③ 参见余太山主编《西域通史》，第 176 页。
④ 《资治通鉴》卷二二三，代宗广德元年，第 7038 页。

充分保障，唐廷对西域的经略达到顶峰。安史之乱爆发后，安西、北庭的军队以行营形式入援，[①] 造成西北边防空虚，给吐蕃入侵河陇、西域提供了可乘之机。

　　日本学者松田寿男曾将天山山脉的军事防御功用形象地喻作长城的向西延伸。这一观点必然是以中原王朝同时掌控中原、河西以及塔里木三大"泛绿洲板块"为前提的。结合史实不难发现，唐廷为解除西北边患，正是依赖天山进行军事布防的。只是这一防线东段的长城被以军城、烽燧等点状军事工事取代。而对于这一时期的唐朝而言，控制塔里木盆地成为完善这一军事整体布局的关键。为此，唐廷采取直接路线，于贞观二十一年至二十二年持续对中天山南麓的焉耆、龟兹等绿洲诸国实施积极政策，如合作则进行拉拢，若对抗则实施打击。同时，将盘踞中天山腹地和北麓的西突厥五咄陆诸部逐往碎叶川以西，中天山南麓诸国名义上始统归唐廷管辖。而对于五咄陆部西迁之后留下的中天山北麓权力真空带，唐廷则选择亲附势力阿史那贺鲁进行管辖，史载贞观二十三年二月"咄陆既奔吐火罗，部落亡散，其叶护阿史那贺鲁帅其余众数千帐内属，诏以为瑶池都督"。[②] 自此，中天山南北与东天山北麓皆为阿史那贺鲁控制。贞观二十三年，高宗即位，其并未急于将太宗于塔里木地区置"四镇"的构想付诸实践，而是在嗣位后以"不欲广地劳人"为借口，"复命有司弃龟兹等四镇"。[③] 这一策略的转变，给势力日益渐长、野心极强的阿史那贺鲁以可乘之机。永徽元年，阿史那贺鲁反叛，"自称可汗，总有西域之地"。[④]

　　阿史那贺鲁称霸西域，迫使唐廷重新审视天山廊道对其西域战略进程的重要影响。欲实现在塔里木置"四镇"的军事防御布局，就必须先控制中天山北麓的游牧诸部。而控制游牧诸部的症结并非单纯地扶植某一势力，并且凭借其对所辖地域予以羁縻控制，这一问题通过阿史那贺鲁叛乱已体现出来。

---

　　① 刘玉峰：《论安西北庭行营军》，《陕西师范大学学报》1997 年第 1 期；胡耀飞：《行营之始：安西、北庭行营的分期、建置及其意义》，《新疆大学学报》2019 年第 1 期。

　　② 《唐会要》卷九四《西突厥》，中华书局 1955 年版，第 1694 页。

　　③ 《册府元龟》卷九六四《外臣部·封册二》，中华书局 1960 年版，第 11169 页。

　　④ 《旧唐书》卷四《高宗本纪》，第 68 页。

　　换言之，控制中天山北麓游牧力量的关键在于保持势力的均衡。就此而言，一是不让中天山所具备的自然禀赋资源为某一游牧势力所垄断，二是保持中天山南麓绿洲诸国不再成为某一游牧势力的经济附庸。如此，唐廷即可适时实行"远交近攻""军事打击"等策略，有效制衡天山南北游牧与农耕势力间的博弈，继而成为天山廊道规则的制定者。通过"弓月道行军""葱山道行军""伊丽道行军"三次对阿史那贺鲁的大规模行军征伐，至显庆二年（657），唐廷最终平定阿史那贺鲁之乱，并于其地分置濛池与昆陵二都护府，管理西突厥十姓可汗五咄陆部和五弩失毕部。同时将安西都护府迁至龟兹，并设龟兹、焉耆、疏勒、于阗四镇。以上战略布局是唐廷基于天山廊道资源禀赋再行配置的结果。

（三）　唐朝经略西域的信息前沿——西天山

　　西天山是唐朝从安西到碎叶"热海道"以西的广大地区，包括碎叶军镇、粟特之地的撒马尔罕、塔什干等地以及吐火罗地区。唐朝在这里设置军镇和大量羁縻州府。西天山成为获取西部亚洲和地中海地区信息的渠道。唐朝在此设置的碎叶军镇，成为制约突厥十姓可汗、黠戛斯等势力的前沿。同时，粟特人通过丝绸之路很快就将西部大食、波斯等地方信息传到安西都护府和中原地区。

　　调露元年（679），唐朝将西域经营的重心暂时调整至天山北麓，置金山都护府统辖碎叶至东天山一带，任命杜怀宝为金山都护，并于西天山碎叶置碎叶镇守军，安西都护王方翼筑碎叶城。唐廷改变了以往对天山北麓游牧势力的羁縻控制，转为直接的军事管辖，其实质是力图通过对中天山的直接掌控和调配，恢复唐朝在西域的影响，进而阻断和遏制西突厥与吐蕃的联盟。史实证明，这一举措为唐廷收复四镇创造了契机，也为之后抵御大食的东侵积累了战略资本。天宝九载（750），高仙芝攻打石国，俘虏了石国车鼻施和突骑施可汗，尤其值得注意的是，俘虏中还有一些吐蕃的"大酋"[①]，这说明吐蕃的势力和情报、参谋人员已深入楚河流域，并在该地形成了长久的影响力。

　　唐廷对天山北麓游牧势力的直接控制，在一定程度上遏制了他们与吐蕃的

---

　　① 《新唐书》卷二一六《吐蕃传》，第6087页。

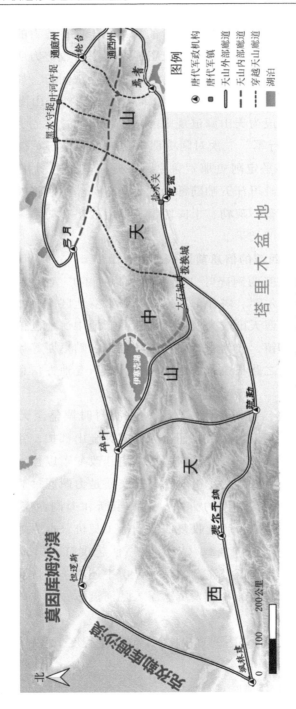

图 0-6 中、西部天山交通路网

直接军事联合，缓解了长寿元年（692）王孝杰收复四镇时来自天山北麓的军事压力。唐廷对天山北麓的直接控制一度持续至开元初年，为四镇收复后社会秩序的稳定与防御体系的完善提供了机遇期。

唐朝中期，大食兴起，西天山又成为大食和唐朝争夺中亚的前沿，《旧唐书·大食传》载：

> 龙朔初，击破波斯，又破拂菻，始有米面之属。又将兵南侵婆罗门，吞并诸胡国，胜兵四十余万。长安中，遣使献良马。景云二年，又献方物。开元初，遣使来朝，进马及宝钿带等方物。……其时西域康国、石国之类，皆臣属之，其境东西万里，东与突骑施相接焉。①

引文显示唐高宗龙朔初年至唐玄宗开元初年大食在西域的扩张情况，葱岭以西的粟特地区皆是其属地。这样，唐朝从东方、吐蕃从南方、大食从西方齐聚极具扩张性的中央亚洲。这里不仅是地理上的亚洲中心，也成为亚洲政治风暴的中心。

唐玄宗开元年间，大食与吐蕃在西域的联合入侵给唐廷带来新的难题。为什么吐蕃人在8世纪初身陷麻烦之时，却能在吐火罗地区涉入甚深？这是由于塔里木地区被唐朝夺回，对于吐蕃而言，保证经由帕米尔和吐火罗地区的商路畅通比以往任何时候都更重要，而且这条商路还经过战略地位极高的怛密要塞。②

天宝八载，吐火罗叶护上表求唐，反映的问题是其临近的羯师胡"居在深山，恃其险阻，违背圣化，亲辅吐蕃"，③ 唐朝遂册封羯师王勃特没兄素迦为王，并希望其"永言效节"④，但是效果并不明显。为了打击吐蕃在中亚的势力，于是有高仙芝破羯师之举，羯师王及突骑施可汗、吐蕃酋长、

――――――

①　《旧唐书》卷一九八《大食传》，第5316页。

②　〔美〕白桂思：《吐蕃在中亚：中古早期吐蕃、突厥、大食、唐朝争夺史》，付建河译，新疆人民出版社2012年版，第47页。

③　《册府元龟》卷九九九《外臣部·请求》，第11724页。

④　《册府元龟》卷九六五《外臣部·封册三》，第11349页。

石国王等皆被高仙芝押送长安。这次所擒获的吐蕃酋长，或许就是羯师国内"吐蕃城堡"之首领。① 此外，根据《资治通鉴》的记载：

> 癸未，吐蕃围小勃律王没谨忙，谨忙求救于北庭节度使张嵩曰："勃律，唐之西门，勃律亡则西域皆为吐蕃矣。"嵩乃遣疏勒副使张思礼将蕃、汉步骑四千人救之，昼夜倍道，与谨忙合击吐蕃，大破之，斩获数万。自是累岁，吐蕃不敢犯边。②

开元十年唐蕃之间小勃律之战，唐廷的胜利确保了"西门"的安全，同时葱岭守捉的设置，遏制了吐蕃由小勃律进入西域地区的道路。

无论是高仙芝还是封常清，这些西域战将对西天山不遗余力地经营，尤其是怛逻斯之战，可以视为唐朝对大食侵夺河中地区的一个反应：

> 高仙芝之虏石国王也，石国王子逃诣诸胡，具告仙芝欺诱贪暴之状。诸胡皆怒，潜引大食欲共攻四镇。仙芝闻之，将蕃、汉三万众击大食，深入七百余里，至怛罗斯城，与大食遇。相持五日，葛罗禄部众叛，与大食夹攻唐军，仙芝大败，士卒死亡略尽，所余才数千人。右威卫将军李嗣业劝仙芝宵遁。道路阻隘，拔汗那部众在前，人畜塞路；嗣业前驱，奋大梃击之，人马俱毙，仙芝乃得过。③

天宝十载，唐廷在边境同时发动了三次大战：在东北与契丹战、在西南与南诏战、在西北与大食战，但是皆以失败告终。关于怛逻斯之战失败的影响，吴玉贵认为战后的西域形势与战前相比几乎没有发生多大的变化，④ 王小甫也认为就唐、大食间整个关系来说，并未见受到战争的影响。⑤ 但是纵观东亚局势，对唐廷而言其隐性的负面影响是巨大的，尤其是破坏了唐朝在西天

---

① 《册府元龟》卷九九九《外臣部·请求》，第 11724 页。
② 《资治通鉴》卷二一二，玄宗开元十年，第 6871 页。
③ 《资治通鉴》卷二一六，玄宗天宝十载，第 7026—7027 页。
④ 余太山主编《西域通史》，第 191 页。
⑤ 王小甫：《唐、吐蕃、大食政治关系史》，北京大学出版社 1992 年版，第 179 页。

山诸势力中的影响，降低了唐军的威慑力，尤其是安史之乱后帕米尔以西迅速失陷，在唐蕃边界地区吐蕃对唐朝势如破竹的攻势中也可见其端倪。

综上，唐朝经营西域的战略是以天山廊道为主轴进行的。唐朝非常重视西北地区的战略地位，并在其经营过程中不断完善其战略体系。高祖时期，唐朝击败河西的薛举、李轨等势力，控制了河西走廊，打通了中原通往西域之路。太宗初年，击败东突厥，不仅唐太宗获得"天可汗"的称号，而且极大提高了唐朝在西北地区的声望。伊吾的归附，使唐朝控制了天山廊道东部的桥头堡。随后，唐朝灭高昌、平定焉耆和龟兹，其对西域的经略，逐步沿着天山廊道向西挺进。

唐高宗显庆初年，通过平定阿史那贺鲁叛乱，基本扫清唐太宗中后期以来西突厥在唐廷西域经略过程中的阻挠与干涉。安西都护府由西州迁往龟兹，以及在西突厥故地、河中地区、吐火罗故地、塔里木地区设置大量羁縻府州，表明唐廷经略西域的重心由东天山转至中天山。唐高宗咸亨至武则天长寿年间，唐廷与吐蕃围绕安西四镇在西域地区展开激烈争夺。争夺的背后，反映出以安西都护府为中心的战略部署在天山廊道上的伸缩，西州逐渐成为唐朝经略西域的后勤基地。此后，大食与突骑施的崛起，为西域局势增加了新的变数。

唐玄宗初期，以焉耆代碎叶备四镇，最终确立了以中天山为依托、以安西都护府龟兹为中枢的经略布局，西天山的碎叶地区仍然发挥着信息廊道的作用。直到天宝末年的安史之乱，安西、北庭行营军赴难中原，直接造成西域兵力空虚，吐蕃趁此蚕食西域与河陇之地。此后，天山廊道和塔里木地区与唐廷的关系渐行渐远，信息沟通和交通都日趋艰难，天山廊道的陷落也只是时间问题了。

第　一　章

伊州：天山廊道的东部桥头堡

　　伊州东接瓜州、西连庭州和西州，是唐代东部天山廊道进出河西走廊的门户。东汉时期就曾在东天山伊吾之地屯田。到了唐代，唐政府通过设置伊州、庭州和西州稳定控制了东天山，由此开始了经营天山廊道的进程。唐朝在伊吾之地进行了大规模的屯戍活动，有效控制了进出吐鲁番盆地、塔里木盆地、准噶尔盆地的通道，使之成为连接天山廊道与内地的门户。

第一节　伊州的水系与绿洲

　　伊吾绿洲，是丝绸之路改道后从瓜州经行莫贺延碛后的第一个绿洲。唐代伊州，其地域范围与今天的哈密行政区域大体相当。因东天山主体山脉——巴里坤山、喀尔力克山、莫钦乌拉山等山脉呈西北—东南向深入哈密境内，故以天山为中心，哈密可分为南北两个部分：山南为哈密市，山北为巴里坤县和伊吾县。因此，哈密形成了南北不同的两个气候区域：南部冬季、夏季持续时间长，光照充足，热量丰富，干旱少雨；北部夏季短，冬季漫长，降水充沛，气候温良。故天山北麓绿洲呈带状分布，南部绿洲则呈块状与沙漠戈壁相间分布。

　　东部天山，唐代称之为"折罗漫山"，唐代伊州的重要水源大多发源于此。今天的哈密境内水系依然发达，河流较多。天山南面为沙尔湖河区，北面为巴伊盆地河区，主要湖泊有沙尔湖（今已枯竭）、巴里坤湖、淖毛湖；河流有石城子河、巴里坤山南麓诸河、喀尔力克山南麓诸河、莫钦乌拉山北麓诸河、柳条河、伊吾河等。

一 沙尔湖与纳职绿洲

沙尔湖又名疏纳诺尔湖，位于哈密市西南、南湖戈壁腹地，西距鄯善县界 65 公里，东距哈密市南湖乡 100 公里，东北距五堡乡 65 公里，现为一干涸湖盆。沙尔湖为哈密盆地的最低点，海拔低于海平面 53 米，为新疆第二低地。因为地势低，历史上发源于北部巴里坤山、喀尔力克山南坡的大河最终都流入沙尔湖。发源于巴里坤山南麓的主要河流自西向东有：白杨沟、柳树沟、头道沟、二道沟、三道沟、四道沟、五道沟、六道沟、七道沟、八道沟、大白杨沟、乃人沟、葫芦沟、小白杨沟和南山口河；发源于喀尔力克山南麓的河流有：石城子河、榆树沟河、庙尔沟河、八木墩河等。

大量的考古和历史记载证明，流入沙尔湖的白杨沟河曾经孕育了哈密的古代文明。西周的昆吾、西汉的伊吾卢、东汉的伊吾、唐代的纳职县都曾坐落在这条河流上的三堡地区。这里不仅牧业、农业发达，而且是丝绸之路上的一颗璀璨明珠，往来的商贾、使者不断。

在隋唐时期，哈密以西的路线从三堡分道：一路向南经四堡、五堡、沙尔湖、鲁克沁至高昌，被称为"伊西道"；另一路向西北经今了墩站、十三间房站、鄯善至高昌，被称为"新开道"。唐玄奘法师从伊吾到高昌，经行的是南碛"伊西道"。但是，其后的使者商旅大多沿北部山麓西行，方便沿途补给。如，宋代的使臣王延德、白勋，正是经十三间房前往高昌。现沙尔湖周边是戈壁，被称为"南湖戈壁"，又名"哈顺戈壁"。

唐代，该地设有纳职县。敦煌文献 S.367《唐光启元年（885）书写沙州伊州地志残卷》（以下简称《沙州伊州地志残卷》）有关于纳职县的记载："城北泉，去县廿里，在坎下涌出，成湍流，入蒲昌海也。"[1] 可见，纳职县附近的城北泉水量充沛，也正是因为丰富的水源，才形成了以纳职县为中心的绿洲农业区。

---

[1] 唐耕耦、陆宏基编《敦煌社会经济文献真迹释录》第 1 辑，书目文献出版社 1986 年版，第 41 页。

二　石城子河、巴里坤山南麓诸河与哈密绿洲

1. 石城子河

石城子河，下游称库如克果勒河，发源于天山东段的喀尔力克山南坡，尾闾为沙尔湖。上游由克其克奥恰克力克河、潘哈达沟等支流汇集而成，之后由南转为向西流，至下游寒气沟口，于右岸接纳了乃羌克尔河、羌克尔沟和唐宫沟后再转向南流，至哈密市天山乡头道沟村，与左邻故乡河汇合。两河汇合口以下河段始称石城子河，自出山口向南流20余公里，呈散流状进入哈密市区，其余水被引入南湖水库。出水库河流继续向南流，穿行于南湖戈壁之中，河流呈散流状，河床宽阔平坦。除了石城子河的两条源头河，剩下的两条南流涧水应是发源于喀尔力克山的两条河流。唐代时，石城子河下游水量很大，流域面积广，最终注入沙尔湖。

石城子河流域在古代是屯戍重地。东汉的伊吾屯田、隋朝的伊吾屯田、唐朝的伊州屯田、元朝的哈密力屯田等，都依赖石城子河丰沛的水量，从而成为重要屯戍区。

2. 巴里坤山南麓诸河

巴里坤山南麓诸河，是指发源于天山东段巴里坤山南坡的诸河流，所在区域位于哈密市境内，西起七角井盆地东部，东以303省道为界。区域内自西向东主要河流有：白杨沟（榆树沟乡）、柳树沟、头道沟、二道沟、三道沟、四道沟、五道沟、六道沟、七道沟、八道沟、大白杨沟、乃人沟、葫芦沟、小白杨沟和南山口河等。

诸小河中，除五道沟山区河长达32公里以外，其余各小河山区河长度均在20公里以内。由于巴里坤山前冲积—洪积扇中上部透水性很强，河流在出山口后，水量除被山口渠首引出外，逐渐渗入地下，大多转化为地下水。因此，哈密盆地的地下水较为丰富，在盆地北缘有许多泉水出露，成为哈密绿洲农业的灌溉水源。

《元和郡县图志》载："州东北四涧水并南流，至州南七八里合流为一水。侧近皆有良田。"① 唐代伊州东北的四条南流涧水，流经至伊州南七八

---

① 《元和郡县图志》卷四〇《陇右道下》，贺次君点校，中华书局1983年版，第1029—1030页。

里处时汇流，是当地良田的主要水源。巴里坤山南麓诸小河下游的柳树泉农场东侧为唐代白杨沟佛寺遗址，河水就从佛寺中间流过。

三　喀尔力克山南麓诸河与柔远绿洲

喀尔力克山南麓诸河，是指东天山山脉喀尔力克山南坡、八木墩河以东的诸多小河流，河流自西向东为：安拉沟、科托沟、乌拉台沟、大天生圈河、小天生圈河和苏里苏河。这些河流的源头均位于喀尔力克山山脊，山口以上河流集水面积最大的为 171 平方公里的苏里苏河，最小的为 25 平方公里的科托沟。诸河流均由东北流向西南，出山口以上河长一般在 15 公里左右，大部分河流在出山口后逐渐渗漏散失。

喀尔力克山南麓诸河灌溉水域主要为哈密市沁城乡，该地历史悠久，唐代的柔远县曾设置于此。唐代柔远县背靠喀尔力克山，以该山为发源的河流众多，自北向南流经该区域。《元和郡县图志》"柔远县"条记载："柳谷水，东西二源，出县北天山，南流十五里合。"① 据此，并结合现代水系来推测，柳谷水的东西二源，或许就是大、小天生圈河，加之其他诸小河，最终形成了以柔远县为中心的柔远绿洲。

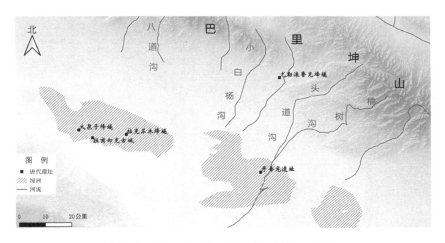

图 1-1　哈密地区天山南麓水系及绿洲示意图

① 《元和郡县图志》卷四〇《陇右道下》，第 1030 页。

四　柳条河与巴里坤绿洲

柳条河位于哈密地区天山西部的巴里坤县境内，为巴里坤湖的主要水源，河流全长约 108 公里，总集水面积约 3000 平方公里。该河流域三面环山，东北为莫钦乌拉山，东南、西南为巴里坤山，故该流域呈东高西低的长条状盆地地貌。柳条河主源发源于巴里坤山的白石头，河流源区位于巴里坤山高山湿地，周围泉水众多。河流自源头由南向北流经哈密市、巴里坤县和伊吾县交界处的松树塘，在下游 20 公里处接纳柳条河另一源流水磨河。

柳条河下游支流为乌沟河。在乌沟河汇入口以下，柳条河又向西流经奎苏镇，之后蜿蜒于平坦的巴里坤草原及湿地之中，缓缓注入巴里坤湖。流域内南岸部分支流源头有冰川分布，水源主要由源头处冰川融水补给，另外也有一定的降水和季节性冰雪融水补给。流域属温带亚干旱气候区，光照充足，年平均气温 1.0℃，年平均降水量 203 毫米，年平均蒸发量 1620 毫米，无霜期 102 天。

图 1 - 2　伊吾军遗址大河古城及附近绿洲

柳条河源流地处古代著名的松树塘，因山口"库舍图岭"地势较低，自古以来就是扼丝绸之路北新道的咽喉要地。松树塘附近的古代驿站和烽火台遗址，是汉代任尚、唐代姜行本在此立下赫赫战功之佐证。东距团结水库8公里，位于大河乡东头渠村的大河古城，是目前哈密地区规模最大、保存较好的一处唐代城址，系唐景龙年间驻屯于此地的伊吾军所筑，当时伊吾军在柳条河下游绿洲屯垦戍边，有效抵御了东突厥的西犯。

唐代伊吾军驻地位于巴里坤山以北、莫钦乌拉山以南，以此二山为发源的河流众多，多汇入柳条河，最后流入巴里坤湖。巴里坤周边地区地处东天山北麓的高山盆地，四周群山环抱，中间山丘起伏，溪涧密布，水源充沛，绿洲草木茂盛，土地肥沃，既是优良的天然牧场，又是肥沃的绿洲屯田区。[①]

五　巴里坤湖

巴里坤湖，古称蒲类泽、蒲类海、婆悉海，《元和郡县图志》载："绕海名良田，汉将赵充国所屯也，俗名婆悉厥海。"[②]元代称巴尔库勒漳尔，清代后期始称巴里坤湖，民间俗称西海子，位于巴里坤县西北18公里处，属巴里坤山间盆地内陆的闭口咸水湖。湖泊东部水源丰富，其中最大入湖源流为柳条河。湖泊东西宽10公里，南北长14公里，湖面海拔1585米。据史书记载，古代巴里坤湖水面面积近1000平方公里，巴里坤湖东侧河流两岸分布有大片湿地、草原。巴里坤草原植被优良、牧草丰美，宽阔的河谷中生长着锦鸡儿等灌木丛。此外，巴里坤湖附近还分布着大片芨芨草等盐漠植物。此地为汉代蒲类国地，《后汉书·西域传》云："庐帐而居，逐水草，颇知田作。有牛、马、骆驼、羊畜。能作弓矢。国出好马。"[③]唐代时，这里是交通东西的重要道路。此道从伊吾（今哈密）北行，经蒲类海，沿天山北麓经伊犁西北达于西海（咸海），也是从伊州到伊吾军镇的重要道路。

六　伊吾河

伊吾河位于伊吾县境内，发源于天山东段喀尔力克山北坡，尾闾为淖毛湖。河流由4条较大支流汇集而成，自西向东依次为库木开其克河、科托郭

---

① 方英楷：《新疆屯垦史》，新疆青少年出版社1989年版，第313页。
② 《元和郡县图志》卷四〇《陇右道下》，第1030页。
③ 《后汉书》卷八八《西域传》，第2928页。

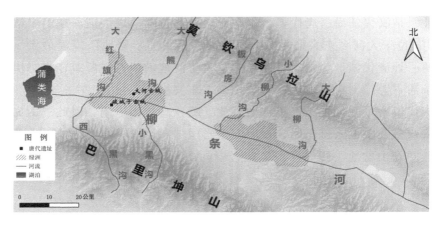

图 1 - 3　哈密地区天山北麓水系及绿洲示意图

勒河、塔什开其克河（下游俗称小白杨沟河）和大白杨沟河，山口以上集水面积 827 平方公里，苇子峡以上河长 42 公里，多年平均年径流量为 7341 万立方米。

　　库木开其克河出山口后，水流即渗入地下，其后以地下水形式与其余 3 条穿越冲积平原的河流先后汇入位于伊吾县城西南侧约 2 公里处的沼泽湿地，后经吐葫芦乡，汇集于北山脚下的伊吾县城东侧，河流始称伊吾河。此后河流从县城东北侧缓缓进入北山峡谷，与大白杨沟河汇合后，再沿爱勒盆地蜿蜒北流，沿途经过苇子峡乡、苇子峡水文站，穿越 4 公里长的苇子峡流出山口，进入淖毛湖镇。这里是典型的水积盆地平原，四周的地下水都朝这里汇集，故此地成为戈壁瀚海中的绿洲：长达 175 天的无霜期以及得天独厚的水土光热资源，适宜种植多种经济作物。伊吾河最终流入镇西北 20 余公里处的淖毛湖。

　　淖毛湖又名英库勒湖，为咸水湖，位于伊吾县淖毛湖镇境内。其主要水源是伊吾河。此外，淖毛湖还是发源于蒙古国北部、东北部境内的细长干河、长干河、横干河、琼河坝等季节性河流的尾闾湖。

七　莫钦乌拉山北麓诸河

　　莫钦乌拉山位于巴里坤县境内，其北麓地区分布有众多小河，自西向东依次为：头道沟、二道沟、三道沟、四道沟、头道白杨沟、二道白杨沟、三道白杨沟和四道白杨沟等。此区域地势南高北低，南倚莫钦乌拉山，北靠戈壁，故诸小河大致呈南北流向，出山口以上河长均小于 20 公里，集水面积不足 150 平方公里。该地区属大陆性寒温带气候，四季不甚明显，年均气温0℃左右，年均降水量约 300 毫米。在莫钦乌拉山北麓诸小河中，头道沟为区域内水量最充沛的河流。该河流域海拔最高 2962 米，河流由源流半截沟和草湖沟汇合后，由南向北流入山前洪积平原区后渗入地下。该河流过 25公里后，在巴里坤县三塘湖乡上湖村附近出露地表，下游三塘湖镇建有三塘湖水库，河流最终流入其中。值得一提的是，该区域作为天山北麓的重要交通要地，至今还留存有古代烽燧的遗址。

第二节　伊州的军事体制与军事遗存

伊吾地处东天山廊道东端，是连接河西与天山廊道的桥头堡。因此，唐朝在伊州最先设置州县，建立军事体制进行管理。敦煌文书记载："贞观四年，首领石万年率七城来降，我唐始置伊州。"[1] 自伊州设置后，唐朝不断完善其军政建置。伊州辖县有：伊吾县、柔远县、纳职县，并设置了伊吾军镇，道路沿途多有守捉、烽铺，见证了唐廷对伊州的管理和军防布局。

一　伊州军事的初步构建

伊吾是天山廊道的东部桥头堡，是唐朝最早经营西域之地。因此，伊吾归唐后，实行了与内地一致的州县制，伊州成为唐朝从河西走廊到天山廊道的跳板，并在经营西域的过程中发挥了重要作用。

（一）设置伊州和构建管理体制

在伊吾降唐后，唐太宗欲从隋制，在此地设立州县。但凉州刺史李大亮上疏反对："况河西州县萧条，突厥微弱以来，始得耕获；今又供亿此役，民将不堪，不若且罢招慰为便。"[2] 主张用羁縻的形式来治理伊州。但是太宗拒绝了这一建议，于贞观四年在伊吾建立起与内地相同的州县制。

---

[1]　唐耕耦、陆宏基编《敦煌社会经济文献真迹释录》第 1 辑，第 39 页。
[2]　《资治通鉴》卷一九三，太宗贞观四年，第 6193 页。

1. 设置伊州

关于伊州的行政建制，史籍载：

> 伊吾县，下。郭下。本后汉伊吾屯，贞观四年置县。
>
> ……
>
> 柔远县，下。西北至州二百四十里。贞观四年置。县东有柔远故镇，因以为名，兼置守捉。
>
> ……
>
> 纳职县，下。东北至州一百二十里。贞观四年置。其城鄯善人所立，胡谓鄯善为纳职，因名县焉。后汉明帝曾于此置宜禾都尉。①
>
> 伊州伊吾郡，下。本西伊州，贞观六年更名。土贡：香枣、阴牙角、胡桐律。户二千四百六十七，口万一百五十七。县三：西北三百里甘露川有伊吾军，景龙四年置。伊吾，下。贞观四年置，并置柔远县，神功元年省入焉。在大碛外，南去玉门关八百里，东去阳关二千七百三十里。有折罗漫山，亦曰天山；南二里有咸池海。纳职，下。贞观四年以鄯善故城置，开元六年省，十五年复置。南六十里有陆盐池……柔远。下②

从上述史料可以看出，伊州下辖伊吾、纳职和柔远三县。伊吾县是州治所在，在汉代就有开屯田的先例，隋代又在汉伊吾之东建伊吾郡，唐沿用该城。学术界根据牙吾龙遗址城制大小和出土的残片推断，该地很有可能是唐代伊吾县所在治所。纳职县的遗址一般认为在今五堡乡的拉甫却克古城。柔远县遗址现未发现，不过一般认为在沁城乡一带。③

2. 伊州军事体制的建立

随着伊州的设置，相应的军事制度也建立起来。唐初实行府兵制，农忙耕种，农闲练兵。唐置西州后，设有天山府、岸头府、蒲昌府和前庭府四个折冲府。可见，唐代府兵制已经在西州地区落实。虽然关于伊州折冲府的记载在史料中难以寻觅，但是伊州作为唐在西域最先经营的正州，又面临周边

---

① 《元和郡县图志》卷四〇《陇右道下》，第1029—1030页。
② 《新唐书》卷四〇《地理四》，第1046页。
③ 羊毅勇：《唐代伊州考》，《西北民族研究》1993年第1期。

族群的威胁，实行府兵制是不容置疑的。在府兵外，伊州应该还有一定数量
的镇兵。这可从史书对当时西州地区军事建置状况的记载中得知。《资治通
鉴》记载："置安西都护府于交河城，留兵镇之。"① 此外，《册府元龟》载：

> 　　唐谢叔方，为左亲卫中郎将。奉使灵州，招辑突厥，会失哥逻禄等
> 叛部落叛兵三千于籍溪水上，围叔方甚急。叔方率厉奋击，虏众乃解。
> 还至柔远县，发伊州兵往谕延陀，与其游军会击，大破之。②

从史料记载来看，此战事发生在贞观十八年，谢叔方担任伊州刺史，哥逻禄
的叛军人数有 3000 人，而从谢叔方发伊州兵击败叛军来看，伊州应拥有不
少镇兵。③ 除去府兵和镇兵，伊州还应有一定数量的城傍子弟。所谓"城
傍"，《册府元龟》卷九九二《外臣部·备御》开元九年四月甲辰诏略云：
"诸道军城，例管夷落。"隶于各军城的"夷落"，也就是城傍部落。内附部落
置于军城范围之内，就是"城傍"。而伊州在隋末时隶属于突厥，为胡人聚集
地。因此，唐在置伊州后，必定要建立城傍。对诸胡部落实行城傍子弟兵制，
乃是针对胡人所设的兵役制度。此事依旧可以参照西州，《资治通鉴》载：

> 　　及奉使过西州，吏人郊迎，行俭悉召其豪杰子弟千余人自随，且扬
> 言天时方热，未可涉远，须稍凉乃西上。阿史那都支觇知之，遂不设
> 备。行俭徐召四镇诸胡酋长谓曰："昔在西州，纵猎甚乐，今欲寻旧
> 赏，谁能从吾猎者？"诸胡子弟争请从行，近得万人。行俭阳为畋猎，
> 校勒部伍，数日，遂倍道西进。去都支部落十余里，先遣都支所亲问其
> 安否，外示闲暇，似非讨袭，续使促召相见。都支先与李遮匐约，秋中
> 拒汉使，猝闻军至，计无所出，帅其子弟迎谒，遂擒之。④

依上述史料可见，高宗调露元年，由裴行俭统率的军队于西州募得

---

① 《资治通鉴》卷一九五，太宗贞观十四年，第 6269 页。
② 《册府元龟》卷六五六《奉使部·立功》，第 7858 页。
③ 刘子凡：《瀚海天山——唐代伊、西、庭三州军政体制研究》，第 79 页。
④ 《资治通鉴》卷二〇二，高宗调露元年，第 6506 页。

"豪杰子弟"千余人，及四镇诸胡子弟近万人，这些都应为城傍子弟。由此可知，城傍制度在西域已经实行，城傍子弟骁勇善战，是唐在西域可以依靠的一股不可忽视的军事力量。[①]

（二）以伊州为中心的军事遗存

目前，以伊州为中心，分布着两座古城遗址，分别是牙吾龙遗址和拉甫却克古城。据推测，这两座古城可能是唐代伊州下辖的伊吾县与纳职县遗存。除此之外，在伊州东部还有两座烽燧遗址，分别是大泉子烽燧和拉克苏木烽燧，二者都位于伊州西去庭州、西州的孔道上，是沿途的补给站和重要的军事防御设施。

1. 牙吾龙遗址

牙吾龙遗址位于今哈密市东郊陶家宫乡牙吾龙村东北 500 米处，海拔784 米。遗址东西长约 150 米，南北宽 80—90 米，地表有灰烬层分布。在遗址所采集到的遗物主要为隋唐时期的遗存，包括大量陶片、兽骨、烧结物和隋五铢钱一枚。在其西部约 500 米，亦有一烧火的灰烬层，厚 10 厘米，并采集到陶片和石磨盘一件。陶片分夹砂红陶和夹砂灰陶两种，皆轮制，纹饰有锥刺、弦纹及水波纹。从残器口观察器形，多为罐，也有盆，多敞口，折沿或微沿，均无耳，且以平底为主。这些陶片的主要特征与哈密地区隋唐时期遗址中的遗物极为相似。[②]

值得重视的是，汉代的屯田多在五堡地区，隋所建的新伊吾城在其东边，故伊吾应在今哈密附近，牙吾龙遗址的位置恰好处于这一区域，很有可能是伊吾城遗存。[③]

2. 拉甫却克古城

拉甫却克古城位于今哈密市五堡乡四堡村内，古城有南、北两城，平面大致呈"吕"字形。白杨河水曾从两城中间流过，河水冲蚀使古城破坏严重。北城东、南墙已不存，西墙残长约 60 米，北墙残长约 125 米。城墙基部为夯筑，高 2 米，宽约 4 米，夯层清晰，厚 5—10 厘米。城墙上半部由土坯垒筑，残高 1.6—2.5 米，宽近 2 米。西、北墙外各存马面一个，北墙马

---

①　程喜霖：《略论唐朝治理西域的战略思想与民族政策》，《西域研究》2015 年第 4 期。

②　《哈密文物志》编纂组编写《哈密文物志》，新疆人民出版社 1993 年版，第 43 页。

③　羊毅勇：《唐代伊州考》，《西北民族研究》1993 年第 1 期。

面保存较好。城内中部和西南部现有规模较大的高台建筑基址及房屋遗存，部分房屋墙垣清晰可辨。南城除西墙已不存、北墙仅存东段，东、南二墙残存较长。东墙长约 100 米，残高 4.5 米，宽 3.5 米，墙由夯筑而成，夯层厚约 10 厘米。南墙残高 6 米，为内外两层，其间有 15 厘米宽的缝隙。外层墙经夯筑，宽 1.3 米，内层墙为土坯垒砌，宽 0.65 米。

遗址的东北角现存高约 15 米的方形建筑，剖面呈梯形，推测为角楼遗迹。城内已辟为村民居住地或果园，其原有建筑形制及特征已经难以辨认。古城内外发现陶片，主要是夹砂红、灰陶，多为轮制，火候较高，纹饰具有明显的唐代特征。此外，在遗址北部有甲郎聚龙、库木吐鲁、恰普北及托玛等佛寺、佛塔，与相距 10 余公里的白杨河佛教寺院相联系。所以有学者认为四堡的拉甫却克古城（见图 1 - 4）为伊州所辖的纳职县遗存。①

图 1 - 4　拉甫却克古城

3. 大泉子烽燧

大泉子烽燧位于哈密市五堡乡小泉子村大泉子东约 1 公里处的戈壁滩上，地表植被以骆驼刺等为主。烽燧平面呈正方形，边长为 6.6 米，占地面

① 羊毅勇：《唐代伊州考》，《西北民族研究》1993 年第 1 期。

积 44 平方米。仅存东墙和北墙的部分墙体,残高约 5 米。墙体的构筑方式为土坯、红柳枝夹筑。土坯规格为 30 厘米 × 15 厘米 × 5 厘米。根据建筑形制及与其他烽燧的关系确定其年代为隋唐时期。

图 1−5　大泉子烽燧

4. 拉克苏木烽燧

拉克苏木烽燧位于哈密市二堡镇拱拜耳湾村西南约 4 公里处的拉克苏木,处于东天山南麓平缓戈壁的台地边缘,四周均为戈壁,烽燧周围生长有甘草、骆驼刺、矮芦苇等植物。烽燧保存较好,墙壁的裂缝和坍塌情况并不严重,平面呈正方形,边长为 13 米,残高约 8 米,系土坯、芦苇和红柳枝层层夹筑而成,土坯长、宽、高分别为 37 厘米、17 厘米、10 厘米,土坯间每隔 60—90 厘米平铺一层厚约 9 厘米的芦苇、红柳枝条。烽燧周围散布有陶片,均为细砂红陶。烽燧北面底部有三个洞口,深 0.3—0.6 米。根据其建筑形制,确定年代应为隋唐时期。

二　建立伊吾军

7 世纪末,后突厥势力兴起,为了阻遏后突厥西进,强化东天山北部的

图 1 - 6　拉克苏木烽燧远景

军防力量，唐于长安三年在北庭置瀚海军，在伊州则设置伊吾军，东天山北麓的军事力量得到进一步增强。

（一）伊吾军的设立

后突厥势力的崛起，是以默啜可汗即位为起始的。在其率领下，后突厥东征西讨，势力逐渐强盛，《旧唐书》载：

> 二年，默啜立其弟咄悉匐为左厢察，骨咄禄子默矩为右厢察，各主兵马二万余人。又立其子匐俱为小可汗，位在两察之上，仍主处木昆等十姓兵马四万余人。又号为拓西可汗，自是连岁寇边。[1]

又有《资治通鉴》载：

> 默啜还漠北，拥兵四十万，据地万里，西北诸夷皆附之，甚有轻中

——————————

[1]　《旧唐书》卷一九四《突厥传》，第 5169—5170 页。

国之心。①

由此可见，后突厥的势力甚至已经威胁到了唐在西域的统治。伊州作为连接河西和西、庭二州的通道，原有的军事力量已经不足以应对后突厥的西侵，伊吾军也就是在此背景下设置的，史载：

> 西北三百里甘露川有伊吾军，景龙四年置。②
> 伊吾军，本昆吾国也，置在伊州，景龙四年五月置。③
> 伊吾军，在州西北三百里折罗漫山北甘露川，置刺史为使，景龙四年置。④
> 伊吾军，开元中置，在伊州西北五百里甘露川，管镇兵三千人，马三百匹，在北庭府东南七百里。⑤

除去《旧唐书》记载的"开元中置"外，其余史料记载年份均为景龙四年。此外，《唐大诏令集》中有《命吕休璟等北伐制》，⑥ 命吕休璟率领金山道行军外，还命朔方道行军大总管张仁愿、凉州都督司马逸客、灵州都督甄粲以及甘州、肃州、瓜州、伊州的州刺史与吕休璟计会军事，其中便有"伊吾军使伊州刺史李眘交"。此诏颁布于景龙四年五月十五日。因此，伊吾军的设立时间应为景龙四年。

伊吾军的驻地，史籍中多概括为伊州西北三百里的甘露川，而敦煌出土的《沙州伊州地志残卷》记载得更为详细：

> 伊吾军。东南去上都四千八百里。右景龙四年五月日奉敕置，至开

---

① 《资治通鉴》卷二〇六，则天后圣历元年，第6651页。
② 《新唐书》卷四〇《地理四》，第1046页。
③ 《唐会要》卷七八《伊吾军》，第1429页。
④ 《元和郡县图志》卷四〇《陇右道下》，第1030页。
⑤ 《旧唐书》卷四〇《地理三》，第1646页。
⑥ 《唐大诏令集》卷一三〇《命吕休璟等北伐制》，中华书局2008年版，第705页。

元六年移就甘露镇，兵士三千人，马一千卅四。①

由此可知，伊吾军是在开元六年才移至甘露镇②，即今巴里坤县的大河古城。大河古城所在的地区，不仅水草丰美，宜农宜牧，而且处于自蒙古高原至伊、庭、西三州的交通要道上。这和当时后突厥势力深入西域的形势相符，唐军在此驻军，可以很好地拱卫唐东天山北部军防的安全。

吐鲁番出土文书《唐朝请大夫守伊州刺史兼伊吾军使残文书》载：

　　　　　朝请大夫使持节伊州诸军事、守伊州刺史、兼伊吾军 使 。③

文书中没有说"大夫"是何人，但是可以发现，该大夫将要任职的是伊州刺史，兼伊吾军使。因伊吾军使往往由伊州刺史兼任，故伊州管理体制中也应有"州"和"军"两套系统，伊州烽铺和伊吾军烽铺应是由州的司兵与军的兵曹参军分管，而由刺史兼军使总领。不仅伊、西、庭等州是如此，其他诸节度使所辖之军镇如安西、朔方、河源、河西、范阳等亦应类似。④

唐朝的军镇制度，往往是设立镇军后，会随之在重要的交通路线上，如"伊庭道""伊吾军道"等建立一些烽铺，这些烽铺往往一线相连，除了能起到警戒外敌的作用，还要进行屯田，种植农作物。据《沙州伊州地志残卷》⑤和其他出土文书，现将伊州已知的烽铺、镇戍情况整理如下（见表 1-1）。

---

① 唐耕耦、陆宏基编《敦煌社会经济文献真迹释录》第 1 辑，第 40 页。

② 关于伊吾军的初置之地，刘子凡猜测是伊吾县城，而钟兴麒则认为应在柔远县，详见刘子凡《瀚海天山——唐代伊、西、庭三州军政体制研究》，第 242 页；钟兴麒《伊吾军驻所甘露川考》，《西域研究》1993 年第 4 期。

③ 程喜霖、陈习刚：《吐鲁番唐代军事文书研究·文书篇》，新疆人民出版社 2013 年版，第 468 页。

④ 程喜霖：《汉唐烽堠制度研究》，三秦出版社 1990 年版，第 251 页。

⑤ 唐耕耦、陆宏基编《敦煌社会经济文献真迹释录》第 1 辑，第 39 页。

表 1－1　伊州三县所辖烽铺、镇戍情况

	伊吾县	柔远县	纳职县	不明
镇、守捉		柔远镇	纳职守捉	
戍	墼亭戍、赤崖戍、稍竿戍		百泉戍	
烽铺	水源烽、毛瓦烽、狼泉烽、香枣烽、盘兰泉烽、速度谷烽、伊地具烽	白望烽、白杨山烽、伊地具烽、独堆烽	百尺烽、不到泉烽、永安烽、东拓厥烽、花泉烽、延末烽	高头烽、阿查勒烽、泥熟烽、故亭烽、速独烽、青山烽、风耳烽、乌谷铺、骨咄禄铺、波色多铺、苜蓿烽、都罗烽、柽塸烽

（二）　以伊吾军为中心的军事遗存

以唐代的伊吾军为中心，有两座古城遗址，分别是大河古城与破城子古城，伊吾军的驻地就是现在的大河古城，破城子据考证应是唐时期的古城遗址。数座烽燧遗址散落在巴里坤盆地各处，大致反映了伊吾军的交通路线。

1. 大河古城

大河古城位于今巴里坤县大河乡东头渠村东南，北距干渠村 3 公里。该城址位于天山北麓，地处天山与莫钦乌拉山之间的平原上，水源充沛，土地肥沃，适宜农耕，周围是片片农田，是东天山北麓重要的绿洲。敦煌文书《沙州伊州地志残卷》记载，伊吾军"景龙四年五月奉敕置，至开元六年移就甘露镇，兵士三千人，马一千卅匹。……伊吾军四至，东南去伊州三百里，西南去西州八百里，西去庭州七百八十里，东北接贼界"。① 《元和郡县图志》卷四〇记载："伊吾军，在州西北三百里折罗漫山北甘露川，置刺史为使，景龙四年置。"② 大河古城的状况大致符合以上记载。

古城由主城和附城两部分组成。较小的西城为主城，城址坐东向西，四周城墙保存较好。西城墙正中偏上处有豁口，推测应为城门。主城东墙约中间处有一豁口，应是为通往附城而开的城门。城墙四角各有一角台，位于西北角的角台保存较好，剩余的 3 个角台保存较差；西面城墙上等距建有 3 个

---

① 唐耕耦、陆宏基编《敦煌社会经济文献真迹释录》第 1 辑，第 41 页。
② 《元和郡县图志》卷四〇《陇右道下》，第 1030 页。

马面，东面城墙建有 3 个马面，南面城墙上疑有 1 个马面，北面城墙上等距离分布 2 个马面。

城内圈东西宽为 170 米，南北长为 190 米；城外圈东西宽约 190 米，南北长约 210 米。在主城东南角，有一平面呈东西向长方形的建筑基址，从该建筑基址的位置推测应为官署遗址。其东墙和南墙利用主城城墙的一部分，北墙及西墙自行夯筑。北墙正中有一豁口，猜测应是官署之门。在遗址中央有一口废弃水井，口部略呈圆形，井内四壁较直，深约 1.5 米。东城为附城，城址平面呈长方形，保存相对较差。城墙较低矮，但是较为规整。东城内圈南北长约 220 米，东西宽 180 米左右。东城紧挨西城，其西墙即主城的东墙。从主城东墙的马面凸向附城推测，附城的建造时间要晚于主城。

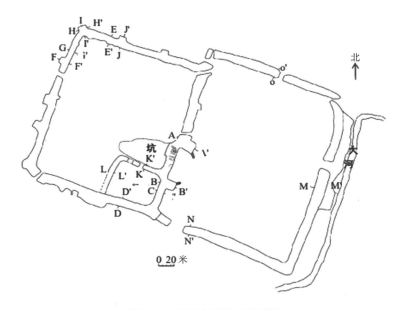

图 1-7　大河古城遗址平面图

资料来源：冉万里《新疆巴里坤大河古城遗址调查简报》，《西部考古》第 5 辑，三秦出版社 2011 年版，第 127 页。

主城、附城共占地 200 多亩。城内出土文物较为丰富，主要包括陶器、石器、建筑材料和古钱币等，具体为单耳灰陶罐、双系耳灰陶罐、唐代莲花纹瓦当等。

根据史料所载伊吾军城的地望以及规模，大河古城就是伊吾军城无疑。

图1-8　大河古城遗址

2. 破城子古城

破城子古城位于巴里坤县石人子乡大泉湾村一、二组北，巴里坤盆地西部的缓坡上，俗称破城子。城址平面为方形，南北长约230米，东西宽约180米，城垣残存的夯土建筑夯层厚9—15厘米，残高1.3—1.6米，宽5米左右。

东南角城墙破损严重，东部、南部的城墙也有部分残缺，北墙较为完整，西墙临近民居的部分有两个取土坑。北墙正中朝外明显凸出，可能为瓮城，城墙西北、东北及西南角均有圆形土堆，似角楼。城内平坦，建筑遗迹已无存，但城内现代建筑较少，文化层可能仍有残留。城周曾采集到唐代遗物。根据《镇西厅乡土志》《新编肃州志》的记载，此城建于唐代。

3. 岔哈泉烽燧

岔哈泉烽燧位于巴里坤县三塘湖乡岔哈泉村东山顶上。烽燧平面呈方形，残高约10米，系片石与土坯垒砌而成，纵剖面为梯形，基底用片石垒砌，下边长10.4米，上边长9.5米，高2米。以土坯、胡杨木和树枝夹筑而成，土坯错缝平砌。烽燧西北角稍有倒塌，其余尚好，地表发现陶片。从烽燧内外分筑而建筑形式不尽相同的特点来看，其年代为唐代，清代又加补利用。

图 1-9 岔哈泉烽燧远景

4. 石板墩烽燧

石板墩烽燧位于巴里坤县三塘湖乡岔哈泉村西，北约 600 米为三塘湖乡至岔哈泉的公路。烽燧平面呈不规则八角形，底边长 3—4 米，东南角残高约 4 米，东北角残高约 7 米，周长 26 米。烽燧内外分筑，北面和西面保存较好，南面已经倒塌。内部系土坯错缝平砌，土坯长 35 厘米，宽 23 厘米，厚 9 厘米，土坯间隔 30—90 厘米平铺一层厚约 5 厘米的胡杨木或树枝，烽燧外由石块封包。烽燧部分因风雨侵蚀，上部倒塌，由于位于山顶上，地势不稳，部分石片垒砌的基础也已经坍塌。从烽燧内外分筑的形式来看，现存烽燧具有不同时代的建筑特点，应是唐代修建，清代有所修补。

5. 东庄子烽燧

东庄子烽燧位于巴里坤县三塘湖乡东庄子村东南约 6 公里的山包上。因烽燧颜色发白，故又称"白墩"。烽燧平面呈方形，边长为 10.3 米，纵剖面为梯形，长 10.3 米，高 2.5 米。烽燧残高约 10 米，系片石与土坯垒砌而

图 1-10　石板墩烽燧

成，底部有围砌石片，每隔 0.6 米夹筑一层树枝。烽体用土坯平筑而成，土坯长 35 厘米，宽 23 厘米，厚 5 厘米，烽燧不见明显的修补痕迹，周围发现有少量的陶片，为泥质灰陶。整个烽燧因风雨侵蚀，上部倒塌，基础上的石块也已经坍塌，石基座的倒塌加速了烽体的损毁。该烽燧形制与中湖村烽燧相似，推测属同一时代，唐代修建，至清历代沿用。

6. 三塘泉烽燧

三塘泉烽燧位于巴里坤县三塘湖乡中湖村东南约 12 公里的山包上。烽燧石片垒砌的基础边长 4 米，高 0.9 米，上部由土坯垒砌，高约 8.6 米，整体残高约 9.5 米，西、北面保存较好，土坯中间由土泥混合的柳条粘筑而成，上部由直径约 10 厘米粗的木柱加筑而成，部分木柱由于烽燧垮塌而外露，烽燧从顶部向下呈八面梯形。

从三塘泉烽燧的东西残面来看，烽燧分为内、外两层，应属不同时代，外层推测为后来修缮。从南面垮塌的部分也可以看出，烽燧的中心部分由石块垒砌，这种建筑形式有利于加强烽燧的稳固性。整个烽燧因风雨侵蚀，上部倒塌，基础也已坍塌，石基的倒塌加速了烽体的损毁。从烽燧

图 1 – 11　东庄子烽燧

内外分筑而建筑形式不尽相同的特点来看，其年代为唐代，清代又加以增补利用。

图 1 – 12　三塘泉烽燧远景

7. 四塘泉烽燧

四塘泉烽燧位于巴里坤县三塘湖乡中湖村东南约 20 公里的山包上，西北约 8 公里为三塘泉烽燧。

图 1 - 13　四塘泉烽燧

烽燧平面呈八面梯形，残高 9 米多，系片石与土坯垒砌而成，基础用片石垒砌，边长 4—6 米，高 1.2 米。基础建在圆形平台上，烽燧以土坯、胡杨木和树枝夹筑而成，土坯错缝平砌。该烽燧同三塘泉烽燧近似，也分为内、外两层。东侧两个面较为完整，其余面几乎全部倒塌。烽燧部分因风雨侵蚀，上部倒塌，基础也已经坍塌，石基座的倒塌加速了烽体的损毁。从烽燧内外分筑而建筑形式不尽相同的特点来看，其年代为唐代，清代又加以增补利用。

8. 中湖村烽燧

中湖村烽燧位于巴里坤县三塘湖乡中湖村东北约 600 米的山包上，烽燧位于石筑的台基上，台基下边长 10 米，上边长 9 米，高 2 米，烽燧上部用土坯垒砌，高约 10 米，土坯中间用土泥混合的柳条粘筑而成，上部用直径约 10 厘米的木柱加筑，东南角从顶部有垮塌。风雨侵蚀造成烽燧上部倒塌，基础已坍塌。从烽燧内外分筑而建筑形式不尽相同的特点来看，其年代为唐代，清代又加以增补利用。

图 1 – 14 中湖村烽燧

9. 大红山北烽燧

大红山北烽燧位于巴里坤县八墙子乡大红山村大红山山顶上。烽燧南约7公里为八墙子岩刻画，西约3公里为巴里坤县至三塘湖乡公路，周围为山脉和草场。

烽燧主体为六面体，残高约5米，边长约3.5米，北部保存较好，南部坍塌。外部系片石垒砌而成，内夹筑植物的枝条。整个烽燧部分受风雨侵蚀。其形制与岔哈泉烽燧相似，推测该烽燧应是唐代修建后一直沿用至清代。

10. 尤勒滚鲁克烽燧

尤勒滚鲁克烽燧位于哈密市天山乡头道沟村新哈巴公路33公里里程碑西约2公里的黑色山丘上。地势北高南低，周边地表植被稀少。烽燧东、南侧为黑色山丘，西为山沟，北为戈壁。烽燧平面呈长方形，东西长约5米，南北宽约4米，残高约5米。石块垒筑，中间夹有树枝。烽燧保存一般，东

图 1-15　大红山北烽燧

壁坍塌严重，西壁部分坍塌，南、北壁保存较好。周围地表未见任何遗物。根据地理位置和建筑形制推测，该烽燧修建于唐代，清代又加固沿用。①

11. 白墩烽燧

白墩烽燧位于巴里坤县大红柳峡乡霍斯库仍村东南、农十三师红星一牧场克孜勒库都克村西北约 14 公里。烽燧因风雨侵蚀西壁部分坍塌，倒塌物堆积于烽燧下，形成高约 1.1 米的小土包，其余三壁的加固墙体均保存较好。烽燧呈覆斗形，平面呈长方形。烽燧底部长 8 米，宽 5.8 米，残高约 7 米。台体用青灰色土坯错缝平砌至顶，后用土黄色土坯进行加固。烽燧的上部风化剥落成为尖角柱状，顶部宽 2 米，每隔 1 米有直径约 10 厘米的木柱暴露。台体东壁有一个门洞，宽 1.5 米，高 2.2 米，进深 4.5 米，洞内顶部有火烧烟熏痕迹，可看出内部为土坯、泥、碎石块混合结构。从西壁断层可看出烽燧是由土坯、作物秸秆、小石块砌筑而成，从北壁和南壁的裂隙处可

---

①　新疆维吾尔自治区文物局编著《新疆维吾尔自治区长城资源调查报告》上册，文物出版社 2014 年版，第 354 页。

看出台体有内外两层。根据建筑特点及与其他烽燧的关系推测，该烽燧为唐代修建，清代加固沿用。[①]

12. 马王庙东山顶烽燧

马王庙东山顶烽燧位于巴里坤县八墙子乡八墙子村西东山顶（巴里坤县至三塘湖乡公路 38 公里处东约 3 公里）。烽燧主体为六面体，残高约 4 米，边长约 5 米，东、北两面较好，南面有现代人垒筑的羊圈，西北面仅存基座，其他均倒塌。烽燧上因人为的攀爬形成两条供上下的小路，外部系片石垒砌而成，内夹筑植物的枝条，片石用黄泥坐浆。其形制与岔哈泉烽燧相似，推测应属于同一时代，唐代修建，至清历代沿用。

伊吾军的驻地为大河古城，尤勒滚鲁克烽燧地当伊州前往伊吾军城的道路，而其余的数座烽燧，分布于伊吾军城向北翻越天山再向东一线延伸的交通路线上。这些烽燧的主要作用有二：一是防御北部的敌人，但兵力配置较少，主要还是起到预警的作用；二是在伊州通往回鹘的道路上起到沿途补给并给予路标指示的作用。

图 1 – 16　马王庙东山顶烽燧鸟瞰

---

① 新疆维吾尔自治区文物局编著《新疆维吾尔自治区长城资源调查报告》上册，第 358 页。

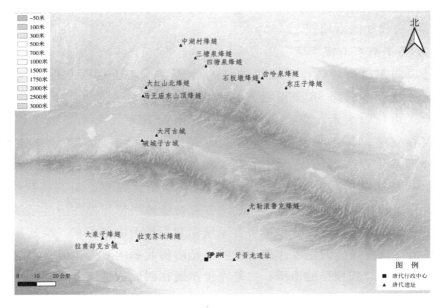

图 1 - 17　伊州遗存分布示意图

三　伊吾军的屯田

伊吾军设立后，唐在其地进行了大规模的屯田，由此也遗留下关于天山廊道最为丰富的屯垦戍边活动的文书记载，尤其是关于屯田管理、屯田队伍、屯田收入分配等方面的记载。对于天山廊道的屯田规模，《唐六典》载，"安西二十屯，疏勒七屯，焉耆七屯，北庭二十屯，伊吾一屯"，这些屯田都属于边州屯田，因此规模都是"大者五十顷"。关于如何屯田也有相应的制度安排，"凡当屯之中，地有良薄，岁有丰俭，各定为三等。凡屯皆有屯官、屯副"。[1]由此可见，虽然伊州的屯田规模不及北庭，但是据《新唐书·吐蕃传》"轮台、伊吾屯田，禾菽弥望"[2]的记载可知，伊州的屯田成效还是很可观的。

---

① 《唐六典》卷七《尚书工部》，陈仲夫点校，中华书局 2014 年版，第 223 页。

② 《新唐书》卷二一六《吐蕃传》，第 6107 页。

（一）伊吾军的屯种情况

出土的吐鲁番文书对伊吾军屯田多有记载，其中又以烽铺屯垦记载为多。可以通过对这类文书的分析，窥得一些关于伊吾军屯田的基本情况。

关于伊州烽铺屯田，据《沙州伊州地志残卷》，唐代伊州下辖三县，即伊吾、纳职、柔远。其中伊吾下有烽七（水源、毛瓦、狼泉、香枣、盘兰泉、速度谷、伊地具）；纳职下有烽六（百尺、不到泉、永安、东拓厥、花泉、延末）；柔远下有烽四（白望、白杨山、伊地具、独堆）。① 这些烽燧除了警戒四围外，往往还就近屯垦，出土文书《唐开元某年伊吾军典王元琼牒为申报当军诸烽铺剧田亩数事》中记载：

1. □□□状上
2. 合当军诸烽铺，今年剧田总壹顷 ▢
3. 　　　陆 拾 ▢
4. 　玖 拾 伍 〔亩〕 ▢
5. 　陆 拾 〔亩〕 ▢
6. 　速独高头等两 ▢
7. 　阿查勒种粟〔壹〕 ▢
8. 〔泥〕熟烽种豆壹 ▢
9. 　叁 拾 伍 ▢
10. 速独烽种豆陆亩 共下 子 ▢
11. 故亭烽种□ 陆亩 剒下 ▢
12. 青山烽种豆伍亩 剒下子 ▢
13. 贰拾肆亩见 ▢
14. 柽埵烽捌亩 花泉烽陆〔亩〕 ▢
15. 　右被责当军诸 ▢

---

① 唐耕耦、陆宏基编《敦煌社会经济文献真迹释录》第 1 辑，第 40 页。

16.　　　　上听裁

17. 牒件状如前谨□

18.　　　　开 ⬚　　　　　日典王元琮牒①

　　该文书中记载的是伊吾军诸烽铺的屯耕情况。据此文书可知，每个烽铺有耕地5亩左右，也有个别烽燧如枉堌烽是8亩。每个烽铺的具体生产情况需要一一向上级汇报。屯田的作物种类主要以粟、豆为主，但也有关于稻米的记载，《伊吾军屯田残籍》载：

（前缺）

1. ⬚　　□远 ⬚　界

2. ⬚　　五十亩种豆，十一二 ⬚ 检校健儿焦思顺

3. ⬚　　三亩种豆，廿亩种麦，检校健儿成公洪福

4. ⬚　　田　□　水　浇　溉

5. ⬚　　军　　界

6. ⬚ 亩　　首蓿烽地五亩近屯

7. ⬚　　都罗两烽共五亩

8. ⬚　　烽铺近屯即侵屯

（后缺）②

此文书中除说到豆以外，还出现了"田□水浇溉"，说明此种作物需要大量的水浇灌。《册府元龟》关于地方土贡的内容中有"伊州上贡米万石"的记录，所以水稻也是屯田的重要作物。文书中提到的"健儿"，应是募兵而来。"五十亩"则说明屯田数量可观。在原是游牧势力之地的伊吾进行如此大规模的屯田，引起朝廷的关注和重视而被载入史籍，也就不难理解了。

――――――――――――――

① 国家文物局古文献研究室、新疆维吾尔自治区博物馆、武汉大学历史系编《吐鲁番出土文书》第8册，文物出版社1987年版，第202—203页。

② 黄文弼：《吐鲁番考古记》，中国科学院1954年版，第41页。

（二）伊吾军的屯田管理

关于伊吾军的屯田管理，吐鲁番文书多有涉及。如《唐开元十年伊吾军上支度营田使留后司牒为烽铺营田不济事》记录了屯田中的人数、用水和上报制度：

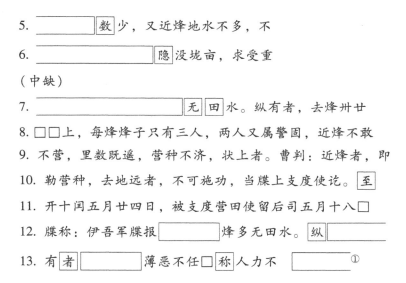

5. ＿＿＿＿＿｜数｜少，又近烽地水不多，不

6. ＿＿＿＿＿＿｜隐｜没垅亩，求受重

（中缺）

7. ＿＿＿＿＿＿｜无｜田｜水。纵有者，去烽卅廿

8. □□上，每烽烽子只有三人，两人又属警固，近烽不敢

9. 不营，里数既遥，营种不济，状上者。曹判：近烽者，即

10. 勒营种，去地远者，不可施功，当牒上支度使讫。｜至｜

11. 开十闰五月廿四日，被支度营田使留后司五月十八□

12. 牒称：伊吾军牒报＿＿＿＿烽多无田水。｜纵｜＿＿＿

13. 有｜者｜＿＿＿｜薄恶不任□｜称｜人力不＿＿＿＿①

文书反映的是伊吾军辖下某烽营田面临人少缺水的困难，第9—10行规定了若是屯田离烽铺远而不能耕种时，则需要烽铺上报支度营田使说明情况，这表明了唐对屯田的严格管理。第5行说近烽处水源不多，第7行提到有田水的地方距离烽却有三十里之遥，第8—10行言该烽只有三人，还需要安排两人值班警卫。这件文书不仅道出了当时屯田面临的困难，而且反映了当时烽铺对屯田生产要求严格，上级督察到位。

对于屯田生产粮食的收检，文书《唐伊吾军诸烽铺收贮粮食斛斗文书一》载：

---

① 国家文物局古文献研究室、新疆维吾尔自治区博物馆、武汉大学历史系编《吐鲁番出土文书》第8册，第194—195页。

（前缺）

1. ☐ 壹合，贮在诸烽，见在。

2. ☐ 合 豆，伊地具烽。捌硕壹斗玖胜 肆 合 ☐

3. ☐ 铺 。玖硕柒斗玖胜壹 ☐

（中缺）

4. 叁硕玖斗贰胜伍合豆，波色多烽。壹硕贰斗陆胜肆合☐，故亭烽。

（中缺）

5. ☐ 陆胜☐，明 烽

（后缺）①

从以上文书可知，对于诸烽所产粮食，一般采用就地储存的办法，以满足士兵的日常用度，避免长途运输之困。另外，对于屯田生产的粮食，唐军有严格的检勘制度，阿斯塔那出土的《唐检勘伊吾军剧田顷亩数文书》很好地体现了这种情况：

（前缺）

1. 使通 ☐ 军使上柱国贾 ☐

2. ☐ 日 典张琼

3. 检注

4. 依检与前报数 同 ， 典 张琼检

5. 伊吾军剧田数勘与 ☐

6. 通同记谐休如白

7. 六日

（后缺）②

---

① 国家文物局古文献研究室、新疆维吾尔自治区博物馆、武汉大学历史系编《吐鲁番出土文书》第8册，第213页。

② 国家文物局古文献研究室、新疆维吾尔自治区博物馆、武汉大学历史系编《吐鲁番出土文书》第8册，第205页。

从此文书中的"检注，依检与前报数 同 ， 典 张琼检"可以看出，唐朝对屯田收获从产地到上一级贮存地进行再次检勘，防止出现地方虚假上报屯田收获的粮食数量的情况。

（三）伊吾军屯垦的成效

伊吾军的屯田管理系统严格，因此屯田成效显著。这从出土文书《唐伊吾军上西庭支度使牒为申报应纳北庭粮米事》可以见得：

1. 敕伊吾军　　　　牒上西庭支度使
2. 合军州应纳北庭粮米肆仟硕 _____
3. 壹伯玖拾柒硕纳伊州仓讫，叁仟陆伯肆拾陆硕捌䄷叁胜伍合纳军仓讫

（后缺）①

该件文书是为数不多的关于军镇屯田收获情况的记载，从中可以看出伊吾军每年纳给北庭 4000 石，伊州仓 197 石，自留 3646 石。另《册府元龟》载："（开元）七年二月癸未，敕伊州岁贡年支米一万石，宜停。"② 这表明，此时伊州伊吾军的屯田收获，不仅能够自给，而且可以纳粮给北庭，并上贡长安。

由此可以看出，伊吾军的屯田不仅实现了自给自足，而且还上纳庭州和中央。究其原因，除得益于当地优越的自然环境外，唐代严格的制度也保障了屯田的顺利实施。伊州屯田事业的兴起，为伊州发挥天山廊道军事桥头堡作用以及平定高昌、焉耆、龟兹等战役奠定了物质基础。

第三节　伊州的地理交通

伊吾东连瓜州、敦煌，西北通庭州，西南通西州，其在天山廊道的交通区位十分重要。《西域图记》记载："发自敦煌，至于西海，凡为三道，各

---

① 国家文物局古文献研究室、新疆维吾尔自治区博物馆、武汉大学历史系编《吐鲁番出土文书》第 8 册，第 212 页。

② 《册府元龟》卷一六八《帝王部·却贡献》，第 2025 页。

有襟带。北道从伊吾，经蒲类海铁勒部、突厥可汗庭，度北流河水，至拂菻国，达于西海。……故知伊吾、高昌、鄯善，并西域之门户也。"① 裴矩所言"北道"，是指从敦煌出发，经伊吾、蒲类海至突厥可汗浮图庭。在这条道路中，伊吾是连接河西和西域的关键之地。

一　伊州与瓜、沙二州的交通

隋唐时期，伊吾通瓜、沙二州的交通主要有"第五道"（又名"莫贺延碛道"）和"稍竿道"。《元和郡县图志》记载："东南取莫贺碛路至瓜州九百里。正南微东至沙州七百里。"② 前者即伊州至瓜州的"莫贺延碛道"，后者为伊州至沙州的"稍竿道"。

莫贺延碛，指瓜州、沙州以北至伊州之间的七百里沙碛区，即今敦煌以西到吐鲁番盆地周缘的库木塔格沙漠。唐太宗时期，玄奘西行求法，即从瓜州由该道前往伊吾。《大慈恩寺三藏法师传》记载："莫贺延碛，长八百余里，古曰沙河，上无飞鸟，下无走兽，无复水草。"③ 武则天时期崔融在《拔四镇议》中言及莫贺延碛"延袤二千里，中间水草不生焉"。④ 可见，"莫贺延碛道"沿途环境恶劣，从河西到西域经行此道如过天堑一般，以至于高昌王听闻唐太宗准备进攻高昌时根本不信，因为大部队行军，沿途水源的补给是难以克服的困难，即便玄奘孤身一人，也因缺水而险些丧命。

据斯坦因考证，玄奘行走的道路大概是从瓜州出发，经过第一烽，应该是现在的白墩子烽燧，第二烽为红柳园烽燧，第三烽为大泉烽燧，第四烽为马莲井烽燧，第五烽为星星峡峰燧，⑤ 那么玄奘西行的路线应该是沿"第五道"的馆驿西行，失道后误入稍竿馆附近，西行三日到伊吾的。⑥

"第五道"，在唐代与从沙州出发的"稍竿道"交替使用。《沙洲都督府图经》记载前往伊州需经十驿：新井驿（今瓜州县雷墩子）、广显驿（今瓜

---

① 《隋书》卷六七《裴矩传》，第 1772 页。
② 《元和郡县图志》卷四〇《陇右道下》，第 1029 页。
③ 《大慈恩寺三藏法师传》，孙毓棠、谢方点校，中华书局 2000 年版，第 16 页。
④ 《唐会要》卷七三《安西都护府》，第 1329 页。
⑤ 〔英〕斯坦因：《玄奘沙州伊吾间之行程》，《西域南海史地考证译丛一编》，冯承钧译，商务印书馆 1962 年版，第 22—33 页。
⑥ 李正宇：《玄奘瓜州、伊吾经行考》，《敦煌研究》2006 年第 6 期。

州县白墩子）、乌山驿（今瓜州县红柳园）、双泉驿（今瓜州县大泉）、第五驿（今瓜州县马莲井）、冷泉驿（今哈密市星星峡）、胡桐驿（今哈密市沙泉子）、赤崖驿（今哈密市红山墩东），另有二驿失名，据推测可能分别在今哈密市之格子烟墩及大泉湾。其中瓜州辖三驿：新井驿、广显驿、乌山驿；沙州跨境辖四驿：双泉驿、第五驿、冷泉驿、胡桐驿；柔远县辖赤崖驿。

沙州至伊州的"稍竿道"，其名源于唐代设立的稍竿驿。在汉代，从玉门故关西出可以直达西州。在唐代时虽然这条路仍在，但是已成为沙碛，沿途无水补给，于是胡商便取道伊州，即"稍竿道"。[①] 经考证，这条道大致从今敦煌西北行经西宁堡，折西经大月牙湖、波罗湖、大方盘城、小方盘城，再北行至唐咸泉戍、稍竿戍，抵达伊州。[②] 该道沿途多见东汉所筑烽燧，乃知此道在东汉时即已使用。隋末丧乱，伊吾叛背，此道不通。至贞观四年，伊吾首领石万年率伊吾七城归唐，此道复通。[③] 唐朝于此设置直接管理的伊州，并进行大规模屯田驻军，从而使这条道路成为西域通往河西走廊的大道。

二　伊州与西州的交通

伊州通往西州的道路，是从天山廊道东端进入吐鲁番盆地的要道，在唐代时主要有两条，一条是原来的"伊西道"，另一条是沿着东天山南麓新开的"新开道"，即北道。北道是从伊州下辖的纳职出发：

> 自县西经独泉、东华、西华驼泉，渡茨萁水，过神泉，三百九十里有罗护守捉；又西南经达匪草堆，百九十里至赤亭守捉，与伊西路合。[④]

由于这条路沿天山南麓西行，沿途有数处泉水补给，可以免受长途用水难之

---

①　严耕望：《唐代交通图考》第 2 卷《河陇碛西区》，第 451 页。
②　孟凡人：《丝绸之路史话》，第 83 页。
③　李正宇：《"莫贺延碛道"考》，《敦煌研究》2010 年第 2 期。
④　《新唐书》卷四〇《地理四》，第 1046 页。

苦，隋唐以后是从伊州前往西州使用最为频繁的道路。该道路从伊州出发，经过纳职（今四堡）向西北过东华（了墩）、西华（老了墩）、驼泉（南泉），行至罗护守捉（惠井子），西南转至赤亭守捉，过蒲昌馆（鄯善县城），西行可达西州。这条路沿天山南麓西行，虽然道路比原来的"伊西道"距离要长，但是较为安全。

"南道"即上文所提到的"伊西道"，因行经赤亭守捉，故又作"赤亭道"，但是正史中并未记载其详细的道路情况。不过从《西州图经》中可以窥得一些信息：

    1. 道十一
    2. 赤亭道
    3.　右道出蒲□□□
    4.　碛卤杂沙□□□①

此外，从出土文书《唐神龙元年赤亭镇牒为长行马在镇界内困死事》中也可以看出，该道行经沙碛的困难：

    又得马子赵□□押长行使阴质至伊州，回至赤亭东三十五里，其马先荡乏困死，行不前，遂即致死有实。其肉不能胜致，碛内无人可卖，遂即弃掷不收者。②

从该文书内容来看，赵某从伊州回程时，在赤亭东三十五里处，马困乏而死，但因是在碛内，漫漫黄沙路，四处无人家，只能遗弃死掉的马匹。当然，该道虽然沿途皆为沙碛，但是在急行军和有重要政务时，还是有优势的。贞观年间，唐讨伐高昌时使用的就是"伊西道"，《资治通鉴》载：

    及闻唐兵临碛口，忧惧不知所为，发疾卒，子智盛立……以中郎将

---

① 唐耕耦、陆宏基编《敦煌社会经济文献真迹释录》第 1 辑，第 54 页。
② 陈国灿：《斯坦因所获吐鲁番文书研究》，武汉大学出版社 1995 年版，第 262 页。

辛獠儿为前锋，夜，趋其都城，高昌逆战而败，大军继至，抵其城下。①

战争重在出其不意，迅速直达。唐军伐高昌"临碛口"，可见唐军应该是经过了"伊西道"，到达柳谷。而伊西地区多柳，西州之东有柳中县，交河之北有柳谷渡，柔远县有柳谷水，但是道路都是经过谷地，位于天山南麓，所以唐军伐高昌应是过"伊西道"至高昌的。② 后世的史书《宋史》中也有经过"伊西道"去往高昌的记载：

> 次历纳职城，城在大患鬼魅碛之东南，望玉门关甚近。地无水草，载粮而行，凡三日……至泽田寺。高昌闻使至，遣人来迎。③

这是宋代王延德出使高昌的路线，此时距离唐亡不久，出使的道路应是唐代"伊西道"。

综上所述，从伊州前往西州，北道借用"伊庭道"的一段，从赤亭守捉与"伊西道"会合后向西南可达西州。而南道即"伊西道"，过纳职、穿越沙碛后，至赤亭守捉，向西南到西州。

三　伊州与庭州的交通

伊州通往庭州也有两条道路，一条和上文提到的伊州前往西州的北道相同，只不过从罗护守捉处，向北翻越天山前往庭州，《新唐书·地理志》载：

> 自县西经独泉、东华、西华驼泉，渡茨萁水，过神泉，三百九十里有罗护守捉；又西南经达匪草堆，百九十里至赤亭守捉，与伊西路合。别自罗护守捉西北上乏驴岭，百二十里至赤谷；又出谷口，经长泉、龙泉，百八十里有独山守捉；又经蒲类，百六十里至北庭都护府。④

---

① 《资治通鉴》卷一九五，太宗贞观十四年，第6267—6268页。
② 严耕望：《唐代交通图考》第2卷《河陇碛西区》，第454页。
③ 《宋史》卷四九○《外国六》，中华书局1977年版，第14111页。
④ 《新唐书》卷四○《地理四》，第1046页。

从罗护守捉向北翻越天山，到达长泉（今三个泉），西行至独山守捉（老奇台附近），再经过蒲类县（奇台附近），向西可到北庭。

还有一条是伊州经伊吾军驻地（今大河古城）至庭州的道路。在今松树塘附近，有唐代留下的《姜行本纪功碑》，《旧唐书》有记载：

> 及高昌之役，以行本为行军副总管，率众先出伊州。未至柳谷百余里，依山造攻具。其处有班超纪功碑，行本磨去其文，更刻颂陈国威德而去。遂与侯君集进平高昌……①

因此，可以看出伊州向北是可以越过折罗漫山到伊吾军驻地的。至于伊吾军城其他的交通路线，可以参照清代《新疆图志》的记载：

> （镇西镇）城东十里大泉西渠，二十里大黑沟，二十里石人子庄，二十里三县户，二十里奎素，三十里小庄，十里马圈沟，三十五里石湖里庄，十五里松树塘，三十里天山二层台，接哈密北境官道。
>
> 城西五里大墩，五十里尖山子，二十里骨拐泉，二十里礤泉子，五十里下肋巴泉驿，三十里挂水井，三十里石里泉，三十里乌兔水驿，十里沙沟井子，四十里茭茭台驿，三十里噶顺沟北山庙，接奇台东境官道。
>
> 谨案，汉征和四年，遣重合侯马通将四万骑击匈奴，道过车师北，即今由镇西至迪化路。
>
> ……
>
> 谨案，哈密赴迪化省城干路有三：北经巴里坤谓之北路，天山积雪，行宜于夏……
>
> 城北二十里泥迹头，六十里黑帐房，四十里南山口，上山行五里焕彩沟，三十五里羊圈沟，十五里天山庙，十五里栅门，接镇西东南境官道。又由庭西之瞭墩驿分道，北行四十里橙槽沟驿，接镇西上肋巴泉驿路。
>
> 谨案，裴矩《西域图记》："北道起伊吾，经蒲类海铁勒、突厥可

汗庭。"即今哈密经巴里坤赴迪化省城路也。突厥可汗庭在今迪化境。

以上哈密大道。①

清代"镇西镇"即今巴里坤县，大河古城的遗址在其附近。由这段资料可知，伊州至北庭的另一条路是从伊州出发，北上南山口，过天山庙，翻越折罗漫山，经松树塘、奎苏，达伊吾军城。西行经过骨拐泉烽燧、茇茇台驿，接噶顺沟，西行与"伊庭路"会合。

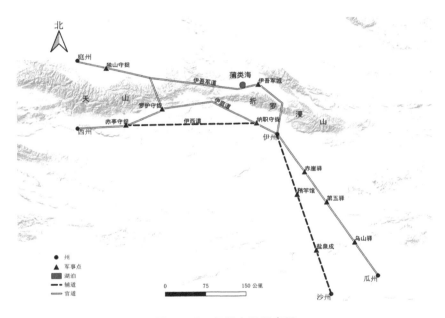

图 1—18 伊州交通示意图

四 伊州与回鹘的交通

伊州通往回鹘牙帐的道路，《通典》载：

（伊吾郡）东至晋昌郡界六百四十里。南至敦煌郡界一百四十里。

---

① 《新疆图志》卷八〇《道路二》，第 1526—1528 页。

西至交河郡七百五十里。北至伊吾郡界三百里，北戎界。东南到敦煌郡
碛，无行路马道，到晋昌郡界不知远近。西南到敦煌郡碛，无路马道。
西北到折罗漫山一百四十六里，其山北有大川连大碛，入金山哥罗禄住
处。东北到折罗漫山三百四十里，其山北有大川入回纥界，马行三十
日，无里数。①

根据以上史料可知，该条道路向北翻越折罗漫山可以入回鹘界，但从"马
行三十里，无里数"的记载来看，伊州也有前往回鹘的道路，但其具体走
向比较模糊。据现今发现的烽燧遗址，推测其路线应是从伊吾军城出发，沿
着中湖村烽燧—三塘泉烽燧—石板墩烽燧—岔哈泉烽燧—东庄子烽燧这一线
向东部延伸的烽燧至淖毛湖，北行至阿尔泰山，沿南麓东行一段距离翻越该
山，再北过杭爱山到达回鹘牙帐。

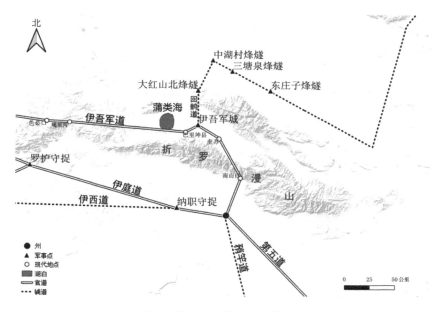

图 1–19　伊州局部交通示意图

① 《通典》卷一七四《州郡四》，王文锦等点校，中华书局 1988 年版，第 4557 页。

第四节 伊州在唐经营西域中的地位

伊州作为天山廊道的东部桥头堡，是唐朝经营西域的晴雨表。隋唐时期，伊吾开始归属中央政府管辖，开启了中原王朝治理西域的先声。此后，随着唐朝西域战略的不断推进，伊州成为唐朝经营天山廊道的战略支点。安史之乱后，由于受到河西政治、军事形势的影响，伊州最先陷落，由此东天山伊、西、庭三州互为掎角的局面被打破，唐朝在东天山的统治转而依靠西州、庭州和轮台互为倚重，以此应对动荡不安的西域局势。

一 西域未治伊州先治

伊州是由河西走廊进入西域的第一个绿洲。因此，唐朝必须首先经营伊州，进而再谋求治理西域。早在隋朝时，中原政权就于伊吾之地设伊吾郡进行管辖。唐朝在东天山最先设置伊州，进行州县管理，为此后西州、庭州的设置与经营积累了经验。

（一）伊州的地位变迁

汉代张骞通西域时的道路，主要从河西敦煌经过罗布泊的楼兰到达西域。伊吾最初不在东西方交往的大道上。

《汉书·西域传》记载，汉通西域有南北两道，"从鄯善傍南山北，波河西行至莎车，为南道"，最终可到达安息、大月氏；"自车师前王廷随北山，波河西行至疏勒，为北道"，可远至大宛、康居等地。[1] 东汉明帝经营西域时，开始了对东天山的经营。《后汉书·西域传》载："十六年，明帝乃命将帅，北征匈奴，取伊吾卢地，置宜禾都尉以屯田，遂通西域。"[2] 设屯田、开发伊吾，本是明帝针对与匈奴的作战而为，但也为"伊吾道"的开通提供了契机。《后汉书·明帝本纪》中记载了对匈奴的军事行动，间接体现了通往伊吾的道路："冬十一月，遣奉车都尉窦固、驸马都尉耿秉、骑都尉刘张出敦煌昆仑塞，击破白山虏于蒲类海上，遂入车师，初置西域都

---

① 《汉书》卷九六《西域传》，第3872页。
② 《后汉书》卷八八《西域传》，第2909页。

护、戊己校尉。"① 可见这次行军已经行"伊吾道",不过,这次行军属于军事行动,大规模商用和民用该道是在楼兰道荒废之后。

所以,敦煌到西域的道路之所以改行伊吾,主要是楼兰在该时期逐渐荒废,不再是交通要道,公元 4 世纪末法显西行时已不见楼兰绿洲的痕迹。《魏书》中的记载也同样如此:"出自玉门,渡流沙,西行二千里至鄯善为一道;自玉门渡流沙,北行二千二百里至车师为一道。"② 北魏置西戎校尉府于南道鄯善扜泥城(今若羌县),于通往车师的北道上置伊吾戍(今哈密西),伊吾连接中原与西域的交通枢纽地位逐渐凸显。至隋代,裴矩《西域图记》载:"北道从伊吾,经蒲类海铁勒部、突厥可汗庭,度北流河水,至拂菻国,达于西海。"③ 可以看出,此时的伊吾已经成为从河西进入西域的门户,成为东天山的桥头堡。

(二) 隋唐之际开始控制和经营伊州

经过魏晋时期的中原变乱和南北朝时期中原分治,伊吾之地先后处于游牧势力匈奴、柔然、高车、突厥控制之下,而行走在丝绸之路上的粟特人也成为此地的重要居民。

由于伊吾的重要交通地位,隋唐王朝在进入天山廊道前,都最先开始对伊吾展开经营。隋朝时期的裴矩在这一过程中发挥了重要作用,其在监管与西域互市的过程中,注重搜集西域各国情报,编成《西域图记》,并奉行远交近攻、离强合弱的外交政策,一方面拉拢伊吾、高昌等国,另一方面孤立、打击吐谷浑和西突厥。在裴矩的影响下,炀帝"每日引矩至御坐,亲问西方事"。④ 此时的隋炀帝也有意经营西域,打通丝绸之路。大业五年(609),炀帝西巡至焉支山,以高昌王为首的西域 27 国参加了这次"西域博览会",西域诸国认识到隋朝的强大,中原王朝在西域声威大振。此后,隋朝在针对吐谷浑的军事行动中取得胜利,隋军后又占领伊吾,设立了伊吾郡和柔远县进行管辖。然而,隋朝以伊吾为支点的西域战略刚刚开启,就被迫在隋末各地爆发的农民起义中暂时停止。

---

① 《后汉书》卷二《明帝本纪》,第 122 页。
② 《魏书》卷一〇二《西域传》,中华书局 2017 年版,第 2451 页。
③ 《隋书》卷六七《裴矩传》,第 1772 页。
④ 《隋书》卷六七《裴矩传》,第 1773 页。

唐朝建立以后，重视西北边防。但此时伊吾还处于东突厥的控制下。贞观初年，恰逢东突厥境内灾害频发，《旧唐书》记载："频年大雪，六畜多死，国中大馁，颉利用度不给，复重敛诸部，由是下不堪命，内外多叛之。"[1] 唐朝利用这一机会派大将李靖等人率军征伐，一举大破东突厥，生擒颉利可汗，东突厥败亡，其部众或走薛延陀，或走西域，归附唐朝者众多。

东突厥的败亡，使伊吾受到强烈冲击。贞观四年，伊吾城主石万年率七城和部众投降唐朝，唐太宗在伊吾之地设立伊州，拉开了唐朝经营西域的序幕。伊州的设置和州县管理，成为唐朝攻伐高昌、夺取可汗浮图城的基础。

二　伊州治而西域兴

伊州是唐经营西域的第一站。在稳定东天山之后，伊州又作为军事辅助力量驰援中天山和西天山。到玄宗时期，伊西节度使辖下的东天山三州之间已形成完备的防御体系，伊州作为北庭的右翼，继续发挥着重要的军防作用。

（一）进军西域的桥头堡

在唐初对西域的一系列军事行动中，伊州是从河西到天山廊道的桥头堡，为唐进军西域、控制天山廊道发挥了至关重要的作用。

贞观十三年，唐太宗决定攻伐高昌，派交河道大总管侯君集、左屯卫大将军薛万均、副将军萨孤吴仁，又以契苾何力为葱山道副大总管，率大军出征高昌，以薛延陀为后援。姜行本先到伊州，率众过南山口，翻越折罗漫山，在伊州依山制作攻城道具，并在此等待与侯君集会合，一并进讨高昌。[2] 在这次军事行动中，伊州成为接应唐军的中转站，使长途跋涉的军队能在此修整和准备平定高昌的攻城器具，为最终取得战争的胜利发挥了重要的作用。平定高昌之后，唐朝在高昌之地设置西州，在西突厥侵犯伊州时，"安西都护郭（孝）恪率轻骑二千自乌骨邀击，败之"。[3] 西州和伊州互为驰援，共同抵御了西突厥的侵犯。以伊州为基点攻下的西、庭二州，与伊州共同形成了东天山的军防体系。

---

①　《旧唐书》卷一九四《突厥传》，第 5159 页。
②　《旧唐书》卷五九《姜薯传》，第 2333 页。
③　《旧唐书》卷一九四《突厥传》，第 5185 页。

在稳固东天山后，唐决定平定龟兹，经营塔里木盆地。贞观二十一年，太宗任阿史那社尔为昆丘道行军大总管，以安西都护郭孝恪、司农卿杨弘礼率五将军，辅以铁勒十余万骑，以伐龟兹。伊州军队参加了这次战役，并担任了前锋的角色，《旧唐书》载：

> 伊州刺史韩威率千余骑为前锋，右骁卫将军曹继叔次之。西至多褐城，与龟兹王相遇，及其相那利、将羯猎颠等，有众五万，逆拒王师。威乃伪遁而引之，其王俟利发见威兵少，悉众而至。威退行三十里，与继叔军会，合击大破之。①

伊州军以少胜多，大破龟兹军于多褐城。之后唐军节节胜利，龟兹一路退守至拨换城，阿史那社尔围而攻之，生擒龟兹王，唐军凯旋。

由此可见，在唐朝最初经营东天山的进程中，伊州以地理之便，在经略高昌和龟兹的过程中，充分发挥了熟悉东天山地理的优势，故其军队在战争中冲锋在前，体现了伊州军事桥头堡的作用。

（二）驰援西域军防

进入高宗、武后时期，随着东天山的稳固，唐在西域将更多的精力投注在对安西的经营上。伊州更多的是作为唐在军事行动中的辅助力量，驰援西域战事。

唐伐龟兹后不久，设瑶池都督府，对西突厥采取羁縻统治，由降唐的阿史那贺鲁为都督。永徽二年，阿史那贺鲁反叛，进寇庭州。永徽六年，伊州参与了第二次平定阿史那贺鲁叛乱的战役。史载："五月，遣左屯卫大将军程知节为葱山道行军总管，率左武卫将军舍利叱利、右武卫将军王文度、伊州都督苏海政等，讨西突厥阿史那贺鲁。"②

麟德二年，疏勒、弓月、吐蕃进攻于阗，西州都督崔知辨、左武卫将军曹继叔赶往救援。史载："伊州兵募一百余人，楼望乡间，一时回驾，神□

---

① 《旧唐书》卷一九八《龟兹传》，第 5303 页。
② 《册府元龟》卷九八六《外臣部·册封三》，第 11576 页。

流类，索荡雄图，负载从戎。"① 此次救援于阗的行军，以安西都护府为主体力量，尽量减少西域战事给中原军防带来的压力。伊州虽不属安西都护府节制，但因地缘接近，还是募兵救援于阗。

中宗时期计划的北伐，伊州也有参与。《命吕休璟等北伐制》载："伊吾军使、伊州刺史李眘交等各领当军兵马，与突骑施守忠、吕休璟等计会，共为表里。"② 中宗时期的北伐，是应对后突厥的军事行动计划，故在吕休璟等北伐后突厥默啜的计划中，担任伊吾军使、伊州刺史的李眘交部也是重要的军事力量。

（三）东天山之侧翼

在安西都护府从西州迁至龟兹后，唐廷在东天山设立节度使，统一重新整合三州军事力量，形成一体化的军防态势。《唐会要》载："又先天元年十一月，史献除伊西节度使兼瀚海军使，自后不改。"③ 所设的伊西节度使，由北庭都护兼任，节制西、伊二州，以适应后突厥西侵的新局势。

开元元年，后突厥默啜派遣其子同俄特勤及妹夫火拔颉利大举进攻北庭。这次后突厥的来犯，使得守卫北庭的军队十分被动，境况已是"强寇益侵，援兵不至，既守而战，自秋涉冬，枥马长嘶，戍人远望"。④ 此时守将张守珪提出派兵从蒲昌、轮台夹击后突厥的计划并付诸实施，最终唐军取得了胜利。⑤ 任伊州刺史兼伊吾军使的郭知运，随郭虔瓘参与了开元二年唐对东突厥的作战。战后，"以功封介休县公，加云麾将军，擢拜右武卫将军"。⑥ 想必伊吾军在这次战役中，应立有不小的功劳。

唐初，伊州作为天山廊道的桥头堡，使唐朝力量由此进入西域。高宗时期，为了稳定西域，伊州又作为重要军事力量去驰援西域行军，至玄宗朝，伊、西、庭三州基本形成了一个完整的防御体系，伊州作为连接河西、西域的通道和庭州的侧翼，发挥了重要的作用。

---

① 唐耕耦、陆宏基编《敦煌社会经济文献真迹释录》第2辑，全国图书馆文献缩微复制中心1990年版，第610—613页。
② 《唐大诏令集》卷一三〇《命吕休璟等北伐制》，第705页。
③ 《唐会要》卷七八《安西四镇节度使》，第1429页。
④ 《旧唐书》卷一〇三《郭虔瓘传》，第3188页。
⑤ 《旧唐书》卷一〇三《张守珪传》，第3193页。
⑥ 《旧唐书》卷一〇三《郭知运传》，第3190页。

三 西域未乱伊州先乱

伊州是河西走廊进出西域的门户，是西域局势变化的风向标。安史之乱后，吐蕃控制了河西，处于天山廊道东端的伊州首先受到冲击。伊州多次面临着吐蕃、回鹘等多种势力的军事威胁，并在东天山"三州"中最先陷落。

（一）安史之乱后东天山军防的整合

天宝十四载，安史之乱爆发。唐玄宗率先抽调朔方、陇右、河西兵力，此后唐肃宗令北庭、安西等精锐入关勤王。由于平叛逐渐变为拉锯战，西北边防空虚，这给了吐蕃可乘之机。《资治通鉴》记载：

> 吐蕃入大震关，陷兰、廓、河、鄯、洮、岷、秦、成、渭等州，尽取河西、陇右之地。……数年间，西北数十州相继沦没，自凤翔以西，邠州以北，皆为左衽矣。①

可见，陇右地区在安史之乱后已经失去了控制。广德二年（764），吐蕃趁势攻击河西，河西的状况也不容乐观。至德元载（756），凉州爆发的粟特胡人暴乱被勉强镇压下去。

安史之乱前，伊西节度使通常由北庭都护兼任，庭州为东天山的中心，共同构成互为犄角的三方防御体。然而随着河西诸州的纷纷陷落，唐朝为了进一步加强管理西北"飞地"，创立了河已西副元帅，由河西节度使担任，统一节制河西、北庭、安西，组成三道防线，试图通过加强三地协作以抵御吐蕃的进攻。

上元元年（760），庭州陷于吐蕃，很快又被唐军收复。但伊州刺史袁光庭坚守伊州多年，最后全家为国殉难，《旧唐书》载：

> 袁光庭者，河西戍将，天宝末为伊州刺史。禄山之乱，西北边戍兵入赴难，河、陇郡邑，皆为吐蕃所拔。唯光庭守伊州累年，外救不至，虏百端诱说，终不之屈，部下如一。及矢石既尽，粮储并竭，城将陷

---

① 《资治通鉴》卷二二三，代宗广德元年，第6972页。

没，光庭手杀其妻子，自焚而死。朝廷闻之，赠工部尚书。①

《沙州伊州地志残卷》记载："我唐始置伊州，宝应中陷吐蕃。"但是宝应年间伊州的陷落，只是一次短暂的失守，同年即被唐军收复。在收复伊州的战争中，庭州和西州的军队参与其中。② 因为此时的河西节度使杨预身兼河已西副元帅，故能调动庭州、西州的兵力，从而使吐蕃面临河西和庭、西二州的夹攻，最终收复伊州，但伊州在天山廊道中的危急局势并未得到根本改变。

（二）伊州的陷落

袁光庭固守伊州殉国，杨预在收复伊州的战争中战死，杨志烈接任河西节度使，此时唐朝在东天山的统治形势异常严峻。广德二年，仆固怀恩叛乱，河西节度使杨志烈发兵救援朝廷，直击灵武仆固怀恩据地，迫使叛军回防。经此一役，河西锐卒尽失。吐蕃趁机强攻凉州，凉州陷落，杨志烈遁走甘州。为了维持联防体系，杨志烈欲利用河已西副元帅的身份，征调二庭兵力，收复河西重镇凉州。但此时北庭已然拥兵自保，敦煌文书《伊西庭留后周逸构突厥煞使主兼矫诏河已西副元帅》③ 记载，杨志烈被伊西庭留后周逸于庭州附近的长泉杀害。至此，唐廷构建的"三州"联防体系瓦解。

在伊、西、庭脱离河西节制后，伊州又坚守到何时？根据《旧唐书》的记载，"因昕使知之，赠工部尚书"，这是建中二年（781）四镇节度留后郭昕派出的使者到达了长安，将袁光庭之事上报于唐的结果。因此，有学者推断，伊州的陷落时间要推迟到建中二年，④ 其原因为吐蕃的征战由东向西推进，遵循了企图切断边塞州城和中央的联系的战略方针。⑤ 然而建中为德宗年号，这一时期唐蕃关系缓和，交流频繁，吐蕃应不会在此时进攻伊州。

---

① 《旧唐书》卷一八七《袁光庭传》，第 4904 页。
② 王小甫：《安史之乱后西域形势及唐军的坚守》，《敦煌研究》1990 年第 4 期。
③ 唐耕耦、陆宏基编《敦煌社会经济文献真迹释录》第 2 辑，第 630—631 页。
④ 〔法〕戴密微：《吐蕃僧诤记》，耿昇译，甘肃人民出版社 1984 年版，第 215—216 页。
⑤ 王小甫先生认为没有反映吐蕃人这种主观意愿的资料，而且吐蕃人的活动呈现这种趋势主要是限于兵力等方面的客观条件，在此之前吐蕃也曾分兵进攻过伊州和肃州，均未得手。详见《安史之乱后西域形势及唐军的坚守》，《敦煌研究》1990 年第 4 期。

此外，伊州是控制从中原和漠北通往北庭之路的门户，地理位置十分重要，"回鹘路"即在其境内。瓜州陷落（776 年）后，伊州成为连接河西和庭、西二州的通道，吐蕃若是攻下此地，则可以进一步分割飞地，再逐个打击，加之伊州的实际军事力量弱于庭、西二州，故此时的伊州，很有可能成为吐蕃进攻的第一目标。又考虑到北庭遣使通过"回鹘路"抵达长安的时间，那么伊州的陷落时间应是在瓜州陷落到报告袁光庭事迹之间，即大历十一年（776）至建中元年之间。

（三）唐朝势力在西域的衰微

安史之乱前，唐与吐蕃对安西四镇的争夺十分激烈，至长寿元年唐朝结束与吐蕃的争夺，在四镇建立起严密的军防布局，成为唐朝经营天山廊道的重要保障。

安史之乱爆发后，吐蕃集中兵力进攻陇右和河西诸州，意在切断西域与唐朝的联系。建中四年，唐廷为平息泾原兵变，以割让安西和北庭作为吐蕃出兵的条件，可见当时安西、北庭仍为唐坚守，也可以感觉到唐朝对西域的战略重要性认识下降了。根据《资治通鉴》的记载，在北庭陷落后，"安西由是遂绝，莫知存亡，而西州犹为唐守"。[①] 安西四镇陷落后，唐朝失去了天山廊道的经营中心，在西域的治理渐趋衰落。悟空取经东归，因道路不通，只好取道"回鹘路"，[②] 表明当时伊州已陷于吐蕃，而北庭还在坚守。

伊州的陷落断绝了唐朝对西域的军事救援，在唐廷无法援助的情况下，面对吐蕃的攻势，北庭选择与回鹘结盟，不仅可共同抵御吐蕃，而且可借助回鹘境内的道路与唐廷保持联系。贞元六年，吐蕃以厚赂笼络了饱受其苦的沙陀和葛禄，两面夹击北庭，北庭虽有回鹘的援军，但最终还是被吐蕃所占，北庭节度使杨袭古率两千余众奔往西州。次年秋，回鹘准备和杨袭古发动反攻，结果却被吐蕃大败，杨袭被回鹘召至牙帐杀害，北庭彻底落入吐蕃手中。庭州的陷落，标志着唐朝构建的东天山三方联防体系彻底解体。至此，只剩西州一地还在苦苦坚守，陷落只是时间的问题。敦煌文书 P. 3918《金刚坛广大清净陀罗尼经》载："至今大唐贞元九年……其经去年西州顷

---

① 《资治通鉴》卷二三三，德宗贞元六年，第 7643 页。
② 杨建新主编《古西行记选注》，宁夏人民出版社 1987 年版，第 126 页。

陷，人心苍忙，收拾不着。"①可知西州在失去庭州之后两年被攻陷，标志着唐朝势力被迫退出了西域。

　　综上所述，伊州在安史之乱前连通了河西和西域，并为唐经营西域发挥了重要的作用。安史之乱后，伊州最先陷落，唐朝天山廊道东部与河西的交通断绝，伊州失去了桥头堡的地位。此后，安西和北庭相继陷落，唐朝最终失去了对天山廊道的控制，退出西域。

---

①　《法国国家图书馆藏敦煌西域文献》（30），上海古籍出版社 2003 年版，第 38—39 页。

第　二　章

西州：保障天山廊道畅通的基地

贞观十四年，侯君集灭高昌，唐于其地设西州，并置安西都护府开始经营东天山。西州因其完善的行政制度、地理优势和发达的绿洲农业经济，成为唐朝经营天山廊道的战略肇始和保障基地，在唐朝经营西域的历史进程中发挥了重要作用。此后，在稳定东天山、经营中天山和西天山的过程中，西州不仅是后方的屯戍重地，而且成为保障天山廊道畅通的军事要地、行政中心和人才培养、后勤补给基地。直到安史之乱后，西州仍然在稳定天山廊道、保障西域安全方面发挥着不可替代的作用。

第一节　西州的自然环境和社会环境

唐代西州位于今天的吐鲁番盆地，是东天山重要的绿洲和丝绸之路经行地，加之该地优越的自然条件，如光照时间长、无霜期长、水网密集等，自汉代以来，这里便成为多族群聚居之地，尤其是高昌郡、高昌国的建立，使吐鲁番盆地成为一个汉人移民社会。

一　吐鲁番盆地的自然环境与资源禀赋

吐鲁番盆地北面是博格达山，西面为天格尔山，这两座高山终年积雪，为西州带来丰富的高山融水；南面的库鲁克塔格山、东面的库木塔格沙漠为干燥的低山地带。吐鲁番盆地中心大部分在海平面以下，艾丁湖低于海平面155 米，是中国海拔最低的内陆洼地。横亘中部的火焰山、盐山呈东西走向，将盆地南北分隔。由于中心地势低而四周环山，且日照时间长，热量难以散出，吐鲁番盆地成为著名的火州。

（一）自然禀赋：地理气候环境与屯戍要地

吐鲁番盆地属于典型的大陆性暖温带荒漠气候，降水稀少，每年的降水量只有几十毫米，但是蒸发量达到 3000 毫米以上。因此，冰雪融水成为当地农业发展的重要水源。博格达山的冰雪融水，形成了多条河流，灌溉了吐鲁番盆地的耕地，使吐鲁番盆地成为优良的粮棉生产地。

高昌所在的吐鲁番绿洲是适合农牧发展的肥沃之地。《旧唐书·高昌传》云"（高昌）厥土良沃，谷麦岁再熟"[1]，所谓"谷麦岁再熟"，即复种制。又高昌出土的文书中有"牛簿"[2] 和"马帐"[3]、雇人耕作[4]、雇人放羊[5]等字样，这都是高昌地区农牧生产盛行的证明。根据记载，汉唐时期高昌的农牧业发展状况为：耕地肥沃，气候温暖，农业作物实行复种制，适宜养蚕，出产棉花（时称"白叠子"），多"五果"，畜牧业发达。境内多"引水溉田"，诸城都设水曹掌管农田水利。

1. 主要河流和绿洲

由于吐鲁番盆地气候炎热干燥，降水量小，蒸发量大，因此，吐鲁番盆地河流的形成与分布深受高山冰雪融水的影响。天山山脉东南面的博格达山与天格尔山、库鲁克塔格山之间，因高山融水所形成且流入吐鲁番盆地的河流众多，主要的河流有大河沿河、塔尔郎河、喀尔于孜郭勒河、黑沟、二塘沟、柯柯亚河、坎尔其果勒河等。然而，诸河流中常年有水的只有发源于天格尔山的阿拉沟和白杨河。

（1）阿拉沟。阿拉沟发源于天格尔山东南麓，流出山口后，先是汇入北来流经乌鲁木齐市境内的白杨河，后经白杨河汇入干流。此后，河流穿

---

① 《旧唐书》卷一九八《高昌传》，第 5293—5294 页。

② 国家文物局古文献研究室、新疆维吾尔自治区博物馆、武汉大学历史系编《吐鲁番出土文书》第 3 册，文物出版社 1981 年版，第 177—178 页。

③ 国家文物局古文献研究室、新疆维吾尔自治区博物馆、武汉大学历史系编《吐鲁番出土文书》第 4 册，文物出版社 1983 年版，第 159—160 页。

④ 国家文物局古文献研究室、新疆维吾尔自治区博物馆、武汉大学历史系编《吐鲁番出土文书》第 3 册，第 207、281 页。

⑤ 国家文物局古文献研究室、新疆维吾尔自治区博物馆、武汉大学历史系编《吐鲁番出土文书》第 5 册，文物出版社 1983 年版，第 155 页。

越托克逊县城（该县城是全国唯一的海拔零点城），尾闾为距托克逊县城东南约 50 公里，位于吐鲁番市境内的艾丁湖。阿拉沟干流沿岸为交通要道，301 省道及南疆铁路均沿干流溯流而上，至源区翻越奎先达坂。考古学者在阿拉沟内发掘过一批春秋战国时期的墓葬。其中在一座公元前 3 世纪战国晚期的大型墓冢内，发现了来自中原的菱纹罗、凤鸟纹刺绣、漆器，这在一定程度上证明了早在公元前 3 世纪新疆与中原地区就已经开启了经济、文化交流。

（2）白杨河。白杨河发源于北侧东天山山脉博格达山南麓。博格达峰海拔 5445 米，山体高大，奇峰峻岭，高山区降水丰富。白杨河是吐鲁番地区径流量最大的河流，古称"白水河"，唐代的"白水涧道"就是从交河城沿白杨河西行通往轮台、弓月城的道路。白杨河水系及各支流在出山口处大多渗入地下，在中部的西沟乡、东沟乡等地因受地质隆起阻隔，溢出地表形成泉水带。今达坂城山间盆地平均海拔 1000—1700 米，以潮土为主，土层厚度在 0.5—2 米，土壤肥力好，耕地多分布在河谷、地下水溢出地带，水源充足，是典型的灌溉农业区。这一地区种植的农作物主要有春麦、胡麻、油菜、蚕豆等。[①] 鉴于此，该地区素有"乌鲁木齐粮仓"之称。

白杨河峡谷是南疆和北疆的天然分界线，攀谷北上即为水草丰美、绿意盎然的北疆；顺谷南下则为气候干旱、呈现荒山秃岭景观的南疆。南北两侧温度相差极限值可达 30℃。气温相差之大，致使白杨河峡谷成为"风口""风谷"，造就了上游达坂城的"百里风区"。唐代岑参"一川碎石大如斗，随风满地石乱走"的名句就是对白杨河峡谷大风情景的生动描写。当地亦有"达坂城，老风口，大风小风天天有，小风刮歪树，大风飞石头""姑娘眼睛一线开，老汉肩膀一个矮，树都朝向一边歪"等谚语。

（3）大河沿河。大河沿河发源于博格达山南麓，河流由东、中、西三大支流汇集而成，为扇形水系。东支喀尔勒克艾肯沟由喀康铁热克河和库如克铁热克河汇合后，自东北流向西南 11 公里，在三岔口附近与发源于山脊处恰克马克达坂和古城达坂的中支石窑子艾肯沟汇合，在汇合口下游约 7 公

---

① 乌鲁木齐市党史志编纂委员会编《乌鲁木齐市志》第 3 卷，新疆人民出版社 1997 年版，第 392 页。

里处，又与西支大干沟在大河沿村附近汇合，河流始称大河沿河，尾闾为艾丁湖。唐代著名的"他地道"就是沿着大河沿河上溯，越过天山到北庭的。交河城和艾丁湖周围的烽戍，主要依赖大河沿河的河水。

（4）塔尔郎河。塔尔郎河源头位于博格达山山脊附近的冰川地带，山口以下建有塔尔郎引水枢纽及塔尔郎干渠，干渠沿河岸向南延伸，汇集于距国道 6 公里处的亚尔乃孜沟。亚尔乃孜沟为交河故城南部的盐山谷地，历史上塔尔郎河下泄水量很大，洪水将亚尔乃孜沟冲成深约 30 米、宽约 100 米的河谷，留存下一个柳叶形，两端窄，中间最宽处约 300 米、长 1650 米的大河心洲，因河水分流绕城下，故号"交河"，车师前国国都——交河城，就坐落在河心洲的土崖上。唐代诗人李顾曾有"白日登山望烽火，黄昏饮马傍交河"的诗句。可见，交河城乃是兵家常争之地。

（5）葡萄沟。葡萄沟的上游河段名为煤窑沟。煤窑沟又名喀尔于孜郭勒河，发源于博格达山南坡，河流主要由冰雪融水和夏季降水补给。该河流在流经低山丘陵区时，因河水渗漏严重，部分水量迅速转化为地下水。葡萄沟最后流向交河城，为交河县垦区提供了水源。

（6）黑沟。又名阔什瓦克库勒河、汗霍腊塔尔河，沟谷中生长着许多树木，远看树林黑油油一片，故称"黑沟"。河流发源于博格达山南坡坚霍腊达坂，出山口后，在山前倾斜平原呈散流状，流经七泉湖镇后渗入地下。河水主要通过始于山口、长约 24 公里的黑沟干渠引至下游吐鲁番市胜金乡灌区。灌溉余水汇入火焰山北麓下的木头沟。

（7）恰勒坎沟。恰勒坎沟又名恰勒坎郭勒河，位于吐鲁番市胜金乡境内。河源位于博格达山南坡，恰勒坎沟与黑沟汇合后，经火焰山沟谷，形成了木头沟。该水源成为唐代宁戎寺的主要水源，在下游滋润了高昌城，灌溉了附近的屯田。

（8）二塘沟。二塘沟发源于天山东段博格达山南坡，为鄯善县与吐鲁番市界河，下游通过连木沁和吐峪沟大峡谷。出山口处建有水利枢纽接二塘沟干渠，将水源引入连木沁镇，余水经连木沁沟、吐峪沟流入火焰山南部的吐峪沟乡、鲁克沁镇、达朗坎乡、迪坎儿乡，南部、东部农垦区与高昌故城相距 10—15 公里，为唐代高宁乡所在地。

（9）柯柯亚河。柯柯亚河是鄯善县境内径流量最大的河流，发源于博格达山南坡，是唐朝蒲昌县的主要水源。今在鄯善县城北约 35 公里处修建有柯柯亚水库，又有水渠将库区之水引至下游的连木沁镇、鄯善县城、辟展乡、东巴扎乡等地，余水顺地势经连木沁沟至鲁克沁镇。

（10）坎尔其果勒河。坎尔其果勒河发源于天山东部的博格达山南坡，源区分别位于博格达山山脊处的厄协克达坂、阿克古勒达坂和博依勒克达坂附近。其中，西支台木哈达河沿途接纳了琼塔什河、布嘎阿格孜河、色斯克河和克其克他力克河等支流，东支公木艾格孜河由阿克古力河、阿日胡力河和因其可苏河汇集而成。两河汇合后，注入山口处的坎尔其水库。建库以前，河流除由铁路引水渠和坎尔其引水渠分别引部分水量至鄯善火车站和七克台镇外，余水排入南湖戈壁滩。

以上河流，在唐朝时期主要形成了四个径流区，并孕育出西州四块大型的绿洲。

（1）天山县绿洲。该绿洲是唐代天山县所在地，也是今天的托克逊所在地。白杨河发源于博格达山附近的冰川地带，经达坂城穿越后沟与阿拉沟汇合后形成了今天的托克逊绿洲，唐代的天山县和相应屯区位于该地。

（2）交河县绿洲。大河沿河、塔尔郎河、喀尔于孜郭勒河（煤窑沟）自北而来，在出山口处潜入地下，在今二二一团、亚尔乡、葡萄乡等地溢出形成泉水，再南流形成亚尔乃孜沟、葡萄沟等河流，形成了以交河城为中心的绿洲。

（3）高昌县绿洲。火焰山北部诸多泉水通过火焰山的沟谷，汇集成木头沟、吐峪沟、连木沁沟等，尤其是从胜金口宣泄而下的木头沟，水量充足，形成了以高昌城为中心的绿洲和柳中城周围绿洲。

（4）蒲昌县绿洲。该绿洲位于西州东北部，主要由二塘沟、柯柯亚河等河流孕育而成，唐代的蒲昌城、横截城、柳中城等都位于该绿洲上。

2. 汉唐之际的屯戍之地

吐鲁番盆地因地近匈奴，又是优渥的绿洲盆地，所以早在汉代就是中原王朝与匈奴争夺的重点区域。郑吉在击破车师以后，"东奏事，至酒泉，有诏还田渠犁及车师，益积谷以安西国，侵匈奴……于是吉始使吏卒三百人别田车师。得降者言，单于大臣皆曰：'车师地肥美，近匈奴，使汉得之，多

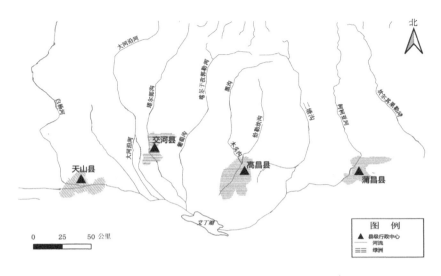

图 2 - 1 博格达山南麓水系和绿洲

田积谷，必害人国，不可不争也.' 果遣骑来击田者，吉乃与校尉尽将渠犁田士千五百人往田，匈奴复益遣骑来，汉田卒少不能当，保车师城中".①从后来吐鲁番盆地逐渐新兴的一些屯城（如高昌壁、柳中）来看，其屯田趋势是从交河城向东发展，东汉时期出现了高昌、柳中等地。这些绿洲城市的兴起预示着吐鲁番盆地政治中心的转移。

初元元年（前48），汉朝在吐鲁番盆地高昌壁设置戊己校尉。②《汉书·西域传》载，元始中，戊己校尉徐普欲开新道通玉门关，"车师后王姑句以道当为拄置，心不便也"，徐普将姑句因禁，姑句出逃，"即驰突出高昌壁，入匈奴"。③东汉永平十七年（74），置戊己校尉，戊校尉耿恭驻天山北金满城，己校尉关宠驻在柳中城，这是中原政权试图控制东天山的第一次努力。永元三年（91），班超定西域，汉朝再置戊己校尉时又将驻地之一选择在高昌。④ 但其屯军数量较西汉时期少，只有五百人。关于曹魏时期丝

① 《汉书》卷九六《西域传》，第3923页。
② 《汉书》卷一九《百官公卿表七》，第738页。
③ 《汉书》卷九六《西域传》，第3924页。
④ 《后汉书》卷一九《耿恭传》、卷八八《西域传》，第720、2910页。

绸之路"新道",《魏略·西戎传》记载:"从玉门关西北出,经横坑,辟三陇沙及龙堆,出五船北,到车师界戊己校尉所治高昌,转西与中道合龟兹。"① 可见,曹魏时期高昌已成为古代丝绸之路上的重要城镇。《晋书》记载:"初,戊己校尉赵贞不附于骏,至是,骏击擒之,以其地为高昌郡。"② 关于此时高昌郡设置的具体时间,《初学记》明确记载为咸和二年(327)。另外,据《初学记》,此时与高昌郡同置的还有田地县。③ 田地县即汉代柳中所在地,是汉代最重要的两座屯城(即高昌和柳中)之一。此外,就这两座屯城的屯戍特点来看,一个是屯戍中心,一个是扼守丝绸之路大海道的门户,这也在某种程度上奠定了其后吐鲁番地区的屯戍格局。

(二)交通区位:唐代东天山的交通中心

魏晋之后通西域的道路改走哈密、吐鲁番,因此,唐代的西州成为东天山的交通中心。敦煌出土的《西州图经》记载了唐代西州地区的 11 条道路:

1. 道十一达。
2. 赤亭道。
3. 右道出蒲
4. 碛卤杂沙
5. 新开道。
6. 右道出蒲
7. 观十六年
8. 有泉井
9. 之陌,今见阻贼不通。
10. 花谷道。
11. 右道出蒲昌县界,西合柳中向庭州七百卅里,
12. 丰水草,通人马。

---

① 《三国志》卷三〇《魏书·乌丸鲜卑东夷传》引《魏略·西戎传》,第 859 页。
② 《晋书》卷八六《张骏传》,中华书局 1974 年版,第 2238 页。
③ 《初学记》卷八《州郡部·陇右道》,中华书局 1962 年版,第 181 页。

13. 移摩道。

14. 右道出蒲昌县界移摩谷，西北合柳谷，向庭

15. 州七百卅里，足水草，通人马车牛。

16. 萨捍道。

17. 右道出蒲昌县界萨捍谷西北，合柳谷向庭

18. 州七百卅里，足水草，通人马车牛。

19. 突波道。

20. 右道出蒲昌县界突波谷西北，合柳谷向庭州

21. 七百卅里，足水草，通人马车牛。

22. 大海道。

23. 右道出柳中县界，东南向沙州一千三百六十

24. 里，常流沙，人行迷误，有泉井咸苦，无草，行

25. 旅负水担粮，履践沙石，往来困弊。

26. 乌骨道。

27. 右道出高昌县界北乌骨山，向庭州四百里，

28. 足水草，峻崄石粗，唯通人径，马行多损。

29. 他地道。

30. 右道出交河县界，至西北，向柳谷，通庭州四

31. 百五十里，足水草，唯通人马。

32. 白水涧道。

33. 右道出交河县界，西北向处月以西诸蕃，

34. 足水草，通车马。

35. 银山道。

36. 右道出天山县界

37. 西南向焉耆国七百里，多

38. 沙碛卤，唯近峰足水草，通车马行。①

由图2-2可以看出，西州东通敦煌沙州，北通庭州，西北通轮台和碎

---

① 唐耕耦、陆宏基编《敦煌社会经济文献真迹释录》第1辑，第54—55页。

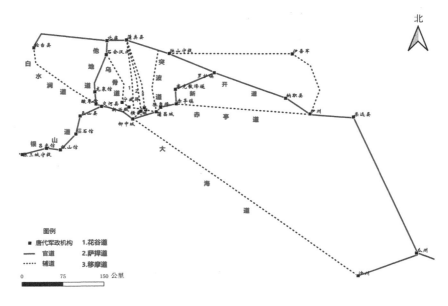

图 2-2　《西州图经》记载的西州十一道示意图

叶，西通焉耆，是东天山的交通中心。在唐代经营天山廊道的过程中，有多次关于经行此地的记载。

（三）社会基础：中原移民及中原治理措施

高昌故地自汉代以来就是中原人移居之所，有着建郡置县的历史。此后，高昌国也是以中原传统治理国家，正如《魏书·高昌传》中北魏孝明帝给高昌的诏书称："彼之氓庶，是汉魏遗黎，自晋氏不纲，因难播越，成家立国，世积已久。"①

1. 以汉人为基础的人口构成

唐太宗平定高昌后，对高昌人下诏说："尔等并旧是中国之人，因晋乱陷彼。"他在另一封诏书中说："高昌之地，虽居塞表，编户之氓，咸出中国。"② 诏书的内容体现了唐代西州的居民情况。另外，吐鲁番出土的墓志

---

① 《魏书》卷一〇一《高昌传》，第 2431 页。

② 《日藏弘仁本文馆词林校证》卷六六四《贞观年中慰抚高昌文武诏一首》《贞观年中巡抚高昌诏一首》，罗国威整理，中华书局 2001 年版，第 248—249 页。

也多有提及先祖迁居高昌的经历。如《唐智宗墓志》曾提到他的先祖本居酒泉，"因五凉延祸，避难二庭，因此不归"。① 又《张礼臣墓志》也曾提到自己祖籍是南阳，后迁居敦煌，迁居原因是"属苻坚肆虐，梃扰五凉，避难西奔，奄居右垒"。② 又《杨保救墓志》记载："君姓杨字保救，渤海梨阳人也。避难河右，违逾玉关，卜宅瞻星，保居高昌也。"③ 从以上墓志记载来看，迁往高昌的中原居民确有不少。据统计，高昌国时期当地汉人在总人口中的占比达到70%以上。④

内地民众除因躲避战争迁往高昌外，唐朝时期戍卒戍边、罪犯的流配也增加了高昌地区的汉人民众数量。如史书记载，唐朝建立西州后，"每岁调发千余人防遏其地"，⑤ 由此可见，戍卒确实不少。唐朝不仅派遣大量戍卒屯田西州，而且还将许多内地刑罪之人配流至吐鲁番。唐太宗在贞观十六年下诏："诏在京及诸州死罪囚徒，配西州为户；流人未达前所者，徙防西州。"⑥ 而且配流之人可以携带家眷，同移徙所。又《唐律疏议》载："父祖子孙欲随者，听之。疏议曰：曾、高以下，及玄孙以上，欲随流人去者，听之。移乡人家口，亦准此。"⑦ 可见，唐朝统治者允许甚至支持犯人举家迁徙异地，这也可从吐鲁番出土文书的记载中得到反映。

在吐鲁番出土文书中有许多关于罪犯携带家眷迁至西州的记载，如阿斯塔那91号墓葬出土有《唐苏海愿等家口给粮三月帐》《唐张赤头等家口给粮三月帐》《唐氾父师等家口给粮三月帐》《唐龙海相等家口给粮三月帐》《唐缺名家口给粮三月帐》《唐昌海等家口给粮三月帐》《唐刘显志等家口给粮一月帐》《唐熹伯等家口给粮一月帐》《唐德相等家口给粮一月帐》《唐□海等家口给粮一月帐》等文书，⑧ 这些文书中记载的大多是唐太宗末年至

---

① 侯灿、吴美琳：《吐鲁番出土砖志集注》，巴蜀书社2003年版，第618—620页。
② 侯灿、吴美琳：《吐鲁番出土砖志集注》，第611页。
③ 侯灿、吴美琳：《吐鲁番出土砖志集注》，第539—540页。
④ 杜斗城、郑炳林：《高昌王国的民族和人口结构》，《西北民族研究》1988年第1期。
⑤ 《旧唐书》卷八〇《褚遂良传》，第2736页。
⑥ 《旧唐书》卷三《太宗本纪》，第54页。
⑦ 《唐律疏议笺解》卷三"犯流应配"，刘俊文笺解，中华书局1996年版，第256—257页。
⑧ 国家文物局古文献研究室、新疆维吾尔自治区博物馆、武汉大学历史系编《吐鲁番出土文书》第6册，文物出版社1985年版，第18—37页。

高宗时期的内容。其中提及的"苏海愿""张赤头""氾父师""龙海相"等户，有"二人丁妻妾"的记载，似为举家迁至西州，且由官府发给口粮，他们很有可能是流放刑徒及其家眷。①

在唐玄宗开元十二年的《减抵罪人决杖诏书》中仍然有"一房家口移碛西"的规定，《唐开元十九年（731）正月西州案头府到来符帖目》②中有"为配流人等，并诸县流移人等，帖到当日申事"，《唐开元十九年（731）正月至三月西州县到来符帖目》③中有"法曹符，为反逆缘坐移配匠处，不在放限事"的记载。④可见，唐玄宗时期仍然采取赦免罪犯充实西州的政策。

由以上来看，唐朝时期的西州人口构成复杂，汉人是该地区民众构成的重要组成部分。就汉人迁徙来看，原因较多，但主要是因为躲避战争、戍卒戍边、犯罪流配等。最终，这一汉人群体构成了唐王朝统治西州的社会基础。

2. 对中原文化的普遍认同

汉武帝"罢黜百家，独尊儒术"以后，儒家文化成为中原文化的核心内容。就高昌国对中原文化的认同而言，高昌郡时期，高昌就是以儒家思想为主导。哈拉和卓96号墓出土的《高昌郡功曹下田地县符为以孙孜补孝廉事》⑤中有"今以孙孜补孝廉"一句，说明当时高昌郡通过中原"举孝廉"的方式选拔官员。

高昌国时期仍然沿袭注重儒学传统的风尚。《周书·高昌传》记载："文字亦同华夏，兼用胡书。有《毛诗》《论语》《孝经》，置学官弟子，以相教授。虽习读之，而皆为胡语。"⑥又《隋书·西域传》记载，高昌王"于坐室画鲁哀公问政于孔子之像"。⑦第一代麴氏高昌王麴嘉还曾"遣使奉

---

① 李锦绣：《唐代财政史稿》上卷，北京大学出版社1995年版，第1073页。
② 〔日〕池田温：《中国古代籍帐研究》，龚泽铣译，中华书局2007年版，录文第213页。
③ 〔日〕池田温：《中国古代籍帐研究》，录文第215—218页。
④ 张广达：《唐灭高昌国后的西州形势》，《西域史地丛稿初编》，上海古籍出版社1995年版，第113—174页。
⑤ 国家文物局古文献研究室、新疆维吾尔自治区博物馆、武汉大学历史系编《吐鲁番出土文书》第1册，文物出版社1981年版，第87页。
⑥ 《周书》卷五〇《高昌传》，中华书局1971年版，第915页。
⑦ 《隋书》卷八三《西域传》，第2077页。

表，自以边遐，不习典诰，求借五经、诸史，并请国子助教刘燮以为博士"。① 甚至有直接以《孝经》随葬的情况，如《高昌延昌三十七年武德随葬衣物疏》中有相关记载。② 从以上史料记载来看，早在高昌国统治时期，儒学就在其国内备受推崇，这也为后来唐代西州地区民众接受中原文化制度奠定了一定基础。

从出土文书来看，唐代设置西州后以儒学为代表的中原文化制度很受当地民众的欢迎。阿斯塔那363号墓出土的《唐景龙四年（710）卜天寿抄孔氏本郑氏注〈论语〉》和《唐景龙四年卜天寿抄〈十二月新三台词〉及诸五言诗》为我们提供了一些西州私学的重要信息。第一件文书末题款为："景龙四年三月一日私学生卜天寿□。"第二件文书第22行题款为："西州高昌县宁昌乡厚风里义学生卜天寿年十二，状具。"③ 此外，第二件文书背面有小字一行："景龙四年崇贤馆义学生……"卜天寿在署名时"私学生"和"义学生"互用，二者含义应当相同。第二件文书背面记卜天寿所在的私塾名为"崇贤馆"，十分儒雅，与中原内地私塾的取名方式如出一辙。发现的卜天寿写的《论语》残卷，不仅提供了西州举办私学的实例，而且证明西州私学与内地一样使用《论语》作为基本教材。总的来说，西州私学与中原内地没有区别，而且西州以儒家经典作为幼童启蒙教材，反映了传统儒家思想在西州的广泛流传和影响。

二 西州对唐代制度的落实

平定高昌后，唐太宗力排众议，在高昌故地设立西州，并从军事、政治、社会生活等方面全面实行中原文化制度，形成了唐朝进一步经营西域的一个稳固基地。

（一）实行府兵制，落实屯戍措施

贞观十年，唐朝在全国推行府兵制，在各地设置634个折冲府，分属中

---

① 《魏书》卷一〇一《高昌传》，第2431页。

② 国家文物局古文献研究室、新疆维吾尔自治区博物馆、武汉大学历史系编《吐鲁番出土文书》第4册，补遗第4页。

③ 国家文物局古文献研究室、新疆维吾尔自治区博物馆、武汉大学历史系编《吐鲁番出土文书》第7册，文物出版社1986年版，第548—551页。

央十二卫和东宫六率。每府置折冲都尉一人，左右果毅都尉各一人，长史、兵曹、别将各一人，校尉六人。府兵在战争时期组成军队，在和平时期则负责维持地方治安和轮流"番上"。

根据唐朝府兵制规定，西州地区也设置了4个折冲府，其中前庭府在高昌县，岸头府在交河县，天山府在天山县，蒲昌府在蒲昌县。四折冲府统属于右领军卫，武周时期改为右玉钤卫。吐鲁番出土文书中多有"右玉钤卫"的名称，如《武周张怀寂墓志》[①] 中有"特授右玉钤卫假郎将"，《氾德达墓志》中有"女适右玉钤卫前庭府旅帅曹氏之门"。可见，西州的折冲府是隶属于右玉钤卫的。哈拉和卓1号墓所出的《唐西州某乡户口帐》中记录：

11. □当乡白丁、卫士三百卌五人

12. □十七人　　卫士队□

13. 　　人　校尉、旅师、队副已上[②]

《唐西州某乡户口帐》同墓所出的文书纪年最晚为贞观十四年，可知，此文书的成书时间大致在贞观十四年灭高昌后不久，唐朝设置西州后即推行府兵制。

府兵制的实行也为西州落实屯戍制度提供了基础保障。《唐西州都督府上支度营田使牒为具报当州诸镇戍营田顷亩数事》载有西州都督府按照唐代屯田规定进行屯田的情况：

1. 西州都督府　　牒上　　　敕

2. 合当州诸镇戍营田，总壹拾□顷陆拾

3. 赤镇肆拾贰人，营□□顷；维磨戍

---

① 陈国灿：《跋〈武周张怀寂墓志〉》，《魏晋南北朝隋唐史资料》第2辑，武汉大学历史系魏晋南北朝隋唐史研究室1980年版，第18页。

② 国家文物局古文献研究室、新疆维吾尔自治区博物馆、武汉大学历史系编《吐鲁番出土文书》第4册，第8页。

4. 柳谷镇兵肆拾人□□□肆顷；酸枣戌

5. 白水镇兵叁拾□□□营田陆顷；曷畔戌兵

6. 银山戌兵□□营田柒拾伍

7. 右被□度营田使牒，当州镇戌□田顷亩

8. 戌兵□□及营田顷亩

9. 方亭戌□□谷戌 狼井①

文书中的"赤（亭）镇""柳谷镇""白水镇"都是西州重要的防区，唐朝在这些军镇要地进行屯田。

唐朝在西州下设的镇、戌、烽燧以及交通驿站，如在交河城西的"他地道"上设置柳谷镇、悬信镇；在交河城西北通天山以北的"白水涧道"上设置白水镇；在今阿拉沟口设置鸜鹆镇；在西通焉耆、龟兹之地银山镇、戌并置；在东通伊州、东北通庭州之地设置"赤亭馆"即今七克台镇，实行镇、戌并置；在北越乏驴岭至庭州的"伊西道"三岔路口设置罗护镇（今七角井），构成一套完善的军防体系。

根据吐鲁番出土文书，现将西州境内相关军镇、烽戌情况统计如下（见表2-1）。

表2-1 吐鲁番出土文书所见唐代西州军镇、烽戌

军府	军镇	戌堡	烽铺	馆驿
高昌县			山头烽、横城烽	宁戎驿、北馆、中馆②
交河县	柳谷镇、悬信镇、白水镇	酸枣戌、曷畔戌	神山烽、赤山烽、白水烽	龙泉馆、柳谷馆、交河馆、酸枣馆、济弱馆

① 国家文物局古文献研究室、新疆维吾尔自治区博物馆、武汉大学历史系编《吐鲁番出土文书》第8册，第219—221页。

② 孙晓林：《关于唐前期西州设"馆"的考察》，《魏晋南北朝隋唐史资料》第11辑，武汉大学出版社1991年版，第251—263页。

续表

军府	军镇	戍堡	烽铺	馆驿
天山县	鸊鹕镇、银山镇	银山戍、礌石戍	□蕃铺、揔见铺、临蕃铺、断贼铺、□觉铺、黑鼻烽、阿施烽、鸊鹕烽、赤山烽、壃石烽、鼍水烽、名岠（岸）烽、泥岭烽、小白水烽、白水烽、楼岔烽	天山馆、银山馆、礌石馆
蒲昌县	赤亭镇、罗护镇	赤亭戍、方亭戍、维摩戍、苁蓉戍、拷谷戍、狼井戍	赤亭烽、维摩烽、罗护烽、小岭烽、狼泉烽、达匪烽、突播烽、上萨捍烽、下萨捍烽、悬泉烽、胡麻烽、塞亭烽、拷谷烽	蒲昌馆、赤亭馆、草堆馆、罗护馆、达匪馆、狼井馆、达匪驿、狼泉驿
柳中县				柳中驿、柳中馆、东碛馆
不明县属	石舍镇	苦水戍	晟水烽、青山烽、□堆烽	神泉馆、石舍馆、安昌馆

　　资料来源：张广达《唐灭高昌国后的西州形势》，《西域史地丛稿初编》，第113—174页；王素、李方《吐鲁番出土文书人名地名索引》，文物出版社1996年版。

（二）设置郡县，落实社会管理制度

　　自前凉咸和二年在高昌建郡以来，前凉、前秦、后凉、段氏北凉、西凉、沮渠氏北凉、阚氏政权、沮渠氏北凉流亡政权先后在高昌设郡，其郡治均在高昌城，麹氏高昌王国同样一直实行郡县制，麹氏高昌王国建郡四、县二十一，高昌之地有着设置郡县的良好社会基础。

　　唐在高昌之地置西州，西州辖五县：交河县、天山县、柳中县、高昌县和蒲昌县。[①] 县下设乡、里，乡里的职责是"掌按比户口，课植农桑，检察非违，催驱赋役"。[②] 根据吐鲁番出土文书，西州设置的县、乡、里情况见表2-2。

　　唐朝平定高昌后不久，就开始加强对西州的管理。清查户口、丈量土地，由里正组织上报"手实"。"手实"上不仅详细记载了民众的年龄、户等、课役情况，还记载了按均田制可以占有的土地数量及实际占有的土地情况，详细登记田地的形状大小及周边界线等。里正在编造手实、户籍，预勘

---

　　① 《通典》卷一九一《边防七》，第5205页。
　　② 《通典》卷三《食货三》，第63页。

田亩，编造田籍，制定欠、给、退、授等各种田簿以及佃田、青苗等账簿方面做了大量烦琐的工作。① 在里正的有效组织下，唐朝律令制度下的具体措

表 2－2　吐鲁番出土文书所见西州县、乡、里

县名	乡名（省称）	里名
高昌县	崇化乡（化）	净泰里
		安乐里
	武城乡（城）	六乐里
	太平乡（平）	忠诚里
		仁义里
		归政里
		德义里
		成化里
	顺义乡（顺）	礼让里
		和平里
		顺义里
	宁大乡（大）	昌邑里
	宁昌乡（昌）	淳风里（一作厚风里）
		长善里
	高昌乡	安义里
		慕（暮）义里
		归化里
		高昌里
	尚贤乡（尚）	投化里
		永善里
		尚贤里
	归德乡（归）	净化里
	宁戎乡（戎）	
	安西乡（西）	
	归义乡	积善里
	灵身乡	
柳中县	承礼乡	弘教里
		依贤里
	钦明乡	淳和里
	□□乡	柔远里
	五道乡	
	高宁乡	

---

① 张广达：《唐灭高昌国后的西州形势》，《西域史地丛稿初编》，第 120—125 页。

县名	乡名（省称）	里名
交河县	安乐乡	长垣里
		高泉里
	龙泉乡	独树里
		新坞里
		新泉里
	永安乡	横城里
		洿林里
	神山乡	
	名山乡	
蒲昌县	盐泽乡	归□里
天山县	南平乡	

　　资料来源：张广达《唐灭高昌国后的西州形势》，《西域史地丛稿初编》，第113—174页；王素、李方《吐鲁番出土文书人名地名索引》。

施被切实推行于西州地区。西州大城还推行了坊制，"在邑居者为坊"，由坊正管理。阿斯塔那91号墓所出《唐贞观十七年（643）何射门陀案卷为来丰患病致死事》中有"义节坊"①，阿斯塔那239号墓所出《唐景龙三年（709）十二月至景龙四年（710）正月西州高昌县处分田亩案卷》中有"安乐坊"②，《唐开元四年（716）玄觉寺婢三胜除附牒》中有"安西坊"③，等等，都体现了西州乡里制的普遍化。

　　随着乡里、城坊制度的不断健全，西州实行了"四家为邻，五家为保"的邻保制度。吐鲁番出土文书《唐西州天山县申西州户曹状为张无场请往北庭请兄禄事》记载：

　　　　5. 将前件人畜前往北庭请禄，恐所在不练行由，请处分者。责问

---

　　①　国家文物局古文献研究室、新疆维吾尔自治区博物馆、武汉大学历史系编《吐鲁番出土文书》第6册，第5页。

　　②　国家文物局古文献研究室、新疆维吾尔自治区博物馆、武汉大学历史系编《吐鲁番出土文书》第7册，第509页。

　　③　国家文物局古文献研究室、新疆维吾尔自治区博物馆、武汉大学历史系编《吐鲁番出土文书》第8册，第74页。

上者得

6. 里正张仁彦、保头高义感等状称：前件人所将奴畜，并是当家家生奴畜，亦

7. 不是詃诱影他等色。如后有人纠告，称是詃诱等色，义感等连保各求

8. 受重罪者。具状录申州户曹听裁者。今以状申。

9. 令　　停务

10. 　　　　　　　　丞 使①

文书第6行以下是里正张仁彦及保头高义感等的保证词，担保张无场所携带之奴畜是"家生奴畜"，非"詃诱"。第6行所见"保头"即保长，《唐六典》卷三"户部员外郎"条云"保有长，以相禁约"。② 保人要对出行人的外出活动进行担保，若情况不实，保人要受到严厉的惩罚。一是保证其所带人畜并非强抢、诱盗；二是保证代承出行人的课役。《唐景龙三年（710）十二月至景龙四年（711）正月西州高昌县处分田亩案卷》文书涉及逃户税钱的征收问题：

113. ＿＿＿＿＿＿＿＿＿＿＿＿□分常田二亩

114. 右上件大女先已向北庭逐粮在外，死活不知。昨

115. 被前里正左仁德逐追阿弥分地，入收授出给。比来

116. 阿弥所有户内□钱，恒是本里代出。其户内更两

117. 人，户见未绝，地未出，望乞处分。③

此件文书内容大概为大女阿弥先前往北庭"逐粮"（即逃亡），其户应交纳的□钱一直由其所在之里代出，故前里正左仁德要求收回阿弥的土地，分配给他人。"恒是本里代出"，意味着按唐朝法律规定，此逃户的欠钱应是邻保摊付。

---

① 国家文物局古文献研究室、新疆维吾尔自治区博物馆、武汉大学历史系编《吐鲁番出土文书》第9册，文物出版社1990年版，第135—137页。

② 《唐六典》卷三《尚书户部》，第73页。

③ 国家文物局古文献研究室、新疆维吾尔自治区博物馆、武汉大学历史系编《吐鲁番出土文书》第7册，第506—523页。

综上所述，邻保制度在保障唐代基层社会运作方面发挥了重要作用，实现了对西州社会的有效治理。

（三）落实相关社会管理制度

通过乡里、邻保制度建立起的户籍制度，保证了唐朝西州其他律令制度的实行。如户籍制度中"大索貌阅"普遍实行，这是控制户口、及时更新户籍信息的重要手段。

《十一月十五日交河县贴盐城为入乡巡貌事》载：

> 15. 右奉处分：令今月十七日的入乡巡貌。前件
> 16. 色帖至，仰城主张璟、索言等火急
> 17. 点检排比，不得一人前却，中间有在外
> 18. 城逐作等色，仍仰立即差人往追，使
> 19. 及应过。若将小替代，影名假代，察获一
> 20. 人以上，所由各先决重杖卌，然后依法推
> 21. 科。或称身死，虚挂籍帐，□已检并无
> 22. 公案可凭，仰勒父娘火急陈下死牒，
> 23. 申州然得破除。团 日 仍得父娘过，官
> 24. 府拟凭处分。十一月十五日典□□帖
> 25. 令杜礼①

文书第2—14行，列举了从"东都思义"到"左安子"80个人的名字。② 此文书是首次发现的唐代貌阅制度实施过程的官文书实物资料，亦是目前所见唐代官文书中第一件由县令签署的县帖实物。第15行"令今月十七日"说的就是县令入乡巡貌。《唐六典》对"貌阅"有如下规定：

> 所管之户，量其资产，类其强弱，定为九等。其户皆三年一定，以

---

①　中央民族大学博物馆藏吐鲁番文书《十一月十五日交河县贴盐城为入乡巡貌事》，中央民族大学博物馆藏吐鲁番文书10号。

②　张荣强、张慧芬定名为《唐开元年间西州交河县贴盐城为令入乡巡貌事》，见《新疆吐鲁番新出唐代貌阅文书》，《文物》2016年第6期。

入籍帐。若五九谓十九、四十九、五十九、七十九、八十九，三疾谓残疾、废疾、笃疾及中、丁多少，贫富强弱，虫霜旱涝，年收耗实，过貌形状及差科簿，皆亲自注定。①

由史书记载可知，貌阅的重点是"五五"和"三疾"，《唐开元年间西州交河县帖盐城为令入乡巡貌事》文书所列举的貌阅名单中，无一不是与"五九""三疾"有关的人。

吐鲁番文书中还有很多唐代户籍制度中"大索貌阅"在西州实行的证明，如《武周万岁通天二年（697）帐后柳中县籍》第3行：

拾陆岁 中男证圣元年籍，玖岁。万岁通天贰年帐后，貌加 ②

《武周大足元年（701）西州柳中县籍》第一片第24行：

岁。久视元年帐后，貌加从 实 ③

《武周西州柳中县户籍残卷》第2行：

二年帐后，貌加从实④

《唐开元十九年（731）西州柳中县高宁乡籍》第7行：

姑汉足年柒拾玖岁老寡开元拾陆年籍，柒拾玖。其帐后，貌减叁

① 《唐六典》卷三〇《京畿及天下诸县官吏》，第753页。
② 国家文物局古文献研究室、新疆维吾尔自治区博物馆、武汉大学历史系编《吐鲁番出土文书》第7册，第218页。
③ 国家文物局古文献研究室、新疆维吾尔自治区博物馆、武汉大学历史系编《吐鲁番出土文书》第8册，第114页。
④ 柳洪亮：《新出吐鲁番文书及其研究》，新疆人民出版社1997年版，第100页。

年就实①

西州户籍制度的确立，保证了唐朝其他律令制度在西州的实行。上述"大索貌阅"制度就是一个典例。此外，唐朝在西州的乡里按律令推行租庸调、差科、科举等制度，有力地保障了西州基层社会的稳定。

第二节　以交河城和高昌城为中心的军防体系

交河城和高昌城是天山冰雪融水孕育的两大绿洲，分别处于火焰山南麓的西部和东部地区。汉朝车师屯田和高昌城的崛起，使交河与高昌成为吐鲁番盆地东西两大重镇，分别控制着进出吐鲁番盆地的道路。汉唐时期，分别以交河城和高昌城为中心进行军政建设，形成了两大军防中心。

一　以交河城为中心的军防体系

交河县领有交河、龙泉、永安、浐林、安乐五城。其政区南起盐山北缘，北至天山南缘，东以今吐鲁番市与胜金口之间的荒原为东界，西至后沟沟口。

（一）以交河城为中心的军镇遗存

交河城是西域三十六国车师国都城。该地利用天然形成的河中高台建城，自西汉以来就是吐鲁番盆地的军政中心，唐朝最初将安西都护府置于交河城。此处控扼"白水涧道"，军事优势明显，相较于高昌城位置更西，可有效防御西突厥等游牧势力的入侵。

1. 交河故城

交河故城位于吐鲁番市区西约 10 公里亚尔乃孜沟河床之间的台地上。2世纪以前，交河城已是车师王国的中心，史载"车师前国，王治交河城，河水分流绕城下"。因河水下切台地复又合拢，"故号交河"。② 交河故城又名"亚尔湖古城"，是我国迄今发现的规模最大、保存最完整的生土建筑。

交河故城是吐鲁番盆地早期的军政中心。在西汉王朝与匈奴争夺吐鲁番

---

① 国家文物局古文献研究室、新疆维吾尔自治区博物馆、武汉大学历史系编《吐鲁番出土文书》第 8 册，第 403 页。

② 《汉书》卷九六《西域传》，第 3921 页。

盆地的过程中，交河城始终是双方军事角逐的重点区域。从武帝天汉二年（前99）到宣帝元康二年（前64），汉与匈奴展开"五争车师"战争，其间"于是吉始使吏卒三百人别田车师"①。神爵二年（前60），匈奴日逐王降汉，西汉在西域设置都护府。

唐灭高昌国后，最先置安西都护府于交河城，体现了交河城在西域的战略地位。从地理位置看，交河城西北方向有"白水涧道"通处月、处密地；向西南通天山县，是经"银山道"进入焉耆、龟兹的道路；翻越北部的"他地道"可以直达庭州。交河城不仅地理位置重要，而且从自身优势看，其四周崖壁耸立，台地距离地面有30多米，在冷兵器时代，易守难攻。故城周围至今残存四座烽燧遗址，从地理位置、构筑技法和残存遗物看，四座烽燧应该是故城的外围警戒设施。② 故城东部斜向北方，天山以北的游牧势力南下，交河城首当其冲，东城门作为进入交河的第一道关口，地位至关重要。东城门与独立窑洞区台地、衙署区主体建筑台地、衙署区东侧建筑台地（三台地面对东门的一侧均为空地，战时可以陈兵）以及四周环水的岛状台地之间互为掎角，使得入侵之敌很难进入城内。③

图 2-3 交河故城航拍图

① 《汉书》卷九六《西域传》，第3923页。
② 四座烽燧遗址情况，详见李肖《交河故城的形制布局》，文物出版社2003年版，第15页。
③ 孟凡人：《交河故城形制布局特点研究》，《考古学报》2001年第4期。

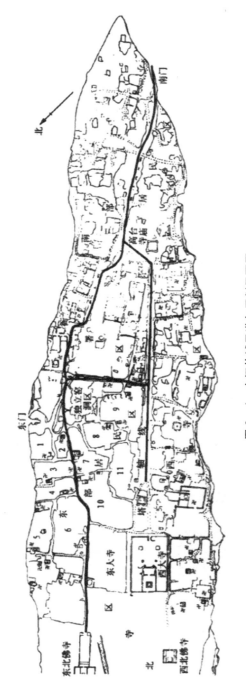

图 2 - 4　交河故城干道与区划平面图

资料来源：孟凡人《交河故城形制布局特点研究》，《考古学报》2001 年第 4 期。

南城门现已残毁，从残存遗迹看，南门亦有很好的防御性，城门附近有监视和防卫性建筑残迹，南门内大街不能直接进入主城区。从城内的形制布局来看，交河城是层层设防，城内贯穿全城的主干道很少，主干道两侧是高厚的墙垣，仅有少数丁字形交叉口，流动性不强。各功能区划及区划内的大型院落均被高墙围限，连通各区划的道路很少，院落临街不开门，以保证安全。

图 2 - 5　雪后的交河故城

现存交河故城遗址的规模和形制，奠基于麹氏高昌国，形成于唐代，其布局形式与内地唐宋城市结构相仿。一条长 350 米、宽 10 米的中心大道贯通南北，把故城分为东西两个部分。东部建筑较为密集，主要为官署区，是全城最为壮观的建筑群，早年是车师前国的王宫，之后是安西都护府的治所。西部建筑较为稀疏，是当时的居民区和手工业作坊区。故城南部的建筑破坏严重，仅存断壁残垣。中轴大道北端是佛教寺院区，规模占全城的三分之二，有壮观的佛塔群。

唐朝末年，此地归西迁于此的回鹘汗国统辖。14 世纪下半叶，西北蒙古贵族集团的海部·都哇发动战争，交河城毁于战火。从最早的车师国都到

图 2 - 6　交河故城台地和亚尔乃孜沟

图 2 - 7　交河故城地下官署区

图 2 - 8　交河故城西北塔林遗址

在战火中被毁，交河城始终是西域东部一个重要的政治、军事中心。

1961 年，交河故城被列为第一批全国重点文物保护单位。1993 年，国家文物局与联合国教科文组织签署交河故城保护、修缮研究项目。该项目历时 8 年，先后召集百名学者对故城进行了大规模的修缮、加固，取得了良好的效果。2014 年，交河故城作为"丝绸之路：起始段和天山廊道的路网"的一部分获准列入世界遗产名录。

2. 安乐古城

安乐古城位于吐鲁番市葡萄沟乡木纳尔村，原名"英沙古城"。古城北临苏公塔，为汉至明时期遗存。史料记载，安乐古城汉朝时属车师前国管辖，唐朝时属交河县管辖，明朝时为吐鲁番地方王国首府所在地。1280 年，高昌回鹘王国被元朝所灭，吐鲁番盆地的政治中心遂转移至安乐古城。

安乐古城亦即唐代的安乐城，沿用至明代，建筑有浓厚的回鹘风格，出土有"成化年造"等印款的明青花瓷片。《西域番国志》称"吐尔番城在火州之西仅百里，即古交河县之安乐城"，[①] 也为明代的土尔番城。另外，在安乐城西北约 500 米处有一老砖厂遗址，平面呈长方形，东西长约 20 米，南北宽约 15 米，面积约 318 平方米，土坯砌筑，北墙残高 1.2 米，厚 0.38 米，遗址内地表散布夹砂陶片、带釉陶片和瓷片。此城当为唐代安乐乡辖区内的居住或城堡遗址。

现存城址平面呈不规则形状，城西、西北、西南临崖，于崖上夯土筑

---

① 《西域番国志》，周连宽校订，中华书局 2000 年版，第 105—106 页。

图 2 - 9　安乐古城遗存

墙，有瓮城残迹。城内建筑多为半地穴式，大型居址和公廨格局不显著，小型的居址星罗棋布，具有明显的戍防特点。城外西侧临廓处据说原有一重楼遗址，尚存北墙半间，楼上内壁绘有套色边饰图案，均为番莲卷草纹。城址四周均为农田。古城周长约 300 米，东西长约 200 米，其西面有一约 10 米高的土台。城墙大部已被毁，南城墙残高 2—3 米，中间位置开有城门，外部有瓮城残迹。遗址内残留深约 3 米的"简坑"，应为古代屯田时所用的"粮仓"。城内南部有炼渣遗物，或为古城窑址。1965 年，考古人员在古城内出土高昌早期《金光明经》写本，尾题中写有"于高昌城东胡天南太后祠下……写此金光明经一部"等字样，由此可知该地民众对火祆教的信仰情况。

安乐古城北部的木纳尔一号台地出土了《麹氏高昌延寿四年（627）十月二十九日宋佛住墓表》，其中记载：

1. 延寿四年丁亥岁十
2. 月庚辰朔廿九日戊
3. 申，故宋仏（佛）住新除北
4. 听（庭）散望，中出作永安

图2－10　安乐古城出土《金光明经》残本

资料来源：《新中国出土文物》，第122号图片，外文出版社1972年版。

5. 兵曹参军，转迁内行

6. 兵曹司马。春秋有六

7. 十六，殡葬斯墓。①

墓表中提到的"永安"即高昌国时期的永安县，亦即唐西州时期的永安乡。除此之外，一号台地出土另一件墓志《唐显庆元年（656）二月十六日宋武欢墓志》记载：

1. 君讳武欢，字□，西州永安人也。君，兵

2. 曹参军之嫡孙，司马之贵子。生

（中略）

8. 年，掩然迁化。春秋六十一。显庆元年

9. 二月十六日葬于永安城北。呜呼哀哉。②

该墓志与前一件墓表出土于同一家族墓葬群，宋武欢死于显庆元年，此时已是唐西州时期，永安县变成了西州交河县下辖之永安乡，铭文明载宋武欢为

---

① 荣新江、李肖、孟宪实主编《新获吐鲁番出土文献》，中华书局2008年版，第385页。

② 荣新江、李肖、孟宪实主编《新获吐鲁番出土文献》，第103页。

西州永安人，且葬于永安城北，可知唐西州永安乡必在今木纳尔一号台地之南的不远处。

　　3. 吐尔退维烽火台

　　吐尔退维烽火台位于吐鲁番市大河沿镇红柳河村西北约6公里处，为唐"他地道"上龙泉馆所在地。烽火台主体和墙基大部已残毁，仅遗存北侧护墙。烽体残高约2米，墙围结构为夯筑，夯层厚7—8厘米。周边地表发现有些许粗制夹砂灰陶片。

　　学界普遍认为龙泉馆和龙泉乡均位于今大河沿镇的夏普吐勒克村，[①] 该地与交河故城直线距离为32公里。该烽火台的存在表明，今大河沿镇在唐代是一个交通要塞，烽火台北约3公里处有一地名曰"一万泉"，民国时期称"一碗泉"，因出泉水而得名。唐时龙泉馆之设置，也当与泉水有关。龙泉馆以北即柳谷馆，其北为入金沙岭之道。

图 2 – 11　吐尔退维烽火台南面

---

　　① 巫新华：《吐鲁番唐代交通路线的考察与研究》，青岛出版社1999年版，第61页。

4. 潘家地古城及烽火台

潘家地古城及烽火台位于乌鲁木齐市达坂城区阿克苏乡大河沿村南 700 米的河北岸。古城平面呈梯形，面积约 2432 平方米，东、西、北三面筑墙，南临河，城墙沙砾土夯筑，厚约 3 米，残高约 1.4 米。潘家地烽火台位于城堡西北约 500 米的山头上，现今已全部坍塌，存长约 6 米、宽约 3 米的黄土包。烽火台与城堡当为一组相关联的军事设施，据烽火台附近采集的陶片推测，遗址年代为唐代。

柳谷镇位于交河城北通北庭城"他地道"上，处在金沙岭南部的潘家地。[①] 潘家地附近有一三岔口。1914 年，斯坦因从泉子街南下吐鲁番，在三岔口河谷两岸多见柳树，[②] 这或许就是该地被称为"柳谷"的原因。潘家地古城及烽火台遗址较大可能就是唐代柳谷镇或附近相关驿路军事设施。

来自东北部的喀尔勒克艾肯沟，在此与发源于北部恰克马克达坂和古城达坂的石窑子艾肯沟交汇，再向西南流约 7 公里，又与从西北方向流入的大干沟汇合，自此始称大河沿河。三河交汇的地带，由于四面环山，实际是一个相对平坦的小盆地，在有充足水源的条件下，具备驻屯的可能性。阿斯塔那 226 号墓出土《唐西州都督府上支度营田使牒为具报当州诸镇戍营田顷亩数事》及《唐西州都督府所属镇戍营田顷亩文书》就记载了柳谷镇屯田的情况：

柳谷镇兵肆拾 人 □□□ 肆顷 [③]

―――――――――― 柳谷镇 肆 ―――――――――― [④]

―――――――――――――――――――――――

①　严耕望：《唐代交通图考》第 2 卷《河陇碛西区》，第 594 页；巫新华：《吐鲁番唐代交通路线的考察与研究》，第 153 页。

②　〔英〕斯坦因：《亚洲腹地考古图记》，第 800 页。

③　国家文物局古文献研究室、新疆维吾尔自治区博物馆、武汉大学历史系编《吐鲁番出土文书》第 8 册，第 219 页。

④　国家文物局古文献研究室、新疆维吾尔自治区博物馆、武汉大学历史系编《吐鲁番出土文书》第 8 册，第 221 页。

两件文书出自同一墓地，内容相似，都是记载西州镇戍营田的情况。所谓"营田"就是屯田，是西域"支度营田使"官职出现以后对屯田的另一种称呼。

5. 二二一团烽火台

二二一团烽火台位于交河故城西约 11 公里处、亚尔乡亚尔果勒村西。烽火台坐北朝南，由土坯垒砌，剖面呈梯形，平面略呈方形，长 5.5 米，宽 4.9 米，面积为 27.3 平方米。时代为唐。该烽火台所处的台地上无植被生长，台地下是葡萄地。二二一团烽火台东望交河城，背依盐山，西临横贯盐山的大旱沟，处于交河城西盐山南北交通的咽喉位置。

此处可能是吐鲁番文书中所载的"酸枣馆"。吐鲁番出土马料账中多次提到"酸枣馆"，[①] 如《唐天宝十四载（755）交河郡某馆具上载帖马食踏历上郡长行坊状》记载封常清于天宝十三载从安西返回北庭，途中经酸枣馆前往柳谷馆；[②]《唐开元二十一年（733）西州都督府案卷为勘给过所事》记载西州王奉仙、蒋化明二人无过所从蒲昌、高昌去北庭，在酸枣被捉事。[③] 酸枣馆是西州去往北庭驿路的必经之地。

6. 峡口古城

峡口古城位于乌鲁木齐市达坂城区达城镇八家户村南 1 公里处的峡口河滩内。古城在白杨河峡谷北口处，白杨河由城东流过。古城平面略呈梯形，周长 360 米，分南北两城：北城为方形，位于西北角，南北宽约 42 米，东西长约 45 米，西北角建角楼，南墙开一门，北墙存有保存较好、高约 90 厘米的"女儿墙"；南城位于北城南侧，平面呈"L"形，中间仅一墙之隔，南、东墙略呈弧形，西南墙角外修一段长约 10 米的矮墙，北墙保存较好，高约 5 米，厚约 4 米，其他城段高 2—3 米，断断续续，保存不佳。此城即唐代白水镇遗址。[④]

---

① 国家文物局古文献研究室、新疆维吾尔自治区博物馆、武汉大学历史系编《吐鲁番出土文书》第 10 册，文物出版社 1991 年版，第 61、63、64、65、73、227 页。

② 国家文物局古文献研究室、新疆维吾尔自治区博物馆、武汉大学历史系编《吐鲁番出土文书》第 10 册，第 60—61 页。

③ 国家文物局古文献研究室、新疆维吾尔自治区博物馆、武汉大学历史系编《吐鲁番出土文书》第 9 册，第 59—65 页。

④ 王炳华：《唐白水镇考》，《西域考古文存》，第 154—163 页。

《唐咸亨元年（670）五月二十二日西州高昌县宁大乡白欢信雇人契》[①]记载内容为西州高昌县宁大乡人白欢信雇同乡人上番事，其中的"白水"应指"白水镇"或"白水屯"。[②]

吐鲁番出土文书《唐西州都督府上支度营田使牒为具报当州诸镇戍营田顷亩数事》有"白水镇营田"的记载，[③]《唐西州某县事目》中有"白水屯"的记载。[④] 按，"白水屯""白涧屯"与白杨河相近，又能提供充足劳动力的地方只能与军镇靠近，所以此处屯田应当在白水镇附近，即今达坂城附近的垦区。根据吐鲁番文书，白涧屯在吐鲁番盆地西北出山口处、白杨沟西。《唐神龙二年（706）白涧屯纳官仓粮帐》记载了西州白涧屯的纳粮状况。[⑤] 从该屯向西州官库纳粮的情况看，其屯田规模可观。《唐西州都督府上支度营田使牒为具报当州诸镇戍营田顷亩数事》记载"白水镇兵叁拾营田陆顷"，[⑥] 该文书不见纪年，当在开元以后，其中明确了白水屯的屯田人数和亩数，即有屯田士卒 30 人，屯种 6 顷土地。[⑦] 白水镇地当西州通庭州的"白水涧道"，这些军镇和屯戍设施，为"白水涧道"的交通安全提供了保障。

7. 盐山烽火台

盐山烽火台位于吐鲁番市艾丁湖乡也木什村一队东 2 公里处。地处也木什塔格（盐山）东端，西北遥望交河故城，二者相距约 4 公里，东南及南部均为平坦的戈壁荒漠。烽火台基底夯筑，呈四棱台形，平面呈正方形。其

---

① 荣新江、李肖、孟宪实主编《新获吐鲁番出土文献》，第 63 页。

② 《武周天山府索进达辞为白水镇上番事》明确记载有"白水镇番"，参见国家文物局古文献研究室、新疆维吾尔自治区博物馆、武汉大学历史系编《吐鲁番出土文书》第 7 册，第 42 页。

③ 国家文物局古文献研究室、新疆维吾尔自治区博物馆、武汉大学历史系编《吐鲁番出土文书》第 8 册，第 219 页。

④ 国家文物局古文献研究室、新疆维吾尔自治区博物馆、武汉大学历史系编《吐鲁番出土文书》第 7 册，第 345 页。

⑤ 国家文物局古文献研究室、新疆维吾尔自治区博物馆、武汉大学历史系编《吐鲁番出土文书》第 7 册，第 372 页。

⑥ 国家文物局古文献研究室、新疆维吾尔自治区博物馆、武汉大学历史系编《吐鲁番出土文书》第 8 册，第 219 页。

⑦ 陈国灿将西州白水屯与天山屯、柳中屯相提并论，认为是西州三个屯田基地之一，参见《斯坦因所获吐鲁番文书研究》，第 100—101 页。就白水镇营田的规模来看，其说缺乏足够的依据，西州的大型军州屯田，当只有天山屯和柳中屯。

上为土坯夯筑，原建筑体已基本坍塌，现存边长约 6.3 米，残高 3.6 米。地扼亚尔乃孜沟口，把守从东南方进入交河城的唯一通道，是一重要军事要塞。

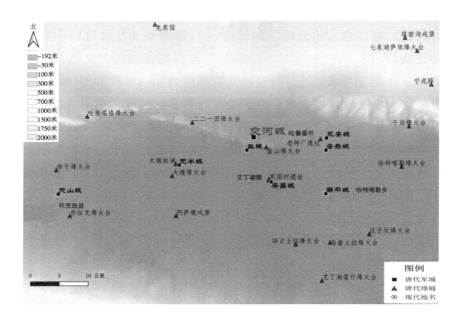

图 2－12 以交河城为中心的军防体系

（二）以交河城为中心的道路交通

交河城是汉唐时期西域的重要交通枢纽，是汉代丝绸之路西域北道的起点，"自车师前王廷随北山，波河西行至疏勒，为北道"。① 唐代交河城北接庭州，西北经"白水涧道"通轮台，西南由"银山道"通焉耆，东北通伊州，连通东天山，连接中天山。

1. 连通北庭的"他地道"

《西州图经》中记"他地道"是交河城通往庭州的重要山道。《新唐书·地理志》载："自（交河）县北八十里有龙泉馆，又北入谷百三十里，

---

① 《汉书》卷九六《西域传》，第 3872 页。

经柳谷，渡金沙岭，百六十里，经石会汉戍，至北庭都护府城。"① 《后汉书·西域传》记载："自高昌壁（吐鲁番）北通后部金满城（吉木萨尔）五百里。"② 可见，这条道路在汉代已经通行。

此道的具体行经路线已成定论，大致为：从今吐鲁番西北出交河城，经夏普吐勒克、厄协克达坂，向西北进入大河沿河谷，经红柳河、三岔口，入天山山谷，过石窑达坂后向北行经石门子、大龙口、泉子街到达吉木萨尔县城。

"他地道"所经过的石窑达坂，位于吐鲁番市亚尔乡牧场西北约 26 公里处，是这条古道的海拔最高点，即金岭、金沙岭。自金岭口北上入谷，经潘家地所在之柳谷镇，再沿着石窑子艾肯沟入山，越金岭后沿东大龙口河谷北下，至今泉子街镇西部偏南约 7 公里的东大龙口遗址出山谷。从金岭口至东大龙口遗址的这一段山道统称为"柳谷"，是"他地道"最为艰难的一段。宋代王延德出使高昌，从高昌城前往北庭，其所经路线就是唐代经柳谷的"他地道"，"师子王避暑于北庭……邀延德至其北庭，历交河州，凡六日，至金岭口"。③

2. 连接轮台的"白水涧道"

交河城之西部交通，《西州图经》记"白水涧道"，即今从交河城西至大草湖，再西北至小草湖，再西北入后沟，沿白杨河谷至白水镇所在之达坂城。

"白水涧道"是通往天山以北地区的重要通道，为了适应军事需要，这条道路上设有白水镇。"白水涧道"是唐朝对"处月以西诸蕃"多次作战的通道，也是唐王朝重点防护的道路。

显庆三年，在第三次平定阿史那贺鲁叛乱的战争中，南道的阿史那弥射与阿史那步真率军从西州经过"白水涧道"西行。行军分为南北两道，北道由苏定方担任伊丽道行军总管，南道由早先降唐的阿史那弥射与阿史那步真负责流沙道行军，利用他们原统率西突厥诸部的身份来进行招降。④ 流沙

①　《新唐书》卷四〇《地理四》，第 1046—1047 页。
②　《后汉书》卷八八《西域传》，第 2914 页。
③　《宋史》卷四九〇《外国六》，第 14112 页。
④　《册府元龟》卷九八六《外臣部·征讨五》。

道行军是从西州出发西北向经过"白水涧道"后，经今乌鲁木齐一带向西转碎叶路至双河会师。①

阿斯塔那 509 号墓所出《唐开元二十一年（733）西州都督府案卷为勘给过所事》② 记载，有兴胡史计思一行人从白水路来，由岸头府界都游奕所勘验过所，白水路即"白水涧道"，岸头府在交河县境内，正好与《西州图经》"白水涧道"的内容相印证。同墓所出《唐开元二十一年（733）唐益谦、薛光泚、康大之请给过所案卷》③ 中的商胡康大之申请去"轮台征债"牒，大概是请过所去轮台收账。可见，"白水涧道"既是官方要道，也是商贸通途。

3. 连接高昌、天山县的道路

从交河城东部有道路经安乐城等地东至高昌城。安乐乡（城）在唐代诸史料中，仅见于出土文书，但在后世的文献中有明确记载。《西域番国志》记载土尔番城即古交河县之安乐城，又云崖儿城在土尔番城之西二十里，④ 崖儿城即交河城，安乐城正当交河、高昌两城之间的内部道路之上。

交河城南部有从交河馆至天山县的驿道。明代陈诚《西域行程记》载："二十四日，晴。明起，由崖儿城南顺水出峡，向西南行……约有五十里，于有草处安营。二十五日，晴。明起，向西行。平川地，约行五十余里，有小城，地名托逊……"⑤ 严耕望先生指出，此即唐交河县通天山县之道，有50 余公里。⑥ 从交河城出发，东至盐山烽火台再折向南经过阔坦图尔古城遗址，再至且克曼古城（天山城遗址）。也可西行经大旱沟穿越也木什塔格（盐山），再南行至且克曼遗址。阔坦图尔古城附近是北庭南下至西州交河县境区域，在唐代，白杨河经小草湖、大草湖向东南可流经阔坦图尔古城、

---

① 孟凡人：《北庭和高昌研究》，第 91 页。

② 国家文物局古文献研究室、新疆维吾尔自治区博物馆、武汉大学历史系编《吐鲁番出土文书》第 9 册，第 51—70 页。

③ 国家文物局古文献研究室、新疆维吾尔自治区博物馆、武汉大学历史系编《吐鲁番出土文书》第 9 册，第 31—39 页。

④ 《西域番国志》，第 105—106 页。

⑤ 《西域行程记》，周连宽校订，中华书局 2000 年版，第 37 页。

⑥ 严耕望：《唐代交通图考》第 2 卷《河陇碛西区》，第 470 页。

大墩古城附近，而自北而来的大河沿河，在交河城西部穿过盐山以后，也可流经阔坦图尔古城。从唐代天山县交通路线来看，阔坦图尔古城所在地向北是通往北庭的驿道，向东是通往郡治高昌城的驿道，实为一交通要站，设置驿馆的可能性很大。古城附近的三处遗址，阔坦图尔古城遗址面积最大，大墩烽火台遗址面积最小，而大墩古城遗址面积居中，且与阔坦图尔古城遗址十分接近，疑为驿站遗址，应是唐代西州南北交通路线上的一个重要补给地点。

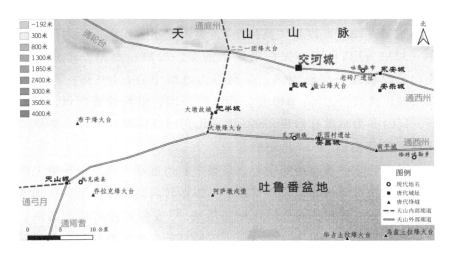

图 2 – 13　以交河城为中心的道路

二　以高昌城为军政中心的军防体系

高昌县领有高昌、武城、宁戎、新兴四城。其政区西以三堡乡与恰勒坎乡之间的荒漠地带为西界，东以二堡、三堡与吐峪沟、洋海之间的荒原为东界，北抵天山南缘，南到盆地南缘。唐朝最初设安西都护府于交河城，主要是为了对付与唐为敌的西突厥势力，待贞观十六年降服西突厥处月、处密部之后，政治中心逐渐向高昌转移，形成了以高昌为中心的军防体系。

（一）高昌城及其周边军镇遗存

1. 高昌城

高昌故城位于吐鲁番市东南 45 公里的二堡乡，是公元前 1 世纪至公元 14 世纪丝绸之路东天山南麓第一大中心城镇。汉唐时期在高昌设置负责屯戍的军政机构，成为经营西域和保障丝绸之路的重心。

高昌城是中原移民建造的城市，因该地"地势高敞，人庶昌盛"而得名。据说最初汉代李广利伐大宛时，一些老弱士兵滞留于此继续生活；公元前 1 世纪，西汉政府"置戊己校尉，使屯田车师故地"，称其为"高昌壁"；东汉延光二年（123），改名"高昌垒"，隶属凉州敦煌郡；十六国前凉建兴十五年（327）设高昌郡，先后隶属于前秦、后凉、西凉、北凉；448 年，沮渠氏北凉政权统一高昌地区，以高昌为政治中心；460 年，高昌独立建国，高昌城正式成为国都；640 年，唐灭高昌国，以其地置西州，高昌为西州治所，同时亦为高昌县治所；866 年，北庭回鹘控制吐鲁番，史称"回鹘高昌"或"高昌回鹘"；14 世纪废弃。

高昌城正处吐鲁番盆地的中心，是整个西州地理上与政治军事上的同心圆点。随着唐朝对西州的经营，军政中心逐渐转向高昌城，至少在郭孝恪任安西都护时期，安西都护府已经移到高昌城。[①] 安西都护府移治高昌，便于行使其管辖西州全境的职能，也有利于应付复杂多变的西域形势，此后的西州都督府治所，一直在高昌城，正可说明该城在整个西州所具有的重要地位。此后的安西都护柴哲威、麹智湛，皆兼西州刺史，直到显庆三年安西都护府西迁龟兹之时，才改为由西州都督兼西州刺史，由西州都督府统一管理西州军政事务。

高昌故城是目前新疆规模最大、使用时间最长的一座古城，是现存汉唐城址中唯一保存了三重城郭以及原有城墙规模的古城城址。高昌故城平面略呈方形，由外城、内城和宫城三个部分组成。外城平面呈不规则方形，周围长约 5000 米，墙基厚 12 米，高 11.5 米，夯筑间砌少量土坯，墙垣外筑有较密集的马面，个别还有瓮城。内城在外城中间，其建筑年代早于外城。史

---

① 《旧唐书·郭孝恪传》载："其地高昌旧都，士流与流配及镇兵杂处，又限以沙碛，与中国隔绝，孝恪推诚抚御，大获其欢心。"《旧唐书》卷八三《郭孝恪传》，第 2774 页。

图 2 - 14　高昌故城角楼

料记载，在高昌郡时期，高昌城只有内城，而到了麴氏高昌时期，在原来内城的基础之上又扩修了外城。除了内城和外城，黄文弼在内城里又发现一小城，仍可见到小城的西、南两面墙垣。此小城应该为高昌故城的宫城。贞观初，玄奘曾在此居住数日，讲解佛经，《大慈恩寺三藏法师传》载："后日，王别张大帐开讲，帐可坐三百余人，太妃已下、王及统师大臣等各部别而听。每到讲时，王躬执香炉自来迎引。将升法坐，王又低跪为蹬，令法师蹑上，日日如此。"[1] 此"讲经塔"闻名后世。内城有残高 15 米的土坯塔及一些殿基残迹，可见讲经塔并非单独建筑，与其相连一体的建筑合称"可汗堡"，是当时高昌王的居所。

　　20 世纪前后，中外探险家、考古学家陆续来到高昌故城进行考察。1904—1905 年，德国学者勒柯克到此考察，在高昌城"可汗堡"发掘出北凉时期沮渠安周《造寺功德碑》《主客长史阴氏造寺碑》，并出土了以回鹘文写成的经典文书。勒柯克随后又在故城西北角的"K"遗址处发现了一幅较完整的壁画，并断定壁画中的人物为摩尼教的创始人摩尼。据说这是世界上唯一一幅出现在壁画之上的摩尼画像，震动了当时的考古学界。1914 年，

---

[1]　《大慈恩寺三藏法师传》，第 20 页。

图 2-15   高昌故城内城遗存"可汗堡"

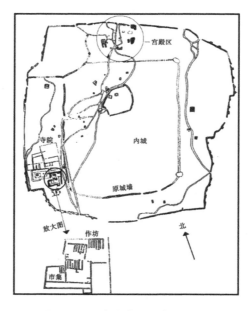

图 2-16   高昌故城内部结构图

资料来源:〔美〕芮乐伟·韩森《丝绸之路新史》,张湛译,北京联合出版公司 2015 年版,第 132 页。

英国探险家斯坦因对高昌故城东南角大僧院、东墙附近的佛寺遗址进行了发掘，出土了许多小片粟特文文书、汉文文书及绣有植物图案的刺绣，并在佛寺东墙发现了壁画等。

图 2 - 17　高昌故城"K"遗址"摩尼画像"（勒柯克，1904—1905 年）

资料来源：〔德〕阿尔伯特·冯·勒柯克《新疆的地下文化宝藏》，图片第 5 页。

　　1928 年，中瑞联合组建的"西北科学考察团"对高昌故城进行了考察发掘。黄文弼记载：高昌城位于阿斯塔那与哈拉和卓两村落之间，当地人对高昌城有两种称呼，一为伊底库特赛里，一为达克阿奴斯城，后者得名于吐峪沟"麻扎之传说"。① 相传，在伊斯兰教传入西域之前，有大秦国六人来此地，其中一个名叫达克阿奴斯的人最先筑造此城，故由此得名。故城周长约 5 公里，城址总体保存尚且完整，所存大宗建筑多集中在子城内的西北部，多是古代庙宇建筑，呈穹隆形，土坯砌筑，所存建筑上残留有涂泥粉和彩绘。高昌故城中的城墙构筑较为复杂，尤以东墙较为典型，其构筑方式混有土筑、土坯堆砌、黑沙泥构筑等。这种混杂的建筑结构，反映出汉至元高昌城曾历经数个政权交替，并由此带来建筑方式的变化。此外，黄文弼在高昌故城内还发掘出"孝经三才章""孝经□宗明义章""文选序""比丘尼

---

① 黄文弼：《吐鲁番考古记》，第 3 页。

图 2-18 格伦威德尔所记高昌出土文物清单（所有文物都加"D"标识）

资料来源：〔德〕卡恩·德雷尔《丝路探险——1902—1914 年德国考察队吐鲁番行记》，陈婷婷译，上海古籍出版社 2020 年版，第 48 页。

僧写涅槃经题记""大般若经""佛经"等残缺汉文文书，这些材料对探析高昌社会生活和日常信仰情况具有重要的研究价值。

德国探险家格伦威德尔在经过为期 3 个月的考察后，认为高昌故城是一个巨大的寺院和宗教建筑城，其中只有很少的建筑（例如"可汗堡"）是非宗教性的建筑物，"还有就是这个神圣的古城是其周边地区无论是在山坡上，还是在河边上，还是在山上的无数其他所有寺院、洞窟等的中心。尤其是人们可以确认在这个故城中的寺院等建筑与某些在山坡上的寺院建筑有紧密的联系，或者它们的建筑形式是相同的，或者它们当中的壁画是一致的，所有单一的建筑、壁画等都可以在这个故城中找到它的归属"。①

---

① 〔德〕阿尔伯特·格伦威德尔著，新疆文物考古研究所、吐鲁番学研究院编著《高昌故城及其周边地区的考古工作报告》，管平译，文物出版社 2015 年版，第 172 页。

2. 七康湖烽火台

七康湖烽火台位于高昌故城北胜金口谷口七康湖附近，地处火焰山北台地上，该烽火台东面和北面地势平坦开阔，为胜金乡农田。该烽火台基本毁塌，现存部分呈南北向，基底平面为长方形，已遭受严重破坏，从残余部分测得，南北宽 5.8 米，东西长 6.10 米，残高 1.75 米，土坯砌筑；基底土坯厚 0.85 米，中心可能为空心。周围散落夹砂灰陶片。此遗址与唐代新兴城有关。

图 2 - 19　勒柯克考察高昌故城期间所住农夫萨乌特的院子

资料来源：〔德〕卡恩·德雷尔《丝路探险——1902—1914 年德国考察队吐鲁番行记》，第 48 页。

表 2 - 3　黄文弼于高昌故城采集文物情况

类别	名称	件数
古籍写本及题记	孝经三才章	1
	孝经□宗明义章	1
	文选序	1
	比丘尼僧写涅槃经题记	1
	大般若经	1
	佛经	3

续表

类别	名称	件数
古文书写本	□露二年残牒	1
	安末奴等纳驼状	1
	西州征物残牒	4
	开元十三年征物残牒	1
	张元璋残牒	1
	府司阿梁状词并批	1
	高昌县征伏残状	1
	虞候司及法曹司请料纸牒	4
	天山县申车坊新生犊残牒	4
	伊吾军屯田残籍	2
	追捉逃番兵残牒	1
	状上括浮逃使残状	1
	唐西州浮逃户残籍	3
	状上括浮逃使残状	3
	山府分配地子残牒	1
	张奉先残牒	1
	张孝威残牒	1
	女妇才子还麦残牒	1
	胡玄□残状	2
	屠行哈三批示	1
	至元三年文书残片	1
绘画	绢画佛教故事残片	1
	纸本素描图案残纸	3
钱币	高昌吉利铜钱	1

新兴城正当高昌北通北庭的道路上。《唐开元二十二年（734）西州高昌县申西州都督府牒为差人夫修堤堰事》①中有"新兴谷"的记载。"胜金

---

① 国家文物局古文献研究室、新疆维吾尔自治区博物馆、武汉大学历史系编《吐鲁番出土文书》第9册，第107、109页。

即新兴之音变矣",[1] 20 世纪初勒柯克在今高昌城北的胜金谷发现一木柱，上刻"新兴谷内高胜岩尊福德之处"，可知"新兴谷"指的就是今天的胜金谷。

新兴城地位重要，扼守着火焰山口，其西北部是通往北庭的乌骨道，南部经新兴谷可至高昌城，东部沿火焰山北麓过横截（苏巴什）、临川（连木沁）可至西州重镇蒲昌城。其处在一个军事交通枢纽的位置上，侯君集征伐高昌以及宋代王延德出使高昌的路线都经行新兴城。[2]

图 2-20　胜金口石窟

3. 乌江布拉克古城

乌江布拉克古城位于木日吐克村西北 1 公里处，坐落于火焰山木头沟东高地上，东、北两面利用陡峭山壁作天然屏障，地势险要。其平面呈不规则多边形，总面积约 8415 平方米，西、南两段城墙保存较好，高约 4 米，厚 2 米。该古城就是高昌郡国时期的宁戎城，亦即唐代的宁戎乡所在地。[3]

---

① 岑仲勉：《汉书西域传地里校释》，中华书局 1981 年版，第 508 页。
② 侯君集征高昌路线，大概是从蒲昌所在之鄯善县经柳中（田地城）至高昌。王延德出使高昌，"次历宝庄，次历六种，乃至高昌"，所谓"六种"，指的就是柳中，所走路线亦避开了胜金口。
③ 巫新华：《吐鲁番唐代交通路线的考察与研究》，第 62 页。

　　此处是高昌北部的重要军镇，位于唐代西州通北庭的军事交通线上。从高昌向北经此地分布着一系列唐代烽火台、戍堡遗址，护卫道路交通安全。木头沟附近共有 5 座烽火台，第一座为艾西夏烽燧（又名胜金烽燧遗址 1），位于胜金乡艾西夏村村民的院落中，平面呈正方形，底部长约 18 米，残高约 6 米；第 2 座为艾西夏东烽燧（又名胜金烽燧遗址 2），位于胜金乡艾西夏村东 0.5 公里处，破坏严重，难以辨明形制，残存土墩南北长约 22 米，东西宽约 11 米，残高约 6 米；第 3 座为色格孜库勒烽火台（又名胜金烽燧遗址 3），位于胜金乡色格孜库勒村西北 5 公里处，平面呈长方形，长约 14 米，宽约 12 米，残高约 10 米；第 4 座为胜金口烽火台（又名胜金烽燧遗址 4），位于胜金乡排孜阿瓦提村南 10 公里处，东侧为胜金口石窟，平面呈正方形，底边长约 7 米，残高约 5.5 米；第 5 座为木头沟西岸烽火台（又名胜金烽燧遗址 5），位于胜金乡木日吐克村，地处木头沟西岸，平面呈正方形，边长约 5 米，残高约 1.6 米。[①]

　　以上烽燧除第 3 座色格孜库勒烽火台距木头沟较远外，其余 4 座都沿木头沟河岸分布，很明显从高昌城向北经木头沟至宁戎乡有一条非常重要的交通道路，这条线路向西北天山延伸。

　　4. 木尔吐克萨依戍堡

　　木尔吐克萨依戍堡位于吐鲁番市七泉湖镇七泉湖村南，平面呈方形，建筑结构为土坯砌筑，残高约 10 米。戍堡遗存有北墙、东墙、南墙等墙基，戍堡西南角处有一烽燧。2015 年 8 月 25 日，新疆文物考古研究所与吐鲁番学研究院考古所联合考古队开始了对遗址的考古发掘工作，戍堡内布设探方 4 个，发掘范围扩展至遗址外 5 米处。

　　高昌地区的涝林城，极有可能就是吐鲁番出土文书中记载的"宁戎驿"所在地，[②] 即今木尔吐克萨依戍堡。阿斯塔那 29 号墓出土的汉文文书《武周宁戎驿马及马草䭾文书》记载：

（前缺）

① 新疆维吾尔自治区文物局编著《新疆维吾尔自治区长城资源调查报告》上册，第 137、140、142、156、158 页。

② 新疆文物考古研究所、吐鲁番学研究院：《新疆吐鲁番木尔吐克萨依遗址发掘简报》，《吐鲁番学研究》2017 年第 2 期。

1. □贰 车
2. 宁戎驿马肆拾贰
3.　　　　　　得驿长
4.　　　　　　饲马草
5.　　　　　　当数（"敤"之误）玖拾陆

（后缺）①

文书残缺不全，但其记载的"驿马肆拾贰"表明该驿站规模较大。②

此外，木尔吐克萨依戍堡西南 10 公里处有干沟烽火台，西北约 7 公里处为七泉湖萨依烽火台，据形制布局及出土文物可知为唐代遗址。③

（二）高昌的道路交通

高昌城地处吐鲁番盆地的中心，为唐代西州军政中心，周边军镇、烽戍密集，东部驿道沿火焰山南麓，经酒泉、高宁至柳中城，又经于湛城至蒲昌城；东南或南行越过库鲁克塔格，通过库木塔格沙漠可至敦煌和罗布泊地区。火焰山北麓的临川、横截、新兴、宁戎等城是西州北部防御的重要屏障。高昌城西部驿道有两条，一条向西至交河县，沿途有武城、安乐、永安等城，从安乐城又可西南入天山县境，与自北庭而来之南北向驿道合，沿途有阔坦图尔古城（盐城）等；另一条自高昌城向西南至天山县，沿途有拉木伯公相古城（南平）、帕克拉克古城（安昌）等。

乌骨道。这是高昌北通北庭最近的一条道路。从现今高昌故城北部烽燧、戍堡分布来看，经胜金口、木头沟至煤窑沟上游的道路，似为唐代乌骨道的走向。④清代的文献中也记录了这条道路，《新疆图志》记载：

---

① 国家文物局古文献研究室、新疆维吾尔自治区博物馆、武汉大学历史系编《吐鲁番出土文书》第 7 册，第 97 页。

② 《唐六典》记载，唐代驿马及驿丁之数共分六等，宁戎驿有驿马 42 匹，属于第二等，仅次于第一等，按规定二等驿站配驿丁 14 人。详见《唐六典》卷五《尚书兵部》，第 163 页。

③ 新疆维吾尔自治区文物局编著《新疆维吾尔自治区长城资源调查报告》上册，第 148—154 页。

④ 巫新华认为，由高昌故城经胜金口、胜金乡，至恰勒坎，北越天山至奇台半截沟的路线，为唐代乌骨道的走向。恰勒坎在胜金乡以北、七泉湖以东，但这一带目前尚未发现唐代遗址，此说有待商榷。见巫新华《吐鲁番唐代交通路线的考察与研究》，第 148 页。另见王炳华《西域考古文存》，第 94 页。

图 2 – 21　木尔吐克萨依戍堡内部

图 2 – 22　木尔吐克萨依戍堡航拍图

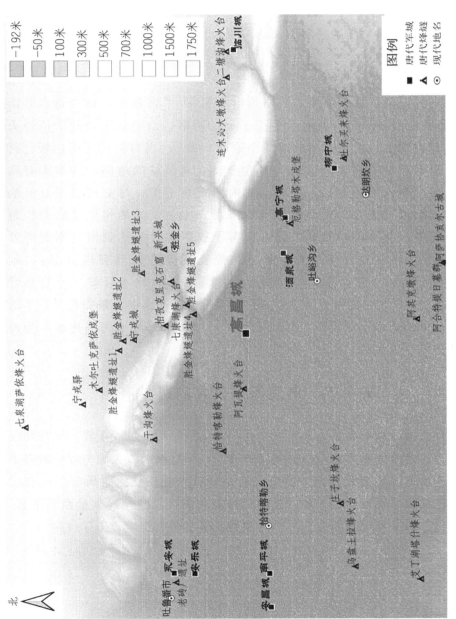

图 2-23 以高昌城为中心的军防体系

> （奇台）城西南八十里董子沟，十里吉布库，十里耿夏街，西通孚
> 远，南通吐鲁番。①
>
> 从火州北行至胜金口，又北入穆图拉克之沟，过可洛达坂，即通济
> 木萨，古北庭也。②

第一条史料记录了这条道路的博格达山北麓段，"吉布库"即今奇台县南约 30 公里的吉布库镇。此地几乎位于上述博格达山南麓七泉湖萨依烽火台和煤窑沟戍堡的正北面。所谓"南通吐鲁番"，当为翻越天山达坂，再沿煤窑沟南下至七泉湖、木头沟、胜金口至高昌城的道路。吉布库有路西通孚远，即吉木萨尔县，实际是先向西至泉子街，与交河城至北庭的道路（他地道）会合，再折北至北庭城所在地。这是西州至北庭路程最短的一条路，全程只有四百里，在行军作战中常常能达到出其不意的效果。《旧唐书·突厥传》载有郭孝恪经行乌骨道讨伐突厥之事："咄陆……专擅西域。遣兵寇伊州，安西都护郭（孝）恪率轻骑二千自乌骨邀击，败之。"③。由此可见，乌骨道的军事价值较高。第二条史料记录了这条道路的博格达山南麓段，"穆图拉克之沟"即木头沟，"可洛达坂"为博格达山中的一处山岭。

第三节　拱卫西州东北的蒲昌府

唐蒲昌府地扼吐鲁番盆地东北交通门户，战略地位极为重要。早在两汉时期，该地就是连接内地与西域的交通要冲，汉将赵破奴大破车师就取道于此。西州有五县，共设四府，其余三府是一府一县，唯独蒲昌府是一府二县，下辖蒲昌县和柳中县，足以证明蒲昌府辖府兵总数超过其他西州诸县，体现了蒲昌府在控制东北方向进出吐鲁番盆地中的重要性。

---

① 《新疆图志》卷七九《道路一》，第 1515 页。
② 《新疆图志》卷八〇《道路二》，第 1522 页。
③ 《旧唐书》卷一九四《突厥传》，第 5185 页。

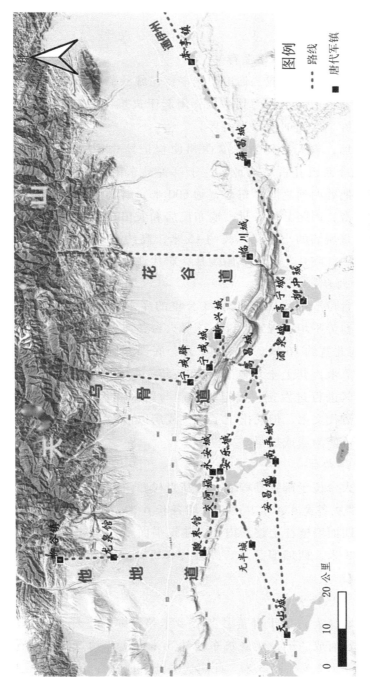

图 2 - 24　以高昌、交河为中心的军镇遗址和交通（张慧洁　绘）

一　主要的军镇遗址

（一）蒲昌城及周边军事遗存

蒲昌县领有蒲昌、横截、临川、赤亭，三城一镇。其政区东抵七克台古城遗址以东的盆地边缘，东南到沙山，南起于火焰山北缘，北至天山南缘，西以苏巴什与胜金之间的荒原为西界。

蒲昌城遗址，宋人王延德在《西州使程记》中记为"宝庄"，清代作"辟展"，为现今东巴扎古城遗址，位于鄯善县东南约 1.4 公里的东巴扎乡前街村。遗址地处两河之间，东西宽约 600 米，南北已无从判断，周围泉眼较多，水源丰富，因距县城较近，遍布民居和农田。遗址仅存一道断断续续几乎已看不出是城墙的小土梁，长约 15 米，高约 2 米，夯筑。附近农田曾发现骨骼、夹砂红陶片、灰色厚胎陶片、唐代钱币等遗物。

1. 东湖烽火台

东湖烽火台位于鄯善县城东约 13 公里的库木塔格沙漠北缘，坐落在沙山北隅，北面地势平坦，视野开阔。该烽火台整体为覆斗形实心台体，东西长约 17 米，南北宽约 16 米，残高约 5 米，底部夯筑，夯层厚约 0.2 米，夯筑部分高约 1.7 米，其上土坯砌筑。2015 年，吐鲁番学研究院及新疆文物考古研究所对其进行过发掘，确定其形制与新疆其他地区的清代烽火台相似，且发现有清代文书，但又出土了唐代或唐以前的陶片，可知烽火台沿用至清代，上限可能为唐或更早。

2. 安全墩烽火台

安全墩烽火台位于鄯善县辟展乡克其克村西南约 1 公里处。烽火台高约 7 米，东、西墙底各宽 4.4 米，南、北墙各长 6 米，基部为沙石夯土，上部为土坯垒砌。四面墙壁往上逐渐内收。建筑平面呈"回"字形，东墙厚约 2 米，南墙厚 1.3 米，西墙厚 2 米，北墙厚 1.5 米，顶部东、南各有一个 80 厘米见方的垛口。

3. 三十里大墩烽火台

三十里大墩烽火台位于鄯善县辟展乡卡格托尔村。烽火台使用土坯砌成，似两次修筑而成。第一次修筑东西约 5 米，南北约 5 米，高约 4.5 米。第二次补建处厚 1.7 米，高 5 米。此唐代烽址，地临古驿道，考证应为唐狼泉烽、驿所在。①

狼泉烽多次出现于开元二年蒲昌府文案中。如日本宁乐美术馆馆藏文书第 52 件《唐蒲昌府番上烽、镇人名簿》中第 4—5 行有：

4. 人狼泉烽主帅宋光智 赵思恭 吕勤□

5. 淳于端住 范思智②

又日本宁乐美术馆馆藏文书第 48 件《唐蒲昌府终服、没蕃及现支配诸所等名簿》记"狼泉烽主帅严定运、孙才名"。③ 由此可知，狼泉烽常年守烽者有 5 人。另外还有"狼泉驿"，如阿斯塔那 29 号墓所出《武周达匪等驿申报马数文书》中有"狼泉驿马五（十三匹）"，④ 阿斯塔那 517 号墓出有《唐开耀二年（682）狼泉驿长竹□行牒为驿丁欠缺事》，后有西州官员"亨"判示：

4. 狼泉驿丁欠缺，竹行

5. 不知。下蒲昌、柳中两县□， 追

6. 勘欠缺所由。上咨， 亨 白。

7. 七日⑤

由此可知，狼泉驿的驿丁来自蒲昌、柳中二县。

4. 连木沁镇汗都夏村三座烽火台

目前，鄯善县连木沁镇汗都夏村附近发现了三座唐代烽火台。

第一座为汉墩阿克墩烽火台，位于鄯善县连木沁镇汗都夏村阿克墩庄东

---

① 陈国灿：《唐西州蒲昌府防区内的镇戍与馆驿》，《魏晋南北朝隋唐史资料》第 17 辑，武汉大学出版社 2000 年版，第 85—105 页。

② 陈国灿、刘永增编《日本宁乐美术馆藏吐鲁番文书》，文物出版社 1997 年版，第 105 页。

③ 陈国灿、刘永增编《日本宁乐美术馆藏吐鲁番文书》，第 98 页。

④ 国家文物局古文献研究室、新疆维吾尔自治区博物馆、武汉大学历史系编《吐鲁番出土文书》第 7 册，第 96 页。

⑤ 国家文物局古文献研究室、新疆维吾尔自治区博物馆、武汉大学历史系编《吐鲁番出土文书》第 4 册，补遗第 43 页。

图 2 - 25　三十里大墩烽火台

约 2.2 公里处。距汗都夏村西南约 1 公里，平面呈矩形，立面呈梯形，长约 6 米，宽约 4 米，残高约 5 米，风蚀严重，烽体为土坯砌筑，中上部为空心建筑，北墙已塌。

　　第二座为汉墩夏大墩烽火台，位于汗都夏村南偏东约 2.6 公里处，处在火焰山北山麓地带的一处高地之上，遗址为土坯建筑，整体为覆斗形，基底平面呈正方形，边长约 19 米，残高 9.5 米。建筑形式与二塘沟烽火台和连木沁大墩烽火台相似，为覆斗形外体建筑内再套建一个中心建筑。中心建筑也呈方形，边长约 5 米，现已坍塌。整体保存不佳。

　　第三座为霍加木阿勒迪烽火台，位于鄯善县连木沁镇霍加木阿勒迪村，距汗都夏村西北约 4 公里。平面呈方形，边长为 4.7 米，残高约 3 米，夯土建筑。保存较差，烽火台整体建筑已不存在。

　　大谷文书 2604 号《唐开元廿九年（741）西州高昌县给田文书》有"城东六十里横截城阿魏渠"之记载，① "城东"指的是高昌城东部，嶋崎昌认为在汉墩，即今汗都或罕都，松井太指出回鹘语中的"Qongdsïr——

_____

① 〔日〕池田温：《中国古代籍帐研究》，录文第 276 页。

图 2 - 26 汉墩阿克墩烽火台

图 2 - 27 汉墩夏大墩烽火台

qongsï"与早期汉语横截（γwɒng—dz'iet）以及今地 Khandu（汉都）为同一地。① 汉都即今汗都夏村，在连木沁东北部。汗都夏村，"汗"即汉，"都"即墩，"夏"是维吾尔语"城堡"之意。唐代横截城具体地点目前尚存争议，② 从以上城址名称演变来看，唐代横截城更有可能位于连木沁镇汗都夏村。

5. 连木沁大墩烽火台

连木沁大墩烽火台位于鄯善县连木沁镇连木沁巴扎村，在当地被称为"土尔尕列孜土尔"，"土尔"即烽火台，"尕列孜"则是坎儿井的意思，烽火台西边 1 公里处就有一条坎儿井。烽火台平面呈方形，边长约17 米，残高约 11 米。烽体建筑为夯土与土坯混合结构，外壁上遗存有椓木孔若干，东墙和西墙之上各有一圆形豁口，沿豁口可攀登至烽火台顶部，其上有房屋等建筑残迹。唐代临川城位于今连木沁镇，可能即连木沁大墩烽火台。③

出土文书《唐上元二年（761）蒲昌县界长行小作具收支饲草数请处分状》④ 中有"山北横截等三城"的记载，三城即横截城、临川城和于谌城。

唐代临川城西通新兴城，南接柳中城，东连蒲昌城，北入天山，是蒲昌府防御体系的重要组成部分。日本宁乐美术馆藏吐鲁番文书《唐开元二年（714）三月一日蒲昌县牒为卫士麹义遏母郭氏身亡准式丧服事》载"知和均既替姜德临川城防御"，⑤ 又桥本关雪藏蒲昌府文书 2 号为开元二年闰二

---

① 嶋崎昌「高昌国の城邑について」『隋唐时代の东トルキスタン研究——高昌国史研究を中心として』東京大学出版会重印本、1983 年、121 頁；〔日〕松井太：《吐鲁番诸城古回鹘语称谓》，杨富学、陈爱峰译，《吐鲁番学研究》2017 年第 1 期。

② 钱伯泉、巫新华据此认为横截城在今吐峪沟北部之苏巴什村，此地实际在高昌城东北，有两条道路与高昌城相通，一道经木头沟，一道经吐峪沟，两条道路之里程在 23 公里左右，与文书记载之 60 里有一定的出入。见钱伯泉《高昌国郡县城镇的建置及其地望考实》，《新疆大学学报》1988 年第 2 期；巫新华《吐鲁番唐代交通路线的考察与研究》，第 66—67 页。王素认为麹氏高昌国于该地置"镇东府"，当与白芳（唐之蒲昌）不远。见王素《高昌史稿·交通编》，文物出版社 2000 年版，第 62 页。

③ 钱伯泉认为"临川"必临大河，具体当在今连木沁镇二塘沟旁，巫新华认为是连木沁大墩烽火台。参见钱伯泉《高昌国郡县城镇的建置及其地望考实》，《新疆大学学报》1988 年第 2 期；巫新华《吐鲁番唐代交通路线的考察与研究》，第 69 页。

④ 国家文物局古文献研究室、新疆维吾尔自治区博物馆、武汉大学历史系编《吐鲁番出土文书》第 10 册，第 252—254 页。

⑤ 陈国灿、刘永增编《日本宁乐美术馆藏吐鲁番文书》，第 44 页。

图 2 - 28　连木沁大墩烽火台

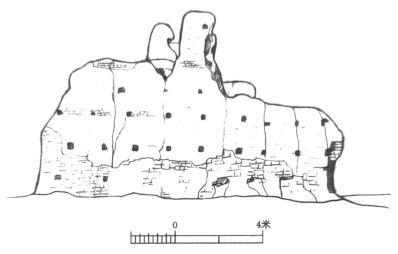

0　　　　　　4米

图 2 - 29　连木沁大墩烽火台南立面图

月典索才牒，后列有"临川城押官镇副康"及"检官折冲王温玉"的署名。[①] 由赤亭镇的镇副康某在临川城押领、驻守。可见，唐代临川城在军事防御上具有重要地位。

---

　　① 日比野丈夫『唐代蒲昌府文書の研究』京都大学人文科学研究所『東方学報』第 33 册、266 頁、图版二、録文見 283 頁。

图 2 - 30　连木沁大墩烽火台航拍图

于谌城的位置，应同在今连木沁绿洲，《唐开元四年（716）西州柳中县高宁乡籍》中明确说明"（柳中）城东陆拾里于谌城"，[①] 即位于柳中县城东 60 里。应离横截、临川城不远，正当蒲昌至柳中的交通驿道之上。唐代蒲昌至柳中的驿道，是从蒲昌沿火焰山麓西行于临川、于谌城，再南入连木沁至柳中古城。《唐开元廿九年（741）六月真容寺买牛契》载：

1. 开元廿九年六月十日，真容寺于于谌城
2. 交用大练捌匹，买兴胡安忽娑乌柏
3. 特牛一头，肆岁。其牛及练即日交相
4. 付了，如后牛有寒盗，并仰主保
5. 知当，不忏买人之事。两主对面，
6. 画指为记。
7. 　　　　　　　练主：

---

① 〔日〕池田温：《中国古代籍帐研究》，录文第 100 页。

8.　　　　　　牛主：安忽婆（？），年卅
9.　　　　　　保人：安失葭（？）年卅二
10.　　　　　　见人：公孙兰[1]

来往道路上的粟特商人在于谌城与真容寺进行牲畜交易。于谌城也有屯田，大谷文书 5370 号《勘当薄田文书断片》记载："薄田一亩在于谌城。"[2] 文书中出现了武周新字，应为武则天时期文书。文书内容大致为于谌城屯田之事，于谌城是蒲昌至柳中交通驿道上的一个屯城。据考证，蒲昌县城南 15 公里的柏树沟，正是"柳中县城东六十里"的地方，这应就是唐于谌城的所在地。[3]

6. 西盐池城址

西盐池城址位于鄯善县七克台镇库木坎儿孜村，为唐至清时期的遗存。其地处方形台地之上，居高临下，北面为一重要的隘口。考古人员在此地发现了五彩瓷、酱色瓷等文物。处于鄯善北面天山峡谷中的西盐池，东可经七角井至哈密、巴里坤，北可经高泉达坂至木垒，南可经碱泉子至鄯善。《辛卯侍行记》对惠井子至西盐池这段路程有如下记载："惠井子驿，破屋五，井一，无民居。至此入山峡，宽数丈，两旁峰峦重叠，积雪眩目。十五里，路益窄，仅容车。曲折升坡，多石子，车播甚。五里始下坡，十里至平地。十里沿草滩之东，向西南行，五里西盐池驿。"[4]

7. 七克台古城

七克台古城位于鄯善县七克台镇南湖村南面的一座东西向的小山上，地势较高，扼东西交通要冲。东、北面地势平坦，田野广袤。古城长 110 多米，宽 50 多米，平面呈长方形，东、南、北墙为土坯垒砌，西墙为夯筑，墙中部为一个夯平台，面积约 90 平方米，内曾出土汉文、回鹘文佛教文献。

①　中国科学院历史研究所编《敦煌资料》第 1 辑，中华书局 1961 年版，第 456 页。
②　池田温「中国古代の租佃契」（中）『東洋文化研究所紀要』第 65 号、1975 年、71 頁。小田義久『大谷文書集成』第三卷、法蔵館、2002 年、151 頁。
③　陈国灿：《辽宁省档案馆藏吐鲁番文书考释》，《魏晋南北朝隋唐史资料》第 18 辑，武汉大学出版社 2001 年版，第 87—99 页。
④　《辛卯侍行记》卷六，刘满点校，甘肃人民出版社 2000 年版，第 388 页。

七克台古城，即唐代赤亭镇，也是宋人王延德所经之泽田寺。"火山突兀赤亭口，火山五月火云厚"① 就是岑参经此地时所赋之诗句。

图 2-31　七克台古城（陈爱峰　图）

8. 赛克散烽燧

赛克散烽燧位于鄯善县七克台镇赛克散土墩村东南 350 米处的山岗上，俗称八十里大墩。现存烽燧整体为土坯垒筑，分为上下两层，下层基底呈矩形，南北长约 9 米，东西宽约 8 米。烽燧顶部坍塌较为严重，西墙残高约 4 米，东北角残高约 5 米，北墙、南墙、西墙上部均已坍塌，唯东墙保存相对较好，上有桩木孔，孔间距约 1 米，上下排间距约 2 米；北墙底层有一券顶拱门，为烽体入口。

（二）柳中城及周边军事遗存

柳中县领有柳中、高宁、酒泉三城。其政区西以吐峪沟、洋海与二堡、三堡之间的荒原为西界，东抵鲁克沁以东荒漠地带，北起火焰山南缘，南到盆地南缘。

柳中城遗址位于鄯善县鲁克沁镇西约 500 米处。遗址平面呈长方形，南北宽 400 米，东西长 1000 米，周长约 3000 米，面积约 62 万平方米。目前

① 《岑参集校注》，陈铁民、侯忠义校注，上海古籍出版社 1981 年版，第 171 页。

图 2 - 32　赛克散烽燧

图 2 - 33　蒲昌城及周边军镇遗存

的古城城墙已不完整，但是轮廓还较为清晰。西南角有一段 50 余米的城墙
和城门，为夯筑建筑，高约 12 米，底部基宽 5—8 米，外面被一处农家作为
院墙的一角。古城范围内曾出土鎏金铜佛像。1928 年，黄文弼考察此城，
在《吐鲁番考古记》中称在鲁克沁的东面有一城，此城为安集延时代所修

筑。黄文弼实地观察的古城平面大致呈矩形，古城西南角处保存尚好，夯筑结构，夯层清晰可见，厚8—10厘米。城中一段城墙与高昌城内的建筑方式颇为相似。黄文弼由此分析，此城或是高昌时田地城，即唐柳中县故地。① 从出土的部分文物和旧城的结构来看，可证实其内城墙垣是唐代的柳中城址。

东汉时期，戊己校尉主要屯驻于柳中城，永平十八年匈奴进攻柳中，戊己校尉关宠因寡不敌众，战殁柳中城。延光二年，安帝遣班勇为西域长史，率兵五百出屯柳中，西域重归东汉的统辖之下。前凉时期，柳中设"田地县"，② 高昌国时期柳中之地已由县升郡。唐平高昌以后，设置柳中县，原属郡下之县也改为乡，如吐鲁番出土文书中见柳中县下辖"承礼""钦明""五道"等乡。

柳中城在历史上所处的地位相当重要。它是唐代西州（高昌）的东大门，是丝绸之路的重要补给地点。《唐天宝十四载（755）柳中县具达匪馆私供床麦帐历上郡长行坊牒》记载：

30. 牒得捉馆 官 ⬚ 各 使繁闹，准牒每季支帖马料参拾硕，并已食尽，季终未

31. ⬚ 馆 贷便私供，具通斛斲如前，请牒上长行坊听裁处分状上者。达匪

32. 馆状称，长行坊帖马侵食当馆斛斲床麦等 叁 佰 叁拾伍硕，具状牒上长行坊听裁者。谨

33. 录牒上。谨牒。③

根据文书内容可知，达匪馆交通往来频繁，此时往来的客商、官员较多，开支过大，以至于当地的长行坊无法正常供应，不得不暂时向柳中借粮

---

① 黄文弼：《吐鲁番考古记》，第12页。
② 《初学记》卷八《州郡部·陇右道》，第181页。
③ 国家文物局古文献研究室、新疆维吾尔自治区博物馆、武汉大学历史系编《吐鲁番出土文书》第10册，第90页。

渡过难关。柳中城所处地区降水稀少，但有赖于博格达山冰雪融水的灌溉，且光照充足，适宜农业生产。其在清代一度成为吐鲁番地区政治、经济、文化的中心，存有吐鲁番郡王府遗址，直到今天仍然是新疆哈密瓜的重要产地。

从柳中城沿"大海道"经库木塔格沙漠可直抵敦煌，这是从河西走廊进入西域最为便捷的一条道路。位于鲁克沁镇东南的迪坎儿村被称作这条道路上"最后的村庄"，离开迪坎儿村后，向东南即可进入库木塔格沙漠，由村向南可进入罗布荒漠地带，沿途再无其他补给之处。迪坎儿村坐落在洼地间，海拔高度为零，所以又被称为"零海拔的村子"。橘瑞超曾经两次途经鲁克沁和迪坎儿村，并且和鲁克沁的郡王结下友谊，"我把我喜爱的一匹马，赠送给郡王，郡王回赠我一筐无核葡萄，这种葡萄是吐鲁番特产，郡王去北京见皇帝时，一定要献上这种葡萄"。①

图 2－34　柳中城遗址

1. 厄格勒塔木戍堡

厄格勒塔木戍堡位于洋海墓地东南部、洋海村东面。该戍堡平面呈方

---

① 〔日〕橘瑞超：《橘瑞超西行记》，柳洪亮译，新疆人民出版社 2010 年版，第 41 页。

图 2-35 柳中古城现状

图 2-36 柳中古城门外侧

形，东西长约 21 米，南北宽约 19.5 米，墙体为夯筑，现存东墙厚 1.5 米，
残高约 4 米；南墙厚约 1.6 米，残高约 3.8 米；西墙倒塌严重；北墙原来厚
约 2 米，残高约 4 米。遗址损毁严重，墙体内外均不见房屋遗迹，零星可见

轮制泥质陶片。① 厄格勒塔木戍堡当是唐代柳中城至高昌城交通大道上的交通或军事遗址。

2. 酒泉古城

酒泉古城位于鄯善县吐峪沟乡洋海村西南，即唐代酒泉城遗址。东南距柳中古城约 11 公里，西北距高昌故城约 10 公里。遗址东西长约 210 米，南北宽约 130 米，残存墙体为夯筑，仅南城墙残存，西南角有建筑遗迹。古城地表散布大量灰色碎陶片、少量夹砂红陶及黑色残陶渣。从柳中城经过高宁、酒泉城，向西可至高昌城。

3. 二塘沟烽火台

二塘沟烽火台位于鄯善县连木沁镇连木沁巴扎村。现存烽火台平面为方形，立面略呈梯形，为土坯垒筑。烽燧东、北两面保存稍好，西、南二面已坍塌。东墙底长约 28 米，顶长约 9 米，残高约 14 米，墙壁上有成排方孔。为土坯建筑，呈覆斗形。其内部还套建有一建筑，其建筑方式与阔坦图尔古城遗址的堡垒式主体建筑极为相似。

图 2 −37　二塘沟烽火台（一）

① 新疆维吾尔自治区文物局编著《新疆维吾尔自治区长城资源调查报告》上册，第 191 页；李肖、陈云华主编《鄯善县文物志》，新疆人民出版社 2008 年版，第 71 页。

图 2 - 38　二塘沟烽火台（二）

4. 阿萨协亥尔古城及烽火台

阿萨协亥尔古城，又称"大阿萨古城"，位于鄯善县达朗坎乡拜什塔木村西南约 10 公里处。古城整个遗址为土坯砌筑，由围墙、烽燧和若干居址组成，平面大致呈不规则矩形，城墙大多倒塌。东、西墙各长约 95 米，周长约 304 米，面积 5400 平方米，墙基宽近 5 米。现仅存南墙中段一部分，残高 5 米。遗址地表散布有夹砂红、灰厚胎陶片，考古人员于古城内采集到唐宋时期文物。阿萨协亥尔烽火台是古城的重要组成部分，残高约 6 米，附近遗存有角楼，为古时瞭望报警和驻兵建筑。2013 年，该烽火台被列为第七批全国重点文物保护单位。此处应即唐代柳婆城。①

从高昌城经高宁、酒泉可至柳婆城。具体路线为：从高昌故城经洋海厄格勒塔木戍堡、酒泉古城南行至阿萨协亥尔古城。从柳中城南下也可至柳婆城。阿萨协亥尔古城东约 23 公里有迪坎儿烽火台，迪坎儿烽火台东为通敦煌的大海道和通伊吾的柳中道。

---

①　巫新华：《吐鲁番唐代交通路线的考察与研究》，第 71 页。

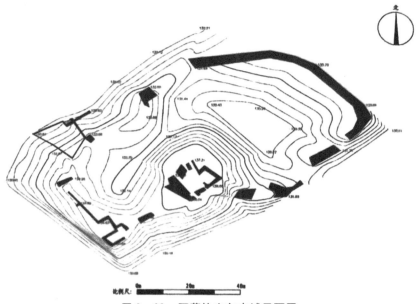

图 2 - 39   阿萨协亥尔古城平面图

图 2 - 40   阿萨协亥尔烽火台

上述遗址大多沿柯柯亚河水系分布，为沿途提供粮草补给，在唐代保障了驿道交通的顺利。《唐天宝十四载（755）交河郡长行坊申十三载郡坊帖马侵食交河等馆九至十二月马料帐》：

> （前略）
> 13. 贰伯玖硕贰斗闰十二月支在蒲昌县仓
> 14. 捌拾肆硕玖斗叁胜蒲昌馆
> 15. 伍拾硕伍斗陆胜柳中馆
> 16. 贰拾陆硕叁斗壹胜达匪馆
> 17. 肆拾柒硕肆斗草埫馆
> （后略）①

此处记载蒲昌县仓为诸馆提供马料，其中蒲昌馆、达匪馆、草埫馆在蒲昌县境，说明蒲昌县仓承担着为驿站交通提供粮草的任务。

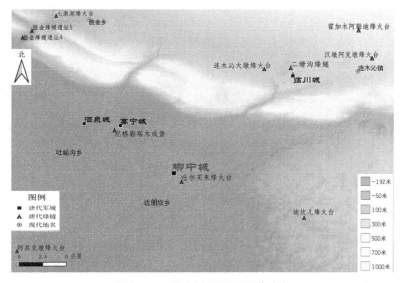

图 2-41 柳中城及周边军镇遗存

① 国家文物局古文献研究室、新疆维吾尔自治区博物馆、武汉大学历史系编《吐鲁番出土文书》第 10 册，第 226—227 页。

二　主要的道路交通

蒲昌府北通北庭，西往伊州，扼守西州东北门户。

（一）连通北庭的天山道路

《西州图经》记载，从西州通往北庭的道路一共有 6 条，即花谷道、移摩道、萨捍道、突波道、乌骨道、他地道。其中花谷、移摩、萨捍、突波四道都是从蒲昌县界出发向北翻越天山到达吉木萨尔县。

花谷道，"西合柳中向庭州七百卅里"，根据所经柳中城的位置及其北部的自然地理形势来看，花谷道路线应为从今鄯善县（蒲昌）出发，西合鲁克沁镇（柳中），然后北行穿越斯尔克普山谷，经今连木沁附近（临川），继续北行经二塘艾格孜进入二塘沟（花谷），翻越喀拉阿依达坂西北行，进入鲁克群霍腊山谷与从胜金经恰勒坎北越天山萨尔勒克达坂至奇台的路线会合。[①]

移摩、萨捍、突波三道通天山以北，从今天的地理交通来看，移摩道是从鄯善向北，沿柯柯亚河经柯柯亚、巴哥，越天山而至木垒境，《辛卯侍行纪》卷六记鄯善"其北九十里柯柯雅尔，又北入山经夹皮泉、回回沟，通木垒河，可骑行"[②]，即此道。萨捍道是从鄯善之西的连木沁向北，经吉格代、二塘沟，越天山而达奇台境。突波道是从连木沁之西的苏巴什向北经恰勒汗牧场，越天山而至奇台境。[③] 此三条道路西北合于柳谷（今潘家地古城附近），通向庭州。

（二）连通伊州的道路

唐代西州通伊州的主要交通路线为《西州图经》所记赤亭道和新开道。

"赤亭道"应为《新唐书·地理志》中提到的"伊西道"，日比野丈夫指出，"《西州图经》的赤亭道条残缺，似可理解为，由蒲昌县往东，通过沙漠边缘向赤亭的道路，由此东行达伊州之纳职县"。[④] 自赤亭镇出发，穿越王延德行纪中所提到的"大患鬼魅碛"（今南湖戈壁），可到纳职城。玄

---

① 巫新华：《吐鲁番唐代交通路线的考察与研究》，第 147 页。
② 《辛卯侍行记》卷六，第 247 页。
③ 陈戈：《新疆古代交通路线综述》，《新疆考古论文集》（上），商务印书馆 2017 年版，第 49 页。
④ 日比野丈夫「唐代蒲昌府文書の研究」『東方学報』第 33 册、277 页。

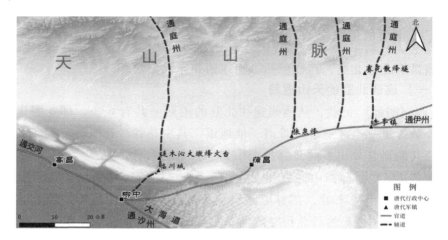

图 2 - 42　西州蒲昌府交通图（张慧洁　绘）

奘西行"涉南碛，经六日，至高昌界白力城"，所行也是赤亭道。[1] 路线大致为从七克台古城经唐泉，横越戈壁，至小泉子烽燧、塞朗布拉克，东至拉布楚克古城。[2]

"新开道"应为《新唐书·地理志》中的"伊西北道"，路程为自伊州纳职县"西经独泉、东华、西华驼泉，渡茨其水，过神泉，三百九十里有罗护守捉；又西南经达匪草堆，百九十里至赤亭守捉，与伊西路合"。[3]《西州图经》所记"观十六年"当是"贞观十六年"。巫新华认为此路是唐朝时期启用，安西都护郭孝恪出乌骨道击西突厥时所开，西突厥乙毗咄陆可汗遣兵寇伊州，郭孝恪可能经乌骨道越天山，再沿北麓东至巴里坤一带，其凯旋之路，不应走伊西道，而更可能选择多泉水溪流的伊西北道，[4] 即新开道。古代选择这条道路主要考虑的是水源问题。天山南麓河流多在出山口处就渗漏至地下，因此离山麓越远，水源补给越成问题。但山麓地带容易受到北方游牧势力的骚扰，如日本宁乐美术馆藏吐鲁番出土文书《唐西州都督府牒为

① 《大慈恩寺三藏法师传》，第 18 页。
② 巫新华：《吐鲁番唐代交通路线的考察与研究》，第 134 页。
③ 《新唐书》卷四〇《地理四》，第 1046 页。
④ 巫新华：《吐鲁番唐代交通路线的考察与研究》，第 130 页。

巡逻觇探贼踪事》记载："此等探巡，并当贼路，贼在达匪、悬泉□□。"① 所谓"贼"，即指入侵或骚扰唐边的少数族群。在局势紧张时期，这些游牧族群对沿线驿馆造成很大的威胁，因此这条道路时时会有危险发生。

罗护镇城在今七角井，② 罗护镇城以西的道路，《新唐书·地理志》记载："（罗护守捉）又西南经达匪草堆，百九十里至赤亭守捉，与伊西路合。"③ 达匪一地，在今鄯善县东北的碱泉子，此地有泉水，又当向北入奥塔尔拉山要路口，由碱泉子南下经四十里大墩，至七克台古城约 50 公里，这个里程与《新唐书·地理志》记载基本一致。④ 据吐鲁番出土文书可知，此地设置有达匪驿、达匪馆、达匪烽，⑤ 也可见这是新开道上一处军事要地。草堆一地，也有文书称"草堆馆"⑥，今处于吐哈公路上的四十里大墩，北距碱泉子约 30 公里，西南至七克台 20 公里（40 华里），故称四十里大墩。罗护镇城以西之驿道，即从今七角井至西盐池再到七克台一线，该道沿线现今仍有公路通行，路线大致与今 312 国道重合。

罗护镇城以东的东段，《新唐书·地理志》载："别自罗护守捉西北上乏驴岭，百二十里至赤谷……"⑦ 罗护镇城设有罗护馆、罗护坊，⑧《唐天宝

① 陈国灿、刘永增编《日本宁乐美术馆藏吐鲁番文书》，第 81 页。

② 冯承钧：《高昌城镇与唐代蒲昌》，参见冯承钧撰，邬国义编校《冯承钧学术论文集》（上），上海古籍出版社 2015 年版，第 304 页。

③ 《新唐书》卷四〇《地理四》，第 1046 页。

④ 陈国灿：《唐西州蒲昌府防区内的镇戍与馆驿》，《魏晋南北朝隋唐史资料》第 17 辑，第 85—106 页。

⑤ 《唐下西州柳中县残文书为勘达匪驿丁差行事》，国家文物局古文献研究室、新疆维吾尔自治区博物馆、武汉大学历史系编《吐鲁番出土文书》第 4 册，补遗第 45 页；《唐天宝十四载（755）柳中县具达匪馆私供床麦帐历上郡上长行坊牒》，国家文物局古文献研究室、新疆维吾尔自治区博物馆、武汉大学历史系编《吐鲁番出土文书》第 10 册，第 86—91 页；《唐蒲昌府番上烽、镇人名簿》，陈国灿、刘永增编《日本宁乐美术馆藏吐鲁番文书》，第 105 页。

⑥ 《唐天宝十四载（755）柳中县具属馆私供马料帐历上郡长行坊牒》《唐天宝十三载（754）交河郡长行坊具一至九月踏料破用帐请处分牒》《唐天宝十四载（755）交河郡长行坊申十三载郡坊帖马侵食交河等馆九至十二月马料帐》，国家文物局古文献研究室、新疆维吾尔自治区博物馆、武汉大学历史系编《吐鲁番出土文书》第 10 册，第 83、150、227 页。

⑦ 《新唐书》卷四〇《地理四》，第 1046 页。

⑧ 又《唐天宝某载三月二十一日交河郡长行坊曲张温璟牒兵曹司为济弱馆踏料事》记载"罗护长行坊"，此可能为"罗护坊"之全称。从此件文书来看，罗护长行坊似还负责济弱馆之粮料，济弱馆位置不详，可能在罗护镇之镇戍范围之内。参见荣新江、李肖、孟宪实主编《新获吐鲁番出土文献》，第 349 页。

十四载（755）柳中县具属馆私供马料帐历上郡长行坊牒》载：

> 82. 青麦叁硕伍斲床叁硕伍斲
> 83. 右廿四日给罗护坊马壹佰匹充料。踏子准前，付马子张承暐等同领①

这表明，该马坊至少有马 100 匹以供来往客使使用。罗护镇为西、伊二州东来西往的军队、商旅提供交通补给，它的设置十分必要，体现出唐朝对新开道道路畅通的重视。

唐朝罗护军镇烽燧、馆驿设置的完善是对新开道安全的保障。《唐天宝时代（c. 750）河西天山军兵员给粮文书》中记有罗护镇的镇兵情况，"一十九人罗护镇界"②，罗护镇下还设有烽燧。日本宁乐美术馆馆藏文书第 52 件《唐蒲昌府番上烽、镇人名簿》中载"……人罗护烽康天宝郭住贞雷小住李……长探虞□（侯）安上木"。③ 可见，罗护镇至少有镇兵 5 人。罗护镇下有镇仓，《天宝八载（749）罗通牒尾判》④ 中有"……护镇仓检覆"字样，"护"字前所缺之字无疑就是"罗"字，证实了罗护镇仓的存在。阿斯塔那 506 号墓出土的《唐天宝十四载（755）申神泉等馆支供（封）大夫帖马食踏历请处分牒》⑤ 记载了北庭、安西节度使封常清一行人过往供应的消费账目：神泉馆供应了 6 石 2 斗 4 升粮食，罗护馆供应了 7 石 7 斗 8 升，赤亭馆供应了 26 石 9 斗 5 升，达匪馆供应了 16 石 7 斗 4 升。

两条道路的东端交会处为赤亭，赤亭下设镇戍、烽堠、馆驿，《唐西州蒲昌县下赤亭烽帖为镇兵粮事》载：

> 1. ＿＿＿＿＿＿＿帖赤亭烽

---

① 国家文物局古文献研究室、新疆维吾尔自治区博物馆、武汉大学历史系编《吐鲁番出土文书》第 10 册，第 103 页。

② 〔日〕池田温：《中国古代籍帐研究》，录文第 340 页。

③ 陈国灿、刘永增编《日本宁乐美术馆藏吐鲁番文书》，第 105 页。

④ 陈国灿：《斯坦因所获吐鲁番文书研究》，第 313 页。

⑤ 国家文物局古文献研究室、新疆维吾尔自治区博物馆、武汉大学历史系编《吐鲁番出土文书》第 10 册，第 238—240 页。

2. ＿＿＿＿＿＿＿＿＿斬＿＿＿＿＿

3. ＿＿＿＿＿＿＿赤亭镇兵十＿＿＿＿＿＿

4. ＿＿＿＿＿＿依 数给讫上＿＿＿＿＿＿

5. ＿＿＿＿＿＿令柳大 质＿＿＿＿＿＿①

此件文书是蒲昌县下达给赤亭烽的函件，要求其为赤亭镇兵提供兵粮。《唐西州蒲昌县下赤亭烽帖为牛草料事》② 提到为赤亭烽准给草料。赤亭镇设有屯田，《唐西州都督府上支度营田使牒为具报当州诸镇戍营田顷亩数事》记载："赤亭镇兵肆拾贰人，营田□顷。"③ 赤亭镇是伊州通西州南、北二道的西部会合点，是一个重要的关口，下设完备的军事建置，承担着保障西州东部沿线安全的任务。

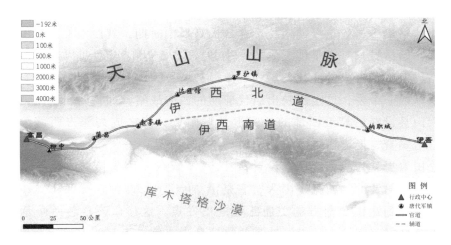

图 2－43　西州通伊州交通图（张慧洁　绘）

① 国家文物局古文献研究室、新疆维吾尔自治区博物馆、武汉大学历史系编《吐鲁番出土文书》第 4 册，第 96 页。

② 国家文物局古文献研究室、新疆维吾尔自治区博物馆、武汉大学历史系编《吐鲁番出土文书》第 4 册，第 97 页。

③ 国家文物局古文献研究室、新疆维吾尔自治区博物馆、武汉大学历史系编《吐鲁番出土文书》第 8 册，第 219 页。

第四节　保卫西州西部门户的天山县

天山县是西州的西部门户，领有天山、南平、安昌、盐城四城，位于今托克逊县，其政区北起也木什塔格（盐山）以南，南抵盆地边缘，东以恰勒坎乡和三堡乡之间的荒漠地带为界，西至阿拉山口。该地西北经"白水涧道"通处月、处密等部，连接天山北麓"碎叶道"；向西经阿拉沟进入天山内部廊道，可以到达焉耆、龟兹、弓月等地；西南经"银山道"通焉耆，是进入塔里木盆地的入口。因此，唐朝在天山县广设军镇，大兴屯田。

一　主要军镇遗存

目前所发现的围绕天山城遗址分布的一系列军事遗存，共同构成了唐代天山县军防系统。唐代天山县即高昌国之始昌城，[①] 其在西州西部交通及西南部边防格局中占有重要的地位。在麹氏高昌国时期，其西南部区域中心为南平郡，始昌城只是南平郡下属的一个县。[②] 但到唐代设西州以后，该地的行政格局发生了很大的变化，唐朝于始昌县城置天山县，而南平郡城只是天山县下辖的一个乡，这也反映出唐代前期的西向战略，即将西州境内的区域中心天山县设在更靠近西部的托克逊县城附近，使之成为深入西部天山腹地、打击焉耆、挺进塔里木盆地的桥头堡。

松田寿男认为唐朝之所以设置该县，"不仅仅是因为该城占据着从吐鲁番通往焉耆的要冲，而且还因为，它是沿 Algoi 河，即阿拉癸河，出小裕勒都斯，进而到达伊犁地方的交通路线的出发点。这样，该县名所暗示的天山，不是可以到阿拉癸河发源地带的喀拉乌森或耸立于其西方的达斯麦干鄂

---

① 《通典》卷一九一《边防七》，第 5205 页。《唐会要》卷九五《高昌》记载相同，《旧唐书》卷四〇《地理四》记载蒲昌"贞观十四年，于始昌故城置，县东南有蒲类海，胡人呼为婆悉海"，认为蒲昌城为原高昌国始昌城，此说恐误。

② 有关高昌郡、国政区地理的变迁，详见王素《高昌史稿·交通编》，第 26—57 页。另外，荒川正晴曾指出高昌"郡县互不相属"（荒川正晴「麹氏高昌国における郡県制の性格をめぐって—主としてトゥルファン出土資料による」『史学雑誌』第 95 編第 3 号、1986 年、37—74 頁）。王素指出，高昌外面四郡（南平郡、交河郡、横截郡、田地郡）各负责国家一角，一角平均四县，四县内凡属军事，郡府都是有权过问的。这说明，高昌国郡县之间，至少在军事上是有统属关系的。

拉附近去探求吗？"① 这大概就是唐太宗将该地由"始昌县"改名为"天山县"的原因。

1. 天山城遗址

且克曼遗址位于托克逊县郭勒布依乡且克曼坎儿孜村。遗址区处在托克逊河冲积扇上，地表为风化的干河道，沙砾覆盖，在附近3公里范围内的地表上散布大量夹砂灰陶和炼渣。此地多大风，风蚀加人为开垦影响，遗址保存状况不佳。此处应即唐代天山城遗址。②

天山城连接西州其他地区的交通十分通达。

东部有系列烽燧线可通柳中城。从天山县城向东的道路，史籍无载，但现今发现的一系列唐代古城和烽火台可从天山城延伸至柳中城，具体路线为：由且克曼遗址（天山城）经乔拉克烽火台、阿萨墩烽火台、考克烽火台、毕占土拉烽火台、乌盘土拉烽火台、庄子坎烽火台、阿其克墩烽火台，再西行至阿萨协亥尔古城（柳婆城），西北行至柳中古城。

东北有两条驿道至高昌城。天山县城至高昌城之两道，《新唐书·地理志》记其中一条经南平、安昌城，其走向或经大墩古城折东约15公里至帕克拉克古城（安昌城），再东约9公里至拉木伯公相古城（南平城），再折东北至高昌故城。另一条《大慈恩寺三藏法师传》所记经无半城的道路，当从天山城向东北约24公里至阔坦图尔古城（盐城、无半城），再折向东至吐鲁番，再东至高昌故城。

北部有道路通无半城（阔坦图尔古城），无半向北至酸枣、柳谷通北庭，无半向东北通交河；西部有路至鸜鹆镇；南部通焉耆，向西南入苏巴什沟谷至银山道，通焉耆。

2. 乔拉克烽火台

乔拉克烽火台位于托克逊县夏乡安西村东南约3公里处。烽火台为土坯垒砌，台基呈四棱台形，平面呈矩形，残高1.3米，南北长9米，东西宽8.5米，面积为76.5平方米。台基底部有多处蛀洞。烽火台东面约300米处有一片古墓群，因风蚀作用，部分墓口外露，地表散布彩陶片，陶片形制、

① 〔日〕松田寿男：《古代天山历史地理学研究》，第54页。
② 巫新华：《吐鲁番唐代交通路线的考察与研究》，第54—55页。

纹饰与阿拉沟古墓群所出彩陶相似。

3. 阿萨墩戍堡及烽火台

阿萨墩戍堡位于托克逊县夏乡南湖村东约 5 公里处，平面大致呈方形，东西长约 53 米，南北宽约 50 米，由外围墙、烽火台和房屋组成。墙体夯筑，夯层内夹杂有红柳，墙基厚约 3 米。烽火台位于戍堡西北部，建筑方式为土坯垒筑，坍塌严重。烽火台平面呈方形，边长约 6 米，剖面呈梯形，顶部边长 3 米，残高约 5 米，西墙处遗存有烽梯。戍堡内曾发现一枚"开元通宝"。从地形以及唐代西州周边的边防形式来看，该戍堡地当从天山县经鲁克沁镇到迪坎儿乡的道路，地理位置非常重要。

图 2－44　阿萨墩戍堡

4. 考克烽火台

考克烽火台位于托克逊县夏乡喀克恰克村西约 20 公里处，今烽体呈不规则形状，干裂成数块，平面呈矩形，底边东西长约 20 米，南北宽约 15 米，残高约 5 米，烽火台台体中心为黄土夯筑，夯层厚 8—10 厘米，夯层中夹有芦苇秆、树枝等，四周存土坯围墙，烽火台附近有附属建筑，但形制难明，曾采集到夹砂粗灰陶片、红陶片和绿釉陶片。黄文弼考察该地时，在烽火台附近见有古渠东西环绕，古渠旁又有池塘，疑为古时蓄水之用；又在距烽火台 1.5 公里处，见到了田亩遗迹，疑为古时屯田之所。方英楷认为这处灌溉、田亩遗址是汉朝在车师的屯田之地。① 从考克烽火台遗址及附近分布的其他戍堡、烽火台来看，此地当是唐代西州的屯田区域。

5. 庄子坎烽火台

庄子坎烽火台位于吐鲁番市恰特喀勒乡其盖布拉克村，平面呈方形，东西长约 12 米，南北宽约 11 米，残高 5 米，烽火台主体部分为夯筑，上部用土坯垒砌，四周又用土坯加固。向西南 16 公里处为毕占土拉烽火台，残高约 2 米，周围可见零星灰陶片。东北距庄子坎烽火台约 8 公里、西南距毕占土拉烽火台约 7.5 公里有一乌盘土拉烽火台。

6. 帕克拉克古城

帕克拉克古城位于吐鲁番市艾丁湖乡东南约 3.5 公里处，东距让布工商古城约 9 公里。帕克拉克，维吾尔语意为"青蛙很多之地"。遗址建筑为土坯垒砌，遗址区东西长 52 米，南北宽 18 米。东南角为居住区，有一排房屋，每间长 8 米，宽 5 米，门宽 1.5 米，门向东。遗址区内采集到夹砂红陶片、酱褐色釉陶片、青花瓷碎片等，仅存有断续夯筑的北墙一段，长约 111 米，宽 8 米，最高处约 5 米。城内散布有陶片，多为夹砂红陶，胎体厚重，亦见有彩绘陶。此城应即唐代安昌城。②

7. 拉木伯公相古城

拉木伯公相古城位于吐鲁番市恰特喀勒乡公相村西约 1 公里处，古城平面呈方形，东西长约 435 米，南北长 435 米，东城墙仅存一段长 11 米、高约 4 米的残墙；西城墙残存五段，高约 4 米，残顶宽约 1 米；北城墙仅有长 2 米、高约 0.5 米的残墙暴露在沙丘之上；南城墙残存 21 米，高 4.3 米，残顶宽约 1 米。古城西南和东南两角尚存角楼残基。城垣大部分已被风沙掩埋，四周为农田包围。古城内遗存有厚胎夹砂灰陶、带青釉和黑釉的瓷片、陶片，还曾出土"开元通宝"铜钱。城墙建筑方式与柳中古城墙相同。1928 年，黄文弼先生到此考察时，称其为"让布工商"，并认为这一遗址与交河、高昌为同一时期遗址。③

---

① 方英楷：《新疆屯垦史》，第 71 页。

② 巫新华：《吐鲁番唐代交通路线的考察与研究》，第 60 页。

③ 黄文弼：《吐鲁番考古记》，第 11 页。

1976 年、1979 年在古城西北约 4 公里处出土两方墓志——《唐天山县南平乡残墓志》《唐永徽五年董□隆母令狐氏墓志》，墓主人为天山县南平乡人。[1] 可知拉木伯公相古城应为唐代南平城。大谷文书 4937 号、4090 号《周天授二年（691）一月西州知田人郭文智辨》记载：

1. □□

2. 文智辨：被问，既尔主簿不种还公

3. 逃死、户绝等田、陶、菜，未知主簿总

4. 检南平年别营种几许职田？并

5. 几段，段当几亩，并仰一一据实

6. 审答，拟凭检勘，不得虚妄者。谨审：

7. 但文智：主簿南平职田总有五十五亩八十步。

8. 出租已外，铜陵佃廿五亩八十步，总有五段：一段四亩，

9. 一段九亩，一段四亩八十步，一段二亩，一段六亩，如后不依此

10. 款，求受重罪。被问依实，谨辨，感

11. 天授二年壹月日[2]

从文书内容来看，作为天山县的一个九品主簿，高元祯在南平乡占有大量的职田。[3] 天山县城距南平城约 46 公里，高元祯使用权力将自己的职田安置在距县城遥远的南平乡，极有可能是因该地多肥沃良田。黄文弼考察时还记载："初向南行；出土子诺克塔格沟口，转东南行；过摄提项村庄，转东行，沿让布工商渠东行南，渠水亚尔湖沟中流出，以灌让布工商者，故以地名为渠。"[4] 此地有水渠灌溉良田，可见当时是一片郁郁葱葱的绿洲。

① 侯灿、吴美琳：《吐鲁番出土砖志集注》，第 478、652 页。

② 〔日〕池田温：《中国古代籍帐研究》，录文第 178 页。

③ 陈国灿：《对唐西州都督府勘检天山县主簿高元祯职田案卷的考察》，《敦煌吐鲁番文书初探》，武汉大学出版社 1983 年版，第 471—472 页。

④ 黄文弼：《吐鲁番考古记》，第 11 页。

8. 大墩烽火台

大墩烽火台位于托克逊县郭勒布依乡喀拉布拉克村西 7.5 公里处，向北距离阔坦图尔古城约 5 公里。现存遗址下部为夯筑，上部用土坯垒砌，台基呈四棱台形，平面呈矩形，底边东西长约 44.5 米，南北宽约 38 米，残高约 2.5 米，附近有类似羊马城建筑，采集物为夹砂灰、红陶片。据建筑方式和出土遗物，此烽火台当为清代在唐代烽火台基础上重筑使用。

9. 阔坦图尔古城

阔坦图尔古城，又称"布干土拉"，位于吐鲁番市艾丁湖乡大墩附近，处于交河通天山县途中，其北有一干涸河道。该古城略呈方形，边长约 180 米，坐西朝东，东墙偏北部开门。现存遗址主要由城墙、中心建筑和房址三部分组成，城墙采用红土泥垛堆积而成，其中西墙和北墙可能修补过，或存马面建筑；中心建筑性质尚不明确，近方形，立面呈梯形，由 4 个东西向的券顶建筑组成，门开在东侧；房址多依四周城墙而建，在中心建筑与北墙中间地带较为集中，房间中残留有圆形坑，可能为储物之用。此外，城墙外还有护城河遗迹。其西约 250 米处有一大墩古城。城址南北长约 126 米，东西宽约 90 米。城墙用土坯垒砌，西北面保存较好。城墙内有房址，近处多见大小圆形坑，并在周围发现厚重陶片，可能是存放陶缸之用。古城内采集物有石器、铜器、骨器、玛瑙珠等。黄文弼曾在此采集有粗质、厚胎夹砂灰、红陶片。阔坦图尔古城应即唐代盐城遗址，[1] 亦即高昌国时期的"无半城"，贞观初年玄奘自高昌城西行时从此地经过，"度无半城、笃进城后，入阿耆尼国"。[2]

10. 土孜塔格烽火台

土孜塔格烽火台位于托克逊县郭勒布依乡喀拉布拉克村、二二一团农场南山岗上。现存台基呈四棱台形，平面为正方形，东西长 9 米，南北宽 8 米，残高 5 米。土坯砌筑。由于处在交河故城西偏北约 26 公里处的古白杨河河道旁，白杨河自西北达坂城而来，该烽火台较大可能地当东西向交通道路上。其南北向是大片的荒滩，不便通行。二二一团烽火台则位于盐山北

---

① 巫新华：《吐鲁番唐代交通路线的考察与研究》，第 59 页。
② 《大慈恩寺三藏法师传》，第 23 页。

图 2－45　阔坦图尔古城

麓，其附近现今虽少有地表径流，但在古时大河沿河似经红柳河向南流到此地，并穿越盐山继续向南至大墩古城附近，再折向东南至艾丁湖，因此该烽火台很可能地处南北向交通道路上。

11. 布干烽火台

布干烽火台位于托克逊县郭勒布依乡喀拉布拉克村东北约 500 米处。烽火台夯土和土坯结合筑造。台基呈四棱台形，平面呈矩形。底边东西宽 16 米，南北长 17 米，残高 6.3 米。顶部南端有一土坯墙，四面有方洞，上下两排，上为 5 个，下为 6 个，水平间距为 1.1 米，垂直间距为 1.6 米，洞横穿烽火台，两头相通。采集物为粗质夹砂灰、红陶片。

12. 阿拉沟戍堡

阿拉沟戍堡位于托克逊县伊拉湖乡布尔加依村西南 29 公里、南疆铁路鱼儿沟火车站附近。戍堡由烽火台、城墙、房屋、城外围墙组成，整体呈方形，南北长约 31 米，东西宽约 30 米。黄文弼最早在阿拉沟峡谷东口发现古代戍堡，并将其记于《塔里木盆地考古记》中。① 古堡塞墙随地势铺展，略

---

① 黄文弼：《塔里木盆地考古记》，线装书局 2009 年版，第 2 页。

近方形。东墙 30 米，西墙 24 米，南、北墙均 32 米。堡墙基厚 3 米，顶宽
1.2—1.5 米，高达 6 米。部分地段墙垣上存残高 0.5 米、厚约 25 厘米的胸
墙。古堡北墙北端，有一凸出方墩，可能为马面。古堡三面封闭，只东向开
门，门道宽 2 米，保存完好。戍堡又称"塔斯土尔"，意为石堡。堡墙主要
用卵石夹红柳枝砌筑，中夹木棍。戍堡西北角为烽火台，砾石砌成，呈梯
形，是城堡内最高的建筑，现高约 10 米。

　　王炳华曾多次穿行阿拉沟进入天山峡谷，并在清理阿拉沟故垒时，发现
了唐代文书，内容包括唐代鸲鹆镇游奕所戍卒名录及配置武器、甲杖，以及
接待途经此处的一位康国六品官员等。文书残碎，但十分具体地表明了基层
军事单位日常运作的情形。[①] 阿拉沟戍堡即唐代鸲鹆镇遗址。阿拉沟戍堡扼
守自天山县进入天山内部廊道的隘口，由此进入天山北部之后，可南达焉
耆，北上庭州，西北通弓月、碎叶。

图 2-46　阿拉沟

　　① 　王炳华：《阿拉沟古堡及其出土唐文书残纸》，《唐研究》第 8 卷，北京大学出版社 2002 年版。

图 2 - 47　阿拉沟戍堡

二　保障西州西部的交通

天山城的交通十分发达，是保障西州西部军防体系的交通重镇。从天山县经银山道可连接焉耆镇，这是连接东天山与塔里木盆地的交通主干道；从天山县阿拉沟可进入天山内部廊道，可以连接焉耆、龟兹、弓月等地，经轮台连接天山北路，这些道路在天山廊道交通体系中起到了重要作用。

（一）银山道

西州西南行至焉耆的道路，称为银山道。《新唐书·地理志》对这条道路的走向记载得较为具体：

> 自州西南有南平、安昌两城，百二十里至天山西南入谷，经礈石碛，二百二十里至银山碛，又四十里至焉耆界吕光馆。又经盘石百里，有张三城守捉。又西南百四十五里经新城馆，渡淡河，至焉耆镇城。①

---

① 《新唐书》卷四○《地理四》，第 1046 页。

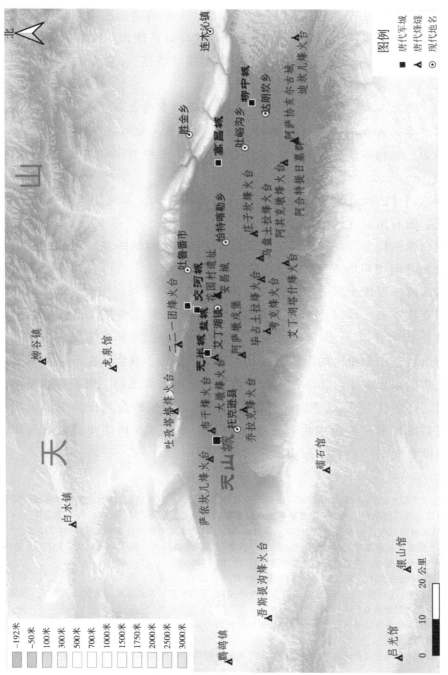

图 2-48 天山城及周边军镇遗存

此处未记载"天山""礌石""银山"设馆，但吐鲁番出土文书证实三地至少在天宝十三载是有馆驿的。① 天山馆或在天山县侧近。关于礌石馆的位置，《西域图志》记苏巴什塔克（"塔克"即"塔格"，意为山）云：

> 其北谷口，在托克三西南五十里。谷内有两大石，入谷行十里，微有水草，盖古车师通焉者道也。……《唐书·地理志》称西州西南入谷者，当指苏巴什谷而言。谷内有两大石，意即所谓礌石也。②

这里的苏巴什山在今托克逊县南部，今有苏巴什沟，其北口在县城南约20公里处，礌石馆就在这条沟谷之中。③

银山馆的位置当在银山碛中水源充沛之地。《西域图志》记载托克逊南有"库木什阿克玛塔克"（"库木什"又译作"库米什"），"在苏巴什塔克北谷口西南一百四十里……回语库木什，银也。阿克玛，积而不散之谓。库木什阿克玛塔克，即《唐书》所谓银山碛也"，④ 应在今托克逊县城西南约95公里的库米什镇。⑤ 库米什镇实际处于山间盆地，北部为觉罗塔格山，西部有博尔塔格山和榆树沟山，南部是库鲁克塔格山，其农业生产主要依靠库米什艾肯的泉水，作为驿站，水和耕地资源是可以满足的。唐朝在这里不仅设驿馆，还驻兵屯戍，《唐西州都督府上支度营田使牒为具报当州诸镇戍营田顷亩数事》载"银山戍兵……营田柒拾伍……"⑥《唐西州都督府所属镇戍营田顷亩文书》记载"银山戍捌拾……"⑦

---

① 《唐天宝十三载（754）礌石馆具迎封大夫马食磧历上郡长行坊状》，国家文物局古文献研究室、新疆维吾尔自治区博物馆、武汉大学历史系编《吐鲁番出土文书》第10册，第113—118页。

② 《西域图志校注》卷二三《山四》，钟兴麒等校注，新疆人民出版社2002年版，第341页。

③ 严耕望、巫新华等人亦主张此观点，见严耕望《唐代交通图考》第2卷《河陇碛西区》，第465页；巫新华《吐鲁番唐代交通路线的考察与研究》，第107—108页。

④ 《西域图志校注》卷二三《山四》，第342页。

⑤ 巫新华：《吐鲁番唐代交通路线的考察与研究》，第108页。其说该地为清代驿站遗址，但第三次全国文物普查时尚未在库米什镇发现城址遗存。

⑥ 国家文物局古文献研究室、新疆维吾尔自治区博物馆、武汉大学历史系编《吐鲁番出土文书》第8册，第219页。

⑦ 国家文物局古文献研究室、新疆维吾尔自治区博物馆、武汉大学历史系编《吐鲁番出土文书》第8册，第221页。

银山道是唐代西州通往焉耆的见于官方记录的道路。无论是行军作战还是商旅行走，使用频率都是相当高的。[①] 玄奘西行，即走银山道，"从此（天山县）西行至阿耆尼国、阿父师泉，泉在道南沙崖，崖高数丈，水自半而出……法师与众宿于泉侧，明发，又经银山"。[②] "银山"就是今天的库米什山，"山甚高广，皆是银矿，西国银钱之所从出也"。银山道中的石碛，亦与现在由托克逊到库米什的 314 国道穿越干沟的地貌差不多。而这里之所以得名"干沟"，也与这一带缺少水源有关。瑞典探险家斯文·赫定在前往乌鲁木齐的路上，途经干沟，却在此遇到了一场百年不遇的大雨。[③] 从高昌故城西进，在托克逊县的西南进入干沟，沿其古道经库米什、榆树沟、乌什塔拉、曲惠等地即可到达焉耆。

（二）天山内部廊道

天山内部廊道，最初是由游牧族群开发使用的，是早期游牧族群交往、迁徙的重要通道，如匈奴、突厥等游牧势力都曾将王庭设置在天山内部水草丰美的盆地中。连接东西的主要有两条道路，一是经小尤尔都斯、阿拉沟、托克逊至吐鲁番；二是沿巩乃斯河折向南行进入大尤尔都斯，经巴音布鲁克，翻越天山沿库车河南下至库车。天山内部廊道并非只有东西向路线，也有贯穿南北的山道，靠近东端起点为阿拉沟口，唐代在此设置鸜鹆镇（今阿拉沟戍堡）等把守，极大强化了此地的安全管理，从西州天山县沿阿拉沟山谷南下可进入焉耆盆地。焉耆与庭州之间也可在廊道内部南北相连。

虽不见于史书记载，但是唐朝对此路线交通东西、连接南北的重要性已经有了充分的认识。唐代重视对天山内部廊道的军事建置，也是为了防卫游牧势力南下侵扰。贞观十六年，西州天山县为西突厥攻围，西突厥处月、处密部走的就是天山内部廊道，沿阿拉沟山谷南下攻围天山县。[④] 而郭孝恪率军反击"降处密之众而归"[⑤] 却是走的"白水涧道"，这可能与游牧族群更

---

①　此处不再赘述，在本书介绍"焉耆"的第四章中有更为详细的记叙。

②　《大慈恩寺三藏法师传》，第 24 页。

③　〔瑞典〕斯文·赫定：《丝绸之路》，江红、李佩娟译，新疆人民出版社 2010 年版，第 143 页。

④　刘安志：《读吐鲁番所出〈唐贞观十七年（643）六月西州奴俊延妻孙氏辩辞〉及其相关文书》，《敦煌吐鲁番文书与唐代西域史研究》，商务印书馆 2011 年版，第 49 页。

⑤　《资治通鉴》卷一九六，太宗贞观十六年，第 6291 页。

熟悉天山内部廊道有关。

天山内部廊道不仅用于行军作战，更是商旅通行的重要道路。《唐垂拱元年（685）康义罗施等请过所案卷》中记载：

（一）

（前缺）

1. 垂拱元年四月　日
2. 　　　　泽翟那你潘
3. 　　　　连亨白
4. 　　　　　　　　十九日
5. 　　　　　　　　义罗施年卅
6. 　　　　　　　　钵年六十
7. 　　　　　　　　拂延年卅
8. 　　　　　　　　色多年卅五
9. 　　　　　　　　被问所请过所，有何来文，
10. 仰答者！谨审：但罗施等并从西
11. 来，欲向东兴易，为在西无人遮得，更
12. 不请公文，请乞责保，被问依实谨
13. □　　亨
14. 　　　　　　　　月　　日

（后残）①

文书中"□义罗施"是"西来"之一队商胡，"欲向东兴易""入京"，但没有过所，违反唐朝政府"凡行人车马出入往来，必据过所以勘之"之规定，而被阻禁在高昌县。如此规模不小的一支商胡队伍，随身没有任何过所类文书，却已行进到了西州高昌县境内，"但罗施等并从西来，欲向东兴

---

① 国家文物局古文献研究室、新疆维吾尔自治区博物馆、武汉大学历史系编《吐鲁番出土文书》第 7 册，第 88—89 页。

易，为在西无人遮得，更不请公文"，说明他们走的正是由弓月城、伊犁河谷出发通过天山内部廊道东行过阿拉沟入吐鲁番盆地的道路。

明代陈诚出使走的也是天山内部廊道。《西域行程记》中对相关路线有清晰的记录：自哈密西行，过古城"腊竺"（今拉甫乔克），自吐鲁番托克逊西行，入天山峡谷，峡口"有一大烟墩"（唐䴗鸽镇游奕所故址），地名"阿鲁卜古迹里"，实即今天俗称的"阿拉沟"。① 清朝在与准噶尔部的角逐中，由阿拉沟经天山峡谷入伊犁河谷，是更为重要的交通线。黄文弼先生考察焉耆时走的一段路程就是从阿拉沟口进入天山廊道内部。

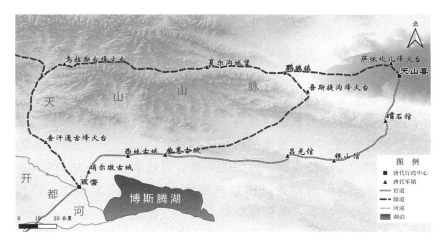

图 2-49　西州天山县交通图（张慧洁　绘）

第五节　西州是唐朝经营天山廊道的基地和保障

西州是唐朝经营东天山廊道的经济中心和西域官吏队伍的历练之地，其也因此成为经营中天山廊道和西天山廊道的基地。西州以其优越的地理区位、自然环境和厚重的中原文化，成为唐代西域的屯戍起始之地、商贸云集之地和唐朝政策全面落实之地。西州的民众和军队，为建立安

---

①　王炳华：《深一步认识阿拉沟》，《西域研究》2020 年 11 月网络首发论文。

西四镇献策出力，而在西州锻炼成长的将领、官员则成为管理天山廊道的重要人才。

一 西州成为天山廊道管理制度的先行实验区

唐朝一直重视西域的军政建设。在天山廊道地区设置州县制度和都护府管理制度，就是从伊州、西州开始实施的。唐朝在平定高昌后，实施了郡县制管理，并设置安西都护府管理西州，为此后天山廊道的制度建设夯实基础。

（一）州县制度和都护府制度的实施

唐朝在平定高昌后，开始实施与内地相同的州县制，并设置安西都护府管理三州事务。《旧唐书·职官志》载，安西都护"抚慰诸蕃，辑宁外寇，觇候奸谲，征讨携贰"。① 自贞观十四年至显庆三年，安西都护府初置西州，统管伊、西、庭东天山三州的军事，形成三方联防态势，稳定了东天山，为经营中天山和西天山打下基础。经过十多年的有效经营，西州成为唐朝在天山廊道进行州县管理、军政管理的示范区。

早期安西都护府治西州时，西州的军政、民政事务都是由安西都护府直接掌管，至显庆三年安西都护府迁至龟兹后，在西州同步设立了西州都督府，承担起对西州各项事务的管理职能。

都督府分置功、仓、户、兵、法、士六曹，《旧唐书·地理志》记西州为中都督府。在阿斯塔那 509 号墓出土的文书中，发现有功、仓、户、兵、法五曹的称谓，② 除了没有士曹，③ 其余和都督府下设曹层级结构一致。都督府具有很强的军事职能，《新唐书·百官志》即载："都督掌督诸州兵马、甲械、城隍、镇戍、粮廪，总判府事。"④ 这是西州都督府职掌西州军政要务的内容。文书中亦有反映，如《唐开元二年（714）二月二十四日西州都

---

① 《旧唐书》卷四四《职官三》，第 1922 页。
② 新疆维吾尔自治区博物馆、西北大学历史系考古专业：《1973 年新疆吐鲁番阿斯塔那古墓群发掘简报》，《文物》1975 年第 7 期。
③ 李方：《关于唐西州都督府是否有"士曹"问题》，《敦煌吐鲁番研究》第 8 卷，中华书局 2005 年版，第 115—126 页。
④ 《新唐书》卷四九《百官四》，第 1315 页。

督府兵曹牒蒲昌府为寇贼在近、请各检防务事》①、阿斯塔那 188 号墓所出
《唐西州都督府牒为便钱酬北庭军事事》 就体现了这一职责：

1. （上残） 牒别项为便钱酬罗阿□▢▢▢▢▢▢▢▢

2. □钱陆仟文

3. □头，得兵曹参军程訾等牒称▢▢▢▢▢▢▢

4. □北庭大贼下逐大海路，差索君才▢▢▢▢▢

5. □遂取突骑施首领多亥乌▢▢▢▢▢▢▢▢

（后缺）②

文书反映的是北庭大贼（后突厥默啜可汗所部）入侵西州并沿 "大海道"
东侵敦煌，给西州军防造成了压力，西州差人向突骑施购买马匹的事情；③
《唐高宗某年西州高昌县贾致奴等征镇及诸色人等名籍》④ 中有 "一十二人
庭州镇"；《唐神龙二年 （706） 七月西州史某牒为长安三年 （703） 七至十
二月军粮破除、见在事》⑤ 中有向 "伊州镇兵" 等人发放粮食的内容，体现
了西州都督府肩负保卫东天山的职责，并与庭州、伊州紧密联系。

在吐鲁番出土文书中有大量西州都督府直接与西州诸县往还的上、下行
文书，如《唐开元二十二年 （734） 西州高昌县申西州都督府牒为差人夫修
堤堰事》⑥ 是关于西州高昌县修理堤堰的情况，高昌县不敢轻易决断，故向
西州都督府户曹上牒请示。吐鲁番木纳尔一号台地出土《唐龙朔三年 （663）
四月十日西州高昌县麹武贞等牒为请给水事》⑦，请水人麹武贞为高昌县堰头

① 陈国灿：《辽宁省档案馆藏吐鲁番文书考释》，《魏晋南北朝隋唐史资料》第 18 辑，第 87—99 页。

② 国家文物局古文献研究室、新疆维吾尔自治区博物馆、武汉大学历史系编《吐鲁番出土文书》第 8 册，第 86 页。

③ 姜伯勤：《敦煌吐鲁番文书与丝绸之路》，文物出版社 1994 年版，第 114—119 页。

④ 国家文物局古文献研究室、新疆维吾尔自治区博物馆、武汉大学历史系编《吐鲁番出土文书》第 7 册，第 171—172 页。

⑤ 荣新江、李肖、孟宪实主编《新获吐鲁番出土文献》，第 25—29 页。

⑥ 国家文物局古文献研究室、新疆维吾尔自治区博物馆、武汉大学历史系编《吐鲁番出土文书》第 9 册，第 107—108 页。

⑦ 荣新江、李肖、孟宪实主编《新获吐鲁番出土文献》，第 111 页。

之一。① 其中第9—11行为官府判示，素即敬大素，时任西州录事参军。② 对于麴武贞等人请水的事，同意请求并且由地方基层水利吏员如知水、渠长等人办理具体事物。水利事业的稳定与农业发展息息相关，这些反映西州地区民众日常生活的出土文书直接说明了西州都督府与下辖地区在民政事务方面的联系。

在落实国家政策和治理西州过程中，也会因地制宜，对当地的风土人情予以考量，如在鄯善县洋海下村古墓出土的《唐文书残片》③ 中的"□□□□□□□|遂|应风俗使差"体现的正是西州官吏在处理西州行政事务时，在不违背唐朝法律的情况下，可以顺应风俗民情、灵活处理。例如文书所记一起雇人上烽事，由《唐神龙二年（706）西州交河城主牒为张买苟先替康才思事》④ 和《唐神龙二年（706）西州交河城人张买苟辞为诉受雇上烽事》⑤ 组成，文书内容大致为康才思雇佣交河城人张买苟代替自己前往赤山上烽，而张买苟不知何故未能按时上烽，因而对张买苟进行捉拿和审讯。未能按时上烽，官府追查到名单上的康才思，但因为订立了雇人上烽契约，责任应当由张买苟承担，所以张买苟被官府捉拿。《唐律疏议》卷一六"征人冒名相代"条明确规定："诸征人冒名相代者，徒二年。同居亲属代者，减二等。"⑥ 唐律是反对代人征戍行为的，但西州官府依然问责于违背契约的张买苟，最后的处罚结果因文书残缺不得而知，推测西州政府很可能在尊重私契的前提下，依照法律的相关规定，对破坏边境上烽制度的张买苟进行惩处。而且康才思是粟特人，张买苟应是汉人，但西州官府依然公平看待、公正执法。

与行政管理相并行的是监察制度。阿斯塔那42号墓出土《唐令狐鼠鼻

---

① 又见《周天授二年（691）西州高昌县诸堰头等申青苗亩数佃人牒》，参见〔日〕池田温《中国古代籍帐研究》，录文第183页。

② 《唐仪凤三年（678）九月西州功曹牒为检报乖僻批正文案事》《唐西州事目历》，荣新江、李肖、孟宪实主编《新获吐鲁番出土文献》，第78、80页。

③ 荣新江、李肖、孟宪实主编《新获吐鲁番出土文献》，第374页。

④ 国家文物局古文献研究室、新疆维吾尔自治区博物馆、武汉大学历史系编《吐鲁番出土文书》第7册，第329页。

⑤ 国家文物局古文献研究室、新疆维吾尔自治区博物馆、武汉大学历史系编《吐鲁番出土文书》第7册，第330页。

⑥ 《唐律疏议笺解》卷一六"征人冒名相代"，第1176页。

等差科簿》第3行载："一人白直，从考使入京未□。"① 记载了西州某人为考使，携带白直入京汇报，尚未归来的情况。该件文书年代为贞观二十一年至二十四年。西州兴建不久，考课制度就开始推行，未过几年就有了考使入京的明确记载。西州的考课制度在严格按照中央政府要求执行的同时，也具备按实际情况调整的灵活性。巴达木207号墓出土一系列考课文书，如《唐仪凤某年西州牒为考课事》② 和《唐仪凤三年（678）西州法曹牒功曹为检李恒让去年功过事》③，文书中"李恒让"曾于仪凤二年（677）十月至三年十一月摄判仓曹参军，牒文是对其摄官期间政务情况进行考课的内容，西州摄官情况广泛且出现时间远早于唐朝内地。考课制度中在对官员本职考察的基础上增设对摄官功过的核定，是对西州考课制度的自我完善。同墓出土考课文书《唐仪凤三年（678）九月西州功曹牒为检报乖僻批正文案事》④，文书有"大素自考后以来，诸司所有乖僻处分随案，并捉得略良胡数人及财物等"内容，文书有各级长官署名，程式完整，复检乖僻批正文案等情况的审查或已成规范，是每年或多年度审查内容之一。这是对西州官吏行政作风严格要求的体现，而且成效较好。即便是西州最基层的行政单位，也有条不紊地进行着中央政府规定的年度考课。阿斯塔那19号墓出土八件里正考课文书是年度考课实行的明证。《唐西州某县事目》⑤ 记："□□□为州县录事、仓督、城主准式铨拟讫申事廿五日付。"表明唐廷对里正以下城主的任用、考察等也有诸多制度性的规定。自上而下严格的监察考课制度是西州制度建设的保障，能够进一步教促官僚队伍保持效率和规范廉洁，对西州人才队伍的培养有着建设性的意义，使得他们在管理西州的过程中得到锻炼，为日后更好经营中天山乃至整个西域储备了人才队伍。

（二）屯戍制度的推广

屯垦戍边制度是治理西域的千古之策。早在西汉时期，朝廷就在吐鲁番

①　国家文物局古文献研究室、新疆维吾尔自治区博物馆、武汉大学历史系编《吐鲁番出土文书》第6册，第212页。

②　荣新江、李肖、孟宪实主编《新获吐鲁番出土文献》，第75页。

③　荣新江、李肖、孟宪实主编《新获吐鲁番出土文献》，第76页。

④　荣新江、李肖、孟宪实主编《新获吐鲁番出土文献》，第78页。

⑤　国家文物局古文献研究室、新疆维吾尔自治区博物馆、武汉大学历史系编《吐鲁番出土文书》第7册，第333—349页。

之地设置戊己校尉，负责西域屯田。因此，唐朝的吐鲁番地区有着推广屯戍制度的良好基础。平定高昌后，唐朝就开始在高昌旧地实施屯戍制度，"贞观中，李靖破吐谷浑，侯君集平高昌，阿史那社尔开西域，置四镇……于是岁调山东丁男为戍卒，缯帛为军资，有屯田以资糗粮，牧使以娩羊马。大军万人，小军千人，烽戍逻卒，万里相继，以却于强敌"。①

为了实施屯垦戍边制度，唐政府规定："凡军、州边防镇守转运不给，则设屯田以益军储。"② 文献记载，唐太宗灭高昌后每岁调发千余人防遏其地。③ 阿斯塔那 360 号墓出土的《贞观十七年（643）牒为官牛领䜭料事》体现了唐朝在西州进行屯戍的情况：

1. 青稞伍硕准䜭陆硕给官牛陆头贰拾日䜭料
2. 牒被问前件䜭料领得以不者仰□并依数
3. 领得被问有实谨牒
4. 贞观十七年四月五日付翟莫□领④

这是一件答复有关方面检查的牒文，查问的内容是关于"给六头官牛二十天的䜭料"是否领取的事情，显然"官牛"是当时官方用于屯田的。这表明，在贞观十七年西州已经实行了屯戍制度。《唐永徽六年（655）某月西州诸府主帅牒为请替番上事》⑤ 提到"请替番上"的原因主要是"即时种麦""种麦时忙"，也可证明屯垦戍边的政策已经广泛推行起来。《武周天授二年（691）总纳诸色逋悬及屯收义纳粮帐》载：

（前缺）

1. ＿＿＿＿＿＿＿＿ 授 二年腊月廿日以前总纳诸色逋
2. 悬及屯收义纳粮总叁阡柒伯捌拾陆硕贰斝（斗）壹胜（升）。

① 《旧唐书》卷一九六《吐蕃传》，第 5236 页。
② 《唐六典》卷七《尚书工部》，第 222 页。
③ 《旧唐书》卷八〇《褚遂良传》，第 2736 页。
④ 柳洪亮：《吐鲁番阿斯塔那古墓群 360 号墓出土文书》，《考古》1991 年第 1 期。
⑤ 荣新江、李肖、孟宪实主编《新获吐鲁番出土文献》，第 118—119 页。

3.　　　　　　　五　百九石三斗六升诸色遣愚
4.　　　　　　　　　四百七十七石粟
5.　　　　　　　　　卅石米
6.　　　　　　　　　二石三斗六升青稞
（后缺）①

文书中的"屯收"，即屯田收入，武周时期西州屯收义纳总数就有 3195 石 8 斗 5 升。

唐朝在西州进行了大规模的屯垦戍边活动，尤其是高昌城周边、交河城、天山县等，都有大量的屯戍存在，"天山军，开元中，置西州城内，管镇兵五千人，马五百匹"，② 由此可知天山军于开元中期③置于西州城内有镇兵 5000 人，《唐六典》所载"天山一屯"，应是建置天山军之后西州屯田的兴盛时期。

西州不仅屯田数量大，而且产量高，作物品种多样。《唐开元年代（c.724）西州屯营田收穀计会》中有关于唐代西州屯垦种植农作物产量情况的记载：

1.　　　　　　　　　　八　十顷收率得干净麦粟床总
2.　　　　　千三百八十一石五斗八升　五合。
3.　　　　　　　　　千三百一十五石六斗青　　稞。
4.　　　　　　　　千二百廿一　石小　　麦。
5.　　　　　　　　　千七百二十三石六斗六升四合粟。
6.　　　　　一百二十一石三斗二升一合、床。
7.　　　　　　　七十二石六斗、天山屯营田五十顷收。

---

①　国家文物局古文献研究室、新疆维吾尔自治区博物馆、武汉大学历史系编《吐鲁番出土文书》第 8 册，第 166 页。

②　《旧唐书》卷四〇《地理三》，第 1646 页。

③　刘安志认为是在开元十五年之后不久设立。见刘安志《唐代西州天山军的成立》，《敦煌吐鲁番文书与唐代西域史研究》，第 206—225 页。

8.　　　　　　　　　　　　三百一十五石六斗　　　青　稞。

9.　　　　　　　　　　廿一石、　　　　　小　　麦。

10.　　　　　　　　　卅六石、　　　　　　粟。

11.　　　　　　　　八石九斗八升五合、柳中屯营田卅顷收。

12.　　　　　　　一百廿一石三斗二升一　合、　床。

13.　　　　　　　八十七石六斗六升四合、　粟。

（后缺）①

西州不仅有"天山屯营田五十顷"，还有"柳中屯营田卅顷"等，可知西州屯田数量当不止"天山一屯"的数量。从上述文书内容可以看出，西州屯田种植的农作物种类多，有小麦、粟、青稞等，并且产量较高，高者达"千七百二十三石"之多。《唐景龙二年（708）十一月八日西州高昌县宁大乡肯义租田契》文书中的"要经叁熟，修理渠堰"②的记载表明，西州作物曾有一年三熟的情况。大谷文书 3473 号《西州天山县到来符帖目》载："营田使牒为天山屯车牛农具，差人领屯官农具，限牒到日送事。营田使牒为十八年屯。"③可知天山屯使用了来自内地的牛耕技术。阿斯塔那 103 号墓出土《唐牛帐》④同样反映了唐西州屯田使用牛耕技术的事实，这体现了中原民众在西州的活动情况。

西州的屯戍活动起始早、经验丰富、制度完善，为西州的农业发展、粮食丰收打下基础，为经营塔里木盆地提供了后勤保障。《唐永淳元年（682）西州高昌县下太平乡符为百姓按户等贮粮事》就是一个很好的例证，其内容如下：

1. 高　昌　县

2.　　上上户户别贮一十五石　　上中户户别贮一十二石

---

① 〔日〕池田温：《中国古代籍帐研究》，录文第 207 页。

② 荣新江、李肖、孟宪实主编《新获吐鲁番出土文献》，第 327 页。

③ 〔日〕池田温：《中国古代籍帐研究》，录文第 215 页。

④ 国家文物局古文献研究室、新疆维吾尔自治区博物馆、武汉大学历史系编《吐鲁番出土文书》第 4 册，第 243 页。

3.　　　上下户户别贮一十石　　　中上户户别贮七石

4.　　　中中户户别贮五石　　　　中下户户别贮四石

5.　　　下上户户别贮三石　　　　下中户户别贮一石五斗

6.　　　下下户户别贮一石

7. 太平乡主者，得里正杜定护等牒称：奉处分令百姓

8. 各贮一二年粮，并令乡司检量封署，然后官府亲自检行者

9. 下乡。令准数速贮封署讫上，仍遣玄政巡检者，令判准家口多

10. 少各贮一年粮，仍限至六月十五日已来了。其大麦今既正是

11. 收时，即宜贮纳讫速言，德即拟自巡检。今以状下乡，宜

12. 准状符到奉行。

13.　　　　　　　　　　　　佐朱贞君

14. 主簿判尉　思仁

15.　　　　　　　　　　　　史

16.　　　　　　永淳元年五月十九日下①

　　文书钤有"高昌县之印"五方，是高昌县太平乡主里正杜定护令百姓按户等趁丰收时节贮粮，限期约为一个月，至六月十五日，以备不时之需，而文书时间显示为永淳元年（682）。此时正值西域多事之秋，西突厥阿史那车簿反，安西都护杜怀宝战殁。四月，册拜礼部尚书裴行俭为金牙道行军大总管，率右金吾将军阎怀旦等三总管分道讨之，师未发，裴行俭卒。裴行俭曾任职西州都督，在仪凤年间的波斯道行军中，便招募西州子弟兵万余人，此次金牙道行军虽未成行，但作为后勤大本营的西州，提前做好战前准备是极有可能的。

　　日本宁乐美术馆藏开元二年《唐西州都督府牒蒲昌府为寇贼在近、镇戍烽候督察严警事》载：

　　7. 蒲昌府：得兵曹参军王宝等牒，称寇贼在近，今又□□□□

---

　　① 国家文物局古文献研究室、新疆维吾尔自治区博物馆、武汉大学历史系编《吐鲁番出土文书》第 7 册，第 392—393 页。

8. 百姓，并散在田野、庄坞，都督昨日亲领县府 促

9. 戍押防援军粮，差充讨击。贼必付空 ①

文书中所指"寇贼"，即后突厥。面对后突厥随时可能的抄掠，西州都督亲自督促，以保证军粮安全。

西州屯田也为其后在"安西四镇"屯田提供了经验。《唐六典》载："安西二十屯，疏勒七屯，焉耆七屯。"② 初置西州的安西都护府迁至龟兹，武则天长寿二年四镇收复后，安西驻军三万，安西二十屯，应都在龟兹一带。

（三）和籴制度活跃了西州和西域市场

和籴制度是战国、秦汉时期就开始实行的制度，目的是"取有余而补不足"。随着西域形势渐趋复杂，朝廷用兵频繁，在西域屯田暂不能自足的情况下，"和籴"应运而生。《新唐书·食货志》载："开元后，边土西举高昌、龟兹、焉耆、小勃律，北抵薛延陀故地，缘边数十州戍重兵。营田及地租不足以供军，于是初有和籴。"③

和籴是国家管理粮食的一种商业行为，由官府用钱或布帛向农民公平购买以保障粮食供给。这一制度是商品货币经济发展的产物，需要有相对繁荣的农业生产和商品经济。西州的屯垦生产带动了移民、商业的发展，兵员众多的屯戍人员成为巨大的消费群体。在西州，商人居于市中，按业分肆。④ 大谷文书中由 121 块残片组成的《唐天宝二年（743）交河郡市估案》⑤，其中残存 11 个行，池田温先生指出至少还有四五个行名称不明，它们一并展现了西州包括粮食在内的各类商品，琳琅满目。粮食类集中在谷麦行、米面行、果子行、菜子行，主要为本地种植和出产。这些商行和商品为西州、安西等地的和籴提供了可能。

唐朝贸易中"用布帛处多，用钱处少"，龟兹地区和籴贸易大部分是以

---

① 陈国灿、刘永增编《日本宁乐美术馆藏吐鲁番文书》，第 36 页。
② 《唐六典》卷七《尚书工部》，第 223 页。
③ 《新唐书》卷五三《食货三》，第 1373 页。
④ 阎文儒：《吐鲁番的高昌故城》，《文物》1962 年第 Z2 期。
⑤ 〔日〕池田温：《中国古代籍帐研究》，录文第 303—319 页。

布帛、丝绸等纺织品为媒介进行的。而这些纺织品的一个重要来源就是"缯帛为军资"①。出土文书说明西州在唐高宗时期就已进行和籴。麟德年间的《唐和籴青稞帐》记述了官方利用钱帛货币向民间籴得青稞等粮食作物，内容如下：

（一）

（前缺）

1. ＿＿＿＿＿＿＿＿＿ 拾 文，钱壹文籴得青科（稞）一斗。

2. 绵壹屯^{准次估值银钱伍文。}两屯当练壹疋。

（后缺）

（二）

（前缺）

1. ＿＿＿＿＿ 练 壹疋，籴得青科一石三斗。

2. 右同前勘案内，去年六月中旬＿＿＿＿＿＿＿＿

3. 银钱壹文，籴得青科一斗三升，又称今＿＿＿＿＿

4. ＿＿＿＿急奉进止，遣使追责＿＿＿＿＿＿＿

5. ＿＿＿＿蔺簸堪纳仓者，只得一＿＿＿＿＿＿②

《册府元龟》中记载了龙朔二年（662）十二月，飓海道行军总管苏海政受诏讨疏勒及龟兹，"海政军回到疏勒之南，弓月又引吐蕃之众来拒官军，海政以师老，不敢战，遂以军资赂吐蕃，约和而还"，③ 唐中央拨付给苏海政的军资很可能就是受到吐蕃人喜欢的帛练品。敦煌出土文书 P.3714 唐高宗总章二年（669）敦煌传马坊文书显示，从沙州出发的"送帛练使司马杜雄"，动用官方的传驴传马 39 头（匹），把帛练运往伊州，又动用传驴传马

---

① 《旧唐书》卷一九六《吐蕃传》，第 5236 页。

② 国家文物局古文献研究室、新疆维吾尔自治区博物馆、武汉大学历史系编《吐鲁番出土文书》第 6 册，第 310—311 页。

③ 《册府元龟》卷四四九《将帅部·专杀》，第 5324 页。

80 头（匹），把帛练运往庭州。虽然杜雄未至吐鲁番，但运往西州的帛练应当不在少数。唐永淳、垂拱年间，西州就有"前送帛练使王伯威"。唐人张籍的《凉州词》说："边城暮雨雁飞低，芦笋初生渐欲齐。无数铃声遥过碛，应驮白练到安西。"其中的"白练"即"帛练"，说的就是军资练。这些军资练可以在当地进行和籴，用以筹集屯田供应之外的军需，诗中运输物资的盛况也反映出和籴贸易的兴盛。

西州是进出西域的重要关口，负责地方沿线交通安全，并发放过所文书。阿斯塔那 509 号墓出土文书《唐开元二十一年（733）西州都督府案卷为勘给过所事》① 上钤有"西州都督府之印"七方，记述了向西州都督申请过所的大致经过。和籴在申请过所文书中也有体现，如《唐开元二十一年（733）西州都督府案卷为勘给过所事》② 中载，蒋化明原为京兆府云阳县嵯峨乡人，到凉州受雇于郭元暕驱驮往北庭，被括附金满县百姓，又受雇于郭林往伊州纳和籴，因脚力驴疫死，滞留西州。《唐君安辩辞为领军资练事》《唐西州高昌县译语人康某辩辞为领军资练事》等文书记载的都是西州和籴的情况。③《通典》记载，开元至天宝年间，用于"籴米粟"而花费的布帛，"伊西、北庭八万，安西十二万"，④ 足见整个西域和籴贸易的盛行。

随着西州商贸的不断发展，官方逐渐注意利用商品经济原则来解决天山廊道的物质保障问题，同时，官府还会通过高于市价的收购来刺激生产，这一现象可以从和籴贸易同样兴盛的河西得以一窥。如敦煌文书《天宝四载（745）河西豆卢军和籴会计牒》⑤ 比较完整地反映了自天宝三载夏季至天宝四载春季一年时间内豆卢军军仓收籴粮食的情况，而其中的和籴估价要比时价高三五文。⑥ 和籴制度为军事行动提供了物质保障，而军事物资反过来刺

---

① 国家文物局古文献研究室、新疆维吾尔自治区博物馆、武汉大学历史系编《吐鲁番出土文书》第 9 册，第 52—53 页。

② 国家文物局古文献研究室、新疆维吾尔自治区博物馆、武汉大学历史系编《吐鲁番出土文书》第 9 册，第 51—70 页。

③ 国家文物局古文献研究室、新疆维吾尔自治区博物馆、武汉大学历史系编《吐鲁番出土文书》第 6 册，第 71—72 页。

④ 《通典》卷六《食货六》，第 111 页。

⑤ P. 3348 背面文书 A、B，见〔日〕池田温《中国古代籍帐研究》，录文第 319—322 页。

⑥ 杨际平：《从敦煌文书看唐代前期的和籴制度》，《中国社会经济史研究》1985 年第 1 期。

激了商业队伍的发展。活跃于丝绸之路上的粟特人在西州粮食、丝绸等商品市场中都扮演了重要角色。交河城附近的 36 座古墓中，有 33 座为粟特人的家族墓地，也证实了隋唐时期大量粟特人在交河城附近生活的情况。

由于唐朝西域商贸队伍庞大，以至于专门将"税商胡"作为重要的税收来源，"开元盛时，税西域商胡以供四镇"。[①]

二　西州是输送西域人才的基地

西域地处西北边陲，环境特殊，需要有熟悉西域自然条件和人文环境的官员和将领进行治理。唐朝在开拓天山廊道和经营西域的过程中，急需大量了解西域事务、专业素养较高的军政官员。而西州则成为这些军政官员历练的地区，如郭孝恪、崔知辨等，都曾经有在西州任职的经历。这些管理人才成为治理西域的关键，也是天山廊道安全的重要保障。

（一）　熟悉西域的行政体制和区域特色

自贞观十四年灭高昌国后，其地开始实施与内地一样的州县制，并设置安西都护府管理三州事务。西州需要一批官员进行管理，中原内地的官员由此逐步进入西州任职。

第一任西州刺史谢叔方，贞观初年，出任左亲卫中郎将，曾奉命出使灵州，负责招辑突厥。贞观十四年担任西州刺史，并于两年后出任伊州刺史。[②] 在西域治理中，"善绥边镇，胡戎爱而敬之，如事严父"[③]，不负众望。

贞观十六年九月，唐朝以原凉州都督郭孝恪为安西都护兼西州刺史，并统管西、伊、庭三州诸军事，[④] 由于长期在西北边疆任职，郭孝恪对于西州的民情风物较为熟悉，对于如何落实唐朝法律制度也有办法。

郭孝恪在西州任职后，首先在西州展开户籍登记，落实均田制、租调制。大谷文书《唐贞观十七年（643）六月西州奴俊延妻孙氏辩》[⑤] 中的这

---

①　《新唐书》卷二二一《西域传》，第 6265 页。

②　王小甫：《唐、吐蕃、大食政治关系史》，附表三"将相年表"。

③　《旧唐书》卷一八七《谢叔方传》，第 4873 页。

④　"郭孝恪为安西都护，督西、伊、庭三州诸军事。"《册府元龟》卷三九八《将帅部·抚士卒》，第 4734 页；《旧唐书》卷八三《郭孝恪传》，第 2774 页。

⑤　〔日〕池田温：《中国古代籍帐研究》，录文第 170—171 页。

次询问可以归入贞观十七年安西都护府户曹在西州进行人口清理、调查等审案工作中。① 文书中提到的"城破之日"反映的是贞观十六年底西突厥举兵围攻天山县之事。② 刘俊文先生曾将其定名为《贞观十七年六月高昌县勘问破城之日延陀所在事案卷断片》③，所问"延陀"，姓氏未可知，但名字符合粟特人的取名习惯，他曾在战时参与运粮这一攸关存亡之事，而知道他行踪的被询问人又支吾"不言尽"，都曾被二次推问，十分令人怀疑，或许是与战时信息情报安全有关。西州建立之初，进行了切实有效的经营和管理，保障了新建立的西州正州的社会稳定，史称"高昌旧民与镇兵及谪徙者杂居西州，孝恪推诚抚御，咸得其欢心"。④ 阿斯塔那 209 号墓《唐贞观十七年（643）符为娶妻妾事》⑤ 和《唐贞观年间西州高昌县勘问梁延台、雷陇贵婚娶纠纷案卷》⑥ 两者似为同一案卷，分别后属"户署参军实心"及"实心白"，是安西都护府下辖户曹参军所判案卷，证明了郭孝恪所做之户籍登记核实西州人口、落实均田制让民众获得利益，得到了民众的拥护。由此，郭孝恪在唐朝征伐焉耆、龟兹的过程中，发挥了重大作用，尤其是在军事动员、兵力集结等方面，他有着长期的经验积累。

西域任官十余载的袁公瑜，据其墓志，曾官至西台舍人、司刑少常伯，之后因为"猜祸之徒，乘间而起"，被出为代州长史，又历任西州长史、庭州刺史、安西副都护。⑦ 然而墓志并没有记载其被贬的具体时间。⑧ 很可能

---

① 刘安志：《读吐鲁番所出〈唐贞观十七年（643）六月西州奴俊延妻孙氏辩辞〉及其相关文书》，《敦煌吐鲁番文书与唐代西域史研究》，第 64 页。

② 刘安志：《读吐鲁番所出〈唐贞观十七年（643）六月西州奴俊延妻孙氏辩辞〉及其相关文书》，《敦煌吐鲁番文书与唐代西域史研究》，第 47 页。

③ 刘俊文：《敦煌吐鲁番唐代法制文书考释》，中华书局 1989 年版，第 505—509 页。

④ 《资治通鉴》卷一九六，太宗贞观十六年，第 6290 页。

⑤ 国家文物局古文献研究室、新疆维吾尔自治区博物馆、武汉大学历史系编《吐鲁番出土文书》第 7 册，第 35—36 页。

⑥ 国家文物局古文献研究室、新疆维吾尔自治区博物馆、武汉大学历史系编《吐鲁番出土文书》第 7 册，第 37—41 页。

⑦ 周绍良主编《唐代墓志汇编》，上海古籍出版社 1992 年版，第 975—976 页。

⑧ 鲁才全推测在上元元年九月为长孙无忌平反昭雪之后，参见《跋武周袁公瑜墓志》，《魏晋南北朝隋唐史资料》第 8 辑，武汉大学学报编辑部 1986 年版，第 36 页。李方认为在上元三年（仪凤元年，676），参见李方《唐西州官吏编年考证》，中国人民大学出版社 2010 年版，第 31—32 页。

是龙朔三年受李义府倒台牵连，而被外贬。P. 2754《裴都护左右私向西州事》①判文中有"公瑜奉符之后"一语，是指西州都督府长史袁公瑜。所以在麟德元年十一月以前，其已经在西州都督府长史任上。② 袁公瑜出任西州都督府长史最晚只能到仪凤二年以前。③ 他任庭州刺史的时间，则应在调露元年以前。④ 早期任职练就的文笔使他能够胜任州县官吏，扎根西州获取的实践经验是他继续深入经营西域的有力支撑，在西州较长的任职时间使他在处理西域事务上更加游刃有余，从而可以再度出任庭州刺史，并后续升迁安西副都护一职。墓志载"君威雄素厉，走月氏，降日逐；柳中罢柝，葱右无尘，虽郑吉班超，不之加也"，将袁公瑜与郑吉、班超相提并论，虽不乏溢美之词，但也充分肯定了他在西域前后任官十余载的政绩。

（二）西州军政人才的输出与天山廊道治理

在西州担任管理职务的官吏，往往也是战场上的骁勇猛将。在唐朝开拓天山廊道过程中，郭孝恪在军政方面的政绩较为突出。西突厥乙毗咄陆可汗取代沙钵略叶护可汗之后，自恃强大，侵暴西域。郭孝恪对西突厥乙毗咄陆可汗入侵伊州、围攻天山予以反击，不仅击退西突厥的进攻，而且还"降处密之众而归"。⑤ 但先前与唐朝交好的焉耆竟与西突厥勾结，对抗唐朝，由此引发了唐朝对焉耆的"西州道行军"。此次行军由安西都护郭孝恪统领，出银山道，出奇制胜，快速制敌，一举攻克焉耆。⑥ 此次军事打击成功化解了西突厥与焉耆联手在东天山活动的威胁，为攻伐中天山的龟兹奠定了基础。贞观二十一年，唐太宗遣左骁卫大将军阿史那社尔为昆丘道行军大总管，安西都护郭孝恪再次出战，与司农卿杨弘礼率五将军，大破龟兹。⑦

龙朔二年，唐朝以右卫将军苏海政为飓海道行军大总管征讨龟兹、疏勒失败，因此没能及时阻止弓月与吐蕃对四镇的侵蚀。大致此时弓月又联合吐蕃对四镇中的于阗进行了侵扰。唐朝派时任西州都督崔知辨出兵以抗吐蕃、

---

① 唐耕耦、陆宏基编《敦煌社会经济文献真迹释录》第2辑，第611—613页。
② 刘子凡：《法藏敦煌P. 2754文书为西州都督府长史袁公瑜判集考》，《敦煌研究》2015年第5期。
③ 李方：《唐西州官吏编年考证》，第31—32页。
④ 郁贤皓：《唐刺史考》，江苏古籍出版社1987年版，第451页。
⑤ 《资治通鉴》卷一九六，太宗贞观十六年，第6291页。
⑥ 《旧唐书》卷一九八《焉耆传》，第5302页。
⑦ 《册府元龟》卷九八五《外臣部·征讨四》，第11572页。

救于阗。

> （麟德二年三月）疏勒弓月引吐蕃侵于阗，敕西州都督崔知辨、左武卫将军曹继叔将兵救之。①

据考证，至晚在翌年（乾封元年，666）四月底以前已经返回。从行军的组成来看，兵士应当主要是来自西州的府兵和兵募，② 此外还有来自伊州的镇兵。P. 2754《伊州镇人元孝仁、魏大师造伪印事》和《伊州镇人侯莫陈等请安西效力事》中都出现申请参与此次讨击弓月、救援于阗之战的内容，这也反映出此次战事激烈，需要唐朝镇戍在西域多地的兵力支援。继成功救援于阗之后，仪凤四年崔知辨再次击退吐蕃。③ 在万岁通天二年（697）唐蕃野狐河之会时，吐蕃大将论钦陵曾提及此事，"则为好功名人崔知辨从五俟斥路，乘我间隙，疮痍我众，驱掠牛羊，盖以万计"，④ 仍然心有余悸。

裴行俭，是长期在西州任职的西州长史，其曾以西州为基础，突袭西突厥。仪凤元年，阿史那都支在吐蕃的支持下"自号十姓可汗"⑤，后联合吐蕃，侵逼安西。调露元年六月，唐廷以裴行俭为安抚大食使，检校安西都护，以护送波斯王子泥涅师为名，伐西突厥阿史那都支及其别帅李遮匐，正如《赠太尉裴公神道碑》载，裴行俭"名立波斯，实取遮匐"。七月，安西都护裴行俭途经西州召得豪杰及四镇诸胡子弟近万人，这是他在显庆二年至麟德二年担任西州长史时打下的基础。裴行俭随即率领这支西州大军突袭西突厥，成功擒拿阿史那都支、李遮匐。⑥ 擒阿史那都支后，又有裴行俭一手提拔起来的随军副将王方翼在碎叶筑城之事，这可以看作波斯道行军的后续行动之一。未归的西州府兵，有些也参与了王方翼在碎叶的

---

① 《资治通鉴》卷二〇一，高宗麟德二年，第 6458 页。

② 荣新江：《新出吐鲁番文书所见西域史事二题》，《敦煌吐鲁番文献研究论集》第 5 辑，北京大学出版社 1990 年版，第 345—352 页。

③ 王小甫考证为仪凤四年，参见王小甫《唐、吐蕃、大食政治关系史》，第 79—80 页。

④ 《通典》卷一九〇《边防六》，第 5175 页。

⑤ 《新唐书》卷二一五《突厥传》，第 6064 页。

⑥ 《新唐书》卷二一五《突厥传》，第 6064 页；《新唐书》卷一〇八《裴行俭传》、《旧唐书》卷八四《裴行俭传》同。

行动。

　　唐休璟是值西域危急之际赴任的官吏。于"垂拱中，迁安西副都护"。吐蕃攻破焉耆后，四镇陷落，安西都护府紧急迁回西州，永昌元年（689）唐休璟"收其余众，以安西土。迁西州都督"。① 长寿元年，再任西州都督，"会西州都督唐休璟请复取龟兹、于阗、疏勒、碎叶四镇。敕以孝杰为武威军总管，与武卫大将军阿史那忠节将兵击吐蕃"。② 唐休璟促成此次行军，提出收复四镇主张，可以说是收复四镇的一大功臣。垂拱三年（687）至永昌元年，他继王方翼之后出任安西副都护。久视元年（700），"吐蕃大将曲莽布支率骑数万寇凉州"，唐休璟身先士卒，在洪源谷六战吐蕃，斩获两员番将，歼敌二千五百人，成功击退吐蕃进犯。唐休璟久任边吏，熟知边事，武则天曾言"休璟练知边事，卿辈十不当一"。③ 曾任安西都护和西州都督的唐休璟还对边疆屯垦事业建言献策，"既而边州建请屯置,尽如休璟策"④，这一事迹被系于他从西域回到中原之时，虽无对应西域方面的记载，但作为管理西域各项事务的长官，他在天山廊道屯戍事业中必定成就非凡。

　　王孝杰是屡次在边疆作战的重要将领，尤其是因在长寿元年带兵恢复安西四镇而被载入史册。长寿元年，曾任安西副都护、西州都督的唐休璟凭借在西域经营多年的见识，恳请武则天派兵收复被吐蕃夺取的四镇之地，王孝杰被举荐出任武威军总管一职，与左武卫大将军阿史那忠节率军从西州行军接连光复龟兹、疏勒、于阗三镇，再加上乌质勒控制的碎叶，四镇尽复。"自此复于龟兹置安西都护府，用汉兵三万人以镇之"。⑤ 有了这三万人马，安西四镇结束了反复易手的动荡局面，吐蕃在西域的行动受到掣肘，唐朝可以继续开展经营西域的计划。

　　在长寿元年武威道行军之前的天授二年（691），王孝杰曾继任西州都

　　① 《旧唐书》卷九三《唐休璟传》，第 2978 页。
　　② 《资治通鉴》卷二〇五，武周长寿元年，第 6603 页。《全唐文》卷二五七《右仆射太子少师唐璿神道碑》："长寿中武威军大总管王孝杰之复四镇，实赖其谋，表公为西州刺史。"综上，唐休璟任西州长官。
　　③ 《新唐书》卷一一一《唐休璟传》，第 4150 页。
　　④ 《新唐书》卷一一一《唐休璟传》，第 4150 页。
　　⑤ 《旧唐书》卷一九八《焉耆传》，第 5304 页。

督一段时间，史籍缺载，但《武周天授二年知水人康进感等牒尾及西州仓曹下天山县追送唐建进妻儿邻保牒》① 中可找到证据。② 这也印证武威道行军是从西州出发的。③ 王孝杰在建设西州的过程中增强了对边疆局势的统辖能力，这在收复四镇之战中发挥得淋漓尽致，帮助他取得了最终的胜利。此次行军将领还包括西州都督唐休璟以及武威军子总管张怀寂。

张怀寂是地道的西州民众，也是地方培养的官员。但其生平史载不详，其墓志提供了一些信息。罗振玉曾做跋文概括说"怀寂，高昌人"。通过其墓志可知，张氏祖先因避前秦战乱，西奔高昌，并且在高昌国时期已是世袭豪门贵族，贞观十四年高昌国灭后，除麹氏王族外，张氏等豪贵也一并迁往洛州。永徽之初，西突厥阿史那贺鲁叛乱，为了稳定西域局面，又被放还西州，也就在这时张怀寂被授为西州行参军，不久外任"伊州录事参军"。长寿元年，担任"右玉钤卫假郎将，充武威军子总管"，下领千人，④ 投入了收复四镇的战斗。⑤

综上，贞观十四年建立西州后，在治理西州的过程中，培养锻炼了一大批军政人才，以上述官员为例，任职西州的高级官员将领在西州卸任后，大多转任伊州、庭州及安西四镇等西域各地，可考证职官生平的 17 人中有 9 人属于这种情况，另郭孝恪和麹智湛的最后任职皆在西州（见表 2－4）。他们不仅将西州建设成为东天山三州联防的中心，而且在经营中天山和西天山的进程中，都因熟悉西域自然地理、人情风物，而在行政管理、军事战争等方面发挥了重要作用。西州不仅是唐朝经营西域的后勤保障基地，而且为经营西域输送了大批人才，这些人才将有效治理西州的经验带到了焉耆、龟兹、疏勒、于阗、碎叶等地，为天山廊道的屯戍事业、军政建设提供了重要保障。

---

① 国家文物局古文献研究室、新疆维吾尔自治区博物馆、武汉大学历史系编《吐鲁番出土文书》第 8 册，第 145—146 页。
② 李方：《唐西州官僚政治制度研究》，黑龙江教育出版社 2013 年版。
③ 王小甫：《唐、吐蕃、大食政治关系史》，第 111—114 页。
④ 《唐六典》卷五《尚书兵部》云："凡诸军、镇每五百人置押官一人，一千人置子总管一人，五千人置总管一人。"（第 159 页）
⑤ 陈国灿：《跋〈武周张怀寂墓志〉》，《文物》1981 年第 1 期。

表 2-4　西州高级官员表

序号	姓名（生卒年）	职官	在西州任职时间	是否续任西域	西域职官
1	谢叔方（601—652）	西州刺史	贞观十四年八月至十五年初	是	伊州刺史
2	乔师望（隋朝—唐上元三年至垂拱元年间）	西州刺史守安西都护	贞观十五年至十六年初	否	
3	郭孝恪（？—648）	安西都护、西州刺史	贞观十六年九月至二十二年十二月	是	
4	柴哲威（不详）	安西都护、西州刺史	贞观二十三年至永徽二年十月	否	
5	麴智湛（？—664）	安西都护、西州刺史	永徽二年十一月至麟德元年	是	
6	崔知辨（？—683）	西州都督	麟德二年	否	
7	唐休璟（627—712）	西州都督	永昌元年、长寿元年	是	安西都护
8	王孝杰（？—697）	西州都督	天授二年	否	
9	邓温（657—712）	西州都督、西州刺史	神龙元年	否	
10	王斛斯（不详）	西州都督	开元二十年至二十一年	是	安西四镇节度使
11	元载（713—777）	西州刺史	至德年间至乾元元年	否	
12	李琇璋（不详）	西州刺史	上元元年至大历七年	是	
13	裴行俭（619—682）	西州长史	显庆三年至麟德二年前	是	安西都护
14	袁公瑜（613—685）	西州长史	上元三年/仪凤元年	是	庭州刺史、安西副都护
15	衡义整（？—689）	西州长史	？至垂拱二年或四年（？—686/688）	是	伊州刺史
16	刘玄意（不详）	西州司马、长史	天授元年至长寿二年	否	
17	杜希望（？—玄宗朝）	西州司马或长史	开元十六年	否	

　　注：表格收录史书及出土资料记载的任职西州的高级官吏，包括都护、都督、刺史、长史、司马。
　　资料来源：李方《唐西州官吏编年考证》，"西州官吏表格"部分。

第 三 章

庭州：天山北麓的战略凸防

　　庭州，唐朝在天山北麓设置的州郡，也是其后北庭都护府、北庭大都护府、伊西节度使驻地。在经营西域的过程中，庭州的军事力量不断向北凸防至阿尔泰山以北，管理范围也不断向西延伸到巴尔喀什湖等地，安西都护府与庭州军事力量一起护卫起整个天山廊道的安全，此时汉唐经营西域进入成熟时期。北庭都护府与安西都护府分工合作，为后世经营天山廊道和保障丝绸之路畅通提供了良好的范式。

第一节　庭州的地理环境与主要绿洲

　　庭州的地理范围主要包括今天的昌吉市、乌鲁木齐市、阜康市、吉木萨尔县、奇台县、木垒县。汉唐之际，天山北麓的山前草原和阿尔泰山之间的草原地带先后是匈奴人、柔然人、高车人、突厥人的牧场，这里气候温和、土地肥沃、水资源丰富，绿洲成片。游牧力量在此经营，并沿着天山隘口进入吐鲁番盆地和塔里木盆地。为了应对草原的游牧势力，唐朝在汉代金满城的基础上，设置庭州，在草原之地进行屯田戍边，为庭州北向凸防提供了契机，为唐朝经营天山廊道奠定了基础。

一　地理环境

　　东天山大致由博格达山、巴里坤山、喀尔力克山组成。高大的山脉造就了特有的植被垂直分布，其北部从低到高大致可分为荒漠地带（490—1400米）、山地草原带（1400—1800米）、山地森林和亚高山草原带（1800—

2800 米）、亚高山草甸带（2800—3150 米）以及高山石堆稀疏植被带
（3500 米以上）。[1] 这些规律性的草原分布，使得该地游牧族群形成了逐水草
而居的习惯，即依季节而轮换放牧——春季在山前平原放牧，夏季流转至高
处的深山牧场，秋季再迁回山前牧场。

天山蕴藏着丰富的水资源，分布有近万条冰川，冰川融水与山地降水汇
成了众多的河流，准噶尔内流水系成为东天山北部的重要水源，这些河流孕
育出肥沃的山前冲积平原，有利于牧草生长。

天山北麓与南麓在气候方面差别明显，天山北麓属温带大陆性干旱半干
旱气候，天山南麓属温带大陆性干旱气候。准噶尔盆地地区的年均降水量虽
然只有 100 毫米左右，但是加上高山融水，使得天山北麓拥有更为丰沛的水资
源，形成了大片的绿洲。这些绿洲宜牧宜农，成为唐朝与游牧势力争夺之地。

二　主要河流和绿洲

天山北麓地区的地势从南向北逐渐降低，形成连绵起伏的山前丘陵和平
原地带，是耕地的主要分布区，再向北至沙漠边缘，地表覆盖黄土达 20 余
米，是优良的春秋牧场和灌溉农业区。这些地区主要靠天山冰雪融水和高山
降水，形成了数量众多的河流。有学者统计有出山口河流 250 余条、山泉沟
河接近 90 条。[2] 其中东天山地区的大型河流约为 30 条，以山脊线为中轴呈
羽状排列，流向与山脉大致垂直，密集的河流形成了与山脉平行的山前
"条带状绿洲"，这与天山南麓沙漠戈壁间的"块状绿洲"形成了鲜明对比，
使天山北麓的道路补给更为方便。

（一）乌鲁木齐河、头屯河与乌鲁木齐绿洲

1. 乌鲁木齐河

乌鲁木齐河发源于依连哈比尔尕山天格尔峰胜利达坂的一号冰川，河流
水系支流众多，呈树枝状、流量大，多年年均径流量达 2.45 亿立方米，是流
经乌鲁木齐的最大河流。该地土地肥沃、灌溉方便，唐代已在此开展屯田。

---

① 娄安如、张新时：《新疆天山中段植被分布规律的初步分析》，《北京师范大学学报》1994 年第
4 期。

② 田春艳、徐丽萍：《天山北麓绿洲扩张与区域水资源变化时空关联性研究》，《石河子大学学报》
2020 年第 4 期。

清朝时乌鲁木齐绿洲已成为新疆的第二大屯田中心。清代纪昀曾遭贬谪至乌鲁木齐两年，其间作杂诗记载当地农牧业情况甚详，如"山珍入馔只寻常，处处深林是猎场""牧场芳草绿萋萋，养得骅骝十万蹄"。① 林则徐谪戍伊犁时曾记载"俗谓哈密至乌鲁木齐有穷八站、富八站，戈壁头以东之八站为穷，木垒河以西之八站为富也"。② 此可证木垒河以西至乌鲁木齐实为屯田良地。

2. 头屯河

头屯河发源于天格尔峰北麓，流量稍次于乌鲁木齐河，河流落差大，流速较快，水流携带大量泥沙而下，形成广大的河流冲积扇，现在区域内有发达的灌溉农业，下游原为沼泽湿地，后来改为水库。

以上两条河流共同形成了较适宜屯田的地理和水文环境，是唐代在轮台重要的屯田绿洲。

（二）水磨沟河、三工河、白杨河与阜康绿洲

水磨沟河、三工河、白杨河共同孕育了阜康绿洲。阜康市历史悠久，汉唐时就地当丝绸之路要道，明朝建特纳格尔城，清乾隆皇帝取"物阜民康"命名为"阜康"。如今流域内有全国最大的人工甘草种植基地、全疆最大的人工饲草种植基地。

1. 水磨沟河

水磨沟河发源于博格达山西端山脊地带，是阜康市西部的主要水源，也是乌鲁木齐市米东区与阜康市的界河，西与柏杨河和铁厂沟河毗邻，东与三工河流域接壤。

2. 三工河

三工河位于阜康市境内，天山天池位于该河流上游，流域地形南高北低，受地形及气候影响，流域内植被呈明显带状分布，高山区为高山寒漠，1800—2800米的山腰森林茂密，气候温凉。湖区气候属温带半湿润气候，年降水量在500毫米左右。从山腰到山前冲积平原，植被逐渐由森林草原过渡到荒漠植被。

---

① 李忠智：《纪晓岚与四库全书　纪晓岚乌鲁木齐杂诗详注》，现代教育出版社2010年版，第183、191页。

② 中山大学历史系，中国近代现代史教研组、研究室编《林则徐集·日记》，中华书局1962年版，第430页。

3. 白杨河

白杨河是阜康市境内的最大河流，年均径流量为 0.64 亿立方米。河流发源于博格达峰冰川东北侧。干流自南向北流，左岸有白杨沟汇入，其后河流转向北流，出山口后大部被引入滋泥泉子镇灌区。滋泥泉子镇南依天山，北邻古尔班通古特沙漠，地势由东南向西北倾斜，平均海拔 585 米，土地肥沃，历来为阜康重要的产粮区。

乾隆二十年（1755），清廷派军讨伐准噶尔贵族叛乱时，该地为从哈密经巴里坤到乌鲁木齐所设的 19 处驿站之一的"白杨驿"。

（三）西大龙口河、东大龙口河与吉木萨尔绿洲

1. 西大龙口河

西大龙口河发源于博格达山北坡，源头称大三台子沟，其与同源同向的小三台子沟汇合后出峡谷进入浅山谷地，转向东北，流至潘家台子，途中于右岸又接纳了东台子沟。东台子沟上游段称琼库尔沟，同样由两条发源于博格达山山脊附近小型冰川尾部的源流汇集而成，下游有称野驹律沟的支流汇入。

2. 东大龙口河

东大龙口河古称"济木萨河"，上游段称"松树沟"，上游两大支流发源于博格达山山脊。东大龙口河自源头向东北流 22 公里出山口，流经东大龙口水文站，进入泉子街山间盆地，是吉木萨尔县的重要水源。域内高山区阴坡长有茂密的云杉林，地表植被以草甸为主。

大龙口河流域开发较早，东汉的金满屯田、唐代的庭州屯田、元代的"别失八里"屯田以及清代的济木萨屯田均在此流域内。溯东大龙口河干流而上，翻越博格达山的"古城达坂"，可达天山南麓的"车师古道"。"车师古道"狭窄处不足两米，曲径通幽，沿途有山涧激流瀑布，尚存古代堡垒遗址和一尊身躯高大、形象逼真的草原石人。早在公元前 1 世纪，这条线路就已是西域三十六国中车师前王庭（今吐鲁番一带）与后王庭（今吉木萨尔）来往的交通要道。

（四）白杨河、新户河、开垦河与奇台绿洲

1. 白杨河

白杨河发源于博格达山托库孜达拉附近的高山区，源流称"托库孜达拉沟"，沿途两岸有 20 余条大小支流汇入，水系呈树枝状分布。下游在北庭附近建有青疙瘩水库、夹滩地水库、东二畦水库和黄水槽水库，灌溉面积近8000公顷。河流进"东荒漠滩"后，耗失于沙漠中。

2. 新户河

新户河位于奇台县半截沟镇境内，发源于天山山脉的高、中山带，由南向北流经马鞍山、麻沟梁西侧，经山区流程后出山口进入半截沟镇。

半截沟镇地处两山之间，自汉代以来就是西域的军事要地。当地人称为"石城子"的遗址，位于半截沟镇麻沟梁村麻沟河西岸。经新疆文物部门考证，该古城即赫赫有名的东汉名将耿恭孤军坚守的汉代"疏勒城"。2019年度全国十大考古新发现揭晓，新疆奇台石城子遗址榜上有名，引起各界关注。它是目前新疆发现的首个汉代军镇遗址，是汉代有效治理和管辖西域的历史见证。[①]

图3-1　奇台县新户河边石城子遗址（东汉耿恭城）

镜湖（又称白老坝）地处天山雪线地带，湖底多有白石，又有雪峰倒映其中，呈现为白色。湖泊总面积约8000平方米，湖水清澈，冰凉彻骨。西南一座突兀的山峰高高耸立，峰下便是从吐鲁番通往庭州（现吉木萨尔县）的"乌骨道"：出高昌故城或柳中城，经木头沟的胜金口，西北上，经胜金乡艾西夏、英坎尔村，溯天山南麓的煤窑沟河而上，过约尔帕达坂，逾

---

① 《汉代"疏勒城"重现真身——考古发掘揭开奇台石城子遗址身世之谜》，《新疆日报》2020年5月10日。

天山达坂抵奇台县半截沟镇（古疏勒城）。当年汉军就是沿这条道路到达疏勒城解围的。

3. 开垦河

开垦河因光绪年间引水开垦奇台城东灌区而得名，发源于天山山脉中段博格达山北坡。流域内水利开发历史悠久，河流流经老奇台镇（奇台县治旧址），曾有"四乡田野，村庄相望，田亩轮歇，岁有余粮，最为富庶之区"的记述。清人方士淦自伊犁返回西安经奇台时写道："十八日，九十里住奇台县。俗名金绥来（玛纳斯），银奇台，其沃壤可想见也。"① 可见奇台农业发达，一直是新疆的农业大县。

（五）木垒河与木垒绿洲

木垒河是木垒县境内水量最大的一条河流。木垒，有说是"蒲类"转音，古为蒲类后国，唐代为蒲类县属地。②

木垒河发源于博格达山博依勒克达坂，上游支流东支冬公河、中吉塔牙孜苏河、台然河和西支查干布特河汇合后始称木垒河，四条大的支流与木垒河干流构成典型的扇状水系。林则徐记载此地"四十里木垒河，商贾云集，田亩甚多"。③ 木垒以东农耕环境退化，不再适合屯田，方士淦记载："过此以东至巴里坤，计八站，尽戈壁，地无青草，上无飞鸟。"④

图 3-2 木垒县麦田

---

① 杨建新主编《古西行记选注》，第 423 页。
② 〔日〕松田寿男：《古代天山历史地理学研究》，第 360 页。
③ 中山大学历史系，中国近代现代史教研组、研究室编《林则徐集·日记》，第 429 页。
④ 杨建新主编《古西行记选注》，第 423 页。

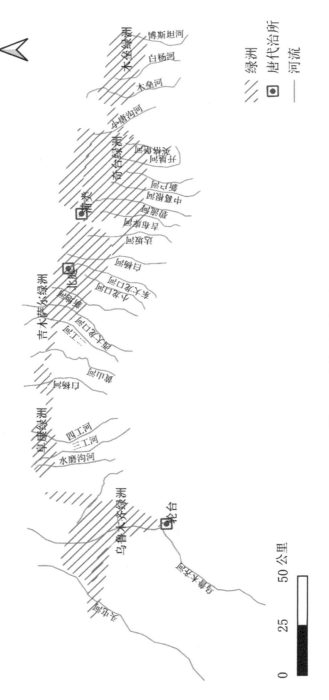

图 3 - 3　庭州绿洲分布示意图

由于天山南北地形、气候迥异，北麓的绿洲沿山前呈带状分布。而河流之间流量的差异，导致绿洲宽度也有所不同，大体形成阜康绿洲带、吉木萨尔绿洲带、奇台绿洲带、木垒绿洲带，其中吉木萨尔绿洲带和奇台绿洲带范围较大。

第二节 庭州的军事遗存与交通路线

唐代在天山北麓设置了以庭州为中心的管理体系，下辖蒲类、轮台、金满三县，后增设西海县。[①] 北庭都护府设置后，管理对象主要是西突厥十姓，范围一度达到包括碎叶在内的西天山地区。从庭州的实际管理区域和历史遗存看，目前主要形成了以庭州为中心的东天山遗存区和以轮台为中心的东、中天山交界处的遗存区，体现了唐朝对东天山、中天山的经营以及西天山廊道的交通情况。

一 以庭州为中心的军事遗存和交通路线

庭州是唐代在东天山北麓设置的重要管理机构，庭州和北庭都护府、北庭节度使的治所都位于今天吉木萨尔县城西北的北庭故城。以庭州为中心的军事设施，主要负责东天山廊道的安全，交通伊州、西州，并联系西部的西突厥势力以及北部的葛逻禄部、黠戛斯部等。

（一） 以庭州为中心的军事遗存

以庭州为中心的军事遗存，体现了唐朝在天山北麓的军防布局和交通情况。这些遗存主要是以北庭故城为中心，以天山北麓的东西交通、南北交通为延伸线，护卫着北庭都护府的安全。这些遗存也体现了唐朝的战略向北防御的态势。

1. 木垒古城

木垒古城位于今天的油库古城遗址，在木垒县照壁山乡照壁山村南 500 米附近。木垒古城平面近椭圆形，整个城墙随地形走势由东南向西北倾斜，

---

① 刘子凡：《北庭西海县新考》，《新疆大学学报》2020 年第 1 期。他认为西海县就是蒲类县，只是在宝应元年前后改名。

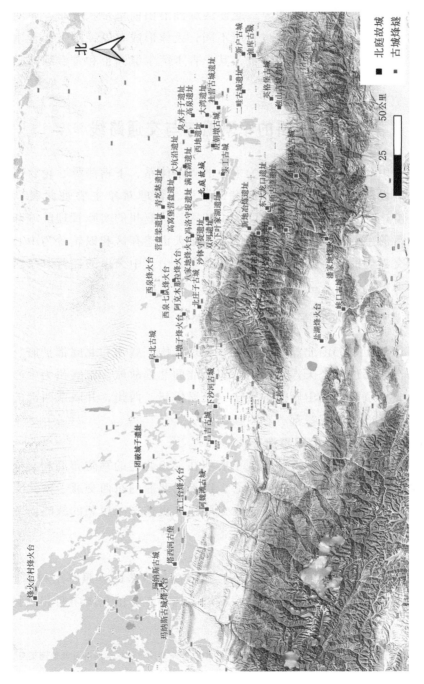

图 3 - 4 北庭境内的主要军事遗存（牛齐培 绘）

南北长 685 米，东西宽 420 米，面积 28770 平方米。城墙为夯土建筑，夯层厚 10 厘米左右。现存墙基均呈土垄状，断续分布，残段长者有 150 米，短者仅有 20 米。墙体基部宽约 8 米，残高 2—4 米，顶部局部有凸起的土棱，东墙、北墙残存较高。

古城内目前看不到任何建筑遗迹，也难以辨识城门、瓮城等遗迹，但之前城内出土过大量陶器、瓦当等，均为典型唐代遗物。

2. 新户古城

新户古城位于木垒县新户镇新户村十队西 500 米处的耕地中。平面近方形，原东西宽 200 米，南北长 296 米，面积为 92798 平方米，城址地表破坏严重，民众将城北、西部辟为耕地，并将城址中灰坑、窖穴填平。现古城已基本不见城墙等遗迹，地面散见灰色陶罐、瓮残片，多大型器皿，是典型唐代遗物。城址中有一处夯筑墙体残迹，可辨析夯层厚 6—8 厘米。

古城内还有一处土坯墙残迹，所使用的土坯宽 20 厘米，厚 11—13 厘米，因整体性不强，所以无法测量长度。但是，古城夯层厚度及大型陶制器皿残片的器形特征、制作工艺、规格与北庭故城、唐朝墩古城相类似，土坯规制也与北庭故城的建筑相似。

3. 英格堡古城遗址

英格堡古城遗址位于木垒县英格堡乡街子村西南部。平面呈梯形，南北纵长。外城墙东墙与西墙均长 330 米，北墙长 280 米，南墙长 120 米，面积为 76917 平方米。城墙为夯筑，夯层厚 5—7 厘米，夯打较为疏松。20 世纪 80 年代，考古队员前往考察时，从当地民众处获得捡自古城的 3 枚察合台汗国银币。

现城墙绝大部分因为开垦耕地而被破坏，城内曾出土大量唐代文物，典型的有灰陶罐、绿釉陶片、铜币、石磨、铁器等。

4. 下二屯遗址

下二屯遗址位于奇台县西地镇下二屯村西偏北约 1.3 公里处。遗址大致呈方形，东西长 120 米，南北宽 60 米，面积约为 7200 平方米，残垣呈土垄状，出土器皿器形有瓮、罐等，为典型唐代遗物。因当地居民长期取土，遗址面为凸凹不平的坑穴地。遗址区已被夷为耕地，外围轮廓完全不存，遗址区内仍可散见大型灰陶器残片，地下文化层未遭较大破坏。该遗址东距北道桥古城 4.7 公里，西距满营湖遗址 15 公里，处于唐代沙漠沿线的交通线路上。

5. 东地唐代遗址

东地唐代遗址位于奇台县西地镇东地村七组居民区内。其结构已毁，现唯残留方台形夯筑体，面积约为 17.5 平方米，东西长 5 米，南北宽 3.5 米，残高 1.4 米，夯层厚 6—10 厘米。

遗址附近地面有粗砂红陶瓮残片、灰陶罐残片，为典型唐代遗物。根据建筑风格、文化特征和地面遗物的文化类型初步推断，该处遗址可能为唐代所设的烽火台遗址。

6. 独山古城遗址

独山古城遗址位于奇台县七户乡七户村。遗址略呈方形，地形东、西两面高，南、北较低，四周临深沟，地势极为险要。遗址面积约为 70000 平方米，南城墙长约 312 米，北城墙长约 332 米，东城墙长约 270 米，西城墙长约 150 米，城墙残高 1—6 米。南城墙中段断开 9.9 米，可能为一城门，紧贴西城墙北段内侧有一排房屋，轮廓隐约可见。

城内无建筑迹象，散布大量夹砂红陶片，另有大型缸、瓮、罐等，为典型唐代遗物。该古城应为唐代的军事防御类古城。

7. 满营湖遗址

满营湖遗址位于奇台县西北湾镇满营湖村西北侧。遗址略呈长方形，中部略高，东西长 28 米，南北宽 20 米，面积约为 560 平方米。

遗址四周有残留墙基，为土垄状，墙基残宽 5 米，残高 0.3 米，从地表迹象看应为夯筑，因未向下发掘，所以夯层厚度不详。遗址南、西、北三面墙基外有明显壕沟，沟口宽 4 米、深 0.5 米。遗址内及附近地面有粗砂红陶残片、灰陶残片，陶片胎质厚 0.8 厘米，为典型唐代遗物。

8. 臭水井子遗址

臭水井子遗址位于奇台县西地镇桥子村十四队北约 10 公里处。遗址长 160 米，宽 140 米，面积约为 20734 平方米。遗址范围内分布大量陶片，以泥质灰、红陶为主，器形规整，由于火候较高，所以陶质较硬。

出土的器物有大型缸、瓮、罐、盆等，具有典型的唐代风格。遗址内原有泉水，现已干涸，泉眼几乎与地面相平，布满龟裂纹。

9. 北道桥古城遗址

北道桥古城遗址位于奇台县西地镇桥子村四队东侧。遗址呈长方形，面积约 2 万平方米，分内、外城。外城南北长 190 米，东西宽 165 米。内城在外城内东北侧，与外城共用北、东墙，南北长 140 米，东西宽 105 米。内城内有隔墙，将城南北分为二，这种建筑方式与唐轮台的乌拉泊古城相似。城墙主体夯筑，夯层厚 8—10 厘米。外城墙基宽 6 米，残高 1.2—2.2 米；内城墙宽 2.8—4 米，残高 0.8—1.4 米。

遗址的外墙北、东、西各开一门，门道宽 6 米。外城南墙外侧中部有一半圆形似瓮城墙体结构，西南方似为门道。内城墙体保存较差，无法辨认城门。城内为空地，无人工设施遗存，地面散见大型灰陶瓮、罐残片、红陶瓮、大扳耳罐残片，红方砖残块。曾经出土一方印，现藏奇台县博物馆。

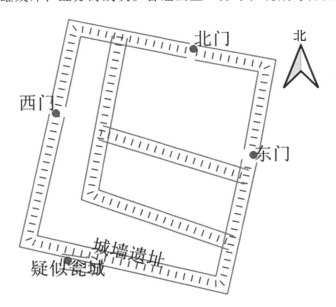

图 3 - 5　北道桥古城遗址示意图（牛齐培　绘）

10. 西地遗址

西地遗址位于奇台县西地镇西地村五村东南部。现存部分南北长 163 米，东西宽 57 米，面积约为 9200 平方米。遗址区内东南部河岸台地上有一稍高出地面的小平台，其顶部有一圆形凹坑，直径 5 米，深约 0.2 米，性质不明。遗址区内散布大量夹砂、泥质灰陶片，均较厚，轮制，坚硬规整，器形有较大的罐、瓮、缸、盆等，为典型的唐代风格。

11. 唐朝墩古城遗址

唐朝墩古城遗址位于奇台县奇台镇，奇台县城东北角，为庭州治下的蒲类县城。遗址略呈方形，南北长约 490 米，东西宽约 310 米，面积约为 15 万平方米。城墙主体夯筑，残高 2—5 米，宽 5—10 米，夯层厚 7—12 厘米。北墙保存较好，东、西墙北段残存局部墙体，南墙西段残存三处墙体。现存 1 座城门，位于西墙北段靠近西北角处，门道北侧墙体较厚且向外凸出，厚约 15 米，南侧墙体已不存。西墙北段残余部分被奇台县清代新满城所叠压，残高 1.5 米。北墙中部有一处长约 35 米、宽约 17 米、高约 7.5 米的凸出部分，俗称"唐朝墩"，可能为壁楼、敌台之类的建筑遗迹。西北、东北角墙体较厚，可能原有角楼一类的建筑。东墙因临水磨河，随河道曲折变化而显得不甚规整。因河水冲刷，其下形成断崖。南墙现存三段，分别位于两户居民及一条小巷内，破坏严重。

城址中部发现有一高出地面 2 米的夯土基址，经发掘确认为回鹘时期的佛寺遗址。佛寺坐西朝东，回廊式建筑，发现有地砖和柱础，墙壁上尚存彩绘壁画痕迹。城址内散布夹砂粗灰陶、泥质灰陶、夹砂红陶残片，器形有罐、壶、缸、瓮等大型器，以前出土过红陶盆、灰陶瓮、"开元通宝"等物。遗址使用时间较长，高昌回鹘时期的城墙有修筑痕迹，元代归别失八里管辖，是其五城之一，明代永乐年间，蒙古迁徙伊犁，就此废弃。清代乾隆年间，清军西进时曾以此城作为军事要地，后修奇台县城时，遗址的西南部分遭到部分毁坏；光绪时，东北部的城郭尚保存完好。

12. 半个泉古城遗址

半个泉古城遗址位于奇台县五马场乡阿尕什呼拉克村西侧耕地中。面积约为 16193 平方米，近方形，南北长 152 米，东西宽 110 米，高出地表 0.5—2 米。

古城遗址四周墙体基本倒塌，呈土垄状，现高 1—2 米，宽 10 余米，城门及其他设施无法辨认。墙体黄土夯筑，夯层厚 8—10 厘米。城址内凹凸不平，西侧中部靠近西墙处，有一圈突起的土垄，围成方形，长 31 米，宽 26.5 米，其内中部有一长 7.3 米、宽 6.3 米、高 0.4 米的覆斗形土台，可能

图 3 - 6　唐朝墩古城遗址航拍图

图 3 - 7　唐朝墩佛寺遗址出土佛像（任冠　图）

为建筑遗迹。城址内散布较厚的泥质灰陶片和少量红陶片，陶质坚硬，器形规整，均为轮制。器形有罐、缸、瓮、盆等，与奇台县城东北的唐朝墩古城出土物极为相似，遗址使用的年代为唐至宋辽金。

13. 吐虎玛克古城

吐虎玛克古城位于奇台县古城乡果园村西侧。古城近似方形，北墙西段全部缺失，其余墙体也有多处人为造成的缺口。东墙长 406 米，南墙长 332

米，西墙长 410 米，北墙长 362 米，面积约为 157625 平方米。

城墙残高 1—3 米，宽 11 米。东、南、西墙中部有缺口，应为城门，西门南侧一段有双层城墙，应是瓮城。每面墙上都有一至二处向外或向内凸出的部分，应是马面或壁楼。西北角、西南角墙体较厚，可能为角楼。出土物器形包括大型缸、瓮、瓶、罐、盆以及小罐、壶等，与奇台县唐朝墩古城唐至辽时期遗物相似，古城使用的年代为唐至宋元。

14. 二畦古城遗址

二畦古城遗址位于奇台县老奇台镇二畦村北侧。遗址近方形，东西宽 56 米，南北长 70 米，高 1.15 米，面积约为 4000 平方米。中部为一土台，其主体为较纯净的黄土，夹杂少量土块及陶片，应系人工堆筑。土台顶部平坦，无古代遗迹。土台东侧局部见较明显的夯土层，夯层厚 8—10 厘米。土台外围四周有一圈略高出地面的土垄，断续分布。土垄土质坚硬，残宽 1—2 米，残高 0.5 米，大略围成方形，类似墙体的残基。

土台四周及土垄附近散布大量泥质夹砂灰陶片和少量红陶片，胎质均较厚，轮制，坚硬规整，器形有大型缸、瓮、罐等，与奇台县唐朝墩古城出土物相似，为唐至宋元时期的遗物。四周土垄可能是城墙残基，土台可能为高台式建筑台基或被整平的烽火台。

15. 高泉遗址

高泉遗址位于奇台县西地镇高泉村一村西北半沙化的戈壁地带。遗址东西长 21 米，南北宽 16 米，面积约为 213 平方米。

遗址内没有明显的文化层堆积，但散布大量泥质细红陶片、青瓷片、青花瓷片、釉陶等。红陶片看不出器形，但均坚硬规整，应为轮制，陶质与唐朝墩古城出土的唐至宋辽时期陶器相似，年代也应相当。从青瓷片、青花瓷片、釉陶等看，该地在明清时期也应有人类活动，遗址年代定为唐至清。

16. 社营古城遗址

社营古城遗址位于奇台县五马场乡社营村东北 2.5 公里处。遗址呈长方形，南北长 248 米，东西宽 139 米，面积约 34472 平方米。四周墙体已成土垄状，残墙基宽 4 米，四角基宽 6—8 米，高不到 1 米，已看不出构筑方式。北墙中段内侧有一座隆起地表的高台，东西长 60 米，南北宽 47 米，高 4—5 米，其东部外侧可见暴露灰层，厚约 1.9 米，内含泥质红陶罐残片、动物骨残段等。

古城内地表散见大量灰陶、红陶残片，器形有瓮、罐、盆等大型器，是典型的唐代器物。另还采集到清晚期黑釉陶盒、罐、瓶、碗残片及青花瓷碗残片。

17. 北庭故城遗址

北庭故城遗址是唐代庭州、北庭都护府、北庭大都护府所在地，为古丝绸之路北道的必经之地，是当时天山以北、巴尔喀什湖以东以南广大地区的最高军政中心，位于今东天山北麓新疆昌吉州吉木萨尔县北约 12 公里处。

清代，西北史地研究蔚然大观，纪昀、徐松均对天山进行过考察，他们的著作《阅微草堂笔记》《西域水道记》中保留了与北庭遗址相关的记载。徐松曾发现一块"金满县残碑"，碑石"裂为二，俱高八寸，广六寸"。其中一块上有"惠敬泰摄金满县令"[1] 字样，可证明此为金满县治所在，亦即北庭府治。此碑嘉庆时尚存，如今已佚。《新疆图志》曾记载："唐北庭都护故城，在城北二十里。城周四十里，以土墼垒城。每墼厚一尺，阔一尺五六寸，居民呼唐王城，亦呼破城子。"[2]

图 3-8　金满县残碑拓片

---

① 《西域水道记（外二种）》卷三，第 173 页。
② 《新疆图志》卷八七，第 1629 页。

北庭故城遗址与其他西域荒漠中大多数遗存由外国探险者发现不同，其是清代中国学者就已命名的庭州和北庭都护府遗址。此后的西方探险者，最大的贡献是留下了当时的照片。20 世纪初，日本橘瑞超、英国斯坦因等来此进行过探险考察。1979 年，中国社会科学院考古研究所新疆考古队开始对北庭故城进行发掘，并写成《新疆吉木萨尔北庭古城调查》。①

图 3 - 9　1908 年的北庭故城照片

故城平面呈不规则的长方形，南北长约 1666 米，东西宽约 959 米，面积约 130 万平方米，有内外两重城垣。外城周长约 4937 米，现存角楼 2 个、敌台 2 个、马面 32 个、城门 1 座（北门）。北墙中部北门侧又有一近似方形的瓮城，瓮城外侧又有一近似长方形的小城，应为军事防御设施，俗称"羊马城"。外城城墙均系夯土版筑而成，夯层直接建于原生土上。夯层平整、坚硬结实，厚 5—7 厘米，局部厚达 10 厘米以上。内城位于外城中部略偏东北，周长约 3000 米，现存角楼 2 个、敌台 1 个、马面 11 个、城门 2 座。在内城南、西、北外侧环绕有凹槽，为护城壕。内城城墙均系夯筑，夯层建于原生土上，平夯，无夯窝，厚 10—15 厘米，个别厚达 20 厘米左右。城内外可辨识建筑遗迹有 13 处，其中城外东侧 1 处、外城 7 处、内城 5 处。大多为土坯砌筑，个别为夯筑。其中 4 处曾出土佛教造像等遗物，可能为佛教

---

① 　孙秉根、陈戈、冯承泽：《新疆吉木萨尔北庭古城调查》，《考古》1982 年第 2 期。

建筑。①

北庭故城遗址最终呈现的格局是"两套四重八块"。北庭故城格局中的"两套"指内外两套城墙。"四重"分别是核心的子城、内城内部包裹子城的一圈方形墙垣、内城和外城。"八块"指北庭故城里一些相对独立的分区，有的是用凹沟分割的地块，比如内城北门外的长方形地块；有的是后来用城垣围出的区域，比如羊马城。2018 年对内城城门及城墙的发掘显示，内城城墙主体可能是唐代所建。内城城墙夯土土质纯正，基本是荒地筑城，经推断可能是唐太宗时期的庭州城或扩建之前的北庭都护府。外城墙部分夯土层中有陶片、木炭、钱币等人类活动痕迹的体现，由此看来扩建外城时，原来城外已有人居住。外城是武则天时期为了适应北庭级别提升、驻军扩军需求而扩建的，表明古代中央政权对西域的管辖在根据形势变化不断调整，日渐完善。②

图 3-10　北庭故城航拍图

考古人员对在北庭故城西 700 米左右、当地民众称为"点将台"的大土堆进行试探性发掘。经过 1979 年和 1980 年的两次大规模考古发掘，基本

①　新疆维吾尔自治区文物局编《新疆维吾尔自治区第三次全国文物普查成果集成·昌吉回族自治州卷》，科学出版社 2011 年版，第 50 页。

②　《探秘新疆北庭故城格局——专家判断其为唐代统治西域时期建设完成》，《光明日报》2020 年12 月 9 日。

弄清楚了其形制、结构和年代。目前主要发掘有北部东面的两层洞龛和南部的配殿、僧房、庭院等建筑，面积达到 3000 余平方米，还发现有 1000 多平方米的精美壁画以及数十尊塑像、陶器、铁器、钱币等文物。这些丰富的实物资料为研究北庭遗址在丝绸之路上的重要地位提供了新的证据。

2016 年、2018—2020 年中国社会科学院考古研究所先后两次进行考古发掘，成果如下。

第一，通过对内城西门、内城北门、外城北门、外城南门四座城门的发掘，各座城门的形制布局和建设、使用情况渐渐清晰。门洞位置发现有排叉柱及柱础，出土"开元通宝"、连珠莲瓣纹残瓦当、铁铠甲残片等。通过对门址附近的解剖沟进行发掘，基本可以确定护城河的位置、宽度和深度。内城西门门洞附近的护城河距城墙约 20 米，上口宽 9—10 米，深 2.9 米。城门以外的城壕上口宽度则为 20—30 米。

第二，对古城内部的道路、水系进行了初步勘探。大体可知除了护城壕，城中凹陷的沟壑均是道路，有的沟壑部分在后世曾被挖开，作为垃圾坑使用。此外，还发现有引水渠道和水井。

第三，对外城南门内侧的 6 号佛殿遗址进行考古发掘和勘探，基本揭示了佛殿的形制布局、建造使用的技术和过程、周围存在的遗迹等情况。6 号建筑基址与之前发掘的 5 号佛塔遗址，共同构成了北庭故城外城南门内一个规模较大的高昌回鹘时期的重要佛寺遗址。在距其西侧 100 多米的探沟中，发现了景教的铜十字架，十字架两面刻有精细的人物图案等，说明历史上景教因素在北庭故城的存在。

第四，对城内重点建筑遗址进行发掘。通过对 8 号大型建筑居址的清理，知其历唐、宋（包括辽和西辽）、元各代，可见北庭故城长期使用不废。[①]

18. 车师古道

车师古道位于吉木萨尔县泉子街镇与大有乡分界处、天山山区大龙沟内。古道最早使用年代为汉代，称"他地道"；唐宋时称"金岭道"，"车师古道"为当地的惯称。北宋王延德出使高昌回鹘时，由于高昌王正避暑于

---

① 《北庭故城遗址考古新进展》，《中国社会科学报》2020 年 11 月 27 日。

图 3 - 11　北庭故城出土柱础（郭物　图）

图 3 - 12　北庭故城北城门

北庭，王延德翻越大山时所行道路，即为"车师古道"。

古道自北向南沿大龙沟水域蜿蜒南进，至天山山脉达坂分水岭，越岭南下，即进入乌鲁木齐、吐鲁番地域。古道现在仍在沿用，由于多年的山洪冲刷、道路拓宽、桥梁移位，原始道路痕迹已难以观察，汉代遗迹现已不存，沿途仅存唐代的达坂遗址和近代的车师古道下店遗址。

现存古道在吉木萨尔县境内，全长约 16 公里，随山谷走势有 7 处较大的拐弯。沿途通行交错、跨越大龙沟河道的桥梁有 6 座，当地惯称头道桥、二道桥、三道桥、四道桥、五道桥、六道桥，现头道桥已经改为钢架木板结构，其他仍为木构桥，六道桥架桥处为古今沿用地。

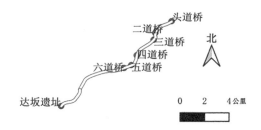

图 3 - 13　车师古道示意图（牛齐培　绘）

图 3 - 14　车师古道头道桥（李肖　图）

19. 沙钵守捉遗址

沙钵守捉遗址位于吉木萨尔县庆阳湖乡双河村村委会东北约 2.5 公里处。该遗址为一座主要用于军事用途的古城址，平面呈长方形，南北长 122.5 米，东西宽 83 米，面积约 9785 平方米。四周残墙已成土垄状，墙基宽 3 米，残高 0.6—1.2 米，1988 年第二次全国文物普查时自断面处可见夯筑结构，夯层厚 5—6 厘米。东、西、南墙中部可辨门道痕迹，东墙门道宽约 5.5 米，南、西墙门道宽约 3 米。

遗址内无任何建筑设施遗存，地面遗物主要为灰、红夹砂陶器残片，器形主要为罐、瓮等大型器，其所代表的文化类型与北庭故城相同。《新唐书·地理志》载："自庭州西延城西六十里有沙钵城守捉……"[1] 该遗址方位、里程与文化类型均可与此记载对应，故认定其为沙钵守捉遗址。《资治通鉴》载："（贞观二十二年）贺鲁帅其余众数千帐内属，诏处之于庭州莫贺城。……沙钵城守捉，盖即莫贺城也；以贺鲁后立为沙钵罗叶护可汗，故改城名也。"[2]

20. 冯洛守捉遗址

冯洛守捉遗址位于吉木萨尔县三台镇冯洛村北 80 米处，为一座主要用于军事用途的守捉类城址。遗址近长方形，南北长约 270 米，东西宽约 140 米，面积约 37800 平方米。北、东、西墙体较直，南墙呈弧形。墙体夯筑，夯层厚 6—10 厘米，墙基宽 6 米，残高 0.8—2.6 米，西北、东北角残留角墩痕迹，其余二角破坏严重已难以辨识。东墙与西墙各分布有 3 个马面，其中西墙中部马面明显大于其他，马面现在仅略凸出于墙体，原形状已不明。南、北墙未见马面痕迹。

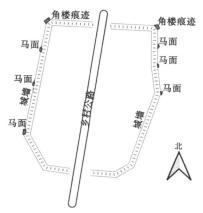

图 3-15　冯洛守捉遗址平面示意图（牛齐培　绘）

① 《新唐书》卷四〇《地理四》，第 1047 页。
② 《资治通鉴》卷一九九，太宗贞观二十二年，第 6370 页。

遗址内无任何建筑迹象，地面散布夹细砂灰、红陶片，多为瓮、罐残片，多见大型器皿及大鋬耳残块，器形与北庭故城遗址出土物相似，为唐至元时期器物。据《新唐书·地理志》："自庭州西延城西六十里有沙钵城守捉，又有冯洛守捉。"[1]

21. 头工古城

头工古城，又称"大泉古城遗址"，位于吉木萨尔县二工乡下泉湖村东南约 250 米耕地中，面积约 5.5 万平方米。古城北、东、南三面城墙已被当地村民于 1959 年夷为耕地，现仅残存西墙北段近西北角处的一段，东西长 9 米，残高 3.4 米。夯层厚 12—17 厘米，有土坯修筑痕迹。城址内地面遗物多为大型灰、红陶瓮罐类残片。古城内的采集标本器质文化类型与吉木萨尔北庭故城、奇台吐虎玛克古城内所见文物相同，由此判断该遗址为唐至元时期使用的古城址。

22. 八家地烽火台

八家地烽火台位于吉木萨尔县三台镇八家地村八家地水库西北 250 米处。遗址呈方形丘状，为土筑，边长 4 米，残高 0.3 米，面积约 12 平方米。已看不出构筑方式。遗址表面无任何遗迹迹象，周围地表分布有夹细砂、泥质红陶片。遗址现存的结构形状与烽火台较为接近，其位置也正处于唐代东天山北麓廊道、烽火台及其他设施分布线上。该处遗址可能为唐代所设烽火台遗址。

23. 东大龙口遗址

东大龙口遗址位于吉木萨尔县泉子街镇牛圈子沟村，镇政府西南 7.5 公里处。遗址略呈长方形，东西长 77 米，南北宽 54 米，面积约 4200 平方米。遗址周边有夯筑墙体，残宽 3 米，残高 1—2 米，夯层厚 5—11 厘米。遗址内为空地，不见建筑遗迹，地表散见夹粗、细砂红陶及灰陶残片和红方砖残块，陶器多大型器皿，如缸、瓮、罐等。这些遗物与吉木萨尔县北庭故城、头工古城内出土物器质类型、风格相同。该遗址为唐时扼守"他地道"（车师古道、金岭道）的军事设施遗址。

---

[1] 《新唐书》卷四〇《地理四》，第 1047 页。

24. 下叶家湖遗址

下叶家湖遗址位于吉木萨尔县二工乡下叶家湖村西 1.5 公里处。遗址平面呈长方形，东西宽 40 米，南北长 70 米，高出自然地面 1.2—3 米，立面为土丘形。地表现无任何建筑遗迹可辨，仅采集到夹砂红陶片、灰陶片等，器形多为瓮、罐等大型器，具有典型唐代风格。综上，并依据东、西沙漠沿线分布唐代遗址文化类型风格相比定，该处遗址可能为唐代所设驿站。

25. 大坑沿遗址

大坑沿遗址位于新疆生产建设兵团第六师红旗农场三分场耕地中。遗址呈方形，东西宽 60 米，南北长 74 米，面积约 4400 平方米。外围现残留墙基，残宽 17 米，残高 4 米，高出遗址内地表 0.6—1 米。遗址内为空地，保存完整。现遗址内外地表未采集到标本，但县文物工作者曾在 20 世纪 80 年代做调查时在遗址内采集到夹砂红陶、灰陶器皿残片，为唐代遗物。

依该遗址建筑风格、文化特征，又据地面遗物文化类型，参照其东来西往沿途唐代城池、守捉、驿站设置里程诸因素比定，该处遗址应为唐代所设驿站。

26. 叶家湖青圪垯遗址

叶家湖青圪垯遗址位于吉木萨尔县二工乡下叶家湖村东 3 公里处。该遗址平面呈椭圆形，立面圆丘形，最大径宽 58 米，高出自然地面 2.5—5.6 米，面积约 2800 平方米。地表保存基本完整，看不到任何建筑迹象，采集到夹砂红陶片、灰陶片等，在此之前当地文物部门曾采集到红、灰陶大型器皿残片，器形有瓮、罐等，为典型唐代器物。综上，并依据东、西沙漠沿线分布唐代遗址文化类型风格相比定，该处遗址可能为唐代所设驿站。

27. 青圪垯遗址

青圪垯遗址位于新疆生产建设兵团第六师红旗农场一分场北端民宅西北 250 米处。平面呈正方形，边长 48 米，呈西南—东北向，面积约 1700 平方米。外围残留墙基，为土垄状，残宽 8 米，高出自然地面 1.6—5.5 米，北、西、东三面墙基可见，南墙已被现代公路所打断。暴露文化层厚 0.2—0.6 米，包含物以牛骨为多，羊骨次之，杂有夹细砂、粗砂红陶罐瓮残片以及鋬耳红陶罐残片、篦线纹红陶片。遗址东北角为一高土墩，顶部边长 12 米，残高 5.5 米，夯层厚 6—8 厘米，可能为唐代烽火台。

28. 营盘梁遗址

营盘梁遗址位于新疆生产建设兵团第六师红旗农场一分场十六队居民点西南 300 米处。该遗址平面呈长方形，东西宽 118 米，南北长 128 米，面积约 15500 平方米。四周残垣为高土垄状，墙基残宽 8 米，残高 2—2.5 米，顶宽 2 米。东北角墙体为一高土墩，顶面边长约为 5 米，残高 4.5 米。四面墙体外侧为宽大壕沟，应是挖土筑墙所致。东墙北段、西墙中段各有一门道痕迹，东门道宽 5 米，西门道宽 6 米。

遗址内无建筑痕迹，内外地面散见少量泥质灰陶、夹细砂红陶残片，器形有罐、瓮等，为典型唐代遗物。

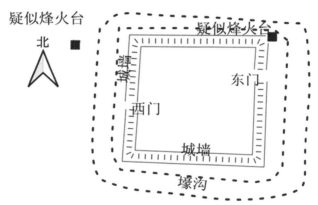

图 3-16　营盘梁遗址平面示意图（牛齐培　绘）

29. 高窝堡营盘遗址

高窝堡营盘遗址位于吉木萨尔县东北约 29 公里处的新疆生产建设兵团第六师红旗农场三分场三队耕地中。遗址呈圆角方形，东西宽 48 米，南北长 54.5 米。面积约 2400 平方米。遗址周边现残留墙基宽 8 米，高 1.4—3.5 米。遗址西南角比其他墙体明显高出，高约 3.7 米，顶面边长 6 米，似为烽火台遗迹。墙体应为夯筑。遗址保存完整，无建筑迹象。县文物工作者 20 世纪 80 年代做调查时曾采集到夹砂红陶、灰陶器皿残片，应为唐代遗物。

30. 下叶家湖古道遗址

下叶家湖古道遗址位于吉木萨尔县城东北 22 公里，二工乡下叶家湖村西 1.5 公里处。现存道路遗迹自西北向东南延伸，残长 260 米，宽 2.5

米，面积约900平方米。路面较为平坦坚实，中间呈凸起状，两侧有槽状车辙印。车辙宽约0.4米，低于地面0.1—0.2米，车辙印间距1.3米。古道西距吉木萨尔县北庭故城遗址约15公里，东距奇台县唐朝墩古城约16公里，西南距叶家湖青圪垯遗址约60米，为古丝绸之路北道上的必经之地。

由于上述古城址年代为唐至元时期，故古道年代也应与之相当。

31. 达坂遗址

达坂遗址位于吉木萨尔县泉子街镇与大有乡分界处，天山山区大龙沟南端分水岭达坂口西侧山岭上，是“车师古道”在吉木萨尔境内的尽头。现存一大石堆，南北长15米，东西宽11米，残高1.2—3米，顶部有凹坑。面积约160平方米，建筑为石垒框木墙体结构，原建筑应坐西向东，面阔两间。南、西、北三面墙体内侧暴露平行排列的腐朽框木，框木直径0.15—0.18米，间距0.2—0.3米，框木上下层间隔0.5米。建筑内平面布局4根竖柱，柱上端为榫头，高0.25米，榫头直径0.9米，现有3层暴露在外，木框圆木柱直径0.1米。遗址附近地面可见大型灰陶罐残片，为唐代风格遗物。

北宋使臣王延德《西州使程记》载：“上金岭，过岭即多雨雪，岭上有龙堂，刻石记云：‘小雪山也’。”① 故由此推断，此遗址可能为“龙堂寺”遗址。

32. 新地冶炼遗址

新地冶炼遗址位于吉木萨尔县新地乡政府南约2.5公里处的卵石干渠西侧，大致呈方形，东西宽70米，南北长88米，面积约6200平方米。四周为土垄廓痕迹，可能为坍塌残墙。遗址内西北部发现冶炼硫釉渣堆3座，最大一座长12米，宽10米，堆高0.4—0.8米，另两堆炼渣分布于大堆东侧3米处，南北向排列，宽4米，高0.6米。渣堆表面渣块外凸，间有黑色粉灰显露，炼渣中夹有未燃尽的木炭屑，木质为松木。在遗址区内采集到夹粗、细砂红陶及灰陶瓮罐类器皿残片，为唐代遗物，故该冶炼遗址使用时代为唐代。

---

① 杨建新主编《古西行记选注》，第160页。

33. 双河遗址

双河遗址位于吉木萨尔县庆阳湖乡双河村东北约 3 公里处，南距沙钵守捉遗址 150 米。该遗址地表基本已被现代耕地占据。分布范围不明，面积约 600 平方米。只在河沟北岸断面上可观察到文化层，厚 0.2—1.4 米。

遗址内地表多见夹细砂红、灰陶片，遗址中部被推土机推出一道东北—西南向深沟，堆积土中也富含陶片，主要有灰陶瓮、红陶瓮、罐等较大型器皿残片，属于典型唐代器质类型，故该遗址使用时代为唐代，唐后即遭废弃。

34. 渭户火烧沟冶炼遗址

渭户火烧沟冶炼遗址位于吉木萨尔县大有乡渭户村南渭户沟东岸一级台地上。该遗址地面暴露迹象为炼渣堆积，暴露断面向西，炼渣断面厚 0.4—0.6 米，断面南北长 4.5 米，渣顶面覆厚 0.15 米。依其炼渣析出铁锈红土，确定为一处冶炼遗址。

35. 马营沟冶炼遗址

马营沟冶炼遗址位于吉木萨尔县新地乡新地村新地沟南 1.2 公里处沟谷河道东岸。1981 年 9 月原县文管所（现文物局）李功仁、王秉诚做文物调查时，发现了该遗迹。炼渣堆积厚 0.7—0.8 米，断面长 11 米，渣表层露土厚 0.15 米。

1988 年 9 月文物普查时已被山洪冲毁。2009 年文物普查时，只在被冲毁原炼渣堆坐落地大体位置顺河下游约 20 米处河道边缘浅水区采集到一块较大炼渣块。另，新地沟出山口向北约 800 米处沟东岸台地为"新地冶炼遗址"。根据遗迹分布现状，新地冶炼遗址很可能是马营沟冶炼遗址的同时代迁址，马营沟冶炼遗址受山洪威胁而迁出至山口外的安全地带。

（二）以庭州为中心的交通路线

庭州作为天山北部的交通枢纽，向东可通伊州，东北通回鹘牙帐，西北可至金山、曳咥河地区，向西可至轮台、碎叶，西南经轮台可达焉耆、龟兹、伊犁，向南可至西州。《元和郡县图志》记载："东南至伊州九百七十里。东至西州五百里。西南至焉耆镇一千一百里。西至碎叶二千二百二十里。北至坚昆衙帐约四千里。东北至回鹘衙帐三千里。"① 庭州至伊州与西州的道路前

---

① 《元和郡县图志》卷四〇《陇右道下》，第 1033 页。

文已述，此处仅论证"碎叶道"与"回鹘道"以及"天山内部廊道"。

1. "碎叶道"

庭州向西至碎叶的道路被称为"碎叶道"。《新唐书·地理志》的记载较为详细："自庭州西延城西六十里有沙钵城守捉，又有冯洛守捉，又八十里有耶勒城守捉，又八十里有俱六城守捉，又百里至轮台县，又百五十里有张堡城守捉，又渡里移得建河，七十里有乌宰守捉，又渡白杨河，七十里有清镇军城，又渡叶叶河，七十里有叶河守捉，又渡黑水，七十里有黑水守捉，又七十里有东林守捉，又七十里有西林守捉。又经黄草泊、大漠、小碛，渡石漆河，逾车岭，至弓月城。过思浑川、蛰失蜜城，渡伊丽河，一名帝帝河，至碎叶界。又西行千里至碎叶城，水皆北流入碛及入夷播海。"① 这条道路大体是沿着天山北麓的外部廊道行进。

"碎叶道"可分为三段，庭州至轮台为东段，轮台至弓月为中段，弓月至碎叶为西段。东段以庭州为起点，可至沙钵城守捉，从目前的考古发现来看，北庭故城以西六十里为沙钵城守捉，其遗址位于庆阳湖乡双河村；冯洛守捉遗址位于三台镇冯洛村。沙钵城守捉与冯洛守捉为庭州门户，承担庭州附近防务，是其左翼坚实的防线。至冯洛守捉后，经耶勒城守捉、俱六城守捉，便到达轮台。

轮台向西北行，经张堡城守捉（昌吉古城），渡里移得建河（呼图壁河）有乌宰守捉（玛纳斯古城），再渡白杨河（玛纳斯河），经清镇军城（安集海一带）、叶叶河（奎屯河）、叶河守捉（乌苏东），再经黑水（古尔图河）、黑水守捉（乌苏西）、东林守捉（乌苏古尔图镇）、西林守捉（精河西）可至弓月城（伊宁吐鲁番于孜古城），渡伊犁河，再向西可抵达碎叶（托克玛克镇西南阿克－贝希姆遗址）。

唐代多次军事作战经由此道，此道地势平坦，沿途无山脉阻隔，可谓行军坦途。阿史那弥射等人即是沿碎叶道向西，一路招降突厥部众，削弱阿史那贺鲁的实力。因碎叶道距离短，可迅速行军，苏定方与阿史那贺鲁曳咥河战斗后，才能够在双河地区以逸待劳，阿史那贺鲁仓促间无力进行有效的防御，这才奠定了平定叛乱的基础。调露元年，裴行俭率"波斯军"护送波

---

① 《新唐书》卷四〇《地理四》，第1047页。

斯王返回时，至西州以田猎为名，趁机训练兵马上万人，借机经白水涧道、碎叶道出军，直达阿史那都支牙帐附近。阿史那都支毫无防备，只得投降，李遮匐后亦投降唐朝。

此外，"碎叶道"是商队使用的贸易要道，弓月城为丝绸之路上重要的贸易集散地，粟特商人携带大量货物经弓月翻车岭或直接北上至游牧势力腹地，与葛逻禄、黠戛斯等贸易；或继续东行至东天山以及唐廷内地进行贸易。

2. "回鹘道"

回鹘牙帐位于嗢昆河（鄂尔浑河）附近，远在北庭三千里外。《元和郡县图志》载："北至坚昆衙帐约四千里。东北至回鹘衙帐三千里……蒲类镇，在蒲类县西。郝遮镇，在蒲类东北四十里，当回鹘路。盐泉镇，在蒲类县东北二百里，当回鹘路。特罗堡子，在蒲类县东北二百余里。四面有碛，置堡子处周回约二十里，有好水草，即往回鹘之东路。"① 《新唐书》亦记载："后庭……有蒲类、郝遮、盐泉三镇，特罗堡。"② 则北庭东行，经蒲类镇，至蒲类县，折向东北，经郝遮镇、盐泉镇，至阿尔泰山东南，经于都斤山（今杭爱山），北上抵达回鹘牙帐。

开元年间，后突厥默啜与北庭发生多次战争，双方皆走"回鹘道"。③安史乱后，由于河西已被吐蕃占据，悟空至庭州时，只得向东北经由回鹘道至长安。《悟空入竺记》记载："贞元五年己巳之岁九月十三日，与本道奏事官、节度押衙牛昕，安西道奏事官程锷等，随使入朝。当为沙河不通，取回鹘路。又为单于不信佛法，所赍梵夹，不敢持来，留在北庭龙兴寺，藏所译汉本，随使入都。六年二月来到上京。"④ 另有一道为由庭州先经伊吾军道，抵达伊吾，再由伊吾向东北至回鹘。

此外，北庭与阿尔泰山的道路亦为唐军广泛使用。北庭北部为古尔班通古特沙漠阻绝，故而北庭前往金山应与回鹘道西段重合，至阿尔泰山南麓后，沿山麓西行，经葛逻禄左厢（今蒙古国科布多省）以及葛逻禄右厢（今蒙古国巴彦乌列盖省）等地，顺额尔齐斯河，即可到西域西部地区。

---

① 《元和郡县图志》卷四〇《陇右道下》，第1033—1034页。
② 《新唐书》卷四〇《地理四》，第1047页。
③ 董学浩：《从唐与突厥的几场战事探索漠北通往西域的交通路线》，《西夏研究》2019年第4期。
④ 杨建新主编《古西行记选注》，第126页。

3. "天山内部廊道"

从庭州至轮台后，继续向南，可进入天山峡谷之中，可称之为"天山内部廊道"，廊道可通焉耆、龟兹以及弓月城。轮台向南经永丰乡烽火台，再溯乌鲁木齐河谷而上，经今胜利达坂，到达巴仑台，沿此继续南下，出山谷可至焉耆北部，即今和静县和静镇，东南可达焉耆。由巴仑台向西穿行小、大尤尔都斯草原，再向南沿库车河南下，经龟兹西部雀离关，可至安西都护府。此路最早应为游牧族群所开发，且并不为汉族政权所知，该道路沿途水草丰茂，地势平坦。后来随着西域部落的逐渐归附，天山内部廊道的交通为唐朝所掌控。

贞观十二年，焉耆请求唐朝重开大碛路时，高昌便联合西突厥处月、处密部落进攻焉耆。处月、处密部的行军路线很有可能就是翻越天格尔山，经巴仑台至焉耆北部。贞观二十年，阿史那社尔进攻龟兹时，首先是在天山北麓与西突厥处月、处密部决战，解决了后顾之忧后，向南直接穿越天山北支依连哈比尔尕山，经胜利达坂、巴仑台，在巴仑台向西进入尤尔都斯草原，再沿库车河谷南下直扑龟兹，打得龟兹措手不及。

《唐景龙三年（公元七〇九年）张君义文书残卷》记载了中宗年间攻打突骑施之事，其中由检校副使薛思楚率领的一支军队，便是由西州或是北庭出发，经天山内部廊道，直达龟兹。① 《悟空入竺记》有相应记载："次至乌耆国，王龙如林，镇守使杨日祐，延留三月。从此又发至北庭州……"② 悟空对沿途所至，皆有记载，而至焉耆之后便到达北庭，中间未有记录西州、天山县之事，可见其并未经"银山道"至西州和北庭，而是直接翻越中天山，沿乌鲁木齐河谷至轮台，再到达庭州。由上可见，庭焉道作为天山内部廊道的北向通道，唐朝掌控后，成为勾连中天山与东天山的要道，使用十分频繁。

二　以轮台为中心的军事遗存和交通路线

唐代轮台位于今天乌鲁木齐南部的乌拉泊古城，此处为"白水涧道""碎

---

① 唐耕耦、陆宏基编《敦煌社会经济文献真迹释录》第 4 辑，全国图书馆文献缩微复制中心 1990 年版，第 273—277 页。刘安志：《敦煌所出张君义文书与唐中宗景龙年间西域政局之变化》，《魏晋南北朝隋唐史资料》第 21 辑，武汉大学文科学报编辑部 2004 年版，第 269—295 页。

② 杨建新主编《古西行记选注》，第 126 页。

叶道""天山内部廊道"的交点，地理位置十分重要。轮台周边遗存沿道路分布，多集中在轮台西北和东北方向，南部较少。遗存的分布情况表明轮台的军防是以扼制北方势力为主，同时漫长的烽燧线与守捉既能够加强对沿途商人的控制，又可以有效地传递军事情报，起到护卫庭州的作用。下文按照方位论述轮台周边的遗存，白水涧道的遗存已经在西州部分论及，此处不赘。

（一）轮台东北部的军事遗存

1. 北庄子古城

北庄子古城，即耶勒城守捉，[①] 位于阜康市滋泥泉子镇北庄子村村民委员会西 300 米处。古城呈方形，南北长 223 米，东西宽 190 米，北、西、南墙基本完整，东墙残缺较严重。城垣均已倒塌呈土垄状，残高 3—5 米，基宽 10—15 米，夯层已不清楚。据记载，古城开东门，城垣外筑马面，现在均破坏严重，无明显遗存。城四隅有高大土墩，似为角楼遗迹。城外南、西、北三面护城河尚可辨析，河宽 40 米。现城内地面无任何遗迹痕迹，分布有夹粗砂红、灰陶残片，可辨器形为罐类。

附近农民在修筑河塘时曾在该古城挖出战刀、铁火盆、西辽铜镜、夹砂红陶罐、马鞍形石磨盘、石磨、"开元通宝"等，均为唐至元时期器物，可见古城使用时间较长。在古城灰坑内还曾采集到烧焦的麦粒、兽骨、生活器皿、炭灰等。城东部、南部已被水库包围，东城墙、城门被破坏殆尽。城内早年曾为耕地，古城因挖土施肥而被严重破坏，但古城其余城墙保存完整，结构基本清楚。

2. 阜北古城

阜北古城位于阜康市境内新疆生产建设兵团第六师二二二团阜北农场基建队东侧。城址平面呈长方形，东西长 108 米，南北宽 80 米。城墙为夯筑，现呈土垄状，墙基宽 4—6 米，残高 2 米，夯层厚 7—9 厘米。墙四角呈土墩状，可能原有角楼。城墙残缺不全，城门等设施难辨。城内地面高于周围地表，凹凸不平。为唐代天山北麓丝绸之路沿线古城。[②]

---

① 戴良佐：《唐代庭州守捉城略考》，《新疆文物》1989 年第 1 期。

② 孟凡人认为此为俱六城守捉，见孟凡人《北庭和高昌研究》，商务印书馆 2020 年版，第 634 页；李树辉认为是轮台，见李树辉《丝绸之路"新北道"中段路线及唐轮台城考论》，《中国边疆史地研究》2019 年第 3 期。

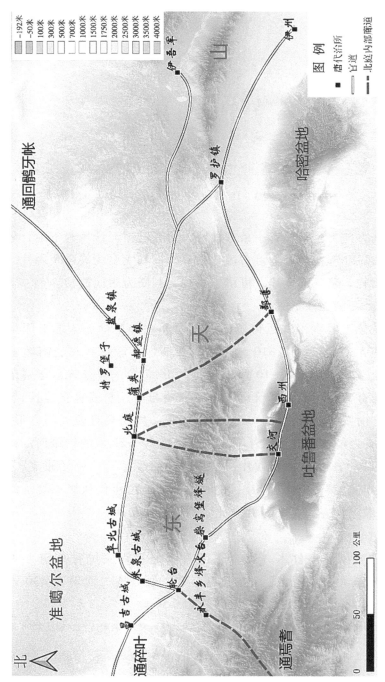

图 3 – 17　庭州交通示意图

图 3 – 18 北庄子古城

古城西南方向 1 公里处有一条古沙河，河床已被泥沙填为平地，丝绸之路新北道从古城北部向西延伸。古城地表分布遗物主要为夹砂灰陶片、夹砂红陶片、灰陶瓮、罐颈部残片，可辨施弦纹，判断为唐代遗物。

3. 六运古城

六运古城位于阜康市九运街镇古城村西北 1 公里处。城址平面呈长方形，南北长 405 米，东西宽 310 米。北、西墙保存较好，东、南墙多已不存。城垣呈土垄状，基宽 8—10 米，残高 3.5—5 米，为夯筑，夯层已不清楚。城四周筑有马面，城中部筑有一道北隔墙与东、西墙垂直连接，有东、南、西城门，南城门外筑瓮城，现均难以辨识。城四隅有较大的方形土墩，边长 20 米，应为角楼遗迹，城外南北两侧有宽 20—25 米的护城河。以往城中曾出土铜工具、石器、陶器残片，以及"开元通宝"、"乾元通宝"、察合台金币、"咸丰通宝"和青花瓷片，说明古城的使用年代从唐一直延续至清代。① 县志记载清代左宗棠亦曾驻守此城。②

4. 下沙河古城

下沙河古城位于乌鲁木齐市米东区古牧地镇锅底坑村东南 1.4 公里处，俗称"米泉大破城古城"。古城现存有 4 段城墙。西墙长 430 米，北

---

① 薛宗正认为此为耶勒城守捉。见薛宗正《丝绸之路北庭研究》，新疆人民出版社 2008 年版，第 356 页。

② 新疆维吾尔自治区文物局编《新疆维吾尔自治区第三次全国文物普查成果集成·昌吉回族自治州卷》，第 49 页。

部多为高 1 米多的土埂，南部残存高约 3 米的土墩。西北角被毁，残墙为橘红色烧土墙。北墙长 230 米，残高约 3 米，宽约 7 米，墙中段有一部分向外凸出，似为马面。东北角角楼尚存，近方形，边长 8 米，高约 2.5 米。东墙残长 100 米，高约 3 米，宽约 10 米。南墙长 70 米，宽 7 米，高 3 米，城门已不可辨认。古城保存差，仅存残垣断壁。周边民众常年开垦犁地、取土，对城墙造成无法弥补的损坏，古城内有农民种植的玉米、小麦。

5. 土墩子烽火台

土墩子烽火台位于阜康市上户沟乡东湾村村民委员会东北，新疆生产建设兵团第六师土墩子农场北 1.5 公里处，东距滋泥泉子镇 13 公里。烽火台东北距阿克木那拉烽火台 32 公里，西北距西泉烽火台 25 公里，北距西泉七队烽火台 25.6 公里。

土墩子烽火台的平面为方形，截面为梯形，立面为四棱台形，残高 5 米，底边南北宽 5 米，东西长 6 米，顶部边长 3 米。台体为黄色砂土夯筑，夯层厚 6—8 厘米，窝径 4—6 厘米。其结构采用穿桩木法，桩木孔在各侧面都有残留，直径 0.12—0.16 米。烽火台大体保留原形状和高度，但破坏较严重。各侧面存在不同程度的坍塌，北侧面、南侧面尤为严重。台体从腰部开始就堆积有大范围圆丘状坡基土，南侧面坡基土一直延伸至顶部。烽火台周围地表分布有夹细砂、泥质红陶片，与北庄子古城陶片相似。根据陶器特

图 3—19 土墩子烽火台

征并结合其建造方式推断，其年代为唐代。①

2013 年，土墩子烽火台及昌吉州沿线烽燧一起被国务院批准为第七批全国重点文物保护单位。

6. 西泉七队烽火台

西泉七队烽火台位于阜康市滋泥泉子镇苇湖村村民委员会西北，新疆生产建设兵团第六师土墩子农场西泉分场东 2 公里处，北侧 1 公里为唐朝"碎叶道"经过处。正好位于东西向的两个小村中，东为七队，西为六队，两队旧称"土墩村"，疑因烽火台土墩而得名。

烽火台地处准噶尔盆地腹地的平原区，地势平坦，水源充沛，土壤肥沃，烽燧之地望系出自天山北麓的白杨河故道流淌经过的地方，周围均是耕地，这里植被茂盛，有高大成排的树木。再向北 700 米为沙漠边缘，东距阿克木那拉烽火台 13.7 公里，西距西泉烽火台 14.7 公里，南距土墩子烽火台 25.6 公里。烽火台平面为方形，截面为梯形，立面为覆斗形。由于烽火台坍塌，现成圆丘状土墩，直径约 10 米，高约 1.5 米，夯层及台体原貌均看不清。

图 3 - 20   西泉七队烽火台

7. 阿克木那拉烽火台

阿克木那拉烽火台又名"滋泥泉子烽火台"，"阿克木那拉"是哈萨克语。"阿克"意为"白色"，"木那拉"意为"疙瘩"。烽火台位于阜康市滋泥泉子镇九分地村村民委员会西南 20 公里处，地处古尔班通古特沙漠南缘，

---

① 新疆维吾尔自治区文物局编《不可移动的文物·昌吉回族自治州卷》（1），第 130—131 页。

四周平坦开阔，植被较少，水源缺乏，以沙漠碱生植物为主。

该烽火台平面呈方形，截面呈梯形，立面呈四棱台形，底边长 9 米，顶部边长 4 米，残高 9 米。建筑结构为堆土法夯筑，使用黄色粗砂土，夯层厚6—8 厘米。夯筑体外侧还涂有一层草拌泥，厚约 0.5 厘米。烽火台东面、南面可见桩木穿孔，孔径约 10 厘米。东侧面中部有土坯垒砌痕迹，可能为晚期增补的。烽火台基本直立，大体保留原形状和高度，夯层明显，结构清楚，但破坏较严重。现烽火台周围地表已不见遗物残留，1988 年第二次全国文物普查时尚能采集到红、灰色夹砂陶片，其陶制陶色与阜康市北庄子古城、吉木萨尔县唐北庭故城内唐代陶器相同。烽火台建筑形式为唐代流行的密实薄夯层桩木法，其所处位置在唐代烽火台分布线路上，据此推测该烽火台为唐代天山北麓沿途设置的烽火台之一。[①]

图 3 - 21 阿克木那拉烽火台

8. 西泉烽火台

西泉烽火台位于阜康市上户沟乡滋泥泉子镇东湖村村民委员会西北，古尔班通古特沙漠的边缘，北部为唐朝从庭州通往碎叶的"碎叶道"。

西泉烽火台又名"五米土墩烽火台"，意思是"该烽火台有五米高"。该烽火台地处沙漠边缘戈壁地带，地势平坦开阔，地表多砂砾，几乎无土

---

① 新疆维吾尔自治区文物局编《不可移动的文物·昌吉回族自治州卷》（1），第136—137 页。

壤，生长有沙漠碱生植物。烽火台原址曾于 20 世纪 90 年代被油田施工队破坏，后经文管所修复，现存者为文管所修复后的产物。台体平面呈方形，截面呈梯形，立面呈四棱台形，高 5 米，底边长约 5 米，顶部边长约 4 米。

现新修建者为土坯垒砌，表面涂有厚约 0.5 厘米的草拌泥。烽火台下部有圆丘状坡基土，部分为原烽火台残留，也有新修时堆筑的。根据原设施中出土的唐代物品，加之处在唐代烽火台线路上，其年代为唐代的可能性较大。①

图 3 - 22　西泉烽火台

（二）轮台东部、南部的军事遗存

1. 盐湖烽火台

盐湖烽火台位于乌鲁木齐市达坂城区乌拉泊街道盐湖社区盐湖车站西北约 1 公里处。北面是山地，南为坡地，在南数百米处是盐湖，过湖是海拔较高的南山。西南是戈壁地貌，东面亦为戈壁地貌。兰新铁路东西向穿过烽火台遗址。南沿铁路线东西向种植防风林。南 80 米左右是 312 国道和吐乌大高速公路。20 世纪 90 年代末兰新铁路改道时烽火台被拆除，现地表无遗迹。1988 年考古资料记载，烽火台以土坯砌筑，自底部向上每 70—100 厘米夹铺沙枣树枝。台高 8.5 米，基底边长 15 米。俗称土墩子，位于盐湖北

---

①　新疆维吾尔自治区文物局编《不可移动的文物·昌吉回族自治州卷》（1），第 139—140 页。

岸，居一小山丘上，属唐代遗址。①

盐湖烽火台靠近乌拉泊古城，处于西州通往唐轮台白水涧道的交通要道上，护卫白水涧道和轮台城东部的安全。

2. 乌拉泊古城

乌拉泊古城位于乌鲁木齐市东南约 17 公里的乌拉泊村，是唐代轮台县所在地。岑参曾写有关于轮台的诗歌，如"轮台九月风夜吼，一川碎石大如斗""闻说轮台路，连年见雪飞"，展现了天山以北地区的自然地理以及气候情况。

该古城整体呈长方形，东西宽约 450 米，南北长约 550 米，周长约 2 公里。墙体为夯筑而成，夯层厚度在 5—12 厘米，城墙底部宽度在 5 米左右，残存墙体高度为 5—8 米。每面城墙中部设一城门，外皆有瓮城，四面城墙有多个马面，东、西城墙各分布 8 个，南、北城墙各分布 7 个。古城四角尚有角楼痕迹，角楼基体略呈方形，边长在 10 米左右。古城内部被分隔为西城、东城和南城。西城略呈长方形，周长约 1200 米，四墙仍各有马面，南墙偏东处有一城门。东城为正方形，周长在 800 米左右，北墙、东墙及西墙皆有 3 个马面，南墙中部留有一城门连接南城。乌拉泊古城城墙较厚，残高就有 8 米，密布的马面和瓮城加强了该城的防御水平，使其在遭受攻击时能够有较强的防御能力。

城内建筑多已无存，在偏南部尚存有一大型土基，但具体功能还有待研究。城内出土文物以唐宋时期陶片为主，大体分为红陶、灰陶和黑陶。器形有罐、瓮、盆等日常器物。地表见有马、羊等动物残骸以及具有辽、元时代游牧风格的深腹类器物，还出土有元代瓷片以及清代的铜钱。② 可见乌拉泊古城一直沿用至清朝，③ 目前学界普遍认为该地是唐代轮台所在地。④

3. 永丰乡烽火台

永丰乡烽火台位于乌鲁木齐市乌鲁木齐县永丰乡永丰村一队北 1.6 公里

① 新疆维吾尔自治区文物局编《不可移动的文物·乌鲁木齐卷》，新疆美术摄影出版社 2015 年版，第 34 页。

② 新疆维吾尔自治区文物局编《不可移动的文物·乌鲁木齐卷》，第 40 页。

③ 新疆维吾尔自治区文物局编《不可移动的文物·乌鲁木齐卷》，第 39—40 页。

④ 苏北海：《唐轮台城位置考》，《中国历史地理论丛》1995 年第 4 期；陈戈：《唐轮台在哪里》，《新疆大学学报》1981 年第 3 期；孟凡人：《北庭和高昌研究》，第 205 页。

图 3 - 23　乌拉泊古城遗址

图 3 - 24　乌拉泊古城角楼

处。地处天山北麓平坦地带，控扼天山内部廊道东部的北向出口，连通焉耆与轮台，起着护卫天山廊道安全的作用。现在四周 50 米范围内为戈壁，地表生长有芨芨草等植被。西南面有一条新修的柏油路，直通烽火台。

烽火台呈覆斗形，平面近似正方形。台体底部边长 12.5 米，顶部边长 7.4 米，现高 9.5 米。用黄土夯筑而成，夯层厚 8—10 厘米，夯层中夹有少量砾石。南壁由底至顶有四层桩木，每层四根，直径约 10 厘米，横向间距约 3 米，纵向间距约 1.7 米。烽火台南 100 米处发现一处建筑遗址，基本被夷平，地表散布灰砖、灰瓦和黑、褐色釉瓷片等遗物。

（三）轮台西北部的军事遗存

1. 昌吉古城

昌吉古城位于昌吉市内，俗称"唐朝城"，唐代"张堡城守捉"。20 世纪 80 年代初，新疆社会科学院考古研究所曾派考古人员做过实地调查。城址平面呈长方形，东北城墙有一向内拐角。原城址南北长约 1100 米，东西宽约 600 米。1964 年时还残存东城墙 500 米，北城墙 600 米，残存城墙高约 6 米，墙顶最宽处约 3 米，北城墙基本完好，有 15 个马面，瓮城以西 8 个。现残存东墙 475 米、西墙 260 米、北墙 90 米，南墙已不存。城墙夯筑，夯层厚 5—7 厘米。城墙基宽 4 米，顶宽 2—3.5 米，残高 4 米。东墙每隔 38 米有 1 个马面，北墙每隔 28 米有 1 个。

　　该城有北、东、西 3 座城门，现北城门已无痕迹，东、西城门瓮城尚有少量残余。城东北两处拐角皆呈土墩状，可能是角楼残迹。城中还发现 3 处方形塔基。城内采集到红、灰陶片以及方砖、大鋬耳红陶罐残片、三系红陶罐残片。曾出土"开元通宝"，三系红陶罐，泥质灰陶盘、碗、钵、盆，高颈灰陶罐、壶等唐代器物以及素面红方砖，均与吉木萨尔县唐代北庭故城所出唐代遗物类型、风格、规格相同。另外，北塔基夯层厚，为宋元风格。城址中出土了"乾元通宝"、察合台银币等宋元时期遗物。该城系唐代丝绸之路"新北道"上与北庭都护府同时期的城池之一，一直沿用至宋元时期，[1]有学者认为昌吉古城为唐轮台所在地。[2]

图 3 - 25　昌吉古城

---

　　[1]　新疆维吾尔自治区文物局编《新疆维吾尔自治区第三次全国文物普查成果集成·昌吉回族自治州卷》，第 44 页。
　　[2]　薛宗正：《丝绸之路北庭研究》，第 359 页。

2. 一一一团破城子遗址

一一一团破城子遗址位于呼图壁县一一一团场（枣园）西北8公里处。城址平面呈方形，由城墙、护城壕、护卫墙三部分组成，城墙现存东、西、北三面墙体，不见南墙，疑借助自然河道而成。东墙长约55米、西墙长约70米、北墙长约70米，面积约8000平方米。墙基宽约2米，残高2—4米，城墙为夯筑。

城墙西北、东北角各有一条外伸约5米、宽约4米的墩台，北墙中部有一凸出墙体长2.5米、宽约2米的马面。城门位于东墙南部，门外侧有一道与东墙平行长约5米、宽约2米的平面呈"L"形的夯墙。墙体外约10米处有护城壕。护城壕内侧有宽约1米、残高约0.5米的外墙，系用城壕挖出的土夯筑起来的，夯筑时并用柳条夹筑而成。出土的陶片胎体较厚，具有唐代陶器风格。从构筑风格和出土文物看，此城应为唐代古城。①

3. 阿魏滩古城

阿魏滩古城遗址位于呼图壁县石梯子乡阿魏滩村六队北约200米处。古城近椭圆形或梨形，四角均为圆角，面积约2万平方米。古城依地势走向，其东、南、北三面筑城墙，西侧靠近呼图壁河东岸台地为断崖，为自然屏障。现东、南墙及部分北墙已被毁不存，仅剩西北墙残留的一段城墙，长约15米，宽约1.5米，高约1.7米，夯层厚约6厘米，墙体内夹有大量石块。城墙内因取土挖掘，仅散落有大量的夹砂灰陶罐、缸等器物残片及夹砂红陶片等。从陶器器形看，此城址使用时代大约为唐至元时期。②

4. 五工台烽火台

五工台烽火台位于呼图壁县西南方8公里处，五工台镇西南方3公里处，地处天山北麓平原区。该地地势开阔平坦，地下水资源丰富，所以植被茂盛，是水草丰茂富庶之地。古城四周皆为耕地，种植有大片的粮食作物。正南方向900米处为连霍高速公路五工台服务区。五工台烽火台保护状况较

---

① 新疆维吾尔自治区文物局编《新疆维吾尔自治区第三次全国文物普查成果集成·昌吉回族自治州卷》，第41页。

② 新疆维吾尔自治区文物局编《新疆维吾尔自治区第三次全国文物普查成果集成·昌吉回族自治州卷》，第42页。

好，虽处于耕地中，但周边有 50 米见方区域为非耕种区，地表硬化度较高，内有一圆环状树桩围成的栅栏，形成较好的保护和展示环境。木栅栏东南角处竖一大型石质文保碑，正面有"全国重点文物保护单位"标志。

烽火台为土坯砌筑，整体形制为下部方正、上部呈覆斗状，覆斗上小下大。烽火台整体北偏东 30°左右，东西向略短，南北向稍长，东北角垮塌，顶部有一较大的渗漏口。烽火台平面呈长方形，截面呈梯形，立面呈四棱台形。基部南北长 9 米、东西宽 8 米，顶部南北长 6 米、东西宽 4 米；残高 7 米，面积约 72 平方米。夯土使用黄色砂土，夯层厚 6 厘米，密实坚固。现各侧面均有排列整齐的桩木穿孔残留，上下共有 6 排。桩木孔间距 0.2—0.3 米，孔径 8—12 厘米，桩木上下排间距 1.35 米。

烽火台顶部为土坯砌筑，土坯长 49 厘米，宽 20 厘米，厚 11—13 厘米，可能为后期增修。现烽火台周围为农田，未见任何遗留物，1988 年第二次全国文物普查时曾采集到夹砂红陶片等。烽火台保存较好，台体直立，基本保留原来规模，台体中夯层、桩木孔清晰可辨，但仍存在不同程度的破损。综合上述文化特征，烽火台为薄夯层、小夯窝、桩木法夯筑，大土坯增修，与天山北麓东段奇台县唐朝墩古城、吉木萨尔县唐北庭故城文化类型同，属于典型的唐代烽火台建筑风格。该烽火台应为唐代丝绸之路新北道的历史建筑遗留物。[1]

5. 园户遗址

园户遗址位于呼图壁县园户村镇园户村北 800 米的耕地中。此遗址原为一俗称"唐疙瘩"的大土丘，表面布满大量陶片。目前遗址已因取土被全部整平，地表不存任何遗迹，只剩一方圆约 20 米的大取土坑。取土坑内也看不到任何古代遗迹，但地表有大量动物骨骼，还散落有少量陶片。陶片多为夹砂灰陶，火候高，陶质坚硬，有的陶片表面还有戳刺纹。这些陶片风格具有唐代陶器的特点，再结合遗址"唐疙瘩"的名称，推测该遗址年代为唐代，遗址性质已无从考证。[2]

---

① 新疆维吾尔自治区文物局编《不可移动的文物·昌吉回族自治州卷》（1），第 284—286 页。

② 新疆维吾尔自治区文物局编《不可移动的文物·昌吉回族自治州卷》（1），第 287 页。

图 3 - 26 五工台烽火台（正面、背面和航拍图）

6. 玛纳斯古城及烽火台

玛纳斯古城位于玛纳斯县城东北角 800 米处，因位于楼南村范围内，也被称为"楼南古城"。玛纳斯古城位于唐代庭州到碎叶的丝绸之路上，在唐代盛极一时，古城也称"唐庭州乌宰守捉城"，是盛唐时期建造的屯军之城，从古城遗址规制和出土的大量文物来看，此城的年代与天山北麓的乌拉泊古城、昌吉古城、六运古城大致相当。

玛纳斯古城又称"破城子""唐朝城"。据说清末和民国时期，外国探险家曾偷挖走三车文物。[1] 20 世纪 50 年代，城垣尚保存完整，但在 1977 年被生产队用推土机破坏，城墙损毁严重。1985 年，政府将土地包给农户种植，再一次遭到破坏。古城遗址中曾出土砖刻、柱石、石磨、碗、罐等石器和陶器。古城平面略呈长方形，南北长约 620 米，东西宽 520 米，总面积约 32 万平方米。城墙东、西、北三面保存较好，南墙残损严重。残存墙体高 5 米，宽 7—10 米，夯筑，夯层厚 5—8 厘米，现已无法辨识出城门等遗迹。城墙四角原有角墩，现已难辨。城东南角 150 米处残存一圆丘形土堆，直径约 10 米，高约 5 米，性质不明。城墙外环绕有护城河，宽约 15 米。城内均为耕地，不见任何遗迹，地表散落有许多夹砂红、灰陶片和畜骨、石器等。陶器壁较厚，制作规整。器形有较大的缸、罐、瓮、盆等，为典型唐代器物。石器种类有石杵、磨盘等。根据古城构筑方式及遗物特征推测，其应为唐代城址，[2] 也有学者认为其为张堡城守捉。[3]

玛纳斯古城烽火台位于玛纳斯镇楼南村村委会东北 1 公里耕地内，楼南古城东南角外 150 米处，地处天山北麓、准噶尔盆地南缘的玛纳斯河东岸，地势较为平坦，土地肥沃，台体以西 6 公里是玛纳斯河。

烽火台为一独立的夯土台体，占地面积约 100 平方米，台体原形状应为平面方形，截面梯形，立面四棱台形，但因破坏严重，现从北侧、西侧观察已为近圆丘形。台体底边长 10 米，高 5 米，顶部坍塌严重，已不是原来高

---

①　中国人民政治协商会议玛纳斯县委员会文史资料委员会编《玛纳斯文史资料》第 2 辑，石河子印刷厂 1986 年版，第 161 页。

②　新疆维吾尔自治区文物局编《新疆维吾尔自治区第三次全国文物普查成果集成·昌吉回族自治州卷》，第 44 页。

③　薛宗正：《丝绸之路北庭研究》，第 359 页。

图 3 - 27　玛纳斯古城

度。台体主体为黄色砂土夯筑，西面夯层保存较好，厚 7—10 厘米。台体表面侵蚀严重，已无法观察到是否有桩木或其他建筑材料，台体周围也未采集到任何遗物。因为台体距离玛纳斯古城较近，两者构筑方式相似，故台体应为与古城同时使用的烽火台或其他军事设施，年代应为唐代。①

图 3 - 28　玛纳斯古城烽火台

7. 塔西河古堡及烽火台

塔西河古堡位于玛纳斯县包家店镇塔西河村村委会西，乌伊公路北侧 200 米处。地处天山北麓、准噶尔盆地南缘的塔西河冲积平原上，地势开阔平坦，地表遍布低矮灌木和荒草。文物普查资料记载，该古堡面积约 2.2 万平方米，城墙尚有残存部分。建筑方式为夯筑，有马面、角楼建筑，城中有烽火台。因开垦耕地，古堡墙体已完全消失，但文化层可能存在，目前只剩

---

① 新疆维吾尔自治区文物局编《不可移动的文物·昌吉回族自治州卷》（1），第 398 页。

下烽火台。

烽火台位于塔西河干渠和耕地之间的一块荒地之中，东侧为大片的耕地，西侧为河流干渠，所夹地块长约 550 米，宽 25 米，在烽火台北侧 55 米处形成偏西北方向的折角。烽火台台体平面为方形，截面为梯形，立面为四棱台形，底南北长 14 米，东西宽 12 米，高 8 米。烽火台主体为黄土夯筑，夯层厚 8—10 厘米。台体四周散布夹砂红、灰陶片及大牲畜骨头、石器残片等，可见古堡内文化层仍有残留。陶器器形主要为体积较大的罐，具有唐代风格。从烽火台建造方式和采集物来看，此烽火台为唐代的一处军事设施，原古堡也应属唐代。[①] 烽火台西侧有一条沟渠，近年对沟渠进行了重新修整，用水泥护坡以免伤及烽体，沟渠顶宽约 8 米，东距烽火台约 8 米。

图 3 – 29　塔西河古堡烽火台

8. 烽火台村烽火台

烽火台村烽火台位于玛纳斯县城北部约 80 公里处，204 省道的西侧，古尔班通古特沙漠的边缘，一四九团十二连烽火台村西南 1 公里处。该烽火台坐落于南北狭长的平坦谷地中，地表为沉积黄土，东西两侧为多垄沙丘地。台体平面呈方形，截面呈梯形，立面呈四棱台形，基部南北长 9 米，东西宽 8.5 米，顶部边长约 5 米，残高 7.35 米，建筑面积约 76.5 平方米。

烽火台建造方法为柽木法夯筑，夯土黄色砂土质，夯层厚 6—10 厘米，所夹木已不存在，但在东侧面、南侧面可见到整齐的柽木穿孔，分上、中、下三排。该烽火台台体大面积垮塌，已没有原来形制。根据烽火台建造方式

---

① 　新疆维吾尔自治区文物局编《不可移动的文物·昌吉回族自治州卷》（1），第 392—394 页。

和所处位置推测，其为唐代烽火台。①

烽火台原本为沙丘荒漠之地，后被开垦出来作为耕地，在烽燧位置留出一边长约为120米的三角地，外用简易钢丝栅栏围圈，表明该地为文物展示区和保护地。烽火台东侧百米处有旧河道残迹。据载此为清同治年间从玛纳斯河中游引水过来的新顺渠（俗称枯沟）旧道。

图 3－30　烽火台村烽火台

9. 双河都督府故址

双河都督府故址位于今博乐市达勒特镇破城子村北缘，也是元代著名的孛罗城。地处天山西段北麓，准噶尔盆地西南，博尔塔拉河与大河沿子河交汇处北部，地势平坦。遗址分为外城、内城及城外东部遗址。外城南墙东西长约650米，基宽约3米，残高2—4米，中间有一缺口，或为城门。内城在外城北部偏西处，呈方形，边长110米，残高3—5米，内外城墙垣均为夯筑。城内地表可见大量夹砂红陶片，以大型瓮、罐为主，有水波纹、弦纹、附加堆纹等纹饰；城址内分布着多处冶炼遗址、窑址、手工作坊遗址、古井等。

（四）以轮台为中心的交通路线

唐代以轮台为中心的交通路线，主要是通往西州的"白水涧道"，通往庭州的"碎叶道"和翻越今天的胜利达坂沿着乌鲁木齐河到焉耆、龟兹和弓月城的天山内部廊道。轮台处于这三条道路的交叉口，是扼守中天山北麓的咽喉要地。天山内部廊道上文已述，此处从略。需要强调的是，廊道东部

---

① 新疆维吾尔自治区文物局编《不可移动的文物·昌吉回族自治州卷》（1），第395—397页。

出口众多，分别为北出口（由轮台负责）、阿拉沟口（由西州负责）和南出口（由焉耆负责）。北出口附近四通八达，这是轮台开元年间成为北道税收中心的重要原因。

轮台至交河路段被称为"白水涧道"。《西州图经》记白水涧道："右道出交河县界，西北向处月已西诸蕃，足水草，通车马。"[1] 具体路线为由轮台向东南，经今盐湖烽火台，至白水镇城（今峡口古城），出山口后，沿白杨河至交河。由于白水涧道地位重要，唐朝在北端设立轮台，在南端设立白水镇，屯兵守卫。白水涧道使用频繁，咄陆可汗就曾经此道袭击西州天山县；由阿史那弥射与阿史那步真率领的"伊丽道行军"便经此道至处密、处月部落，沿途一路招抚突厥部众，最终平定阿史那贺鲁叛乱。后来开元二年默啜可汗进攻北庭时，张守珪上书提出经由轮台与蒲昌出兵，两路夹击默啜，即是西经白水涧道支援北庭，东由蒲昌翻越天山至奇台或者木垒夹击默啜的作战计划。岑参有诗云"轮台东门送君去，去时雪满天山路""交河城边飞鸟绝，轮台路上马蹄滑"[2] 的记载。这些诗句记载的是否为轮台已不重要，它们间接体现了轮台的交通区位。吐鲁番文书《唐天宝十三载（754）碾石馆具七至闰十一月帖马食历上郡长行坊状》记载：

> 18. 七日郡坊马六匹，吕祖下；又张俊下帖马五匹全料；吕祖下七斗，共食麦九斗四升。付吕祖。
> 19. 同日郡坊帖马天山馆三匹，送武判官便腾过，食麦三斗，付天山马子李罗汉。[3]

由上述记载可知，武判官经白水涧道至西州，使用天山馆的马匹回京。同时，此亦可证轮台为今乌拉泊古城，不仅符合"轮台东门"送别的场景，而且与经白水涧道至天山馆路途一致。

---

① 唐耕耦、陆宏基编《敦煌社会经济文献真迹释录》第1辑，第55页。
② 《岑参集校注》，第163、168页。
③ 国家文物局古文献研究室、新疆维吾尔自治区博物馆、武汉大学历史系编《吐鲁番出土文书》第10册，第93—94页。

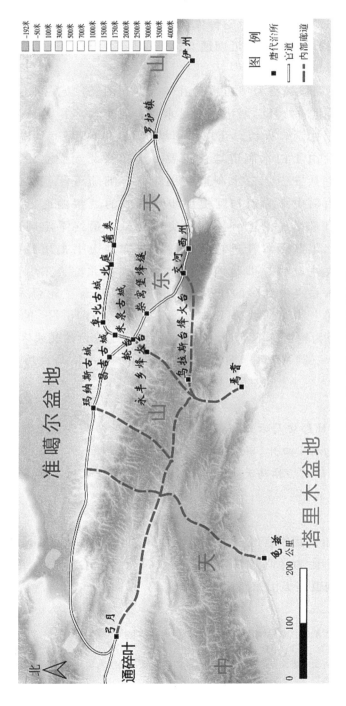

图 3 - 31　轮台周边遗存与交通

官方道路沿途较为安全，加之道路通畅，商品贸易货物不易损坏，民间商业贸易也将此道作为常行之道。

第三节　唐代庭州的北向凸防

唐代对庭州的治理，经历了一个曲折变化的过程。在经营东天山的初始阶段，庭州因是历史上游牧族群集聚之地，多次受到突厥的侵扰。在平定阿史那贺鲁叛乱之后，唐朝开始对庭州进行制度建设，先后设置金山都护府、北庭都护府、北庭大都护府、伊西庭节度使等，使庭州成为东天山的军防重心，形成了以庭州为中心的伊州、西州、庭州的联防机制。

一　庭州的设置与平定阿史那贺鲁叛乱

唐朝建庭州之前，庭州之地为可汗浮图城，东突厥、西突厥皆曾将其作为屯驻之地。有明确记载的在可汗浮图城的突厥势力有两个：阿史那社尔与欲谷设。武德九年，东突厥所属薛延陀、回纥等部反叛，欲谷设与阿史那社尔先后兵败。贞观二年，阿史那社尔率众屯于可汗浮图城。之后阿史那社尔趁西突厥内乱，引兵西侵，占据了大部分西突厥领地。[1]

阿史那社尔此后又北击薛延陀，兵败后退居高昌。孟凡人先生认为"复保高昌国"有误，应为"复保可汗浮图城"。其后阿史那社尔无法在西域立足，于贞观九年率众归附。[2] 因此，贞观二年至九年，可汗浮图城归属东突厥阿史那社尔统辖。

贞观四年二月，唐朝平定东突厥颉利可汗，其余部除降唐之外，或逃至薛延陀，或逃至西域。突利可汗之弟欲谷设选择逃至高昌，在得知其兄被唐朝礼遇的情况下，于同年八月入唐。[3] 从《大慈恩寺三藏法师传》中记载的高昌王麹文泰与玄奘的交往可知，贞观初年高昌臣属于西突厥统叶护可汗。但是贞观四年高昌能够接受东突厥余部，则暗示由于西突厥内乱，高昌已经

---

①　《旧唐书》卷一〇九《阿史那社尔传》，第 3289 页。
②　《旧唐书》卷一〇九《阿史那社尔传》，第 3289 页。
③　《资治通鉴》卷一九三，太宗贞观四年，第 6194 页。

中断与西突厥的交往。① 再结合伊吾城主九月归唐、阿史那社尔在贞观二年屯驻可汗浮图城，可知至少在贞观二年直至东突厥败亡前，东天山的可汗浮图城、高昌、伊吾三地与东突厥的联系较为紧密。

阿史那社尔败于薛延陀之后，可汗浮图城可能一度被薛延陀控制。此后，西突厥乙毗咄陆可汗势力向东发展，逐渐占据了可汗浮图城，并遣官屯驻，具体时间文献缺乏记载。此后直至贞观十四年唐廷建置庭州前，可汗浮图城归属西突厥。史载："初，西突厥遣其叶护屯兵于可汗浮图城，与高昌相影响，至是惧而来降，以其地为庭州。"② "西突厥"指乙毗咄陆可汗，"叶护"指阿史那步真。③ 贞观九年阿史那社尔入唐以后，可汗浮图城再次被西突厥控制的时间无法确定。唐太宗册立西突厥咥利失可汗后，西突厥内部争乱不休。贞观十二年，西部拥立乙毗咄陆可汗，随着乙毗咄陆可汗的东进，可汗浮图城被其控制。高昌与唐朝对抗时，乙毗咄陆可汗遣阿史那步真协防高昌，由于侯君集等顺利平定高昌，阿史那步真降唐。唐廷置西州的同时，于可汗浮图城置庭州。

庭州此前长期被游牧势力控制。《旧唐书·地理志》载："流沙州北，前汉乌孙部旧地，方五千里。后汉车师后王庭。故胡庭有五城，俗号'五城之地'。贞观十四年平高昌后，置庭州以前，故突厥常居之。"④《通典》载："庭州在流沙之西北，前汉乌孙之旧壤，后汉车师后王之地，历代为胡虏所居。"⑤ 岑参在北庭任职时亦言"孤城天北畔，绝域海西头"。⑥ 因此，唐朝于可汗浮图城置庭州，引起了突厥势力的极度不满，也为随后的阿史那贺鲁之叛埋下了伏笔。

唐太宗去世以后，阿史那贺鲁便开始了谋取西州、庭州的计划。时庭州刺史骆弘义奏闻，唐高宗遣通事舍人桥宝明前往西突厥进行抚慰。但是阿史那贺鲁率众西走，兼并乙毗射匮可汗，自号"沙钵罗可汗"，与乙毗咄陆可

---

① 王素：《高昌史稿·交通编》，第 465 页。
② 《旧唐书》卷一九八《高昌传》，第 5296 页。
③ 吴玉贵：《突厥汗国与隋唐关系史研究》，第 323 页。
④ 《旧唐书》卷四〇《地理三》，第 1646 页。
⑤ 《通典》卷一七四《州郡四》，第 4559 页。
⑥ 《岑参集校注》，第 155 页。

汗联兵，"处月、处密及西域诸国多附之"。① 此时贺鲁实力强大，控制着庭州以西的广大地区。贺鲁叛唐之心早已有之，暂时的附唐仅是为了收拢部落、增强实力而已。永徽元年，贺鲁起兵叛唐，争夺庭州。他一度控制了天山廊道东部的庭州与西部的碎叶，一东一西扼守天山廊道两端，便相当于控制了天山以北的广大地区。

永徽二年，由于阿史那贺鲁叛乱，庭州面临设置以后的第一次危机。《资治通鉴》载："秋，七月，西突厥沙钵罗可汗寇庭州，攻陷金岭城及蒲类县，杀略数千人。"② 唐高宗派遣梁建方、契苾何力等蕃汉八万余众征讨。庭州刺史骆弘义献计："请宽处月、处蜜等罪，专诛贺鲁，除祸务本，不可先治枝叶也。愿发射脾、处月、处蜜、契苾等兵，赍一月食，急趋之，大军住凭洛水上为之景助，此驱戎狄攻豺狼也。且戎人借唐兵为羽翼，今胡骑出前，唐兵蹑后，贺鲁穷矣。"③ 骆弘义主张抚慰处月、处密等贺鲁依附势力，孤立阿史那贺鲁，速战速决，充分发挥重胡骑、唐兵的优势。唐高宗"然其奏"，并诏令其辅助梁建方等，但是梁建方没有采纳骆弘义的建议，这一次征讨的最终效果也就没有达到。实际上这时唐朝对庭州地区的控制仍十分薄弱，即使听从骆弘义之计，胜败仍在两可之间。庭州陷落后，唐朝开始了长达七年的征讨贺鲁之路。直至显庆年间，苏定方为伊丽道行军大总管后，兵分两路，北路由苏定方亲自统领，沿金山道行军，主攻伐；南路由流沙道安抚大使阿史那弥射、阿史那步真沿天山北麓西进，主招抚；两军在双河会师后，才最终平定阿史那贺鲁叛乱，唐朝复置庭州。

庭州建置后，汉族并不占户口多数，庭州境内也并未进驻军队。为了改变这种局面，庭州成为朝中大臣的贬谪之地。来济为隋朝名将来护儿之子，唐高宗时官拜中书侍郎、中书令，监修国史，位望崇高。因反对立武则天为皇后，后受褚遂良牵连，被贬为庭州刺史。同样是高宗时期，御史中丞杨德裔在处理宰相许圉师之子许自然侵田案的过程中，被权相李义府构陷，被流放庭州。李义府失势后，其家属也被流放到庭州。④ 由此，庭州户口开始增

---

① 《资治通鉴》卷一九九，高宗永徽二年，第6386页。
② 《资治通鉴》卷一九九，高宗永徽二年，第6387页。
③ 《新唐书》卷二一五《突厥传》，第6061页。
④ 《资治通鉴》卷二〇一，高宗龙朔三年，第6448—6449页。

图 3 - 32　伊丽道行军示意图（牛齐培　绘）

加，"其汉户，皆龙朔已后流移人也"。[①]《旧唐书》载："北庭都护府……
旧领县一，户二千三百。天宝领县三，户二千二百二十六，口九千九百六十
四。"[②] 而《新唐书》仅记载"户二千二百二十六，口九千九百六十四"。
庭州初设时所辖的县为金满、蒲类。开元、天宝年间庭州编户人口已经接近
一万人，应是无可置疑的，再加上瀚海军一万两千编制的将士及其家属，可
能亦有三四万人。同时大量的粟特商人在庭州进行贸易，北庭粟特常住人口
亦占相当比例。上引《唐垂拱元年（685）康义罗施等请过所案卷》里有相
关记载，节选如下：

　　1. 保人庭伊百姓康阿了

　　2. 保人伊州百姓史保年卅

　　3. 保人庭州百姓韩小光年卅

　　4. 保人乌（焉）耆人曹不那遮年

　　5. 保人高昌县史康师年卅五

---

① 《元和郡县图志》卷四〇《陇右道下》，第 1033 页。
② 《旧唐书》卷四〇《地理三》，第 1645—1646 页。

6. 康尾义罗施年卅作人曹伏磨 ☐ ①

以上除韩小光外，皆为昭武九姓之人，可见当时东天山伊州、西州、庭州已经成为粟特人广泛居住之地。

随着庭州的建立，东天山形成伊、西、庭三州稳定的军防体系，但庭州地近西突厥以及北部葛逻禄等部，故而经常遭到游牧势力的袭扰，是三州军防中较为薄弱的一环。

二　金山都护府：深入准噶尔盆地的战略凸防

在阿史那贺鲁叛乱期间，唐朝无力经营庭州，直到七年后贺鲁被俘，才在天山以北"修亭障，列蹊隧，定疆畛，问疾收孺，唐之州县极西海矣"②，开始大力经营庭州。来济任职庭州刺史期间，曾修葺庭州城。③ 唐朝开始在庭州初步建立起军事防御体系。此举引起西突厥势力的强烈不满，尤其是唐朝向西扩展的意图逐渐明显，庭州的军事存在已威胁到西突厥的利益。龙朔二年，西突厥决定进攻庭州，阻挡唐朝西进势头，以便维持其在天山地区的地位。来济在领兵迎战西突厥时，奋战而卒。④

唐朝此时已经意识到庭州将成为与西突厥长期角逐的核心地区，庭州不稳，那么经营天山廊道就无从谈起。同时，吐蕃也在西域角逐利益，与唐朝发生激烈冲突。龙朔二年，苏海政讨伐龟兹时，因偏信阿史那步真的一面之词，而杀害阿史那弥射，造成西突厥左厢部落不满，阿史那都支以及李遮匐收拢余众后依附吐蕃。⑤

来自西突厥和吐蕃的压力，使唐朝提高庭州的地位势在必行。龙朔二年末或三年初，唐朝设立金山都护府。⑥ 目前对于金山都护府的研究还有待深

---

① 国家文物局古文献研究室、新疆维吾尔自治区博物馆、武汉大学历史系编《吐鲁番出土文书》第 7 册，第 92—93 页。

② 《新唐书》卷一一一《苏定方传》，第 4138 页。

③ 《元和郡县图志》卷四〇《陇右道下》，第 1033 页。

④ 《旧唐书》卷八〇《来济传》，第 2743 页。

⑤ 《资治通鉴》卷二〇一，高宗龙朔二年，第 6446—6447 页。

⑥ 孟凡人：《北庭和高昌研究》，第 58—63 页；薛宗正：《安西与北庭——唐代西陲边政研究》，黑龙江教育出版社 1995 年版，第 162—167 页。

入。金山都护府存在的时间大约在唐高宗龙朔年间至武则天长安二年北庭都护府建置之前。金山都护多兼庭州刺史，可考的任金山都护的有裴行俭、杜怀宝、王方翼、谢琬。[①] 金山都护府的设置，壮大了唐朝在西域的力量，加强了对东天山至阿尔泰山的控制，增强了庭州的自我防御能力，一定程度上阻挡了西突厥与吐蕃联合的趋势。

王方翼在庭州任职期间便以金山都护的身份参与平定阿史那车簿的叛乱，体现了庭州军事力量的重要性。永淳元年，"十姓阿史那车簿啜叛，围弓月城，方翼引军战伊丽河，败之，斩首千级。俄而三姓咽面兵十万踵至，方翼次热海，进战，矢著臂，引佩刀断去，左右莫知。……杀七千人……禽首领突骑施等三百人"。[②] 可见，金山都护府设立后，效果明显，起到了稳定天山北麓、逐步向北向西凸防的作用。

第四节　庭州的西向防卫：轮台

庭州承担着护卫整个东天山廊道安全的责任，是天山北麓向北凸防的军镇要地，而轮台不仅是护卫庭州西部侧翼和应对西部西突厥、联系焉耆、控扼"白水涧道"的重要军镇，也是三州联防的重要连接点。唐朝设置轮台可以控制天山隘口，与庭州、西州形成稳定的铁三角，相互驰援，达到进一步向弓月城、碎叶交通的目的，从而更好地经营天山廊道。

一　轮台县的地理环境与设置

唐代轮台位于今乌鲁木齐附近，该地海拔约为 1100 米，东部耸立着巍峨的博格达山，山顶四季冰雪覆盖。西边为 900 多公里长的中天山山脉，冰雪融水自山脉两侧汇流而出，向天山北麓地区提供了充足的水源。绵长的山前地带地势平坦，土地肥沃，可以开展大规模屯田。轮台向北走 10 余公里即可到达乌鲁木齐地区。轮台东部为宽阔的白水涧道，但进入白水涧道时，

---

① 薛宗正：《丝绸之路北庭研究》，第 242—243 页。作者认为历任金山都护为麹智湛、裴行俭、袁公瑜、杜怀宝、王方翼、田扬名。

② 《新唐书》卷一一一《王方翼传》，第 4135 页。

因该地位于峡口地带，常年风力强劲。岑参曾描述"轮台九月风夜吼，一川碎石大如斗，随风满地石乱走"[①] 的耸人场面。今日在峡谷内修建有亚洲最大的风力发电厂。

图 3 - 33　达坂城附近的百里风力发电装置

轮台以今乌拉泊古城为县治所在地，[②] 是伊、西、庭三州控制西域的警戒哨所和前沿阵地，同时其扼守白水涧道和碎叶道，至开元年间成为天山北道的税收中心。

由于后突厥进逼西域，东天山一度失陷。长安二年，唐朝为了保障东天山和中天山的稳定，同时设置北庭都护府与轮台县。《元和郡县图志》记载："轮台县，下。东至州四十二里。长安二年置。"[③] 新获吐鲁番文书《唐龙朔二、三年（662—663）西州都督府案卷为安稽葛逻禄部落事》案卷由

①　《岑参集校注》，第 148 页。

②　清代以来形成众多说法。迪化之北古牧地说，见《辛卯侍行记》，第 426 页。黑沟驿说，见萧雄《听园西疆杂述诗》，中华书局 1985 年版，第 126—127 页。昌吉古城说，见薛宗正《唐轮台名实核正》，《新疆社会科学》1983 年第 4 期。阜北古城说，见李树辉《丝绸之路"新北道"中段路线及唐轮台城考论》，《中国边疆史地研究》2019 年第 3 期。古城迁移说，见田海峰《唐代轮台与西海置地新考》，《文博》2020 年第 1 期。乌拉泊古城说，见林必成《唐代"轮台"初探》，《新疆大学学报》1979 年第 4 期；陈戈《唐轮台在哪里》，《新疆大学学报》1981 年第 3 期；钱伯泉《轮台的地理位置与乌鲁木齐渊源考》，《新疆社会科学》1982 年第 1 期，第 50—57 页；孟凡人《北庭史地研究》，新疆人民出版社 1985 年版，第 96—112 页；王炳华《唐置轮台县与丝绸之路北道交通》，《唐研究》第 16 卷，北京大学出版社 2010 年版，第 151—168 页。

③　《元和郡县图志》卷四〇《陇右道下》，第 1034 页。

五组汉文文书组成，大致记载了由于葛逻禄步失达官部落流落至金满州地域内，唐朝令燕然都护府、西州都督府以及金满州都督府三方联合妥善处理部落回迁的事情。① 另有出土于吐鲁番巴达木第 107 号墓、用粟特语写就的金满州都督府发往西州都督府的文书也记载了此事，② 但并未言及金满州与轮台的附属关系，可见轮台此时并未设置，也间接证明了 8 世纪前后轮台设置的必要性。

轮台初设时，仅为下县，史载："后庭县，下……蒲类县，下……轮台县，下。"③ 唐制规定"六千户已上为上县，二千户已上为中县，一千户已上为中下县，不满一千户皆为下县"。④ 初设之时，轮台与蒲类、金满皆为下县，户数不满一千。后来据敦煌县博物馆藏 58 号《天宝地志残卷》记载，北庭诸县的设乡情况为：升金满县为中县，设两乡；蒲类为下县，辖二乡；轮台为中县，辖三乡。⑤ 此时轮台下辖三乡，升为中县，按"百户为里，五里为乡"⑥ 来看，轮台已经有至少一千五百户。《太平寰宇记》记载："后庭县，二乡……蒲类县，东八十里。三乡……轮台县，西四百二十里。四乡。"⑦ 轮台已经下辖四乡。庭州地位提升后，轮台发展迅速，户口数增加较快，成为北庭下辖四县中的大县。

轮台相比后庭（金满）多两个乡，至少说明轮台下辖地域比后庭更大。《元和郡县图志》记载："蒲类县，下……轮台县，下。东至州四十二里。长安二年置。"⑧ 蒲类、金满县距离庭州较近，而轮台距离庭州四百二十里，镇城镇又离庭州七百里，可知轮台与清海军之间有二百余里，此时仍由轮台管辖，也从侧面表明轮台管辖范围较大。

综上，轮台的地域范围大致东至博格达山西部山脉，南至依连哈比

---

① 荣新江、李肖、孟宪实主编《新获吐鲁番出土文献》，第 309 页。
② 荣新江、李肖、孟宪实主编《新获吐鲁番出土文献》，第 59 页。
③ 《元和郡县图志》卷四〇《陇右道下》，第 1034 页。
④ 《唐六典》卷三《尚书户部》，第 73 页。
⑤ 唐耕耦、陆宏基编《敦煌社会经济文献真迹释录》第 1 辑，第 57 页。
⑥ 《旧唐书》卷四三《职官二》，第 1825 页。
⑦ 《太平寰宇记》卷一五六《陇右道七》，王文楚等点校，中华书局 2007 年版，第 2997 页。
⑧ 《元和郡县图志》卷四〇《陇右道下》，第 1034 页。此处记载"四十二里"应为"四百二十里"。

尔岙山，西至玛纳斯河流域，北至古尔班通古特沙漠中部，包括今阜康市东南部、昌吉市、乌鲁木齐市、五家渠市、呼图壁县、玛纳斯县、石河子市。

二　轮台与西州、庭州的防卫系统

东天山三州虽然构成较为严密的军防体系，但博格达山西部与中天山之间的峡谷地带军防较为虚弱。西突厥势力既可向东进攻庭州，亦可向东南攻掠西州。轮台的设置便是为了弥补东天山军防系统的缺陷而进行的强化措施。

早期唐朝控制该地后，并未设置州县，仍由西突厥处月、处密势力经营。虽然二部归附唐朝，但顺叛无常，这给唐朝经营西域带来极大的困扰。贞观十六年，西突厥咄陆可汗"遣处月、处密等围天山县，郭（孝）恪又击走之"。[1] 咄陆可汗正是看到了西州西北防御的弱点，才一举攻至天山县。阿史那贺鲁之乱期间，唐朝对于西域的控制增强，逐步在处月、处密地设置羁縻州，但是所发挥的作用并不明显。

轮台护卫北庭的军防作用多见记载。开元年间，后突厥默啜可汗势力强大，意欲进攻北庭，在金山南下先行攻打轮台。这样，后突厥既可削弱北庭的势力，又可切断西州与北庭的联系。

《新唐书》载："突厥侵轮台，遣守珪往援，中道逢贼，苦战，斩首千余级，禽颉斤一人。开元初，虏复攻北庭，守珪从傤道奏事京师，因上书言利害，请引兵出蒲昌、轮台夹击贼。"[2] 这里所说的张守珪事迹，便是涉及轮台的两次军事行动。第一次是后突厥最初侵犯轮台，张守珪驰援轮台；第二次是开元年间，后突厥攻击北庭，张守珪"引兵出蒲昌、轮台夹击"后突厥。两次军事行动都体现了轮台护卫北庭、联系西州和庭州的作用，直观体现了轮台的军事地位，既是庭州的西部堡垒，又兼为西州、庭州联防的交通要地，该地在"白水涧道"隘口，又是联系"碎叶道"的关键。

突厥文《毗伽可汗碑》的记载同样体现了轮台地理位置的重要性："及

---

① 《旧唐书》卷一九四《突厥传》，第5185页。
② 《新唐书》卷一三三《张守珪传》，第4548页。

朕三十岁，余往击五城；余战六次（克之？），其全军余灭之。居其中者为何部族乎？……前来呼叫……由是五城得救。"① 郭虔瓘派守珪前往支援，击退默啜军队，使其先行侵占轮台的计划破产。默啜又于开元二年直接进攻北庭，守珪上书提出经由轮台与蒲昌出兵，两路出击默啜，西经"白水涧道"出轮台支援北庭，东由蒲昌翻越天山夹击默啜。

在突骑施攻击西州时，轮台又成为唐朝集中兵力进行反攻的地方。开元二十二年，突骑施借北庭都护刘涣误杀阙俟斤之事进攻北庭，盖嘉运遣兵支援。P.3885号文书②记载：

1. 前北庭节度使盖嘉运判副使符言事
2. 符言副使，简自帝心，郎将雄斑（班），濯承都尉，
3. 朱目朝献，幸会行宫。署自背流，用为
4. 棚脚。隐善扬恶，慢说是非，侍宠娇
5. 盈，虑恐疏怠。先缘惆惜，啮齿吞声，
6. 久而承宽，便加娇举。差回耶勒，专辄
7. 轮台，救援天山，便过西府。冬中严冷，
8. 时嘱（属）凝寒。带雪披霜，人马倦宿。忝为
9. 主将，如何自安。频追不 获 ，莫侧尊见。总
10. 管高暎，口陈经略，手画山川。家贯高
11. 昌，谙知道引。直途不往，曲路而行，进取
12. 夫疑，军师不克。探见天山兵马，一队只
13. 有十人，望尘□脱紫袍，却走影山翻着。精
14. 神恰如惊鹿，瞻视不异狂獐。非但挫我
15. 军威，抑亦邻蕃笑具。已此曹野，此卒骁幸。
16. 教鼠悬梯，为蛇画足，此若不料，何惩
17. 后息。

① 岑仲勉：《突厥集史》，中华书局1958年版，第914页。
② 上海古籍出版社、法国国家图书馆编《法藏敦煌西域文献》第29卷，上海古籍出版社2003年版，第89页。相关录文参考姜伯勤《敦煌吐鲁番文书与丝绸之路》，第125—126页。

根据文书可知，在突骑施进攻北庭、西州时，盖嘉运派遣高陳带兵联合攻击突骑施，本来高陳可凭借其"家贯高昌，谙知道引"的优势，通过"专辖轮台"可以"救援天山"，但是由于其畏战怯懦，导致该次军事行动失利。安史之乱后，轮台的军防地位进一步提升，设置有静塞军，继续承担着护卫北庭侧翼的军防任务。

三 拱卫中天山：轮台与焉耆、龟兹的联防

轮台位于天山中部，因此既要顾及东天山的军防，又要策应中天山焉耆、龟兹一带的防务，与龟兹、焉耆共同组成控扼中天山的军防系统。轮台、焉耆、龟兹三地不仅有天山外部的官道连接，而且经由中天山内部的道路，可以相互驰援。

唐初轮台为处月、处密等部占据，突厥常借此侵扰天山南麓的焉耆、龟兹等地。贞观年间，西突厥与焉耆交好时，两地交通频繁，《阿史那忠碑》载："既而句丽、百济，互相侵逼；处月、焉耆，各为唇齿。"[1] 体现的就是处月、焉耆之间有径道相连、唇齿相依的情况。当然，两者交恶时，便捷的交通也可以使军队快速抵达对方境内。如《旧唐书》记载："（贞观）十二年，处月、处密与高昌攻陷焉耆五城，掠男女一千五百人，焚其庐舍而去。"[2] 处月、处密的发兵路线应是沿乌鲁木齐河谷而上，直达焉耆北境，高昌军队自银山道出，双方共同夹击焉耆。

贞观十八年，"焉耆贰于西突厥，西突厥大臣屈利啜为其弟娶焉耆王女，由是朝贡多阙"。郭孝恪率军自银山道进攻焉耆，"会焉耆王弟颉鼻兄弟三人至西州，孝恪以颉鼻弟栗婆准为乡导"。[3] 焉耆被攻陷后，唐廷设置焉耆都督府。次年，唐朝发布的《贞观年中抚慰处月处蜜诏》云："令左屯卫将军阿史那忠为西州道抚慰使，屯卫将军苏农泥孰仍兼为吐屯，检校处月、处密部落，宣布威恩，招纳降附，问其疾苦，济其危厄，务尽绥怀之道，称朕意焉。"[4] 以此达到"处月、焉耆，共稽王略"的目的。可见，唐

---

① 岑仲勉：《突厥集史》，第780页。
② 《旧唐书》卷一九八《焉耆传》，第5301—5302页。
③ 《资治通鉴》卷一九七，太宗贞观十八年，第6324页。
④ 《日藏弘仁本文馆词林校证》卷六六四《贞观年中抚慰处月处蜜诏》，第250页。

朝控制轮台、焉耆之后，两地可交通直达、军防互助。

安史之乱后，焉耆以北的天山内部廊道地位凸显。由于吐蕃势力在若羌、石城等地北上，影响到焉耆南下、东去的正常通行。焉耆经轮台通往北庭的道路直接穿越焉耆北部天山山脉，经轮台再经天山北麓的外部廊道至北庭，避开了吐蕃的势力。《悟空入竺记》记载了悟空返回时的路线："次至乌耆国，王龙如林，镇守使杨日祐，延留三月。从此又发至北庭州，本道节度使御史大夫杨袭古，与龙兴寺僧，请于阗国三藏沙门尸罗达摩（唐言戒法）译《十地经》，三藏读梵文并译语，沙门大震笔授，沙门法超润文，沙门善信证义，沙门法界证梵文并译语。《回向轮经》翻译准此。翻经既毕，缮写欲终，时逢圣朝四镇、北庭宣慰使中使段明秀来至北庭。"[1] 该记载中，丝毫没有提到银山道、天山、西州等地，这只能说明悟空走的道路，是从焉耆经天山内部廊道到北庭的道路。

第五节　中宗《北伐制》与北庭军防体系的肇始

《命吕休璟等北伐制》是唐中宗为了应对唐廷北方的新形势所制订的北伐后突厥的计划。景龙四年五月十五日，中宗颁布由苏颋草拟的诏敕《命吕休璟等北伐制》（以下简称《北伐制》）。《北伐制》内容充分，战术合理，是切实可行的讨伐方案，确定了以北庭为中心，河西军队与突骑施、黠戛斯两翼共同进军的战略。唐中宗采取积极进取的策略，既是对唐朝经营西域成果的检验，也展示了当时唐廷的判断力和力图改变边疆局势的决心。

一　后突厥汗国的威胁

东突厥在贞观四年灭亡后，一直臣服于唐朝治理之下。永淳元年，突厥吐屯啜骨咄禄纠众七百反抗唐朝，建立后突厥政权。骨咄禄反叛后，又率军进攻契丹人、乌古斯人，势力逐渐强大起来。此后连年侵犯武周边境，势力趋于壮大，乃自立为颉跌利施可汗。骨咄禄去世后，其弟默啜可汗继位（691—716年在位）。

---

[1]　杨建新主编《古西行记选注》，第126页。

　　默啜可汗利用突厥部族对于汉族控制的不满以及恐惧，如"汉人决不放免任何他人，从其直系亲属，直到氏族、部落。你们这些突厥人啊，曾因受其甜蜜话语和精美物品之惑，大批人遭到杀害"① 等来大肆招揽突厥民众，同时聚集于于都斤山（今杭爱山）附近，开始四处征战。武则天虽多次派兵征讨，皆未能彻底剿灭，最终出现"突厥默啜自则天世为中国患，朝廷盱食，倾天下之力不能克"② 的局面。

　　神龙政变后，中宗仓促即位，缺乏足够的政治历练，况且此时仍未走出"李武政权"③ 时代，中央政权不稳，各方势力错综复杂，政治斗争较为激烈。中宗掌权期间，前有武氏势力残余，后有韦后、安乐公主之流插手朝政，掣肘颇多。后来在处理崔琬弹劾宗楚客之事中，由于处事过于求稳，时人称其为"和事天子"。④ 但正是由于中宗略显中庸的治国之道，反而减少了内部的国力损耗。同时凭借前代丰厚的军事遗产，唐朝仍具有十分强大的军事实力。

二　唐廷的应对与外交转变

　　随着后突厥势力急剧扩张，"默啜还漠北，拥兵四十万，据地万里，西北诸夷皆附之，甚有轻中国之心"。⑤ 神龙二年（706），中宗尝试与后突厥交战，派灵武军大总管沙吒忠义与默啜战，损失惨重，"军败，死者六千余人"。⑥《毗伽可汗碑》记载："朕年二十二，余往征唐人；余击沙吒将军及（其军）八万人；余破其军于彼处。"⑦"八万人"应有所夸大，但后突厥此时成为唐朝的重大威胁已经不言而喻。因此，解决后突厥成为唐朝的当务之急。神龙三年正月，中宗命令中央与地方官吏进平突厥之策，开始着手平定后突厥之事。朝中大臣任季、田海等人均上书进言，但皆不合实际，独卢俌所言切中时弊。

①　芮传明：《古突厥碑铭研究（增订本）》，商务印书馆 2017 年版，第 177—178 页。
②　《资治通鉴》卷二一一，玄宗开元四年，第 6843 页。
③　黄永年：《六至九世纪中国政治史》，上海书店出版社 2004 年版，第 196 页。
④　《资治通鉴》卷二〇九，中宗景龙三年，第 6750 页。
⑤　《资治通鉴》卷二〇六，则天后圣历元年，第 6651 页。
⑥　《资治通鉴》卷二〇八，中宗神龙二年，第 6725 页。
⑦　岑仲勉：《突厥集史》，第 914 页。

卢俌的奏闻对于景龙四年的《北伐制》有较大影响，因此需要仔细加以分析。卢俌的建议大体为五，一为赏罚分明，明正典刑；二为以夷制夷，联合诸蕃，挟制突厥；三为募人徙边，究识夷险；四为慎择边吏，得人任之，选用胜兵，训兵屯田；五为内郡安业，轻徭薄赋，积蓄财力。中宗接受其建议并加以实施，开始北伐默啜的前期准备工作。但《新唐书》记载"中宗善其言，然无施行者"。① 梳理中宗的举动可以发现，《新唐书》的结论可能过于武断。

沙吒忠义败于后突厥后，当月中宗便"以突厥寇边、京师旱、河北水，减膳，罢土木工。苏环存抚河北"，② 开始安抚人心，昭示天下，减少日常饮食，停罢土木工程，抚慰河北地区。神龙三年五月，中宗又任命军功卓著的右屯卫大将军张仁愿为朔方道行军大总管，以防备突厥。③ 十月，后突厥再次入侵袭边，"三年，突厥入寇，朔方军总管沙吒忠义为贼所败，诏仁愿摄御史大夫，代忠义统众。仁愿至军而贼众已退，乃蹑其后，夜掩大破之"。④ 张仁愿出任朔方道行军大总管不久便击败后突厥的入侵，既稳定了边境人心，鼓舞了士气，又达到了"狃习戎事，究识夷险"的既定目的。

景龙二年，张仁愿趁默啜西击突骑施时，一举夺取漠南之地，拓展唐廷北部地域，构筑三受降城遏制后突厥南下。唐休璟与张仁愿对于是否在黄河以北筑城存有争议，但焦点在于军事战略的转换，即是否北伐默啜。最终中宗决定采取攻势，筑城屯兵，广修烽燧传递军情。其实透露出的关键信息是三城"不置瓮门及曲敌、战格之具"⑤，这就表明三受降城就是为之后北伐默啜而设，不为守城。同时，张仁愿提拔良将、良吏参管军政之事，亦与前文卢俌奏闻相合。

《元和郡县图志》记载："定远东城，灵武郡东北二百里黄河外……管兵七千人，马三千匹。西城，九原郡北黄河外八十里……管兵七千人，马一

---

① 《新唐书》卷二〇〇《儒学下》，第5705页。

② 《新唐书》卷四《中宗本纪》，第109页。

③ 《新唐书》卷四《中宗本纪》，第109页。

④ 《旧唐书》卷九三《张仁愿传》，第2982页。"三年"误，应为"二年"。《资治通鉴》亦有相关记载："冬，十月，丁丑，命左屯卫将军张仁愿充朔方道大总管，以击突厥。比至，虏已退，追击，大破之。"《资治通鉴》卷二〇八，中宗景龙元年，第6735页。

⑤ 《旧唐书》卷九三《张仁愿传》，第2982页。

千七百匹。西南去理所一千余里。安北都护府，亦曰中受降城……管兵六千人，马二千匹。西南去理所一千三百里。"① 可见三受降城军力强大。此时张仁愿已经注意为北伐后突厥搜集军事情报，他任命论弓仁为朔方军前锋游奕使戍诺真水（艾不盖河），据记载："中受降城西二百里至大同川，北行二百四十余里至步越多山，又东北三百余里至帝割达城，又东北至诺真水。"② 诺真水距中受降城七百余里，深入敌后，可见唐廷北伐决心之坚定。

中宗显然对于张仁愿寄予厚望，"（景龙三年）八月乙未，亲送朔方军总管、韩国公张仁亶于通化门外，上制序赋诗"。③ 李峤、李适、刘宪、苏颋等人皆和诗送张仁愿，其中"地限骄南牧，天临饯北征"④"武貔东道出，鹰隼北庭飞"⑤ 等诗句即表现出唐廷上下对于张仁愿安边定疆的期盼。

（一）唐廷协和室韦、渤海国、吐蕃势力

默啜实力的急剧增长，不仅威胁唐朝边疆安全，而且极大压缩了其他游牧势力的生存空间，这就为唐朝联合其他势力对抗后突厥奠定了基础。唐廷陆续联合室韦、突骑施、黠戛斯等势力，组建北伐联盟，同时抚慰渤海国、吐蕃，构建相对稳定的军事环境。

室韦部落大致分布在今东北、内蒙古以及与俄罗斯接壤地带，"地据黄龙北，傍猛越河，直京师东北七千里，东黑水靺鞨，西突厥，南契丹，北濒海"，⑥ 本役属于突厥。室韦社会发展较为落后，有二十余个部落，权力分散，因此势力并不强大。贞观五年，始朝贡唐朝。景龙年间，室韦趁朝献之机，"请助讨突厥"。⑦ 虽然在后来的《北伐制》中，室韦并未出兵助讨，但应当也是倾向于唐朝一方的。

渤海国位于室韦之东，本依附高丽，高丽被灭后，势力开始强大，有胜

---

① 《元和郡县图志》卷四《关内道四》，第 92 页。
② 《资治通鉴》卷二〇九，中宗景龙二年，第 6738 页。
③ 《旧唐书》卷七《中宗本纪》，第 148 页。
④ 《全唐诗（增订本）》第 2 册，中华书局 2016 年版，第 776 页。
⑤ 《全唐诗（增订本）》第 2 册，第 995 页。
⑥ 《新唐书》卷二一九《室韦传》，第 6176 页。
⑦ 《新唐书》卷二一九《室韦传》，第 6177 页。《旧唐书》卷一九九《室韦传》载："贞观三年，遣使贡丰貂，自此朝贡不绝。"（第 5357 页）

兵数万，"地直营州东二千里，南比新罗，以泥河为境，东穷海，西契丹"。①
此时渤海王大祚荣"自称振国王，附于突厥。时奚、契丹皆叛，道路阻绝，
武后不能讨"。② 大祚荣附于突厥，对于唐朝东北地区而言是潜在的威胁。
因此，争取渤海国倒向自己，既可削弱突厥势力，亦可稳固东北边防。中宗
即位后，便派遣使者善意招抚大祚荣，大祚荣随即派遣儿子大门艺入侍，但
由于契丹与突厥寇边，事竟不行。③双方通使的消息可能遭到泄露，契丹与
突厥便趁机联合阻挠。但从开元元年玄宗派遣郎将崔忻前往渤海国，继续册
封大祚荣"为左骁卫员外大将军、渤海郡王，仍以其所统为忽汗州，加授
忽汗州都督，自是每岁遣使朝贡"④ 来看，自中宗遣张行岌交好以来，双方
关系处在上升期，其间并未交恶。

　　吐蕃在青藏高原崛起后，占据青藏高原大片地区，长期与唐朝争夺河
西、西域以及唐朝西南等地。武周时期，四镇曾陷落于吐蕃之手，其势力进
逼河西之地。王孝杰复四镇后，为增强东、中天山的军事联防，唐廷设置北
庭都护府和轮台。中宗选择北伐默啜，解决吐蕃问题至关重要，安抚吐蕃不
仅能够减轻河西军队的压力，进而抽调河西精锐参与北伐，而且可以稳定西
域塔里木地区局势，保持北庭军力的完整。

　　长安四年，吐蕃赞普器弩悉弄征讨南诏而亡，吐蕃内部局势发生动荡。
次年，母后墀玛类掌握大权，先后平定岱仁巴农囊扎、开桂多囊等人叛乱，
再解除朝中重臣的威胁，稳定了局势。⑤

　　因此，吐蕃有意于改善和唐的双边关系，暂时保持边境和平。这与中宗
的战略不谋而合。神龙元年，唐廷得知吐蕃赞普死讯后，当即决定"帝为
之举哀，废朝一日"，⑥ 传达结好意愿。并在次年与吐蕃盟誓，定界安边。⑦

　　① 《新唐书》卷二一九《渤海传》，第 6179 页。

　　② 《资治通鉴》卷二一〇，玄宗开元元年，第 6798 页。

　　③ 《旧唐书》卷一九九《靺鞨传》，第 5360 页。

　　④ 《旧唐书》卷一九九《靺鞨传》，第 5360 页。

　　⑤ 王尧、陈践译注《敦煌本吐蕃历史文书（增订本）》（藏文），民族出版社 1992 年版，第
149 页。

　　⑥ 《册府元龟》卷九七四《外臣部·褒异一》，第 11443 页。

　　⑦ 《册府元龟》卷九七九《外臣部·盟誓》，第 11526 页。"敕琬赍神龙二年吐蕃誓文，与达延定
界（臣钦若等曰：神龙二年盟誓事史缺）。"据开元二年解琬盟誓，可知确有其事。

唐廷此举正和吐蕃之意，为加强盟誓效用，吐蕃决定联姻唐廷，于神龙三年二月派遣大臣悉董热进献方物，四月，中宗下诏"以所养嗣雍王守礼女金城公主出降吐蕃赞普"。[1]

景龙四年，吐蕃史料记载："及至狗年，赞普驻于跋布川。祖母驻于'准'。于赤帕塘集会议盟，派员准备赞普公主来番之物事，以尚·赞咄热拉金等为迎婚使。赞蒙金城公主至逻些之鹿苑。"[2] 吐蕃赞普年幼，时年仅七岁，[3] 联姻仅是双方出于政治目的之所为而已。景龙四年二月，金城公主出降吐蕃，中宗嫁女诏书虽言辞恳切，但仍流露出明显的政治意味，"金城公主，朕之小女，长自宫闱，言适远方，岂不钟念？但朕为人父母，志恤黎元，若允诚祈，更敦和好，则边上宁宴，兵役休息，遂割深慈，为国大计，受筑外馆，聿膺嘉礼，彼吐蕃赞普。即以今月二十七日，朕深自送于郊外"。[4]

中宗通过一系列策略与吐蕃划定边界，互不侵犯，再以公主和亲巩固盟誓，这对于维持唐朝西南以及西域南部的稳定起到了极大的作用，解除了北伐默啜的后顾之忧，使得唐廷得以倾北庭以及河西精锐北伐后突厥。

（二）唐廷与突骑施、黠戛斯联盟

自唐高宗册立阿史那步真、阿史那弥射为继往绝可汗、兴昔亡可汗以来，唐朝始终坚持扶植阿史那系子孙统治西突厥故地的策略。但一方面阿史那氏受唐廷政治风波影响，如阿史那元庆被酷吏来俊臣陷害，这造成武则天临朝后"十姓无主数年，部落多散失"[5] 的局面，导致其自身威望降低，实力下降，统驭失众；另一方面是异性突厥的强势崛起，极大挑战了阿史那氏的权威。

乌质勒原是阿史那斛瑟罗的部下，斛瑟罗统治严酷，乌质勒善于抚恤，逐渐被周边诸胡拥戴，军事实力逐渐壮大。

---

① 《册府元龟》卷九七九《外臣部·和亲二》，第 11498 页。
② 王尧、陈践译注《敦煌本吐蕃历史文书（增订本）》（藏文），第 150 页。
③ 薛宗正：《吐蕃王国的兴衰》，民族出版社 1997 年版，第 65 页。
④ 《册府元龟》卷九七九《外臣部·和亲二》，第 11499 页。
⑤ 《旧唐书》卷一九四《突厥传》，第 5189 页。

初隶在斛瑟罗下，号为莫贺达干。后以斛瑟罗用刑严酷，众皆畏之，尤能抚恤其部落，由是为远近诸胡所归附。其下置都督二十员，各统兵七千人。尝屯聚碎叶西北界，后渐攻陷碎叶，徙其牙帐居之。东北与突厥为邻，西南与诸胡相接，东南至西、庭州。①

随着军事实力的膨胀，突骑施占据碎叶作为牙帐，是时其势力东北至东突厥汗国，西南至中亚诸胡国，东南至西州、庭州，地域范围包括大部分的西突厥故地。长安三年，乌质勒与阿史那氏之间发生战争，安西道绝，最终以突骑施胜利告终。

面对突骑施的崛起，郭元振主张设置军镇，安抚新生的突骑施力量，全面废止支持阿史那氏的过时政策。宗楚客与周以悌等人主张采取强硬措施，打击娑葛势力。唐廷最终支持宗楚客一方，对娑葛用兵，双方爆发冲突。景龙二年，西域局势更为混乱，唐廷与突骑施争斗，后突厥汗国成为最大受益者。突骑施则由于遭受后突厥的攻击，希望与唐廷和解。因此，中宗综合考虑后，听取郭元振的意见，决定停止冲突，赦免娑葛的罪名，并册封其为十四姓可汗。三年七月，唐朝承认突骑施汗国，册封娑葛为"钦化可汗，赐名守忠"。② 根据相关突厥碑铭来看，双方就结盟达成一致，暂时放下成见，合作进攻后突厥汗国。

黠戛斯兴起于剑河（叶尼塞河）流域，《史记》中便有记载，两汉之时称其为"坚昆"，魏晋多以"护骨""结骨"等称之，隋唐时多以"黠戛斯"称之，但"坚昆"之名仍常见于史书。隋唐之际，黠戛斯势力迅速发展，有八万精兵。贞观年间，坚昆首领失钵屈阿栈前来归附，太宗遂"以其地为坚昆府，拜俟利发左屯卫大将军，即为都督，隶燕然都护"。③ 高宗时，黠戛斯与唐朝的友好关系继续发展，其首领结黠蚕匐肤莫贺咄被任命为"左威卫大将军兼坚昆都督"。④ 由于后突厥不断挤压黠戛斯的生存空间，中

---

① 《旧唐书》卷一九四《突厥传》，第5190页。

② 《资治通鉴》卷二〇九，中宗景龙三年，第6753页。

③ 《新唐书》卷二一七《黠戛斯传》，第6149页。

④ 陈国灿：《唐乾陵石人像及其衔名的研究》，《新疆通史》编撰委员会编《新疆历史研究论文选编·隋唐卷》，新疆人民出版社2008年版，第124页。

宗景龙二年十一月，坚昆派遣使者前来朝贡，并寻求合作，中宗"宴坚昆使于两仪殿，就其家吊焉"。① 中宗甚至还以黠戛斯为汉朝李陵之后为由，慰劳黠戛斯使者说"而国与我同宗，非它蕃比"，② 借以拉拢黠戛斯势力。最终黠戛斯决定与唐朝联合，共同讨伐默啜。

中宗即位后，通过一系列手段，削弱默啜的附属力量，交好室韦、渤海国等东北势力，与突骑施和黠戛斯结为坚实的盟友，并与西南边疆的吐蕃划界和亲，为北伐后突厥做了充分准备。唐廷建立了东有漠南三受降城，中有河西、北庭精锐，西有突骑施、黠戛斯的半包围式军事防线，中宗北伐默啜的前期准备基本完成。

三　以北庭为中心的北伐战略

景龙四年五月十五日，中宗正式颁布《命吕休璟等北伐制》，决定进攻后突厥汗国。《北伐制》全文如下：

> 命吕休璟等北伐制　　苏　颋
>
> 门下：朕闻守在四夷，盖安人以和众；加于百姓，岂穷兵而黩武，然则日之所出，弗俾于化。故知天之所讨，必龚其罚。自默啜虔刘肆暴，桀骜反常，独为匪人，假命骄子者，有岁时矣。虽奉书就邸，或遵于正朔而控弦犯塞，已毒于疆场。朕惟务怀柔，每在含忍，遂使庶邦愤积，稽其六月之师；逋寇祸盈，穷此百年之运。
>
> 金山道前军大使特进贺腊毗伽钦化可汗突骑施守忠，二庭贵绪，万里威声，忠而善谋，勇则能断。自膺殊礼，名宠于外藩，思立大勋，志勤于中国。兼遣弟右监门卫将军守节，长驱沙漠，直指金微。默啜举其种类，来相抗拒。近殆于锋镝之下，已若乱麻；远虑于庙堂之上，将同破竹。坚昆在右，掎角而东，并累献封章，请屠巢穴。朕又闻不得已而用者，孰若兵机？不可得而违者，乃符人事，永言取乱，宜戒徂征。
>
> 右领军卫将军兼检校北庭都护、碎叶镇守使、安抚十姓吕休璟，心

---

① 《册府元龟》卷九七四《外臣部·褒异一》，第 11443 页。
② 《新唐书》卷二一七《黠戛斯传》，第 6149 页。

坚铁石，气横风雷，始则和戎之利，先得晋卿；终而逐虏之功，方邀汉将，可为金山道行军大总管。北庭副都防郭虔瓘、安处哲等怀才抱器，蓄锐俟时，惯习军容，备知边要，并可为副大总管。领瀚海、北庭、碎叶等汉兵及骁勇健儿五万骑。金山道前军大使特进贺腊毗伽钦化可汗、突骑施守忠领诸蕃部落兵健儿二十五万骑，相知计会，逐便赴金山道。

朔方道行军大总管、右武卫大将军摄右台大夫、同中书门下三品、上柱国韩国公张仁亶，文武将相，莫之与京，心腹大臣，是所系赖，当分阃之任，受升坛之律，常愿身先士卒，不以贼遗君父，与副大总管、右监门卫大将军鲁受信等领蕃汉兵募健儿，或用绝群飞骑，城傍等十五万骑。

赤水军大使、凉州都督司马逸客，外宽内明，正辞直道，标慷慨之节，曾不顾身，蕴经营之志，期于尽敌，与右武卫将军陈丘、右金吾卫翊府中郎将李玄通、副使右骁骑卫鹿陵府折冲能昌仁、左卫神山府折冲陈义忠等，领当军及当界蕃汉兵募健儿七万骑。丰安军大使、灵州都督甄粲，副使张赵璧、常元寂等，领蕃汉兵马六万骑。防御群牧大使、临洮军使甄亶领当军莫门、积石等军，马募及秦、兰，渭城等州大家子弟总二万骑。建康军使、甘州刺史李守微，玉门军使、肃州刺史汤嘉惠，墨离军使、瓜州都督李思明，伊吾军使、伊州刺史李眘交等各领当军兵马，与突骑施守忠、吕休璟等计会，共为表里，莫不运其长策，悉心而效六奇；接以短兵，指掌而论七纵。使天阵齐举，云置备设，贾勇于饮醪之夫，一以当万；扬威于汗血之骑，左萦右拂。咸击鼋斩蛟，曳牛佩豕，必能力籔穷海，声压大荒，刈谷蠡之庭，拔祆渠之垒，不遑渭桥之拜。已见阴山之哭，然则持旄节执金鼓者，所以问不宾、诛首恶，而比夫不诚，复迷则凶，俾存开网之仁，预轸焚舟之叹，休璟所领兵马甲仗，一事已上，仍依别敕处分，主者施行。

【景龙四年五月十五日】①

① 《文苑英华》卷四五九《诏敕一·命将》，中华书局 2011 年版，第 2335—2336 页。《唐大诏令集》卷一三〇《命吕休璟等北伐制》，第 705 页。《全唐文》卷二五三《命吕休璟等北伐制》，中华书局 1983 年版，第 2562—2563 页。三者略有不同，笔者已对勘，不再详述。

从该文可以看出，北伐计划分为两路出征，一路以吕休璟为金山道行军大总管，郭虔瓘、安处哲为副大总管，突骑施守忠与黠戛斯相配合，北庭出动碎叶军、瀚海军，共率军三十余万自金山道出军；一路以张仁愿为朔方道行军大总管，鲁受信等人率河西和关内兵马出击后突厥。

中宗北伐与武则天时期攻击默啜的战略并不相同。武则天时，庭州尚未具有成体系的军政组织和精锐的兵力，只能单线攻击，无法彻底消灭默啜势力。长安二年后，北庭设立都护府以及瀚海军，东天山区域形成以北庭为中心的军防体系。此次北伐以北庭为中心，战线东起三受降城，西至突骑施、碎叶，北庭与河西地区几乎倾巢而出。按制文所述，金山道军力远超朔方道，而且需要指挥突骑施与坚昆军队，并设两位副大总管指挥，朔方道仅有一位副大总管，可看出北庭应为指挥中心。《北伐制》是唐廷初次以刚设立的北庭为核心的军事战略部署，证明北庭在西域整个局势中的作用非常显著。

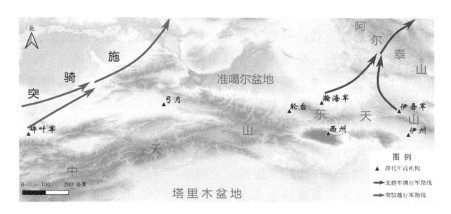

图 3-34　北庭与突骑施进军路线示意图

四　《北伐制》的夭折与反思

北伐抓住了当时唐朝面临的主要问题，将后突厥问题摆在首位，既充分利用北庭的优势，又起到利用陇右道和关内道军队共同出击的目的。此时作为唐朝大敌的吐蕃，由于新赞普剪除了禄东赞势力，正在内部自我整顿，对于唐朝和西域，几乎无暇顾及。假设《北伐制》如实进行，将可能改变唐朝长期遭后突厥袭扰的局面，并进而稳定西域与漠南局势，一改武则天时期面对默啜的被动局面。

但从中宗继位至《北伐制》颁布，历时五年，耗时太久，尤其是与突骑施的合作出现波折，错过了宝贵的时机。神龙二年十二月，突骑施娑葛已被唐廷封为金河郡王，① 但突骑施内部阿史那忠节与娑葛争权，忠节听从周以悌意见，贿赂宗楚客等人，令牛师奖等人讨伐娑葛，由此导致娑葛反目，率军攻击安西、拨换城等地，致使唐军损失惨重。宗楚客等一意孤行奉行册立阿史那氏的策略最终导致唐与突骑施的联合拖至景龙三年才实现，严重影响了中宗的北伐战略。

同时，唐廷频繁地与周边势力交流，使得军事信息不慎泄露，被后突厥知晓。这从《暾欲谷碑》记载的"汉人可汗是我们的敌人，十箭可汗是我们的敌人，（此外）人数众多的（黠戛斯人及其）强大的（可汗），变成了（我们的敌人），这三个可汗显然曾做如此的商讨""我听到这些话后，夜间不想睡觉，白天不想休息""我们日以继夜地驰驱"② 等可以明显看出。后突厥已经知晓了唐廷北伐的战略，并且立刻展开行动击败了黠戛斯。此时由于突骑施内乱，遮弩叛入后突厥，并且引兵进攻突骑施，史载："既而与遮弩分治其部，遮弩恨众少，叛归默啜，请为乡导反攻其兄。"③《暾欲谷碑》亦有相应记载："我们从黠戛斯回来。此时有个探子来自突骑施可汗那里，可汗说了如下的话'让我们对东方的可汗发动战争。如果我们不去打他，那么，由于这可汗十分勇武，其参谋甚为贤明，他必将在他愿意的任何时候把我们杀死。'（探子）说道：'据报，突骑施可汗已经出发，十箭的人马已全部出发。一支汉人军队据报也与之一起前来。'"④ 由此可知，遮弩怨恨娑葛分配不均，于是向默啜传递消息，希望借机打击娑葛。于是就造成《北伐制》尚未发布，唐廷的坚实盟友黠戛斯与突骑施的实力已经遭到极大削弱。黠戛斯接连遭到默啜的进攻，实力大损。另外根据碑铭记载，突骑施也被暾欲谷率领的军队牵制在阿尔泰山一带，难以发起进攻。

---

① 《旧唐书》卷一九四《突厥传》，第 5190 页。
② 芮传明：《古突厥碑铭研究（增订本）》，第 243 页。
③ 《新唐书》卷二一五《突骑施传》，第 6067 页。
④ 芮传明：《古突厥碑铭研究（增订本）》，第 244 页。

中宗颁布《北伐制》不足一月，便死于朝堂政变，继任的睿宗改弦更张，转为与后突厥和亲。当年九月，睿宗以唐休璟为特进兼朔方道大总管替代张仁愿，[①] 昔筑三受降城之时，唐休璟便强烈反对，此时换将意义不言自明。景云二年（711）正月，突厥可汗默啜遣使请和，三月，睿宗"以宋王成器女为金山公主，许嫁突厥默啜"。[②] 睿宗仍然采用绥靖的政策，并且同意了削减兵力的计划，让后突厥做大，[③] 致使唐朝丧失了削弱后突厥的宝贵机会。

第六节　以北庭为中心的伊西庭联防体系的完善

天山北麓广泛分布的绿洲带为中原王朝进行农业屯戍奠定了基础。汉朝曾经在金满城进行屯田。永平十七年，"骑都尉刘张出击车师，请恭为司马，与奉车都尉窦固及从弟驸马都尉秉破降之。始置西域都护、戊己校尉，乃以恭为戊己校尉，屯后王部金蒲城，谒者关宠为戊己校尉，屯前王柳中城，屯各置数百人"。[④] 囿于当时实力，汉朝屯戍规模不大。唐朝建立伊州、西州和庭州后，整个东天山处于其控制之下，因此唐朝在伊吾、庭州、轮台等地进行了大规模的屯戍活动，并建立了以庭州为中心的东天山军事体系。

一　庭州屯田与东天山的联防

庭州的绿洲成片，适宜进行大规模的屯垦。岑参在《北庭西郊候封大夫受降回军献上》中写到"胡地苜蓿美，轮台征马肥"，[⑤] 说明了庭州的农业情况。北宋王延德记载庭州"地多马，王及王后、太子各养马，放牧平川中，弥亘百余里，以毛色分别为群，莫知其数。北廷川长广数千里，鹰鹞雕鹘之所生，多美草，不生花"。[⑥] 庭州之丰饶可见一斑。

① 《册府元龟》卷九九二《外臣部·备御五》，第 11649 页。
② 《资治通鉴》卷二一〇，睿宗景云二年，第 6782 页。
③ 《资治通鉴》卷二一〇，睿宗景云二年，第 6784 页。七月时"以右御史解琬为朔方大总管。琬考按三城戍兵，奏减十万人"。
④ 《后汉书》卷一九《耿恭传》，第 720 页。
⑤ 《岑参集校注》，第 136 页。
⑥ 杨建新主编《古西行记选注》，第 160 页。

北庭作为天山以北最大的屯田基地，是东天山可靠的后勤保障。《唐六典》记载"北庭二十屯"，① 这样算来，唐朝在北庭境内有一千顷即十万亩田的屯田规模。

《贞松堂藏西陲秘籍丛残》载有北庭治下的营田事宜，录文如下：

北庭都护府功曹府流外四品、云骑尉营田第一等赏绯鱼袋王孝□
经考十　西州　高昌县　顺义乡　顺义里　身为户
北庭都护府仓曹府流外四品、上柱国赏绯鱼袋康处忠年册一
西州　交河县　安乐乡　高泉里　身为户
北庭都护府录事史流外五品、骑都尉营田第一等赏绯鱼袋曹怀巘年
册六
西州　高昌县　崇化乡　净泰里　身为户
北庭都护府户曹流外五品、武骑尉营田第一等赏绯鱼袋张虔礼年册
八（后缺）②

由上可知，北庭的王孝□、曹怀巘、张虔礼担任营田使，考核为"一等"，说明庭州屯田的效果是可以的，亩产量能够达到一石以上。③ 据胡戟考证，唐代内地亩产在一石左右，低的在七八斗，高者可达二石。④

《大周故岷州刺史张府君墓志铭并序》载："如意元年（692），授宁远将军检校庭州刺史兼营田大使。"⑤《唐故中大夫使持节江华郡诸军事江华郡太守上柱国和府君墓志铭并序》载："景龙之岁，以军功授义阳别将、碛西支度营田判官。夙兴匪懈，极稼穑之艰难，饬躬律人，大边垂之仓廪。……居无几何，转北庭副都护兼右司御副率，专知仓库支度营田使。始终十年，储蓄巨亿，持兵绝境，疆场无虞。"⑥ 从上述材料中可以看出，至少在长寿

① 《唐六典》卷七《尚书工部》，第 223 页。
② 〔日〕池田温：《中国古代籍帐研究》，录文第 236 页。
③ 李锦绣：《唐代庭州地区的人口和营田》，《文史知识》2010 年第 2 期。
④ 胡戟：《唐代粮食亩产量——唐代农业经济述论之一》，《西北大学学报》1980 年第 3 期。
⑤ 周绍良主编《唐代墓志汇编》，第 1022 页。
⑥ 周绍良主编《唐代墓志汇编》，第 1580 页。

元年，庭州已经设置营田使。叶守阳在担任营田判官时，"夙兴夜寐，勤于管理"，达到了"仓廪充足"的目标。由于其长期担任营田官职，经验丰富，10 年后，北庭的粮食储蓄已经"巨亿"，使得北庭无须担忧后勤供应，保障了其"疆场无虞"。值得一提的是，张仁楚是以庭州刺史的身份兼任营田大使，叶守阳以北庭副都护来专管营田，可见北庭对于屯田的重视，也正因如此，北庭屯田的成效显著。

当时出现了"轮台、伊吾屯田，禾菽弥望"[①] 的景象，能被史家记录下来，并被朝廷作为典型，说明庭州地区的屯田效果确实不错。

除此之外，北庭下辖的 10 个守捉、镇戍以及众多的烽燧亦有相当数量的屯田。关于守捉、镇戍屯田的面积，史书语焉不详，吐鲁番文书《唐开元十一年（723）状上北庭都护所属诸守捉剧田顷亩牒》有相关记载，录文如下：

（前缺）

1. 　　　白粟　　叁拾伍
2. 　　　俱六守捉并床
3. 　　　神山守捉并麦
4. 　　　凭洛守捉并床
5. 　　　前件剧田　　　状
6. 　　　顷亩到日　　上
7. 　　　一年七月　　牒
8. 　　　郎行仓曹参军
9. 　　　州和政府折冲都
10. 　　府崇信府折
11. 　　北庭副都兼□使赐紫金

---

① 《新唐书》卷二一六《吐蕃传》，第 6107 页。

12. ☐☐☐☐光禄大夫检校北庭都护兼经略☐☐☐☐☐①

由于文书前后缺失较多，仅涉及"俱六守捉""神山守捉""凭洛守捉"，三守捉各有屯田，种植白粟、麦子等农作物，白粟有三十五"亩"或"顷"。开元二十五年，唐玄宗下屯田诏："诏屯官叙功以岁丰凶为上下。镇戍地可耕者，人给十亩以供粮。方春，屯官巡行，谪作不时者。天下屯田收谷百九十余万斛。"② 守捉的屯兵数量一般为数百人，故而一个守捉屯田的总数可能有数千亩。

守捉之下为镇、戍等建置，史书记载："镇将、镇副、戍主、戍副，掌捍防守御。凡上镇二十，中镇九十，下镇一百三十五；上戍十一，中戍八十六，下戍二百四十五……唐废戍子，每防人五百人为上镇，三百人为中镇，不及者为下镇；五十人为上戍，三十人为中戍，不及者为下戍。"③ 各镇戍屯田的记载也较为详细，唐律也有相应的规定，《唐律疏议》记载："防人在防，守固之外，唯得修理军器、城隍、公廨、屋宇。各量防人多少，于当处侧近给空闲地，逐水陆所宜，斟酌营种，并杂蔬菜，以充粮贮及充防人等食。"④ 防人即当地州县招募的士卒或者属折冲府的府兵，他们可以在附近地势平坦、水源丰富的地方进行营种，不仅要种植粮食，还要杂以蔬菜，以供日常生活，这些都增加了庭州的屯田收入，提高了粮食总产量。

根据统计，北庭的屯田剐田提供军粮近 30 万石，其积蓄的粮食还输往西州等地区。⑤《唐天宝二年（743）交河郡市估案》记载：

5. 白面壹斤　上直钱叁拾捌文　次叁拾柒文　下叁拾陆文

6. 北庭面壹斤　上直钱叁拾伍文次☐☐☐☐⑥

---

① 国家文物局古文献研究室、新疆维吾尔自治区博物馆、武汉大学历史系编《吐鲁番出土文书》第 8 册，第 197—198 页。

② 《新唐书》卷五三《食货三》，第 1372 页。

③ 《新唐书》卷四九《百官四》，第 1320 页。

④ 《唐律疏议笺解》卷一六"遣番代违限"，第 1206—1207 页。

⑤ 李锦绣：《唐代财政史稿》上卷，第 1232 页。

⑥ 〔日〕池田温：《中国古代籍帐研究》，录文第 447 页。

"北庭面"作为西州市场上的重要商品，成为庭州农业发展的重要体现。

此外，大型粮储遗址的发现也证明了北庭地区屯田效果显著。粮储遗址位于奇台县西地镇，面积约为 4103 平方米。现存有 55 个坑口遗迹。坑口均为圆形，排列无规律，东侧分布较密集，西侧较稀疏，口径在 2.7—4 米，现存深度 0.3—0.6 米。遗址区内遍布泥质、夹砂灰陶片，均为轮制，制作规整坚硬，陶片较厚，器形有大型瓮、罐等，均为唐代之物。据当地人介绍，遗址被发现时坑的深度约在 3 米，出土的陶器中储有大量小麦粒。以考古数据估计，此处储存当有上万石的粮食。

综上，从屯田的效果和规模看，以庭州为中心的屯田体现了规模大、效果好、作物多样等特点。虽然庭州开发时间晚于西州，但逐渐成为东天山地区最重要的屯戍基地，以此为经济基础和向北凸防的区位优势，庭州最终取代西州，成为伊、西、庭三州的军防核心。

二　北庭成为东天山抚慰游牧势力的基地

景龙四年，《北伐制》的颁布，促使唐廷将东天山三州分散的力量加以整合，使得其军防体系更为完备，最终进入其经营西域的成熟时期。先天元年（712）十一月，以阿史那献为伊西节度时，西州与伊州脱离河西，改属伊西北庭节度，北庭的地位才愈加凸显。[①]

先天至开元年间，北庭与突厥之间展开多次战争，突厥铭文记载有六次之多，"我交战六次……我将其军队全部摧毁。那里的全体居民……否则会被消灭……前来邀请。这即是别失八里避免（被毁）的原因"。[②]伊州、西州、轮台等地接连参战，取得不少胜利，扭转了武则天中宗时期西域常遭突厥、吐蕃袭扰的局面。由于战争过于频繁以及默啜的残酷统治，默啜统辖势力纷纷投降唐廷，请求归附，北庭也就成为主要的接纳基地。

北庭临近游牧势力，"丰美水草，皆在北庭"，不仅可以起到接应葛逻禄等势力来属的作用，而且成为抵抗突厥的最前沿。先天年间，突厥派兵进

---

① 《唐会要》卷七八《诸使中》，第 1429 页。
② 芮传明：《古突厥碑铭研究（增订本）》，第 228 页。

攻北庭，褚璆监领诸将，最终击败突厥。① 开元二年，后突厥继续派兵进攻北庭，被北庭都护郭虔瓘以及伊州刺史郭知运击溃，默啜子同俄被斩杀，女婿石失毕投降唐朝。② 同年，西突厥十姓胡禄屋等部诣北庭请降，唐玄宗命都护郭虔瓘抚存，葛逻禄等部则至凉州请降，此举惹怒默啜。开元三年，其发兵袭击葛逻禄、胡禄屋、鼠尼施等西突厥势力，唐玄宗命北庭都护汤嘉惠等发兵营救，并与阿史那献相互应援。后又遣左散骑常侍谢琬前往北庭抚慰降者，"随便宜区处"③。

三　伊西、北庭节度使治理东天山

北庭与西州、伊州不仅在军事上的联合得到加强，经济上也表现出逐渐统一的趋势。最具代表性的就是支度使的设立，支度使为独立于原有地方系统外的财政官员，管辖范围包括庭州、轮台以及西州地区。超越原有行政系统之外使职的设立，实际上打破原有的管理系统，重新整合了三州分散的力量，壮大了东天山的整体政治、军事和经济实力，而节度使的设置无疑增强了天山北部的边防实力。

随着唐代军镇化时代的到来，节度使的设立成为常态。唐睿宗先天元年，建置伊西节度使，"北庭都护领伊西节度等使"。④ 伊西节度使是西域地区建置最早的节度使，其与伊州、西州、北庭都护府共同构建了新的东天山防御体系，有效地遏制了后突厥汗国的西进。安西节度使与伊西节度使经过几次分合之后，开元天宝之际，西域地区最终形成两个固定的节度使：安西四镇节度使与北庭节度使，后者统领北庭都护府、西州都督府、伊州。⑤《旧唐书》较详细地记载了北庭节度使的职责与军事力量情况：

① 《新唐书》卷一〇五《褚遂良传附褚璆传》，第4029—4030页。
② 《旧唐书》卷八《玄宗本纪》，第172页。
③ 《资治通鉴》卷二一一，玄宗开元二年，第6825页。
④ 《新唐书》卷六七《方镇表四》，第1862页。
⑤ 刘子凡：《瀚海天山——唐代伊、西、庭三州军政体制研究》，第298页。有关碛西节度使、安西节度使与北庭节度使的研究，参见佐藤長「初代碛西節度使の起源と其の終末（上、下）：砕葉焉耆更換事情の一考察」『東洋史研究』7-6、8-2、1942年、1943年；苏北海《唐代四镇、伊西节度使考》，《西北史地》1996年第2期；薛宗正《唐碛西节度使的置废——兼论唐开元时期对突骑施、大食政策的变化》，《历史研究》1993年第6期；刘安志《伊西与北庭——唐先天、开元年间西域边防体制考论》，《魏晋南北朝隋唐史资料》第26辑，武汉大学文科学报编辑部2010年版。

北庭节度使，防制突骑施、坚昆、斩啜，管瀚海、天山、伊吾三军。北庭节度使所治，在北庭都护府，管兵二万人，马五千四，衣赐四十八万匹段。突骑施牙帐，在北庭府西北三千余里。坚昆，在北庭府北七千里。东北去斩啜千七百里。瀚海军，在北庭府城内，管兵万二千人，马四千二百匹。天山军，在西州城内，管兵五千人，马五百匹。伊吾军，在伊州西北三百里甘露川，管兵三千人，马三百匹。[①]

可见北庭节度使侧重防御其西边的突骑施、北边的坚昆、东北的后突厥，治所在北庭都护府，下有瀚海军、天山军、伊吾军，分别在北庭、西州、伊州境内。

简言之，唐太宗时期在可汗浮图城建置庭州后，随着西域形势的变化，尤其是突骑施、后突厥汗国等游牧势力的接连登场，庭州也历经金山都护府、北庭都护府、北庭大都护府、北庭节度使以及与安西节度使的分合等历史阶段，唐朝不断完善东天山的军事布防，最终在开元后期趋于稳定。

四　安史之乱后稳定东天山的基石

安史之乱后，河西走廊为吐蕃所控，长安至西域的道路遂绝。出于平叛需要，高仙芝、封常清等与安西、北庭军队1万余人一道入关勤王，西域的防御力量被严重削弱。平叛军队主要来自河西地区，由此造成河西空虚，内部还发生了盖庭伦与粟特胡商安门物的叛乱，进一步加剧了河西乱局。上元元年，吐蕃趁机占领河西大部，"河西军镇多为吐蕃所陷"，[②] 为求自保，北庭先后组织了河西三道大联防体系以及实施与沙陀、回鹘三方互保等策略。

（一）三道联防

伊州位于西域与河西走廊连接的关键节点，是吐蕃首先进攻的目标，由此吐蕃可以切断河西和西域的联系。在这种情况下，由于北庭此时已无力支援，加之河西节度使吕崇贲以"愍战仕之劳，不忍征伐；谨明主之国，谨守封疆"[③] 之由拒绝支援伊州，伊州刺史袁光庭"守伊州累年，外救不至，

---

① 《旧唐书》卷三八《地理一》，第1385—1386页。
② 《旧唐书》卷四〇《地理三》，第1647页。
③ 〔法〕戴密微：《吐蕃僧诤记》，第418页。

虏百端诱说，终不之屈，部下如一。及矢石既尽，粮储并竭，城将陷没，光庭手杀其妻子，自焚而死”。① 袁光庭之死并非意味着伊州在此时陷落，宝应元年（762），新任河西节度使杨志烈率领河西军队重新收复。直至建中二年，李元忠等才借道回鹘，告知朝廷伊州与西域相关事宜，光庭才被追赠工部尚书。《旧唐书》记载：

> 秋七月戊子朔，诏曰："二庭四镇，统任西夏五十七蕃、十姓部落，国朝以来，相奉率职。自关、陇失守，东西阻绝，忠义之徒，泣血相守，慎固封略，奉遵礼教，皆侯伯守将交修共理之所致也。伊西北庭节度观察使李元忠可北庭大都护，四镇节度留后郭昕可安西大都护、四镇节度观察使。"自河、陇陷虏，伊西北庭为蕃戎所隔，间者李嗣业、荔非元礼、孙志直、马璘辈皆遥领其节度使名。初，李元忠、郭昕为伊西北庭留后，隔绝之后，不知存亡，至是遣使历回纥诸蕃入奏，方知音信，上嘉之。②

虽然伊州被河西、北庭合兵收复，但已元气大伤，实力受到严重削弱，成为东天山三道联防中最薄弱的一环，这就为杨志烈之失败埋下伏笔。

宝应二年，安史之乱结束，时杨志烈为河西节度使兼河已西副元帅，统管河西、北庭与安西三道。志烈在任时实行了解放寺户、充实人口、招募兵马等联防措施。如吐鲁番阿斯塔那 509 号墓出土有《唐宝应元年（762）五月节度使衙榜西州文》，录文如下：

> 1. 使衙　　　　　榜西州
> 2. 诸寺观应割附充百姓等
> 3. 右件人等久在寺观驱驰，矜其勤劳日久，遂与僧道
> 4. 商度，并放从良，充此百姓。割隶之日，一房尽来，不能有愧
> 5. 于僧徒。更乃无厌至甚，近日假托，妄有追呼。若信此流，

---

① 《旧唐书》卷一八七《忠义传》，第 4904 页。
② 《旧唐书》卷一二《德宗本纪》，第 329 页。

6. 扰乱颇甚。今日以后，更 有 此色者，当便决然。仍仰所由

7. 分明晓喻，无使踵前，榜西州及西海县。

8. 以前件状如前

9. 建午月四日

10. 使 御 史中丞杨志烈①

该文书体现了杨志烈此时采取措施解放西州以及庭州西海县的寺户，以增加赋税、人口以及募兵队伍，提升军事防御力量。

同时，杨志烈还前往北庭征兵，补充兵员。敦煌文书 P. 2942《伊西庭留后周逸构突厥煞使主兼矫诏河已西副元帅》对此事有详细记载：

> 祸福无门，惟人所召。奸回不轨，在法攸书。副帅巡内征兵，行至长泉遇害，军将亲观事迹，近到沙州具陈。建谋出自中权，纵逼方凭外寇……听两道之词，了分曲直。馆中毁玉，曾未讯于守持。衙内攫金，何遽受于旌节。承伪便行文牒，凭虚莫畏幽明，侮法无惧三千，挟风妄期九万。尚书忠义，察属钦崇。生前无人间言，殁后状称矫诏，假手志诬，为国披心，恨不显诛……伏寻表草之言，却似首陈之状。上书自然不实，下策何烦漫行。此乃欲盖弥彰，将益反损。既知指明，方敢奏闻。又伪立遗书，躬亲笔削，恣行贪猥，莫顾章程。况随使资财，尽知优赡，供军玉帛，众委丰饶。人虽非命薨亡，物合却归府库。今者，马承官印，货被私收，杂畜全留，家僮半放……且煞人求饷，尚召初征……夺魄丧名，期于不远，事复彰露，迹甚猖狂，匪直紊乱二庭，亦恐动摇四海……周逸非道，远近尽知。理合闻天，义难厘务。既要留后，任择贤良，所贵当才，便请知事。某某谬司观察，悉迹行军，欲宽泉下之鱼，有惭弦上之矢。公道无隐，敢此直书。各牒所由，准状勘报。当日停务，勿遣东西。仍录奏闻，伏待进止。②

---

① 国家文物局古文献研究室、新疆维吾尔自治区博物馆、武汉大学历史系编《吐鲁番出土文书》第 9 册，第 126—127 页。

② 唐耕耦、陆宏基编《敦煌社会经济文献真迹释录》第 2 辑，第 630—631 页。

杨志烈于北庭、安西征兵，实际上是抽调西域精锐先来挽救已经空虚的河西局势，但此时河西南部诸州逐渐陷落，杨志烈已无回天之力。而且杨志烈所设三道联防是以河西为中心，保障河西安防为要，但最终在一定程度上促进了东天山的自保趋势。《差郑支使往四镇索救援河西兵马一万人判》载："戮力勤王，古今为重，师义弥寇，春秋则书。盖生人之令谟，实臣子之守节。况河湟尚阻，亭障犹虞，元帅一昨亲巡，本期两道征点。岂谓中途遇害，遂令孤馆自裁。痛愤辕门，悲感□□……差河□□□□□ 赞 善专往计会，征发讫先报。各牒所由，准状□条表录奏。"① 可知杨志烈前往两道（北庭道与安西道）征兵的目的可能是收复凉州，或者借助安西、北庭兵力抵挡吐蕃攻势，解决河西问题。此举引发北庭部分将领不满，最终导致杨志烈被北庭节度留后周逸杀害，却嫁祸给沙陀，史载"十月，沙陀杀杨志烈"。② 杨志烈死后，朝廷仍未放弃三道联防政策，《唐大诏令集》载：

> 敕：天下既定，万里宁一，岂王者独运而臻此耶？实赖文武将守，腹心之臣，宣力强任，捍御于外也。往以蕃戎并暴，纵毒边表，乘衅伺隙，连兵累年，城门昼闭，王师遏阻，遮杀汉使，盗取节印，恣睢甚厉，横逆天理，而国朝未暇袭远，置于度外，实五京二庭存亡危急之秋也。河西节度使周鼎、安西北庭都护曹令忠、尔朱某等，义烈相感，贯于神明，各受方任，同奖王室，率辛、李之将，用甘、陈之谋，与羌骑校尉、王侯君长以下，自金河玉关，至于南北戊午逾流沙，跨西海，□蒲类，破白山，战事致命，出于万死，赖天之灵，以战则克。不动中国，不劳济师，横制数千里，有辅车首尾之应，以威以怀，张我右掖，棱振于绝域，烈切于昔贤。微三臣之力，则度隍逾陇，不复汉有矣。③

---

① 唐耕耦、陆宏基编《敦煌社会经济文献真迹释录》第 2 辑，第 631—632 页。
② 《新唐书》卷六《代宗本纪》，第 172 页。
③ 《唐大诏令集》卷一一六《喻安西北庭诸将制》，第 605—606 页。

上文提及周鼎与曹令忠、尔朱某三人确实合力在北庭附近的蒲类、白山（博格达山）等地协同作战，成功击退来敌。可见三道联防体系在杨志烈之后重新发挥作用，稳定了东天山的局势。

（二）留守安西和北庭

随着吐蕃的攻势逐渐增强，河西地区先后陷落，仅剩瓜、沙二州。西域已得不到来自河西的支持。在此背景下，东天山重建三州联防，而伊州地处天山廊道东端，首先成为吐蕃的突破点。北庭和西州由于兵力趋弱，也难以有效救援，伊州先陷于吐蕃。北庭节度使李元忠坚守北庭，郭昕守安西，依靠沙陀、回鹘坚守，史载"二镇与沙陀、回鹘相依，吐蕃久攻之不下"。李元忠等人为加强北庭西部安全以及保障北庭与西州的交通，自行于大历六年在轮台设置静塞军，"轮台，下。有静塞军，大历六年置"。[1] 据此推测，可能是将轮台以西的守捉、镇戍、烽燧等兵力集中于轮台，以退保东天山。庭州组建新的防御体系，形成以北庭为中心，东北有回鹘，西有沙陀、轮台，南有西州的联防态势。

值得注意的是，有学者考证北庭节度使李元忠的身份，认为其是出身胡族的粟特曹姓人。[2] 北庭是粟特商人在天山以北地区的重要贸易基地，粟特商人长期居住在庭州，北庭的安定直接影响粟特人的利益。因此，曹令忠才能够在北庭担任长达18年的官员，几乎贯穿了北庭被隔绝的时期。[3]

另外，沙州与北庭的存亡关系密切，瓜州于大历十一年被攻占，沙州尚有周鼎守卫，史载：

> 始，沙州刺史周鼎为唐固守，赞普徙帐南山，使尚绮心儿攻之。鼎请救回鹘，逾年不至，议焚城郭，引众东奔，皆以为不可。鼎遣都知兵马使阎朝领壮士行视水草，晨入谒辞行，与鼎亲吏周沙奴共射，彀弓捭让，射沙奴即死，执鼎而缢杀之，自领州事。城守者八年，出缯一端募麦一斗，应者甚众。朝喜曰："民且有食，可以死守也。"又二岁，粮

---

① 《新唐书》卷四〇《地理四》，第1047页。
② 荣新江：《中古中国与粟特文明》，三联书店2014年版，第128页。
③ 刘子凡：《瀚海天山——唐代伊、西、庭三州军政体制研究》，第353页。

械皆竭，登城而呼曰："苟毋徙佗境，请以城降。"绮心儿许诺，于是出降。自攻城至是凡十一年。①

沙州成为阻防吐蕃进攻北庭的重要力量，贸然进攻北庭，将面临被沙州、北庭两面夹击的风险。这也是即使吐蕃占据了伊州与瓜州，仍无法占领北庭的原因之一。

吐蕃长时间无法攻破庭州，只好改变战略，一方面招降沙陀部落，削弱北庭的防御力量。时"六年……北庭近羌，凡服用食物所资，必强取之，人不聊生矣。又有沙陀部六千余帐，与北庭相依，亦属于回纥。回纥肆其抄夺，尤所厌苦。其葛禄部及白服突厥素与回纥通和，亦憾其夺掠，因吐蕃厚赂见诱，遂附之。于是吐蕃率葛禄、白服之众，去岁各来寇北庭，回纥大相颉干迦斯率众援之，频战败绩，吐蕃攻围颇急"。② 沙陀投降，破坏了以北庭为中心的防御体系，也打击了回纥的力量，吐蕃实力得到增强。"贞元中，沙陀部七千帐附吐蕃，与共寇北庭，陷之。吐蕃徙其部甘州，以尽忠为军大论。吐蕃寇边，常以沙陀为前锋。"③ 另一方面吐蕃全力攻击沙州，沙州于贞元二年陷落。此后，北庭陷落，节度使杨袭古率领残余两千余兵马出奔西州，后来尝试收回北庭，但并未成功。杨袭古之后被回鹘杀害，史载：

　　六年秋，悉其国丁壮五万人，召袭古，将复焉，俄为所败，死者大半。颉干利收合余烬，晨夜奔还。袭古余众仅百六十，将复入西州，颉干迦斯绐之曰："第与我同至牙帐，当送君归本朝。"既及牙帐，留而不遣，竟杀之。自是安西阻绝，莫知存亡，唯西州之人，犹固守焉。颉干迦斯败，葛禄乘胜取回纥之浮图川，回纥震恐，悉迁西北部落羊马于牙帐之南以避之。④

---

① 《新唐书》卷二一六《吐蕃传》，第 6101 页。
② 《旧唐书》卷一九六《吐蕃传》，第 5257 页。
③ 《新唐书》卷二一八《沙陀传》，第 6154 页。
④ 《旧唐书》卷一九五《回纥传》，第 5209—5210 页。

　　贞元六年，北庭被葛逻禄短暂占据，作为防御体系中心的北庭陷落。西州独木难支，"唯西州之人，犹固守焉"，[①] 在两年后陷于吐蕃，东天山防御体系瓦解，庭州、西州等作为唐朝"飞地"的历史也由此落幕。

---

① 《旧唐书》卷一九六《吐蕃传》，第 5257 页。

第四章

焉耆：天山廊道联防轴心

焉耆是天山廊道中部的关键连接点。汉晋时，焉耆是自中原出敦煌经楼兰后进入西域的第一个绿洲，由此可经龟兹、疏勒去往西天山、中亚地区，或可东北行至东天山的车师、金满城等地，其在两汉经营西域的过程中发挥了东西联防的作用。唐代，随着西域战略的不断推进和天山南北军防布局的强化，加之丝绸之路交通路网的进一步拓展，焉耆不仅通过天山外部廊道连接西州、龟兹等地，而且通过天山内部廊道连接天山以北、尤尔都斯盆地，与庭州、弓月形成掎角之势，从而奠定了其在天山廊道的联防轴心地位。

第一节　唐代焉耆绿洲与水系

焉耆位居中天山南部的山间盆地，境内主要有开都河、博斯腾湖、孔雀河和南部的塔里木河等水系，河网密布，水源充沛，形成了四通八达的交通网络。早在汉代经营西域时，中原军队便从罗布泊地区进入天山南麓的渠犁、轮台、焉耆之地，充分利用了孔雀河或塔里木河的东西交通功能。魏晋以后，新北道畅通，丝绸之路北移，进入焉耆多经吐鲁番盆地西南部天山垭口的"银山道"，使得博斯腾湖以北的开都河流域成为焉耆北部的重要交通路线，溯开都河进入天山内部廊道的交通逐渐受到中原王朝的重视。至唐代，焉耆绿洲以境内水系为依托，形成连接东西、纵贯南北的交通枢纽，不仅连接西州与龟兹，也打通了自塔里木南部石城镇一带经焉耆翻越天山进入轮台或弓月的南北大动脉，对唐代交通的重要性进一步加强。焉耆成为天山廊道交通的十字路口。

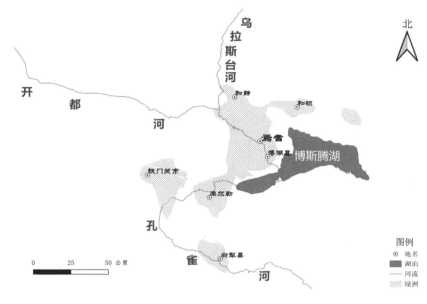

图 4 - 1　焉耆绿洲与水系示意图

一　开都河—博斯腾湖流域

焉耆地处天山南路，地势西北高、东南低，四周环山。开都河是流贯焉耆绿洲的一条大河，流域面积广阔，水量丰沛，为焉耆农业发展以及道路交通奠定了基础。唐代，溯开都河而上是自焉耆进入天山内部廊道的主要路线，也是焉耆防御游牧部落南下的重要屏障。在唐朝经营西域的过程中，贯穿焉耆南北的内部交通廊道发挥了重要作用。

（一）开都河水系

开都河即《新唐书·地理志》中记载的"淡河"，从"张三城守捉"经"新城馆"渡"淡河"即可至焉耆镇城。[1]《新疆图志》载："开都河即古敦薨水，河有二源，一为珠勒都斯河，一为和屯博克达水，二源俱道出开都之山，是曰开都河。"[2] 其中"珠勒都斯河"即焉耆西北部的古鹰娑川河，

---

①　《新唐书》卷四〇《地理四》，第 1046 页。
②　《新疆图志》卷七一《水道五》，第 1293 页。

由 "小珠勒都斯河" 和 "大珠勒都斯河" 交汇而成, 河面开阔, 蜿蜒流淌, 俗称 "通天河"。

开都河发源于天山山脉中段依连哈比尔尕山, 在进入小尤尔都斯盆地东南部的沼泽地带后, 左岸接纳发源于萨尔明山的多条径流, 右岸接纳大、小布鲁斯台河, 继而流经整个小尤尔都斯盆地, 在巴音布鲁克水文站以下折向东南, 流入大尤尔都斯盆地, 经大山口水库、大山口水文站流出, 从西侧进入焉耆盆地, 全长 560 公里, 流经和静、焉耆、博湖三县, 最终注入博斯腾湖。①

大、小尤尔都斯盆地合称巴音布鲁克草原, "巴音布鲁克", 意为 "丰富的山泉", 这里河网交错, 水草丰茂, 先后有姑师、匈奴、大月氏、乌孙、西突厥等部落在此繁衍生息。从焉耆盆地溯开都河而上进入巴音布鲁克草原的道路被称为 "尤尔都斯道", 这也是唐朝防御西突厥诸部落南下和屏障焉耆镇侧翼军防的交通要道。这条道路主要位于和静县, 与和静县境内的河流分布密切相关。这些河道多为开都河的支流, 是焉耆北部天山内部廊道的组成部分。

开都河水势浩大, 支流众多,《西域水道记》载其 "万壑争流, 百川进集, 奔腾激浪, 有河经砥柱、江出巫峡之险"。② 1934 年, 斯文·赫定一行人曾乘船沿开都河进入焉耆, "焉耆开都河岸上壮观的白杨林高耸起绿绿的树冠, 展现在我们面前。在当地人的帮助下, 我们只用了半个小时乘船渡过了开都河的主干和一条小河汊"。③

1. 扎格斯台河

扎格斯台河即 "小珠勒都斯河", 为开都河的支流之一, "扎格斯台" 为 "鱼较多" 之意。该河发源于天山山脉扎格斯台达坂, 在小尤尔都斯盆地中部汇入开都河, 主要支流为霍然沟。这一带 "途路平坦, 水草丰茂。两裕勒都斯冬夏皆宜, 惟季春犹雪, 飞霙无时, 遇风即结成㡾"④, 流域北

---

① 《中国河湖大典》编纂委员会编著《中国河湖大典·西北诸河卷》, 中国水利水电出版社 2014 年版, 第 37 页。

② 《西域水道记 (外二种)》卷二, "海都河" 条, 第 108 页。

③ 〔瑞典〕斯文·赫定:《丝绸之路》, 第 142 页。

④ 《新疆图志》卷一八《藩部三》, 第 414 页。

部以依连哈比尔尕山为界，与天山北坡的玛纳斯河为邻，东部源头与黄水沟河流域接壤。

2. 依克赛河

依克赛河为"大珠勒都斯河"，为开都河中游支流，是贯穿大尤尔都斯盆地的河流，其流域范围北部以那拉提山山脊为界接巩留县境，西部与奎克乌苏河流域接壤，南部以科克铁克山为界，与库车河流域为邻，是天山的主要牧场之一。19 世纪末，俄国探险家普尔热瓦尔斯基一行人行走在天山内部廊道，自那拉提进入大尤尔都斯盆地，见到"南北都是山，地势较高……到处长满肥美的牧草，而且夏天没有蚊子和苍蝇骚扰……东西是长几百公里的宽阔盆地……离周围的山越近，地面起伏越大，牧草长势也就越好"。①

3. 赛日木河

赛日木河位于和静县大尤尔都斯盆地东部，为开都河支流，发源于天山山脉额尔宾山南坡，源头为额尔宾山和萨尔明山之间的赛日木隘口。赛日木河水量充沛，贯通大小尤尔都斯盆地。

此外，又有萨恨图海河、阿仁萨恨图海河、哈尔嘎特郭勒河、察汗乌苏河等，皆为和静县境内汇入开都河的重要支流。唐代从焉耆溯开都河进入天山内部廊道的道路较为通畅，沿途补给充足，正是有赖于开都河众多支流的导向、连接作用以及良好的自然条件。

（二）博斯腾湖水域

博斯腾湖是中国最大的内陆淡水湖，地处博湖县境内，也是焉耆绿洲赖以生存的重要水系。《水经注》中称其为"敦薨之渚"②。它是开都河的尾闾湖，也是孔雀河的源头。博斯腾湖分大、小两个湖区，大湖区是湖泊的主要部分，水域辽阔；小湖区位于大湖区西南部，由那木肯诺尔湖、达乌逊诺尔湖、特热特诺尔湖等组成，小湖之间互相连通。有开都河、黄水沟河、清水河、曲惠沟和乌什塔拉河等注入湖中，而开都河是唯一能常年补给博斯腾湖的河流，其水量直接影响着博斯腾湖的水量。③

---

① 〔俄〕普尔热瓦尔斯基：《走向罗布泊》，第 250 页。
② 《水经注校证》卷二《河水》，陈桥驿校证，中华书局 2007 年版，第 39 页。
③ 《中国河湖大典》编纂委员会编著《中国河湖大典·西北诸河卷》，第 31 页。

1. 乌什塔拉河

乌什塔拉河位于和硕县境内，发源于中天山东端一小支脉南坡，最后注入博斯腾湖。其流域范围东、西分别与乌斯特沟和曲惠沟流域接壤，北与阿拉沟河流域为邻。唐代，这里是自西州通往焉耆镇的"银山道"的必经之地，"张三城守捉"就位于乌什塔拉乡沙梁湾村东南。汉代的四十里大墩烽火台位于乌什塔拉乡马兰村附近。

2. 曲惠沟

曲惠沟位于和硕县境内博斯腾湖北侧，发源于中天山东端一小支脉南坡，东与乌什塔拉河流域接壤，西连清水河流域，北邻阿拉沟河流域。曲惠沟源流曹浩恩郭勒河由东海沟和绰汗哈尔肯河汇集而成，此后，曹浩恩郭勒河向东南流约14公里，左岸接纳了大支流哈伦沟后，始称曲惠沟，是曲惠乡的主要水源。

曲惠乡为汉代西域三十六国之一的危须国故地，《汉书·西域传》载危须国"西至都护治所五百里，至焉耆百里"。[①] 至唐代时，危须纳入焉耆辖境，唐廷在此设置了大量军防设施，位于曲惠沟出山口处的红蝶谷戍堡即为焉耆镇守军设置在东北部的重要军防建置。从红蝶谷戍堡向北又可与天山隘口阿拉沟相连，扼守着从焉耆东北部进入天山内部廊道的道路，地理位置十分重要。

3. 清水河

清水河又名克尔古提河，上游由乌特艾肯河、那依特河、伊克尔克尔古提河三大支流形成，流域范围东连曲惠沟，西通黄水沟，北依奎先达坂与阿拉沟流域接壤。下游为和硕县，即汉代危须国所在地，也是唐代西州通往焉耆官道的必经之地。

4. 黄水沟河

黄水沟河为开都河支流，发源于依连哈比尔尕山东部冰川区，流域东部与阿拉沟河和清水河流域接壤，西部分别与开都河源头和哈尔萨拉沟为邻。黄水沟河自北向南进入焉耆盆地西北部，先后流经和静县、和硕县和焉耆县，注入博斯腾湖。

---

① 《汉书》卷九六《西域传》，第3917页。

黄水沟也是焉耆进入天山内部廊道的主要隘口，溯其主源乌拉斯台河而上可至巴仑台镇，这里是和静县主要牧区之一。著名的黄庙遗址"夏尔布达尔杰楞"就位于巴仑台镇老巴仑台沟内，始建于清代乾隆时期，是东归的土尔扈特部喇嘛教徒朝觐的圣地。唐代，这一带是自焉耆镇城进入天山内部廊道的交通干道，沿乌拉斯台河分布着镇戍与烽燧，布局严密，扼守自天山内部进出焉耆的道路，这些道路是连接焉耆与轮台、庭州的主要交通路线。同时，自乌拉斯台向东又可经阿拉沟进入西州天山县，这也是唐代连接西州与天山内部廊道的道路之一。

二　孔雀河流域

孔雀河是焉耆地区的重要水系。孔雀河自铁门关流出，大致呈东西向流向罗布泊，成为楼兰绿洲的重要水源。西汉张骞通西域时期，来自中原的队伍过楼兰后，就是沿着孔雀河进入天山南麓的焉耆。焉耆则是这些队伍行经戈壁沙漠后到达的第一个大的绿洲，由此继续西行可到达龟兹等地。因此，孔雀河主要发挥了东西向交通的作用。

（一）孔雀河

孔雀河源出博斯腾湖，流经库尔勒市、尉犁县和若羌县，至今仍是当地的主要供水水源。汉晋时期，孔雀河可注入罗布泊。历史上，由于塔里木河中游多次改道，孔雀河与塔里木河多次离合，关系密切。《水经注》载"大河又东，右（左）会敦薧之水，其水出焉耆之北敦薧之山，在匈奴之西，乌孙之东"，[①] 指出孔雀河曾在焉耆南汇入塔里木河。孔雀河水流量充沛，孕育了营盘、古墓沟以及孔雀河三角洲等远古文明区。其下游尉犁县是汉晋时期渠犁国、山国所在地，沿孔雀河古河道分布着大量汉唐时期的遗存，其中以 11 座烽燧最为著名。

330—400 年，孔雀河发生改道，这是塔里木盆地东缘历史上最大的一次地理变迁，改道后的孔雀河由营盘以上折向东南，汇入塔里木河，原河道成了干枯的河床。[②] 但经楼兰到焉耆的"大碛路"仍然是东西交通的重要孔道。

---

① 《水经注校证》卷二《河水》，第 39 页。
② 王守春：《历史时期塔里木下游河道的一次大变迁》，《干旱区地理》1996 年第 4 期。

（二）罗布泊

罗布泊为孔雀河的尾闾，位于今若羌县东北110公里处，塔克拉玛干沙漠东缘、库木塔格沙漠西北部，发源于阿尔金山的米兰河、若羌河、瓦石峡河等河流都曾流入罗布泊。

《山海经·北山经》载："敦薨之山……敦薨之水出焉，而西流注入泑泽。"[①] "泑泽"即罗布泊，又称"蒲昌海""牢兰海""盐泽"等。《汉书·西域传》载："蒲昌海，一名盐泽者也，去玉门、阳关三百余里，广袤三百里。其水亭居，冬夏不增减。"[②] 西汉张骞通西域时，见"楼兰、姑师邑有城郭，临盐泽"，[③] 水草丰茂的罗布泊一带是楼兰、姑师的生息繁衍之地。《水经注》载蒲昌海"其水澄渟，冬夏不减，其中洞湍电转，为隐沦之脉"，[④] 又根据出土的汉晋时期的文书可以发现，正是在孔雀河、塔里木河以及罗布泊的滋养下，楼兰国的农业获得了长足的发展，为中原王朝在此进行屯田奠定了基础。

楼兰扼守东西交通孔道，东与玉门、阳关相通，西北沿孔雀河可到达尉犁、焉耆，西南又可通若羌等南道诸国，地理位置极为重要，是中原王朝与游牧势力争夺的对象。楼兰王曾发出"不两属无以自安"的感叹，充分反映出这条道路在东西交通中的重要性。

从罗布泊沿孔雀河到焉耆的道路是汉晋时期从中原进入塔里木盆地的主要通道，"敦煌置酒泉都尉；西至盐水，往往有亭"[⑤]，张骞出使西域，李广利伐大宛，东西交通逐渐增强，一时间"使者相望于道"。东汉班超经营西域、前凉西域长史李柏赴西域皆由此路，罗布泊、孔雀河无疑是其从敦煌向西途中重要的水源补给地，是茫茫沙海中的航标。

从4世纪中叶开始，"楼兰道"繁忙的交通逐渐断绝，至法显西行时，已不得不从敦煌借道鄯善然后折回焉耆，"行十七日，计可千五百里，得至

---

① 《山海经校注》卷三《北山经》，袁珂校注，上海古籍出版社1980年版，第75页。
② 《汉书》卷九六《西域传》，第3871页。
③ 《史记》卷一二三《大宛列传》，第3836—3837页。
④ 《水经注校证》卷二《河水》，第40页。
⑤ 《史记》卷一二三《大宛列传》，第3857页。

鄯善国，其地崎岖、薄瘠……复西北行十五日，到焉夷国"。① 法显正是从敦煌出发，过"上无飞鸟，下无走兽"的白龙堆至鄯善，然后从鄯善西北行至焉耆，再西南行至于阗。隋唐时期，丝绸之路由敦煌、楼兰到焉耆之道改为从瓜州经莫贺延碛进入伊吾，玄奘西行时，正是从玉门关经五烽、莫贺延碛进入伊吾，这条路是唐代进入西域的常用路线，而经罗布泊的"大碛路"在唐初焉耆王要求重新开通之后就在史籍中消失了。但根据近年的考古发现，"大碛路"在唐代并未被废弃，仍然发挥着交通东西的作用，丰富了西州至焉耆的交通，具体内容将在本章结尾部分详细叙述。

三 焉耆绿洲的开发与军防保障

焉耆位于天山南麓，拥有西域腹心的绿洲资源禀赋，历史上曾是重要的屯戍之地和丝绸之路商贸往来的经行地。至唐代，"焉耆七屯"为镇守军提供了粮草以及牧畜相结合的多种后勤保障；同时由商贸往来产生的赋税在一定程度上也为焉耆镇守军提供了财务保障。

（一）焉耆种植业发达

焉耆绿洲农业生产历史悠久，积淀深厚。在距今 3000 多年的和硕新塔拉遗址，考古工作者曾采集到谷物的种子，结合其他出土文物可以发现，当时这里已进入了铜石并用时代，大量使用陶器，人们过着定居生活，主要从事农业生产活动，兼营家畜饲养和狩猎。② 西汉时期，焉耆盆地内危须、焉耆、尉犁等绿洲亦多以农业为主，"轮台（以）东捷枝、渠犁皆故国，地广，饶水草，有溉田五千顷以上，处温和，田美，可益通沟渠，种五谷，与中国同时孰"。③ 且"（山国）寄田粜谷于焉耆、危须"。④ 北魏万度归伐焉耆时，"获其珍奇异玩，殊方诡谲难名之物，橐驼、马、牛、杂畜巨万焉"。⑤《魏书·西域传》载："'即日已到，焉耆东界。思归天阙，幸垂赈救。'于是下

---

① 《法显传校注》，章巽校注，中华书局 2008 年版，第 7—8 页。

② 吕恩国：《新疆和硕新塔拉遗址发掘简报》，《考古》1988 年第 5 期。

③ 《汉书》卷九六《西域传》，第 3912 页。

④ 《汉书》卷九六《西域传》，第 3921 页。

⑤ 《魏书》卷一〇二《西域传》，第 2456—2457 页。

诏抚慰之，开焉耆仓给之。"① 北魏所设置的"焉耆仓"正是焉耆农业发达的体现，并为东部的车师国提供救济。

唐代，焉耆绿洲得到持续开发。玄奘西行经过焉耆时，见到这里"泉流交带，引水为田。土宜糜、黍、宿麦、香枣、蒲萄、梨、柰诸果"。② 《旧唐书·焉耆传》载："其地良沃，多蒲萄，颇有鱼盐之利。"③ 焉耆绿洲水源充沛，农耕种植优势明显，焉耆镇守军由此进行了广泛的屯戍活动。

《唐律疏议》卷一六"遣番代违限"条"疏议"载：

> 军防令：防人在防，守固之外，唯得修理军器、城隍、公廨、屋宇。各量防人多少于当处侧近，给空闲地，逐水陆所宜，斟酌营种，并杂蔬菜，以充粮贮，及充防人等食。④

唐玄宗时，焉耆屯田发展到了顶点，唐军在此筑屯城、开屯田、修水利，兼顾渔业和盐业，充分利用了焉耆的绿洲资源。如焉耆七个星地区的唐王城发现有破房、地窖和仓库遗迹，1958 年这里发现唐代屯田使用的铁斧、铁犁、铁镰、刀鞘、石碾、陶器、陶纺轮等用具，出土了小麦、小米、高粱、胡麻和磨得很细的面粉，还发现了多枚唐代的铜钱。又如唐代的焉耆陆式铺古城也曾发现唐代屯田军的遗迹和遗物，如仓库、地窖和农具、粮食、钱币等物，与唐王城之遗迹和遗物相似，是唐代在焉耆屯田的物证。⑤

《唐六典》载"焉耆七屯"，⑥ 根据考古发现以及今焉耆遗存分布来看，这 3 万余亩的屯田主要分布在开都河两岸、孔雀河上游以及铁门关霍拉山一带，即今焉耆县、库尔勒市以及和硕县、和静县部分地区。唐代焉耆屯田较之汉代在焉耆孔雀河流域一带的屯田有了更多的发展，更加侧重对通往天山内部廊道交通道路的防御，如位于焉耆绿洲北部和静县乌拉斯台河流域的查

---

① 《魏书》卷一〇二《西域传》，第 2455 页。
② 《大唐西域记校注》，季羡林等校注，中华书局 2000 年版，第 48 页。
③ 《旧唐书》卷一九八《焉耆传》，第 5301 页。
④ 《唐律疏议笺解》卷一六"遣番代违限"，第 1206—1207 页。
⑤ 方英楷：《新疆屯垦史》，第 327 页。
⑥ 《唐六典》卷七《尚书工部》，第 223 页。

汗通古烽火台扼守着焉耆屯田的北部边界，与天山几乎连为一体，充分体现出焉耆作为天山联防之轴心且其屯田随着交通路线的走向而分布的特点。

（二）焉耆畜牧业发达

焉耆马为唐代西域的交通和军防提供了有力保障。汉代西域绿洲城邦"故皆役属匈奴。匈奴西边日逐王置僮仆都尉，使领西域，常居焉耆、危须、尉黎间，赋税诸国，取富给焉"①，"匈奴能得其马畜旃罽"；② 《周书》载焉耆"土田良沃，谷有稻粟菽麦。畜有驼马牛羊"；③ 《通典》载"气候寒，土田良沃，谷有稻、粟、菽、麦，畜有驼、马、牛、羊。养蚕不以为丝，唯取绵纩。俗尚葡萄酒，兼爱音乐"。④ 贞观初期，焉耆"遣使言状，并贡名马"。可以看出焉耆自古是农牧兼宜、土地肥沃之地，加上博斯腾湖在其周缘，"南去海十余里，有鱼盐蒲苇之饶"，在干旱区的天山南麓，其是独具优势的水草丰美的绿洲。生长在博斯腾湖畔和硕县巴音布鲁克草原的焉耆马，又有"海马""龙驹"之称，以善长途奔跑、能浮水而著称。

《唐天宝十四载（755）交河郡某馆具上载帖马食䊮历上郡长行坊状》记载：

（前略）

140. 焉耆军新市马一伯四，准节度转牒，食全料。十一月十五日给

141. 青麦壹拾硕。付押官无敬希　总管张子奇。

（中略）

152. □耆军长行马壹伯四，九月廿二日过，准节度转牒，供半料给青麦伍硕。

（后略）⑤

---

①　《汉书》卷九六《西域传》，第3872页。

②　《汉书》卷九六《西域传》，第3930页。

③　《周书》卷五〇《焉耆传》，第916页。

④　《通典》卷一九二《边防八》，第5222页。

⑤　国家文物局古文献研究室、新疆维吾尔自治区博物馆、武汉大学历史系编《吐鲁番出土文书》第10册，第67—68页。

文书中"焉耆军"即指焉耆镇守军,镇守军通常置镇守使,由汉将担任,负责辖区军防事宜,文书反映出购买马匹已是焉耆镇守军日常生活的组成部分,在唐代这不仅是道路交通运输的保障,也为西域的军防建置奠定了基础。

(三) 焉耆是丝绸之路上的商贸重镇

开元七年,"诏焉耆、龟兹、疏勒、于阗征西域贾,各食其征,由北道者轮台征之",[①] 即命安西四镇将过境税收作为军防用资的重要组成部分,也进一步反映了焉耆占据丝绸之路要道、商贸往来频繁的情形。

根据吐鲁番、和田等地出土文书的记载,在焉耆的粟特摩尼教徒中,有的是在中亚地区与塔里木盆地之间从事棉布买卖的商人,为了便于开展贸易,沿线绿洲的粟特胡人之间可能存在着一个网络,他们与当地的佛教团体之间也有着必不可少的商业合作关系。[②]

在焉耆的交通网络中,七个星镇是向北通向天山以北地区重要交通路线的经行地。1989 年,七个星镇出土了一组五件异域风格明显的银器,其中两件分别带有粟特语、中古波斯语铭文。后者应是萨珊波斯的器物,很可能是活跃在丝绸之路上的粟特人带至此地的。迄今为止焉耆所发现的有关粟特人活动踪迹的材料皆出自七个星镇。《唐垂拱元年 (685) 康义罗施等请过所案卷》有如下内容:

(四)

(前缺)

1. 保人庭、伊百姓康阿了□□□□
2. 保人伊州百姓史保年卌□□□□
3. 保人庭州百姓韩小儿年卌□□□□
4. 保人乌耆人曹不那遮年□□□□
5. 保人高昌县史康师年卅五□□□□

(后略)[③]

---

① 《新唐书》卷二二一《西域传》,第 6230 页。
② 毕波:《粟特人在焉耆》,《西域研究》2020 年第 1 期。
③ 国家文物局古文献研究室、新疆维吾尔自治区博物馆、武汉大学历史系编《吐鲁番出土文书》第 7 册,第 92—93 页。

其中充当保人的"乌（焉）耆人曹不那遮"为粟特胡人，居住在焉耆，给前往长安经商的粟特商人做担保。文书中出现的五个粟特保人，除一人是西州当地的，有三人来自焉耆、伊州、庭州，反映出天山南北之间以粟特胡人为媒介的商贸发展的密切联系。

第二节　焉耆镇守军与核心防区

焉耆都督府是唐朝在西域设置的第一个羁縻都督府，[①] 宣示了唐朝以天山廊道为依托的西向战略规划。唐朝将安西都护府移置龟兹后，焉耆为"安西四镇"之一，拱卫中天山军防，同时连接西州与安西都护府。焉耆镇守军所在地博格达沁古城北依天山，西以霍拉山为屏障，东临博斯腾湖，地理位置险要且环境优渥，与分布在四周的烽燧、戍堡共同组成了焉耆绿洲的核心防区。

一　焉耆都督府的设立

《新唐书·地理志》载："焉耆都督府，贞观十八年灭焉耆置。"[②] 焉耆都督府所在地原为汉代焉耆国都员渠城、南河城，距离西汉长安七千三百多里，"户四千，口三万二千一百，胜兵六千人"，[③] 在天山南路诸国中颇具军事实力。

至唐代，唐朝稳定了东天山伊、西、庭三州后，焉耆成为唐朝天山廊道西向战略进程中的首要目标。当时焉耆王与西突厥乙毗咄陆可汗重臣屈利啜联姻，互为应援，一改最初与唐结盟的心态。贞观十八年，安西都护府郭孝恪兵出银山道，在天山南路击焉耆。《贞观年中抚慰处月处蜜诏》载："令左屯卫将军阿史那忠为西州道抚慰使，屯卫将军苏农泥孰仍兼为吐屯，检校处月、处密部落，宣布威恩，招纳降附，问其疾苦，济其危厄，务尽绥怀之道。"[④] 以此达到"处月焉耆，共稽王略"的目的。唐朝南

---

① 薛宗正：《唐四镇都督府的建置》，《中国边疆史地研究》1992 年第 3 期。
② 《新唐书》卷四三《地理七》，第 1134 页。
③ 《汉书》卷九六《西域传》，第 3917 页。
④ 《日藏弘仁本文馆词林校证》卷六六四《贞观年中抚慰处月处蜜诏》，第 250 页。

北两道出军，令太宗预感焉耆之战胜券在握，"始，帝语近臣曰：'孝恪以八月十一日诣焉耆，阅二旬可至，当以二十二日破之。使者今至矣！'俄而遽人以捷布闻"。① 但唐军刚退，西突厥屈利啜来援焉耆，囚栗婆准，郭孝恪已还师三日，屈利啜追击，与唐军在焉耆交战。阿史那忠再度夺回焉耆，重立栗婆准统摄焉耆国事，屈利啜逐渐失势。但不久西突厥又遣处般啜统兵反攻，栗婆准成为阶下囚，西突厥乙毗射匮可汗遣处般啜，"令其吐屯来摄焉耆"，甚至遣使通唐，要求获得唐朝承认。唐太宗数之曰："焉耆者，我兵击得，汝何人，辄来统摄？"② 西突厥又改立栗婆准从父兄薛婆阿那支为王，处般啜将栗婆准送至龟兹，结果被杀害。在处般啜的支持下，薛婆阿那支成为西突厥控制焉耆的代理人，唐朝设置的焉耆都督府被废弃。

至贞观二十二年，泥伏沙钵罗叶护阿史那贺鲁的叛乱威胁到乙毗射匮可汗的地位，因此他分别于贞观十七年、贞观二十年求婚于唐朝，但都被唐朝拒绝。③ 唐朝决定在西突厥内乱之时出兵塔里木，夺取天山南麓的统治权。贞观二十二年，阿史那贺鲁与乙毗射匮可汗的内战导致双方实力消耗大半，唐朝正式讨伐龟兹，重创乙毗射匮可汗，重新平定焉耆。

唐朝在此次战役中重用突厥降将阿史那社尔、铁勒降将契苾何力，配合安西都护郭孝恪、司农卿杨弘礼等人，统汉军及东突厥、铁勒降兵 10 万，发吐蕃、吐谷浑兵。阿史那社尔兵出北道，在阿史那贺鲁的配合下，先后击破处月、处密，之后顺利南下，"引兵自焉耆之西，趋龟兹北境"，④ 唐军切断了焉耆、龟兹以北天山内部廊道交通，断绝了焉耆寻求西突厥支援的道路。焉耆王薛婆阿那支弃城西奔，在龟兹东境被擒杀，唐朝重新册立焉耆王，夺回了焉耆的统治权。此后，焉耆都督府也数次变动，咸亨元年，吐蕃陷四镇，焉耆都督府被废弃；上元年间，唐朝重置焉耆都督府，"处其部落，

---

① 《新唐书》卷二二一《西域传》，第 6229 页。

② 《旧唐书》卷一九八《焉耆传》，第 5302 页。

③ 贞观二十年求婚，太宗"且使割龟兹、于阗、疏勒、朱俱波、葱岭五国以为聘礼"，但被乙毗射匮可汗拒绝。

④ 《资治通鉴》卷一九九，太宗贞观二十二年，第 6375 页。

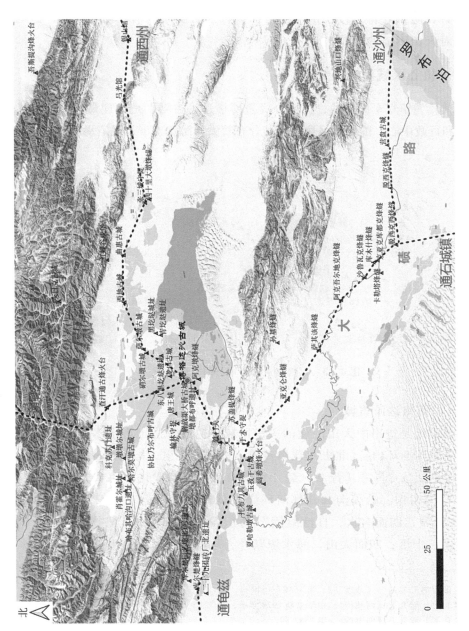

图 4-2 焉耆的交通与军防

无蕃州。在安西都护府东八百里"。[①] 唐朝进一步加强了对焉耆绿洲的治理，使得焉耆在防御吐蕃入侵、拱卫安西都护府方面发挥了军事联防作用，稳定了唐朝对天山廊道的经营。

二 核心区域及遗址分布

唐代焉耆镇守军所在地，位于今焉耆博格达沁古城，是治理焉耆盆地的指挥中心和行政中心。围绕博格达沁古城分布着大量防御工事，拱卫焉耆镇守军。

图4-3 以博格达沁为中心的军事遗存

（一）博格达沁古城

焉耆盆地是进出中天山南麓的关键区域，扼守着进出塔里木腹心的咽喉要道。焉耆四面环山，《北史》载焉耆国"都城方二里，国内凡有九城。国小人贫，无纲纪法令"。[②]《晋书》载"四面有大山，道险隘，百人守之，千人不过"。[③] 榆树沟、哈曼沟和开都河环绕着焉耆国，以至于《旧唐书》中有"焉耆所都城，四面有水，自恃险固"的记载，[④] 同时《新唐书》载："焉耆所都周三十里，四面大山，海水缭其外，故恃不为虞。"[⑤] 唐朝焉耆镇守军

① 《旧唐书》卷四〇《地理三》，第1648—1649页。
② 《北史》卷九七《西域传》，中华书局1974年版，第3216页。
③ 《晋书》卷九七《四夷传》，第2542页。
④ 《旧唐书》卷一九八《焉耆传》，第5302页。
⑤ 《新唐书》卷二二一《西域传》，第6229页。

所在地焉耆王都博格达沁古城，有着天然的防御优势，成为焉耆的核心防御区。贞观十八年安西都护郭孝恪征伐焉耆时，见"焉耆城四面皆水，恃险而不设备"，于是"倍道兼行，夜，至城下，命将士浮水而渡"①，故得攻破焉耆国。

　　博格达沁古城遗址位于今焉耆县四十里城子镇麻扎村，是焉耆县境内所发现的较大城址之一，形制规模与《大唐西域记》所载"阿耆尼国东西六百余里，南北四百余里。国大都城周六七里"② 大体相近。黄文弼考察博格达沁古城时记载道："位于草滩之中，墙基尚存，周约3公里。城中已漫草荒芜，洼者且浸水而成池塘。城中有二土阜，审其发掘痕迹，似为土坯所砌之古房址。城西北隅有一大土墩，高3米多，同人在其附近拾有开元钱半枚及碎铜片数块，则此城确为唐代遗址。"③

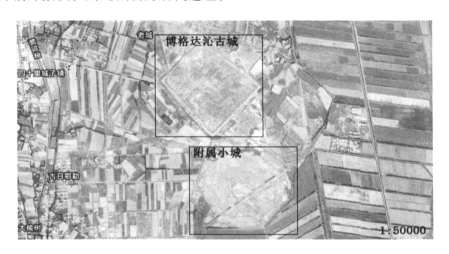

图 4-4　博格达沁古城航拍图

　　1907 年，英国探险家斯坦因到此考察，所见古城大部分建筑已经坍塌，唯有西边一部分城墙尚存，墙体结构为夯筑。斯坦因实地测得古城平面呈长方形，"这个镇的各角都大致向东，西北面约 1030 码，西南面约 935 码……夯层厚 3 英寸，围墙厚度约 9 英尺。宽阔的防御土墙高出附近地面 12—15

———————————

①　《资治通鉴》卷一九七，太宗贞观十八年，第 6324—6325 页。
②　《大唐西域记校注》，第 48 页。
③　黄文弼著，黄烈编《西域史地考古论集》，第 41 页。

图 4 - 5　博格达沁古城

英尺。在城墙的北角有一个形制不明的大夯土墩，高约 25 英尺左右，其平顶宽约 9 英尺"。① 由此可知，20 世纪初期遗址保存相对较为完整。

古城周围是一片碱滩沼地。古城遗址平面略呈长方形，城墙多已坍塌，东城墙长约 800 米，南城墙长约 890 米，西城墙长约 650 米，北城墙长约 850 米，墙基宽 10—20 米。城墙已毁，墙基尚存，西门处还有一段高约 4 米的残墙。从城址高处俯瞰，古城地势高敞，规模宏大。古城四垣中部外的瓮城遗迹，乃是后人基于固有城址修筑而成。古城内到处散布有红色陶片，北城墙残存两处土坯建筑，或是马面残迹。

考古人员在城内发掘出大量文物，其中有金银饰件，料石珠子，东汉"五铢"、唐代"开元通宝""乾元通宝""大历元宝"等铜钱，萨珊波斯的银币等。城内地表遍布陶片，一件三耳红陶罐的耳上各有一个模制头像，制作颇为精美。古城周围 2500 米范围内有许多防卫建筑，基底均为夯筑，其上用巨型土坯（规格：50 厘米×30 厘米×20 厘米）作建筑材料。每个防卫建筑包括高台、住房、围墙等，状如堡垒。这样的建筑，仅在古城东、北、

① 〔英〕奥雷尔·斯坦因：《西域考古图记》，第 674 页。

南三面就发现了七处,[1] 是护卫博格达沁古城主体工事的组成部分。

唐焉耆王都、焉耆都督府、焉耆镇城遗址皆在博格达沁古城,[2] 城址内出土的八龙纹金带扣,具有典型的汉代风格,是汉王朝赏赐给羁属小国统治者的珍品,一定程度上反映出博格达沁古城为焉耆王都的信息。[3] 博格达沁古城的选址充分按照唐朝在天山南麓的战略需要,把控西州与安西都护府交通线上的咽喉之地——铁门关,焉耆镇守军所肩负的政治、军事、交通等方面的重要使命,皆通过博格达沁古城来实现。以博格达沁古城为中心,在其东南部、南部以及西北部分布着城堡镇戍,对古城形成"半包围式"的防御圈,组成了焉耆镇守军的核心防御区。

（二）焉耆核心区域其他城址遗存

1. 焉耆四十里城子镇遗存

焉耆四十里城子镇是唐代焉耆镇守军的中心区域,地理位置十分重要。目前分布在四十里城子镇的遗址主要有墩都布呼遗址、解放渠大桥古城、泰克利古城、四十里堡古城等城址,遗址分布较为集中,是环绕在博格达沁古城四周距离最近的"内层"防御圈。同时,根据出土遗物可以看出,这些城址在焉耆绿洲发展商贸、开设屯田、加强军防保障等方面处于政治、军事中心的重要位置。

（1）墩都布呼遗址。该遗址位于焉耆县四十里城子镇新渠村西南 6.2 公里处农耕区,遗址地势平坦,粉砂质碱化土壤。遗址西南部为夯筑建筑遗迹,高 2 米左右,土层中有夹砂陶片、灰土层、土坯和碎骨片等。1989 年,遗址尚有土垣残存,文物普查工作者测得遗址南北长约 70 米,东西宽约 60 米,残垣高 1—2.5 米。今土垣已不存。

（2）解放渠大桥古城。该遗址位于焉耆县四十里城子镇麻扎村西南约 3 公里处,开都河下游冲积平原上,向西约 17 公里为霍拉山,向东约 22 公里为博斯腾湖,东南向约 1.5 公里为博格达沁古城、约 2.5 公里为泰克利古城。现存古城坍塌严重,仅可见墙垣遗迹,其中东墙垣长 0.22 公里、北墙

①　韩翔:《焉耆国都、焉耆都督府治所与焉耆镇城——博格达沁古城调查》,《文物》1982 年第 4 期。
②　韩翔:《焉耆国都、焉耆都督府治所与焉耆镇城——博格达沁古城调查》,《文物》1982 年第 4 期。
③　王炳华:《从新疆考古看丝绸之路的开拓、变化、奉献》,《香港大学饶宗颐学术馆十周年馆庆同人论文集·敦煌学卷》,上海古籍出版社 2014 年版。

垣长 0.24 公里，周 0.92 公里。相比外城，内城保存稍为完整，边长 0.17 公里，城垣基部宽 5—10 米。地表散布有夹砂彩陶片。

（3）泰克利古城。该遗址位于焉耆县四十里城子镇麻扎村东南 5 公里处，开都河下游冲积平原上，西 20 公里为霍拉山，东 20 公里为博斯腾湖，西北 0.3 公里为博格达沁古城，地理位置险要。现存古城毁损严重，城墙基本坍塌成土堆。根据城垣残迹测得古城平面近似圆形，周约 2.6 公里，规模仅次于与其相邻的博格达沁古城。靠近古城西部有一直径约为 160 米的椭圆形小城。古城地表散布有些许陶片以及轮制陶片等遗物。

（4）四十里堡古城。该遗址位于焉耆县四十里城子镇店子村南约 1.5 公里处，开都河下游冲积平原上，西北约 17 公里为霍拉山，东约 22 公里为博斯腾湖，东约 2.5 公里为博格达沁古城。20 世纪初，黄文弼曾考察此城，采集有红色陶片、碎铜片、古钱、打制圆锥形石矢镞、红灰色残瓦鬲及汉唐钱币，另还见有磨石残块及开元钱币。第三次全国文物普查时，考古人员从当地居民处得知，古城附近曾发掘出一大型残损陶缸，夹砂红陶，轮制，平底，为唐代遗物。

根据目前的考古发现，唐朝在焉耆博格达沁古城四周设置了大量镇戍城堡，体现了焉耆镇守军严密的军防体系。

显庆三年，焉耆名列"四镇"之一，但此时唐朝在四镇的驻军并未形成规模，尤其在焉耆的屯兵。开元七年，十姓可汗请居碎叶，"安西节度使汤嘉惠表以焉耆备四镇，诏焉耆、龟兹、疏勒、于阗征西域贾，各食其征"，自此以后，史籍中所提到的建置皆为"焉耆镇城"。贞元五年，高僧悟空自中天竺国返回时途经焉耆国，曾见到"（焉耆）王龙如林，镇守使杨日祐"。①

2. 萨尔墩古城

萨尔墩古城位于博格达沁古城北部，今北大渠乡六十户村西北 2 公里，是焉耆镇守军北部的防御重镇之一。此城为内外两重，黄文弼先生到此考察时，听当地人讲，外城面积约有 400 亩。城中的建筑残存较少，破败不堪。内城周长 388.5 米，城门向南。考察人员在一些夯土墙内发现了腐朽的粮

---

① 杨建新主编《古西行记选注》，第 126 页。

食，且内城东北角有大小不一的圆形窖穴，大者直径有 3 米左右，小的有 1 米，是城中居民的"粮仓"。窖穴内也有腐杇的粮食，有的已经变成土块状或焦黑色，有的可清晰辨认出为黄米、谷子。当地居民称之为"古代粮仓"。该地还曾发现磨石、磨盘、石碾等物，该城应是焉耆镇守军重要的屯区之一。

3. 东八里圪垯遗址

东八里圪垯遗址位于焉耆县五号渠乡四号渠村东北约 3.5 公里的农耕区，地处天山南麓、焉耆盆地中部开都河下游冲积平原上，南距开都河 6 公里，地势平坦，为潮土型土质。遗址目前仅存长 10 米、宽 6.5 米、高 3 米的小土墩，土层中夹有碎骨片、白色粉粒的杂土，附近散布着夹砂红陶片。附近农户建造房屋时曾在此施工，发现有灰层、碎土坯块、畜骨以及陶片等，陶片主要为轮制夹砂红陶，火候较高，器形多为较大的罐、瓮类，与博格达沁、硝尔墩等古城出土物器形相似。

4. 龙口古城

龙口古城是博格达沁古城北部的重镇之一，位于焉耆县永宁镇上岔河村西北约 4.5 公里处，开都河冲积平原上。古城今已无存。考古人员曾于遗址内采集到外施红陶衣的陶片，其陶质、陶色以及器形口部特征与查汗开采遗址所存彩陶十分相似。

以上镇戍环绕博格达沁古城，形成了焉耆的核心防区，并且扼守着博格达沁古城通往四周的交通要道，且各戍堡之间又互为掎角，共同拱卫焉耆镇。

第三节　焉耆镇守军的东西联防

天山外部廊道是汉唐以来进出焉耆的重要交通路线，体现了中原王朝对焉耆东西联防的充分重视。在唐朝的持续经营下，焉耆东西两道部署了完整的防御设施，不断强化焉耆东接西州、西向安西都护府的联防作用，为唐朝经营中天山、保障西天山奠定了基础。

一　焉耆东道

焉耆东道主要指通往西州的道路，在唐代，这条道路又被称为"银山道"，是联系焉耆与西州的交通命脉。唐初玄奘西行时从高昌取该道到达焉耆；贞观十八年安西都护郭孝恪兵出"银山道"征伐焉耆；安西都护府迁往龟兹后，以焉耆为"安西四镇"之一，与西州之间的军队调遣、贸易往来等多是经"银山道"实现的，这有效地完善了焉耆的交通路网及军防体系建设。

（一）焉耆通往西州的官道

焉耆为连接西州与龟兹的轴心，唐廷在沿途设置了守捉、馆驿保障交通畅通。关于焉耆镇守军通往西州的道路，《新唐书·地理志》载：

> 自（西）州西南有南平、安昌两城，百二十里至天山西南入谷，经礓石碛，二百二十里至银山碛，又四十里至焉耆界吕光馆。又经盘石百里，有张三城守捉。又西南百四十五里经新城馆，渡淡河，至焉耆镇城。①

这条道路是唐代连接西州与焉耆镇守军的官道，双方在战争运输、商贸往来等方面使用频繁。《唐神龙元年（705）天山县录申上西州兵曹为长行马在路致死事》载："州糟长行马一匹，赤、敦，右得马夫令狐嘉宝辞称：'被差逐上件马送使主何思敬乘往乌耆，却回。'其马瘦弱乏困，行至县西卅里头碛内转困，牵不前进，遂即致死……"②此为天山县呈报由西州至焉耆后返回的长行马在银山碛一带死亡的牒文，反映出这条道路为唐朝所使用。

1. 吕光馆

"吕光馆"是从西州进入焉耆境内的第一站，其大致位置在今榆树沟之东的旧房川一带。③吕光征伐龟兹时，正是经高昌沿这条道路前往焉耆、龟兹的。在阿斯塔那出土的纸棺文书中有关于唐天宝十二载至十四载轮台、柳

---

① 《新唐书》卷四〇《地理四》，第1046页。
② 陈国灿：《斯坦因所获吐鲁番文书研究》，第255—256页。
③ 孟凡人：《丝绸之路史话》，第119页。

中两县下属郡坊、驿馆马料账的记载，其上钤有唐轮台、柳中两县的官印，所见驿馆名称有交河、天山、酸枣、礌石、神泉、达匪、草堆、银山、柳谷、吕光、东碛、石舍、柳中、罗护、赤亭等，[①] 其中卷之第（一六）件某馆牒中，于十一月十八日记载：

> 127. 同日封大夫乘帖马卅二匹……
> 128. 同日郡坊帖马卅五匹送封大夫到吕光迴……[②]

封常清一行人经过的"吕光"即吕光馆，在唐代属于安西四镇节度使的管辖范围，为沿途提供补给保障，发挥了重要的交通功能。

2. 张三城守捉

张三城守捉，是安西都护府所辖的东部第一守捉城，即今兰城古城。该遗址位于和硕县乌什塔拉乡大涝坝村附近，现存古城四周均已开垦为农田，平面因城址中间一土墙相隔而呈"日"字形。古城整体结构保存相对较为完好，其中东城墙长277米，西城墙、南城墙均长234米，北城墙长约210米；墙体为黄土夯筑，夯层厚度为8—10厘米。城址西北、东南城墙有分别宽约20米和17米的豁口，其中东南城墙豁口外有瓮城遗迹，此豁口应为原城门所在。古城四角各有一外凸的建筑，应为角楼建筑遗迹；四面城墙各分布有间距不等的马面数个。20世纪80年代末90年代初，考古人员在古城内采集有石器、陶罐、石磨、陶盆、陶纺轮、铜纺轮等遗物。[③]

张三城守捉南距博斯腾湖8公里，西南6公里左右有汉代的四十里大墩烽燧，是汉代扼守危须（曲惠古城）至楼兰、山国地区交通的重要亭障，发挥着维护道路交通安全与军防预警的作用。

---

① 新疆维吾尔自治区博物馆：《新疆历史文物》，文物出版社1977年版，第51页。
② 朱雷：《吐鲁番出土天宝年间马料文卷中所见封常清之碛西北庭行》，《朱雷敦煌吐鲁番文书论丛》，上海古籍出版社2012年版，第297页。
③ 新疆维吾尔自治区文物普查办公室、巴音格楞蒙古自治州文物普查队：《巴音格楞蒙古自治州文物普查资料》，《新疆文物》1993年第1期。

图 4 - 6　兰城古城遗址

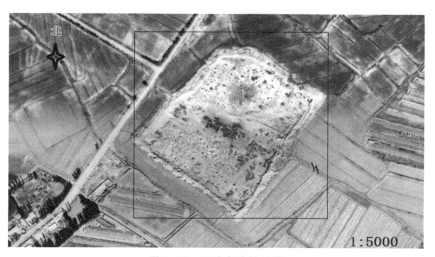

图 4 - 7　兰城古城航拍图

　　"新城馆"靠近"淡河",即开都河,① 渡河后可到达焉耆镇城。总的来看,"银山道"从"张三城守捉"（兰城古城遗址）开始分为南北两线：从

————————————

　　① 严耕望《唐代交通图考》认为,淡河为《西域图志》所载"塔噶尔齐","在楚辉西三十里,逾小河一道,至其地。西距哈喇沙尔城九十五里"。民国地图集中,焉耆东有塔哈其、塔未戛两地名,其处有河水,自北向南流入博斯腾海,塔淡音近,疑此水即古淡河也。

图 4 - 8　兰城西北城墙豁口

吕光馆至焉耆镇城的路线应从旧房川一带经额格尔齐塔克，西至乌什塔拉东南马兰（或为大涝坝）的兰城古城遗址，又经新塔拉遗址附近，西南渡开都河抵焉耆镇城；从兰城西偏北行至曲惠古城（危须国都），向西经西地至北哈拉毛墩古城，渡开都河又至南哈拉毛墩古城。①

　　这条道路加强了西州与焉耆镇守军之间的联系，从吐鲁番出土文书中也可以看出，在行政制度、职官变动等方面，西州都与焉耆息息相关。阿斯塔那 501 号墓所出《唐高宗某年西州高昌县贾致奴等征镇及诸色人等名籍》文书中记载 "一人先任焉耆佐史不还"；② 239 号墓所出《唐西州高昌县成默仁诵经功德疏》载：

　　1. 西州高昌县安西乡成默仁，前任别
　　2. 敕授焉耆都督府录事，去景龙四年二月廿七日
　　3. 制改授沙州寿昌县令。自记姓已来，每月六斋兼六时续诵

　　①　孟凡人：《丝绸之路史话》，第 120 页。
　　②　国家文物局古文献研究室、新疆维吾尔自治区博物馆、武汉大学历史系编《吐鲁番出土文书》第 7 册，第 171 页。

（后略）①

可知西州与焉耆之间的交通，也多是通过这条道路实现的。

（二）焉耆东道遗存

1. 阿克墩烽燧

阿克墩烽燧地处焉耆县四十里城子镇阿克墩村南的农田中。现坍塌严重，仅剩一底径约 65 米、高约 8 米的圆形土包。烽体上部为土坯垒筑，下部地表已盐碱化，整体保存状况较差。考察时我们在此发现了陶片、石磨等生活用品，应该为隋唐时期遗存。

图 4 - 9　阿克墩烽燧

1957 年，黄文弼考察时所见阿克墩烽燧颇为高大，周长约 300 米，西北位置有夯筑建筑，在烽燧附近一土墩处发现有人骨及陶片，数量甚多。有考古学者推测陶片遗存年代可能在 8 世纪前后，而土墩或为东汉时期遗存。

2. 四十里大墩烽燧

四十里大墩烽燧位于和硕县乌什塔拉乡硝井子村西南部荒漠中，为汉代

---

① 国家文物局古文献研究室、新疆维吾尔自治区博物馆、武汉大学历史系编《吐鲁番出土文书》第 7 册，第 524 页。

遗存。现存烽燧整体呈梯形，高约 5 米。烽燧底部呈方形，边长约 7 米。烽体为夯筑结构，夯层有 7 层，厚 15—20 厘米，中间夹杂树枝和圆木。

　　烽燧所在地地势平坦，视野开阔，负责新中国第一颗原子弹试爆的马兰基地就在遗址附近。烽燧扼守通往焉耆、危须的必经之路，自汉代以来就发挥着守卫道路交通安全的重要作用。现存烽体高度虽已不及古时十之一二，但在距烽燧 2 公里外仍能清晰可见。

图 4 - 10　四十里大墩烽燧

3. 曲惠古城

　　曲惠古城位于和硕县曲惠乡老城村中，为汉至唐时期遗存。和硕县为古危须国故地，自古以来就是屯田重地，亦是丝绸之路上的必经之地。《汉书》载："危须国，王治危须城，去长安七千二百九十里，户七百，口四千九百，胜兵二千人。……西至都护治所五百里，至焉耆百里。"[①] 古城曾出土"开元通宝"等铜钱，在唐代依然发挥着补给沿途道路的职能。

　　1906—1908 年，英国探险家斯坦因到此考察。根据其《西域考古图记》

---

① 《汉书》卷九六《西域传》，第 3917 页。

图 4-11 曲惠古城残存

的记载，古城轮廓较为清晰，城墙外每间隔一段就有一个马面建筑遗迹。马面为夯土结构，长 25 英尺，宽 19 英尺。斯坦因测得围墙厚度约 7 英尺，城址内残存一直径约 50 英尺的土墩，应该是中央建筑基址所在。

1928 年，黄文弼到此考察时，古城墙基保存尚好，城墙东西长约 98 米，南北长约 75 米，高约 3.3 米，宽约 5 米。东西各有一城门，宽约 3 米。古城中残存一土墩，边长约 12.5 米，高约 5.4 米。土墩下半部分由红土堆筑，顶部为土砖砌筑，已毁损，砖层中夹杂木材、树枝等。城中遗留有小铜片、铁块，城址地表散布着红泥或红陶带黑花纹陶片。

目前城址内仅残存一个 4 立方米大小的土墩，残高约 2 米，为古城墙的一部分。据当地居民介绍，20 世纪 60 年代，因民众取土肥田，古城遭到严重破坏。

4. 西地古城

西地古城位于和硕县清水河农场乌斯图恩托勒盖村。现存古城周围已开垦为农田，平面近似圆形，半径约 200 米，周长约 1.3 公里。城址内现存大小不等的沙包数个，地表芦苇丛生。古城城墙坍塌严重，城内建筑已无迹可寻，城内见有齿槽形石磨及少量的陶片。

图 4 - 12　西地古城

5. 红蝶谷戍堡

红蝶谷戍堡位于和硕县曲惠乡老城村西北约 9 公里处，曲惠沟东侧山梁上。戍堡地理位置险要，东面有一较浅冲沟，其余三面皆临沟谷，戍堡为石块垒砌。从戍堡向北可行至阿拉沟，其是唐代扼守天山内部廊道的重要门户。

6. 黑圪垯城址

黑圪垯城址位于博湖县塔温觉肯乡克日木哈尔村东约 2.5 公里处。地下水位较高，城垣多处洼地常有积水，地表土壤已盐碱化。遗址现存断断续续的坍塌墙垣，平面呈不规整的长方形，大致呈东西走向，东西长约 140 米，南北宽约 100 米，东北角墙垣基部宽 11.3 米，残高约 3 米。东北部有一处似为房屋建筑的残迹，南垣东段有一道土垣向西偏南方向延伸，长达 160 米。城垣内地表散见一些陶片和兽骨等，陶片多为夹砂红陶和黑陶，皆为轮制，质地、器形与焉耆盆地中的其他唐代遗物相似。

7. 硝尔墩遗址

硝尔墩遗址位于今博湖县塔温觉肯乡东大罕村村委会东南 800 米处的耕地中，东距博斯腾湖约 9 公里，地处焉耆盆地中部、塔温觉肯乡东南的开都河现代三角洲平原的耕作区中，土地平整肥沃，渠道纵横。遗址四周为较高的土垣，中部低凹，平面呈圆角方形，方向北略偏西，边长 110 米许。遗址南、北垣中部各有一处挖开的豁口，宽约 2 米，一条南北向的小水渠经过豁口。地表散见一些红色和灰色的夹砂陶片。20 世纪 50 年代末，黄文弼到此调查，称其为"萨尔墩旧城"，测得内城周约 0.389 公里，内城中原存有夯土结构建筑，有些遗址中发现半径为一米或一米以上的圆形坑穴，其内可见已腐朽的土块状黄米、高粱等遗物。古城内曾出土石磨盘、磨刀石等遗物。在第二次全国文物普查期间，考古人员测得古城平面大致呈椭圆形，周约 1.7 公里，城垣基宽 10—20 米，局部有土坯砌筑遗迹。

8. 张郭庄戍堡遗址

张郭庄戍堡遗址位于和硕县乌什塔拉乡南山地区。戍堡平面呈不规则长方形，东西长约 40 米，南北宽 25 米，南墙全部坍塌，仅留部分墙基，其他三面尚存部分墙垣。遗址地表散见轮制、素面的夹砂红褐陶片。戍堡地当楼兰、吐鲁番盆地和焉耆互相来往的交通要道上，从汉晋时期一直沿用至唐代。

9. 马兰烽火台

马兰烽火台位于和硕县乌什塔拉乡马兰村内。烽火台大部分被毁，仅存东北部分，呈土墩状，长 7 米，宽 3 米，高 1.5 米，黄土夯筑，但不见夯层，地表仅见有夹砂红陶片。

10. 塔哈其烽火台

塔哈其烽火台位于和硕县塔哈其乡查汗布呼行政村赛尔恩布呼自然村中，目前损毁严重，中部已被挖空。烽火台为黄土夯筑而成，底部呈正方形，顶部呈圆角长方形，通高 6.3 米，底部边长 12 米，高 2.5 米；顶部东西长 8 米，南北宽 6.5 米；底部边长 12 米，高 2.5 米。地表散布着少量的素面陶片。

二　焉耆西道

孔雀河从焉耆西北部的霍拉山以及东南部的库鲁克塔格山之间流出，形成了铁门关—遮留谷天险，是焉耆这个"山间盆地"西南部的唯一出口，并与周边的镇戍城堡形成联防之势，构筑起焉耆西道的重要军事屏障。

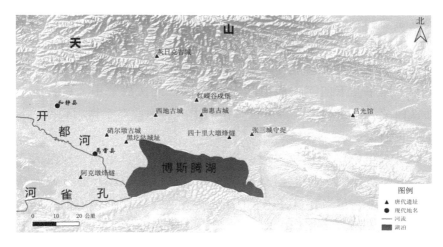

图 4 – 13　焉耆东部遗存示意图

（一）铁门关与"遮留谷"防御系统

唐代丝绸之路中道经过焉耆、龟兹可到达疏勒等地，《新唐书·地理志》载："自焉耆西五十里过铁门关，又二十里至于术守捉城，又二百里至榆林守捉，又五十里至龙泉守捉，又六十里至东夷僻守捉，又七十里至西夷僻守捉，又六十里至赤岸守捉，又百二十里至安西都护府。"[①] 这些关口、守捉等设置保障了焉耆西向龟兹的道路畅通，焉耆发挥了交通枢纽的作用。其中铁门关为焉耆的西大门，铁门关以西诸守捉遗址大多位于今轮台县一带，[②] 焉耆境内围绕着铁门关分布着大量镇戍遗址，它们是拱卫焉耆西部军防的重要防线。

1. 铁门关遗址

铁门关位于今库尔勒市东北 8 公里处，其间孔雀河奔流，山势陡峭。南部为库鲁克塔格山，西南部为霍拉山，两山夹峙形成一个长约 30 公里的峡谷，谷口耸立着铁门关。《晋书·四夷传》载："其地南至尉犁，北与乌孙接，方四百里。四面有大山，道险隘，百人守之，千人不过。"[③] 铁门关之

---

① 《新唐书》卷四三《地理七》，第 1151 页。
② 铁门关以西为"于术城守捉""榆林守捉""龙泉守捉""东夷僻守捉""西夷僻守捉""赤岸守捉"，属安西都护府管辖，在第五章将具体讨论。
③ 《晋书》卷九七《四夷传》，第 2542 页。

险是焉耆重要的军防保障。晋沙州刺史杨宣以部将张植为前锋进兵西域时，"军次其国（焉耆），熙距战于贲仑城，为植所败。植进屯铁门，未至十余里，熙又率众先要之于遮留谷。……植单骑尝之，果有伏发。植驰击败之，进据尉犁，熙率群下四万人肉袒降于宣"。① 在此次战争中，焉耆王龙熙正是借助铁门关—遮留谷之险来对抗张植的军队，因此对于铁门要塞的争夺成为决定胜负的关键。

贞观十八年唐朝征伐焉耆时，唐太宗所谓"焉耆绝域，地阻天山，恃远凭深，敢怀叛逆"，② 正是对铁门关天险阻隔的认识。开元年间，铁门关为十三中关之一，正当驿道，③ 扼守着从焉耆通往安西都护府的道路。唐代诗人岑参前往安西行经铁门关时，留下了"桥跨千仞危，路盘两崖窄"的诗句，凸显了这一带地势的险要。

吐鲁番出土文书的记载也反映出铁门关在东西交通往来、军事行动中发挥的重要作用。开元二十年瓜州都督府发给西州百姓游击将军石染典过所，内容如下：

（前缺）

1. 家 生 奴 移 □□ ☐☐☐☐☐☐

2. 安西已来，上件人肆，驴拾，今月 □ 得 牒

3. 称，从西来，至此市易事了，今欲却往安

4. 西已来，路由铁门关，镇戍守捉，不练行由，

5. 请改给者。依勘来文同，此已判给，幸依勘

6. 过。

（后略）④

---

① 《晋书》卷九七《四夷传》，第 2542—2543 页。

② 《全唐文》卷一〇《赐郭孝恪玺书》，第 117 页。

③ "凡京城四面关而不当驿道及当驿道而非四面关者，皆为中关"，"中关一十三"，安西铁门为其一。见《唐六典》卷六《尚书刑部》，第 195—196 页。

④ 国家文物局古文献研究室、新疆维吾尔自治区博物馆、武汉大学历史系编《吐鲁番出土文书》第 9 册，第 40—43 页。

　　文书记载的是西州百姓石染典从安西经铁门关进入焉耆并继续东行的事迹，其中铁门关是其行程中勘验过所的重要一站。又如出土于敦煌石窟的张君义公验文书记载了景龙三年唐与突骑施交战的情形，节录如下：

（前略）

　　7. 牒：得牒称：（突骑施背）叛，围绕安西，路隔绝。君

　　8. 义等不顾微命，遂投□　　　　　　　使突围救援府

　　9. 城，共贼苦□□阵先　　　　　　　　件等阵，当

　　10. □使对定，□功第贰等讫（？）。恐后无有凭准，

　　11. 请给公验，请裁者。依检　　　使注如前者。

　　12. 君义等救援焉耆　　　　入（？）都府自至，□

　　13. 经行阵，前□□□　　　　获，贼徒因而退

　　14. 败，有功　　　　　　　　由（？）勘检

　　15. 既与状（？）　　　　　　　　牒准

　　16. 状，故牒。

　　17.　　　　　　　　　　　　　洪璧牒

　　18. （用渠黎州之印）　　　　　筹　　（署名）

　　19.　　　　检校副使云麾将军□□县开国男薛思楚（署名）[1]

　　根据文书内容可以发现，张君义率军在安西城四周作战，由安西城北某地转往城西，在莲花寺东涧进行了最后一场战斗，同时向东救援焉耆，[2] 其行军道路应是焉耆西道，其中一支军队很可能通过铁门关进入焉耆。

　　景龙二年，宗楚客奏请周以悌代郭元振统众，并"使阿史那献为十姓可汗，置军焉耆，以取娑葛"，阿史那献被册封为十姓可汗，驻屯焉耆。[3] 开元二年，阿史那献率军平都担，收复碎叶，正是经由焉耆与北庭都护汤嘉惠"计会犄角"。

---

　　① 唐耕耦、陆宏基编《敦煌社会经济文献真迹释录》第4辑，第276—277页。

　　② 刘安志：《敦煌所出张君义文书与唐中宗景龙年间西域政局之变化》，《敦煌吐鲁番文书与唐代西域史研究》，第125页。

　　③ 〔日〕松田寿男：《古代天山历史地理学研究》，第458页。

铁门关扼守遮留谷（今称阿满沟或哈满沟）南端峡口，清代时仍可通车，"哈满（曼）沟道路二十余里，仅能并行两车，侧立嵯峨山石，俯视深沟急湍，水声奔流，势极险恶"。① 盆地北面有巴仑台、榆树沟和阿拉沟，其是阻断天山北麓游牧势力进入塔里木盆地和东天山的交通要道。

根据目前考古发现，铁门关遗址现仅存 10 余处由卵石或砾石块垒砌的房屋墙基。考古人员推断，原建筑毁损前应为单间或数间一组。其中有一东西并列的 5 间房屋组合，南墙长约 17.5 米，厚约 2 米，结构为夯筑夹层。遗址南部不远处的山包上，有一石垒遗迹，平面呈长方形，长约 12 米，宽约 9 米，建筑结构为红柳枝和草夹筑，是军事瞭望和预警的建筑遗迹。在遗址附近见有许多轮制夹砂红、灰陶片，由此推断陶器种类多属平底罐形器，同时还见有陶盏、木梳和石磨盘等遗物。

日本探险家渡边哲信考察焉耆的佛教遗迹时写道："我们由此通过了中国有名的铁门关，到达焉耆。卫拉特蒙古人说这里是他们祖先的遗迹，不让任何人触碰。因为焉耆靠近湖水，蚊子特别多，所以睡觉时必须在室内燃起马粪驱蚊，不然马畜不一会就浑身是血点了。从焉耆往前走，路上到处是水，几乎是在水中行走一样。幸好中国官员借给我们好多马，重要行李尚未被水打湿。"又说："从焉耆到托克逊的途中，因为断了马料，我们只好吃了五天的汤面条。那里是一个常刮大风的地方，一旦大风刮起，可以把四匹马拉的车吹飞起来。"②

2. 红光厂西南遗址

红光厂西南遗址位于铁门关水电站东北约 2 公里处的山梁上，西南距铁门关遗址 1.2 公里。遗址地处库尔勒市北部、天山南麓的霍拉山与库鲁克塔格山夹峙的沟谷西侧的山梁上，东临铁门关水库，东北约 1 公里处为哈曼沟沟口。遗址依山体平台的地形而筑，地表有东西长 12.4 米、南北宽 6 米、边缘用卵石垒砌的石基土台，土台西高东低，形成二层台状，两台之间高差为 0.5 米。遗址地表及山坡上散见夹砂红陶片、刻画纹灰陶片、炼渣等，并

---

① 马大正等整理《新疆乡土志稿》，新疆人民出版社 2010 年版，第 495 页。

② 〔日〕大谷光瑞等：《丝路探险记》，章莹译，新疆人民出版社 1998 年版，第 54 页。

见一枚残半的大历铜币。在铁门关水库修建前，该段孔雀河河谷是连接南北疆的孔道，也是丝绸之路中道必经的铁门关路段。

3. 铁门关电站北遗址

铁门关电站北遗址位于铁门关水电站东北约 0.7 公里处，北临哈满沟，距离红光厂西南遗址约 150 米，遗址大部已坍塌，仅存一黄土堆，平面为长方形，南北长约 6.4 米，东西宽约 5.8 米，墙体结构似为土坯垒砌，遗址内黄土堆积的平台上散布有夹砂红、灰陶片及炼渣、牲畜骨头等遗物。该遗址控扼铁门关要塞，是拱卫铁门关军防系统的重要组成部分。

（二）以铁门关为中心的军防遗存

铁门关是西出焉耆的第一道防线，唐代在焉耆铁门关一带设置了众多镇戍，从目前的遗址分布来看，铁门关西北部以霍拉山为屏障，西南部分布着大量镇戍城堡拱卫铁门关天险，扼守进出焉耆的交通。

1. 库尔楚园艺场北 1 号遗址

铁门关以西，在今吐和高速公路附近的上户镇，遗留有库尔楚园艺场北 1 号遗址。遗址位于库尔勒上户镇大墩子村西北 35.5 公里、库尔楚园艺场东北约 5.2 公里处，地处天山南麓、库尔楚北部的霍拉山山前洪积扇上，地势由北向南倾斜。遗址位于戈壁滩上，地表见石垒的石基遗迹，在南北长约 100 米、东西宽约 60 米的范围内，分布有 3 处大小不等的长方形石基遗址，之间相距 10 余米，大致呈西南—东北方向分布，为居住性质的建筑遗址，很可能为唐代焉耆的驻军之地。

2. 二十九团砖厂北遗址

二十九团砖厂北遗址位于上户镇大墩子村西偏北 38.2 公里、库尔楚园艺场西北 1.5 公里处，地处天山南麓、库尔楚园艺场西北面霍拉山山前洪积扇上一处稍高的台地上，地势由北向南倾斜，地表无植被，为砂砾黄土。北距天山山脉约 7.5 公里，南为库尔楚小绿洲，为农业耕植区。1928 年，黄文弼在库尔楚一带考察时，在附近发现"土阜"，并指出土阜周围为泥潭，高低不平，周约 6 公里，青红陶片散布颇多，青灰陶片上有刻绳纹，陶片颇古。二十九团砖厂北遗址正是其中遗址之一。目前遗址土坯建筑遗迹已不存，在东西宽 200 米、南北长 400 米范围内的地表上，散布着许多轮制的火候较高的夹砂红、灰陶片，为汉唐时期的遗物。

3. 库尔楚烽燧

库尔楚烽燧位于库尔勒市区库尔楚园艺场场部西南约 300 米处。20 世纪 80 年代，烽燧还存有土坯垒筑的土墩，后因地方进行基础设施建设被平。遗址地表遗存红、灰陶片。

4. 夏哈勒墩古城

夏哈勒墩古城位于铁门关西南、孔雀河从博斯腾湖流出折向南流的东岸，库尔勒市托布力其乡艾力克坎土曼村西南约 5.5 公里处。古城坐落于孔雀河冲积平原上，西距孔雀河约 3.3 公里。古城平面大致呈圆形，内外两重。外城周约 0.75 公里、城墙基部宽 7—10 米，内城周约 0.45 公里，城墙基部宽 5—8 米。内城中部存有一椭圆形、周约 150 米的土堆，应是古城中心建筑遗迹。20 世纪 80 年代，考古人员于内城中部凸起位置见有马牙齿、牲畜残骨，采集到夹砂陶片 26 块，多数为红陶，另发现有石刀和铜器各一件。

5. 托布力其古城

托布力其古城位于库尔勒市托布力其乡托布力其村农田中，地处孔雀河三角洲平原地带的农耕区中，北部与西部分别与孔雀河毗邻，地势平坦。现古城已坍塌，平面近似长方形，北墙垣长约 177 米，南墙垣长约 155 米，东墙垣与西墙垣长度均为 140 米左右，墙垣基部宽 6—13 米。古城内散布有少量轮制夹砂红陶片。根据近期文物调查，古城西城墙外原存有一个周约 31 米的土墩，可能是烽燧或瞭望台遗迹。考古人员在城内采集有轮制夹砂红陶片，出土有大陶缸和陶罐遗物。

6. 玉孜干古城

玉孜干古城位于库尔勒市西南约 10 公里的阿瓦提乡阿瓦提村南侧的耕地中，地处天山南麓、库尔勒市西南面的孔雀河三角洲冲积平原区，东北距库尔勒市区 3.5 公里，北距孔雀河 4.5 公里，水位较高，地表碱性较大。古城呈椭圆形或圆角长方形，城周约 1020 米，中有土墩，曾发现一个方形石碾。城内散布有粉红色的陶片，为唐代遗物。

7. 阔希墩烽火台

阔希墩烽火台位于库尔勒市哈拉玉宫乡喀斯建村西北约 5 公里处。考古人员曾在烽火台遗址采集到红陶片、石条、石刀以及骨头等遗物，走访调查得知遗址周围原有围墙。

从以上诸遗址的空间分布可以看出，唐朝在焉耆西部以铁门关—遮留谷天险为中心，依据霍拉山与孔雀河的地理优势，设置了相关的城堡、烽燧等，护卫焉耆西向通往龟兹的交通安全，与沿途镇戍、守捉等共同组成焉耆以西严密的军防系统。

（三）霍拉山军事防御带

霍拉山位于焉耆西北部，是控制焉耆绿洲进出天山的一处要隘，唐朝在此设置一系列军事设施，控制着东西交通和进出霍拉山的要道。

1. 唐王城

唐王城位于焉耆县七个星镇老城村东北约 1.5 公里处，霍拉山山前洪积扇地带，东北约 12 公里至开都河岸，西南约 7.5 公里至霍拉山麓。古城现已无存，仅地表见有夹砂彩陶片、石磨残块等遗物。20 世纪 50 年代末，黄文弼测得古城平面大致呈方形，城墙为夯筑，古城周约 0.45 公里，并在古城内清理出房屋基址和粮仓遗址，出土铁斧、铁铧以及陶制器皿等遗物，均为唐时期遗存。另在陶器层内同时发现小麦、高粱、胡麻、谷子等遗物。

2. 七个星古城与烽火台

七个星古城位于焉耆县七个星镇七个星村东南约 3 公里处，霍拉山山前洪积带上，由此向东北约 16 公里至开都河岸，向西南约 4 公里至霍拉山麓。现存古城为内外两重，平面近似椭圆形，城墙坍塌严重。考古人员测得外城周约 1.38 公里。内城位于外城西北部，平面呈圆形，周约 0.6 公里，墙基宽约 15 米。20 世纪 60 年代末，黄文弼到此考察，所测古城相关数据除外城周差异较大外（外城周为 716.1 米），其他基本与今一致。古城似为尉犁城故址。①

七个星石窟烽火台位于焉耆县七个星镇七个星村东南约 7.3 公里处的霍拉山麓，东北约 20 公里为开都河，南约 14 公里为孔雀河，东南约 0.5 公里为七个星佛教遗址。现存烽火台坍塌严重，根据残存遗迹测得烽火台基部南北长约 12 米，东西宽约 10 米，残高约 3.5 米。烽体为土坯砌筑，中夹杂有芦苇层。烽火台地表散布有轮制夹砂陶片。20 世纪初，斯坦因到此

---

① 孟凡人：《尉犁城、焉耆都城及焉耆镇城的方位》，《中国边疆史地研究》1991 年第 1 期。

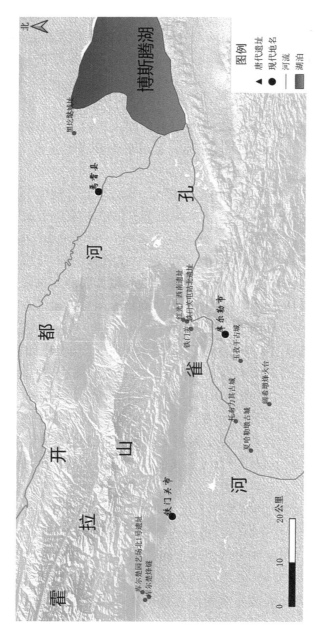

图 4 – 14　铁门关附近军防遗存示意图

地考察时，见遗址地处七个星佛教遗址北部一狭窄山脊上，烽火台基部面积约50平方米，残高约7.6米，墙体为土坯砌筑，中间夹杂有芦苇等植被层。

3. 千间房南烽火台

千间房南烽火台位于焉耆县七个星镇夏热采开村东南8.8公里的洪积坡上，地势由西向东倾斜，外有长方形的围墙，为土坯建筑，压缝平砌，北墙西段与西墙已完全坍塌，西墙内侧有房屋建筑遗迹。东墙基本完整，长约27米，墙厚1.7米，高1.5—3.2米；南墙大部分尚存，复原长约35米，高4米许，局部为"丁砖砌筑"，大致为十三层土坯夹一层芦苇或树枝。围墙内西北角有一方形的土坯砌筑的台形建筑，底边长约6米，顶边长4.5米，高3.5米，应为烽火台。地表上散布着轮制的红、土黄泥质陶片和夹砂红、灰陶片。南墙内有较大的房屋建筑，地表散布有轮制的红、土黄泥质陶片和夹砂红、灰陶片。

4. 霍拉山沟口烽火台

霍拉山沟口烽火台位于焉耆县七个星镇霍拉山村西北约3公里处，霍拉山沟口一处山梁上，西临霍拉沟，南倚山脉，东面为宽敞的谷地。烽火台残高约2米，平面近似长方形，南北宽3.6米，东西长约6米，建筑结构为石块、黄土垒砌，中间有红柳枝夹层。烽火台附近地表散布有轮制夹砂陶片。

5. 哈曼沟路烽火台

哈曼沟路烽火台位于焉耆县西南部霍拉山山前丘陵地带的低矮山梁上。现存烽火台整体呈梯形，高约6米。烽体底面呈长方形，东西长约14米，南北宽约12米。烽体顶部略平，长约5米，宽约4米。烽火台东、西面已坍塌，为土坯垒筑，土坯层中夹杂芦苇。土坯外围筑有包墙，包墙每三层或四层夹一层芦苇或红柳，北墙保存较好，仍可见若干外露的圆木。由于当地多大风天气，风蚀强烈，哈曼沟路烽火台每年都有不同程度的坍塌。

6. 霍拉山村北烽火台

霍拉山村北烽火台位于焉耆县七个星镇霍拉山村北约1.2公里处，霍拉山谷北岸一山梁上，由此向西约3公里为霍拉山沟口，南临霍拉沟谷地，西北为广袤的戈壁坡地。现存烽火台毁损严重，已坍塌为土堆状。烽火台平面大致呈椭圆形，东西长约14米，南北宽约12米，残高约2米。烽体为土坯

图 4 – 15　焉耆霍拉山沟口烽火台

图 4 – 16　哈曼沟路烽火台

图 4 - 17　霍拉山突厥石

图 4 - 18　霍拉山附近军镇遗存示意图

垒砌，周缘地表散布有夹砂红陶片，西侧存有一黄土堆。

7. 包尔海古城

包尔海古城位于焉耆县包尔海乡包尔海村南偏西约 1 公里的农耕区中，地势平坦，地表为潮土型土壤，土层较厚，肥力强，适宜农耕生产。东北距开都河 11.5 公里，今城址已被开辟为耕地。20 世纪 60 年代，遗址尚存断断续续的墙垣，大致呈方形，边长 300—400 米。

8. 青圪垯遗址

青圪垯遗址位于焉耆县永宁镇黑圪垯村南偏西约 2.5 公里的农耕区中，东距开都河 6 公里，距博斯腾湖 18 公里；遗址仅存一长圆形的土堆，南北长约 80 米，东西宽 60 米，地表散见红、灰色陶片及畜骨。据当地人介绍，原土堆高达 5 米，其中有朽木痕迹以及一些红绿色腐质土，为唐代一处建筑遗迹。

以上多为沿霍拉沟分布的镇戍遗存，霍拉沟为开都河下游段的支流，是进入天山内部廊道的重要通道，是连接焉耆与龟兹的便道，从霍拉山口北上 30 公里左右便可到达高山草原。因此，霍拉沟军防体系扼守着进入天山内部廊道的隘口，是焉耆防御游牧部落的重要防线，体现出唐朝治理焉耆时以天山廊道为核心的战略部署。

第四节　唐代天山廊道的南北中枢

焉耆不仅是东西交往的轴心，而且是天山廊道南北连通的中枢，这一南北交通体系主要是通过北通天山内部廊道、南连丝绸之路南道实现的，体现了天山廊道中焉耆的联防轴心地位。

一　焉耆北部军防布局

焉耆镇守军北部的军防布局主要以从四十里城子镇北上沿乌拉斯台河进入天山的道路为防御中心，沿途设置了大量镇戍、烽燧，为焉耆经轮台与庭州的连通以及溯开都河进入尤尔都斯盆地的道路提供了沿途补给与保障，也是防御突厥、突骑施等势力经天山内部廊道南下进入焉耆的一道军事屏障。

（一）庭焉道

庭焉道，是指从庭州到焉耆的道路。[①] 这条路从焉耆北行进入今和静县境，沿乌拉斯台河经巴仑台北上越天山胜利达坂，经乌鲁木齐到达吉木萨尔，是唐代唯一一条直接连接焉耆与庭州的道路。

---

① 孟凡人：《丝绸之路史话》，第 101 页。

隋时，丝绸之路天山南北两路被称为"中道"和"北道"，裴矩《西域图记》载："北道从伊吾，经蒲类海铁勒部、突厥可汗庭，度北流河水，至拂菻国，达于西海。"[①] 唐初西行求法的玄奘最初选择从"北道"经行，"意欲取可汗浮图过，既为高昌所请，辞不获免，于是遂行，涉南碛"，[②] "可汗浮图"即今天山北麓吉木萨尔一带，而裴矩所载"北道"很可能就是从今巴里坤至乌鲁木齐，再向南翻越天山达坂进入尤尔都斯盆地，从天山内部西出伊塞克湖前往中亚的道路。[③]

唐初，庭焉道是西突厥势力进入天山南麓绿洲诸国的要道之一，其中位于天山以北今吉木萨尔至玛纳斯一带的处月、处密部落，[④] 正是通过此道与焉耆密切联系的，"处月焉耆，各为唇齿"。[⑤] 贞观十八年安西都护郭孝恪征伐焉耆后，唐朝即十分重视天山以北诸部落的稳定，《贞观年中抚慰处月处蜜诏》曰："令左屯卫将军阿史那忠为西州道抚慰使，屯卫将军苏农泥孰仍兼为吐屯，检校处月、处蜜部落。宣布威恩，招纳降附，问其疾苦，济其危厄。务尽绥怀之道。"[⑥]

安史之乱后，焉耆依然维持着与天山以北轮台、庭州等地的联系，如前文所述的高僧悟空自焉耆前往庭州的道路正是焉耆北部的"庭焉道"。

（二）北部军防遗存

焉耆北依天山，唐朝在焉耆北部以险设防，设置戍堡、烽燧等，分布在焉耆绿洲与天山山体的过渡地带，这一带水源充沛，绿洲农耕与畜牧发展相结合，唐朝在此派兵戍守，扼守进出天山内部廊道的隘口，此地是焉耆镇守军屯戍系统的重要组成部分。唐朝通过天山内部廊道交通路网，将东天山三州、焉耆、龟兹、轮台，以及鹰娑川、盐泊都督府等地区连接起来，将势力向北不断拓展，从而稳定对天山廊道的战略布防。

1. 科克苏门遗址

科克苏门遗址位于和静县哈尔莫墩镇觉仑图尔根村北偏西约 1.3 公里处

---

① 《隋书》卷六七《裴矩传》，第 1772 页。

② 《大慈恩寺三藏法师传》，第 18 页。

③ 芮传明：《〈西域图记〉中的"北道"考》，《铁道师院学报》1986 年第 3 期。

④ 〔法〕沙畹：《西突厥史料》，冯承钧译，中华书局 2003 年版，第 244 页。

⑤ 《全唐文》卷九九一《大唐故右骁卫大将军薛国贞公阿史那府君碑》，第 10259 页。

⑥ 《日藏弘仁本文馆词林校证》卷六六四《贞观年中抚慰处月处蜜诏》，第 250 页。

的耕地中，地处和静县西北部天山南麓察吾乎沟冲积扇缘处的绿洲农耕区中。东北距察吾乎沟沟口约5公里，距察吾乎1号墓地约1.2公里。遗址现已不存，根据资料显示，原遗址分为两片，共1万余平方米，地层为黄黏土结构，厚1米左右，地表见夹砂红陶片、石磨盘、石球、石杵等，在西侧农田边见两座石堆石棺墓，地面石堆高2米，直径约8米。

2. 哈尔莫墩城址

"哈尔莫墩"为蒙语，意为"榆树多的地方"。古城位于和静县哈尔莫墩镇萨拉村西南约6公里处。城址四周及内外城中间位置均已开垦为农田。古城规模很大，分为内外两城，外城现有一段残存的弧形城墙，平面呈圆形，直径约400米，墙体为土坯垒筑结构；内城平面呈方形，城北墙有部分遗存，城内种植有杨树数棵。内城四角有角楼遗迹，东南角处建筑遗迹较为清晰，结构为土石混合堆积而成。这种土石堆积的建筑方式出现年代应该晚于土坯垒筑年代。况且，外城城墙中也未出现石头建筑材料，由此推测外城的修筑年代应该晚于内城。现存古城损毁严重，整体保存状况较差。1928年黄文弼到此考察时，将其命名为"哈拉木登古城"，距离开都河1.5—2公里，其中外城周长约1.2公里，内城周长约0.4公里，城墙残高约1米。城址地面因水流冲刷而布满石块，杂有红陶片。

据当地居民回忆，古城原有规模比现在高大，但是受"文革"期间除"四旧"和发展农业"取土肥田"等影响，外城大部分城墙被毁坏。而内城为石土混合修筑，不适宜拆除或用作农田肥土，所以至今保存相对完整。2013年1月，笔者一行人前往哈尔莫墩城址进行实地考察，测得古城周长约350米，城址内仅遗存有一土墩，残高约2米，为标准的中小型古建筑遗址。土墩东侧为居民房屋，紧邻土墩一侧堆积有大量柴草。古城应是唐代焉耆镇守军设置在天山隘口的重要军事防御设施，并进行了一定规模的屯田，为稳定焉耆北部的军防体系发挥了重要作用。

3. 肖霍尔城址

肖霍尔城址位于和静县哈尔莫墩镇萨拉村西南约3.1公里处的耕地中，地处和静县城西部、开都河北面冲积平原的农耕区中。地势平坦，地表多砂砾，东南距开都河约2公里，东南约800米为哈尔莫墩城址。20世纪80年代末，遗址四角尚有四个黄土堆，高2.2米，直径5米，南北相距150米，

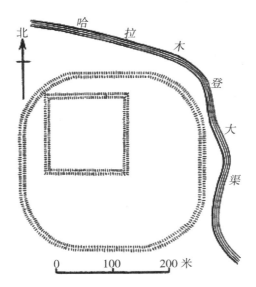

图 4 - 19　哈拉木登旧城平面图（黄文弼　图）

图 4 - 20　哈尔莫墩外城残迹

东西相距 135 米，土堆之间有低土墙隐约相连，墙高 0.5 米，宽 0.4 米，地面有夹砂红陶片。

4. 墩墩尔城址

墩墩尔城址位于和静县巴润哈尔莫墩镇开来村中，地处和静县城西部、哈尔莫墩镇西偏南的开都河南岸的农耕区中，北距开都河 800 米。城

图 4 – 21　哈尔莫墩内城现状

图 4 – 22　哈尔莫墩内城角楼遗迹

址现已被开垦为农田, 土墩和残墙均已不存, 但地表仍散布着大量厚胎细泥质红陶片, 以及石磨盘、人骨架等。1928 年黄文弼在此调查的"阿拉尔旧城"正是墩墩尔城址, 黄文弼指出阿拉尔旧城位于开都河南的一沙岭西北隅, 城北有查墩渠 (小巴仑渠), 城南有巴龙家大渠 (锡克沁大渠和大巴仑渠)。城址呈椭圆形, 周长 1148.7 米, 城中为石戈壁, 不见任何遗物。

5. 灰日克古城

灰日克古城位于和静县克尔古提乡那音特村西偏北 700 米处的沟谷中, 地处焉耆盆地北部、和静县东北乌特艾肯沟和那音特沟交汇处的阶地上, 地势由北向南倾斜。目前遗址已不见古城之形状, 仅残存两段土垣, 其中一段为南城墙的西段, 长约 28 米, 宽 6 米, 高 1 米; 另一段是西城墙北段的一部分, 长 4 米, 宽 2 米, 高 1.3 米。在土垣的断面夯层中隐约可见炭粒, 考古工作者曾采集到夹砂红陶片。

6. 协比乃尔布呼古城

协比乃尔布呼古城位于和静县协比乃尔布呼镇查汗才开村, 地处天山南麓、和静县南部开都河冲积平原的农耕区中, 地势由西北向东南缓斜。西南距开都河河床约 830 米。城墙现已坍塌, 城址平面近圆形, 直径约 230 米, 墙垣底部宽 17 米, 顶宽 6 米, 高 2 米左右。墙垣地表盐碱化严重, 地下水位高, 土质潮湿, 城墙似为夯筑。

7. 查汗通古东、西烽火台

查汗通古东、西烽火台是焉耆南北交通的重要关口, 扼守自焉耆镇守军所在的博格达沁古城北向至巴仑台的交通要道, 北距天山山脉仅 2 公里, 位于今和静县和静镇乌兰陶勒盖村北。两座烽火台东西排列, 形成"东西连烽"的形式, 相距 80 米。"东西连烽"烽燧也出现在轮台县群巴克镇的拉依苏烽燧遗址, 唐人对前朝遗留的烽燧加以修葺, 同时在旁边另建一座, 是唐朝重视当地战略地位的体现。

东侧一座高 8 米, 方形, 边长 16.6 米, 似为汉代修筑, 与汉代焉耆的阿克墩烽火台、四十里大墩烽火台为同一时期, 在唐代修复后, 与焉耆哈曼沟路烽火台、千间房南烽火台、霍拉沟口烽火台、阿拉沟口烽火台形成南北防线, 护卫自"银山道"经曲惠古城的交通安全。西侧一座高 6 米, 烽体为土坯与芦苇夹层筑成，地面曾发现红泥厚陶片和瓷片，为唐代修筑，扼守自焉耆沿乌拉斯台河北上进入天山内部廊道的道路，同时向西对于经霍拉山沟谷与龟兹的交通路线也起到了重要的预警作用。唐代的两烽合用，强化了对焉耆北部天山内部廊道交通的防御，体现出这一带在焉耆交通布局中的重要地位。

8. 哈布其哈沟口遗址

哈布其哈沟口遗址，位于和静县查汗通古村西北约9.5公里处的沟谷中，地处和静县城西北天山南麓山前地带的哈布其哈沟口东侧的平地上，东西两侧为高山，地势由北向南缓斜，地表为砾土层。西距哈布其哈河约100米，西南约百米为巴仑台沟口大桥。原遗址所在地地势平坦，在较大范围内发现有夹砂红陶片，有10余厘米的文化层。

以上军防遗存皆分布于今和静县东南与焉耆交界处，这一带地处开都河下游，支流众多，水系丰富，道路错综复杂。因此，唐朝在这一带设置大量军防设施，扼守自焉耆北部溯乌拉斯台河北上连接轮台、向东连接阿拉沟以及向西进入尤尔都斯盆地的隘口。

图4－23　"庭焉道"军防遗存分布示意图

二　焉耆南部军防布局

唐代焉耆铁门关以南、今尉犁县至若羌县一带分布着大量的工事，唐朝以"大碛路"为依托，沿用孔雀河沿线的防御带，并且将阿尔金山北麓的石城镇以及七屯城、萨毗城等与天山廊道的防御体系连接起来，强化了焉耆南部的军防布局。同时，随着唐蕃争夺安西四镇的局势变化，焉耆南部的防御带对唐朝天山廊道战略布局的稳定起到了重要的作用。

（一）以焉耆"备四镇"与塔里木东缘形势

开元七年，"龙嬾突死，焉吐拂延立，于是十姓可汗请居碎叶。安西节度使汤嘉惠表以焉耆备四镇"。[1] 焉耆重新被纳入"安西四镇"的防御体系中。且随着阿史那献驻军的转移，唐朝必须补充兵力保持焉耆南北军防格局的力量，遂以焉耆重新备四镇，使南北军防形式得到强化。

其一，切断吐蕃从若羌北上焉耆的道路。7世纪下半叶吐蕃吞并吐谷浑之后，打通了自青海道进入塔里木的道路，不断威胁焉耆以南区域。唐朝在焉耆南部设置了石城镇、播仙镇等军镇，又有粟特商人康艳典所筑诸城，《新唐书·地理志》载：

> 自蒲昌海南岸，西经七屯城，汉伊脩（循）城也。又西八十里至石城镇，汉楼兰国也，亦名鄯善，在蒲昌海南三百里，康艳典为镇使以通西域者。又西二百里至新城，亦谓之弩支城，艳典所筑。又西经特勒井，渡且末河，五百里至播仙镇，故且末城也，高宗上元中更名。[2]

这一带是吐蕃不断侵袭的关键区域。景龙元年，西突厥阿史那忠节勒兵攻于阗坎城迫使播仙镇和石城镇的粟特人东迁敦煌，焉耆南下的道路断绝，"在塔里木盆地发生了一场由唐朝廷两派牵线的西突厥内争，其间吐蕃也卷入了这场军事斗争中，并乘机进占了盆地中部"。[3] 吐蕃攻占且末河至若羌一带

---

① 《新唐书》卷二二一《西域传》，第6230页。
② 《新唐书》卷四三《地理七》，第1151页。
③ 陈国灿：《敦煌学史事新证》，甘肃教育出版社2002年版，第372—374页。

后，将这一带称为"萨毗地区"，并在此屯兵营田，为进一步沿孔雀河攻入焉耆做了大量的军事部署。

因此，唐朝以焉耆备四镇，加强对石城镇、播仙镇的拱卫，扼守吐蕃进入塔里木的端口，利用焉耆南部的军防将防御较为薄弱的塔里木南道东部地区纳入安西四镇的防御体系内。

其二，隔断吐蕃与后突厥的联合。长寿元年，王孝杰兵过敦煌，吐蕃与突厥联兵进攻沙州，占领石城、播仙二镇地区，迫使王孝杰为加强该地区防务而留守部分凉州兵士。延载元年（694），阿史那元庆死后，西突厥十姓拥护阿史那俀子为可汗，与吐蕃联合攻安西，同年，武威道总管王孝杰破吐蕃与俀子于冷泉（新疆焉耆东南）和大岭。万岁通天元年，论钦陵与默啜约同出兵，一攻洮州，一攻凉州，俘获唐凉州都督许钦明。数年后，突厥、吐蕃又联兵寇凉州，双方使臣来往频繁，反映出其军事动向。

长安元年，后突厥默啜与吐蕃联兵寇凉州，武则天以郭元振任凉州都督、陇右诸军大使，调秦中5万人马号称20万以赴河西。《册府元龟》载："开元三年二月，郭虔瓘为北庭都护，累破吐蕃及突厥默啜，斩获不可胜计。"[1] 这一年吐蕃曾越过鄯善—且末地区侵入北庭，且末地区的吐谷浑部落开始依附吐蕃，吐蕃在青海与且末吐谷浑的联系，主要通过粟特人控制较弱的萨毗地区，"萨毗城，西北去石城镇四百八十里，康艳典所筑。其城近萨毗泽，山险阻，恒有吐蕃及吐谷浑来往其间不绝"。[2] 天宝八载，安西节度使高仙芝与于阗王尉迟胜一起击破播仙、萨毗，俘获吐蕃酋长。天宝十三载，安西北庭节度使封常清再次收复鄯善—且末地区，据《新唐书》，唐廷将七屯城、弩支城、石城镇、播仙镇列于北庭西州蒲昌县下，这比归属沙州或于阗更有利于其军事部署。

因此，唐朝正是出于对焉耆南部地理优势以及塔里木东缘军事形势的考量，重以焉耆备四镇，并与石城镇、播仙镇等军镇连接起来，应对后突厥与吐蕃联兵对焉耆南部形成的威胁。

---

① 《册府元龟》卷一三三《帝王部·褒功二》，第1607页。

② 郑炳林：《敦煌地理文书汇辑校注》，甘肃教育出版社1989年版，第19页。

（二）孔雀河沿线军防布局

孔雀河沿线军防布局是焉耆军防体系的重要组成部分，主要有营盘古城、孔雀河烽燧群等遗存，护卫着唐朝"大碛路"交通。[①]

1. 营盘古城

隋唐时，焉耆吞并尉犁、危须、山国三地，并占领鄯善北界。因此，焉耆南部的营盘古城成为南向进入"大碛路"的第一站。营盘古城为墨山国城址，黄文弼在此考察时指出"墨山国，在今吐鲁番库鲁克塔格山中，现营盘尚有古城遗址，疑为墨山国故址"。[②]《汉书·西域传》载："（山国）辅国侯、左右将、左右都尉、译长各一人。西至尉犁二百四十里，西北至焉耆百六十里，西至危须二百六十里，东南与鄯善、且末接。"[③] 充分体现出山国地处丝绸之路交通要道的地位。

营盘古城遗址位于尉犁县古勒巴格乡兴地村西南 30.8 公里，新疆生产建设兵团第二师第三十五团甘草膏场西北 3.5 公里处，地处罗布泊西北、孔雀河北岸的库鲁克塔格山南麓山前洪积扇缘处，地势由北向南倾斜，地表为沉积砂土层，是现存较为典型的西域古代聚落城址。遗址区主要由一座圆形古城、佛寺塔院、烽火台以及上百座古墓组成，还有水渠田畴痕迹。营盘古城南临孔雀河古河床，北倚库鲁克塔格山，东接楼兰，西通轮台、龟兹，北连车师，在中西文化交流和经济交往中曾发挥了重要作用，汉晋时期是丝绸之路上的交通重镇。

1893 年，俄国科兹洛夫探险队在罗布泊地区考察时，首次发现营盘遗址。1896 年 3 月、1900 年 3 月，瑞典人斯文·赫定两次来此考察，但留下的记录极为简略。1915 年 3 月，英国探险家斯坦因从雅丹布拉克出发，翻越库鲁克塔格山，在穿越一片茂密的植被带后，他看到了一群佛塔坐落在孤立的高地上，这就是营盘遗址。斯坦因在《亚洲腹地考古图记》中对营盘古城有较为详细的记载：城墙平面呈圆形，古城内圆直径约 194 码，城墙底

---

① 根据目前的考古发现，唐朝仍在继续使用"大碛路"，且不断加强其军防建设，笔者将在本章第五节具体讨论。

② 参见黄文弼《汉西域诸国之分布及种族问题》，《黄文弼历史考古论集》，文物出版社 1989 年版，第 27 页。

③ 《汉书》卷九六《西域传》，第 3921 页。

部最宽处约 24 英尺厚，城墙大部分用夯土、不规则的红柳及灌木层修筑而成，北侧一段城墙最高处残高约 18 英尺。城址东、西面各有一宽约 30 英尺的豁口，应是原城门所在。[1]

图 4－24　1915 年的营盘遗址（斯坦因　图）

20 世纪 80 年代末 90 年代初，巴音郭楞蒙古自治州文物普查队调查此城，古城平面呈圆形，直径约 60 米，周长约 1 公里。古城残存城墙高 1—5 米，为夯筑结构。城门东开，宽约 12 米。城北、西面各有一宽约 8 米的豁口，但无法判断是否为城门。城内外采集有陶片 29 块、陶饼 3 件、陶纺轮 2 件、石纺轮 2 件及木器 2 件。普查队由其文化遗存判断，古城的时代应为东汉至晋。[2]

今天所见的营盘遗址位于干涸的孔雀河河道旁边一处开阔的台地上，面积很大，包括古城、佛寺和墓地，均有栅栏进行保护。戈壁滩上的风力强劲，栅栏内的古遗址在长期的风蚀作用下毁损非常严重。从残存城墙基部来看，结构似为夯筑，大致每 1 米的夯层夹一层红柳、梭梭或芨芨草。墙垣东北部有一宽约 10 米的缺口，估计是城门所在。

营盘西南烽燧位于营盘古城西南约 100 米处，北距兴地山约 7 公里，为汉代遗存。现存烽燧周围红柳丛生，平面呈三角形土墩状，为夯筑结构，底

---

① 〔英〕斯坦因：《亚洲腹地考古图记》，第 1046 页。
② 新疆维吾尔自治区文物普查办公室、巴音格楞蒙古自治州文物普查队：《巴音格楞蒙古自治州文物普查资料》，《新疆文物》1993 年第 1 期。

部周长约 50 米，残高约 10 米。

斯文·赫定到此考察时，营盘仍生长着生机盎然的胡杨树，但再往东走，树林稀疏，仅剩下胡杨干，"在一个从前中国道路上的营盘地方，我们向干河床的两个弯曲处前进，在那里我们给仍存留的遗迹测量拍照。一个塔有 26 尺高，周围 102 尺。那里有一道四个门洞的大圆墙和很多颓坏的房屋墙壁。从房顶上看去，有一块曾作为坟墓的地方，骷髅头好像从墙洞里钻出来"。[①]

营盘佛寺遗址目前存土坯建筑遗迹 9 处，外形多呈圆形土丘状。从残存的遗迹看，多为塔式建筑。保存较好的一座佛塔位于古城的中部，底部为长方形基座，塔身略呈圆形，该塔北侧有一盗洞，伸至塔的中心部位，佛塔周围残存土坯墙基，围墙似为长方形。其他佛塔均较小，均为独立的实心土坯建筑。据介绍，营盘墓地目前共发掘清理墓葬 132 座，墓葬形制多为长方形竖穴土坑、竖穴二层台以及竖穴偏室三类。一般为单人葬，个别为双人葬或三人葬，葬式均为仰身直肢，头向东或东北。墓中随葬物品比较丰富，以木器、织物为多，此外还有部分铜器、漆器和少量铁器、陶器、玻璃器等。少数墓室内绘有卷草、蔓草、花卉等图案。该地佛寺估计是当地戍守军的信仰之地，也是当地居民的信仰之地。

营盘遗址地当若羌、罗布泊前往吐鲁番、焉耆的要道上，似为唐西州蒲昌县治下的一处重要的屯戍区域。斯坦因曾在营盘遗址获取《唐右厢第二队上应请官牛数状》，录文如下：

1. 右厢第二队　状上
2. 合当队应请官牛数□五头
3. 三　　　　头　　　杂　□
4. 梨伯犍壹头、四岁，将进下　　梨犍壹头，□
5. 沙犍壹、八岁，西州换得青父 壹 ，七岁

（后缺）[②]

---

① 〔瑞典〕斯文·赫定：《我的探险生涯》，第 272—273 页。
② 陈国灿：《斯坦因所获吐鲁番文书研究》，第 475—479 页。

又有《唐纳钱钞》《书札残片》《纸片》等唐代文书数片，证明营盘遗址与焉耆之间的孔雀河交通线路在唐朝经营西域时期仍被沿用，且设有屯戍维持沿途补给。

　　2019 年 6 月，我们重新组织了由 7 辆越野车组成的考察队，对营盘遗址进行考察。这次装备齐全，准备充分，同行的杨林博士对营盘古城进行了全面航拍。营盘古城的形制、方圆尽收眼底。周边的佛寺、墓葬遗址分布也较为清晰，与 6 年前相比，变化不大。

图 4 - 25　营盘古城航拍图（杨林　图）

　　2. 兴地北山口遗址

　　兴地北山口遗址位于尉犁县古勒巴格乡兴地村东南 4 公里处的一座小山上，共有三座烽燧。兴地山口一号烽燧地处营盘古城西北约 6 公里、兴地山南约 1 公里的山前戈壁滩上，与兴地山口二号烽燧相距 500 米，为汉代遗存，烽燧主体为夯筑，呈圆形。烽燧底部周长约 22 米，残高约 2 米。兴地山口二号烽燧位于营盘古城西北约 5.5 公里处，与兴地山口三号烽燧相距约 600 米，烽燧主体为夯筑，呈圆柱形。烽燧底部周长约 19 米，残高约 2 米。兴地山口三号烽燧位于营盘古城西北约 5 公里、兴地山南约 2 公里的山前戈

图 4 – 26　进入营盘古城考察

图 4 – 27　营盘古城现状

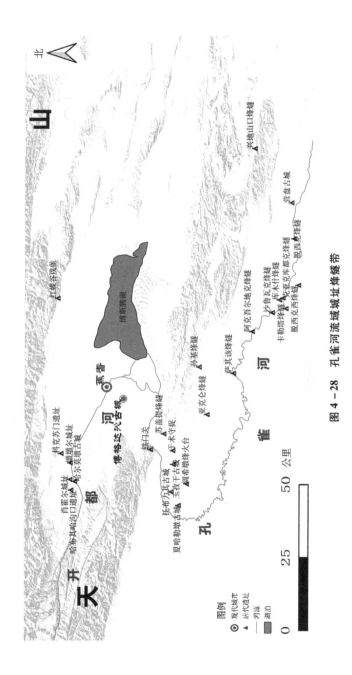

图 4—28 孔雀河流域城址烽燧带

壁处，烽燧为夯筑，呈圆锥状。烽燧底部周长约21米，残高约4米。

3. 脱西克烽燧

脱西克烽燧，又称"脱西克吐尔"，意为"带孔的烽燧"，位于营盘古城西约18公里、孔雀河北岸的戈壁滩上。脱西克烽燧是孔雀河沿岸位置相对靠东的军事遗址，也是现保存状况较好、规模较大的一座烽体建筑。烽体结构为土坯垒筑，整体呈方形，残高约8米。烽燧中间夹杂芦苇、胡杨等植物。烽燧入口在正南方向，内有一直达烽顶的斜坡梯。烽体处于土块围墙之中，围墙略呈方形，边长约24米。现仅东墙保存较好，上有一排10余个三角形的瞭望孔，南墙残存，西、北墙已坍塌。

4. 脱西克西烽燧

脱西克西烽燧位于营盘古城西约45公里处的戈壁滩红柳包上，北距库鲁克塔格山约10公里。烽体位于南北宽23.6米、东西长24.4米的土墙中。围墙上宽0.8米，下宽1.2米，残高1—3.8米，东墙保存较好，北墙及西墙各残存一段。东墙距地面高约1米，有10余个三角形瞭望孔。烽体建于围墙正中，土块建筑，平面略呈方形，上边长约7米，下边长10米，残高8.6米。烽体由每5层土块隔1层5厘米厚芦苇或罗布麻或胡杨木构筑而成。土块尺寸为40厘米×21厘米×10厘米。烽南正中是门，宽2.1米，直通烽顶。烽体内空，有一直达烽顶的黄土斜坡堆积，似烽梯。内外散见陶片。地势平坦，视野开阔。

图4－29　脱西克烽燧西侧与东北侧

5. 卡勒塔烽燧

卡勒塔烽燧位于尉犁县阿克苏甫农场沙鲁瓦克牧业点东南约10公里处。烽体为土块垒筑，表面损毁严重，整体呈土包状，周长约48米，残高约8

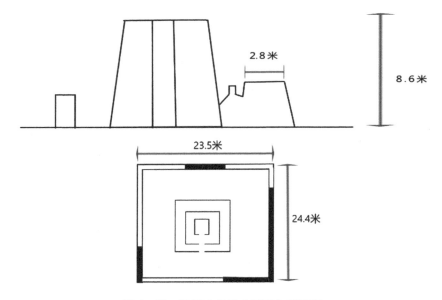

图 4-30 脱西克烽燧立面图与平面图

图 4-31 脱西克西烽燧

米。烽燧周围长满芦苇、红柳、骆驼刺等植被。

6. 沙鲁瓦克烽燧

沙鲁瓦克烽燧位于尉犁县阿克苏甫农场沙鲁瓦克村东约 500 米处。烽体

图 4 - 32　卡勒塔烽燧西侧

为土块垒筑，表面风化严重，中间可见胡杨木加固的痕迹。烽燧下宽上窄，呈梯形，残高约 11 米。烽燧下部长约 16 米，宽约 15 米；上部长约 6 米，宽约 4 米。

图 4 - 33　沙鲁瓦克烽燧

7. 萨其该烽燧

萨其该烽燧位于尉犁县阿克苏甫农场东北 11 公里处、孔雀河北岸，西距孙基烽燧约 15 公里。烽燧周围有红柳等植被，烽体为土块垒筑，损毁严重，整体呈长方形，东西宽 4 米，南北长 6 米，残高约 8 米。

图 4 - 34　萨其该烽燧西侧

8. 孙基烽燧

孙基烽燧位于尉犁县城东北约 40 公里处的戈壁滩上。烽燧整体呈长方形，北高南低。烽燧周长约 36 米，残高约 7 米。南部墙壁一侧已坍塌成黄土堆，长约 12 米，宽约 2.5 米，土堆下似有烽梯。烽燧为土块垒筑，西北部保存较好，南部坍塌，东、西部及烽顶残损严重。

图 4 - 35　孙基烽燧

9. 亚克仑烽燧

亚克仑烽燧位于尉犁县新丰乡喀拉洪村东北约 14 公里的库鲁克塔格山山前雅丹上，东临孙基烽燧。烽体为土块垒筑，周长约 30 米，残高约 3 米。

图 4－36　亚克仑烽燧

10. 苏盖提烽燧

苏盖提烽燧位于尉犁县希尼尔乡政府东北约 20 公里的荒漠中，旁临希尼尔水库，与亚克仑烽燧相距约 20 公里。烽燧周围生长有芦苇、红柳、骆驼刺等植被。烽体为土块垒筑，整体呈方形，周长约 30 米，残高约 2 米。烽燧损毁严重，东北角残缺，似因盗掘所致。

图 4－37　苏盖提烽燧

目前，苏盖提烽燧已严重坍塌，仅存一底部直径约 10 米、高约 5 米的土墩。烽火台的基部土质疏松，依稀可见夯土之间的红柳和芦苇。遗址的顶部有盗掘痕迹，对烽体造成了严重的破坏。

图 4 - 38　苏盖提烽燧的夯筑结构

11. 库木什烽燧

库木什烽燧位于尉犁县阿克苏甫农场沙鲁瓦克村东部的戈壁滩上，紧靠沙鲁瓦克烽燧和克亚克库都克烽燧。烽燧周围生长有野草、红柳等植被。烽体下宽上窄，呈梯形，残高约 11 米，为土块垒筑，损毁严重，外表残留许多外露胡杨木。

12. 克亚克库都克烽燧

克亚克库都克烽燧位于尉犁县境内孔雀河北岸戈壁滩上，修筑于一座大型沙丘之上，是一处由烽燧本体、居住房屋等建筑构成的结构完整、功能齐备的综合性军事设施。烽体略呈方形，边长约 11 米，残高约 6 米。2019 年起，新疆文物考古研究所在沙丘南、北、东三侧坡下发现丰富的遗存，出土各类遗物 1000 余件，其中包括珍贵的纸文书、木牍 700 多件。文书主要为武周至开元年间的资料，详细记录了与孔雀河沿线烽燧有关的各级军事设施名称。文书另见授勋告身、账单、私人信札、书籍册页、文学作品等内容，说明孔雀河烽燧群在唐代仍然发挥着交通和军事职能，体现了孔雀河烽燧群在焉耆东西道路交通中的重要地位。

图 4 - 39　克亚克库都克烽燧中出土的简牍和纸质文书

图 4 - 40　克亚克库都克烽燧

13. 阿克吾尔地克烽燧

阿克吾尔地克烽燧位于尉犁县阿克苏甫农场沙鲁瓦克村境内、孔雀河北岸，紧靠萨其该烽燧和沙鲁瓦克烽燧。烽体略呈圆形，底径约 10 米，残高约 5 米，为土坯垒筑，周围长满红柳，损毁严重。

正如唐诗所云："寒驿远如点，边烽互相望。"东西长约 150 公里的孔雀河烽燧群，烽燧间距 5—30 公里，是汉晋时期设置于焉耆东部具有军事防御、情报传递双重功能的军事设施。汉代李广利伐大宛、常惠攻伐龟兹，都经过大碛路。魏晋前凉时期，焉耆仍然发挥着重要作用，日本学者橘瑞超所发现

图 4 - 41　阿克吾尔地克烽燧

的"李柏文书"记载了西域长史李柏写信给焉耆王龙熙商讨联合攻打赵贞的事情。由于维护成本高昂,大碛路在隋末唐初逐渐荒废,不过从克亚克库都克烽燧所发现的唐代文书中的内容看,这条道路在唐代仍然发挥着一定作用。

(三) 焉耆以南军防布局

焉耆作为经"楼兰道"进入塔里木盆地的门户,汉晋时与楼兰、鄯善等南道诸国联系紧密。唐朝统治西域、设置安西四镇后,在塔里木南道设置了石城镇、播仙镇等,东据阿尔金山,西连于阗,成为焉耆镇守军南向的战略纵深之地。

1. 米兰古城

米兰古城,即汉代的伊循城,唐时称"七(古)屯城",为贞观中粟特部落首领康艳典所筑。古城不仅发挥了保障塔里木南道交通的作用,同时也是防御吐蕃经青海道入侵四镇的战略前沿。

米兰古城距若羌县城东北约 80 公里,位于新疆生产建设兵团第二师第三十六团团部东约 3 公里处、甘新公路附近。古城始建于汉代,沿用至唐,是汉唐时期中原政权在西域重要的屯田区。现存米兰古城遗址主要由吐蕃戍堡、佛寺及佛塔遗迹组成。米兰遗址于 1984 年、2001 年先后被公布为新疆维吾尔自治区区级文物保护单位和全国重点文物保护单位,古遗址保护范围约 44.49 平方公里。

19 世纪末,俄国探险家普尔热瓦尔斯基首次向学界公布了米兰遗址。

图 4 - 42　米兰遗址

20 世纪以来，国内外诸多探险家到此考察，较有代表性的有斯坦因、黄文弼等。1906 年 2 月，斯坦因对磨朗（米兰）进行了考察，发现古城内残留戍堡甚为壮观，并推断其为维护塔里木盆地南部至敦煌道路通畅的军事设施。随后，他在一处杂物堆中发掘出大量简牍与纸质文书，多达千余件。他认定文书为 8—9 世纪吐蕃戍军所遗留。所得简牍及纸质文书经汉学家托马斯与佛兰克释读，多为公文、契约以及屯戍边境所需粮草、军事行动等方面的记录，对于研究中世纪吐蕃在西域的动态具有重要的学术价值。

图 4 - 43　1906 年的吐蕃戍堡（斯坦因　图）

图 4 – 44　吐蕃戍堡遗存

1957—1958 年，黄文弼对米兰古城进行了考察。根据黄文弼的测量，米兰古城平面为不规则方形，周长约 308 米，城墙为夯筑结构。古城四角皆有墩台，东墙、北墙、西墙中部各有一马面。古城中央地势低洼。黄文弼认为此城结构与建筑技术应属于不同时期。古城西约半里处为塔庙遗址，寺庙遗址区被甘新公路分为两部分。公路北侧遗存佛塔两座，一座塔顶为圆拱形，周长约 45.5 米，另一座位于其东约 40 米处；另有房屋残垣一处，均为土坯垒砌。公路南侧遗存房屋残垣两处。黄文弼认为，米兰古城应是该地区的佛教与政治中心，并推测其为鄯善伊循城旧址。①

表 4 – 1　1957—1958 年黄文弼在米兰古城考察时出土遗物

遗物	数量	概况
丝织残幡	2 片	均呈三角状，其中一片书写有民族古文字
铜钗	1 件	一根铜丝曲卷为两足，长 12 厘米，两足相距 1 厘米
木梳	1 件	长 7.6 厘米、宽 6.5 厘米、厚 0.8 厘米，32 齿
毛织鞋	2 只	长 25 厘米、底宽 9 厘米；鞋面中隆起，长 14 厘米；类似旧式棉鞋
刻字陶片	2 片	灰陶，面光平，上刻有民族文字

1958 年、1973 年，新疆文物考古队对米兰古城吐蕃戍堡进行文物调查，戍堡平面呈不规则方形，东西长约 70 米，南北宽约 56 米，残高 7 米，为夯

---

① 黄文弼：《新疆考古发掘报告（1957—1958）》，第 50—53 页。

筑结构。戍堡四角有角楼遗迹，戍堡北部有房屋遗址，其建筑结构与《新唐书·吐蕃传》中的"（吐蕃）屋皆平上，高至数丈"[1] 的建筑特点较为一致。

米兰是汉代以来重要的屯戍之地，汉代时"（楼兰）国中有伊循城，其地肥美"，"自且末以往，皆种五谷，土地草木，畜产作兵，略与汉同"，及至隋朝，依然在鄯善、且末郡"谪天下罪人，配为戍卒，大开屯田"。[2] 8世纪末9世纪初，吐蕃占领西域之后，米兰古城又名"小罗布""色通"，是吐蕃的军政中心之一。从城堡建筑结构、城内布局以及出土文物分析，米兰戍堡是一座具有军事性质的吐蕃占领时期的戍堡。米兰戍堡南约800米处的一条古灌溉渠道旁有一片吐蕃古墓，在渠道下近10米见方内，墓葬主人无疑来自吐蕃戍堡，足以证明吐蕃长时间在此派兵驻防。

考古工作者在1964年、1965年查勘此地，发现了米兰汉唐时代屯田水利工程遗址和屯区范围，古灌溉渠道配套完整，土壤中尚存带穗的小麦和黍谷。在米兰河故道中发现了7条大型支渠，均匀地分布在和控制着整个古城堡地区，干渠全长8.5公里，渠身宽10—20米，高3—10米；支渠总长28.4公里，渠身一般宽3—5米，高2—4米，部分渠槽内比较平整。在戈壁掩盖下的土壤中，部分土壤剖面尚残留犁底层，心土有很多细腐根及动物穴，从表土及地表堆积物中还偶然发现了麦草和带有麦粒的穗株，其土壤被定名为"古老灌溉荒漠土"，改变了以往"古城戈壁滩"的名称。[3]

2. 石城镇遗址

石城镇与米兰古城同属南道防御吐蕃的军事前沿，其遗址为今且尔乞都克古城，位于若羌县南。20世纪50年代末，中国考古学家黄文弼来此考察，发现且尔乞都克古城平面呈长方形，结构为内、外二重，外城城墙由卵石垒砌而成，测得外城周长约720米，城墙宽约1.5米，残高约1米；内城西北角处有一土墩，为土坯垒砌而成，顶部已遭破坏，仅存有底部，可推断该土墩为残塔遗址。内城两侧遗存若干房屋建筑，其中西侧有三排房址，约

① 《新唐书》卷二一六《吐蕃传》，第6072页。
② 《隋书》卷二四《食货志》，第762页。
③ 饶瑞符：《米兰古代水利工程与屯田建设》，《新疆地理》1982年第Z1期。

有 10 余间，东侧有五六间。黄文弼结合古城地理环境和史籍记载，推断此城为 7 世纪中叶康艳典修筑的石城镇遗址。①

图 4 - 45 且尔乞都克古城北城墙

现存古城毁损严重，遗址内有一条现代修建的东西向水渠穿城而过。古城北墙保存相对完好，中部有一豁口，应为城门所在。东、西城墙均已残缺不全。古城内有一稍高台地，其上有方形垄状土石围遗迹，边长约 50 米，疑似内城。水渠南部有残墙数段，均为房基遗址；水渠北部东北角处有一土坯建筑，疑似为佛塔遗迹。考古人员曾在古城西北角进行发掘，并由地表残墙判断其应为寺庙大殿遗址。考古人员在遗址中采集到书写于 4 世纪前后的梵文贝叶和纸片。此外，还发现有泥塑像、壁画残块、谷穗及麦穗等遗物，反映出古城曾作为塔里木南道屯戍中心之一的重要地位。

3. 麦得克古城

麦得克古城位于若羌县铁干里克乡英苏村东南，为汉唐时期遗存。麦得克古城曾是塔克拉玛干沙漠中一座鲜为人知的古城。1907 年，英国探险家斯坦因由当地人作向导，首次发现此城。20 世纪末，我国考察队由一名叫阿拉木勒的当地人作向导前往麦得克古城考察，发现古城附近原有的麦得克河早已成为干涸的深沟，东面一条通往吐鲁番的古道也已掩埋于流沙之中。考察队员杜培华在《麦得克城的发现》一文中称，古城遗址为一个面积约为两亩的圆坑，城堡内部被连绵不断的小沙丘覆盖，隐约露出一段土坯垒筑

---

① 黄文弼：《新疆考古发掘报告（1957—1958）》，第 48—49 页。

城墙，城墙厚约 5.5 米，坯层中间夹杂有苇草；城址边缘残留带榫头的圆木，大致为古城门位置所在。①

现存古城平面呈圆形，周长约 122 米。城墙为土坯垒筑和泥土夯筑混合而成，残高约 3 米，夯层厚约 30 厘米，中间夹杂有红柳枝层。南部环形城墙有一宽约 2 米的木架构门道，应是原城门位置。考古人员曾在此发掘出王莽货泉、剪轮钱。王莽货泉是天凤元年（14）第四次货币改制的产物，从天凤元年流通至东汉光武帝建武十六年（40）。《汉书·食货志》载："天凤元年，复申下金银龟贝之货，颇增减其贾直。而罢大小钱，改作货布……货泉径一寸，重五铢，文右曰'货'，左曰'泉'，枚直一，与货布二品并行。"② 然而，王莽篡汉后西域亦乱，致使中原政权与西域暂时断绝往来，直到汉明帝时期才重新恢复了与西域的联系，重又屯田西域。但在中原政权与西域断绝往来这一期间，货泉仍旧能在西域境内使用，这在一定程度上说明西域与中原民间往来密切。

4. 石头城遗址

石头城遗址位于若羌县城西南约 33 公里处，地处若羌河流出阿尔金山山口处，为唐代遗存。石头城地理位置十分险峻，其西倚高山，东临若羌河，河岸崖高约 80 米，崖壁陡峭，易守难攻。古城因地势而建，呈不规则状，周长约 30 米，石垒围墙残高 2.5—3 米，墙基宽约 2 米，北侧有一座城门，城内至今遗留石垒房屋数十间。其中位于城堡西部的中心建筑保存较为完整，存有凹形围墙建筑，残高约为 2.5 米，宽约 2 米；围墙内保存有灰褐色砖砌建筑 4 处，方砖制作较为粗糙，大小不一。相对完整的方砖长约 44 厘米，宽约 23 厘米，厚约 6.5 厘米，残破的方砖长约 33 厘米，宽约 25 厘米，厚约 6 厘米。地面仍可见红陶片、炼渣、残坩埚、残铁块等遗物。学者张平认为"从其建筑形制及地理形势特点表明，其性质和作用当属一个重要的军事戍堡无疑"。③

5. 孔路克阿坦遗址

孔路克阿坦遗址位于若羌县城西南约 10 公里处、若羌河畔西岸的台地

---

①　杜培华：《麦得克城的发现》，《东方艺术》2002 年第 2 期。

②　《汉书》卷二四《食货志》，第 1184 页。

③　张平：《若羌县"石头城"勘查记》，《新疆文物》1990 年第 1 期。

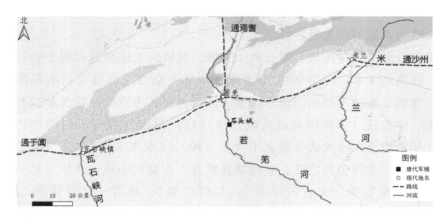

图 4-46   石头城地理位置示意图

之上，此地地势较为平坦，为山前冲积地带的戈壁滩。遗址现残存三段墙垣及一小土墩，东城墙宽 2—3 米、高 2—2.5 米、长约 5 米，北城墙宽 1.2—1.4 米、高 0.5—1.5 米、长约 10 米，西城墙塌陷较为严重。遗址中部土墩残高约 1.5 米，呈不规则状，底部有一大洞。土墩是由切割整齐的胶泥垒砌而成，胶泥块厚 8—10 厘米，宽约 30 厘米，地表有少量夹砂红陶片。1979 年黄小江、张平到此考察，判断遗址系唐代一处重要的军事戍堡。[①]

6. 墩里克烽燧

墩里克烽燧位于若羌县米兰镇安乐村东的一处红柳地中，西距米兰戍堡约 35 公里，地处米兰通往敦煌的古道上，北可通海头古城、楼兰古城，地理位置十分重要。

1988 年 3 月，考古人员在此调查。遗址地处一个十分醒目的台地之上，四周为红柳、芦苇丛，其南约 2 公里处即为米兰至敦煌古道。烽燧平面呈方形，残高约 5 米，基部南北长约 5 米，东西宽约 4.5 米；烽体由夯土夹红柳、胡杨枝筑成。[②] 目前所见烽体有所坍塌，成为锥形台阶 "宝塔" 状，夯土层厚度为 40—90 厘米，烽燧西南坡留存有半地穴式的房屋遗址。

---

① 黄小江：《若羌县文物调查简况（上）》，《新疆文物》1985 年第 1 期。
② 楼兰文物普查队：《罗布泊地区文物普查简报》，《新疆文物》1988 年第 3 期。

图 4 - 47　墩里克烽燧

7. 吾塔木烽燧

吾塔木烽燧位于若羌县吾塔木乡果勒艾日克村东北若羌河西面的耕地中，始建于魏晋时期，沿用至唐代。现存烽燧整体为二层台形平顶圆土包，高约 11 米。烽体上部为土坯垒筑，平面呈圆角方形；下部呈土包状，底部大致呈圆形，直径为 58 米，高 6.5 米，坡面地表盐碱化严重。

图 4 - 48　吾塔木烽燧

8. 卡拉乌里干烽燧

卡拉乌里干烽燧位于若羌县瓦什峡乡乌都勒吾斯塘村的一座沙梁上，始建于魏晋时期，沿用至唐代。现存烽燧整体呈长方形，南北长约 2.5 米，东西宽约 2 米，高约 2 米。烽体为夯筑结构，中间夹有芦苇层。烽燧周围布满红柳、芦苇等沙漠植物，烽燧坍塌较为严重。

图 4 - 49　卡拉乌里干烽燧

焉耆南部沿孔雀河至若羌一带遗存丰富，吸引了众多探险家的目光。1909 年，日本探险家橘瑞超正是由焉耆、库尔勒南下，穿过孔雀河与塔里木河的汇合点，于 3 月上旬进入罗布荒原，在荒原中经过一个多月时间的往来，探寻了楼兰故地，获得了"李柏文书"。1876—1877 年普尔热瓦尔斯基第二次探险时，发现从库尔勒到罗布泊，从哈拉布然湖到若羌，各有一条通道，此外，还有两条路通往吐鲁番。从罗布泊到若羌的 100 公里，普尔热瓦尔斯基一行人带着骆驼队，经过灌木地带，那里有冒出沙漠的泉眼，经过小石滩，小石滩一直延伸到阿尔金山北麓，这样的路要好走很多。[1] 泉水名如吐热克库里泉、瓦石峡等，都是根据发现这里的人命名的。[2]

---

① 〔俄〕普尔热瓦尔斯基：《走向罗布泊》，第 159—160 页。

② 一些来于阗来的猎人从且末前往青海朶斯地区打猎，在回程途中翻过阿尔金山偶然发现了许多崩塌的城墙以及许多房屋，他们在古城房屋里看到了许多破旧的纺线车，维吾尔语叫作"恰克"，于是有了"恰克勒克"村名；其中一个叫作瓦石的猎人，发现了瓦石峡古城废墟。参见〔俄〕普尔热瓦尔斯基《走向罗布泊》，第 160—161 页。

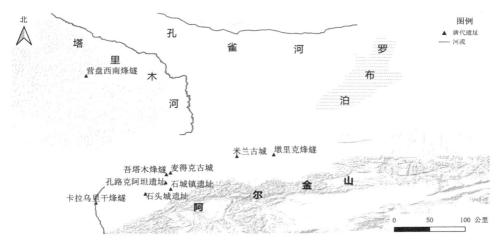

图 4－50　焉耆以南军防布局示意图

由以上诸遗址的分布可以看出，历史上对于焉耆的战略位置多侧重于从中原经楼兰或敦煌进入焉耆的道路，焉耆中转站的位置和东西交通中心的地位备受重视。唐代立足于对天山南北的全面掌控，因此焉耆的南北军防布局优势得到了充分体现。也正是在唐朝的严密防御和重兵护卫之下，孔雀河烽燧群以及自营盘古城遗址经罗布泊地区一直延伸至阿尔金山以北的广大区域，成为焉耆南部的战略纵深，在防御吐蕃、拱卫天山廊道军防体系等方面发挥了重要作用。

第五节　焉耆在天山廊道中的交通枢纽地位

隋末唐初，从罗布泊到焉耆的"大碛路"废弃，此后关于"大碛路"，史籍无载，一般认为该路不再使用。上文所论及的从罗布泊沿孔雀河通往焉耆的孔雀河烽燧群，普遍被认为是汉晋时期所设，[①] 但根据 2019 年出土的克

———————

① 黄文弼：《罗布淖尔考古记》，线装书局 2009 年版，第 105 页；吐尔逊·艾沙：《罗布淖尔地区东汉墓发掘及初步研究》，《新疆社会科学》1983 年第 1 期；羊毅勇：《从考古资料看汉晋时期罗布淖尔地区与外界的交通》，《西北民族研究》1994 年第 2 期；等等。

亚克库都克烽燧文书可知，唐代焉耆连接罗布泊地区的"大碛路"不但没有废弃，反而有得到强化的趋势，克亚克库都克烽燧就是唐代所建。该烽燧出土文书中出现了大量与焉耆相关的交通路线及军防建置的名称，如"楼兰路""麻泽贼路""焉耆路"等，① 主要原因在于吐蕃攻占吐谷浑后控制了焉耆南部东西向的青海道，"大碛路"南部青海道上的石城、播仙一带成为唐蕃争夺的前沿。焉耆通过"大碛路"强化了与东天山的交通，巩固了在西州通龟兹的交通地位，并且通过天山内部廊道连接轮台、庭州、尤尔都斯盆地等地，体现出焉耆在天山廊道进出塔里木盆地、准噶尔盆地并辐射西域东西交通和南北交通中的优势和枢纽地位。

一　唐"大碛路"史籍阙载的原因

"大碛路"，又称白龙堆道，即汉通西域时的"北道"，汉晋时期，从敦煌到西域多循此道。该道从敦煌出发，沿古代疏勒河向西，到楼兰，此后从罗布泊沿着孔雀河河道到焉耆。② 《魏略》中对该道有明确的记载："从玉门关西出，发都护井，回三陇沙北头，经居卢仓，从沙西并转西北，过龙堆，到故楼兰，转西诣龟兹，至葱岭，为中道。"③ 这条道路横穿库木塔格沙漠，路程最短，但沿途仅有楼兰绿洲可提供补给，以致出现楼兰国因供应汉使承担不堪繁重的赋役而截杀汉使的情况。④

在官方记载中，"大碛路"在隋末被废弃。"焉耆入中国由碛路，隋末闭塞，道由高昌"，⑤ 焉耆要求唐朝重开"大碛路"，由此引发与高昌的战争。贞观六年，焉耆通使唐朝，请求开通"大碛路"，根据《资治通鉴》的记载，"突骑支请复开碛路以便往来，上许之。由是高昌恨之，遣兵袭焉耆，大掠而去"。⑥ 焉耆欲重新开通"大碛路"，遭到高昌的攻击，这成为唐

---

① 比如榆林镇、通海镇、麻泽镇、掩耳守捉、焉耆守捉、沙堆烽、临河烽、马铺烽、横岭烽、悭泉谷铺、猪泉谷铺、苏累铺等军事机构，也有铁门关、于术守捉、西夷僻守捉、西州、于阗、安西都护府等地名。

② 王素：《高昌史稿·交通编》，第 124 页。

③ 《三国志》卷三〇《魏书·乌丸鲜卑东夷传》，第 859 页。

④ 《汉书》卷九六《西域传》，第 3876 页。

⑤ 《资治通鉴》卷一九四，太宗贞观六年，第 6208—6209 页。

⑥ 《资治通鉴》卷一九四，太宗贞观六年，第 6209 页。

朝发兵平高昌的导火线。贞观十四年唐朝平高昌之役，侯君集特意"遣使与相闻，突骑支喜，引兵佐唐"。[①] 贞观九年，唐朝平定吐谷浑，收复了被吐谷浑占领的鄯善、且末一带，控制了青海道，从青海道进入塔里木盆地成为丝绸之路较为便捷的道路。

由此，从中原进入西域，北可经伊吾、高昌，南可取青海道，"大碛路"逐渐失去了进出塔里木盆地交通枢纽的地位，此后，"大碛路"阙载于史籍。

二 克亚克库都克烽燧遗址与唐代"大碛路"

位于孔雀河沿岸的克亚克库都克烽燧的发现与发掘，使得唐代"大碛路"重现于世。尤其值得注意的是，该烽燧不是魏晋时期所建，而是唐朝时期建筑的，这说明，唐朝不仅没有放弃"大碛路"，反而在继续使用并进一步强化。

（一）克亚克库都克烽燧遗址的基本情况

克亚克库都克烽燧遗址位于尉犁县古勒巴克乡兴地村西偏南 57 公里处的荒漠中，东距营盘古城 47 公里，距楼兰古城 233 公里。克亚克库都克烽燧始建于唐代，称为"沙堆烽"，是焉耆镇守军辖下一处游弈所驻地，[②] 该烽燧的发现填补了史籍对于唐代"大碛路"记载的空白。

根据考古工作者胡兴军的记述，克亚克库都克烽燧遗址包括烽燧本体、居址等设施，目前已清理出房屋、土埂、木栅栏、踏步各一处，灰堆五处。烽燧平面呈方形，立面呈梯形，东、北两侧因风蚀坍塌严重，南侧有土坯垒筑的护坡，烽燧在使用时期至少加固过三次；在烽燧南侧沙堆下南北向排列着一道木栅栏，似为牲畜圈墙。

遗址目前已累计清理发掘出土各类遗物 1230 余件（组），其中包括纸文书、木牍 786 件，这是近年新疆考古发掘出土数量最多的一批唐代汉文文书资料。其中军事文书数量最多，详细记录了与克亚克库都克烽燧有关的军镇、守捉、烽铺馆驿等各级军事设施的名称，各级军事机构正常运行的情

---

① 《新唐书》卷二二一《西域传》，第 6229 页。

② 胡兴军：《新疆尉犁县克亚克库都克烽燧遗址出土〈韩朋赋〉释析》，《西域研究》2021 年第 2 期。

形，以及烽铺之间通过"符帖牒状""计会交牌"等方式传递军情和政令，并对该地实施有效的戍守管理。① 这些多元化军事机构的设置，是唐代焉耆镇守军护卫孔雀河交通路线的具体展现。

（二）唐朝重开"大碛路"的背景

唐朝自贞观九年重开"大碛路"后，② 对焉耆南部的交通极为重视。根据克亚克库都克烽燧遗址中出土的钱币、含有"武周新字"的文书简牍以及碳十四标本的测试，该烽燧的建造时间不会晚于长寿元年王孝杰破四镇、以三万汉兵驻守西域的时间。

1. 应对吐蕃的威胁

关于吐蕃对西域的威胁，唐朝有一个逐渐认识的过程。王小甫先生认为，唐朝在经营西域的过程中，从讨龟兹到平贺鲁置四镇，全部精力都在对付西突厥，并没有认识到吐蕃兴起的严重性。③

贞观六年，太宗允诺焉耆重开"大碛路"主要是出于联合焉耆对抗高昌的考量。但是此后，吐蕃征服吐谷浑，开始染指塔里木。龙朔二年苏海政的飓海道行军为史载中吐蕃与唐军在西域的首次交集，苏海政因"师老不敢战"，以军资赂吐蕃而撤兵。④ 龙朔三年，吐蕃灭吐谷浑，至咸亨元年而尽有其地，青海道成为吐蕃进入塔里木的交通要道。当吐蕃攻灭吐谷浑时，唐朝却在尽全力攻伐高句丽。这体现了唐朝对吐蕃缺乏应有的警惕。

吐蕃经阿尔金山"及至龙年（668 年）……于且末国建造堡垒"，⑤ 并大举进攻西域，到咸亨元年"于且末国击唐军多人"，与于阗联兵攻破龟兹拨换城，"陷四镇"。在与唐朝争夺四镇的过程中，吐蕃在阿尔金山一带频繁出没，增加了焉耆南部的防御压力，唐朝此时才开始重视"大碛路"，以形成南北策应之势，避免腹背受敌。

---

① 张海峰：《烽火边声壮士行——唐烽燧遗址考古还原千年前戍边生活》，《新疆日报》2020 年 11 月 13 日。

② 李宗俊：《唐代河西通西域诸道及相关史事再考》，《中国历史地理论丛》2010 年第 1 期。

③ 王小甫：《论安西四镇焉耆与碎叶的交替》，《北京大学学报》1991 年第 6 期。

④ 《资治通鉴》卷二〇一，高宗龙朔二年，第 6447 页。

⑤ 王尧：《敦煌本吐蕃历史文书》，《王尧藏学文集》卷一，中国藏学出版社 2012 年版，第 194 页。陆离《论萨毗地区的吐蕃势力及其与归义军政权的关系》认为 ji ma gol 是大非川，吐蕃不可能于 668 年就进入西域，且在新疆米兰出土的古藏文简牍中且末被称为 cer cen。

长寿元年，武威道总管王孝杰大破吐蕃，克复龟兹、于阗、疏勒、碎叶四镇，而吐蕃勾结西突厥势力，延载元年，"武威道总管王孝杰破吐蕃教论赞刃、突厥可汗俀子等于冷泉及大岭，各三万余人，碎叶镇守使韩思忠破泥熟俟斤等万余人"①。"冷泉"在焉耆东南，② 这说明，吐蕃在碎叶一带作战失败后，很可能与阿史那俀子相互勾结南下沿塔里木河直至焉耆东南一带，王孝杰在此与吐蕃交战，这一带也是吐蕃进入塔里木时常行军的路线。

克亚克库都克烽燧出土的文书中有关于"麻泽贼路"的记载，这里的"贼"或指吐蕃或者吐谷浑。《沙州都督府图经》中有"迁曲近贼"的记载，"贼"指的正是当时与唐关系紧张的吐蕃和役属于吐蕃的吐谷浑。该文书撰成于长寿元年，③ 因此，不难看出唐朝以"大碛路"防御吐蕃的军事部署。

开元七年，唐朝"以焉耆备四镇"的规划也有防控吐蕃势力的战略考量。根据《吐蕃大事纪年》，"及至羊年（719 年）……征集'羊同'与'玛儿'之青壮兵丁，埃·芒夏木达则布征集大藏之王田土地贡赋""及至猴年（720 年）……默啜（可汗）之使者前来致礼……征集大藏之王田全部土地贡赋……攻陷唐之索格松城……"④ 吐蕃与后突厥默啜合兵威逼河西的举动引起了唐朝的重视，唐廷以焉耆备四镇的战略选择强化了对"大碛路"的防御；同时，以焉耆备四镇也阻止了吐蕃取阿尔金山道与突骑施苏禄联兵。⑤《旧唐书·郭元振传》载，景龙二年"阿史那献为十姓可汗，置军焉耆以取娑葛"。⑥ 开元十五年，吐蕃与突骑施联合入侵塔里木，吐蕃正是采用了经图伦碛东南北上进入焉耆的路线。⑦

① 《资治通鉴》卷二○五，则天后延载元年，第 6609 页。
② "冷泉（在焉耆东南，唐武后长寿末，武威道总管王孝杰破吐蕃及西突厥于冷泉，又破之于大岭谷，或曰破西突厥于冷泉也。）"《读史方舆纪要》卷六五《陕西十四》，贺次君、施和金点校，中华书局 2005 年版，第 3065 页。
③ 李宗俊：《〈沙州都督府图经〉撰修年代新探》，《敦煌学辑刊》2004 年第 1 期；李宗俊：《唐代河西通西域诸道及相关史事再考》，《中国历史地理论丛》2010 年第 1 期。
④ 王尧：《敦煌本吐蕃历史文书·大事纪年》，中国藏学出版社 2011 年版，第 203 页。
⑤ 〔日〕松田寿男：《古代天山历史地理学研究》，第 463 页。
⑥ 《旧唐书》卷九七《郭元振传》，第 3048 页。
⑦ 王小甫：《唐、吐蕃、大食政治关系史》，第 166—168 页。

2. 唐朝开通并重建"大碛路"是西域形势所迫

"大碛路"将罗布泊地区与塔里木盆地连接起来，成为与银山道并行的交通要道，体现出唐朝对焉耆交通体系的高度重视。《晋书》载："其地南至尉犁，北与乌孙接，方四百里。四面有大山，道险隘，百人守之，千人不过。"① 焉耆地处山间盆地，铁门关是其西南部的唯一出口，孔雀河经铁门关，迂回流向东南注入罗布泊，且少有支流，这使得孔雀河流域成为东南进入焉耆的唯一路径。因此，在掌控并完善进出焉耆的交通路线时，有必要重新开通"大碛路"，并重建焉耆南部的交通体系，将"大碛路"与铁门关天险充分结合起来，形成焉耆南部的防御圈。

位于孔雀河尾闾的楼兰地区在汉代时就是屯田要地，东汉班勇欲屯田楼兰时指出，"西当焉耆、龟兹径路，南强鄯善、于阗心胆，北捍匈奴，东近敦煌"，② 如此，可进可退，攻守自如，反映出这条路线在当时人们心中的重要地位。③ 敦煌索劢"将酒泉、敦煌兵千人，至楼兰屯田。起白屋，召鄯善、焉耆、龟兹三国兵各千，横断注滨河。河断之日，水奋势激，波陵冒堤。……大战三日，水乃回减，灌浸沃衍，胡人称神。大田三年，积粟百万，威服外国"。④ 这是当时引塔里木河水灌溉楼兰屯田的证明，也为唐朝经营"大碛路"奠定了基础。

从楼兰古城经营盘遗址溯孔雀河而上，可到达克亚克库都克烽燧，这里是唐朝设置在孔雀河沿线的防御工事之一。根据最新的考古发现，遗址中出土了水稻、青稞、大麦、小麦等粮食作物以及马、牛、羊、驴、骆驼等动物标本，显示出唐朝军队曾在此屯田的迹象。⑤

分布在孔雀河沿岸的烽燧如兴地山口烽燧、脱西克烽燧、卡勒塔烽燧、沙鲁瓦克烽燧、萨其该烽燧、孙基烽燧、亚克仑烽燧、苏盖提烽燧、库木什烽燧、阿克吾尔地克烽燧等，与罗布泊以南的石城镇、播仙镇等形成拱卫之势。因此，唐朝重开"大碛路"，为强化对焉耆的管理以及进一步经营天山

---

① 《晋书》卷九七《四夷传》，第 2542 页。

② 《后汉书》卷四七《班超传》，第 1588 页。

③ 殷晴：《车师与北道》，《吐鲁番学研究》2006 年第 2 期。

④ 《水经注校证》卷二《河水》，第 37 页。

⑤ 胡兴军：《新疆尉犁县克亚克库都克烽燧遗址出土〈韩朋赋〉释析》，《西域研究》2021 年第 2 期。

南麓绿洲诸国奠定了交通路线方面的基础。

3. "大碛路"与"墨山国之路"

"墨山国之路"是唐代"大碛路"的重要组成。墨山国在今营盘古城附近,① 楼兰文书中将其称为"山城"。② "墨山国之路"即从楼兰经营盘遗址、兴地山谷进入库鲁克塔格山,过辛格尔绿洲、梧桐沟至吐鲁番盆地的柳中的道路,③ 是连接罗布泊、渠犁与吐鲁番盆地的纽带。"大碛路"的西段即从焉耆沿孔雀河至营盘后,可与"墨山国之路"相接,成为焉耆连接吐鲁番盆地的交通要道。

汉代墨山国就与焉耆来往密切,《汉书·西域传》载:"(山国)西至尉犁二百四十里,西北至焉耆百六十里,西至危须二百六十里,东南与鄯善、且末接。山出铁,民山居,寄田粂谷于焉耆、危须。"④ 墨山城在鄯善与焉耆之间的交通线上,"自车师前王廷随北山,波河西行至疏勒,为北道",⑤ 北道从楼兰古城向西北方向去往车师前国,"至山国千三百六十五里,西北至车师千八百九十里",⑥ 而从扞泥城抵山国经由焉耆前往交河城,里程将多出四百七十里,⑦ 这说明从焉耆经山国至吐鲁番盆地的道路自汉时便畅通,为交通要道。

唐代时,"墨山国之路"仍在频繁使用,是"大碛路"的辅助道路。《通典》卷一七四"交河郡"条载:"南至三百五十里,过荒山千余里至吐蕃。"⑧ "荒山"即为库鲁克塔格,⑨ 这条路正是从焉耆经"大碛路"至营盘取"墨山国之路"的必经之地。

斯坦因曾在此发现了东西长 400 英里、南北宽 200 英里的辛格尔绿洲,"这是山中唯一的田园,土地经过灌溉,生产出粮食,卖给来往于吐鲁番、

---

① 参见黄文弼《汉西域诸国之分布及种族问题》,《黄文弼历史考古论集》,第 27 页。

② 林梅村编《楼兰尼雅出土文书》,文物出版社 1985 年版,第 28 页。

③ 罗新:《墨山国之路》,《国学研究》第 5 卷,北京大学出版社 1998 年版,第 483—509 页。

④ 《汉书》卷九六《西域传》,第 3921 页。

⑤ 《汉书》卷九六《西域传》,第 3872 页。

⑥ 《汉书》卷九六《西域传》,第 3875—3876 页。

⑦ 余太山:《汉魏通西域路线及其变迁》,《西域研究》1994 年第 1 期。

⑧ 《通典》卷一七四《州郡四》,第 4557 页。

⑨ 罗新:《墨山国之路》,《国学研究》第 5 卷,第 508 页。

罗布间那条直路上的客商"，① 且 "辛格尔是一个较小但战略上非常重要的库鲁克塔格山西部的一个绿洲地区，在此有数条分道可以通向塔里木盆地的下部、故楼兰和焉耆地区"。② 斯坦因所发现的道路，就是 "墨山国之路" 的一部分。在唐代仍然发挥着保障 "大碛路" "墨山国之路" 交通沿线的作用，反映出焉耆经库鲁克塔格山与西州之间交通防御布局的严密。

此外，根据克亚克库都克烽燧出土的文书，如《唐残文书为入大城报西州裴司马等事》《开元六年（718）榆林镇下各烽远藩探候宜急书入报牒》等，以及新发现的关于榆林镇、通海镇、麻泽镇、焉耆守捉、临河烽、马铺烽、横岭烽、坚泉谷铺、猪泉谷铺、苏累铺等未见于传统史籍的军事机构的记载，③ 其具体地点虽暂不能确切考证，但无疑反映出焉耆经 "墨山国之路" 与西州交通的紧密联系，补充并强化了西州与塔里木的交通路线。

三　焉耆在西域的南北交通

"大碛路" 在唐朝继续被使用，使得焉耆的交通地位更加彰显。焉耆地处山间盆地，其地以北溯乌拉斯台河沿 "庭焉道" 经轮台可与北庭取得联系，溯开都河则可进入尤尔都斯盆地，这里是游牧势力进出天山的隘口。如果控扼天山内部廊道，西北可到达弓月城和碎叶，南部以 "大碛路" 为依托，沿用孔雀河沿线防御带，可将阿尔金山北麓的石城镇、播仙镇等与焉耆镇守军的防御体系连接起来，这使得焉耆成为天山廊道交通的十字路口。然则目前学界对焉耆南北道路尤其是从焉耆进出天山内部廊道的道路关注较少。

（一）通往天山内部廊道的道路

天山内部廊道为史籍所不载，最早为天山以北的游牧族群所占据并广泛使用。自汉以来，中原军队进入西域较少使用天山内部廊道。唐初，焉耆利用天山内部廊道可到达西突厥腹地，"自焉耆国西北七日行，至其南庭，又

---

① 巫新华：《斯坦因》，中国民族摄影出版社 2002 年版，第 292—293 页。
② 〔英〕奥雷尔·斯坦因：《西域考古图记》第 4 卷，第 54 页。
③ 胡兴军：《新疆尉犁县克亚克库都克烽燧遗址出土〈韩朋赋〉释析》，《西域研究》2021 年第 2 期。

正北八日行，至其北庭"。① 贞观十二年，乙毗咄陆可汗即位，与沙钵罗可汗以伊犁河为界，划分了他们的领地，"乙毗咄陆可汗又建庭于镞曷山西，谓之北庭"。② 唐朝经营西域时，以天山南北的军防布局为战略依托，因此天山内部廊道成为焉耆交通路线的重要组成部分。

1. 防御处月、处密部

在唐朝势力未进入西域之前，天山以北诸部落就通过天山峡谷道路侵扰绿洲诸国，其中分布在今乌鲁木齐、玛纳斯一带的西突厥处月、处密部落，③与高昌、焉耆交往频繁。《旧唐书·焉耆传》记载："（贞观）十二年，处月、处密与高昌攻陷焉耆五城，掠男女一千五百人，焚其庐舍而去。"④ 西突厥处月、处密部落出兵进攻焉耆的道路有两条：一为经白水涧道至高昌，两军会合经银山道出击焉耆；二为自轮台地区沿乌鲁木齐河谷而上即沿"庭焉道"直达焉耆北境，高昌军队自银山道出，两军对焉耆形成南北夹击之势。而从处月、处密部落所处的地理位置来看，采用第二条道路的可能性更大。

贞观二十二年，唐朝发动昆丘道行军伐龟兹，天山北麓的处月、处密部落为其主要目标之一。⑤ 时昆丘道行军大总管阿史那社尔及副总管左骁卫大将军契苾何力、安西都护郭孝恪、清河郡公杨弘礼等分南北两道讨伐龟兹，充分利用了"庭焉道"的交通优势。阿史那社尔出兵天山北麓，"既破西蕃处月、处密，乃进师趣其北境，出其不意。西突厥所署焉耆王弃城而遁，社尔遣轻骑擒之，龟兹大震，守将多弃城而走。社尔进屯碛石，去其都城三百里……"⑥ 阿史那社尔的进军路线应为自庭州沿碎叶道向西破西突厥处月、

① 《旧唐书》卷一九四《突厥传》，第 5197 页。松田寿男认为，"这里所说的北庭，大概可以和后来设置于乌鲁木齐以东吉木萨尔的都护府被命名为北庭一事合并加以考虑，大致是在别失八里地区内，可以认为与阿史那贺鲁的基地也有很深的联系。另外，南庭则可以比拟为裕勒都斯河谷"，见〔日〕松田寿男《古代天山历史地理学研究》，第 321 页。

② 《新唐书》卷二一八《沙陀传》，第 6153 页。

③ 〔日〕松田寿男：《古代天山历史地理学研究》，第 398 页。又，岑仲勉认为，处月处密相互位置为南北而不是东西而言，处月部在额林哈毕尔噶之南，即今沙湾、乌苏一带，处密在今塔城东南，额尔齐斯河之西南，参见岑仲勉《处月处密所在部地考》，《西突厥史料补阙及考证》，中华书局 1958 年版，第 201 页。

④ 《旧唐书》卷一九八《焉耆传》，第 5301—5302 页。

⑤ 吴玉贵：《突厥汗国与隋唐关系史研究》，第 315 页。

⑥ 《册府元龟》卷九八五《外臣部·征讨四》，第 11572 页。

处密部，而后在今乌鲁木齐一带越天山胜利达坂经巴仑台南下擒焉耆王，即"趣其北境"，又溯开都河向西进入尤尔都斯草原，再沿库车河谷南下到达龟兹。

2. 征伐阿史那贺鲁的三次行军

天山内部廊道也是唐朝三次讨伐阿史那贺鲁的重要行军路线，"庭焉道"在这三次战役即"弓月道行军"、"葱山道行军"和"伊丽道行军"中发挥了重要作用。

弓月道行军。永徽元年，阿史那贺鲁起兵叛唐，控制了天山以北的广大地区。次年，"诏左武候大将军梁建方、右骁卫大将军契苾何力为弓月道行军总管，右骁卫将军高德逸、右武候将军薛孤吴仁为副，发秦、成、岐、雍府兵三万人及回纥五万骑以讨之"。[①] 永徽二年，唐攻伐阿史那贺鲁时，追随阿史那贺鲁的处月部首领朱邪孤注率兵驻守牢山（新疆阿拉沟），[②] 挡住了唐军前往伊犁河追击阿史那贺鲁的通道，而弓月部南下阿拉沟最便捷的行军路线无疑是"庭焉道"，即翻越胜利达坂至乌拉斯台，向东便可到达阿拉沟。史料记载，永徽三年正月，契苾何力追击朱邪孤注五百里将其擒杀，途中俘虏了处密部落的时健俟斤、合支贺等渠帅六十余人，斩首五千余级。因此，朱邪孤注被斩杀的地方应为处月以西的某个地方，[③] 或为处密所在地即今玛纳斯，由此可以推测，契苾何力追击朱邪孤注的路线应为从阿拉沟口西向到达焉耆以北，取"庭焉道"到达天山以北，再西行经处密部落，这是朱邪孤注遁逃最有可能选择的道路，也是其部落较为熟知的路线之一。

葱山道行军。永徽六年，唐以程知节为葱山道行军总管，率左武卫将军舍利叱利、右武卫将军王文度、伊州都督苏海政等，讨西突厥阿史那贺鲁。程知节"与哥逻、处月二部战于榆慕谷，大破之，斩首千余级"，十二月，"引军至鹰娑川，遇西突厥二万骑，别部鼠尼施等二万余骑继至，前军总管苏定方帅五百骑驰往击之，西突厥大败……"[④] 榆慕谷具体位置不可考，大

---

① 《资治通鉴》卷一九九，高宗永徽二年，第6387页。
② 吴玉贵：《突厥汗国与隋唐关系史研究》，第340—341页；又，松田寿男将"牢山"比定为博格达山，参见《古代天山历史地理学研究》，第401页。
③ 〔日〕松田寿男：《古代天山历史地理学研究》，第401页。
④ 《资治通鉴》卷二○○，高宗显庆元年，第6413页。

概为今奇台县至吉木萨尔一带，可以发现，程知节自天山以北出兵，击败了葛逻禄、处月二部，率兵到达鹰娑川，即开都河上游地区。而此次行军没有提及位于玛纳斯一带的处密部，可以推测，程知节并未沿碎叶道继续西行，很有可能取"庭焉道"转而南下进军鹰娑川，即从今乌鲁木齐翻越天山进入焉耆北部巴仑台一带，而后溯开都河西行，进入尤尔都斯盆地，进入西突厥的腹心，且遭遇了在尤尔都斯盆地游牧的鼠尼施部落两万余骑的攻击，但被苏定方击破。唐灭阿史那贺鲁后，以活动于尤尔都斯的西突厥鼠尼施处半部置鹰娑都督府，唐朝的充分重视促进了天山内部廊道交通的发展。

伊丽道行军。显庆二年，唐朝开始了对阿史那贺鲁的第三次讨伐。苏定方任伊丽道行军大总管，出北道，"自金山之北，指处木昆部落，大破之。其俟斤懒独禄以众万余帐来降，定方抚之，发其千骑进至突骑施部"；[1] 南道为流沙道安抚大使西突厥阿史那弥射以及阿史那步真的行军。苏定方率军"于是昼夜进，收所过人畜，至双河，与弥射、步真会，军饱气张，距贺鲁牙二百里，阵而行"，[2] 且根据史料的记载可以认为，伊丽道行军的南道流沙道行军很有可能是从西州出发，且根据第一次弓月道行军时被朱邪孤注扼守阿拉沟口而无法前行的教训，阿史那弥射行军很可能正是从阿拉沟口进入天山，西行达乌拉斯台一带，继而沿"庭焉道"达到乌鲁木齐，逐个击破处月、处密部落，再西行至双河即今博乐市达勒特古城与苏定方会和。[3] 伊丽道行军在唐朝征伐阿史那贺鲁、统治西域的进程中起到了决定性作用，连通天山南北的"庭焉道"则在此次行军中发挥了重要的军事输送和战略联防的作用。

总体来讲，在唐朝数次针对天山以北诸游牧部落的用兵过程中，"庭焉道"都发挥了重要作用，唐朝先后在从焉耆进入天山腹部的道路沿途设置了大量防御工事来保障内部廊道的安全。根据目前的遗址分布来看，如科克苏门遗址、哈尔莫墩城址、肖霍尔城址、墩墩尔城址、灰日克古城、协比乃尔布呼古城、查汗通古东西烽火台以及哈布其哈沟口遗址等，都是扼守从天山南下进入焉耆的交通隘口。

---

①　《旧唐书》卷八三《苏定方传》，第 2778 页。

②　《新唐书》卷二一五《突厥传》，第 6062 页。

③　孟凡人认为"流沙道行军"自西州出发经"白水涧道"至吉木萨尔，参见孟凡人《论唐朝征讨阿史那贺鲁之役》，《北庭和高昌研究》，第 91 页。

（二）与焉耆南部地区的联动

焉耆与塔里木南部地区的联动，实际上是与唐朝设置在南道最大的绿洲于阗镇守军取得联系，于阗的地位仅次于安西都护府所在地龟兹。[①] 从焉耆取"大碛路"，进入罗布泊地区，"……自蒲昌海南岸，西经七屯城，汉伊脩（循）城也。又西（一百）八十里至石城镇，汉楼兰国也，亦名鄯善，在蒲昌海南三百里，康艳典为镇使以通西域者。又西二百里至新城，亦谓之弩支城，艳典所筑。又西经特勒井，渡且末河，五百里至播仙镇，故且末城也……五百里至于阗东兰城守捉。又西经移杜堡、彭怀堡、坎城守捉，三百里至于阗"。[②] 这条纵贯南北的道路将焉耆与于阗连接起来，在塔里木盆地东缘形成防御圈。

值得重视的是，塔里木盆地东南与青海道相接，是吐蕃经阿尔金山进入塔里木的主线，而唐朝以焉耆联动于阗所形成的交通防线，体现了唐蕃在此地反复争夺的历史，客观上反映了从焉耆到于阗交通的重要性。

《寿昌县地境》载："萨毗城，在镇城东南四百八十里。其城康艳典置筑，近萨毗城泽险，恒有土蕃土谷贼往来。"[③]《沙州图经》亦载："其城康艳典造，近萨毗泽□六十里，山险，恒有吐蕃吐（后缺）。"[④] 萨毗泽即今若羌县阿牙克库木湖，扼出入阿尔金山的孔道，这条路是吐蕃、吐谷浑由柴达木盆地进入若羌之后避开石城镇直取萨毗城并由此进入塔里木盆地的捷径。米兰出土的 M. I. xxviii. 0036 文书载：

> 由论·措热和论·塔热在季冬月之……日盖印发出。信使（Ring -
> lugs）和力夫董真（Vdong - phreng）和突古（Vdor - dgu，或许同于
> Dor - dgu）……必须紧跟一批流放犯，即上部牧区部落的穆杰波和信使
> 部落的彭·拉古，除了萨毗之小罗布（Tshal - byivi Nob - chungu）以

① 荣新江：《于阗在唐朝安西四镇中的地位》，《西域研究》1992 年第 3 期。
② 《新唐书》卷四三《地理七》，第 1151 页。
③ 向达：《记敦煌石室出晋天福十年写本〈寿昌县地境〉》，《唐代长安与西域文明》，商务印书馆2015 年版，第 452 页。
④ 唐耕耦、陆宏基编《敦煌社会经济文献真迹释录》第 1 辑，第 33 页。

外，此二人可以到任何地方，甚至远到瓜州、姑臧等地……①

　　吐蕃对"萨毗"向外的交通路线极为重视，可以看出，信使二人所走的路线横贯小罗布到瓜州，他们即使放弃沿着沙漠边缘途经鄯善的道路，也有山路可供选择。这里处于唐朝设置的焉耆—于阗交通防线以外，是唐代塔里木以安西四镇为中心的严密的交通布局中东南部唯一的缺口，是吐蕃进入塔里木的天然通道。吐蕃在此屯田布兵，这里最终发展成为与唐朝争夺塔里木的前方基地。

　　综上，焉耆在安西四镇交通中具有重要的枢纽作用，不仅是连接西州与龟兹交通大道的重要节点，而且在焉耆北部以乌拉斯台河一带经天山内部廊道连接轮台、北庭、尤尔都斯盆地的交通路网中，是重要的交通站点和天山南北军防的交通中心。

---

　　① 〔英〕F. W. 托马斯：《敦煌西域古藏文社会历史文献》，刘忠、杨铭译注，商务印书馆 2020 年版，第 44 页。

第　五　章

龟兹：西域战略枢纽

龟兹地处中天山南麓，居西域腹心之地，地理位置险要，是塔里木盆地最大的绿洲。东汉班超曾言："若得龟兹，则西域未服者百分之一耳。"[①] 唐代置安西都护府于龟兹，以龟兹王城为核心军防区，以柘厥关、盐水关、乌垒关、雀离关"四关"之内为内部军防区，同时以安西都护府的对外交通路线为依托，设置了多重军防体系：东经乌垒与焉耆镇形成联防之势；西接疏勒形成天山廊道的军事缓冲区；北入天山内部廊道连接弓月、碎叶形成北部纵深；南向沿和田河、克里雅河与于阗连通。龟兹多重、严密的防御机制使其成为唐朝经营天山廊道的战略枢纽、屯戍中心。

第一节　龟兹水系及核心军防区

龟兹境内水源广布，流域面积较大，主要有东部今轮台境内的迪那河流域、中部库车河—渭干河流域以及西部阿克苏河流域等。汉唐时期，龟兹王城（皮朗城）位于最为富庶的库车河—渭干河流域，是龟兹的核心区域。唐朝将西域最高军政中心安西都护府置于皮朗城，巩固唐代龟兹的核心军防区。

一　龟兹绿洲主要水系

龟兹核心军防区的构建与境内绿洲水系分布密切相关。在龟兹境内，自

---

① 《后汉书》卷四七《班超传》，第 1575 页。

东向西呈梳状分布着迪那河、库车河、渭干河、阿克苏河等径流量较大的河流，孕育了轮台、库车、新和、阿克苏等绿洲城市，并以此形成了四通八达的交通路网。

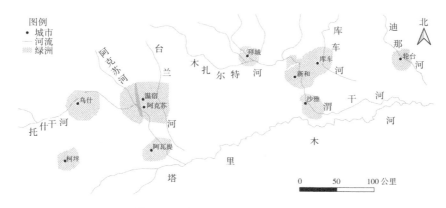

图 5－1　龟兹绿洲与主要水系分布

（一）迪那河流域

轮台以迪那河为中心形成了迪那、阳霞、策大雅—野云沟三大灌溉区。汉代，这些灌溉区是中原王朝最早设置屯田的区域；唐代，这一带成为龟兹东部重要的屯戍区。

迪那河发源于天山南脉中段霍拉山南坡，先后流经库车市和轮台县，是轮台县境内的第二大河。汉宣帝时期，设西域都护府于乌垒城，其遗址似为今轮台县奎玉克协海尔（柯尤克沁，"灰烬城"之意）城址，[①] 古城位于县城南约 20 公里的荒漠之中，地势平坦，为迪那河流域的平原灌溉区域，古城四周盐碱化程度相当严重。古城平面略呈圆角长方形，周长约 940 米，占地约 6 万平方米，残存墙基宽约 5 米，残高 1—5 米，西北和东南角开城门，城内有土筑长方形高台遗址，残高约 10 米，长约 70 米，宽约 40 米，高台上保存有土坯垒筑的房屋遗址和文化遗物，城外自西北向西南处残存古渠道遗迹，是迪那河流域自汉以来作为屯戍重地的主要见证。

轮台县在唐代为龟兹都督府下辖乌垒州所在地。迪那河流域有大量的城

---

① 林梅村：《考古学视野下的西域都护府今址研究》，《历史研究》2013 年第 6 期。

堡、烽燧等，如阔纳协海尔古城、恰库木排来克戍堡、喀拉亚烽燧、廷木墩烽燧等，是唐朝在迪那河流域的重要军防设施，唐朝在此地也开设一定规模的屯田，奠定了龟兹东部防区的基础。

（二） 库车河—渭干河流域

库车河—渭干河流域占据龟兹绿洲径流区域的中心位置，是龟兹乃至整个天山南麓最富庶的区域，其耕地面积、经济发展都远超轮台绿洲。东汉时，班超坐镇它乾城，将西域都护府从轮台绿洲迁往龟兹，奠定了其军政中心的地位。

库车河，又名铜厂河，《水经注》称其为"龟兹东川水"，"东川水出龟兹东北，历赤沙、积梨南流，枝水右出，西南入龟兹城"；① 《西域水道记》则明确指出"东川入河处在渠犁国西，《汉书》所谓'渠犁西有河，至龟兹五百八十里'者也。今则西川自入河，东川入湖后无复余水，不与河通"。② 库车河发源于南天山支脉科克铁克山南坡，流域北以科克铁克山山脊为界，与和静县开都河流域毗邻，东与迪那河流域相连，西与黑孜河流域接壤。

渭干河，即"龟兹西川水"，《新唐书·地理志》所载的"白马河"，从安西出柘厥关渡白马河西行至拨换城，沿"热海道"至碎叶或西南连接疏勒。渭干河是天山南麓三条大河之一，主源为发源于天山支脉哈尔克他乌山南坡的木扎尔特河。流域北部以天山山脉主山脊为界，与伊犁河流域毗邻；西与阿克苏河流域接壤；东与库车河流域相连；南部以塔里木河作为防御塔克拉玛干沙漠北侵的屏障。

渭干河两岸是古老的灌溉区，包括今新和县、库车市、沙雅县等，至今留存着大量遗址。1958 年，黄文弼考察库车市东南的唐王城时写道："大黑汰沁古城（意为汉人城），居渭干河中游，土地肥沃，水草丰盈，形势险要，系古代戍守的堡垒。"③ 渭干河流经拦河引水枢纽之后，分为东部的英达雅河以及西部的沙雅大河。英达雅河向东南流入库车市境内，最终注入草湖水库；沙雅大河流经沙雅县境内，为其主要水源，灌溉出塔里木河北岸的

---

① 《水经注校证》卷二《河水》，第 39 页。
② 《西域水道记（外二种）》卷二《渭干河》，第 101—102 页。
③ 黄文弼：《新疆考古发掘报告（1957—1958）》，第 69 页。

湿地，历史上可以注入塔里木河，唐代依托于这一带优良的自然条件，发展了龟兹东南部集屯田、畜牧为一体的后勤保障基地。

（三）阿克苏河流域

阿克苏河是塔里木河最大的源流，发源于吉尔吉斯斯坦境内，由托什干河和库马拉河汇合而成，流经阿瓦提县入阿拉尔市肖夹克附近，与和田河、叶尔羌河汇合，成为塔里木河之源，东部与渭干河流域相接，东南以塔克拉玛干沙漠为屏障。《水经注》称阿克苏河为"姑墨川水"，《新唐书·地理志》记为"拨换河"。唐代从安西都护府出柘厥关渡"白马河"（渭干河）后继续西行可至拨换城。拨换城位于今温宿县境内，汉代姑墨国故地，唐代又称"跋禄迦国""威戎城"，为龟兹下辖姑墨州所在地。从拨换城西北渡"拨换河"即阿克苏河进入今乌什县境内，翻越别迭里山口可前往碎叶。

阿克苏河源流之一的托什干河，流经阿合奇县、乌什县和温宿县，该区域是唐代温肃州所在地。托什干河左岸支流为别迭里河，是阿合奇县与乌什县的界河，发源于天山南脉南坡别迭里山口附近。别迭里山口海拔4264米，这里早在汉代就是西域与中亚地区相互往来的交通关隘，形势险要。西汉陈汤击郅支单于，北路行军正是出别迭里山口；唐初玄奘西行取经时自龟兹西行越凌山至碎叶，即取道别迭里山口。

阿克苏河水量丰沛，《西域水道记》载其支流"浑巴什河""水宽里许，有渡船二。余旋程五月，河流未盛，已有浩淼之思矣"。[1] 在今阿拉尔市附近，阿克苏河及其南部的喀什噶尔河、叶尔羌河、和田河汇于塔里木河，"会处四水交贯，如井栏"。[2] 阿克苏河孕育了龟兹西部的大片绿洲，同时也为龟兹连通西天山以及中亚的道路交通奠定了基础。

二 龟兹核心区域与天山廊道的安全保障

位于库车河—渭干河三角洲中心位置的安西都护府是唐朝经营西域的指挥中心。安西都护府管辖塔里木盆地的"安西四镇"及葱岭以西广大地区的羁縻府州，是中天山廊道的战略中枢。

---

① 《西域水道记（外二种）》卷二，第80页。
② 《新疆图志》卷七〇《水道四》引《河源纪略》，第1276页。

龟兹王城是整个西域的核心军防区，是安西都护府所在地，发挥着指挥管理的职能。安西都护府的职官设置充分体现了唐朝在经营西域时因地制宜、因时制宜的特点，是唐朝西域战略不断推进的体现。龟兹都督府保留了龟兹国的王系统治权，对于稳定西域社会、巩固安西都护府的治理意义重大，是唐朝经营西域的重要战略举措。

图 5 - 2　库车市龟兹故城遗址

（一）安西都护府与龟兹镇守军

清人祁韵士有诗云："古堞犹传定远遗，安西四镇首龟兹。"① 龟兹是天山南麓最大的绿洲，北依天山山脉，南临塔里木河，东至焉耆铁门关，西抵图木舒克据史德城，包括今库车、轮台、新和、沙雅、拜城、温宿、阿克苏、乌什、柯坪、图木舒克等市县。汉代龟兹"口八万一千三百一十七""东西两千余里，南北六百余里"，② 人口和地域范围居西域三十六国之首。

龟兹国力雄厚，其"城有三重，广轮与长安城等。城中塔庙千数，帛

---

① 《清代诗文集汇编》编纂委员会编《清代诗文集汇编》，上海古籍出版社 2010 年版。
② 《汉书》卷九六《西域传》，第 3911 页。

纯宫室壮丽，焕若神居"，① 汉晋时期龟兹国都为"延城"，唐代为"伊逻卢城"，遗址即为今库车市龟兹故城，又称皮朗古城。唐朝将安西都护府移至龟兹、设"四镇"后，安西都护府、安西镇治所也正是位于龟兹故城。② 根据考古发现，唐代安西都护府故址城周 7000 米，是唐代西域规模最大的中心城市。

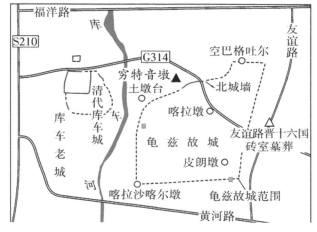

图 5 - 3　龟兹故城遗址平面图

资料来源：吴勇等《新疆库车龟兹故城穷特音墩遗址 2017 年发掘简报》，《文物》2020 年第 8 期。

20 世纪初，英国探险家斯坦因到龟兹绿洲考察时，在库车河东岸发现一处规模很大、年代久远的古城墙遗迹，城墙为夯筑结构，"基底宽约 60 英尺，残高约 18 英尺。残墙以此规模延伸约 300 码"。③ 根据斯坦因的记述，城墙其余部分早已开垦为农田，城墙原来长度要远远长于 300 码。其西面为碉楼式古遗址"皮郎吐拉"，该遗址现已为居民房屋所包围。斯坦因测得古

① 《十六国春秋辑补》卷三七《后凉录》，中华书局 1985 年版，第 567 页。
② 薛宗正《安西大都护府治所考——兼论豆勒豆尔奥库尔古建筑群》（《史学集刊》2011 年第 3 期）认为第一次创建（658—662）大都护府尚无独立城堡，与龟兹都督同治于龟兹都城，即皮朗古城；第二次创建（693—808）定型化的安西大都护府治所应位于今库车市、新和县交界处的豆勒豆尔奥库尔遗址，又名"明府城"，意为"朝廷城"，即渭干河东西两岸的玉其吐尔和夏合吐尔遗址。
③ 〔英〕斯坦因：《亚洲腹地考古图记》，第 1102—1103 页。

城周长约 3 英里 3 弗隆（约 5 公里），此数据与唐高僧玄奘所描述的屈支国都城的规模较为相近。

1927 年，黄文弼到此考察，见到当时城址内遗存一大土墩，四周基本已被民房包围，土墩"高约十二，宽约六十余米"。[①] 在土墩上可望见长四五里的城墙，墙基"高约 3 米，宽约 1.7 米"。[②] 据当地居民描述，古城内曾出土石磨盘、铜件、乾元钱等文物。1958 年，黄文弼再次考察龟兹故城，见"该城范围颇大，城墙可见者北东南三面，略呈方形，迂回曲折，颇不整齐"，测得龟兹城周长 7 公里左右。[③] 古城周边环境与第一次考察时相比已经发生了很大的改变，古城西墙早已消失不见，乌恰河流经其中，乌库公路从古城中间穿过，将古城分为两个区域。

今古城毁损严重，仅遗存几个大土墩，根据考古工作者的研究，城址中的雀鲁拔克为安西都护府治所，[④] 这里出土了大量的筒瓦、瓦当、陶器等遗物，且其高规格的莲纹铺地地砖与长安城大明宫麟德殿所用砖块形制相同，体现出唐代安西都护府为西域最高军政中心的地位。故城也有一定规模的附城，如穷特音墩古城（洛喀依墩遗址），位于龟兹故城北城墙外约 150 米处，平面呈长方形，整体为一高台，南北长约 43 米，东西宽约 38 米。主要遗迹包括房址 7 间和巷道 1 条，出土了石磨盘 2 件，器形有碗、罐、盏、钵、盆、甑、瓮、缸、盂等，有"开元通宝"、"建中通宝"、龟兹小钱等。[⑤]

唐代安西都护府的职官设置包括"都护一员，正三品。副都护二人，从四品上。长史一人，正五品上。司马一人，正五品上。录事参军事一人，正七品下。录事二人，功曹、仓曹、户曹、兵曹四参军事各一人，从七品上。参军事三人，从八品上"，[⑥] 就其职能看，似为"尚书六部"的缩小版而各司其职。《通典》载："府置都护一人，掌所统诸蕃慰抚、征讨、斥堠，安辑蕃人及诸赏罚，叙录勋功，总判府事。"[⑦] 如玄宗时期高仙芝曾任"安西副都护、四镇都知兵马

---

① 黄文弼：《塔里木盆地考古记》，第 30 页。
② 黄文弼：《塔里木盆地考古记》，第 30 页。
③ 黄文弼：《新疆考古发掘报告（1957—1958）》，第 54—55 页。
④ 林梅村：《龟兹王城古迹考》，《西域研究》2015 年第 1 期。
⑤ 吴勇等：《新疆库车龟兹故城穷特音墩遗址 2017 年发掘简报》，《文物》2020 年第 8 期。
⑥ 《旧唐书》卷四四《职官三》，第 1922 页。
⑦ 《通典》卷三二《职官十四》，第 896 页。

使"。安西兵马使，位仅次于安西大都护，在"安西十将"之上，为安西大都护府中官品最高的官员之一，高仙芝之后，先后有李嗣业、段秀实等人接任此职。副都护下设有长史、司马、录事参军和诸曹参军，二至五曹不等，维持安西都护府管理系统的正常运转。

唐朝以中天山为军政中枢，全面展开在西域的治理，设置了大量军镇和羁縻府州，"于阗以西，波斯以东"，所辖范围主要包括龟兹、焉耆、于阗、疏勒四地，以及设置在中亚广大地区的羁縻都督府，"督州八十，县一百一十，军府一百二十六，仍立碑于吐火罗以志之"。①

此后，唐朝经过与吐蕃的反复争夺，控制了塔里木盆地，全面调整了对西域的战略部署，强化天山廊道的军防设置。长寿元年，王孝杰复四镇，唐朝派遣三万汉兵驻守四镇，以此为标志，西域军事形势发生了重大改变，在驻防体制上，唐朝启动了军镇化设置。② "戍有定区，军有常额"，③ 三万汉兵分散到四镇各地加强防守，地方的防务也细分为一些小的戍区，四镇普遍增加了军镇的建置，改变了"西境在四镇，其后不善守，弃之吐蕃"的困境。④ 自此，唐朝在安西的常驻兵有二万至三万人，绝大部分是来自内地州县的府兵，有效地防御了外敌入侵及内部叛乱，保障了安西四镇军防体系的正常运转。玄宗年间，以安西都护府为中心的西域军防设置得到进一步加强，正如《资治通鉴》所载："是时，天下声教所被之州三百三十一，羁縻之州八百，置十节度、经略使以备边。安西节度抚宁西域，统龟兹、焉耆、于阗、疏勒四镇，治龟兹城，兵二万四千。"⑤

同时，东天山的稳定也成为中天山军防体系的重要依恃，两者互为驰援。麟德二年，疏勒、弓月、吐蕃进攻于阗，西州都督崔知辨、左武卫将军曹继叔赶往救援，文书《麟德安西判集残卷》中记载了伊州镇人侯莫陈等"请安西效力"，"竟愿展效贼庭，用表诚心报国"，展现了伊州兵募100余

①　《旧唐书》卷四〇《地理三》，第 1647 页。

②　孟宪实：《于阗：从镇戍到军镇的演变》，《北京大学学报》2012 年第 4 期。

③　《新唐书》卷一三三《郭虔瓘传》，第 4544 页。

④　《新唐书》卷一一一《王孝杰传》，第 4148 页。

⑤　《资治通鉴》卷二一五，玄宗天宝元年，第 6966—6967 页。

人前往中天山前线杀敌的信念。①

　　天山北麓庭州对安西都护府的驰援更多地体现在安西与北庭两都护府的数度合置之时，如开元十年吐蕃夺小勃律九城，其王没谨忙求救于北庭，时张孝嵩任安西副都护、碛西节度使领北庭节度使，"遣疏勒副使张思礼率锐兵四千倍道往"②，协助小勃律大破吐蕃，复九城，这正是安西、北庭都护府合置期间出兵的体现，此举稳定了"唐之西门"；天宝十三载，安西四镇节度兼伊西北庭节度瀚海军使封常清破播仙，岑参《献封大夫破播仙凯歌六章》反映的正是北庭都护府和安西都护府相互驰援平定吐蕃侵扰的事件。③

（二）龟兹都督府

　　根据考古发现，龟兹都督府治所很可能在皮朗古城的哈拉墩遗址，位于龟兹王城东门内，与安西镇守军治所同处一地。黄文弼指出，麻扎甫塘墓地一些古墓被压在了皮朗古城东城墙下，说明龟兹都督府建立后对伊逻卢城东城墙进行过扩建，"哈拉墩位于库车县城东郊约3公里，在皮朗古城内，乌恰河东面平原上。遗址东距皮朗村约300米，北距百材艾力克村约100米，南240米抵乌库公路。……所谓哈拉墩，是一座用土坯垒砌、形状不甚规则的土墩。土墩南北长25、东西宽15、高出地表3.2米。从遗址的近代取土坑的坑壁上观察，土墩之下灰层厚约2米。经初步调查，灰层分布范围为南北85、东西110米，总面积当在9350平方米以上"。④

　　贞观二十二年，唐朝破龟兹，置龟兹都督府，⑤ "立龟兹王嗣子白素稽为龟兹王，授右骁卫大将军，仍遣使就加册命"。⑥ 龟兹都督府的设置对于唐朝在西域的经营起到了极大的稳定作用，在乾陵六十一蕃王像中就有三位来自龟兹，即故骁卫大将军兼龟兹都督龟兹王白素稽、故右武卫将军兼龟兹都督龟兹王白回地罗徽、龟兹大首领那利自阿力。

---

①　刘俊文：《敦煌吐鲁番唐代法制文书考释》，第468页。

②　《新唐书》卷二二一《西域传》，第6251页。

③　《岑参集校注》，第153页。

④　黄文弼：《新疆考古发掘报告（1957—1958）》，第93页。

⑤　置龟兹都督府的时间，薛宗正认为在贞观二十二年平龟兹之后，而吴玉贵则认为此时唐朝的势力并未达到龟兹，尚未有设置都督府的能力。

⑥　《册府元龟》卷九六四《外臣部·封册二》，第11340页。

　　都督府下设州县，州设有刺史，由各地所在族群或部落首领充任长官，"都督掌督诸州兵马、甲械、城隍、镇戍、粮廪、总判府事"①，配合唐朝在西域的军事行动。《唐会要》记载，"（显庆）四年正月，西蕃部落所置州府，各给印契，以为征发符信"，② 唐朝多在羁縻府州征兵，龟兹都督府是唐朝在西域进行军防建置的兵力保障之一。

　　羁縻府州没有固定的赋税义务，但唐朝会根据军事需求向其征收贡赋。《新唐书·地理志》云：

> 　　唐兴，初未暇于四夷，自太宗平突厥，西北诸蕃及蛮夷稍稍内属，即其部落列置州县。其大者为都督府，以其首领为都督、刺史，皆得世袭。虽贡赋版籍，多不上户部，然声教所暨，皆边州都督、都护所领，著于令式。③

贞观二十二年，阿史那社尔破龟兹后，"因说于阗王入朝，王献马畜三百饷军。西突厥、焉耆、安国皆争犒师"；④ 此后阿史那社尔与郭虔瓘入拔汗那税甲马，以充安西军用，皆为这种临时征赋的表现，是早期安西后勤保障的主要来源之一。

　　龟兹都督府下辖9个内属胡州，包括乌垒州、龟兹、俱毗罗城、白州、姑墨州、小石城、温肃州、达干城、尉（郁）头州，其大致范围东起乌垒州，西北至温肃州，西至尉（郁）头州（巴楚县东北九间房），⑤ 尚可确定的有姑墨、温肃、尉（郁）头。

　　龟兹都督府下设"坊""村"进行基层治理。根据伯希和在柘厥关遗址附近所获文书来看，当地设置的坊有"怀柔坊""安仁坊""和众坊"等，村有"东王子村""西王子村""南萨波村""西萨波村""僧厄黎村""伊禄梅村""南界双渠村"等。日本大谷探险队在此掘得4件"名

---

①　《新唐书》卷四九《百官四》，第1315页。
②　《唐会要》卷七三《安西都护府》，第1323页。
③　《新唐书》卷四三《地理七》，第1119页。
④　《新唐书》卷一一〇《阿史那社尔传》，第4115页。
⑤　王小甫：《唐、吐蕃、大食政治关系史》，第267页。

籍"，所记有汉人、胡人，有龟兹的白姓、焉耆的龙姓，以及昭武九姓粟特人。[1]

龟兹都督府对于唐朝在龟兹境内的军防工事管理、交通保障等也职责重大。出土于克孜尔石窟的文书 SI P/117.1—2 记载：

> Yāse 王 21 年，兔年，八月二十一日，州长官 Wrau 分派人到全州境内的四座烽燧上役。[2]

这是一件龟兹本地州长官派人上烽的文书，可以看出，龟兹境内各州管理其辖境事务，负责辖境的军事安全，完善安西都护府的军防布局与管理。

安西都护府、龟兹都督府以及龟兹镇守军（安西军）是龟兹核心军防区内的主要行政机构和管理中心，三个机构分管不同事务，职能互为补充，为唐朝以安西都护府为中心的天山廊道军防布局奠定了基础。

第二节　龟兹内部军防布局与历史遗存

天山廊道是唐朝经营西域的核心，地处中天山的龟兹始终位居枢纽地位。根据史载以及目前考古发现来看，龟兹内部军防布局尤为注重对东、北、西三个方位的交通和军防布局，并以龟兹南部连接于阗的交通布防与天山廊道形成掎角之势。唐朝通过对中天山地理环境、交通体系等多种因素的综合考量，在龟兹辖境内以安西都护府为中心，以"四关"为界限，在东、北、西及南部塔里木河北岸的四个区域设置了"内部军防区"，其中大量镇戍、烽燧、关隘防御带互相连通，确保了安西都护府进可攻、退可守的战略核心地位。

一　龟兹东区布防

龟兹东区是辖境内军事布防最为严密的区域之一，其军防布局以"龟

---

① 刘安志、陈国灿：《唐代安西都护府对龟兹的治理》，《历史研究》2006 年第 1 期。
② 转引自庆昭蓉《龟兹石窟现存题记中的龟兹国王》，《敦煌吐鲁番研究》第 13 卷，上海古籍出版社 2013 年版，第 405 页。

兹东道"的官道交通为主，范围大致为自龟兹故城以东至焉耆铁门关以西，包括今轮台县（唐乌垒州）以及库车市东部区域。

图5-4　龟兹东区布防示意图

（一）"龟兹东道"官道防御带

龟兹东区的官道防御带，在史籍中有明确的记载，《新唐书·地理志》载："自焉耆西五十里过铁门关，又二十里至于术守捉城，又二百里至榆林守捉，又五十里至龙泉守捉，又六十里至东夷僻守捉，又七十里至西夷僻守捉，又六十里至赤岸守捉，又百二十里至安西都护府。"[1] 此六守捉为"安西道"守捉的重要组成部分。《新唐书·兵志》载："保大军一，鹰娑都督一，兰城等守捉八，曰安西道。"[2] 反映出唐朝经营西域初期的军防布局。根据目前的考古发现，史籍中于术等守捉皆可确定其遗址所在。

其中"于术守捉"遗址为今玉孜干古城，黄文弼称其为"夏渴兰旦古城"，又说为尉犁国之都城。古城位于库尔勒市南5公里处阿瓦提乡阿瓦提村南侧的耕地中，地处天山南麓、库尔勒市西南面的孔雀河三角洲冲积平原区，北距孔雀河约4.5公里，地势平坦。古城平面近椭圆形或圆角长方形，残高2—3.5米，中轴线长425米，宽336米，中部有大土包一座，散布着大量陶片、石器以及人、畜骨等，陶片以夹砂红陶为多，也有少量夹砂灰陶。城墙基本完好，用土坯砌筑，残高3—5米，宽约10米，在城墙之北、

---

① 《新唐书》卷四三《地理七》，第1151页。
② 《新唐书》卷五〇《兵志》，第1328页。

东、南三面各有一缺口，似为城门。在城内中心部位有一高台，亦用土坯筑成，高 4—5 米，直径约 20 米，可能是一处重要的建筑基址。

"榆林守捉城"即今阿克墩城堡，位于轮台县东约 75 公里的野云沟村委会驻地之东 9 公里处的南疆公路北侧约百米处，这里沉积着厚厚的南北向黄土条带，并可见小的冲沟。城堡保存较为完整，其形制为典型的唐代遗存，有内外两重围墙，外围墙呈长方形，南北长 120 米，东西宽约 67 米，内墙东北隅有一枯井。考古工作人员曾对阿克墩城堡进行发掘，采集到较多遗物，主要为陶器和铜器，陶器种类有土黄陶、褐红陶、灰色陶和釉陶；铜器主要为带扣、铜环、折尾扁体铜件、饰件、铜造像和钱币等，[①] 遗址内采集到"开元通宝""乾元重宝"等钱币。

图 5-5　阿克墩一号遗址

"龙泉守捉城"即轮台县策大雅乡西约 26 公里阳霞镇博斯坦村的龙泉遗址，今遗址已不见。轮台县阳霞镇境内有一"塔拉布拉克"村，汉语意为"横溢的泉水"，此地"泉水清亮、池旁多蛇、泉边圣柳苍郁"，在清代置有"洋萨尔驿"，又称"龙泉驿"，[②] 这一带水源丰富，是汉唐以来重要的

---

　　① 新疆维吾尔自治区博物馆文物队、轮台县文教局：《轮台县文物调查》，《新疆文物》1991 年第 2 期。

　　② 张平：《唐乌垒州城及其关戍遗址》，《新疆社会科学》1990 年第 2 期；又载氏著《龟兹文明——龟兹史地考古研究》，中国人民大学出版社 2010 年版，第 245 页。

屯戍之地。

"东夷僻守捉"为轮台县阳霞镇西南 30 公里的恰库木排来克戍堡，意为"轮状台"，位于轮台县轮台镇塞维尔牧业村北部，古城平面呈长方形，东西长约 60 米，南北宽约 50 米；城垣南侧尚存有一土墩，夯筑，高约 5 米，遗址主要受雨水冲刷及盐碱侵蚀。古城地表散布有夹砂红陶片、五铢钱币、铜制饰品和陶器残件。

"西夷僻守捉"即拉依苏戍堡，位于轮台县群巴克镇群巴克牧业村西的拉依苏沟，遗址包括汉代烽燧、唐代烽燧以及城堡遗址三部分。汉代拉依苏烽燧位于拉依苏河两支流间的台地上；唐代拉依苏烽燧位于拉依苏旧河道东岸，周围长满红柳，平面呈梯形，残高约 14 米，基底部宽约 7 米，结构为土坯垒筑，东壁建筑保存较为完整。其建筑特点是在夹层中放置圆木桩，可增加拉力，上下共 11 层。两座烽燧之间为拉依苏戍堡，平面呈长方形，长约 70 米，宽约 50 米，墙垣残高 5 米，残垣北部有一豁口，应为戍堡门。戍堡墙垣为夯筑，残高 3—5 米，曾出土铁刀、弓箭等兵器，铁犁铧、铁镢头、铁镰刀等农具，大量的石磨谷物加工用具、陶罐、纺轮等生活用具，以及"开元通宝""汉龟二体五铢钱""龟兹小铜钱"和唐代铜镜等，[1] 加之四周有明显的水利渠道遗址，可以推断此地也是唐代龟兹东区布防重要的后勤保障基地。

拉依苏戍堡也是唐代"乌垒关"所在地，扼守龟兹东道交通。1971 年冬，在轮台县西北约 22 公里的拉依苏古墓的墓室中发现了一块刻字的棺木板，上书"安西大渡户付"（安西大都护府），左侧为"西至乌垒管（关）七里"，右侧为"东至守捉十五里"（或六十里），此棺木后被烧毁，但其提供的信息更加明确了龟兹东部的防卫建设。[2]

"赤岸守捉"可能为却勒阿瓦提烽戍，位于库车市牙哈镇却勒阿瓦提村东约 7 公里的盐碱荒漠中。现存烽燧基部平面略呈方形，边长约 10 米，高约 5 米；顶部东西长 7 米，南北宽约 5 米。烽燧整体结构为夯筑，夯层厚约 15 厘米。其中心筑有一高约 3.5 米的土坯台基，东南角有踏道通往烽顶。

---

①　张平：《有关唐安西乌垒州等地望考》，《新疆社会科学》1990 年第 2 期。

②　张平：《有关唐安西乌垒州等地望考》，《新疆社会科学》1990 年第 2 期。

遗址地表曾采集到轮制夹砂红陶片。

"龟兹东道"是唐代焉耆与龟兹联系的主体路线，也是东天山军防系统向西的延伸，体现出唐朝自东向西沿天山廊道推进西域战略的历史进程。《新唐书·兵志》载："夫所谓方镇者，节度使之兵也。原其始，起于边将之屯防者。唐初，兵之戍边者，大曰军，小曰守捉，曰城，曰镇，而总之者曰道。"① 守捉为唐朝特有的边防设置，是介于军与镇之间的边防机构，有大、中、小之分，大者有兵六千，马一千匹，中者有兵三千，小的仅有兵千余人。② 唐朝守捉的设置由当地的军防形势决定，很有可能是原镇的扩大。③ 因此，在龟兹通往焉耆的道路上所设置的 6 个守捉，其驻军应不少于 6000 人，足以看出唐朝在龟兹所投入的巨大兵力以及对其军防布局的重视。

（二）龟兹东区的军事遗存与军防

龟兹东区以乌垒州为主体，其大致范围为今轮台县以及库车市东部的部分区域，东接库尔勒，西邻库车，南临塔里木河，北依天山，是通往西域腹心的交通要塞。唐朝时，以轮台古城为中心，在这里设置了大量镇戍、守捉拱卫龟兹东区的统治，维持道路畅通。

1. 乌垒州治所：阔纳协海尔古城

龟兹都督府所辖乌垒州，其治所遗址位于今轮台县城东南约 15 公里处荒漠戈壁中的阔纳协海尔古城。1928 年，黄文弼在此考察，记为"黑汰沁古城"，意为"汉人城"。古城呈不规则方形，周长约 700 米，墙垣为夯土版筑，基宽约 5 米，残高 3—7 米，墙垣有向外凸出的垛台，西北角有曲折的瓮城门。古城曾经过后期修缮，城内沿城墙分布有大量居住房屋遗址，出土有高达 126 厘米的大陶瓮、三耳陶罐、单耳陶罐、铺地方砖以及铁制生产工具、铜及石制生活工具、花押、铜镜等，还有"开元通宝""大历元宝"等钱币。古城东南皆为红泥滩，间有红柳和沙碛，有一旧渠，即古时引克孜尔河水以灌溉田地，是唐代乌垒州屯田的重要遗存。

---

① 《新唐书》卷五〇《兵志》，第 1328 页。
② 程喜霖：《吐鲁番文书所见唐代镇戍守捉与烽堠》，《敦煌吐鲁番学研究论文集》，汉语大词典出版社 1990 年版。
③ 巫新华：《吐鲁番唐代交通路线的考察与研究》，第 72 页。

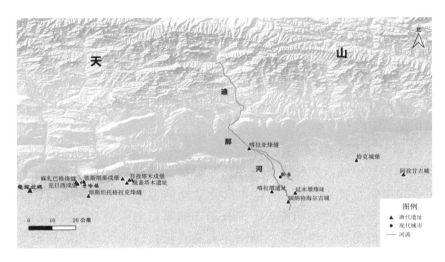

图 5-6 迪那河流域军防分布示意图

2. 喀拉亚烽燧

喀拉亚烽燧位于轮台县群巴克镇克什勒克阿热勒村西北迪那河附近，距县城约24公里。20世纪80年代初，文物部门曾在此调查，烽燧为土坯垒筑结构，平面呈梯形，残高约为7米，残基长约4米；偏南台基位置尚见有古代戍卒所居的房屋残迹，平面大致呈方形，边长约6米。遗址地表遗存有大量唐代陶器残片、铁镞、铜带扣等文物。①

3. 廷木墩烽燧

廷木墩烽燧，位于轮台县轮台镇拉帕村南偏东约6.4公里的荒漠中，地处迪那河流域的冲积平原上，地势平坦，西距迪那河支流卡尔塔河1.5公里。烽燧外观呈土墩状，底部平面略呈方形，边长约16米，顶呈圆弧形，高约3米，烽体表面剥蚀严重，建筑方式似为夯筑，也有土坯的遗迹。烽燧东南距阔纳协海尔古城约2.7公里，是古代拱卫乌垒州州治的重要防御工事。

4. 喀拉墩遗址

喀拉墩遗址，位于轮台县东南11公里处哈尔巴克乡哈尔墩村、喀拉塔

---

① 新疆维吾尔自治区博物馆文物队、轮台县文教局：《轮台县文物调查》，《新疆文物》1991年第2期。

勒河东岸，东南 4 公里即为阔纳协海尔古城，属于乌垒州屯戍重地。梯木沁古城尚存长约 20 米、宽约 15 米、高约 6 米的土筑高台。遗址东西长约 100 米，南北宽约 50 米，分布有房屋遗址和冶炼遗址，遍布陶器残片、铁器残片以及熔炼的铁块、铁渣等，附近保存有垦殖过的田地和渠道遗迹，西北向有干渠，东南部是红泥滩，黄文弼来此考察时，见其"埂界犹存"，似为古时垦殖区域。

5. 阿孜甘古城

阿孜甘古城早在汉代便是轮台境内重要的军防建置，其遗址位于轮台县策大雅乡多斯买提村西，314 国道 570 公里处的道路西侧、阿孜干农场西 1 公里处。古城平面大致呈椭圆形，周长约 300 米，东南角有一向外凸出的方形台建筑，类似角楼；西北角、西南角各有一豁口，应为城门。城址内散布有些许夹砂红陶片。

6. 阿格拉克古城

阿格拉克古城从汉代沿用至唐，其遗址位于策大雅乡策大雅牧业村南约 18 公里处的荒漠中，地处轮台县东部、天山南麓塔里木盆地北缘的冲积平原荒漠地带，北距天山山脉 31 公里。古城平面呈不规则圆形，直径约 150 米，墙垣残高 1—2 米，东南墙垣处开一城门。古城内曾出土手制和轮制的夹砂红、黄、灰褐陶片，以及彩陶片、陶杯、石磨盘等。

7. 恰克城堡

恰克城堡位于铁热克巴扎乡托乎拉村东南约 6.6 公里处的荒漠中，是汉唐时期的重要遗存。城堡地处天山南麓、轮台县阳霞河尾闾的冲积平原上，地势开阔，城东南 300 米处为泉水所在地。目前城墙已经坍塌，依稀可辨城堡平面呈长方形，东墙垣长约 72 米，北墙垣宽约 51 米，残高 5 米左右。考古工作者发现此城周墙封闭，暂未辨别出城门之缺口。

8. 库车东部牙哈镇烽燧圈

牙哈镇为今库车市东部的一个重要镇点，距离市中心 25 公里左右，是龟兹故城东部最接近核心防御区的区域。从目前的考古发现来看，牙哈镇一带分布着 10 余处烽燧、戍堡，呈半包围式的防御形势，以保障龟兹东境的军防安全。主要遗址情况如表 5－1 所示。

表 5-1　龟兹东区的主要军事遗存

名称	位置	简况
麻扎巴格烽燧	位于库车市牙哈镇麻扎巴格村麻扎巴格一组西	地处库车河冲积平原，北约 100 米为牙哈河南岸。烽燧平面略呈圆形，直径约 6 米，面积约 28 平方米，四壁已坍塌，剖面呈梯形，残高约 2 米，夯筑而成
博斯坦托格拉克烽燧	位于库车市牙哈镇博斯坦托格拉克村南约 10 公里处，地处博斯坦托格拉克沟口西岸台地上	南约 30 米为佛寺遗址，洞窟与佛寺遗址之间有一条冲沟相隔
丘甫吐尔烽燧	位于库车市牙哈镇牙哈村东约 15 公里处	地处却勒塔格山南麓的洪积砾石山梁之上，与脱盖塔木戍堡、脱盖塔木烽燧隔 314 国道相望。烽燧始建于汉代，沿用至唐。烽燧基部呈长方形，东西宽约 4 米，南北长约 7 米。烽体整体呈梯形，高约 5 米，为夯筑结构，夯层厚 8—12 厘米。烽燧四壁均有不同程度的坍塌，北面有踏道直通烽顶
脱盖塔木戍堡及烽燧	位于库车市牙哈镇牙哈一村东约 15 公里的盐碱滩中	戍堡整体呈方形，边长约 45 米，墙体为土坯垒筑，戍堡西北角与东南角保存较好。戍堡入口位于南墙垣中部，宽约 8 米，外有瓮城，现已损坏。烽燧与戍堡相距 100 米左右，因风化而坍塌成椭圆形土丘状。烽燧残高约 9 米，基部略呈方形，边长约 9 米，整体周长约为 60 米，夯筑结构，夯层厚约 13 厘米。烽燧顶部遗存有土坯砌筑的瞭望楼，南部有踏道通往烽顶
脱盖塔木西遗址	位于库车市牙哈镇牙哈一村东约 15 公里 314 国道南约 50 米	东约 100 米为脱盖塔木戍堡，约 200 米为脱盖塔木烽燧，北 3 公里为丘甫吐尔烽燧。遗址的南面及西面盐碱化严重，有红柳等少量植被。遗址地表散布着大量陶片。现仅存一土墩，面积约 100 平方米，中间被挖开一大坑，形制不可考
克日西戍堡	位于库车市牙哈镇克日西村南，地处牙哈河南岸台地上	地处库车河尾闾，扼守从库车河东岸进入龟兹核心区的通道。戍堡遗址呈不规则长方形，南北长约 60 米，东西宽约 30 米。城垣为夯筑，基宽约 4 米，残高约 3 米。戍堡入口位于南垣西部，宽约 3 米。戍堡北墙因被河水冲刷，坍塌形成悬崖，仅西南端和南墙垣尚存。戍堡西侧及南墙中部各有一座台基，基部为夯筑，夯层厚约 20 厘米，上部由土坯砌筑，应为马面遗迹

续表

名称	位置	简况
吾孜塔木戍堡	位于库车市牙哈镇却勒阿瓦提村西约 8 公里处	戍堡整体呈方形,边长约 70 米,墙体为夯筑结构,夯层间夹杂有红柳,坍塌严重。现存墙垣基宽约 3 米,高约 2 米。戍堡东墙有一马面,东南角有一角楼,夯土结构,近似方形,东西长约 10 米,南北宽约 8 米,高约 3 米。入口位于南垣,宽约 2 米。戍堡北部有房屋遗迹,呈东西走向,现仅存墙基。戍堡西墙有一不明建筑遗址,为夯筑结构,中间夹杂红柳,整体呈长方形,东西宽约 25 米,南北长约 70 米,墙体宽 1—2 米
依斯塔那戍堡及烽燧	位于库车市牙哈镇依斯塔那村东北约 2 公里的荒漠中	烽燧基底平面为方形,边长约 14 米,残高约 10 米,顶部长约 7 米,宽约 5 米。四壁有柱木孔,部分仍残存柱木。戍堡位于烽燧东北部,呈方形,边长约 23 米,残墙高约 4 米,底宽约 3 米。南墙中有一宽约 6 米的豁口,应为戍堡门所在。戍堡整体为夯筑,夯层厚约 8 厘米

分布在今轮台县、库车市东部的 10 余处烽燧、戍堡组成了龟兹镇守军东区的防御带,是安西都护府东境军防安全的可靠保障。咸亨元年,唐朝在吐蕃的进逼下罢四镇,实际上罢弃的只有于阗、疏勒二镇,龟兹、焉耆二镇仍在唐手,并未放弃。[1] 仪凤四年,裴行俭西行擒十姓可汗阿史那匐延都支,副使王方翼检校安西都护,张说《夏州都督太原王公(方翼)神道碑》称:

> 裴吏部名立波斯,实取遮匐,伟公威厉,飞书荐请,诏公为波斯军副使兼安西都护、上柱国,以安西都护怀宝为庭州刺史……无何,诏公

---

① 刘安志:《从吐鲁番出土文书看唐高宗咸亨年间的西域政局》,《魏晋南北朝隋唐史资料》第 18 辑。

为庭州刺史，以波斯使领金山都护，前使杜怀宝更统安西，镇守碎叶。①

说明即使在吐蕃进攻安西四镇最为激烈的时期，龟兹仍在唐朝的统治之下，这正是得益于龟兹东境严密的军防布局。在焉耆镇守军与龟兹的"双重"军防保障下，吐蕃军队并未成功占领唐朝西域军防布局最为严密的安西都护府至铁门关及至焉耆一带。

二　龟兹北区布防

龟兹北区是唐朝经营中天山的关键区域，其完备的军防布局主要为应对活跃在天山北麓以及天山腹部的游牧部落，同时也发挥了保障天山内部廊道畅通、稳定局势的重要作用。龟兹北区以雀离关与盐水关为北部边界和防御中心，扼守自天山内部廊道南下沿库车河及渭干河进入龟兹的道路，其防御范围大致包括今龟兹故城以北以及拜城县部分区域。

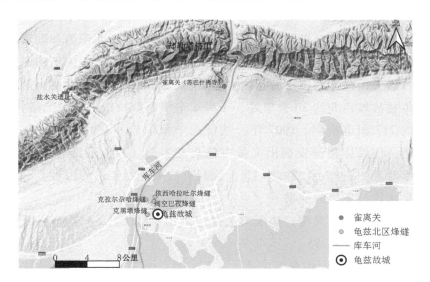

图 5 - 7　龟兹北区军防

①　《文苑英华》卷九一三《夏州都督太原王公（方翼）神道碑》，第4804页。

（一）雀离关

雀离关控扼库车河河口与却勒塔格山山口，是自龟兹北进出天山内部廊道的交通要隘。雀离关遗址位于龟兹故城偏东北约 20 公里处，与《大唐西域记》中所载"昭怙厘大寺"共存一处，即今苏巴什佛寺遗址所在地。①

苏巴什佛寺遗址位于库车市阿格乡栏杆村南 2 公里处，现存遗址保存较好。遗址区以佛塔为中心，四周分布有庙宇、僧房等其他建筑。铜厂河（库车河）从中间穿流而过，将遗址分为东西两部分。遗址总面积可达194560 平方米，是新疆境内已知最大的佛教建筑遗址。苏巴什佛寺是古龟兹国的佛教文化中心，其遗址曾出土有舍利盒、陶器残片、木简、经卷等文物，这一规模宏大的佛教寺院遗址很可能是一处集行政、宗教、军事等多种功能于一体的唐代历史遗存。②

从雀离关溯库车河而上，向北越过大龙池、小龙池，过铁力买提达坂，向东可进入开都河河谷即尤尔都斯盆地，向西北则可沿巩乃斯河进入伊犁地区，是龟兹北部的交通要道。

（二）盐水关

盐水关是龟兹西北部重要的关隘，位于今库车绿洲北部的却勒塔格山中的盐水沟，穿过盐水沟可进入拜城境内，西北越天山沿天山内部廊道可抵伊犁，西行沿天山外部廊道可到达阿克苏绿洲，地理位置十分重要。盐水关遗址位于龟兹故城西北约 30 公里处，今库车市伊西哈拉镇道拉提巴格村西北、盐水沟内 217 国道南侧。1907 年，法国汉学家伯希和在此考察，在关隘入口处的第一座烽燧遗址发掘出大量古龟兹文木简，其上多见有"盐关"一称。烈维对其中一枚予以释读，其上记载有盐关过所文书的内容。王炳华认为其正是唐代过所类的证书。③

根据目前的考古发掘，盐水沟关垒遗址由 1、2、3、4 号遗址以及 4 号东南部的居住遗址组成。

1 号遗址位于盐水沟南面山梁上，东、西、北三面陡峭，南壁与山体相

---

① 王炳华：《新疆库车玉其土尔遗址与唐安西柘橛关》，《丝绸之路考古研究》，新疆人民出版社2009 年版，第 72 页。

② 薛宗正、霍旭初：《龟兹历史与佛教文化》，商务印书馆 2016 年版，第 84 页。

③ 王炳华：《西域考古文存》，第 177 页。

图 5 - 8　盐水沟隧道

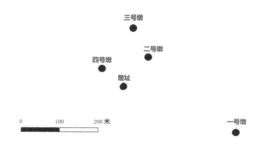

图 5 - 9　盐水关遗址分布平面图

连，北部紧靠 217 国道，西北沟谷中有一居住遗址，山梁上有 3 座关垒。平面呈长方形，基部南北长 5.5 米，东西宽 4.6 米，面积 25.3 平方米，剖面呈梯形，高约 3 米，石块垒砌。

2 号遗址东西长 7 米，南北宽 5 米，面积 35 平方米，高约 4 米，石块垒砌，中部有边长约 1 米的坑。

3 号遗址呈方形，边长 5 米，面积约 25 平方米，高约 3 米，石块垒砌。

4 号遗址位置较高，南北长 6.5 米，东西宽 4.5 米，面积约 29.2 平方米，高 3.5 米，北侧坍塌，南壁保存较好，由石块和泥土混合筑成。

唐代军防布局多临险设关，盐水沟虽仅为却勒塔格山中一条不过 20 多米宽的沟谷，但唐朝也必置关戍守，严格审查过往商旅行人，[①] 不仅反映出盐水沟连通天山内部廊道与龟兹绿洲、阿克苏绿洲的交通枢纽地位，也充分体现出唐朝对龟兹西北部军防布置、安全保障的严密布局。

根据目前的考古发现，龟兹故城与盐水关之间分布着唐代的烽燧带，主要遗址如下。

克黑墩烽燧位于库车老城区居民院落中，南 100 米为库车大寺。烽燧基部已经成为居民住宅的墙体，形制难以确定，但高出住宅屋顶的墩台清晰可辨，略呈方形，底边长约 7 米，顶边长约 6 米，剖面为梯形，高约 6 米，通高约 9 米，为夯筑与土块砌筑交替而建，夯层不明，土块大小不等，周围无遗物。

依西哈拉吐尔烽燧，地处库车河冲积平原、库车市依西哈拉镇第二社区北部居民区中，东与龟兹故城遥相呼应，西与渭干河沿岸烽燧群相接，是唐代安西都护府重要的预警设施。现存烽燧已坍塌成锥柱，基底呈不规则状，残高约 17 米。烽体基部为夯筑，夯层厚约 12 厘米。烽燧中部有一竖洞，南部坍塌严重，西北部有土坯修筑的痕迹。

阔空巴孜烽燧位于库车市伊西哈拉镇科克拱拜孜社区，四周为农田、民居。烽燧始建于汉代，沿用至唐。烽燧整体呈不规则状，为夯筑结构，残高约 11 米，基部为方形，边长约 30 米。

克孜尔尕哈烽燧，为目前新疆境内年代最久、保存最好的单体烽燧，位于库车市伊西哈拉镇道来提巴格村西北 3 公里处，北依却勒塔格山，西临盐水沟。烽燧始建于汉宣帝时期，唐代修复后继续使用。现存烽燧基部呈长方形，长约 6 米，宽约 4 米。由基部向上收缩至顶部，呈梯形，烽燧残高约 13 米。烽燧为夯筑结构，夯层厚 10—20 厘米，中间夹有红柳、树枝等植物。烽燧南侧由于风力侵蚀，呈凹面状。烽燧北侧遗存一因建筑坍塌堆积而成的土包，应为烽梯遗迹。烽燧北 1 公里处即是克孜尔尕哈石窟。

唐代龟兹北部雀离关、盐水关及周边分布的烽燧、戍堡等军防遗存，进一步体现出唐代对关津交通的严格控制。唐制"关"与"烽""戍"建制

---

① 王炳华：《唐安西柘厥关故址并有关问题研究》，《西北史地》1987 年第 3 期。

同等，其长官关令、烽帅、戍主级别相当，"上关，令一人，从八品下"，《唐六典》载："关令掌禁末游，伺奸慝。凡行人车马出入往来，必据过所以勘之。"① 但在西域地区，地域悬远，"关"的建制规模远远超出了中原的级别，且往往集行政、宗教、军事、屯戍等职能于一体。《唐律疏议》载："水陆等关，两处各有门禁，行人来往皆有公文，谓驿使验符券，传送据递牒，军防、丁夫有总历，自余各请过所而度。若无公文，私从关门过，合徒一年。'越度者'，谓关不由门，津不由济而度者，徒一年半。"②

龟兹北区布防是唐朝天山廊道战略的核心部分。其一，盐水关、雀离关扼守由龟兹绿洲进出天山内部廊道的隘口，在唐朝经营西域的进程中，西突厥、突骑施等游牧部落多通过天山内部廊道威逼安西都护府，因此龟兹北部以盐水关、雀离关为中心的军事防御体系成为唐朝抵御外敌入侵的前沿阵地；其二，龟兹北区的烽燧防御带连接龟兹故城与"两关"，不仅保障了沿途交通安全，还发挥了拱卫龟兹核心军防区安西都护府的重要作用。

图 5 - 10 克孜尔尕哈烽燧

① 《唐六典》卷三〇《三府都护州县官吏》，第 757 页。
② 《唐律疏议笺解》卷八 "私度及越度关"，第 640—641 页。

三 龟兹西、南区布防

龟兹西区以柘厥关为界，扼守龟兹以西交通要塞，防御西天山各势力的侵扰。同时，柘厥关居渭干河两岸，在渭干河下游东岸即库车河尾闾地区，是龟兹南部的重要防区，这里分布着一定规模的城址和戍堡。从其分布规律、交通路线来看，南区与柘厥关共同组成了龟兹西、南部半包围式的内部防御圈，其大致范围涵盖库车市以南、塔里木河以北的大部分区域，完善了龟兹西、南两区的内部军防布局。

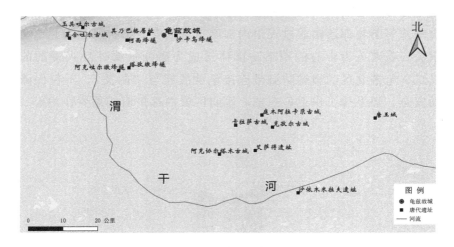

图 5-11　龟兹西、南区军防

（一）柘厥关城防系统

柘厥关是龟兹西区的外围防线，控扼龟兹以西交通咽喉。从目前发掘的遗存来看，与柘厥关共存的有大量村落、佛寺、屯戍遗址，体现了唐朝以柘厥关为中心，集军事、政治、屯田以及社会生产于一体的多重性质的、稳定的龟兹西区城防系统。

柘厥关在龟兹故城西约 25 公里处，是自安西都护府西行的第一关，扼守"热海道"的东西向交通，《新唐书·地理志》载："安西出柘厥关，渡白马河……"即从龟兹经柘厥关，渡渭干河，然后到达今天的阿克苏地区，西北行可取道伊塞克湖。向达先生指出这条道路是"古代中西交通上一条最有名、最频繁的大道"，① 唐朝西行求法的玄奘离开龟兹时走的就是这条道路，这条路从阿克苏地区西南行可到达疏勒，西北行可以到碎叶。开元三年，由阿史那献、张孝嵩主持的定远道行军从安西、北庭两道并出，天宝年间高仙芝破小勃律、攻石国，其行军路线皆为从柘厥关向西挺进。

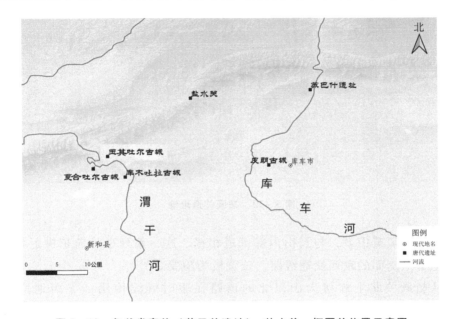

图 5 - 12　龟兹雀离关（苏巴什遗址）、盐水关、柘厥关位置示意图

汉唐时期，柘厥关不仅是龟兹天山外部廊道东西交通的枢纽，对于构建天山内部廊道的南北交通与军防也发挥了重要作用，是龟兹核心防区西缘的一道屏障。从柘厥关北上，可经克孜尔千佛洞、黑英山乡等地，从喀拉克达格山口进入天山内部廊道。位于拜城县东北 150 公里黑英山乡博扎克拉格沟侧崖壁上的东汉"刘平国治关亭诵"，是永寿四年（158）龟兹左将军刘平国率领秦人孟伯山以及羌人 6 人来此修建亭障所作。根据碑文的记载，"作列亭"三字下即云"从□谷关"，"□谷关"即为"柘厥关"，是路线的起点，终点为刻石之处。② 因此，刘平国筑"列亭"的路线应是自柘厥关溯渭

①　向达：《西域见闻琐记》，《文物》1962 年第 Z2 期。
②　马雍：《西域史地文物丛考》，商务印书馆 2020 年版，第 63—64、66 页。

图 5-13　柘厥关遗址地

干河北上至黑英山乡，与天山内部廊道相接，这一系列亭障向东拱卫龟兹，同时也警卫南面的东西交通线路，位置极为险要。

从柘厥关北上连接天山以北的道路在唐时继续使用，《舆地广记》载："柘厥关……路通瀚海军。"即指从柘厥关可溯渭干河进入上源木扎尔特河一带，继续前行经夏特温泉可到达昭苏盆地，与夏特古道相接，又从昭苏盆地东行出伊犁河谷循天山北路可到达吉木萨尔，即唐代瀚海军驻地。

因此，柘厥关也是防御西天山突骑施部落南下的重要屏障。景龙年间，娑葛反叛，"遂陷安西，断四镇路"，周以悌代郭元振为四镇经略使，根据敦煌所出"张君义文书"的记载，唐军从天山以北南下穿越却勒塔格山，沿山谷向西经盐水沟到白寺城，其中张君义作战的"白寺城"即玉其吐尔古城，[①] 是柘厥关遗址的重要组成部分。

谢济世《戎幕随笔》记载："丁谷山千佛洞（库木吐喇石窟）白衣洞……唐时有关隘以防御突骑施。塔下旧有两截碑，文字可辨者三之一，唐

---

① 刘安志：《唐代龟兹白寺城初考》，《敦煌学辑刊》2002 年第 1 期。

开元三年（715）安西都护吕休璟为监察御史张孝嵩平阿了达干纪功碑也。孝崧（嵩）以奉使至，愤吐蕃之跋扈，念拔汗那之式微，以便宜征兵戎落，出安西数千里，身当矢石，俘斩凶夷。"① 记载的正是开元年间安西都护破阿了达干、击吐蕃的事迹。

柘厥关遗址由乌什吐尔与夏合吐尔两座城址组成，两城隔渭干河相望。乌什吐尔位于库车市渭干河东岸玉奇吾斯塘乡库木土拉村，城址为南北向坐落，又名"玉其吐尔"，有"三重城"之意，平面大致呈长方形，南北长约210米，东西宽50—100米，城墙保存相对完整，可辨别出"马面"和"角楼"遗迹，城墙由土坯与砾石土叠层构筑，也有砾石混土夯筑结构。夏合吐尔古城位于新和县尤都斯巴格镇尤鲁克村西北，又称"察合吐尔遗址"，地处渭干河西岸。20世纪前叶，黄文弼在此考察时，曾采集到唐代带波纹陶片数块，并分别对两座古城进行了测量，指出位于河西的夏合吐尔古城规模稍大；② 其东北3公里左右有夏合吐尔烽燧，烽燧残高约7米，基部为夯筑结构，呈方形，边长约11米，烽体上部为土坯和土块混筑，中间夹杂木枝层，厚约10厘米，曾出土陶羊等遗物，是柘厥关防御系统的重要组成部分，反映出龟兹西区防御体系的严密布局。

20世纪初，法国人伯希和到此调查，曾在此发掘出200多件汉文文书，在编号为D. A27的残纸上，可见"……大至柘厥关……"文字。此外，在文书记载中发现了各种级别的军事单位：军镇、城、守捉、开府、镇使、将军、游奕官、孔目官等，显示出柘厥关存在的两种结构，即行军（野战军）和折冲（团练），学者们由此推断，"驻龟兹的军队似乎具有比在中国内地更为广泛的功能"。③

1985年，王炳华在巴黎图书馆检视伯希和在柘厥关掘得的文书时发现，文书涉及"河西寺"、"行客营"、坊、里组织及屯田事务等多方面内容，可相互印证，体现了柘厥关为龟兹屯戍中心之一的重要地位。

---

① 俞浩：《西域考古录》卷一二，线装书局2006年版，第164—167页。
② 黄文弼：《塔里木盆地考古记》，第17页。
③ 耿昇：《伯希和对库车地区的科考及其所获汉文书》，《2010丝绸之路与西北历史文化学术讨论会论文集》，甘肃人民出版社2013年版。

图 5 – 14　柘厥关遗存

（二）南区交通与布防

龟兹南区临近塔里木河，其范围主要包括今库车市南部的乌恰镇、玉奇吾斯塘乡、比西巴格乡、阿拉哈格镇、齐满镇以及阿克吾斯塘乡等地。该区域地处渭干河、库车河的尾闾地带，水草丰美，地域广阔，是龟兹发展畜牧业的大本营。根据目前考古发现的大量居住遗址、烽燧以及镇戍遗存组成来看，龟兹南区形成了以唐王城为中心的集畜牧生产、屯田、军事防御于一体的军防体系，同时也丰富了从龟兹沿塔里木河北岸连通乌垒州及东至焉耆的道路交通。

1. 沙卡乌烽燧

沙卡乌烽燧位于库车市城南乌恰镇萨哈古村北，现存烽燧部分已被居民院墙所围，仅有墙外部分保存较好。整体呈长方形，高约 9 米，周长约 13 米。烽燧距离龟兹故城遗址不远，应为龟兹故城防御体系的重要组成。

2. 柯西烽燧

柯西烽燧，又名"科实吐尔塔"，位于库车市玉奇吾斯塘乡阔什吐尔村西。柯西烽燧始建于东汉时期，曾是西域都护府治所——它乾城的重要军事防御工事之一。烽燧残高 10 米，基部呈长方形，东西宽约 12.5 米，南北长约 18 米。

3. 艾萨得遗址

艾萨得遗址位于库车市阿克吾斯塘乡沃力艾力克村东南约 6 公里的荒漠中。遗址破坏较为严重，平面大致呈方形，南北向坐落，东西约 46 米，南北约 50 米，面积约 2300 平方米，遗址高约 1.5 米，遗址中心低于周边约 0.5 米，西约 150 米处有几座土丘，破坏严重。遗址地表散布少量的碎陶片和铜渣等。

4. 卡拉萨古城

卡拉萨古城，当地人称"克孜勒协海尔"，位于库车市阿克吾斯塘乡卡拉萨村三组南约 4 公里的荒漠中，地处渭干河西约 6 公里处，地表盐碱化严重。古城平面呈圆形，周长约 260 米，面积约 5380 平方米，墙垣已经毁损坍塌，墙基宽 15 米左右，残高约 4 米。城内西北部有坑，散布着马匹以及其他动物骨殖；城门开在北部，宽约 15 米，城外有 20 米左右宽的护城壕。可以推测，此古城应为唐代龟兹南部军防布局的重要戍堡，对于当地交通安全以及屯戍、畜牧等生产起到保障作用。

5. 塔孜墩烽燧

塔孜墩烽燧位于库车市比西巴格乡博斯坦二村西 2 公里处，地处库车河冲积平原。现仅存一墩台，土墩平面大致呈圆形，周长约 105 米，高约 5 米，面积约 876 平方米，夯筑而成。周边农田曾出土陶缸、陶罐等遗物，遗址顶部和四周可见少量红陶片。

6. 其乃巴格居址

其乃巴格居址位于库车市比西巴格乡其乃巴格村北偏西 2 公里处，遗址四周皆为沙丘，东约 5 公里为库车河。现存遗址平面呈长方形，南北长约 50 米，东西宽 25 米，地势东高西低，地表散布着铜钱、铁刀残件等，也有灰陶和红陶、绿釉陶片，部分有刻划纹、弦纹，考古工作者还见到少量散布着的绿釉铺地砖。该遗址应是唐代库车河流域重要的聚落遗址，结合周围地势环境来看，该聚落或为龟兹南部屯田生产基地之一。

7. 阿克吐尔墩烽燧

阿克吐尔墩烽燧位于库车市齐满镇阿克吐尔村西 1.5 公里处，地处渭干河冲积平原。烽燧平面呈不规则状，东西长约 15 米，南北宽约 9 米，面积约 135 平方米，四壁坍塌，残高约 2 米。烽燧为夯筑，地表未见遗物。

8. 唐王城

唐王城位于库车市东南约 80 公里处，地处草湖地区英达里亚乡政府驻地东北约 12 公里的荒漠之中。古城呈长方形，东西长 260 米，南北宽 160 米，周长 840 米，马面、角楼尚存。古城南墙外增接了一座附城，以古城南城墙为北墙垣。附城只有东、南、西三面墙垣，东西长约 250 米，南北宽 100 米，面积约 2.5 万平方米，城门位于西墙中部，城内文化堆积有大量的木建筑构件、陶器片以及很厚的畜粪，是当时安西军政府管理屯田和军镇的驻地或军马饲养基地。张平认为，"唐代龟兹地区战马饲养数量最多的时候达到 2700 匹。如此庞大的一群军马，需要大量的饲草料。唐王城周边地广人稀，草料充沛，安西都护府在这里设置牧使或牧监机构是可信的"，① 可知唐王城是龟兹畜牧业的中心。

9. 沙依木米拉夫遗址

沙依木米拉夫遗址，又称桑塔木遗址，有"粮仓"之意，似为唐代龟兹南区的粮仓遗址。遗址位于库车市哈尼喀塔木乡琼协海尔村东南 10 公里沙依米拉甫荒漠中，地处渭干河冲积平原，是一处废屋遗址。两座房屋建在高约 2 米的人工堆筑的台基上，西边的较大，东西长 24 米，南北宽 20 米，基宽 1.8 米，残高 2 米。门外的"小套间"东西有 6.5 米，南北有 9 米，整个遗址面积约 540 平方米，地表曾采集到"开元通宝""建中通宝"钱币。1957 年该遗址被公布为第一批自治区重点文物保护单位。近年石油物探在此勘探钻井时，在壕沟东部钻井剖面层发现了大量碳化的粮食颗粒，壕沟东北隅钻井剖面层发现了两枚完整的"开元通宝"和"建中通宝"，② 证明了该遗址在龟兹屯田、粮储等方面发挥的重要作用。

10. 阿克协尔塔木古城

阿克协尔塔木古城，当地人称为"丘域格勒"，位于库车市哈尼喀塔木乡大萨依力克村南约 3 公里的农田中。古城平面呈长方形，南北向坐落，长约 90 米，宽 50 米，墙垣残高 4 米左右。根据考古资料显示，古城四角曾有角楼，每墙皆有马面遗迹，东南墙外有烽燧遗迹。

---

① 张平：《龟兹文明——龟兹史地考古研究》，第 197 页。
② 张平：《龟兹考古中所见唐代重要驻屯史迹》，《龟兹学研究》第 2 辑，新疆大学出版社 2007 年版。

11. 克孜尔古城

克孜尔古城位于库车市哈拉哈塘乡北 10 公里处，也是唐朝一处重要的屯戍之所。城为方形，每边长 110 米，外有护城河，宽 20—25 米。城四周有马面，城中出土过"建中通宝"钱，以及陶盂、罐、红陶片、粗砂黑陶片等。此外，又有一大陶罐，直径 25 厘米左右，可能为储存食物之用。

12. 庭木阿拉卡尕古城

庭木阿拉卡尕古城位于库车市墩阔坦镇庭木阿拉卡尕村南 2 公里左右，地处英达雅河东岸。古城平面为长方形，东西长 70 米左右，南北宽约 50 米，墙垣已经坍塌，残高 2—4 米，散布着大量夹细砂的红、灰陶片，也有器形为罐的碎片，双耳，装饰莲瓣纹。此外，还有少量的铜钱、铁器残片以及带绿釉陶片。该古城应是一处重要的戍堡遗址。

此外，据资料显示，古城东北约 800 米处原有一座大古城，现已开垦为农田，地表散布着陶缸、陶罐、石磨盘等遗物，此城与庭木阿拉卡尕古城共同组成唐代龟兹南部重要的屯戍基地之一。

龟兹南区这些重要遗址的分布走向，也反映出一条沿塔里木河沟通龟兹与东部乌垒州的道路。这条路从今轮台县轮南镇一带沿塔里木河北岸进入库车东南部的草湖牧场，至今仍有乡道相通，而后经塔里木乡、唐王城遗址、哈尼喀塔木乡，沿英达里亚河可进入渭干河流域。由此也可以推测，唐代龟兹东南部与轮台沿塔里木河仍有交通，唐朝在这一带设置了防御体系，维持交通路线的安全畅通，同时也扼守着从西边进入今沙雅地区经库车南部进入龟兹的道路，为安西都护府的南部提供了安全保障。

根据斯文·赫定的记载，他们一行人到达沙雅后，沙雅的伯克因其未携带护照而不准他们走这条通往东边的道路，而他们"没有让他知道，暗地里跑到塔里木河的树林中去了"，[1] 在接下来的两周时间里，他们沿着塔里木河沿岸在树林中行进，一路有牧人指路，在抵达小镇库尔勒后，从库尔勒骑马去焉耆，行程较为顺利。黄文弼所调查的"黑汰沁也拉克"（汉人渠），从黑汰沁（唐王城）一直到英叶，沿途断断续续有交通道路的痕迹，据说

---

① 〔瑞典〕斯文·赫定：《我的探险生涯》，第 186 页。

一直到轮台爱默提草湖，全长约 100 公里。[①]

此外，分布在唐王城周围的还有羊达克沁戍堡、哈热巴特古城、苏博东聚落遗址、硝力汗那古城等，它们拱卫着安西都护府战马饲养基地的安全。位于英达里亚乡的硝力汗那古城，西南距唐王城约 20 公里，1989 年曾一次性发现小铜钱数百枚和碎坩埚、铜渣以及小铜钱钱范；唐王城也一次出土 60 余枚无字、无廓的小铜钱；库车市西南的墩买里买契特遗址出土窖藏钱币 17468 枚，[②] 体现出龟兹南部商品交换、货币经济的活跃，证明这一带在唐代也是龟兹南部的交通要道。

唐代龟兹沿塔里木河的道路交通以及防御体系，强化了龟兹东部的交通路线，而唐朝在此设置的大量城堡、烽燧等，形成了一个集军防、交通、屯田、畜牧于一体的战略基地，因其靠近沙漠、远离天山山体，免受游牧部落骑兵突袭的独特优势，成为唐代天山廊道战略布防体系。

综上，通过对龟兹以"四关"为中心的"四区"军防布局的探讨可以发现，在唐代以天山廊道为核心的战略布局中，龟兹北区布防最为关键。该地盐水关、雀离关控扼龟兹绿洲进出天山内部廊道的交通隘口，是抵御西突厥、突骑施等游牧部落南下入侵的战略前沿；东区是焉耆镇守军与龟兹共治的区域，防御最为严密，也是联系龟兹与西州的官道交通，分布着安西都护府的大量兵力，是龟兹重要的后援基地；西区以柘厥关扼守"热海道"交通咽喉，又与天山内部廊道相连接，与北区形成拱卫之势；南区远离天山廊道的军事前沿，地处渭干河、库车河尾闾地带，在塔里木河的滋养下孕育了适宜屯田、畜牧的大片沃土，因此是较为稳定、安全的后勤保障基地。

龟兹"四区"各承军防重任，职能互补，布局严密。其中东、南、西三区在兵源补给、后勤保障、交通治理等方面对北区天山廊道的主体军防布局形成策应，在以安西都护府为核心的区域外形成第一层"内置"防御圈，并在沟通周缘军防、稳定核心方面起到了联合、缓冲的重要作用，奠定了龟兹在天山廊道中的战略枢纽地位。

---

① 黄文弼：《新疆考古发掘报告（1957—1958）》，第 70—71 页。
② 张平：《龟兹小铜钱铸范的发现及其研究》，《龟兹文明——龟兹史地考古研究》，第 126、133 页。

第三节　龟兹周缘军防系统的建构与运行

唐朝在经营西域的进程中，以天山廊道交通路网为依托，在龟兹周缘形成了天山内部廊道交通、沟通西天山的交通布防以及联动塔里木南道的三大防御体系，唐朝通过强化军镇、戍堡、关隘等的军防职能，维持西域多重军防系统的建构稳定与持续运行。

一　天山内部廊道的交通及布防

龟兹在天山内部廊道交通中居枢纽地位。根据史料记载以及分布在龟兹北部的遗址遗存来看，唐代发自龟兹境内的至少有"盐水关道"、"雀离关道"以及"夏特古道"三条道路贯通天山南北，是龟兹经天山内部廊道向西沟通弓月城、向东连通焉耆、向北沟通北庭的重要路线。同时，天山内部廊道也是防御突厥、突骑施等势力入侵安西都护府和安西四镇的战略前沿，因此，唐朝以安西都护府为中心，设置了严密的军防体系以保障龟兹北境的安全。

（一）盐水关道

盐水关是安西镇守军西北部的重要关隘，"盐水关道"即指从今库车市龟兹故城经克孜尔尕哈烽燧过盐水沟，从盐水沟西北沿克孜勒河到达黑英山乡，从黑英山乡北上翻越天山进入特克斯县，从特克斯县北行沿特克斯河进入伊犁地区，溯伊犁河抵达弓月城一带的交通路线。

汉代，"盐水关道"就是龟兹国通往乌孙贯通天山南北的咽喉要道。汉宣帝时出使乌孙的常惠就是取这条路往来于乌孙与龟兹之间；西汉细君公主、解忧公主先后和亲乌孙时，皆由此道越过天山到达伊犁地区。上文所提及的"刘平国治关亭诵"就位于拜城县东北150公里黑英山乡博扎克拉格沟侧的崖壁上，也是"盐水关道"的重要见证。1928年，黄文弼前往调查"刘平国刻石"时记载道："古人在此建关，在岩石上凿孔，以安木闩或栅栏，日开夜闭，以稽行人、御外敌。"[1] 沿着博扎克拉格沟口北行，经六站，可抵古乌孙之地的伊犁河流域，这是当年乌孙人穿越天山进入龟兹的通道。

---

[1]　黄文弼著，黄烈编《西域史地考古论集》，第399页。

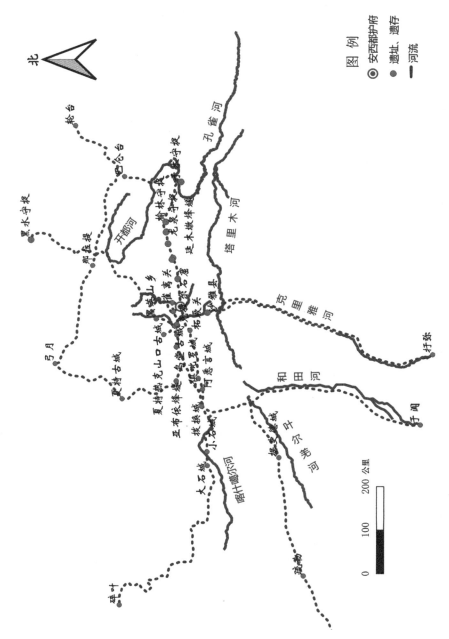

图 5-15　唐代龟兹交通路网与周缘军防示意图

公元 7 世纪前后，龟兹北部为西突厥势力的辖境，《旧唐书·突厥传》载："射匮可汗者，达头可汗之孙也。既立后，始开土宇，东至金山，西至海，自玉门已西诸国皆役属之。遂与北突厥为敌，乃建庭于龟兹北三弥山。"① 西突厥在天山南麓设置"吐屯"监控绿洲诸国并索取高额赋税，而龟兹与西突厥之间相互倚仗的策应之势正是通过天山内部廊道实现的。显庆三年，唐朝平定阿史那贺鲁叛乱，将安西都护府移至龟兹，对于龟兹北部天山内部廊道交通极为重视。根据目前的遗址遗存来看，唐朝当时在龟兹以北设置了烽燧防御带，分布在今拜城县与库车市北部一带，是安西都护府北部的重要防线。

1. "盐水关道"军事防御带

"盐水关道"的军事防御带主要分布在今拜城县境内黑英山乡，这里是自龟兹西北行翻越天山达坂交通天山腹部及北部的咽喉，目前有 6 座较为重要的烽燧、城址遗存。

（1）塔什吐尔烽燧

塔什吐尔烽燧位于拜城县黑英山乡牧场米斯布拉克村一组西北约 8 公里处。烽燧所在地势较高，居高临下，便于预警敌情。烽燧整体呈梯形，高约 5 米。基部为方形，东西长约 5 米，南北宽约 4 米。烽燧中心为垒筑结构，中间夹杂有红柳。烽燧东墙、西墙、南墙陡直，北墙坡度较大。

（2）沙拉依塔木烽燧

沙拉依塔木烽燧位于拜城县黑英山乡玉开都维村西约 100 米山梁上，东临博孜克日克河，西临琼果勒河，地势险要。烽体平面呈方形，基部边长约 12 米，面积 144 平方米，顶部边长约 6 米，残高约 5 米，剖面呈梯形。烽燧顶部及东、北、南三面均布满砂石，西侧墙体露出石块垒砌的痕迹，地表有石磨残块。

（3）萨依墩协海尔古城

萨依墩协海尔古城位于拜城县黑英山乡喀赞其村四组东北约 1 公里的农田中，地处琼果勒河西岸。古城平面呈长方形，东西长约 68 米，南北宽约 51 米，面积约 3500 平方米。西墙与北墙保存较好，墙垣为夯筑，夯层厚

---

① 《旧唐书》卷一九四《突厥传》，第 5181 页。

10—20 厘米，夹有土坯。地表曾采集到夹砂红陶片，器形有罐、瓮等。

（4）黑达依协海尔城址

黑达依协海尔城址位于拜城县黑英山乡喀赞其村东南 500 米琼果勒萨依艾肯河西岸的台地上，地势由西北向东南倾斜。古城仅存一段长约 30 米的城垣，夯筑，基宽约 3.5 米，残高 2 米。夯层中夹杂有土坯。地表散布夹砂红陶片、石磨盘、石杵等遗物。

（5）吐格曼贝希古城

吐格曼贝希古城位于拜城县黑英山乡喀赞其村东北，北靠河流，平面为矩形，城墙保存较为完整，东墙长约 60 米，西墙长 86 米，南墙长约 110米，北部以深沟为自然屏障，面积约 8030 平方米，城门位于古城东南部，宽约 4 米，城内有建筑遗迹。根据所处的方位来看，古城位于龟兹经黑英山乡通往天山内部廊道的必经之地。

（6）波孜塔什古城

波孜塔什古城位于拜城县黑英山乡玉开都维村东北，平面为椭圆形，城墙为卵石垒砌，墙垣剖面呈半圆弧状，基宽 5—8 米，顶宽 1—2 米，高 1—1.5 米，门开在西南角，宽 3 米。目前城垣已坍塌，城内外有墓葬。

以上 6 座城址与烽燧分布在盐水关以北的交通要道上，成为拱卫安西都护府的北部防御圈，是防御天山以北游牧势力南下的重要屏障。

2. 龟兹连通西天山之要道

除上文提及的"热海道"，"盐水关道"也是龟兹沟通西天山的交通要道。史籍记载，从弓月城"过思浑川、蛰失蜜城，渡伊丽河，一名帝帝河，至碎叶界"，[①] 因此，"盐水关道"也见证了唐朝与突骑施之间贸易和战争的轮番上演。

《资治通鉴》载，开元十四年，"杜暹为安西都护，突骑施交河公主遣牙官以马千匹诣安西互市"，[②] 突骑施遣牙官到安西售马，且一次性交易1000 匹，数量巨大。此时突骑施苏禄占据碎叶城，其通往安西的路线有"热海道"和"天山内部廊道"可供选择，而从其使团组成及大规模的牲畜

① 《新唐书》卷四〇《地理四》，第 1047 页。
② 《资治通鉴》卷二一三，玄宗开元十四年，第 6894 页。

运输来看，取可以满足其交通条件的"盐水关道"的可能性似乎更大，这条路避免了翻越"热海道"上4000多米的勃达岭，且沿途经过伊犁河、特克斯河流域等河谷、草原地带，较为畅通，为马匹的运输提供了后勤保障。同时，这条道路也是唐朝与突骑施交战的前沿。开元二十三年，苏禄偷袭庭州、伊逻卢城、拨换城，其发兵路线应为南北两道，北道袭庭州，并分出一支从盐水关道进入龟兹，切断安西与北庭的联系；南道自"热海道"袭击拨换城。突骑施军队控制了龟兹南北的交通要道，使得唐朝的防守局面非常被动，导致拨换城守将朱仁惠战亡。此后，唐朝针对突骑施的兵力分布展开有力的反击，遣北庭都护盖嘉运自北道出击突骑施，命河西节度使牛仙客率五千精兵奔赴龟兹，援助安西大都护王斛斯，并联合大食军，进攻突骑施汗庭。《敕河西节度牛仙客书》记载："宜密令安西征蕃汉兵一万人，仍使人星夜倍道，与大食计会，取叶护、教达等路入碎叶；令王斛斯自领精骑取其家口。"[1] 这意味着，安西与北庭从天山南北同时出击碎叶，大食取道吐火罗，从西面夹击碎叶。严密的作战计划令玄宗信心倍增，称苏禄可汗"率其犬羊，犯我城堡。是其送死之日，可谓天亡之时"。[2] 可以看出，唐朝此次反击突骑施的战略布局，实际上也是对天山廊道交通路网的全力争夺，以便掌握战争的主动权。

此后，唐朝经过与突骑施的反复较量以及对吐蕃的有效防御，至开元二十七年平定突骑施，《册府元龟》载：

（开元）二十七年九月，处木昆匐延阙律啜部落、拔塞干部落、鼠尼施部落、阿悉告（吉）部落、弓月部落、哥系部落皆遣使谢恩，请内属，许之。其表曰：臣等生在荒裔，久阙朝宗，国乱士薨，互相攻杀。赖陛下圣恩遐布，愍念苍生，令碛西节度使盖嘉运统领兵马，抚臣远蕃，诛暴拯危，存恤蕃部。臣等伏愿稽首圣颜，兼将部落于安西管内安置，永作边犴，长为臣子。今者载驰，骧首天路，不任嘉罗之至。[3]

① 《曲江集》，刘斯翰校注，广东人民出版社1986年版，第424页。
② 《曲江集》，第424页。
③ 《册府元龟》卷九七七《外臣部·降附》，第11481—11482页。

至此，唐朝解除了龟兹北部天山廊道的威胁，扼守天山各交通要道隘口的如鼠尼施、弓月等部落也纷纷降唐，为天山内部廊道的安定畅通提供了有利条件。

（二）雀离关道

"雀离关道"是指从龟兹故城沿库车河出雀离关北上进入天山内部连通东西的道路，包括"龟兹—弓月道""龟兹—北庭道"两条主要路线。根据史料记载和考古遗存来看，从雀离关北行进入天山内部，可溯巩乃斯河进入今伊宁一带的弓月城；继续向北经今乔尔玛一带到达天山北麓，与"碎叶道"相接，向东可到达北庭，向西连接碎叶；从那拉提向东可连接焉耆北部的巴仑台，南下连接焉耆镇守军，北上沿"庭焉道"可与北庭都护府相连，充分体现了龟兹"雀离关道"在天山廊道内外交通路网中的枢纽作用。

1. 龟兹—弓月道

"龟兹—弓月道"是指从龟兹出雀离关（苏巴什佛寺遗址），溯库车河而上，向北越过大龙池、小龙池，过铁力买提达坂，向西北进入伊犁地区，沿巩乃斯河到达弓月城的道路。唐代为保障"雀离关道"交通路线，在龟兹北部设置了戍堡、烽燧等，其遗址遗存主要分布在今沿217国道两侧贯通却勒塔格山的阿格乡一带。

唐代"龟兹—弓月道"沿途的城址遗存多沿道路两侧分布。较有代表性的如库尔干东、西戍堡，两座戍堡隔217国道相望。东戍堡位于库车市阿格乡库尔干村217国道东侧，地处库车河东岸山梁上，东北约3.5公里为大、小龙池，山前台地上有几座石堆墓，戍堡为石块砌筑，东西长4米，南北宽3米，面积12平方米，南墙中部开一门，宽0.8米。西戍堡位于公路西侧，地处库车河西岸山梁上，平面呈方形，石块砌筑，边长4.2米，面积约17.6平方米，南墙中部开一门，宽约0.8米。

大龙池南、北戍堡也是隔217国道相望，位于库车市阿格乡库尔干村北大龙池西畔。大龙池南戍堡地势稍高，平面呈梯形，南北长约70米，东西宽40—60米，面积3500平方米，四周墙垣坍塌，仅存轮廓，墙垣为土筑。北戍堡四周为大山，南约5米为217国道，遗址西南约3公里为库尔干戍堡，平面呈长方形，南北长约30米，东西宽约20米，面积约600平方米，北、西墙垣尚存，高约1米，为土埂墙垣，外侧有一条壕沟。

图 5 – 16　大龙池戍堡

唐初玄奘经龟兹西行求法时，得知"大龙池"的传说，根据《大唐西域记》的记载可以发现，此地不仅是产"龙驹"马的水草丰美之地，也是历史上龟兹与焉耆争夺之地，当时龙变为人，多与妇人交合，渐成"龙族"，"恃力作威，不恭王命"，于是"王乃引构突厥，杀此城人，少长俱戮，略无噍类"①，此王即"金花王"，"金花王"似为死于高祖初年的苏伐勃马驶，② 焉耆王姓为龙，此事可能反映了龟兹发兵进攻焉耆之事。《晋书·四夷传》载："武帝太康中，其王龙安遣子入侍……会少而勇杰，安病笃，谓会曰：'我尝为龟兹王白山所辱，不忘于心。汝能雪之，乃吾子也。'及会立，袭灭白山，遂据其国，遣子熙归本国为王。会有胆气筹略，遂霸西胡，葱岭以东莫不率服。"③ 反映了唐以前龟兹与焉耆之间相互征伐的史实，而双方的行军道路应为天山内部廊道。

与大龙池戍堡形成拱卫之势的有阿艾古城，又称阿格古城，位于库车市阿格乡苏博依村北，古城位于却勒塔格山中，四周群山环绕，东面紧邻库车河。就目前的遗址来看，古城平面呈方形，边长约 110 米，面积约 12100 平方米，墙垣高 3—7 米，夯筑，东南角、西北角有角楼遗迹，北墙外筑有马

---

① 《大唐西域记校注》，第 57—58 页。
② 向达：《西域见闻琐记》，《文物》1962 年第 Z2 期。
③ 《晋书》卷九七《四夷传》，第 2542 页。

面，东墙中部开一门，门外有瓮城遗迹。古城东面与库车河之间的台地上散布着轮制夹砂红陶片，器形有缸、盆等，另有铜钱碎片、陶风管等。城内东北角有一窑址。

图 5－17　阿格古城遗址

从这些城址的建置及分布方位来看，唐朝对于平定西突厥并疏通道路交通、加强沿途防御设施极为重视，且颇具前瞻性。《唐会要》记载：

> 显庆二年十一月，伊丽道行军大总管苏定方大破贺鲁于金牙山，尽收其所据之地，西域悉平。定方悉命诸部，归其所居。开通道路，别置馆驿。埋瘗骸骨，所在问疾苦，分其疆界，复其产业。贺鲁所房掠者，悉检还之，西域诸国，安堵如故。①

苏定方令诸部“归其所居。开通道路，别置馆驿”，其中也包括天山内部的西突厥诸部落，为“龟兹—弓月道”的畅通奠定了基础。

---

① 《唐会要》卷七三《安西都护府》，第1323页。

图 5 - 18 阿格古城

这条道路也是商贸往来的要道。唐乾封二年，粟特商人曹禄山之兄曹炎延与汉商结伴，自长安至安西，穿越天山到了伊犁地区弓月城，其后返回走的也是这条路线。吐鲁番出土文书《唐西州高昌县上安西都护府牒稿为录上讯问曹禄山诉李绍谨两造辩辞事》记载：

7. ＿＿＿＿＿＿ 在弓月城举取二百七十五匹绢向 龟

8. ＿＿＿＿＿＿ 相逐从弓月城向龟兹。阿兄更有

9. □□ 匹 ，驼两头、牛四头、驴一头，百匹绢价华

10. □ 并碗，别有百匹绢价财物及汉鞍衣裳

11. 调度。

又有：

1. 人，从安西来，其人为突厥劫夺弓箭鞍马 ＿＿＿＿＿＿

2. 逢绍谨，若有胡共相逐，即合知见。二 人 ＿＿＿＿＿＿

　　3. 敕函、向玉河军，二人为向刘监军 ☐☐☐☐☐☐ ①

文书所载之事发生在咸亨元年吐蕃陷四镇前后，时吐蕃勾结西突厥进逼四镇，围攻拨换城，而天山廊道内部的交通环境较为安全，成为大规模商贸往来的常规通道之一。

　　2. 龟兹—北庭道

　　从龟兹出雀离关沿库车河北上，即沿今 217 国道中段，穿过巴音布鲁克、那拉提草原、巩乃斯河、唐布拉草原、喀什河，经乔尔玛进入乌苏市，向西接精河县，东接沙湾市，与"碎叶道"相接，东行可到达北庭。这条道路是全面贯通天山南北的大道，唐朝对于这条道路的防控采取了多方联合的策略。

　　在唐朝势力未进入西域之前，这条道路是西突厥的"官方"要道。早期西突厥室点密可汗、达头可汗等建牙帐于尤尔都斯盆地，控制了四周的道路交通，"在东方则利用到南方去的道路，将焉耆和龟兹置于其统治之下；在北方则依靠通向乌鲁木齐及玛纳斯的山道与阿尔泰山方面保持密切的联系"，② 当时西突厥连通天山南北的道路主要通过天山内部廊道。

　　"龟兹—北庭道"可分为北段与中段两部分，其北段为从那拉提北上翻越天山进入乌苏市的道路，与"碎叶道"上的黑水守捉相接，西行经叶河守捉、清镇军城、乌宰守捉等，经轮台至北庭。③同时，在今尼勒克县从乔尔玛沿巩乃斯河西行的道路上也有城堡镇戍发挥军防作用，如赛普勒古城。古城位于尼勒克县尼勒克镇多尔布津村东 2 公里处，地处喀什河北岸平原地带，南距喀什河约 1.5 公里。城址原为方形，南北长 320 米，东西宽约 290 米，夯土筑成，城垣宽 12—20 米，残高 2—4 米。夯层厚 4 厘米、6 厘米、14 厘米、17 厘米不等，城内外散布有陶片，多为夹砂红陶，有的器形为大陶瓮，腹部刻有水波纹；有的似陶灯，时代可能

---

　　① 国家文物局古文献研究室、新疆维吾尔自治区博物馆、武汉大学历史系编《吐鲁番出土文书》第 6 册，第 471—476 页。
　　② 〔日〕松田寿男：《古代天山历史地理学研究》，第 326 页。
　　③ 《新唐书》卷四〇《地理四》，第 1047 页。

为唐代。①

中段为从库车北行约 20 公里至苏巴什佛寺遗址（雀离关），然后沿库车河北上翻越天山铁力买提达坂进入和静县，经巴音布鲁克—那拉提一带的道路，大部分区域位于焉耆镇守军的势力范围内。道路东侧为尤尔都斯盆地，唐朝以焉耆镇守军北部的防御策应该道路的东部，扼守开都河上游一带；道路西侧以今科克铁克山为天山屏障，避免西突厥诸部落经天山内部廊道东入龟兹北部。中段道路与龟兹东道的北线重合，即从那拉提向东沿开都河到达巴仑台一带南下进入焉耆的道路。这条道路与焉耆北部的天山内部廊道相接，即沿今 217 国道进入新源县，再东行到达和静县巴仑台，将安西与焉耆镇守军紧密相连，在天山内部对安西都护府形成拱卫之势。

景龙年间，娑葛反叛，唐以周以悌为四镇经略使讨之，《册府元龟》载：

　　（景龙二年）② 七月丙辰，突厥鼠尼施首领参有及突骑施（首）领贺勒哥罗来降，命有司宴之，各赐帛五十匹。③

游牧于鹰娑川（尤尔都斯盆地）的鼠尼施部落显然也受到了唐朝的攻击，遂与突骑施部落首领一起来降，充分体现出唐军自天山以北向南进攻的行军路线，即经鹰娑川南下救援安西的行军，正是行经"龟兹—北庭道"。

（三）夏特古道

"夏特古道"是自龟兹境内翻越天山连接伊犁地区的又一通道。这条道路自今阿克苏地区温宿县的破城子遗址始，沿木扎尔特河谷北上，翻哈达木孜达坂（木素尔岭），抵昭苏县夏特牧场的夏塔古城，这条道路又称"木扎尔特冰川古道""木素尔岭古道"等，全长 120 公里，是沟通天山南北的捷径。

夏特古道的起点为今破城子古城，又称库尔干古城，地处阿克苏地区温

---

① 张玉忠：《伊犁河谷新发现的古城堡及相关遗迹（上）》，《文博》1990 年第 2 期。
② 应为"景龙三年"，可参见刘安志《敦煌所出张君义文书与唐中宗景龙年间西域政局之变化》，《敦煌吐鲁番文书与唐代西域史研究》。
③ 《册府元龟》卷九七四《外臣部·褒异一》，第 11443 页。

图 5-19 托木尔峰自然保护区界碑

宿县博孜墩乡破城子村北,距托木尔峰自然保护区界碑约 50 米,为唐代及以后时期遗存。古城西据库勒克代尔亚斯山,东临木扎提河,现已被通往托木尔峰自然保护区的公路分为两部分。城址东西长约 200 米,北城墙破坏严重,南城墙保存相对较好,残存城墙高约 2.6 米。城墙为夯筑结构,墙体为石块、泥土、红柳枝混合夯筑。现古城旧址已基本被民房、羊圈所覆盖,部分被辟为农田,古城遗迹无从寻觅。考古人员曾在古城中发现石磨盘残块等遗物。

"夏特古道"的终点为今昭苏县夏塔古城。古城位于夏特乡阔斯托别村北约 13 公里处夏特河西岸的阶地上,东部与夏特河毗邻。古城呈不规整的方形,北墙长 390 米左右,南墙长 200 余米,西墙长约 480 米。城为夯筑,墙基尚存,残高近 4 米,局部有修葺的痕迹。城外护城壕与夏特河相通,宽 20—40 米,深约 5 米。考古工作者曾在此发现了大量夹砂红陶片,为轮制,器形有瓮、缸、罐等,瓮的口沿还有卷草纹的图案。这座古城从唐代一直沿用至蒙元之时,是天山北路重要的镇戍之一。

此外,分布在夏塔古城周边的还有波马古城、胡土乎尔城堡等,其中胡土乎尔为唐代天山北麓一处军事戍堡，遗址地处天山山谷口，经天山内部廊道可通阿克苏、拜城等地，东西连接阿克苏沟与夏塔沟，地理位置极为险要，是唐朝在天山以北设置的扼守内部廊道交通的重要隘口，与夏塔古城互为策应，共同守卫"夏特古道"的交通安全。

　　清代，天山以北的安全稳定成为清廷经营西域的重心所在，因此，"夏特古道"在连接天山南北的道路交通中发挥了交通枢纽的作用。"夏特古道"较为难行，尤以翻越天山冰达坂时最为艰险，《冰岭纪程》载："冰梯数百仞，明如镜面，曲折而下，极陡极滑，四围冰棱矗立如置身水晶域中，梯上铺毡，左右扶掖，否则寸步难移矣。"[①] 新疆建省后，在南段设置了大量驿站，维护这条道路的交通安全。[②] 1907 年，俄国间谍马达汉（卡尔·古斯塔夫·曼纳海姆）男爵穿越"夏特古道"时，在艰险的山路以及恶劣的气候环境中饱受折磨，几乎命丧雪山。

图 5－20　温宿县的"夏特古道"

---

　　① 景廉：《冰岭纪程》，吴丰培整理《丝绸之路资料汇钞（清代部分）》，全国图书馆文献缩微复制中心 1996 年版，第 524 页。
　　② 王启明：《清代新疆冰岭道研究》，《中国历史地理论丛》2013 年第 1 期。

二 龟兹西道交通与布防

龟兹西道主要指"热海道",即从龟兹西行经温肃州翻越勃达岭经热海至碎叶的道路,是龟兹连接西天山的"官道",也是"古代中西交通上一条最有名、最频繁的大道"[①]。这条道路穿过龟兹以西重要的屯兵之地,即今新和、沙雅、阿克苏等地,这里在唐代是龟兹的屯戍中心,在天山廊道的交通布局和安全体系建设方面发挥了中枢作用。

(一)"热海道"东段南、北线军防布局

根据史籍记载以及遗址遗存分布情况来看,"热海道"东段可分为南北两线,南线出柘厥关沿天山南麓西行,北线则出盐水关呼应天山内部"盐水关道"交通,两线行至温宿县合二为一,再向西越勃达岭至热海,再行至碎叶。南北两线皆经行重要的屯戍之地,唐朝在沿途设置了众多镇戍、烽燧等保障交通安全和社会生产的稳定。

1. "热海道"东段南线布防

"热海道"东段南线为唐代经柘厥关西行的交通要道,其具体路线为:

> 安西西出柘厥关,渡白马河,百八十里西入俱毗罗碛。经苦井,百二十里至俱毗罗城。又六十里至阿悉言城。又六十里至拨换城,一曰威戎城,曰姑墨州,南临思浑河。乃西北渡拨换河、中河,距思浑河百二十里,至小石城。又二十里至于阗境之胡芦河,又六十里至大石城,一曰于祝,曰温肃州。又西北三十里至粟楼烽。又四十里度拨达岭。[②]

根据《新唐书》的记载以及目前考古发现的遗址遗存分布,这段路程所经的城堡、镇戍具体位置大部分已得到确定。其中"白马河"为今渭干河;"思浑河"即塔里木河;"拨换河"即阿克苏河;"胡芦河"即托什干河;"拨达岭"即别迭里山口。其余城堡、镇戍的情况如下。

---

① 向达:《西域见闻琐记》,《文物》1962 年第 Z2 期。
② 《新唐书》卷四三《地理七》,第 1149 页。

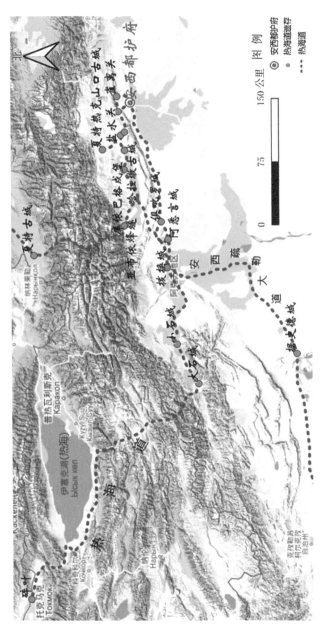

图 5－21　龟兹西部交通示意图

　　"俱毗罗城"，今羊达克库都克烽燧遗址，位于新和县尤鲁都斯巴格镇羊达克库都克道班西南约 2 公里的荒漠中，314 国道南约 20 米处。烽燧基部近似于椭圆形，周长约 90 米，高约 10 米。从其北侧可攀登至烽燧顶部，其上有房屋遗迹。烽体为夯筑结构，夯层清晰，夯层厚 30—60 厘米，中间夹杂有红柳枝等杂物。

　　"阿悉言城"可能位于温宿县喀拉玉勒衮乡；"拨换城"为姑墨国都，是唐代龟兹都督府所辖"姑墨州"所在地，又叫"威戎城"。贞观二十二年唐朝昆丘道行军伐龟兹时，拨换城是龟兹重要的后方基地，《资治通鉴》记载：

> 龟兹王布失毕既败，走保都城，阿史那社尔进军逼之，布失毕轻骑西走。社尔拔其城，使安西都护郭孝恪守之。沙州刺史苏海政、尚辇奉御薛万备帅精骑追布失毕，行六百里，布失毕窘急，保拨换城，社尔进军攻之四旬，闰月，丁丑，拔之，擒布失毕及羯猎颠。[①]

其时唐军切断了龟兹以北天山内部廊道交通，龟兹王被迫向西遁逃，拨换城是其驻军自保的理想选择。拨换城遗址即今温宿县依西来木其乡喀依古村的喀依古城址，位于依西来木其乡喀依古村西北约 5 公里的农田中。古城为二重城结构，平面呈长方形，东西长约 310 米，南北宽约百米，面积约 3 万平方米。城址北墙处有一豁口，应为城门所在。城内中心位置有一平面呈方形的建筑，应为古城中心建筑区域。遗址中部偏南处有建筑遗址，似为院墙，平面呈不规则方形，长宽皆为 50 米，面积 2500 平方米。院墙以北约 10 米残留有埋大缸的坑穴数处，地表散布着陶片，考古工作者曾在此采集到红、灰色陶片以及石磨盘、石镰残片、砺石、汉五铢、龟兹小铜钱等。现存城址周围均已开垦为农田。

　　唐代拨换城是防御突骑施南下的重要屏障，是安西都护府瞭望西天山局势的窗口，也是暴露在突骑施等部落入侵龟兹时其军事视野中的第一道防线，战略位置极为重要。突骑施乌质勒死后，其内部两派纷争，当时宗楚客无视郭元振的建议，"遣冯嘉宾持节安抚忠节，侍御史吕守素处置四镇，以将军牛师奖为安西副都护，发甘、凉以西兵，兼征吐蕃，以讨娑葛"，娑葛

---

　　① 《资治通鉴》卷一九九，太宗贞观二十二年，第 6377 页。

发五千骑出安西，五千骑出拨换，五千骑出焉耆，五千骑出疏勒，入寇。郭元振在疏勒"栅于河口，不敢出"。突骑施占据上风，"忠节逆嘉宾于计舒河口，娑葛遣兵袭之，生擒忠节，杀嘉宾，擒吕守素于僻城，缚于驿柱，刖而杀之"。[①] 牛师奖兵败战死，娑葛陷安西，断四镇路，并"遣使上表，求宗楚客头"。西天山突骑施动乱，南下包围拨换城，唐朝安西都护府的内部防区暴露在突骑施面前，是此次战败的直接原因，而唐朝在紧急情况下无法及时缓解安西以西局势，正是"热海道"防线的全面失守所致。

拨换城以西的"大石城"为唐代温肃州所在地，故址在今乌什县九眼泉社区燕泉山风景区燕子山上。燕子山遗址现叠压在"一览亭"下，仅见西、南端部分城墙，西墙大致呈南北向，残长约 9 米，南墙呈东西向，残长约 38 米，面积约 650 平方米。城墙宽约 2.5 米，残高 0.8—1.5 米，墙基用山石和黄土混筑。

图 5-22 乌什县燕子山"远迈汉唐碑"

① 《资治通鉴》卷二〇九，中宗景龙二年，第 6745 页。

图 5－23　"热海道"别迭里烽燧

　　"小石城"位于乌什县东部,遗址具体不可考。"粟楼烽"即别迭里烽燧,又名"窝依塔勒烽燧",位于乌什县亚曼苏乡窝依塔勒村西约 20 公里处的戈壁滩上,西邻别迭里河。烽燧整体呈梯形,东西长约 12 米,南北宽约 9 米。顶部东西长约 7 米,南北宽约 4 米。烽燧整体为夯土构造,夯层厚 15—20 厘米,夯层间夹有木头和树枝等杂物。烽燧四周为石块垒筑,中间填充有小砾石和泥土。

　　别迭里烽燧扼守从温肃西北通往中亚的交通隘口,即今别迭里山口,也是唐朝与游牧部族的必争之地。《旧唐书·封常清传》载:"开元末,会达奚部落背叛,自黑山北向,西趣碎叶,玄宗敕灵督邀击之。灵督使仙芝以二千骑自副城向北至绫岭下,遇贼击之。达奚行远,人马皆疲,斩杀略尽。"① 这里的"绫岭"即玄奘《大唐西域记》所载的"凌山",为《新唐书·地理志》所载之"拔达岭"(乌什别迭里山口),是"热海道"上的险关要隘和防御重地。

　　2018 年冬,笔者前往乌什县考察别迭里烽燧时,实地感受到其地自然环境的恶劣。这一带土地贫瘠,地势高,气候寒冷,不难推测唐朝是在安西都护府军防体系稳定运行以及后勤保障充分的前提下,将龟兹的西区防线延

①　《旧唐书》卷一〇四《封常清传》,第 3207 页。

伸至西天山,体现出其对龟兹与西天山之间道路畅通的密切关注。

2. "热海道"东段北线布防

从"热海道"东段北线出盐水关,进入拜城县境,经克孜尔乡、赛里木乡、康其乡、老虎台乡等到达温宿县境破城子,[①] 与南线合二为一。北线必经之地为克孜尔石窟,这里曾出土唐代丝织品和文书,记有"贞元七年西行牛二十一头""□□节度押牙特进太常卿""碛西行军押官""碛(西)行军押官杨思礼请取……(于)阗镇军库讫被问依……"等内容,[②] 体现了唐朝对北线的严密防控。

这里也是龟兹应对突厥、突骑施或吐蕃进攻的战略要地。克孜尔石窟第93窟的壁画中有一幅"攻战图",为唐人作品,作于7、8世纪之交,图中两队骑兵交锋,右方有骑兵二人,手中各握一长杆三游旗,图下部刻画"来庭俊"人名,似与攻战图有关,[③] 反映出克孜尔一带重要的军事地位。

"热海道"东段北线布防中有乌堂古城,位于克孜尔乡乌堂村东北约600米克孜尔河东岸约300米的台地上。东面为农田,东、北、南面均有冲沟,西面以断崖为天然屏障。古城平面呈方形,东西宽约80米,南北长约83米,面积约6640平方米,东墙保存较好,长83米,宽1—2.3米,残高2—4米,东墙中部有向外凸出的马面,马面长约4米,宽2.3米,高3.8米。北墙长约56米,城门位于中部,带有瓮城,门外西侧连接着高台建筑。考古工作者曾采集到夹砂红陶片和石磨盘残块。

从乌堂古城一带继续西行,可至夏特热克山口古城。古城位于今赛里木镇牧场、托克逊乡牧场交界处夏特热克山口东南约100米处,北墙紧邻河沟,西北及北部有古墓群。古城平面呈长方形,东西长约60米,南北宽约50米。城垣以卵石垒砌,墙垣基宽2—4米,高0.5—1米。城内中心有一方形建筑遗迹,仅存基部,边长约10米。城内采集到少量夹砂红陶片。

西行又有哈拉墩古城。古城位于赛里木镇喀尔墩博拉克村北约3公里的农田中,东3公里即为木扎提河。古城平面呈圆形,周长约500米,面积约19900平方米,墙垣基部尚存。东墙垣长约4米,基宽2.1米,残高1.5米,

① 孟凡人认为自赛里木古城西南至温巴什,再经过察尔齐镇进入温宿县,与今天314国道接近。孟凡人:《丝绸之路史话》,第134页。

② 转引自龟兹石窟研究所等编《克孜尔石窟志》,上海人民美术出版社1993年版,第181页。

③ 王建林、朱英荣:《龟兹佛教艺术史》,上海文化出版社2013年版,第181—182页。

夯筑，西部有高台残存。城内散布着夹砂红陶片。

库依巴格戍堡位于拜城县康其乡库依巴格村一组南约 500 米的农田中。现存戍堡整体为长方形，呈南北走向，东西长约 36 米，南北宽约 30 米。戍堡基部较高，四面墙垣坍塌严重，基宽 3—5 米，南垣中部有一宽约 8 米的豁口，应为戍堡门所在，西南角有盗掘痕迹。

亚布依烽燧位于拜城县老虎台乡开普台尔哈纳村三组东南约 500 米处，木扎提河东岸二级台地上。烽燧平面呈不规则状，南北长约 33 米，东西宽约 20 米，面积 660 平方米，剖面呈梯形，高约 3 米，夯筑，夯层中铺一层砾石，附近可见到夹砂红陶片、铁渣等遗物。

亚木古鲁克古城位于老虎台乡种羊场二队北约 500 米的阔台克吐尔艾肯沟东岸。当地人称"喀拉玛克沁"，意为"蒙古城"。古城因地势而建，北部和西部以山为屏障，平面呈不规则状，东墙长约 143 米，南墙长约 65 米，面积约 9000 平方米。城垣宽 2—4 米，残高 0.5—2.5 米，南墙偏东处开一门，宽约 6 米。城为土筑，城内文化层堆积较厚，距地表 1—2 米，内含陶片、石磨盘残块、动物骨殖等。陶片多为轮制夹砂红陶，器形以罐类为主，也有陶钵、陶瓮等，饰有刻画纹和堆纹，其中以竖领溜肩的高领罐较为典型。

（二）龟兹西道的军防布局

以"热海道"为纽带的渭干河西岸遗址群是唐代安西都护府主力部队驻守、屯田的大型军事基地，主要包括今新和、阿克苏、阿瓦提、温宿、乌什、柯坪等地，根据城址的分布特征，大体上可以分为新和—沙雅、温宿—阿克苏两大防御区域，是龟兹周缘多种防御体系构建的核心部分，也是其军防系统运行的后勤保障基地。

1. 新和—沙雅军防布局

新和—沙雅绿洲通过渭干河相连，南邻塔里木河，北傍天山支脉却勒塔格山，西通疏勒，与渭干河东岸及安西都护府核心区域互为掎角。根据目前遗址遗存分布来看，此地军防体系完整，集军队驻防、屯戍、社会生产于一体，是进可攻、退可守的理想之地。

（1）硝尤鲁克戍堡

硝尤鲁克戍堡位于新和县尤鲁都斯巴格镇硝尤鲁克村东北 2 公里处，周围地势平坦，地表盐碱化严重。戍堡呈不规则方形，东墙约 72 米，西墙约

70 米，北墙约 67 米，南墙残缺。墙垣为夯筑结构，高 1—4 米，墙基宽 5—8 米。戍堡东墙、北墙、西墙均有马面遗迹，西北角有垛墙残迹。戍堡南墙西段有一宽约 6 米的豁口，为戍堡入口处。戍堡中部偏南方向有两座半圆弧形土台，北侧土台直径约 24 米，南侧土台直径约 31 米。

（2）达西卡尔烽燧

达西卡尔烽燧位于新和县尤鲁都斯巴格镇尤都斯巴格村西南 20 公里处。现存烽燧整体呈梯形，残高约 6 米，基部呈方形，东西长约 15 米，南北宽约 14 米。烽燧四周地表盐碱化严重。

（3）桑塔木烽燧

桑塔木烽燧位于新和县桑塔木农场场部西南约 15 米的荒漠中，周围生长着红柳。烽燧残高约 4 米，为夯筑结构，基部近圆形，南北长约 16 米，东西宽约 11 米。烽燧顶部已经坍塌，剖面呈半圆弧形，烽燧东、西两侧各有一盗洞。

（4）托秀克塔木戍堡

托秀克塔木戍堡位于新和县桑塔木农场七队、桑塔木农场东南约 10 公里处，周围长满红柳、骆驼刺等植被。戍堡近方形，呈东北—西南走向，南北长约 21 米，东西宽约 20 米。戍堡北墙、南墙保存较好，东墙、西墙破坏严重，其上出现许多缺口。城垣为夯筑，夯层厚 15—20 厘米，墙基宽约 2 米，残高 1—4 米。北墙西段有一宽约 4 米的缺口，应为戍堡门之所在。戍堡四角有斜向伸出的垛墙，垛墙长约 4 米，宽约 3 米，应为防御外敌入侵而修筑。戍堡西南约 150 米处为烽燧，烽燧整体呈方形，边长约 9 米，残高约 3 米。

（5）塔什吐尔烽燧

塔什吐尔烽燧又名"库伦子烽燧"，位于新和县渭干乡渭干农场南约 51 公里处，周围为荒漠盐碱滩。烽燧整体呈梯形，高约 8 米，基部呈长方形，东西长约 27 米，南北宽约 16 米。烽体基部为夯筑结构，夯层厚约 24 厘米，上部为土坯垒筑。烽燧东北角有一方形围墙，边长约 31 米，高约 1 米。烽燧东约 5 米处有窑址，遗存有红烧土块、残陶片等物品。

（6）恰萨吐尔烽燧

恰萨吐尔烽燧位于新和县渭干乡哈拉库木村南约 45 公里处的荒漠中。现存烽燧整体呈梯形，高约 6 米，为夯筑结构，夯层厚约 15 厘米。烽燧基部呈长方形，南北长约 14 米，东西宽约 10 米。烽燧四壁坍塌，西北部有一盗坑。

（7）吾热库台克烽燧

吾热库台克烽燧位于新和县玉奇喀特乡吾热库台克农场南约 5 公里处。烽燧筑于一东西长约 10 米、南北宽约 8 米、高约 4 米的土台之上。烽燧主体为土坯垒筑，东西长约 4 米，南北宽约 3 米，高约 2 米，四壁坍塌，西侧有挖掘痕迹。

（8）通古斯巴西古城

通古斯巴西古城位于新和县西南 44 公里处沙漠中，地处新和县与沙雅县交界处、渭干河西岸的古灌溉区。古城平面为方形，边长 220 米，面积 4.9 万平方米。城墙高 6.2 米，夯土夹柳枝筑成，外筑马面，四角有望楼。古城曾出土陶制的砖、瓦建筑材料及织物、生活用具、石墨、铁镰、胡麻籽、油饼等。城内西部的大坑剖面暴露出厚达 1 米的马粪、谷秆、麦秸的文化层。城内曾多次采集到"开元通宝""乾元重宝""建中通宝""大历元宝"等唐代钱币，城内东北隅曾一次性出土了 3 万余枚窖藏钱币。

图 5-24　通古斯巴西古城

图 5 - 25　通古斯巴西古城出土的浮雕马首龙身鹰翅纹灰陶范

以通古斯巴西古城为中心，分布有其他 8 座屯城遗址，一直向南延伸至沙雅县，扼守着从龟兹穿越塔克拉玛干沙漠通往于阗的端口。这 8 座屯城遗址情况如表 5 - 2 所示。

表 5 - 2　以通古斯巴西古城为中心的屯城分布情况

名称	具体位置	考察情况
博提巴什戍堡	通古斯巴西古城南约 5 公里	平面呈方形,墙垣东西宽 75 米,南北长 76 米,残高 8—9 米,戍堡筑有瓮城门、马面和四角向外伸出的垛墙。自然暴露出的大陶瓮内残存着已经碳化了的小麦和粟,地表分布有残铁器、钱币等

名称	具体位置	考察情况
且热克协尔戍堡	通古斯巴西古城西北约6公里	戍堡内散露着夹砂红陶片、石磨、残铁镰等遗物;戍堡西南约3公里有莫拉吐尔佛塔。戍堡平面呈长方形,残高1—3米,内部散露着夹砂红陶片、石磨、残铁镰等遗物
来合曼(买)协海尔戍堡	通古斯巴西古城西北15公里	戍堡外四周的红柳沙丘间裸露出平坦的地表上尚存田埂、耕地和渠道的遗迹;戍堡平面呈正方形,墙垣为夯筑和土块垒砌,残高2.5—6.5米,四角有外伸的垛墙,残高5米,北墙中部开一城门,外有瓮城门建筑。戍堡内散露着夹砂红陶残片、纺轮、铁马衔、石器残块等。戍堡北约200米处尚有一条东西向的渠道,现宽1.2米、深0.6米;南墙外约20米处也有东西向的壕沟遗迹,宽1.5米、深0.6米
阿克提坎戍堡	通古斯巴西古城北约8公里	平面呈方形,四周墙垣保存较好,长60—66米,四角外伸有垛墙,戍堡内外及墙垣泛碱严重,戍堡内建筑淤积土层较厚
克孜尔协海尔古城	通古斯巴西古城北约18公里	建筑规模与通古斯巴西古城相近,建筑遗迹分南、北两部分,南城为方形,墙垣夯筑,长161米,宽151米,残高6米,墙垣四角有向外伸出的垛墙,北墙垣外瓮城门遗迹保存较好,曾出土大陶瓮、陶制的排水管、绿釉三耳罐等唐代文物
克斯勒协海尔戍堡(克孜勒谢)	通古斯巴西古城东北约8公里	由北城、南城的建筑规模和形制分析可知,北城的修建年代应该略早于南城,估计是后来因军事屯田任务的增加,驻扎的士兵人数也相应增多,因而在北城不远处新建南城,并在其原来形制基础上新增马面等军事防御建筑

续表

名称	具体位置	考察情况
乔拉克协海尔戍堡	通古斯巴西古城东北 9 公里	南部 1.5 公里处即为克斯勒协海尔戍堡，戍堡基本呈方形，东墙 62 米，西墙 46 米，南墙和北墙各 52 米。戍堡散露着铺地方砖、夹砂红陶以及火烧过的麦草泥皮、木炭等，又有多处竖穴式窖穴遗址，窖内尚存几十厘米厚的碳化麦粒层①，应是储粮之处
埃格麦里央达戍堡（羊达克沁古城）	通古斯巴西古城东北 16 公里	戍堡位于今沙雅县城西北约 20 公里处，黄文弼《塔里木盆地考古记》记述，古城为三重城，平面呈方形，"外城周约 3351 米，内城周 510 米"。② 城墙均为土筑，墙体大部分已经毁损，仅余墙基遗迹。内城中心位置有一土阜，黄文弼推断该处为城址建筑的中心区域。黄文弼又在内城与外城中间发现一小城，城内所留遗迹甚少。在此附近出土有唐代"开元通宝""大历元宝"钱币各一枚

以上 8 处戍堡、古城与通古斯巴西古城形制类似，都采用了夯筑、土坯等，也有瓮城门、马面、角楼等，一般周长在 200—300 米，戍堡、古城内普遍出土有铁制农具，也有粟、麦、油菜籽等农作物遗存，普遍留存有储藏谷物的大陶瓮、窖穴等。四周保留有田埂、垦殖的痕迹，渠道、壕沟遗存较多，展现了唐朝在这里的屯田盛况。

（9）吐尔拉戍堡

吐尔拉戍堡位于新和县玉奇喀特乡先锋农场南约 2 公里处。戍堡近似方形，东西长约 80 米，南北宽约 70 米，墙垣底宽约 4 米，残高约 3 米。戍堡整体为夯筑结构，夯层厚 12—20 厘米。戍堡东北、西北及西南面有角楼，南墙、北墙各有 2 座马面。西墙中部开一城门，宽约 10 米。烽燧位于戍堡

---

① 张平编著《龟兹：历史文化探秘》，新疆人民出版社 2004 年版，第 172—173 页。
② 黄文弼：《塔里木盆地考古记》，第 23 页。

图 5－26　新和县克孜尔协海尔古城出土的唐代地下排水陶管

东南角，整体呈梯形，四壁均为土坯垒筑，高约 10 米，基部边长约 17 米，顶部东西宽 7 米，南北长 10 米。

（10）玉奇喀特古城

玉奇喀特古城，又称"乌什喀特古城"，位于今新和县玉奇喀特乡玉奇喀特村西北，始建于汉代，沿用至唐。"玉奇喀特"为"三重城"之意，现存城址仍保存有外城、内城、宫城三部分，其中外城和宫城平面均呈长方形，而内城略呈方形。外城东西长约 1450 米，南北宽约 800 米，城墙残高约 3 米；内城城墙长、宽均约 350 米，墙高 2—4 米，基宽 10 米左右，城门宽约 8 米；宫城南北长 100 米，东西宽 80 米，墙残高约 5 米，门开于南墙正中，宽约 5 米,[①] 残留墙垣为沙质泥土堆积与夯筑混合结构。

---

① 新疆维吾尔自治区文物局编《新疆维吾尔自治区第三次全国文物普查成果集成·新疆古城遗址》，科学出版社 2011 年版，第 180 页。

1928 年，黄文弼到此考察，在古城附近的居民区征集到一枚刻有"李崇之印"的印章，一时轰动学界。该印章背后有一段广为人知的历史。天凤三年（公元 16 年），新任都护李崇率军与龟兹、莎车联兵打击亲匈奴的焉耆势力，因战败而退守龟兹，最后战死龟兹，这一事迹与出现在龟兹境内的"李崇之印"恰好可相互印证，此后有学者便依此判断新和县玉奇喀特古城可能就是当年西域都护府府治所在地。1958 年，考古人员又在玉奇喀特古城附近发现"汉归义羌长印"，为考证古城的真实面貌提供了新的佐证。

（11）铁热克协尔烽燧

铁热克协尔烽燧位于沙雅县英买力镇破托格拉克村西南约 7 公里处的盐碱荒漠地中。现存烽燧损毁较为严重，高约 7 米。烽燧基部呈圆形，直径约 22 米，北壁有一通往烽燧顶部的坡道，应为烽梯遗迹。

（12）都鲁都力欧库尔烽燧

都鲁都力欧库尔烽燧位于沙雅县红旗乡萨依库都克村东南约 10 公里处的农田中。烽燧整体呈梯形，高约 3 米，顶部边长约 1 米；基部呈长方形，东西长约 7 米，南北宽约 5 米。现存烽体上部保存较好，夯层清晰，厚约 25 厘米；基部坍塌严重，难以辨认。周围散布有残陶片等物品。

（13）恰萨吐尔烽燧

恰萨吐尔烽燧，又名"卡库克烽燧"，位于沙雅县英买力镇破托格拉克村西北约 9 公里处。烽燧整体呈半圆形，东西长约 23 米，南北宽约 21 米，高约 4 米，基部呈不规则状，土坯构筑。烽燧损毁较为严重，有盗掘痕迹。烽燧向东约 80 米处，文化堆积层较为明显，地表散布有大量陶片及石磨残块。

（14）托帕墩协海尔古城

托帕墩协海尔古城位于新和县排先巴扎乡托帕墩村，为唐代遗存。该城为二重城，其中外城、内城共用北墙、东墙。外城南北长约 400 米，东西宽约 310 米；内城南北长约 180 米，东西宽约 150 米。四周城墙各有马面数个，城墙四角有角楼残迹，古城残垣为夯筑，夯层已不可辨识。

（15）玉尔衮协海尔古城

玉尔衮协海尔古城位于新和县玉奇喀特乡玉尔衮村西南，为唐代遗存。

20 世纪 80 年代末，阿克苏地区文管所工作人员到此调查发现，古城分内、外两重，内城长宽均约百米，外城东西长约 250 米，南北宽约 200 米。外城东南角地表散布有当地居民挖掘出的马、骆驼等兽骨。① 现存城址四角仍可见角楼遗迹，但墙体大部分已经坍塌，由残垣判断墙垣结构应为夯筑。内城为边长约 78 米的方形小城，其内现有残存墙基。考古人员在此曾发现陶罐、陶瓮、陶盆等遗物。

（16）吐孜吐尔烽燧

吐孜吐尔烽燧位于新和县玉奇喀特乡玉尔衮村西北 3 公里处。烽燧为夯筑结构，夯层厚约 6 厘米，东壁夯层最厚，达 40 厘米；基部呈方形，东西长约 15 米，南北宽约 13 米，高约 10 米，顶部塌毁；基部以上为土坯垒砌。烽燧东墙、西南墙壁坍塌严重，东墙、北墙有盗坑，地表可见夹砂红陶、灰陶片等遗物。

（17）萨勒唐古城

萨勒唐古城位于新和县玉奇喀特乡霍加吐鲁斯村西南，为唐代遗存。古城平面呈方形，边长约 145 米。城门位于南城墙偏东位置，其外部未发现瓮城遗迹。其余三面城墙各筑有马面一座。城垣四角发现有角楼残迹，多为土坯修筑。地表散布有夹砂红陶片、黄陶片等遗物。

上述这些唐代古城、烽燧，与环绕渭干河平原、塔里木河北岸冲积平原的唐代古城、戍堡、佛教建筑群，构成了渭干河西岸面积达 3000 余平方公里的军防布局，是安西都护府重要的军城。其中以通古斯巴西古城遗址群布局最为密集，以军事基地为中心，形成了护卫丝绸之路交通以及拱卫军事基地的双层烽燧线，② 充分展现了安西都护府以天山廊道交通为依托的军防布局。

2. 温宿—阿克苏军防布局

今温宿—阿克苏一带是唐代龟兹都督府下辖西部重要的军防区域，以此为中心并辐射至今乌什县、阿瓦提县、阿合奇县等地区，分布着大量古城、烽燧、镇戍等遗址遗存，是唐代安西都护府以西军事布防的重要组成部分。

---

① 阿克苏地区文管所：《新和县文物普查资料》，《新疆文物》1987 年第 1 期。

② 邢春林：《唐代安西都护府渭干河西岸遗址群的调查与研究》，《新疆师范大学学报》2010 年第 1 期。文章指出，军事基地内还有屯田的渠道、粮仓、葡萄园、佛教遗址、冶炼遗址等分布，不仅可以大规模屯田生产粮食等物资、驻扎训练军队，还可以烧香拜佛，满足信仰需求。

图 5 - 27　温宿县拱拜孜村出土的唐代大陶缸
（阿克苏博物馆藏）

（1）阿克苏烽燧遗址

阿克苏烽燧遗址位于阿克苏城区东南部，东距阿塔公路 300 米。烽燧为黄黏胶土坯砌筑，整体呈梯形，平面呈正方形，边长 3.7 米，残高 4.5 米，外壁有 1.5 厘米厚的麦草泥抹面。烽燧顶部砌有高约 1.5 米的墙，墙体厚 30 厘米，东南西北四个方位各开有宽约 60 厘米的垛口，形制类似于吐鲁番交河城的佛塔建筑。①

（2）阿克布拉克古城

阿克布拉克古城位于阿克苏地区温宿县博孜墩乡阿克布拉克村南，为唐代遗存，是 2009 年第三次全国文物普查时新发现的遗址。阿克布拉克古城西临深数十米的卡格那格勒克厄肯沟，北倚天山山脉，地势险要。城址平面

① 臧昕：《阿克苏市古遗址调查记》，《阿克苏市文史资料》第 5 辑，中国人民政治协商会议新疆阿克苏市委员会文史资料委员会 1991 年版，第 171 页。

呈长方形，南北长约 135 米，东西宽约 90 米，北城墙中部有一豁口，应为古城门残迹。城垣为夯筑，夯层厚 7—11 厘米。古城曾出土人骨、陶片等遗物。

（3）青铁木尔烽燧

青铁木尔烽燧位于温宿县古勒阿瓦提乡青铁木尔村南约 6 公里处的荒漠中。烽燧仅存一座形状不规则的土丘，基部东西长 15 米，南北宽 11 米，面积约 165 平方米，残高约 1 米，剖面呈半圆形。烽燧已经严重沙漠化，建筑形制难以辨别，附近的地表上可以看到木炭等，考古工作者曾在此采集到龟兹小铜钱、夹砂黄陶片等遗物。

（4）克沙尔城址

克沙尔城址位于温宿县古勒阿瓦提乡古勒艾日克村西南，平面为方形，边长 150 米，面积 22500 平方米。土筑的城垣基宽 8 米，顶部较窄，呈阶梯状，高 3 米，北墙垣中部有一缺口，宽 10 米，似为城门遗迹。据当地人讲，这里曾出土陶片、钱币等文物，现已开垦为农田。

（5）巴夏克其古城

巴夏克其古城位于温宿县克孜勒镇巴夏克其村南约 1.5 公里的农田中，地处台兰河冲积平原，四周为农田，城墙及城内盐碱化严重，表面结有一层白色盐碱壳。古城平面呈长方形，城垣坍塌，城门开在南墙中部。南北长约 100 米，东西宽约 70 米，面积约 7000 平方米。

（6）八卦墩烽燧

八卦墩烽燧位于乌什县乌什镇阿合塔玛扎村都鲁乌呼尔山顶，高出地表约 120 米，始建于唐代，沿用至清代。烽燧整体为土坯砌筑，高约 4 米，基部呈八角形，边长约 3 米。烽燧北侧墙体下有一长约 19 米、宽约 5 米的土坯台基，北墙底部有较深的盗洞。烽燧东面约 30 米处的山脊上有两道南北向土坯垒筑的栏墙，地表散布有泥质红陶与灰陶片。

（7）喀拉玛克沁古城

喀拉玛克沁古城，又称"麻扎巴格古城"，位于乌什县亚科瑞克乡麻扎巴格村东南约 500 米的水渠旁。古城东、南、北三面环山，地处托什干河冲积平原，现仅存东、西两座不规则状土堆，间距 15 米，东侧面积略大于西侧，地表散布着夹砂红陶片和灰陶片。

图 5 - 28　八卦墩烽燧遗址

（8）多浪古城

多浪古城位于阿瓦提县乌鲁却勒镇牧场村东，为北朝至唐时期遗存。古城为二重城结构，其外城、内城平面均呈方形。外城墙边长约 140 米，西、东、南城墙均有马面建筑遗迹，古城四角有角楼遗迹。内城、外城共用东墙、北墙。城址北墙有一宽约 3.2 米的豁口，应为古城门遗址。古城四周有深约半米的土坑，为护城河沟。古城地表残存少量陶片。

（9）海里般古城

海里般古城位于阿瓦提县乌鲁却勒镇海力派村西北约 2 公里的农田中，俗称"喀拉玛克沁"，意为"蒙古城"。地处阿克苏河冲积平原，位于地势平坦的农田中，土质为淤泥土，表面结一层盐碱壳。古城平面为方形，边长约 50 米，面积约 2500 平方米，城垣土筑，基宽约 2 米，残高约 1.5 米。城内外泛碱严重。

（10）阔什库都克古城及周边烽燧遗址

阔什库都克古城位于阿瓦提县英艾日克乡阔什库都克村西约 30 公里的

荒漠中，平面呈方形，南北向坐落，东西长 170 米，南北宽 154 米，周长 680 米，北墙保存较好，其他三面城墙损毁严重。城门开在东墙中部，宽约 20 米，墙垣为夯筑，夯层不明。一条南北向的渠道从古城北墙及南墙穿过，城内外及墙垣上生长着茂盛的芦苇。

古城周边分布有 3 座烽燧：克孜勒墩烽燧，位于阿瓦提县拜什艾日克镇托万克依麻木帕夏村西南约 3 公里处，基部面积约 680 平方米，残高 4 米，采集有夹细砂红陶片；博斯坦烽燧，位于阿瓦提县拜什艾日克镇博斯坦村东南约 2 公里的农田中，基部平面近圆形，直径约 30 米，高约 3 米；喀拉墩烽燧，位于阿瓦提县拜什艾日克镇托万克依麻木帕夏村南约 2 公里的农田中，基部平面呈不规则圆形，直径约 25 米，高 2.5 米，地表采集有泥质红陶片。

（11）伯什力克古城

伯什力克古城位于阿瓦提县拜什艾日克镇苍村南，为北朝至唐时期遗存。现古城已被农田、民居所包围。古城平面呈长方形，东西长约 150 米，南北宽约 130 米，北城墙中间有一缺口，应为城门位置。古城地表散布有陶片、铁渣、动物骨殖等遗物。据当地文物保护人员介绍，城门外原可见瓮城建筑，城址四周亦有护城河遗迹，但今已无迹可寻。

（12）吾曲古城

吾曲古城位于阿合奇县吾曲镇吾曲村，托什干河南岸，瓮库勒拱拜孜山的山坳里，水源充足。古城分为内、外两重，外城东、南、西三面以山梁为依托，建有烽火台、防御墙等。北面筑墙，连接东、西两个山嘴。古城东、南部山梁高百余米，南坡较陡峭，不易攀登，北坡较缓。山顶宽 40 余米，曾有烽火台 4 座，现已损毁。内城位于外墙东南部，除南墙外，其他三面城墙尚存，东墙长 200 米，西墙长 280 米，北墙长 336 米。西墙北端墙体内出土了马鞍形石磨盘等大型石器。城内现存高台 3 座，最大一座长 40 米，宽 31 米，高 1.8 米。高台上零星散布着陶片。

从以上所述今新和—沙雅、温宿—阿克苏两大遗址遗存分布区来看，唐朝对于龟兹以西的军事布防主要以道路交通为依托，通过修建大规模的城址、烽燧、镇戍等，在确保中天山龟兹的持续经营与局势稳定的前提下，将战略导向沿天山廊道向西推进。同时充分保障"热海道"的交通安全，在龟兹内部防御区的西部形成外围防御圈，使得中天山在与西天山游牧部落的交往中可始终占据中枢地位，掌握双方交往的主动权，进一步巩固了安西都护府对天山廊道的治理。

三　龟兹与塔里木南道的交通及协防

唐代龟兹与塔里木南道的交通，有三道：一道从龟兹向西经拨换城至疏勒再前往于阗；一道从拨换城南下沿和田河至于阗；一道从今沙雅县南部沿克里雅河进入今于田县。唐朝在三条道路沿途设置了大量镇戍、烽燧等保障交通安全，今沙雅县南部以及柯坪县、图木舒克市、巴楚县东北部等地分布着大量唐代遗址遗存，它们拱卫着安西都护府，将塔里木南道纳入天山廊道的军防体系内。

（一）拨换城—据史德城—疏勒

疏勒镇守军为唐代"安西四镇"之一，其扼守龟兹西南交通要道、稳定塔里木局势的军防职能在一定程度上减轻了天山廊道的军事压力。7 世纪下半叶吐蕃进入塔里木之后，唐朝将龟兹与疏勒、于阗联合起来，共同发挥防御吐蕃的军防作用。

1. 连通疏勒的交通与布防

唐代龟兹连接疏勒的交通路线已经较为成熟，唐以前疏勒国向突厥输税纳贡时常走此路，《魏书·西域传》载疏勒国"土多稻、粟、麻、麦、铜、铁、锡、雌黄、锦、绵，每岁常供送于突厥"。[1] 8 世纪初，僧慧超求法回程也取此路，"又经疏勒东行一月至龟兹国，即是安西大都护府，汉国兵马大都集处此"。[2] 根据《新唐书·地理志》，这条路的具体走向为：

> 自拨换、碎叶西南渡浑河，百八十里有济浊馆，故和平铺也。又经故达干城，百二十里至谒者馆。又六十里至据史德城，龟兹境也，一曰郁头州，在赤河北岸孤石山。渡赤河，经岐山，三百四十里至葭芦馆。又经达漫城，百四十里至疏勒镇。[3]

---

① 《魏书》卷一〇二《西域传》，第 2459 页。
② 杨建新主编《古西行记选注》，第 116 页。
③ 《新唐书》卷四三《地理七》，第 1150 页。

在这段路程中，"浑河"即托什干河，"赤河"即喀什噶尔河，"葭芦馆"在今伽师县一带。"济浊馆"即今都埃梯木戍堡烽燧遗址，[①] 位于柯坪县阿恰勒乡吐尔村东南约 11 公里处的喀拉库勒荒漠中。戍堡整体呈方形，周长约 1000 米，墙垣残高 1—2 米。戍堡东北角有房屋建筑遗址，为戍堡守卫将士的居所。烽燧位于戍堡的中部，高约 6 米，底部长约 14 米，宽约 10 米。

"故达干城"为龟兹西部重要的镇城，其遗址或为托木里克古城。[②] 古城位于柯坪县城北约 3 公里玉尔其乡托玛艾日克村五组西南约 500 米处，地处柯坪河北岸台地，依自然地势修筑。古城呈不规则长方形，周长约 1100 米，墙垣为夯筑，东部保存较好，墙基宽 2 米，残高 5 米，有向外伸出的马面或垛楼建筑。城门开在古城东南隅，临河床。城内地表散落着大量的陶器残片，考古工作者曾在此发现石器、铁器、铜器、钱币、玻璃器残片等。托木里克古城居盆地之中，城北依次分布有烽燧、戍堡、佛寺等遗址。

"谒者馆"为穷吞木烽燧遗址，位于巴楚县恰尔巴格乡恰尔巴格村东北约 44 公里处的沙漠中。遗址规模较大，主体为一座带方形围墙的烽燧，平面略呈方形，边长约 100 米，烽火台位于东侧，高约 9 米，顶直径约 5 米，底部直径约 30 米。周围散布着陶片、炭渣、木块、核桃等遗物。城外分布着 4 处窑址，分别为烧陶、炼铁、炼铜的窑址。烽燧东南 600 米处有一处大致呈长条分布的残墙遗址，存东、西、北三面墙。

唐代塔里木盆地北缘在以今库车为中心的龟兹以及以今喀什为中心的疏勒之间，形成了以据史德城为主的军防中心。"据史德城"遗址，即位于巴楚县城东 60 公里处的托库孜萨（色）来古城，今属图木舒克市管辖范围，是龟兹都督府的西境边缘，郁头州州治所在地。[③] "托库孜萨来"意为"九间房"，相传在清光绪年间，维吾尔族居民见其"庙宇高敞，类客房者九"，由此得名。古城位于巴楚县东北柯坪山支系的一座小石岭上，喀什噶尔河贯

　　① 张平：《唐代龟兹军镇驻防史迹的调查与研究》，《龟兹学研究》第 5 辑，新疆大学出版社 2012 年版，第 194 页。

　　② 张平：《唐安西"故达干城"及其相关遗址的考实》，《新疆文物》1996 年第 4 期。

　　③ 林梅村认为据史德城属疏勒国境，并认为托库孜萨来古城是汉魏时期的盘橐城。参见林梅村《疏勒语考》，《传统文化与现代化》1995 年第 4 期。

穿其南境，上游主支为克孜尔河（红河），其地理位置正如《新唐书·地理志》所载，"据史德城，龟兹境也，一曰郁头州，在赤河北岸孤石山"。①

托库孜萨来古城由内城、外城、大外城构成，原城墙由泥土和石头砌成，宽3—5米，南北各有一道城门。伯希和曾在这里盗走不少犍陀罗风格的塑像，斯坦因则获取了大量梵文、龟兹文、古藏文等文书。1929年，黄文弼在托库孜萨来古城的一座僧坟中发掘出一件文书，录文如下：

> 1'. 净人粮食之 ātrai，致年度（当值）的智月。（?）
>
> 1. 十月
>
> 2. 一整个月，"净人"食用细粮已食十九石七斗。
>
> 3. 小麦支出三石六斗。　　　　首领　　　Suklyike　之月
> 酒支出六斗。　　　　　　　（用）Lyeksiye 一石。
>
> 4. "（总）管"智月食用小麦支出：六斗。
>
> （后略）②

通过此文书可以一窥唐代据史德城僧侣的世俗经济生活，反映出据史德城重要的交通位置。考古工作者先后在这里发现了大量南北朝至唐宋时期的文物，包括佛教塑像、唐代汉文文书、古龟兹文书，丝、毛、棉织物及棉籽，以及南北朝的五铢钱铸范。

20世纪50年代，古城尚保存完整，平面呈长方形，三重城结构。现存墙垣大部已被破坏，仅存有古城墙北部的第二、第三重及东部第一重城的一段。1959年，新疆考古人员在托库孜萨来古城发掘出一件犍陀罗语木牍文书以及大量南北朝至唐宋时期的遗物。据当地文物保护人员介绍，该古城还出土过一件犍陀罗语木牍文书，此文书现被当地群众收藏。之后，新疆考古人员又在托库孜萨来古城一带发掘和征集文物4000多件，其中有文字的木简30多枚，能辨别出汉文、回鹘文和阿拉伯文的大小纸文书200多片，还有汉代五铢钱范四五种等，进一步反映出唐代据史德城作为龟兹与疏勒之间

---

① 《新唐书》卷四三《地理七》，第1150页。

② 庆昭蓉：《略论黄文弼所发现之四件龟兹语世俗文书》，《首届中国少数民族古籍文献国际学术研讨会论文集》，民族出版社2012年版，第306—307页。

文化中心之一的地位。

　　唐代从龟兹拨换城至疏勒的道路主要经过今柯坪、图木舒克、巴楚、伽师等地，沿途分布着大量烽燧和戍堡，具体情况如表5-3所示。

表5-3　龟兹通往疏勒沿途军防遗存

遗址名称	位置	遗存情况
阿克协尔古城	柯坪县阿恰勒乡其兰村西南约7公里的喀拉库勒荒漠中	戍堡东南约3.4公里有亚依德梯木烽燧。遗址平面为不规则圆形，直径约75米。戍堡内地表散露着夹砂红陶和灰陶器残片，与周边烽燧采集所得相似。戍堡内还发现了数枚龟兹小铜钱。戍堡附近保存着水渠和垦田遗迹，足以证明这里曾是龟兹重要的屯田所在地
丘达依塔格戍堡	柯坪县玉尔其乡尤库鲁斯村西偏北约4公里苏巴什沟东岸	戍堡位于丘达依塔格山脚东南，扼守山口，依山势而建。整个建筑用长40厘米、宽20厘米、厚5—9厘米的土坯砌筑，东西长112米，南北宽32.4米，面积约3628.8平方米。分为南北两组，南部为戍堡建筑群，北部为护墙和观望塔。地表采集到夹砂红陶片、丝绸残片
齐兰烽燧	柯坪县阿恰勒乡齐兰村南约2公里处	烽燧整体呈方形，残高约16米，始建于汉代，唐代时属郁头州辖境，当时对其进行了修葺；清代时这里仍然是交通要道，位于烽燧不远处的齐兰古城就是清代的驿站遗址。烽燧至今仍雄踞大漠，为夯筑结构，层次清晰，夯土层厚17—55厘米，夹草层厚8—10厘米。烽燧四周有铁丝网围护，保护碑已不见踪影，碑座仍存。烽体北侧保存较为完好，烽体上残留有树枝等建筑夹杂物
亚依德梯木烽燧	柯坪县阿恰勒乡吐尔村南约9公里处的荒漠中	现存烽燧整体呈方形，残高约2米，为夯筑结构，夯层厚度40—50厘米

续表

遗址名称	位置	遗存情况
喀拉库勒戍堡	柯坪县阿恰勒乡齐兰村西南约 8 公里处的荒漠中	戍堡南约 50 米处有一近似圆形的土墩,高约 3 米,南北长约 17 米,东西宽约 15 米,整体建筑结构与戍堡相同,土墩上有盗洞
沙牙提古城	柯坪县盖孜力克乡巴格力克村西	古城平面呈长方形,南北长约 170 米,东西宽约 130 米。墙体构造主要为黄土垛筑,垛层中夹杂有柴草,每层厚度为 10—30 厘米。城门南开,外有长方形瓮城遗迹。古城中心残留有一土墩,高约 2 米,应该为古城中心建筑。另外,古城四周遗存深 2—3 米的壕沟。城门下面有暗渠通入城中,该暗渠与城墙下的壕沟相通,为古城内重要的水利设施。地表散布有红陶、黄陶及少量灰陶陶片,采集有陶器、石器及料珠等
玉木拉克梯木烽火台	在穷吞木南约 5 公里	残高约 4 米,烽火台基北部残存戍卒的居住遗迹,遗址地表露出数口红陶大缸,为储水、备粮用具;科西梯木烽火台,在玉木拉克梯木西南 4 公里处,为一处居住遗址,地表有轮制灰陶、红陶残片以及龟兹小铜钱、"开元通宝"等遗物;科西梯木西约 5 公里为泽吞木烽火台,泽吞木东南 5 公里为玛坚勒克遗址。该遗址处于图木舒克绿洲边缘,临据史德城,与郁头州连成一线
昂把勒克勒乌斯塘遗址	巴楚县恰尔巴格乡七里达克村东北约 8 公里处	遗址呈东西走向,目前还留存有别里塔合山前的水渠,水渠宽约 5 米,深 0.2—1 米。根据第二次全国文物普查资料的记载,该水渠遗址附近还有田埂等农田遗迹,但目前已经消失

遗址名称	位置	遗存情况
蓄水池遗址	巴楚县恰尔巴格乡奥依阔塘村东约8公里处的草地中	遗址东西长300米,南北宽300米,面积9万平方米,为唐宋时期水池遗址。现水池已经干涸,成为荒地,面积约1000平方米,是这一地区保存下来的早期水利设施遗址之一
别里塔合西渠道遗址	巴楚县恰尔巴格乡七里达克村西北约13公里处	其北端西侧有一座小山,东距别里塔合山0.3公里,水渠南北地势较为平坦,北约15公里处为南疆铁路。渠道呈曲线状从别里塔合山的西侧通过,建于高于地表约0.9米的黄土层上,长约1.4公里,内宽3.5—4.5米,外宽6—8.5米,中间下凹约0.2米,两端保存较差,中段保存较好。水渠的两侧散布着大量陶片,以素面、夹砂红陶为主
骆驼房子遗址	图木舒克市图木休克镇英艾包孜村(五十一团十五连驻地)北约5.8公里的荒漠中	遗址平面为方形,边长60米,由红土夯筑而成,夯层不明显。遗址范围内留存有若干段残墙,残高约3米,厚1米,四角有明显的土堆,可能是角楼遗迹。整体来看,该遗址可能为一处戍堡类军事建筑。遗址内散布着大量夹砂红陶片,也有少量灰陶,多为手制,口沿有轮制痕迹
尤木拉克烽燧	图木舒克市五十一团十五连北约18公里的沙漠中	烽体已基本无存,测得底部直径约27米,宽约15米,残高约3米。烽燧遗址东南部约百米处散布有陶片、炉渣、骨渣等遗物
阿勒吞木烽燧	巴楚县恰尔巴格乡恰尔巴格村东北37公里的沙漠中	现已坍塌为圆形土包状,底部直径约11米,高约3米。烽燧周围散布有一些残陶片,未见其他遗物

遗址名称	位置	遗存情况
阿勒吞木南烽燧	图木舒克市图木休克镇拜什阿恰尔自然村东北 4.8 公里处	地势起伏不平，盐碱化严重，仅存残高 8 米的土包，平面呈圆形，底部直径 30 米，分布有轮制的陶片，火候较高
阿勒吞木西南烽燧	图木舒克市图木休克镇拜什阿恰尔自然村东北 3.4 公里处	沙丘多虚土，仅存直径 16 米、残高 5 米的土包；周围散布着大量陶片，为夹砂红陶或灰陶
泽吞木烽燧	图木舒克市五十一团十五连西北 14 公里的荒漠中	烽燧整体呈圆锥形，底部直径约 50 米，顶部直径约 8 米，高约 14 米。烽体下部为夯筑，上部为垒筑，整体保存较好，四周分布有大量的陶片
塔哈塔合山 1—6 号烽燧	依次分布于巴楚县恰尔巴格乡七里达克村东北部的塔哈塔合山上	均为唐至宋时期遗存。塔哈塔合山为石山，山势险要，寸草不生。其中 2 号烽燧位于七里达克村东北 7 公里处，其南部遗存有 1 号烽燧，西边有图木舒克市至巴楚县城的公路穿过。20 世纪 90 年代初，该烽燧就已严重损毁，现只存有一黄土墩。6 号烽燧位于七里达克村东北 8 公里处，烽体为土坯结构。西约 100 米处为 4 号烽燧，西北约 100 米处为 5 号烽燧。现存 6 号烽燧南北长约 10.1 米，东西宽约 8.4 米，高 3—4 米。烽燧附近存有草拌泥块、陶片、木炭、木头等遗物

2. 疏勒镇守军与天山廊道的战略缓冲地

疏勒镇守军遗址即今喀什市汗诺依古城，也是疏勒国都所在、唐代疏勒都督府所在。古城位于喀什市伯什克然木乡罕乌依村东北、恰克玛克河南岸的荒地之上，为战国至宋时期遗存。20 世纪初，斯坦因和伯希和均曾到此考察。1906 年 9 月，伯希和在汗诺依遗址发掘出钱币等文物，并绘制遗址平面图。20 世纪 90 年代初，喀什文物普查队到此调查，测得古城占地面积约 1.5 平方公里，东西长约 3 公里，南北宽约 0.5 公里。因风蚀及地表盐碱

图 5 - 29　丘达依塔格戍堡

图 5 - 30　齐兰烽燧

化，城内建筑遗迹基本无存，地表采集有大量夹砂陶片。① 现存古城仅遗存东、西、北三面城墙，其中东城墙长约 77 米，底部宽约 5 米，顶部宽约 4

①　新疆维吾尔自治区文物普查办公室、喀什地区文物普查队：《喀什地区文物普查资料汇编》，《新疆文物》1993 年第 3 期。

图 5－31　柯坪县牙都梯木烽火台出土的磨盘

图 5－32　柯坪县出土石人

米；西城墙长约 16 米，底部宽约 5 米，顶部宽约 3 米；北城墙长约 20 米，
底部宽约 6 米，顶部宽约 4 米。20 世纪 50 年代，考古工作者曾采集到陶器、
铁器、钱币、面粉等遗物，现今地表仍可见不少陶片。

　　显庆三年，唐朝将安西都护府移置龟兹后，设疏勒为"安西四镇"之
一，疏勒镇守军的建立在很大程度上减轻了天山南麓的军事压力。显庆五
年，刚刚稳定的安西都护府就面临着来自西突厥余部的挑战。五俟斤部中势
力最强的阿悉结阙部，以俟斤都曼为首，煽动疏勒、朱俱波、喝盘陀等葱岭
小国，进攻于阗；龙朔二年以后，西突厥"十姓无主，附于吐蕃"，安西都

图 5 – 33 汗诺依古城出土的刻叶茎纹单耳陶壶

护府面临的来自西南部的军事压力逐渐增加。开元十年，吐蕃夺小勃律九城，其王没谨忙求救于北庭，节度使张孝嵩遣疏勒副使张思礼率锐兵四千倍道往，大破吐蕃，杀其众数万，复九城，后诏册没谨忙为小勃律王。在这次战役中，疏勒镇守军作为安西都护府军事部署的重要组成部分，就近驰援小勃律，有效地削弱了吐蕃向中亚的扩张，在稳定四镇局面、巩固天山廊道军防方面发挥了重要作用。

出土于阿斯塔那 4 号墓的《唐麟德二年（665）赵丑胡贷练契》，反映了麟德二年唐朝救于阗的"西域道征行"①，录文如下：

1. 麟德二年八月十五日，西域道征人赵 丑

① 孙继民：《吐鲁番文书所见唐代三次行军考》，《武汉大学学报》1988 年第 1 期。

2. 胡于同行人左憧憙边贷取帛练

3. 叁匹。其练回还到西州拾日内，还

4. 练使了。到过其月不还，月别依

5. 乡法酬生利。延引不还，听拽家财

6. 杂物平为本练直，若身东西不在，

7. 一仰妻儿还偿本练。其练到安西

8. 得赐物，只还练，两匹；若不得赐，始

9. 还练叁匹。两和立契，获指为验。

10. 练主左

11. 贷练人　赵丑胡

12. 保人　　白秃子

13. 知见人　张轨端

14. 知见人　竹秃子①

有学者认为，"左憧憙是一名生财有方的财主，他之所以较有把握地作出此种借贷，恐怕还是由于此事发生在征行胜利之后、由西部凯旋归返安西的途中所为"，"得安西赐物"已是预料中事，故他愿将"得赐"与否作还练多少的条件。② 军队在回程途中的花费与路线又见于同墓出土的《唐支用钱练帐》，录文如下：

1. ⬚三将去五匹，校尉买去二匹，用买何槌马，练⬚

2. □职城下。用练一匹籴马踏。更钱八文，亦用籴胡乍城。更用练一匹

3. ⬚用钱拾文，憧⬚籴麦。用麦造粮据史德城。用钱⬚

---

① 国家文物局古文献研究室、新疆维吾尔自治区博物馆、武汉大学历史系编《吐鲁番出土文书》第 6 册，第 412—413 页。

② 孙继民：《吐鲁番文书所见唐代三次行军考》，《武汉大学学报》1988 年第 1 期。

4. □文，校尉用四文籴踏。用钱二文，买弦。更练一匹，曹师 边
用籴 踏

5. 思浑。用练一匹，籴麦来，回河头，用一匹，曹愿住 处 买羊。
更用 钱

6. □□住内拨换城。用钱半匹，籴米。买婢，阙练一匹。 更 用
钱

7. □□买肉。更用一匹，买白毡。用练半匹尾乳处买毡。用钱三
文

8. □ 安 西。用 钱三文，籴踏。更用钱一文，买草。更用同钱贰拾
二文麦

（后略）①

此支用账记录了这次行军的路线，即：□职城—胡乍城—据史德城—思浑—河头—拨换城—安西，这正是安西都护府西南方向的道路。□职、胡乍二城应在据史德城南面，靠近疏勒或于阗一带。这次战役，崔知辨乘其间隙、攻其不备、速战速决，重创吐蕃军，获得了大批牲畜等战利品。

为稳定安西都护府西南部的局势，维持疏勒镇守军的统治和经营，唐朝在疏勒都督府周缘设置了大量镇戍。

（1）摩克提木烽火台

摩克提木烽火台，又名卡哈烽火台，位于阿图什市阿扎克乡库木萨克村东南 20 公里处的戈壁滩上。烽火台损毁严重，形成一个土堆，顶部平坦。烽火台为土坯砌筑而成，基部直径 15 米，高约 4 米，土坯长 35 米，宽 35 米，厚 10 厘米，地表可见碎陶片和动物骨骼残片。

（2）莫尔通烽火台

莫尔通烽火台位于阿图什市阿扎克乡库木萨克村东南 18 公里，地处博

___

① 国家文物局古文献研究室、新疆维吾尔自治区博物馆、武汉大学历史系编《吐鲁番出土文书》第 6 册，第 434 页。

古孜达利亚河谷河床上，地表已盐碱化，无植被。烽火台顶部和东南壁残损严重，为土坯垒筑而成，土坯间夹杂着大小不一的木棍。遗址现为一座圆锥形土堆，底部直径 18 米，残高 7 米。土坯附近散布着少量木构件，地表可见碎陶片和动物骨骼残片。

（3）卡格提木烽燧

卡格提木烽燧位于阿图什市阿扎克乡库木萨克村东 18 公里的盐碱滩上，植被稀少。烽燧北侧 200 米处有一条乡道东西向通过，东距克孜勒苏河约 8 公里。烽燧受风蚀损毁严重，坍塌成土丘状，上面覆盖一层碱土。烽燧为土坯砌筑，底部直径 15 米，高约 5 米，顶部较平，直径 5.5 米。烽燧周围散落有少量夹砂红陶片及少量木炭屑。

（4）提坚烽燧

提坚烽燧位于阿图什市格达良乡提坚村北约 1 公里处的盐碱滩上，地势平坦，因盐碱化以及旁边修建水库而损毁严重，烽燧北半部已不存。烽燧为黄土夯筑而成，直径 21.5 米，高约 6 米，地表暂无任何遗物。

（5）七盘磨戍堡

七盘磨戍堡位于阿图什市松他克乡肖鲁克村东 18 公里、七盘磨大桥北约 300 米处。地处巴弄阿格孜河西岸高出河床约 3 米的台地上。戍堡顶部塌陷，东墙部分坍塌，平面呈椭圆形，土坯错缝平砌而成，南北长约 11 米，东西宽约 7 米，残高 8 米。该戍堡背山靠河，是唐代龟兹通往疏勒的大道上的重要戍堡，扼守着今天阿图什市通往喀什地区的要道。

（6）塔克塔克提木烽燧

塔克塔克提木烽燧位于疏附县阿克喀什乡乌拉依木阿吉木能买里斯村西 2 公里处，地处古玛塔格山东南、喀什噶尔河北岸。烽燧呈覆斗形，平面呈长方形，剖面为梯形，损毁严重，长 16 米，宽 5 米，残高约 6 米，外侧有人为破坏痕迹。烽燧由黄土夯筑而成，夯层不明。

（7）提坚比西拱拜孜驿站

提坚比西拱拜孜驿站位于阿图什市格达良乡曲尔盖村西 12 公里的盐碱滩上，是阿图什市发现的唯一一处古代驿站遗址，对研究唐代西域军事设施、通信历史意义重大。遗址四周土壤盐碱化严重，环境荒凉，损毁严重，仅剩三处房址，部分房址地基周围残留大量土坯残块，房址均剩长方形土

图 5 - 34　七盘磨戍堡

台，北部房址东西长约 20 米，南北宽约 10 米，地基两侧可见大量土坯残
块；南部房址有两处，仅见轮廓，东侧房址长约 10 米，宽约 6 米，西侧房
址长约 6 米，宽约 5 米，房址周围地面散落少量带釉陶片。①

此外，较有代表性的遗存如表 5 - 4 所示。

表 5 - 4　疏勒都督府周缘主要军防遗存

遗址名称	位置	遗址现状
英阿瓦提喀拉墩遗址	伽师县英买里乡英阿瓦提村喀拉墩自然村东约 6.3 公里处	遗址分布面积约 1 平方公里,北部存有建筑遗址,夯筑而成,可能为残存的城墙。遗址范围内分布着大量夹砂红陶片,也有少量泥质黑陶

①　新疆维吾尔自治区文物局编著《新疆维吾尔自治区长城资源调查报告》上册，第 353 页。

续表

遗址名称	位置	遗址现状
托万阿帕克霍加古城	伽师县克孜勒博依乡托万阿帕克霍加村东北约 5 公里处的沙漠中	地处喀什噶尔河冲积平原中下游的荒漠中。古城分为东西两部分,西部保存较好,城址平面略呈长方形,东西长约 135 米,南北宽约 66 米,面积约 9000 平方米。东部北墙保存完整,东墙仅剩北段部分
喀勒乎其烽燧	伽师县英买里乡英阿瓦提村喀拉墩自然村西南、喀勒乎其农场场部北约 4.5 公里处	20 世纪 90 年代初,喀什文物普查队到此调查,烽燧地处沼泽地中,整体坍塌严重,呈方底梯形,为土坯砌筑,底边长约 7 米,残顶边长约 4 米,残高约 3 米。① 现存烽燧为一土丘,上部土坯、砖块垒筑,下部为夯筑,东西长约 5 米,南北宽约 3 米,高约 3 米。烽燧周围散落有陶片和木炭等物。陶片集中分布在烽燧的西南部,包括夹砂红陶、夹砂黑陶和泥质灰陶。烽燧以西约 30 米处有两个东西向排列的残陶缸,陶缸仅存腹部以下部分,腹部直径约 1 米,应作储粮之用
乌布拉特烽燧	疏附县乌帕尔乡乌布拉特农场西北的荒漠中	唐朝防御吐蕃入侵疏勒镇的重要工事。现存烽燧整体为土坯垒筑结构,残高约 3 米,底部宽约 19 米,顶部宽约 3 米,有明显的人为盗掘痕迹
扎瓦烽燧	墨玉县扎瓦乡阔坎村西	现存遗址整体呈五边形,夯筑结构,基部边长约 5 米,顶部东西长约 7 米,南北宽约 6 米,高约 4 米。烽燧东北角、东南角、西南角均有不同程度的坍塌,通往烽燧顶部的台阶已经毁损
阿克吞木烽燧	叶城县洛克乡阿克塔什博依自然村东南一黄土丘顶部	烽燧整体近似圆形,残高约 1 米,直径约 2 米。烽体风化侵蚀较为严重,附近未发现其他遗迹

① 新疆维吾尔自治区文物普查办公室、喀什地区文物普查队:《喀什地区文物普查资料汇编》,《新疆文物》1993 年第 3 期。

（二）拨换城—神山—于阗

从龟兹拨换城经神山至于阗的道路，是唐代安西都护府连接毗沙都督府的主体要道。《新唐书·地理志》载："自拨换南而东，经昆冈，渡赤河，又西南经神山、睢阳、咸泊，又南经疏树，九百三十里至于阗镇城。"① 这条道路沿和田河直达于阗，是连接龟兹与塔里木南道的"官道"。

其中"昆冈"或在今和田河和塔里木河交汇的阿拉尔附近，和田河在阿拉尔市的肖夹克村附近汇入塔里木河。"赤河"即喀什噶尔河。"神山"即今麻扎塔格山，是塔克拉玛干沙漠中最大的一座山体，东部紧临和田河岸，隔河与克里雅河下游的卡尔墩古城址遥遥相望。神山戍堡位于红山嘴上，海拔 1246.8 米，紧依山体北面顺坡垒筑，南凭陡峭断崖，东近河岸，形势险要。今天的麻扎塔格戍堡遗址，是 8 世纪末吐蕃占领于阗之后进一步修建所成。戍堡为三重，应不是同时期所建造，第一重范围较小，是最初报警人员的住宿守望之所，后来建造了第二重和第三重附属建筑，戍堡便有了戍卫与报警的双重功能。又建有麻扎塔格烽火台，位于墨玉县喀瓦克乡吐孜鲁克奥塔克村。烽火台修筑于红山嘴之巅，东 60 米为麻扎塔格戍堡，东南为和田河，河两岸有茂密的原始胡杨林，东北为白山，北及西北为塔克拉玛干沙漠。烽火台顶部部分坍塌，约呈正方形，基部边长 7 米，残高约 6 米，台体由黄土、土块夹红柳枝垒筑而成，夹有胡杨木棍起加固作用。此处为和田河一处重要的军事设施遗址，扼守"神山路"交通。根据文书《唐神山路神山馆供已北四馆粮料历》，唐朝在"神山道"上设置了草泽馆、欣衡馆、连卫馆、谋常馆，② 保障道路沿途的补给。

唐代僧人悟空从印度返回时，取道于阗北前往龟兹拨换城，"次至于阗……次威戎城，亦名钵浣国，正曰怖汗国"③。其选取的路线正是从于阗沿和田河到达龟兹拨换城。这也是地处青藏高原的吐蕃势力进入塔里木北道的必经之路。唐太宗《贞观二十一年十二月伐龟兹诏》曰："又遣吐蕃君

---

① 《新唐书》卷四三《地理七》，第 1150 页。

② 陈国灿：《唐代的"神山路"与拨换城》，《魏晋南北朝隋唐史资料》第 24 辑，武汉大学文科学报编辑部 2008 年版。

③ 杨建新主编《古西行记选注》，第 125 页。

长，逾玄菟而北临；步摇酋渠，绝昌海而西鹜。"① 吐蕃协助唐朝出兵，正是逾越于阗南山而"北临"，势必沿神山路兵逼龟兹。为了严防吐蕃对塔里木南道的侵扰进而威胁四镇，长寿元年王孝杰复"四镇"之后，唐朝特别在于阗增设 5 个二级军镇，还建有一批三级军镇，重在加强于阗的安全保卫，如胡弩镇在于阗南六百里，正当吐蕃羊同北上于阗的通道上。龟兹苏巴什遗址中曾出土汉文残文书一件，内有"一十人于阗兵"，表明唐代于阗曾支援安西，② 其所走的道路应为"神山路"。

8 世纪末吐蕃占领于阗后，神山戍堡成为吐蕃翻越昆仑山进入塔里木南道人员疗养"高山病"的住所，根据和田出土文书可知，"两个吐蕃人，两个于阗人在于阗扪弥，病床……""去于阗扪弥""食品供应尚未发出，很……现有一小部分送往于阗扪弥"，③ 充分体现出神山戍堡对于阗北向交通沿途补给的保障作用。

1895 年，瑞典探险家斯文·赫定从麦盖提东入沙漠，纵穿塔克拉玛干沙漠向和田河挺进，在和田河畔得救之后，他在《我的探险生涯》中记道："我坐着向河床望去，看见 100 只驴子驮着口袋从南往北走——从和阗到阿克苏去。"④ 斯文·赫定所见商队，正是取道麻扎塔格山，沿和田河道北向进入库车，这条道路一直沿用下来，是连接塔里木南北两缘的纽带。

同时，自于阗北行，在中间经过神山时也可以取道向西至疏勒，向西南至莎车，即史籍所载之"间道"。⑤《后汉书》载："时龟兹王建为匈奴所立，倚恃虏威，据有北道，攻破疏勒，杀其王，而立龟兹人兜题为疏勒王。明年春，超从间道至疏勒。去兜题所居槃橐城九十里，逆遣吏田虑先往降之。"⑥ 班超所取之"间道"，正是从神山南麓向西沿古董山、罗斯塔格南麓西行至疏勒的道路。

---

① 《册府元龟》卷九八五《外臣部·征讨四》，第 11572 页。

② 荣新江：《于阗在唐朝安西四镇中的地位》，《西域研究》1992 年第 3 期。

③ 殷晴：《丝绸之路与西域经济——十二世纪前新疆开发史稿》，中华书局 2007 年版，第 311—312 页。

④ 〔瑞典〕斯文·赫定：《我的探险生涯》，第 162 页。

⑤ 侯灿：《从麻扎塔格古戍堡看丝路南道走向与和田绿洲变迁》，《和田绿洲研究》，和田人民出版社 1988 年版。

⑥ 《后汉书》卷四七《班超传》，第 1574 页。

图 5-35　玉龙喀什河

（三）克里雅河交通及军防

唐代，发源于昆仑山的克里雅河也是塔里木河的一条支流，在今沙雅县南部注入塔里木河，是龟兹连接塔里木南道的又一条重要通道。唐朝在龟兹南部即今沙雅县以南、塔里木河以北设置了绵长的防御带，扼守龟兹进入塔里木盆地的交通要道，拱卫克里雅河交通路线，完善了龟兹以南的军防布局。

1. 克里雅河南北交通

克里雅河发源于昆仑山支脉乌斯腾塔格山（克里雅山）北坡，东与尼雅河流域毗邻，西与策勒河流域相连。"克里雅"，意为"峭壁、动荡不定"，是克里雅河岸壁陡峭、进入平原区后时常改道的真实反映。《西域图志》称其为"克里底雅河"。

唐代克里雅河被称为"建德力河"，《新唐书·地理志》载："于阗东三百九十里，有建德力河。"[①] 唐代建德力河河道在今克里雅河之西，是于阗

---

① 《新唐书》卷四三《地理七》，第 1150 页。

媲摩（策勒达玛沟）一带与龟兹之间的交通线。当时于阗河支流向东北流，可能与克里雅河汇合于沙雅以南，注入塔里木河。徐松《西域水道记》称其"北流三百里入大河"①。直至 19 世纪末，英国人福赛斯发现克里雅河已经不能注入塔里木河。

汉代龟兹与扜弥国的交通正是沿克里雅河实现的，扜弥国故址位于今和田老达玛沟北。时龟兹国迫使扜弥称臣，至李广利伐大宛回师，"还过扜弥，扜弥遣太子赖丹为质于龟兹。广利责龟兹曰：'外国皆臣属于汉，龟兹何以得受扜弥质？'即将赖丹入至京师"。② 李广利正是从扜弥沿克里雅河进入龟兹的。这条道路从今天老达玛沟北行，经丹丹乌里克遗址、喀拉墩遗址至沙雅草湖地区抵库车。东汉班超经营西域也时常经此路来往于于阗、莎车与姑墨、龟兹之间。

至唐代，沿克里雅河进入于阗的道路成为行军要道。贞观二十二年，唐朝发昆丘道行军破龟兹后，行军长史薛万备轻骑"至于阗，陈唐威灵，劝入见天子，伏阇信乃随使者来"，薛万备乘胜兵逼于阗的道路就是从今沙雅县穿越塔克拉玛干沙漠至于阗王都今达玛沟一带的道路。③ 根据考古发现，位于沙雅县英买力镇的埃格麦里央达古城曾出土呈正方形排列的四口特大陶瓮，其中一口陶瓮腹部从左至右竖行墨书"薛行军""监军"的字样，很可能就是随阿史那社尔伐龟兹的行军长史薛万备，④ 此地为其屯兵之处，扼守着从沙雅沿建德力河（克里雅河）进入于阗的道路。

克里雅河尾闾在沙雅县境内的塔里木河北岸形成了肥沃的三角洲地带，是汉唐以来的屯田要地。考古工作者在这里发现了宽 8 米、深 3 米、长达 100 余公里的汉代水渠，即龟兹著名的灌溉工程"汉人渠"。黄文弼到此考察时，在沙雅县发现"长达二百华里之古渠……在渠旁及遗址中，曾觅出汉代五铢钱及陶片"，并且发现了大量的汉代钱币与屯田遗址，掘得铜质图章，刻字木板等，⑤

---

① 《西域水道记（外二种）》卷二，"克勒底雅河"条，第 84 页。
② 《汉书》卷九六《西域传》，第 3916 页。
③ 参见殷晴《古代于阗的南北交通》，《历史研究》1992 年第 3 期。该文认为，两汉至魏晋时期，穿越塔克拉玛干沙漠的道路有姑墨—于阗、姑墨—皮山、龟兹—扜弥、龟兹—精绝四条路线，至唐代时仅剩拨换城（姑墨）—于阗、媲摩城（扜弥）—龟兹两条道路。
④ 吴疆：《"薛行军"陶罐考》，《新疆社会科学》1986 年第 1 期。
⑤ 武伯纶：《新疆天山南路的文物调查》，《文物参考资料》1954 年第 10 期。

体现出自汉代以来克里雅河口在交通、军防等方面发挥的重要作用。

2. "沙雅—塔里木河"军防

"沙雅—塔里木河"防御带不仅是拱卫"克里雅河道"的军防区，也是龟兹南境军防布局的关键区域，其范围大致包括今库车市南部塔里木乡、哈尼喀塔木乡至沙雅县一带。

（1）克孜尔协戍堡

克孜尔协戍堡地处库车市哈尼喀塔木乡琼协海尔村，戍堡东、南面为民居和道路，南、北面紧临灌溉渠。戍堡整体呈方形，东西长约50米，南北宽约44米。北墙垣尚存，东墙、西墙、南墙破坏严重，残高1—3米。墙垣基部为夯筑，上部为土坯砌筑。戍堡东南及西南处有向外凸出的高台，应是角楼建筑遗迹。东南部角楼平面呈圆形，直径约6米。戍堡入口位于东墙，宽约6米。地表散布有陶片、铁渣及陶缸残块等物品。

（2）琼协海尔戍堡

琼协海尔戍堡位于库车市哈尼喀塔木乡至塔里木乡柏油公路南约1.5公里处，其南约15米有一东西走向的通道。戍堡地表盐碱化严重，长满杂草、红柳。戍堡整体呈方形，高约3米，东西长约12米，南北宽约11米。墙垣坍塌，墙宽0.8—1.5米。戍堡门位于东墙，宽约1米。

（3）英达雅遗址

英达雅遗址位于库车市塔里木乡英达雅村东北约20公里的荒漠中。遗址破坏严重，形制暂不可考，仅存几座土墩，分布在南北长约100米、东西宽约70米的范围内，大小不等，遗址已被沙漠覆盖，地表采集到陶片、龟兹小铜钱等。

（4）库克托格拉克古城

库克托格拉克古城位于沙雅县塔里木乡库克托格拉克村的荒漠中，为唐代遗存。古城平面呈圆形，残垣为夯筑结构，周长约250米。圆形城墙有6处等距分布的马面遗迹。北城墙有一豁口，为古城城门。城址中部有一土丘，应是古城中心建筑遗迹。城内地表残留有铁渣残块、铜钱残片等遗物。

（5）硝协海尔古城

硝协海尔古城位于沙雅县古勒巴格乡硝协尔村西，为汉唐时期遗存。古城平面略呈椭圆形，周长约360米。城址东南部有一豁口，应为古城城门，外有瓮城遗迹。古城遗址地表残留物较少。

（6）阔纳协尔古城

阔纳协尔古城位于沙雅县库克却勒村南，为汉唐时期遗存。古城为圆形二重城，现存外城城墙已被破坏殆尽，城址大部分被开垦为农田。外城半径长约 160 米，城址西北处有一个宽约 3 米的豁口，应为古城城门。内城平面略呈方形，城门为东北方向，与外城城门方向不相一致。

（7）博斯腾废址

博斯腾废址位于库车市阿克吾斯塘乡博斯坦二村东南约 6 公里的荒漠中。遗址为不规则状的基址，面积 2326 平方米，中部较凹，残高 3—5 米。南部墙垣较长，东西墙往北收缩。墙基宽约 5 米，顶宽约 2.3 米。门开在北墙中部，宽约 3 米。整个遗址南高北低，地表可见少量陶片。

（8）塔什顿古城

塔什顿古城位于沙雅县英买力镇塔什墩村西北 2 公里、沙新公路西侧，地处渭干河冲积平原。1954 年文物调查资料显示，城作方形，墙垣尚存，南北宽 69 米，东西长 74 米，面积 5106 平方米，但城内无建筑遗迹。如今古城已经被开垦为农田，地表遗迹无存。

（9）且热克协海尔古城

且热克协海尔古城位于沙雅县英买力镇破托格拉克村铁热克协海尔组西南，地处渭干河冲积平原，如今已经被开垦为农田，一条东西向的便道从遗址中部穿过。遗址地表散布着大量的夹砂红陶片，曾出土大陶瓮、汉文铜质印章等。

（10）博提巴什古城

博提巴什古城位于沙雅县英买力镇破托格拉克村铁热克协海尔组西约 10 公里的荒漠中，古城东北约 4 公里为通古斯巴西古城。古城平面大致呈方形，东西长约 80 米，南北宽约 75 米，城墙残高 1—9 米，面积约 6000 平方米，城门开在北墙中部，宽约 13 米。城门外有瓮城，瓮城门宽约 8 米。古城四角均有垛墙，东、西墙各有马面 2 个。城垣下部为夯筑，夯层厚 11—15 厘米，夯层中夹杂有夹砂红陶片、黄衣陶片及碎红砖块。城内曾采集到少量的陶片。

（11）小央达克协海尔古城

小央达克协海尔古城位于沙雅县英买力镇央塔克协海尔村，地处渭干河冲积平原，俗称"克孜勒库木"。古城平面呈长方形，面积约 9000 平方米，东墙长约 90 米，北段约 30 米，西墙长约 100 米，南墙残长约 43 米，北墙长约 92 米。西墙北部有个缺口，宽约 10 米，似为城门。城墙夯层厚约 15 厘米。城内曾出土大陶缸、陶纺轮等遗物。

（12）铁热克协尔古城

铁热克协尔古城位于沙雅县英买力镇破托格拉克村铁热克协海尔组南偏西约 8 公里的荒漠中，地势平坦，地表结一层盐碱壳。北约 700 米为铁热克协尔烽火台。古城现仅存部分墙垣，南墙保存完好，长约 62 米，宽 1—8 米，有 4 个马面，马面宽 6—8 米。城内有两个土台，平面呈圆形，直径约 11 米，似为建筑遗址。古城构筑方式不明，地表散落着龟兹小铜钱、铁渣等。

从以上 12 处唐代遗存分布可以看出，龟兹南部与塔里木河之间形成了一条严密的防御带，其不仅扼守着龟兹南部沿塔里木河形成的东西向交通路线，同时对于克里雅河道的南北向交通也起到重要的保障作用。在唐朝经营西域的过程中，"沙雅—塔里木河"防御带成为龟兹与塔里木南道的缓冲区域，也是天山廊道军防布局必不可少的组成部分。

第四节　天山廊道的屯戍中心与屯垦绩效

龟兹屯田是唐朝以屯戍控天山廊道的中心区，为唐朝经营西域、控扼天山廊道提供了重要的后勤保障。《唐六典》载"安西二十屯"，龟兹是安西四镇屯田成效最显著的区域。其一，安西都护府是唐朝治理西域的最高军政中心，对西域屯田格局起到了统一管理和制度保障作用；其二，根据目前屯田遗址分布来看，龟兹主要以安西都护府所在的库车河—渭干河流域为屯田的核心区域；其三，龟兹屯戍形成了一个成熟稳定的后勤保障系统，其辐射范围东至焉耆镇守军，西至姑墨州直至郁头州一带，正是这种强有力的后勤保障系统，使得安西在安史之乱后仍然"飞地孤守"近半个世纪，维持着稳定的社会秩序和生产，体现出安西屯戍系统强大的生命力。

一　龟兹屯戍为唐朝经营天山廊道提供后勤保障

龟兹屯田是唐朝西域屯田成果最为显著的代表性区域。龟兹屯田由安西都护府直接管辖，在水利灌溉、助屯维护、征税纳赋等方面有着完善的管理体系，为龟兹屯田治理提供了制度保障，同时对其他三个镇守军的屯田管理产生了较大影响。此外，库车河—渭干河流域为龟兹最富庶的区域，也是安西都护府重要的屯田基地，为唐朝经营天山廊道提供了重要的后勤保障。

（一）　以安西都护府为中心的西域屯戍体系建设

历史上，西域屯戍的主要目的是通过屯垦建立一个稳定的社会生产和战斗体系，维持行政管理机构、沿线驻军、驿馆、使节商旅的后勤供应和战斗兵源。自汉开西域以来，对于西域屯戍便有相应的管理制度。汉代西域都护下设戍己校尉，又有曲侯、屯长、西域长史和屯田司马等职官管理屯田；历魏晋直至唐代，西域的屯田管理系统日趋完善。

1. 西域屯田管理制度

屯垦管理制度在唐代进入一个集大成的时期，其屯垦管理组织系统规模浩大，由中央政府统筹规划安排、分工协作并加以严密管理，从最高统治者皇帝到部、寺、使、监等都负有督察、管理之责。唐代屯田管理分为两个系统：其一是司农寺系统，主管宫苑屯田，由诸屯监掌管，下属各屯，有屯官、屯副，收入归中央政府使用；其二是州镇诸军系统，主管全国各地方州镇的屯田，西域屯田属于州镇诸军系统管理。

屯田是国家直接控制的农业生产形式，汉唐时期国家非常重视西域屯田。如玄宗在《敕安西节度王斛斯书》中就表达了他对西域屯田的挂虑和深思，"朕虽在九重，心悬万里，念虑之至，想所知之。近既加兵，惟忧粮贮，诸处屯种，今复何如？逆贼有谋，还虑残暴，必须善守"。[①] 尚书省工部尚书是具体统一管理全国屯垦事务的中央管理机构，"唐开军府以捍要冲，因隙地置营田，天下屯总九百九十二。司农寺每屯三十顷，州、镇诸军每屯五十顷。水陆腴瘠、播殖地宜与其功庸烦省、收率之多少，皆决于尚书省"。[②] 工部尚书所属的屯田郎中和员外郎主管全国屯田的具体事务，"掌天下屯田之政令。凡军、州边防镇守转运不给，则设屯田以益军储。其水陆腴瘠，播植地宜，功庸烦省，收率等级，咸取决焉。诸屯分田役力，各有程数"。[③] 兵部参与屯田组织

---

① 《全唐文》卷二八五《敕安西节度王斛斯书》，第 2896 页。
② 《新唐书》卷五三《食货三》，第 1372 页。
③ 《唐六典》卷七《尚书工部》，第 222 页。

和管理，"岁以仲春籍来岁顷亩、州府军镇之远近，上兵部，度便宜遣之"。① 兵部主要从"调遣"兵员的角度参与管理屯田。中央监察御史参与覆核屯田之职，史载监察御史"职务繁杂，百司畏惧……开元五年，监察御史杜暹往碛西覆屯"。② 由此可见，唐代的屯田事关全局，从皇帝、尚书省到各寺、监都负有管理、督察之责。

唐代安西都护府管辖天山以南和葱岭以西广大地区。大都护府设大都护、副大都护、副都护、长史、司马、录事参军事、录事、功曹参军事、仓曹参军事、户曹参军事、兵曹参军事、法曹参军事、参军事等职。"都护掌统诸番，抚慰、征讨、叙功、罚过，总判府事"，③ 具体负责屯田区的管理。

在吐鲁番出土文书中，西域管理机构相当庞杂，不少重要的幕僚、属员，失载于典籍。支度营田使乃主持屯田经营、主管军中后勤保障的重要官员，吐鲁番阿斯塔那古墓出土的唐开元年间《北庭都护支度营田文书》，证实了北庭支度营田使由碛西副大使、银青光禄大夫、检校北庭都护杨楚客兼任。都虞候则为整饬军纪的司法之官，安西宿将段秀实曾任此官。

支度营田使是主管屯田的最高长官，安西、北庭二府各设此职，下领诸屯，每屯是一个独立的兵农合一的军事编制生产单位。以善农者为屯官、屯副，每屯屯主一人，屯副一人，主簿一人，录事一人，府三人，史五人，组成屯垦的办事机构，总理本屯屯垦事务。主管屯田事务的统一称为营田使，节度使大多兼任营田使，在营田使下，属州管理的屯田，由州田曹主管，兵曹协助管理；属诸军管理的屯田，由营田副使、营田判官、营田巡官主管。再下各屯，设有屯主、屯副主管屯田。④ 玄宗天宝年间，安西副大都护封常清专知四镇仓库、屯田、甲仗、支度、营田事；张孝嵩代郭虔瓘为安西都护时，"务农重战，安西府库，遂为充实"，⑤ 皆体现出中央政府对西域屯田管理的重视。

安西都护府下辖的各个州、军镇等辖区的屯田由都督、刺史以及驻军长官等负责，"凡天下诸军、州管屯，总九百九十有二，大者五十顷，小者二十

① 《新唐书》卷五三《食货三》，第 1372 页。
② 《通典》卷二四《职官六》，第 675—676 页。
③ 《新唐书》卷四九《百官四》，第 1317 页。
④ 《新唐书》卷四八《百官三》，第 1263 页。
⑤ 《旧唐书》卷一〇三《郭虔瓘传》，第 3189 页。

顷……凡屯皆有屯官、屯副"，① 因此，各辖区又设"屯官""屯副"，屯官大多取勋官五品以上，主要负责"劝率营农，督敛地课"，"强干善农事，有书判，勘理务者充"，配备"主簿一人，录事一人，府三人，史五人"。由此，以安西军政中心长官为屯田最高管理者，形成了一个直接对基层屯田负责的管理机构。同时，国家也从制度上对屯田给予保障，"开元二十五年，诏屯官叙功以岁丰凶为上下。镇戍地可耕者，人给十亩以供粮。方春，屯官巡行，谪作不时者"。②

2. 水利灌溉系统管理

水利是屯田之本，安西都护府专门设置了"掏拓所"管理渠堰，以"掏拓使"负责具体事务，渠堰等水利设施皆有严格的管理系统。大谷文书8066 号《唐掏拓所文书》载：

1. 掏拓所
2. 大母渠堰
3. 右件堰十二日毕。为诸屯须掏未已遂
4. 请取十五日下水。昨夜三更把（？）花水泛涨
5. 高三尺牢得春堰推破南□马头一丈已
6. 下，恐更暴涨推破北边马头及春堰，伏
7. _____ 检何漕之堰功积便□水，十四日然

（后缺）③

又如，大谷文书8062 号《检校掏拓使牒》载：

1. 检校掏拓使牒东西王子村税丁
2. 东王子村苏大地宁
3. 右奉开府，状上请（？）等（？）④

---

① 《唐六典》卷七《尚书工部》，第223 页。
② 《新唐书》卷五三《食货三》，第1372 页。
③ 小田義久『大谷文書集成』、151 頁。
④ 参见〔日〕小田义久《大谷探险队获库车出土文书》，《东洋史苑》第40—41 号，1993 年3 月，转引自张平《龟兹考古中所见唐代重要驻屯史迹》，《龟兹学研究》第2 辑。

D. A. 86 号文书，似为行客营状上某屯的状文：

1. ＿＿＿＿状上

2. 行客刘怀义　张山石

3. 右件人名当掏拓，朱俊要雇粮复＿＿＿＿

（后缺）①

主管水利及分配已授田区域各片耕地之间灌溉用水的小吏称"堰头"，多由有农业生产经验的勋官出任，掏拓所负责清理水渠的沉积淤泥、开关水闸和维护渠道灌溉网络系统。② 龟兹也会征发当地民众进行"掏拓"以维持水利系统的正常运转。伯希和在玉其吐尔古城发掘的 D. A. 86 号文书，似为行客营状上某屯的状文，就有"右件人名当掏拓"的记载。③ 又，D. A. 104—106 号文书为新召营的作官将军程茂玘牒文：

1. 移伐孩村＿＿＿＿

2. 右件界今＿＿＿＿

3. 掏渠廿五日＿＿＿＿本村＿＿＿＿

4. 人例追唤七月＿＿＿＿路来去，恐欠年计，伏望＿＿＿＿

5. 商量，与一判命＿＿＿＿牵挽，请处分

6. □件状如＿＿＿＿

7. 建中五年七月　日新召营作官将军程茂玘牒④

这些文书为军屯作官发出的牒文，可能是因为掏渠与地方存在分工。又如《唐建中五年（784）孔目司帖》中出现的"莲花渠""掏拓""助屯"等

---

① 陈国灿：《库车出土汉文文书与唐安西都护府史事》，《龟兹学研究》第 5 辑。
② 薛宗正：《安西大都护府治所考——兼论豆勒豆尔奥库尔古建筑群》，《史学集刊》2011 年第 3 期。
③ 陈国灿：《库车出土汉文文书与唐安西都护府史事》，《龟兹学研究》第 5 辑。
④ 参见陈国灿《唐安西都护府驻军研究》，《新疆师范大学学报》2013 年第 3 期。

"小小差科"，也是龟兹发展水利、维持屯田的具体表现。由此可见，安西都护府对于龟兹的屯田在水利设施、屯官设置、屯田布局以及营田队伍的组建等方面有着严格的制度保障，从而不断完善龟兹屯戍系统。

3. 移民屯田与军防建设

唐代来自中原的汉兵极大地推动了西域的屯田发展。这些从中原迁入西域开展屯田的民众被称为"屯家"，如在库车出土文书中有"别千万千万好住好住因屯家人归次附状不宣"[①] 的记载，正是这些屯戍士兵移民屯田的写照。伯希和第107号文书载：

付裴仙　　　付裴仙□一石七斗　付李俊　又付裴仙

1. 张随军帖一道　□一石　洛帖一道　曹舍利　付身/四斗　温琳帖一道　一石二斗

中米付折□　张□□　□□□

2. 米恒四斗　吴朝一石　安失［发］十二斗当取

3. 　　　　　　　　　　　　　　　计六石三斗

4. 监军下吴八一石　内得五斗/五斗付李俊　安失发十二斗得钱见在

5. 曹舍利四斗得米二斗四升　温琳［粟?］一石二斗钱十二文

6. 张俊五月操（ou 採）取一斗　六月孙（ou 採）取一石二斗

7. 张随军　一石四斗支李俊　□□□

8. 米恒四斗支张自励六月□□□□　　　[②]

出现在这件文书中从事屯田劳动的不仅有汉人，还有安、曹、米等昭武九姓粟特人，此处屯卒为"监军"所统领，其领取的粮食主要有米、粟，应是当地大量种植的农作物。

《唐大诏令集》中《减抵罪人决杖法诏》云："自今已后，抵罪人合决

---

① Eric Trombert, Ikeda On et Zhang Guang-da, *Les Manuscrits Chinois de Koutcha* (《库车汉文文书》), Fonds Pelliot de la Bibliothbque Nationale de France, Paris, 2000, p. 109.

② Eric Trombert, Ikeda On et Zhang Guang-da, *Les Manuscrits Chinois de Koutcha*, p. 94.

敕杖者，并宜从宽决杖六十，一房家口，移隶碛西。"[1] 这些"移隶碛西"的刑徒及其家口由当地官府直接管理，成为屯垦的劳动者，也是"屯家"的一分子。伯希和发掘于玉其吐尔古城的 D. A. M507 号文书《某屯帖》也反映了"屯家"耕作的责任和义务：

1. 屯·帖邓睹：不见索副计会渠下人
2. 胜剌光三人^{不到}沙弥村二人^{不到}宴阇黎二人^{不到}
3. 右件人帖至□□□□□□
4. 堰，王使□□□□□□□
5. 欠人□□□□□□
6. 迟，不□□□□□□
（后缺）

这件文书是屯上未见原来索副计算的渠下人（有七人未到）发给邓睹的通知。[2] 从文书可以看出，在龟兹核心区域屯田耕作的多为汉兵，这是唐朝强化对龟兹管理政策实施的具体表现。

龟兹屯田营种规模大、效益显著，其屯田粮食供应诸军，出土于库车的汉文文书载：

1. □□营胜请粮事［二屯？］□□□□□□
2. ［得？］守［捉］状为供诸军□□□□□□
3. 中间共有三百八十□□□□□□□
4. 案一□□从开九二［月］□□□□□□
5. 伊利等屯准□欠［课］□□□□□□
6. □□□□□□营□□□□□[3]

---

① 《唐大诏令集》卷八二《减抵罪人决杖法诏》，第 474 页。
② 陈国灿：《库车出土汉文文书与唐安西都护府史事》，《龟兹学研究》第 5 辑。
③ Eric Trombert, Ikeda On et Zhang Guang-da, *Les Manuscrits Chinois de Koutcha*, p. 48.

文书中提到"伊利等屯"欠课之事，说明安西都护府对每一屯都有严格的生产要求并按规定纳课。应守捉之需屯田"为供诸军"，说明屯田也为诸守捉等军事建置提供后勤保障。伯希和第 78 号文书载：

1. 季夏极热伏惟
2. 将［役？］二郎尊体动止万福进荣为在贼路
3. 驱役有限拜奉未由粮食罄竭复有 _____
4. ［父？］被征 _____ ①

从文书内容来看，这似为因粮食罄尽，在战事中无法完成任务，希望提供帮助的请求，也反映出龟兹屯田为军事行动提供后勤支援。

屯田布局也是唐朝在西域分置兵力、形成机动兵源供应的重要措施。玄宗时期，"安西都护府，镇兵二万四千人，马二千七百匹"。② 开元十五年慧超回国前往安西时在《往五天竺传》中记载，"从疏勒东行一月至龟兹国，即是安西大都护府，汉国兵马大都集此"，③ 其沿途所经正是渭干河流域龟兹规模最大的屯田重地，此地驻扎了安西都护府的主要军事力量。

此外，安西都护府辖境内的守捉也分置了部分屯田镇守军，如龟兹东部至焉耆镇守军之间的于术、榆林、龙泉、东夷僻、西夷僻、赤岸六守捉，其驻军应不少于 6000 人；④ 克亚克库都克烽燧出土文书中也出现了"掩耳守捉""焉耆守捉"等史籍并未记载的守捉名称，这些驻军"修封疆，守要害，堑蹊隧，垒军营，谨禁防，明斥候，务农以足食，练卒以蓄威。……昼则荷戈而耕，夜则倚烽而觇"，⑤ 充分发挥了屯田镇守军的军事警戒、防御功能。

---

① Eric Trombert, Ikeda On et Zhang Guang-da, *Les Manuscrits Chinois de Koutcha*, p. 80.

② 《旧唐书》卷四〇《地理三》，第 1648 页。

③ 杨建新主编《古西行记选注》，第 116 页。

④ 按照唐制，"兵之成边者，大曰军，小曰守捉，曰城，曰镇，而总之者曰道"（《新唐书》卷五〇《兵志》，第 1328 页）。守捉为唐朝特有的边防设置，是介于军与镇之间的边防机构，有大、中、小之分，大者有兵六千，马一千匹，中者有兵三千，小的仅有兵千余人，可参见程喜霖《吐鲁番文书所见唐代镇戍守捉与烽堠》，《敦煌吐鲁番学研究论文集》。

⑤ 陆贽：《论缘边守备事宜状》，《陆宣公全集》，国学整理社 1936 年版，第 119—120 页。

（二）龟兹主要的屯田区分布

唐代"开军府以捍要冲，因隙地置营田"①，屯田与军防保障密切相关。唐代西域屯田尤以龟兹绿洲最为兴盛，龟兹境内凡军防驻地，几乎都设有一定规模的屯田。龟兹屯田遗址主要分布在龟兹都督府下辖的乌垒州、龟兹、郁头州等地，与龟兹内部军防区、周缘交通及军防格局相互呼应，相辅相成。

1. 乌垒州屯田

龟兹东部屯田分布以乌垒州（轮台）为主。轮台绿洲自古就是农业生产的基地，其境内的群巴克墓地出土了距今3000—2500年的石磨盘与麦草，麦草中夹杂有麦穗和麦粒，系小麦，麦穗最大者残长3厘米，麦粒长0.6厘米，与现在的麦穗基本一致，此外还发现了谷糠类食物，② 说明这里早期即为龟兹绿洲重要的农业生产基地。

西汉时，搜粟都尉桑弘羊建议在轮台一带开屯田，与西域军防相得益彰，《汉书·西域传》载：

> 故轮台（以）东捷枝、渠犁皆故国，地广，饶水草，有溉田五千顷以上，处温和，田美，可益通沟渠，种五谷，与中国同时孰。……臣愚以为可遣屯田卒诣故轮台以东，置校尉三人分护，各举图地形，通利沟渠，务使以时益种五谷……田一岁，有积谷，募民壮健有累重敢徙者诣田所，就畜积为本业，益垦溉田，稍筑列亭，连城而西，以威西国，辅乌孙，为便。③

其屯田规划正是建立在轮台绿洲水源丰富、农耕条件优良的基础上。太初四年（前101），汉朝在渠犁设置屯田，④ 有田卒数百人，置使者校尉领护，并负责补给来往使节，当时"自敦煌西至盐泽，往往起亭，而轮台、渠犁皆

---

① 《新唐书》卷五三《食货三》，第1372页。

② 孙秉根、陈戈：《新疆轮台群巴克古墓葬第一次发掘简报》，《考古》1987年第11期。

③ 《汉书》卷九六《西域传》，第3912页。

④ 学界对于渠犁开屯时间颇有争议，存在始于武帝太初三年（前102）、太初四年（前101）、天汉年间（前100—前97）等不同说法；也有学者认为渠犁屯田首开于昭帝始元年间（前86—前81），参见劳幹《汉代西域都护与戊己校尉》，《中央研究院历史语言研究所集刊》第28本上，1956年。今从李炳泉《西汉西域渠犁屯田考论》（《西域研究》2002年第1期），渠犁屯田开于武帝时期。

有田卒数百人，置使者校尉领护，以给使外国者"。① 元凤年间，昭帝"用桑弘羊前议，以扜弥太子赖丹为校尉，将军屯轮台"，进一步发展了轮台绿洲的屯田，为后世西域屯田的兴盛奠定了基础。

今轮台县卓尔库特古城（着果特沁旧城），是西汉屯田校尉驻所，② 位于迪那河及克孜勒河流域中下游、轮台县城东南约 25 公里的沙漠中。古城平面略呈圆形，周长约 1.2 公里，残存部分的墙垣宽约 6 米，高约 3 米。至今，城内仍保留有两处高台，一处位于墙垣东部，平面呈长方形，高约 9 米；另一处位于城中间，高约 4 米，周长约 70 米。另外，古城西部及东部也存有高台。其中，西部高台高约 6 米，周长约 40 米；东部高台高约 4 米，周长约 60 米，高台之上仍存有居址遗迹。古城生长有茂盛的红柳，保存着大量稞麦壳，是古代的粮仓。

唐代轮台屯田遗址主要分布在现代居民点 30 公里以外的地方，目前均已沦为盐渍荒漠。黄文弼在此考察时，发现了梯木沁、柯尤克沁、着果特沁、黑汰沁等古代遗址，周围渠道、田埂遗迹仍清楚可辨，还分布着粮食、陶器等遗物。如前文提及的位于今轮台县城东南约 15 公里荒漠戈壁中的阔纳协海尔古城，是乌垒州治所在地，古城内分布有大量房屋居址，曾出土高达 126 厘米的大陶瓮，也有三耳陶罐、单耳陶罐、铺地方砖以及铁制生产工具、铜、石制生活工具，古城东南皆红泥滩，间有红柳和沙碛，有一旧渠，即古时引克孜尔河水以灌溉田地，是唐代乌垒州屯田的重要遗存。

阔纳协海尔古城西北 4 公里左右的喀拉墩遗址（梯木沁）是乌垒州又一处屯田之地。遗址内分布有房屋遗址和冶炼遗址，遍布陶器残片、铁器残片以及熔炼的铁块、铁渣等，附近保存有垦殖过的田地和渠道遗迹，西北向有干渠，东南部是红泥滩，黄文弼考察时，见其"埂界犹存"，似为古时垦殖区域。

此外，唐乌垒关、西夷僻守捉所在地——拉依苏戍堡也是迪那河流域的重要屯田遗址，戍堡内出土了铁犁铧、铁镢头、铁镰刀等农具，大量的石磨谷物加工用具，陶罐、纺轮等生活用具，以及"开元通宝""汉龟二体五铢钱""龟兹小铜钱"和唐代铜镜等，③ 与戍堡同时存在的拉依苏烽火台四周

① 《汉书》卷九六《西域传》，第 3873 页。
② 黄文弼：《塔里木盆地考古记》，第 11 页。
③ 张平：《有关唐安西乌垒州等地望考》，《新疆社会科学》1990 年第 2 期。

有明显的水利渠道遗址，是唐代龟兹绿洲屯田盛况的反映。

2. 库车河—渭干河流域屯田

唐代"安西二十屯"的屯田，主要分布在库车河—渭干河区域。这一带农耕发达，克孜尔千佛洞第 175 窟（两晋）中保留着农业发展的形象，"在坐佛的周围，画出类似二牛抬杠的牛耕图，有宽刃的镢和锄等工具，从牛耕图中宽大的铁铧来看，与发现的汉代铁铧比较接近"。① 说明当地有着深厚的农业生产积淀。

清人对此也有明确的记载，"库车迤北一带，亦系雪山绵亘，有丁谷山，在城西北一百余里。又，城北百余里有山，产硇砂。水则有渭干河，在城西百余里，源自北山出，环城东南流，回庄多引渠溉田"。② 根据出土文书，现已知的安西都护府屯名有"伊利屯""益国屯"（D. A. 3 号）。从这件文书似乎可以看出，每个屯或许正是以一个小城堡为其所在的主体，所屯之田很有可能就在屯城的东、西、南、北方向。③ 安西都护府的东面也有大规模的屯田，《新唐书·高仙芝传》载高仙芝以"城东千石种田"讨好毕思琛，可见安西都护在龟兹当地占有一定规模的田地，也应是采用屯田的方式进行耕种。

位于新和县西南 44 公里沙漠中的通古斯巴西古城，地处新和县与沙雅县交界处、渭干河西岸的古灌溉区，是唐代安西驻军展开大规模屯田的历史见证。古城出土了《大历十五年李明达借粮契》，录文如下：

大历十五年四月十二日李明达为无粮用

遂于蔡明义边便青麦一石七升（斗）

粟一石六升其麦限至八月内□□□

付其粟限至十月……

□麦一取上好……

如取麦已

① 阎文儒：《新疆天山以南的石窟》，《文物》1962 年第 Z2 期。
② 《西陲要略（附西陲竹枝词）》卷一，马山明点校，《大唐创业起居注（外七种）》，上海古籍出版社 2016 年版，第 309 页。
③ 陈国灿：《库车出土汉文文书与唐安西都护府史事》，《龟兹学研究》第 5 辑。

　如为限不……①

又有《大历十四年白苏毕梨领屯米状》，录文如下：

　　□历十四年米□□三月二十三日白苏毕梨领得
　　□屯米四斗，麦面壹硕捌斗踖壹
　　□油叁滕酱□藤酢五滕②

《将军妣闰奴烽子钱残纸》，录文如下：

　　将军妣闰奴丙午年烽子钱五佰文支付……
　　大铺丙午年三月十一日王（?）思□抄……③

这三件文书反映了唐代龟兹屯戍管理的情况，体现出军民共屯、各族共建的情形。

　安西屯田效益显著，曾为河西走廊输送补给，《唐安西都护府运粮残文书》载：

　　1.　　　　　　称得家令寺
　　2.　　　　　　往凉州以西 诸 州
　　3.　　　　　　运粮致死者
　　4.　　　　　　至件录
　　（中缺）
　　5.　　　　　仓 曹被省
　　（后略）④

---

① 黄文弼：《塔里木盆地考古记》，第94页。
② 黄文弼：《塔里木盆地考古记》，第95页。
③ 黄文弼：《塔里木盆地考古记》，第95页。
④ 国家文物局古文献研究室、新疆维吾尔自治区博物馆、武汉大学历史系编《吐鲁番出土文书》第6册，第84页。

文书中"家令寺"是朝廷东宫官，掌管饮食仓储一类事务，安西都护府得到家令寺"往凉州以西 诸 州"运粮的指示，途中运输导致牲畜死亡，足见一次性输送的数量巨大，以及安西存粮的充盈。

此外，唐代以据史德城为中心的郁头州境内遗址区内遍布古代灌溉渠道遗迹，也分布着大量的村舍道路、田陌等，可以看出唐代发达的屯田系统，这里应是"安西二十屯"的重要组成部分。

其中主要包括昂把勒克勒乌斯塘遗址、蓄水池遗址、别里塔合西渠道遗址、骆驼房子遗址等，郁头州屯田不仅成为龟兹南部重要的后勤保障基地，也是天山廊道军防布局不可或缺的组成部分。

二　龟兹后勤保障系统的完善

龟兹屯田正是在安西都护府的统一管理以及龟兹都督府所辖各州的积极配合之下，以龟兹绿洲冶铸、战马、农业生产为依托，形成了一个成熟、完善的屯戍运转体系。安史之乱后，安西依靠强大的屯戍保障在与中原断绝联系之后"飞地孤守"近半个世纪，并维持着稳定的社会生产秩序和一定的军防安全保障。

（一）天山廊道的资源禀赋

龟兹境内矿藏丰富，自汉以来便有冶铸的记载，其冶铸业为钱币流通、商贸发展以及兵器的铸造奠定了基础。而畜牧业的发达是饲养战马的前提条件，唐朝在龟兹境内有诸如唐王城之类"牧监机构"的设置，充分体现了其对龟兹绿洲发展的重视。

1. 冶铸与兵器

龟兹为天山南麓最大的绿洲，其原有的国力储备较其他国家更为丰富。其地矿藏丰富，为铜钱、兵器的铸造奠定了物质基础。《魏书·西域传》载："饶铜、铁、铅……饶沙、盐绿、雌黄……其国西北大山中有如膏者流出成川，行数里入地，如餳餬，甚臭，服之发齿已落者能令更生，病人服之皆愈。"[①]《水经注》卷二引《释氏西域记》云：

---

① 《魏书》卷一〇二《西域传》，第2457—2458页。

屈茨北二百里有山，夜则火光，昼日但烟，人取此山石炭，冶此山铁，恒充三十六国用。故郭义恭《广志》："龟兹能铸冶。"[1]

丰富的矿藏资源为龟兹的兵器铸造提供了有利条件，龟兹的武器装备也以先进见长，吕光进攻龟兹城时就发现龟兹"胡便弓马，善矛稍，铠如连锁，射不可入，以革索为羁，策马掷人，多有中者。众甚惮之。诸将咸欲每营结阵，案兵以距之"。[2] 龟兹使用弓、刀、矛稍、铠甲，必然是由龟兹政府统筹专设的机构制造，才能应对各种战事的急需。4 世纪时，龟兹国冶铸的铜器、铁器，可以"恒充三十六国之用"。

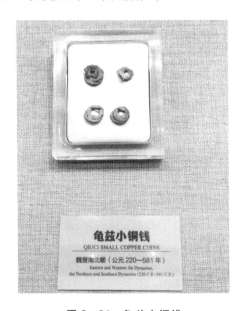

图 5 - 36　龟兹小铜钱

从龟兹发现的大量冶铸遗址来看，库车河谷和却勒塔格山麓蕴藏着丰富的铜、铁、锡、铅、锌等矿产资源，这一带发现的采矿、冶炼和铸造遗址达40 余处，除"即山冶铸"之外，龟兹境内的戍堡、烽燧、聚落遗址和古城

---

① 《水经注校证》卷二《河水》，第 39 页。
② 《晋书》卷一二二《吕光载记》，第 3055 页。

等散露出来的冶铁、炼铜、铸造遗址的数量更是不胜枚举，如库车市阿格乡北部的阿艾古城，城墙外分布着大量的炼渣、坩埚、风管和生活用陶的器物残片。阿艾古城东北 3 公里有可可萨依炼铁遗址，拜城县境内的老虎台乡、温巴什乡和克孜尔乡都发现了唐代的冶炼遗址。[①] 今库车、拜城境内较有代表性的冶炼遗址如表 5 - 5 所示。

表 5 - 5　库车、拜城境内有代表性的冶炼遗址

遗址名称	地理位置	冶铸遗址概况
库车市		
康村冶铜遗址	库车河西岸康村居民区	遗址共有 4 处，地表遗存着铜炼渣，冶炼过程控制尚可，可以看出当时具有较高炉温、成分及比例适当的熔剂使炼渣具有良好的流动性
贝迪勒克冶炼遗址	阿格乡政府驻地北偏东 18.5 公里	占地面积 7.5 万平方米，为单纯的炼铁遗址，炼渣块不大，但质地均匀，多呈黑色或蓝黑色的玻璃态，熔炼过程控制得较好，发现了风管和直径约 1 米的炼炉遗物，也出土了一些以大缸类为主的器形较大的夹粗砂红陶片
克孜勒亚炼铜遗址	阿格乡境内 217 国道西侧的台地上	遗址面积约 10 万平方米，炼渣最厚可达 3 米，分布着少量的碎铜块、矿石、熔剂、风管、陶片以及马鞍形的石磨盘等遗物；遗址西侧靠近山崖边残存有炼炉基部，直径约 1.2 米，炉壁厚约 0.1 米。炼渣色泽呈黑色或蓝黑色，体积较小，表面有细波纹；遗址陶片分早期和晚期，早期器形多为单耳罐和鋬耳罐，晚期为缸、罐
阿格村冶炼遗址	阿格乡北部阿格村东西两侧	村东有 3 处（Ⅰ、Ⅱ、Ⅲ），村西有 1 处（Ⅳ）。Ⅲ号遗址规模最大，炼渣堆积长度将近 1 公里，宽 50～200 米，最厚处达 3 米；Ⅳ号遗址出土了束腰形石磨盘、石锤和灰陶片

① 资料参见张平《龟兹考古中所见唐代重要驻屯史迹》，《龟兹学研究》第 2 辑。

遗址名称	地理位置	冶铸遗址概况
阿艾古城炼铁遗址	阿格乡北部库车河西岸台地上	该城建于650—720年之间，古城呈正方形，东西长124米，南北宽114米，东、北城垣外均为炼铁矿渣的堆积层；东城垣正中有城门遗迹，门外有瓮城，城内散布有炼渣、风管和少量的陶片
可可萨依炼铁遗址	阿格乡北部，苏博依村西侧约500米处库车河北岸的二级台地上	遗址面积约6.5万平方米，堆积大量炼渣，含有风管、陶片及石磨盘残块等，最厚可达3米
苏博依冶炼遗址	阿格乡北部，苏博依村北侧的库车河二级台地上	遗址面积约10万平方米，以炼渣堆积为主，厚processed可达3米，部分炼渣中含有绿色铜锈，陶器类型与可可萨依的风格基本一致
唐王城铸钱遗址	库车市塔里木乡英达里亚村东北约11公里处	古城西北部外侧100多米处有三座南北向排列的大土丘，上有建筑遗迹，土丘顶部散布着许多龟兹小钱的铸范
拜城县		
卡勒玛克阔坦冶铜遗址	温巴什乡阿特博依那村南约1公里、却勒塔格格山北麓的盆地南部	遗址由炼渣和一个窑洞组成，堆积约20米见方，厚度约1米，炼渣为紫色的玻璃态，体积较大，最大直径约0.2米；有轮制的夹砂红陶片；窑洞面积约5平方米，依山崖开凿，堆积薄，似为对盆地附近露头铜矿脉试探性开采冶炼的结果
温巴什炼铜遗址	温巴什乡政府驻地西北约1公里处，木扎特河南岸的二级台地上	总面积约6万平方米，隔一条冲沟分为东西两部分，文化层深约1.5米，堆积以炼渣为主，夹杂有红烧土、铜矿石料、木炭、破碎的炉壁、龟兹小铜钱等
温巴什石窟窟前铸币遗址	温巴什乡吉格代勒克村南、却勒塔格山北麓山谷中的温巴什石窟窟前区	面积约10平方米，四周散布着许多夹砂红陶片、动物骨殖等。20世纪80年代末文物普查时，遗址的部分钱范上还有未取下的龟兹小铜钱

续表

遗址名称	地理位置	冶铸遗址概况
一滴泉冶铜遗址	察尔齐镇西部,地处乔尕布拉克泉(意为"一滴泉")的北侧	遗址除炼渣堆积外,有一座依崖开凿的石窟洞,面积约 10 平方米,窟洞周围堆积着大量的铜炼渣,外观上多为绛紫色的玻璃态,以及一些带米黄色陶衣的轮制红陶片
亚木古鲁克冶铁、冶铜遗址	老虎台乡羊场二连居民区东北、吐鲁木塔依艾肯河口东岸的高地上	冶铁遗址位于亚木古鲁克城堡内,冶铜遗址位于城堡南侧的台地上。城堡建在东河岸的断崖边,长约 110 米,宽约 90 米,中部偏东有城门痕迹。城堡内文化堆积厚 1—2 米,含陶片、石磨盘、灰烬、动物骨殖、铁炼渣和已经锈蚀的铁器,石磨盘中的石粉可能用来研磨铁矿石;冶铜遗址以炼渣堆积为主,位于城堡南侧,地表上散布有炼渣、陶片等遗物
阔太克吐尔河口冶铜遗址	老虎台乡羊场二连居民区东北	炼渣分布在约 100 米见方的范围内,炼渣体积较大,出渣状况好坏不均,有些炼渣含有未燃尽的木炭,有些则为紫色的玻璃态
克乌鲁克萨勒代铜矿遗址	老虎台乡羊场二连居民区东北	现有两处矿洞遗迹,是在坚硬的岩石中人为开凿出规整的矿洞:1 号规模较大,洞口南开,底宽、高各 2 米左右,洞壁上和洞口周围的地面上可见到带绿色铜锈的铜矿石;2 号洞口为不规则四边形,洞体为长条形,总长约 20 米,最宽处约 4 米,高 5—6 米,洞壁光滑,开采较为彻底
瓮古鲁吉勒尕冶铁遗址	黑英山乡、克其克果勒河上游谷地中	遗址由两处遗迹组成,分布有炼渣堆积以及残破的炉壁和风管

资料来源:根据李肖《古代龟兹地区矿冶遗址的考察与研究》(《龟兹学研究》第 1 辑,新疆大学出版社 2006 年版)相关内容整理而成。

以上冶炼遗址多位于镇戍、烽燧等军防系统遗址群区域内,充分体现了安西都护府对龟兹境内丰富的矿产资源和发达的冶炼、铸造业的重视。凉州和朔方军曾向安西输送钢材，以供军防储备之需：

1. 钢壹阡斤行纲凉州明威镇兵曹凤祥　典龙
2. 得凉州牒称朔方军兴（晨）
3. ……钢□……①

除了对本地矿藏的发现和采用，龟兹也接纳河西等地的资源输送，体现出当地丰富的矿藏和先进的冶铸技术及其在安西都护府多重军防体系建设中的重要地位。

除了武器的冶铸，龟兹也铸造了大量的钱币。《魏书·西域传》载："税赋准地征租，无田者则税银钱。"②《大唐西域记》载："货用金钱、银钱、小铜钱。"1928 年，黄文弼在库车考察时，指出"龟兹小铜钱……在塔里木盆地散布极广，塔里木盆地北部，库车裕勒都斯巴克一带遗址，尤其大望库木、色当沁一带最多。在塔里木盆地南部，如于阗哈拉墩、和阗达摩戈北沙碛中，均有广泛散布"。同时，黄文弼在图木舒克古僧坟中发现了小钱数十枚，出土时尚有麻绳贯串，说明此种铜钱为当时本地人通用的钱币。"多为红铜质，有孔、圆形、薄小。普通圆径均在 1.5 厘米左右，大者达 1.8 厘米，重者 5—8 厘米，经线 8 毫米至 1 厘米不等，无字，亦无轮廓。"③

1980 年，轮台县的"仑头古城"出土了一批窖藏的汉佉二体钱，足有 220 枚，"铜质浇铸，铸币圆形、方孔，均具有狭缘、广串、薄肉的特点，其肉厚约 0.1—0.15 厘米"。④ 此后，汉佉二体钱又相继出土于图木舒克市托库孜萨来古城、渭干河口的库木吐拉遗址等地。

根据上文提到的有关崔知辨"西域道行军"的《唐支用钱练帐》文书的记载，至少在麟德年间前后，安西都护府以西的地域流通的主要是练和银

---

① Eric Trombert, Ikeda On et Zhang Guang-da, *Les Manuscrits Chinois de Koutcha*, p. 99.
② 《魏书》卷一〇二《西域传》，第 2266 页。
③ 见庆昭蓉《略论黄文弼所发现之四件龟兹语世俗文书》，《首届中国少数民族古籍文献国际学术研讨会论文集》，第 303—304 页。
④ 张平：《新疆轮台县出土的汉龟二体五铢》，《考古》1988 年第 7 期。

钱，安西都护府及以东地区，则是帛练、银钱、铜钱通用。① 阿斯塔那 214 号墓出土《唐和籴青稞帐》，载：

练一匹，籴得青科（稞）一石三斗……

银钱壹文，籴得青科（稞）一斗三升……②

可以看出龟兹使用的主要货币为银钱，这为龟兹境内的商贸流通、社会稳定等提供了保障。

2. 饲养战马

龟兹境内的战马饲养与先进的武器装备相辅相成。马匹作为军队行进的重要运输物，是不可或缺的战略资源。史载吕光破龟兹后用了两万余峰骆驼将大量珍宝运回关内，此外还有一万多匹骏马、一千多种奇伎异戏、珍禽怪兽，足见其物产之盛。唐代玄奘在《大唐西域记》中记载的 "大龙池" "小龙池"，池中有龙 "交合牝马，遂生龙驹"，也是对龟兹战马养殖基地的描述。

唐朝经营西域时，对屯田与畜牧同样重视，如贞观十四年侯君集平高昌之后，唐设安西都护府，"岁调山东丁男为戍卒，缯帛为军资，有屯田以资糗粮，牧使以娩羊马"，注重屯田与畜牧的双重保障。《旧唐书·地理志》载："安西都护府，镇兵二万四千人，马二千七百匹。"对畜牧业的管理发挥了巨大作用。

位于今天库车市草湖地区的唐王城，不仅是唐朝安西都护府重要的屯田之地，更是龟兹军马的饲养基地，与安西都护府所设置的官营畜牧业机构有着重要的联系。唐王城南墙垣增接有东西长 250 米、南北宽 100 米左右的土筑城垣，占地面积达 2.5 万平方米的城址内分布有大量的木建筑构件、陶器残片和枯井遗迹以及很厚的畜粪堆积，是目前发现的规模最大、保存最为完

---

① 陈国灿：《唐麟德二年西域道行军的救于阗之役——对吐鲁番阿斯塔那四号墓部分文书的研究》，《魏晋南北朝隋唐史资料》第 12 辑，武汉大学出版社 1993 年版。

② 国家文物局古文献研究室、新疆维吾尔自治区博物馆、武汉大学历史系编《吐鲁番出土文书》第 6 册，第 310—311 页。

整的养马城遗迹，在新疆唐代考古发现中实属首次。① 这种以附城作为养马城的建筑遗存还有玉其吐尔戍堡、伊吾军驻屯的大河古城。安西都护府大本营通往四镇交通要道处设置的"长行坊"是专门负责运输的管理机构。同时，唐朝为满足战马之需，除于开元中期"置朔方、陇右、河西、安西、北庭诸节度使以统之……设监牧，畜马牛……"② 外，购买北方胡族马匹成为解决军需之关键，安西都护府专门设置负责突厥马匹交易的"突厥院"③，可见马匹需求之大以及唐朝对战马资源的重视。

馆驿是国家设置的供军政官员往来、递送公文、更换马匹并提供马料的交通机构。丝绸之路属于东西交通大干线，任务繁重，每驿所配马匹数量大体在二等驿（马 45 匹）与一等驿（马 60 匹）之间，有的中心大驿配马达到百匹。④ 唐代的馆驿设置，一直延伸到葱岭一带。《唐六典》载：

> 凡三十里一驿，天下凡一千六百三十有九所。二百六十所水驿，一千二百九十七所陆驿，八十六所水陆相兼。若地势险阻及须依水草，不必三十里。每驿置驿长一人，量驿之闲要以定其马数：都亭七十五匹，诸道之第一等减都亭之十五，第二、第三皆以十五为差，第四减十二，第五减六，第六减四，其马官给。有山阪险峻之处及江南、岭南暑湿不宜大马处，兼置蜀马。⑤

马匹运输对于战事有着重要的促进作用，《资治通鉴》载：

> （贞观）二十三年春正月辛亥（初六日），龟兹王布失毕及其相那利等至京师，上责让而释之，以布失毕为左武卫中郎将。⑥

从阿史那社尔擒获那利到献俘长安，相隔只 25 日，龟兹东去长安 7600 里，平均每天须在驿路上行进 300 余里，这是唐在丝绸之路干线上行军的最

---

① 张平：《龟兹考古中所见唐代重要驻屯史迹》，《龟兹学研究》第 2 辑。
② 《资治通鉴》卷二二三，代宗广德元年，第 7146 页。
③ 刘安志、陈国灿：《唐代安西都护府对龟兹的治理》，《历史研究》2006 年第 1 期。
④ 乜小红：《唐五代畜牧经济研究》，中华书局 2006 年版，第 127 页。
⑤ 《唐六典》卷五《尚书兵部》，第 163 页。
⑥ 《资治通鉴》卷一九九，太宗贞观二十三年，第 6265 页。

快速度了，也反映出沿途精良的驿骑、车马以及相应的馆驿设施，可供不断地更换良马及交通工具。① 《唐开元二十一年（733）西州都督府案卷为勘给过所事》中有"共驮主徐忠驱驮送安西兵赐至安西输纳"的记载，朝廷允许派遣民间驮运从京兆输送至安西，也反映出马匹运输的重要性。

此外，唐朝对于长行坊的马匹有着极为严格细致的管理制度。出土于阿斯塔那3区4号墓的《唐神龙元年（705）西州都督府兵曹处分死马案卷》文书，② 反映了西州都督府处理两匹长行马死亡案件的全过程，即先由长行马坊的典吏魏及行牒报告马死亡的原因，然后由兵曹立即检查，并提出检查报告，最后由兵曹参军程待誉提出处理意见，通知马槽将死马出卖，完毕后上报，最后州长官温签"付司"，了结此案；若是非正常死亡，处理程序更为复杂，须出具三状才能定案，③ 足见唐朝对于马匹饲养及其管理系统的高度重视。

3. 其他农业生产

龟兹自身的农业生产力为中原王朝在此屯戍、保障后勤供应奠定了基础。龟兹地肥美，多稼穑，"胡人奢侈，厚于养生，家有蒲桃酒，或至千斛，经十年不败，士卒沦没酒藏者相继矣"。④ 北魏万度归伐西域，在龟兹获得殊方瑰诡亿万以上，可见龟兹的国力之盛。

葡萄是龟兹重要的经济作物。《大唐西域记》载"屈支国""宜糜麦，有粳稻，出葡萄、石榴，多梨、奈、桃、杏"。⑤ 考古工作者曾在新和县发现了最古老的葡萄藤。位于距新和县50公里的索克库勒吐尔烽燧附近的古代居住遗址，保存了3间房屋以及20多株枯死的古葡萄藤，庭院以东是一座200多亩的唐代葡萄园遗址，是目前发现的保存最完整的古代种植遗迹。葡萄藤上部因年代久远已不存在，一些藤枝从沙丘中露出地面，高30—60厘米。经过考古人员测定，古葡萄藤与新和县现在种植的沙玉葡萄品种相似。出土于库车的大谷文书8074号，残存11行，录文如下：

---

① 乜小红：《试论唐代马匹在丝路交通中的地位和作用》，《唐史论丛》第9辑，第152—170页。

② 陈国灿：《斯坦因所获吐鲁番文书研究》，第249—253页。

③ 孙晓林：《试探唐代前期西州长行坊制度》，《敦煌吐鲁番文书初探二编》，武汉大学出版社1990年版。

④ 《晋书》卷一二二《吕光载记》，第3055页。

⑤ 《大唐西域记校注》，第54页。

1. 张游艺　窦常清
2. 六　人　锄　苣　蓿
3. 吴兵马使两园家人柘羯　来富　拔勿烂　苏达素石　奴鹨子
4. 三　人　花　林　园　役
5. 白支陁美宁□……磨大斯　姐渠元裕作人俱满提
（后略）①

其中的"六人锄苣蓿""三人花林园役"等，反映出龟兹农业生产的多样性以及管理体系的细致入微。

（二）"飞地"孤守的依恃

安史之乱后，河西走廊被吐蕃隔断，驻扎于西域的北庭、安西节度使与唐朝隔绝不通，安西都护府成为"飞地"，"自是安西阻绝，莫知存否"。建中二年，来自安西的使者绕道回鹘千里迢迢出现在长安城，安西、北庭节度使仍然苦守西域的情况终于为朝廷所知。《旧唐书·郭昕传》载：

> 自关、陇陷蕃，为虏所隔，其四镇、北庭使额，李嗣业、荔非元礼皆遥领之。昕阻隔十五年，建中二年，与伊西北庭节度使李元忠俱遣使于朝，德宗嘉之。诏曰："四镇、二庭，统任西夏五十七蕃十姓部落，国朝以来，相次率职。自关、陇失守，东西阻绝，忠义之徒，泣血相守，慎固封略，奉尊朝法，皆侯伯守将交修共理之所致也。伊西北庭节度使李元忠，可北庭大都护；四镇节度留后郭昕，可安西大都护、四镇节度使。其将吏已下叙官，可超七资。"②

郭昕带领安西军民"泣血相守"近半个世纪，正是采取官民协作、自力更生的办法继续维持唐朝法制及统治秩序。一方面继续进行屯田，差派百姓"助屯"，解决军民粮食供给；另一方面差派百姓"配织"，解决军装供应，同时配役"掏拓"，保证水利设施正常运转，其他的军需向当地百姓征发

---

① 〔日〕池田温：《中国古代籍帐研究》，第383页。
② 《旧唐书》卷一二〇《郭子仪传》，第3474页。

"小小差科"来解决。①

又如前文所提到的出土于通古斯巴西古城的《大历十五年李明达借粮契》记载了"大历十五年四月十二日李明达为无粮用"借粮立契之事，其中规定了返还的时间和逾期的偿还方式。大历十五年，即建中元年，德宗改元的消息未能及时传到西域，当地官民仍使用原有的年号。其时与朝廷的联系虽已断绝，但安西军民依然维持着稳定的社会秩序和生产，充分反映出唐朝经营西域时在龟兹形成的成熟、稳定的屯戍体系强大的生命力。

此外，自行铸钱也是安西守兵"奉尊朝法"的具体表现之一。唐代，断绝援助的唐军有自行铸钱的先例，根据敦煌出土的 P.2942 号文书《唐永泰元年（765）—大历元年（766）河西巡抚使判集》第 153—157 行"瓜州尚长史采矿铸钱置作"条的记载，瓜州在唐代宗永泰、大历年间为筹集饷糈，曾"采矿铸钱置作"，后因"数年兴作，量殚历尽，万无一成"而停罢。② 少见于史籍的"大历元宝""建中通宝"，正是安西将士留守时所铸造的。留守军民先铸造了"大历元宝"，建中二年，安西与朝廷取得联系之后，得知改元的消息，遂又铸造了"建中通宝"。

1928 年，黄文弼在库车一带考察时，在克孜尔石窟、库车羊达克沁古城出土了"大历元宝"，在库车克里什千佛洞及焉耆明屋发现了"建中通宝"；1957—1958 年第二次考察时，在库车大黑汰沁古城、苏巴什古城皆出土了"大历元宝""建中通宝"，在龟兹故城哈拉墩遗址中也发现了"大历元宝"以及"开元通宝"。此后，在轮台县阿克墩城堡（榆林守捉）等处出土了"大历元宝"。1981 年，位于"龟兹东道"上的兰城子遗址出土了一个藏钱的陶罐，有钱币五六斤，其中包括"开元通宝""建中通宝""大历元宝"；③ 麻扎塔格戍堡、奇台县唐朝疙瘩遗址也有"大历元宝"出土，④皆为留守安西的军民所铸。从钱币出土的遗址分布情况来看，当时道路不

---

① 刘安志、陈国灿：《唐代安西都护府对龟兹的治理》，《历史研究》2006 年第 1 期。

② 安家瑶：《唐永泰元年（765）—大历元年（766）河西巡抚使判集（伯二九四二）研究》，《敦煌吐鲁番文献研究论集》，中华书局 1982 年版。

③ 朱树林：《兰城子出土的建中通宝和大历元宝》，《陕西金融·钱币专辑》（9），1988 年。

④ 王永生：《大历元宝、建中通宝铸地考——兼论上元元年以后唐对西域的坚守》，《中国钱币》1996 年第 3 期。

通，安西守军只能四处绕道，试探可以经行的道路。

然则安西在依靠稳定的屯戍支撑近半个世纪之后，最终沦陷于吐蕃，河西、西域"自唐中叶以后一沦异域，顿化为龙荒沙漠之区，无复昔之殷富繁华矣"。①

第五节　安西都护府与西域安全

安西都护府居西域之中，以"安西四镇"严密的军防体系、交通设置以及屯田机制、资源禀赋等，成为唐朝经营天山廊道并进行中亚博弈的前提保障。长寿元年，唐朝结束了与吐蕃对安西四镇的反复争夺，稳定了在西域的核心体系。而后，居西天山的突骑施成为唐朝经营西域的最大威胁之一，安西都护府与北庭都护府相互策应，与塔里木南道形成协防之势，抵御突骑施，戍卫四镇安全。开天年间，唐朝以安西四镇为保障基地加入中亚复杂的博弈大局中，隔绝突骑施与吐蕃的联盟并护卫吐火罗之地，充分展现了其在中亚的国际地位。

一　稳定西域的核心体系

贞观四年东突厥汗国灭亡后，唐朝开始向西突厥控制下的西域推进。唐朝破焉耆、龟兹以及平定阿史那贺鲁叛乱等军事行动暂时抑制了吐蕃向西域地区的渗透。② 龙朔二年，吐蕃在安西都护府刚刚迁往龟兹尚未完全发挥其职能之时，与西突厥余部相互勾结，开始侵扰四镇之地，有史记载的苏海政觑海道行军就是在疏勒以南与吐蕃第一次在西域相遇，当时西突厥"十姓无主，有阿史那都支及李遮匐收其余众附于吐蕃"，③ 吐蕃开始成为威胁四镇安全的主要势力。

麟德二年，疏勒、弓月联合吐蕃进攻于阗，西州都督崔知辨、左武卫将军曹继叔赶往救援；咸亨元年，"吐蕃陷西域十八州，又与于阗袭龟兹拨换城，陷之。罢龟兹、于阗、焉耆、疏勒四镇"；仪凤二年，十姓可汗阿史那

---

①　《文献通考》卷三二二《古雍州》，中华书局 1986 年版，第 2537 页。
②　张云、林冠群主编《西藏通史·吐蕃卷》，中国藏学出版社 2015 年版，第 274 页。
③　《资治通鉴》卷二〇一，高宗龙朔二年，第 6447 页。

都支联合吐蕃侵逼安西；垂拱二年，唐朝主动弃四镇，吐蕃大入西域，"焉耆以西，所在城堡，无不降下，遂长驱而东，逾高昌壁，历车师庭，侵常乐界，当莫贺延碛，以临我敦煌……"①

在反复的争夺中，唐朝被迫数次将安西都护府迁回西州，同时及时展开对龟兹的救援行动。如吐鲁番出土文书《唐高宗某年西州高昌县左君定等征镇及诸色人等名籍》中的"□人金山道行未还……四人救援龟兹未还……一十二人疏勒道行未还"②等，记载了垂拱元年的金山道行军以及垂拱二年的金牙道行军、疏勒道行军对安西驻军的救援行动。

仪凤年间，阿史那都支自称十姓可汗与吐蕃连兵侵犯安西，裴行俭以护送波斯王子为名，计擒阿史那都支，复"安西四镇"。久视元年，阿史那俀子执掌拔汗那政权，与吐蕃相互勾结，侵扰四镇。当时郭虔瓘前往拔汗那"税甲马"，"拔汗那挟忿侵扰，南导吐蕃，将俀子，以扰四镇"，③但郭虔瓘并未离开中亚，在阿史那俀子侵扰四镇时，抄其后路，"克拔汗那十六城"，④有效稳固了安西四镇的安全。

安西四镇是唐朝经营西域的重心，也是安西都护府的主要辖区，对于唐朝西北边境的稳定极为重要。崔融曾言："夫四镇无守，胡兵必临西域，西域震则威憺南羌，南羌连衡，河西必危。且莫贺延碛袤二千里，无水草，若北接虏，唐兵不可度而北，则伊西、北庭、安西诸蕃悉亡。"⑤安西都护府的主体军防建置覆盖了整个中天山地区以及西天山南麓、帕米尔高原等部分区域，承担着重要的军事防御责任。由此，唐朝牢牢掌控位居西域之中的龟兹，把控"热海道""疏勒道""神山道"等交通主干道，并以此为基点稳定其在西域的建置。

① 《唐会要》卷七三《安西都护府》，第 1328 页。
② 国家文物局古文献研究室、新疆维吾尔自治区博物馆、武汉大学历史系编《吐鲁番出土文书》第 7 册，第 173—174 页。
③ 《新唐书》卷一二二《郭元振传》，第 4364 页。
④ 冯小琴、杨富学：《洛阳新见墓志所谓郭虔瓘"破拔汗那十六城"考实》，《宁夏社会科学》2019 年第 3 期。
⑤ 《新唐书》卷二一六《吐蕃传》，第 6079 页。

二　驰援西天山，抵御突骑施

长寿元年之后，唐朝完善了安西四镇的军防部署，但居西天山的突骑施成为唐朝经营西域的主要威胁。唐朝由此确定了安西都护府与北庭都护府协防作战的战略，并联合塔里木南道，瓦解突骑施与吐蕃的军事联盟，充分发挥安西都护府在驰援西天山、保障四镇安全方面的战略主导作用。

（一）护卫西域腹心

景龙二年，突骑施娑葛反叛，"发五千骑出安西，五千骑出拨换，五千骑出焉耆，五千骑出疏勒，入寇。元振在疏勒，栅于河口，不敢出。忠节逆嘉宾于计舒河口，娑葛遣兵袭之，生擒忠节，杀嘉宾，擒吕守素于僻城，缚于驿柱，凸而杀之"。① 西域局势一时混乱。牛师奖与突骑施娑葛战于火烧城，兵败被杀，娑葛遂陷安西，断四镇路，遣使上表，求宗楚客头。②

景云二年，唐朝欲与归顺的娑葛联军攻后突厥，默啜千里奔袭，取草原道杀娑葛。苏禄可汗继位后，突骑施与唐朝又展开了新一轮的争夺。开元十四年，突骑施交河公主遣牙官以马千匹来安西互市事件引发苏禄发兵寇四镇，掠夺羊马储积，安西仅存；次年，苏禄可汗又与吐蕃围安西城，安西副大都护赵颐贞击破之，同时吐蕃又密遣使联合突厥，安西四镇面临着严重威胁。③ 但唐朝一直洞悉突骑施的"窥边之意"，开元年间，唐朝对于突骑施采取了天山南北共同进攻的战略。《资治通鉴》载："宜令北庭都护汤嘉惠与葛逻禄、胡屋等相应。安西都护吕休璟与鼠尼施相应。"④ 鼠尼施部居鹰娑川，扼守天山内部廊道隘口，对于焉耆、龟兹以及北庭的安全稳定至关重要。

开元五年，苏禄引大食、吐蕃谋取四镇，围拨换城和大石城，唐朝发三姓葛逻禄兵与阿史那献击之。开元二十二年，突骑施借口阙俟斤被北庭都护刘涣误杀一事，由苏禄可汗率兵进攻安西、北庭、西州。敦煌文书 P. 3885 载，高睐率兵救援天山军，尽管其"口陈经略，手画山川，家贯高昌，谙

---

① 《资治通鉴》卷二〇九，中宗景龙二年，第 6745 页。
② 《资治通鉴》卷二〇九，中宗景龙二年，第 6746 页。
③ 《资治通鉴》卷二一三，玄宗开元十五年，第 6899 页。
④ 《资治通鉴》卷二一一，玄宗开元三年《考异》引《实录》，第 6828 页。

知道引",但"探见天山兵马,一队只有十人,望尘□脱紫袍,却走影山翻着",①主将失职,临阵脱逃,导致战事失败。此文书说明突骑施军队从西天山已经深入至东天山,并派遣少数人马先行前往探查。开元二十四年,北庭都护盖嘉运击突骑施,大破之;突骑施遣其大臣胡禄达干请降。

　　玄宗高度关注突骑施的动向,诏令加强安西与北庭"所在都护、总管犄角应援"的策略。如《敕渤海使盖嘉运书》:"突骑施凶逆,犯我边陲,自夏以来,围逼疏勒。频得王斛斯表,见屯遍城……但边城粮少,或为其所知,持久则难,不可不早为计也。"令盖嘉运与四镇节度使王斛斯"审筹形势,取万全也"。②《敕河西节度使牛仙客书》中也强调安西都护府要调整策略应对:"宜密令安西征蕃汉兵一万人,仍使人星夜倍道,与大食计会,取叶护、敕达等路入碎叶。"③即唐朝与大食军联合取"吐火罗道""热海道"进攻碎叶城,苏禄可汗腹背受敌,实力大损。唐朝使安西与北庭互为犄角的敕令,使得天山南北形成共抗突骑施的战略布防,稳定了安西四镇局势,正如德宗时期李泌所言:"安西、北庭,人性骁悍,控制西域五十七国及十姓突厥,又分吐蕃之势,使不得并兵东侵……"④安西、北庭协同行动,成功化解了西域危机。

(二) 协防塔里木南道

　　塔里木南道远离天山山脉,处于吐蕃、西突厥等势力争战、斡旋的缓冲之地,因此,该地的局势变动是西突厥、吐蕃势力消长的直接体现,在一定程度上反映出安西都护府与塔里木南道的协防情形。

　　咸亨四年,萧嗣业讨弓月、疏勒,《唐自书历官状》载:"从咸亨三年简点蒙补旅帅以来,至四年中从果毅薛逊入疏勒,经余三年以上。"⑤唐军先到达疏勒,自西向东收复疏勒及于阗,复四镇的序幕从南道至北道依次拉开,使得唐朝得以将安西都护府重新迁回龟兹。

---

　　①　上海古籍出版社、法国国家图书馆编《法藏敦煌西域文献》第29卷,第89页;姜伯勤:《敦煌吐鲁番文书与丝绸之路》,第126页。

　　②　《曲江集》,第465页。

　　③　《曲江集》,第424页。

　　④　《资治通鉴》卷二三一,德宗兴元元年,第7562页。

　　⑤　国家文物局古文献研究室、新疆维吾尔自治区博物馆、武汉大学历史系编《吐鲁番出土文书》第6册,第596页。

突骑施占据碎叶之后，塔里木南道也是其活动的主要区域之一。郭元振"诡杀"乌质勒之后，其子娑葛与阙啜不合，郭元振奏请将阙啜部落移置瓜、沙之间，阙啜率部落流亡于塔里木南道，与试图"引吐蕃兵攻娑葛"的碎叶镇守使周以悌相遇，在周以悌的建议下，阙啜回兵攻于阗坎城，掠取财宝贿赂宗楚客，塔里木南道遭到了阙啜的肆虐。① 获知消息的娑葛先发制人，发兵围四镇，而此时郭元振驻疏勒，"栅于河口，不敢出"，其原因一方面是为隔绝突骑施与从塔里木南道而上的吐蕃联合，另一方面迫于突骑施的猛攻而力不能敌，以保全塔里木南道的疏勒与于阗为上策。"河口"即阙啜迎接冯嘉宾的"计舒河口"，今和田河汇入塔里木河的河口，郭元振驻军于此，其目的正是戍卫疏勒与于阗二镇，避免龟兹腹背受敌，而后可以塔里木南道为基础，反攻北道，进而恢复四镇。

玄宗时期，安西都护府仍然密切关注塔里木南道与突骑施的动态。开元十三年，"于阗王尉迟眺阴结突厥，安西副大都护杜暹发兵捕斩之，更为立王"。② "突厥"当是指突骑施，此举遏制了于阗与其联兵，维护了天山廊道的稳定。

天宝八载，高仙芝与于阗王尉迟胜击破萨毗、播仙，扼制吐蕃在塔里木南道的活动。天宝十三载，封常清破播仙，岑参《献封大夫破播仙凯歌六首》诗云"官军西出过楼兰，营幕傍临月窟寒"，可以推断当时封常清的行军路线很有可能是从北庭出发，取天山内部廊道从西州以南进入楼兰故地，③ 到达且末地界，充分体现出安西与北庭相互驰援、维护塔里木局势稳定的重要军事功能。

---

① 陈国灿先生认为，乾陵石像中有一像背刻铭文为"播仙城主何伏帝延"，何伏帝延显然为昭武九姓胡人姓名，此像约立于神龙元年前后，说明直到神龙元年前后，粟特人尚聚居在此。自此以后，再也不见有粟特聚落在此活动的记载，似乎粟特部落突然在此消失了，这一现象与阙啜在这一地区的劫掠骚扰有关，几乎同时发生，而且与敦煌从化乡的出现也遥相呼应。这说明原居于且末河流域的昭武九姓胡人，在受到阙啜的暴力威胁时，迅速逃往敦煌以求得沙州刺史保护。沙州官府将大批避难而来的胡人也当作慕义来归、从化内附者，在敦煌划出地域加以安置，并建乡设制、编入户籍。这恐怕就是从化乡的由来，其时约在景龙元年。见陈国灿《敦煌学史事新证》，第373页。

② 《资治通鉴》卷二一二，玄宗开元十三年，第6888页。

③ 封常清破播仙镇之事史籍无载，岑参作于北庭的《献封大夫破播仙凯歌六首》录其事迹，其有诗句云"官军西出过楼兰""蒲海晓霜凝马尾""秣马龙堆月照营"，楼兰、蒲（昌）海、（白）龙堆皆为"大碛路"的必经之地，故以此推测。

三　中亚博弈的后方基地

进入 8 世纪之后，唐朝以安西四镇为保障基地，加入了中亚博弈的大格局中。在四镇完善的防御圈中，地近中亚的疏勒镇守军成为唐朝逐鹿中亚的前沿基地，唐朝由此确立了其大国地位。

（一）天山廊道与"安西极边之戍"

8 世纪时，天山廊道的格局发生了变化，唐朝加强了安西四镇的军防建置，吐蕃被迫探寻西部的"勃律道"以便进入塔里木盆地，其主要通过对小勃律、拔汗那等中亚小国的争夺，以及探寻经葱岭北向联合西突厥十姓余部、突骑施等部落，对塔里木盆地形成半包围之势。这使得唐朝"西带葱岭"的疏勒镇守军的战略地位充分显现出来。唐朝根据中亚形势设"葱岭守捉"为"安西极边之戍"，[①] 其同时是疏勒的战略前沿，隔断吐蕃与西天山的联盟，戍卫碎叶经疏勒连接于阗的塔里木西缘军防格局，从而稳定四镇并为唐朝在中亚博弈提供后勤保障。

疏勒地处帕米尔高原以东，是塔里木南北两道的节点，《汉书·西域传》载："（疏勒国）有市列，西当大月氏、大宛、康居道也。"[②] 突出了疏勒的交通枢纽地位。及至唐代，疏勒特殊的地理位置成为安西都护府密切关注中亚形势的前沿。

贞观二十年，西突厥乙毗射匮可汗向唐朝请婚，太宗提出割龟兹、于阗、疏勒、朱俱波、葱岭五国为聘礼，五国中有三国即位于葱岭一带，扼守通往中亚的交通要道，唐朝在进入西域之初就将对葱岭及其以西军防局势的考量纳入了战略规划中。显庆三年，唐朝将安西都护府迁往龟兹，并以疏勒为安西四镇之一，塔里木南北两道互为协防。此后，在唐蕃反复争夺塔里木时，唐朝在西域驻扎的兵力有限，对于疏勒的统治并不稳定，西突厥余部与吐蕃联军侵扰之时，疏勒成为天山廊道的战略缓冲之地。

进入 8 世纪后，随着中亚形势的渐趋复杂，疏勒镇守军的战略地位得到进一步提升，成为唐朝逐鹿中亚的前沿基地。

---

① 《新唐书》卷四三《地理七》，第 1150 页。
② 《汉书》卷九六《西域传》，第 3898 页。

其一，稳定"唐之西门"，扼守葱岭通衢。开元十年，正处于北庭与安西两都护合置期，[1] 唐朝在西域的防御体系进一步加强。时吐蕃夺小勃律九城，小勃律王没谨忙求救于北庭，节度使张孝嵩遣疏勒副使张思礼率锐兵四千倍道往，大破吐蕃，杀其众数万，复九城，没谨忙受唐朝册封。此后，唐朝设置了葱岭守捉，地处喝盘陀国故地，亦即太宗当年提出的"聘礼"之一"葱岭国"，《新唐书·地理志》载"自疏勒西南入剑末谷、青山岭、青岭、不忍岭，六百里至葱岭守捉，故羯盘陀国，开元中置守捉，安西极边之戍"，[2] 此地成为安西都护府应对中亚局势的前沿基地。

葱岭守捉遗址位于今塔什库尔干石头城遗址，扼守翻越葱岭进入小勃律的三条道路：第一条为从塔什库尔干南越明铁盖达坂，沿洪扎河谷至吉尔吉特（小勃律）的道路；第二条为从塔什库尔干越红其拉甫达坂西行与上一条路合至坎巨提至小勃律之路；第三条即"瓦罕走廊"，瓦罕即休蜜、护密国，是连接塔里木盆地与兴都库什山地区、中亚的天然走廊，行程最短，仅320余公里，无大型交通障碍，水草丰盛，可四季通行。

其中第三条路最为便捷，是吐蕃"借道"小勃律以攻四镇的常用通道。自小勃律王没谨忙死后，苏失利之阴结吐蕃，西北二十余国皆臣吐蕃，时安西都护三讨之而无功。天宝六载，高仙芝以步骑一万进讨小勃律，"是时步兵皆有私马自随，仙芝乃自安西过拨换城，入握瑟德，经疏勒，登葱岭，涉播密川，遂顿特勒满川，行凡百日"，虏其王及其妻吐蕃公主，"拂林、大食诸胡七十二国皆震慑降附"。[3] 高仙芝讨伐小勃律之战结束了唐与吐蕃对小勃律20余年的争夺，稳定了唐之西门，其出兵也正是取道"瓦罕走廊"。

其二，隔绝吐蕃与突骑施的联系，保障四镇安全稳定。《新唐书·地理志》记载，从葱岭守捉经"不忍岭""青岭""青山岭""剑末谷"等至疏勒镇，从疏勒镇经"达漫城""葭芦馆""郁头州"等可到达龟兹拨换城，[4] 从拨换城沿"热海道"通往碎叶，这是安西都护府西部南北方向一条重要的军事防线，有效地隔绝了吐蕃与突骑施的联盟。这条防线对于西域安全至

① 孟凡人：《唐北庭都护府建置沿革》，《北庭和高昌研究》，第 65 页。
② 《新唐书》卷四三《地理七》，第 1150 页。
③ 《新唐书》卷一三五《高仙芝传》，第 4576—4577 页。
④ 《新唐书》卷四三《地理七》，第 1150 页。

关重要，早在调露元年碎叶设军镇时，"西域的三个要塞由北到南为唐构筑了一道防线，碎叶在北，疏勒居中，于阗在南。驻扎于此的唐军现在能更好地控制西突厥各部落。更重要的是，他们可以阻止吐蕃与这些部落联系，携手攻唐"。①

突骑施苏禄可汗，《资治通鉴》载："既尚唐公主，又潜通突厥及吐蕃，突厥、吐蕃各以女妻之。"②"突骑施与吐蕃的联盟使西域南北的两大势力合并一处，这对唐朝在西域的统治构成极大威胁。远从汉代凿空西域以来，中原王朝就视西域道路通断为大防。李唐王朝一心效法汉武，自然要打破突骑施－吐蕃联盟对西域的威胁。唐于是与阿拉伯秘密连横，酝酿出攻破突骑施－吐蕃的联盟大计。"③ 唐朝《敕突骑施毗伽可汗书》载："又可汗正为寇败，阙伊难如从我界过，葱岭捕获，并物奏来。所有蕃书具言物数，朕皆送还赞普，其中一物不留。"④ 正是吐蕃与突骑施频繁往来、其使者被唐朝葱岭守捉捕获的事例之一。

其三，疏勒为唐朝逐鹿中亚的前沿军事保障。开元二十七年，盖嘉运联合石国、史国进攻碎叶，另遣疏勒镇守使夫蒙灵詧与拔汗那偷袭怛逻斯城，"诏四镇诸军，大出汉南垒，问罪苏禄，洗兵滇河"，⑤ 黑姓彻底溃散，《册府元龟》载："处木昆匐延阙律啜部落、拔塞干部落、鼠尼施部落、阿悉告（吉）部落、弓月部落、哥系部落皆遣使谢恩，请内属，许之。"⑥ 疏勒地近葱岭并连通拔汗那，北行即可奇袭怛逻斯，此时疏勒镇守军势必成为策应盖嘉运行军的重要力量。

再如开元十年张孝嵩救小勃律之战，时疏勒副使张思礼将蕃、汉步骑四千救之，疏勒镇几乎倾尽军事力量，成为救援小勃律的主力军；又如李嗣业为陌刀将参与了高仙芝讨小勃律之战、怛逻斯之战，在高仙芝回京之后，进右金吾大将军，留任疏勒镇守使，密切关注大食、吐蕃等势力的动向，足以

① 〔加拿大〕王贞平：《多极亚洲中的唐朝》，贾永会译，上海文化出版社 2020 年版，第 159 页。
② 《资治通鉴》卷二一四，玄宗开元二十六年，第 6953 页。
③ 〔美〕白桂思：《丝绸之路上的帝国：青铜时代至今的中央欧亚史》，付马译，中信出版社 2020 年版，第 134 页。
④ 《曲江集》，第 479 页。
⑤ 《全唐文》卷四二二《四镇节度副使右金吾大将军杨公神道碑》，第 4307 页。
⑥ 《册府元龟》卷九七七《外臣部·降附》，第 11481—11482 页。

体现出唐朝仍然重视疏勒的战略地位及其主将调派，关注在中亚博弈的前沿军事保障。

（二）中亚动态与唐朝的国际地位

唐朝对于跻身中亚规划已久。显庆五年，五俟斤部中势力最强的阿悉结阙部以俟斤都曼为首，煽动疏勒、朱俱波、喝盘陀等葱岭小国进攻于阗，唐朝平叛之后，便派遣官员前往其地实地走访；次年，唐朝派遣"吐火罗道置州县使"王名远与董寄生去往葱岭以西，筹划在于阗以西、波斯以东分置都督府、州、县及军府事，不仅是为了稳定原西突厥属国，取代其统治地位，更是为以后逐鹿中亚奠定基础。

8世纪前叶，唐朝与大食联合灭掉突骑施后，中亚出现了权力真空，唐与大食将势力深入中亚。"中世纪早期的这一波帝国扩张使得当时的各帝国之间发生了直接的接触、交往，迫使各大帝国认识到其他帝国是与自身等量齐观的存在。这种局面在历史上还是第一次发生。"[1]

位于今费尔干纳盆地北部的拔汗那正当要道，"去疏勒二千余里"，是自疏勒出葱岭进入中亚的交通重镇。开元三年，大食与吐蕃联合废除附唐的拔汗那王，另立阿了达，拔汗那王奔安西求救，监察御史张孝嵩认为"不救则无以号令西域"，于是"帅旁侧戎落兵万余人，出龟兹西数千里，下数百城，长驱而进"，[2] 击败大食，威振西域。天宝十载，唐朝嫁和义公主于拔汗那，也正是为了巩固葱岭以西的局势。

在大食的东侵之下，其他中亚小国纷纷求救于唐。开元七年，康国王乌勒伽遣使上表："从三十五年来，每共大食贼斗战，每年大发兵马，不蒙天恩送兵救助。经今六年……臣等力不敌也……伏乞天恩知，委送多少汉兵来此救助臣苦难。"[3] 同时俱密国王那罗延也上表云："……旧来赤心向大国，今大食来侵，吐火罗及安国、石国、拔汗那国并属大食。臣国内库藏珍宝及部落百姓物，并被大食征税将去。伏望天恩处分大食，令免臣国征税。臣等即得久长守把大国西门。"[4] 俱密国为安西都护府所领吐火罗道十六都督府

① 〔美〕白桂思：《丝绸之路上的帝国：青铜时代至今的中央欧亚史》，第139页。
② 《资治通鉴》卷二一一，玄宗开元三年，第6832页。
③ 《册府元龟》卷九九九《外臣部·请求》，第11722—11723页。
④ 《册府元龟》卷九九九《外臣部·请求》，第11722页。

中的至拔州都督府所在地，苦于大食的压榨，请求唐朝"处分大食"以免除征税，充分反映出唐朝在中亚的实际影响力和宗主国地位。

此后，安西都护府在中亚频繁活动，并积极主动介入中亚复杂的局势中。自天宝六载的小勃律之战后，"突厥人被排斥了，康居起义了，大食人刚刚陷入内部分裂，唐朝从未如此强大过"，[①] 唐朝在中亚的大国地位到达顶峰。天宝九载，吐火罗苦于羯师国与吐蕃的联兵，遣使求救于唐，安西节度使高仙芝遂发兵讨羯师国，虏其王，立其兄为王。而后，高仙芝乘胜又进入石国，伪与石国约和，却引兵攻袭，虏其王及部众，杀其老弱，"掠得瑟瑟十余斛，黄金五六橐驼，其余口马杂货称是，皆入其家"。[②] 石国王子逃到中亚，与诸国欲引大食兵共攻四镇，高仙芝于是主动出兵，深入七百余里，在怛逻斯与大食相遇，但由于葛逻禄部落临阵倒戈，唐军大败。

然则怛逻斯之战的失利并没有使唐朝终止在中亚的活动，"到753年，唐军已经将吐蕃在中亚的所有地盘收入囊中，并持续向青藏高原推进。755年，吐蕃帝国又发生内乱，唐朝攻灭吐蕃似乎已成定局"。[③] 天宝十二载，"安西节度使封常清击大勃律，至菩萨劳城，前锋屡捷，常清乘胜逐之"，[④] 大破大勃律而还。这一时期，"很多亚洲国家、政权的君主并没有公开挑战唐的中心地位。他们仍然与唐保持着官方联系，接受唐朝皇帝的册封以巩固其在国内的地位，争取唐朝支持自己对他国领土的申索，确保得到唐朝的军事援助和保护，以及获得接触唐朝的物质财富和先进文化的机会"。[⑤] 相较于贞观年间太宗对于康国内附的请求所表现出的"缓急当同其忧。师行万里，宁朕志邪"[⑥] 的顾虑，此时的唐朝国威远扬，面对中亚博弈大局中的合纵与连横，始终以安西都护府作为核心力量，以塔里木盆地安西四镇为基地保障，牢牢控制着丝绸之路关键区域，同时对于昭武九姓地区影响深远，充分展现出在中亚国际局势中的大国地位。

---

① 〔法〕鲁保罗：《西域文明史》，耿昇译，中国藏学出版社2014年版，第224页。
② 《资治通鉴》卷二一六，玄宗天宝九载，第7020页。
③ 〔美〕白桂思：《丝绸之路上的帝国：青铜时代至今的中央欧亚史》，第147页。
④ 《资治通鉴》卷二一六，玄宗天宝十二载，第7040页。
⑤ 〔加拿大〕王贞平：《多极亚洲中的唐朝》，第315页。
⑥ 《新唐书》卷二二一《西域传》，第6244页。

第 六 章

碎叶：天山廊道的西向纵深与信息前沿

碎叶地处西天山北麓，唐朝曾在此设置碎叶镇作为安西四镇之一，唐朝、突厥、吐蕃、大食、粟特"四方五强"会聚于此。碎叶镇是通往粟特"昭武九姓"之地和波斯的西部重镇。在复杂的周边环境中，碎叶镇不仅维护了西天山的军事安全，而且充分利用了该地商业、宗教队伍的作用，及时获取时局变化、军事变动、商业贸易等方面的信息，成为唐朝西向交通和经略的信息前沿。

第一节　碎叶地区的考古与历史

碎叶城位于天山西部楚河流域的碎叶川，是天山廊道交通要道上的关键节点。从这里向南可以进入费尔干纳盆地，向西可以进入里海、地中海，向东可以沿着"碎叶道"到弓月城和庭州，沿"热海道"到安西。早在唐军涉足碎叶之前，突厥人和粟特人就在这里建立了广泛的统治。碎叶及其周边古城遗址出土的大量文物也体现了这一历史。

一　楚河盆地和碎叶绿洲

碎叶依托西天山山间的楚河盆地，依山靠河，位于楚河流域核心地带。楚河发源于西天山，源出泰尔斯凯山和吉尔吉斯山，由朱瓦纳鲁克（Dzhuvanaryk）和科奇科尔（Kochkor）两河汇合而成，向北经博阿姆峡谷（Boam Gorge）、纳琼－克奥明河（Chon－Kyomin）后转西北，穿过肥沃的楚河盆地，最后消失于莫因库姆（Muyunkum）沙漠和别特帕克达拉草原之中，全长 1028 公里，流域面积 2.25 万平方公里。楚河盆地在唐代被称为"碎叶川"，呈东西走向，该走廊长 200 公里，最宽处 80 公里，两边雪峰林立，平均海拔 3700 米。楚河流域类型同河西走廊大体相似。东部相对敞开与伊塞克湖连接，西部与塔拉斯盆地连为一体，并与费尔干纳盆地相通。

　　楚河流域种植业比较发达，是谷物、蔬菜、水果的主要产区。楚河流域中古城镇多有大片耕地围绕城垣，其面积是城镇自身的数倍，证明其与农业密切相关。碎叶遗址有木犁出土。楚河流域至今仍然是吉尔吉斯斯坦主要的农业基地。

图 6-1　楚河平原

　　碎叶的西部紧邻着广大的粟特地区，又称索格底亚那（Sogdian），泛指中亚以泽拉夫善河（Zarafshan）为中心，阿姆河（Oxus）与锡尔河（Syr Darya）之间的河中地区。根据记载，公元前一千纪中期，这一地区开始有了城市。① 公元前 7 世纪，这一地区以人工灌溉系统为基础的农业已比较发

---

① M. A. Dandamaev, *A Political History of the Achaemenid Empire*, p. 38.

达。此后，河中地区先后经历了阿契门尼德王朝、亚历山大帝国、嚈哒、突厥及阿拉伯人的统治。

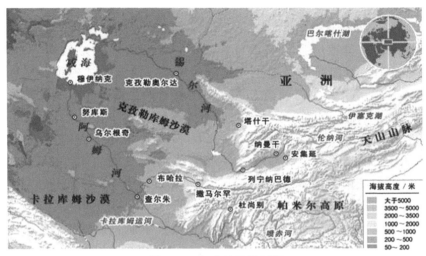

图 6 - 2 河中地区地形图

二 碎叶早期的历史

从 5 世纪到 11 世纪，碎叶周边经历了不同族群的治理以及不同文化的碰撞与融合，使碎叶从一处商业据点最终演变为政治、文化、贸易中心。碎叶考古文化大致可以分为三个时期，即粟特—西突厥时期（5—7 世纪）、安西四镇时期（7、8 世纪之交）以及突骑施—葛逻禄—喀喇汗时期（8—11 世纪）。[1]

突厥对碎叶及西部地区的统治权来自嚈哒。约 5 世纪中叶，嚈哒控制葱岭以西广大土地。5 世纪到 6 世纪，嚈哒与西邻萨珊王朝经历了长达 100 多年的战争纠葛，到 6 世纪中叶，其东邻突厥已逐渐崛起，与萨珊王朝一拍即合，对嚈哒形成夹击之势，突厥主攻阿姆河以北，波斯军队主捣阿姆河以南，公元 558 年前后，突厥与波斯以阿姆河为界，瓜分了嚈哒的领土。

然而阿姆河两岸并没有就此太平无事。不到 10 年的时间，失去缓冲之地的突厥与波斯之间的直接摩擦日益增多，对于丝绸之路贸易使用权的需求

---

① 努尔兰·肯加哈买提：《碎叶》，上海古籍出版社 2017 年版，第 141 页。

成为双方相互争夺的导火线。突厥娴熟运用联合夹击的战略，与波斯西边的拜占庭积极取得联系，迅速越过锡尔河，联合夹击波斯。波斯在突厥与拜占庭的联合攻击下日益衰落，最终为阿拉伯人灭国。突厥趁此机会将疆域拓展到碎叶之西，实力强劲。

7 世纪初玄奘西行拜谒突厥可汗之时，看到的碎叶是这样一番景象："城周六七里，诸国商胡杂居也。土宜穈、麦、蒲萄，林树稀疏。气序风寒，人衣毡褐。"① 此时唐朝尚未进入天山廊道的中西部地区，此地尚属突厥势力范围。"城北有碎叶水，水北四十里有羯丹山，十姓可汗每立君长于此。"② 贞观十三年，西突厥内乱，沙钵罗可汗设立南庭于羯丹山一带。③ 以碎叶水为中心，西突厥十姓部落分列两厢，分别由五咄陆部和五弩失毕部率领。此时西突厥国力正盛，兵强马壮，统治遍及河中地区，玄奘还受到了正于此打猎的西突厥可汗的热情招待。

碎叶也是粟特人活跃的地方。5 世纪前后，早期的粟特部落就出现在这里，带来了最早的农耕文明和他们的信仰。碎叶向西到怛逻斯一线处在东西交流的交通线上，大量粟特人来往经停。《布哈拉史》记载，确实有不少安国的贵族和商人移民到这一地区。《宋高僧传》卷一八《僧伽城》中所记述的何国不是康国之西的何国（屈霜你伽），而是何国的移民在碎叶城东北所建立的聚居点。④ 唐乾陵蕃人像中有"碎叶州刺史安车鼻施"的名字。⑤ 安车鼻施应当是一个安国粟特人，或是由于突厥的统治已经突厥化的安国粟特人。⑥ 考虑到边地的羁縻府州中的刺史存在世袭的可能性，以及粟特人在丝绸之路上对经济命脉具有绝对的控制权，故可以推测碎叶城中不仅存在一定数量的粟特人，而且他们很有可能凭借自身强大的经济实力获取较高的社会地位。

碎叶以西的河中地区，大小粟特城国林立。"素叶已西数十孤城，城皆

---

① 《大唐西域记校注》，第 71 页。
② 《新唐书》卷四三《地理七》，第 1149—1150 页。
③ 王小甫：《试论碎叶城与八喇沙衮城的兴替》，《中亚研究资料》1984 年第 1 期。
④ 张广达：《唐六州胡等地的昭武九姓》，《西域史地丛稿初编》，第 264 页。
⑤ 陈国灿：《唐乾陵石人像及其衔名的研究》，《陈国灿吐鲁番敦煌出土文献史事论集》，第 172 页。
⑥ 许序雅：《唐朝与中亚九姓胡关系史研究》，兰州大学出版社 2012 年版，第 114 页。

立长，虽不相禀命，然皆役属突厥。"① 这些国家精于商贸，但是绿洲经济的区域性、分散性和商业的流动性，使得这些绿洲国家在政治上较为弱小，常常被游牧帝国和中原王朝所统治。② 突厥人虽然统治了河中地区，但对粟特诸国的管理极为松散；虽然接受昭武诸国的臣服与纳贡，但不去改变其内部的统治关系。③

在宗教信仰方面，碎叶及以西粟特地区受波斯、印度及中国等诸多古文明影响，各宗教异彩纷呈，其中以祆教为盛，其是突厥与粟特人共同的信仰，也称"拜火教"。《大慈恩寺三藏法师传》记载："突厥事火不施床，以木含火，故敬而不居，但地敷重茵而已。"④ 玄奘在康国也看到："王及百姓不信佛法，以事火为道。"⑤

今天的撒马尔罕阿弗拉西阿卜博物馆大使厅南墙所绘的壁画描绘了石国庆祝新年的场景。壁画绘献无人骑的空马给太阳作为牺牲，仪仗使用口罩"帕拉姆"等都是祆教的传统习俗。⑥ 随着东西文化交往日益密切，碎叶及其以西粟特地区受汉文化及佛教影响逐渐加深。阿拉伯人统治中亚后，祆教逐渐为伊斯兰教所取代。

在突厥语系族群中，突骑施人最先开始使用粟特文字母拼写自己的语言。至少在公元6世纪，粟特语就已盛行于粟特地区了。⑦ 后来被西迁的回鹘人接受并广泛使用，成为回鹘文或维吾尔文。

三　碎叶及周边古城的考古发现

中原王朝很早就已尝试涉足西域。西汉伐宛之战以后，中原王朝意识到经营天山绿洲的重要性，这一时期出土的陶器等可以证明汉已经与楚河流域的乌孙有了一定的接触。唐代在该地区的经营，已经被诸多考古发现的遗存

---

① 《大唐西域记校注》，第 72 页。
② 〔日〕松田寿男：《古代天山历史地理学研究》，第 11 页。
③ 熊义民：《粟特昭武王室考》，《暨南学报》1993 年第 1 期。
④ 《大慈恩寺三藏法师传》，第 28 页。
⑤ 《大慈恩寺三藏法师传》，第 30 页。
⑥ 〔法〕葛乐耐：《驶向撒马尔罕的金色旅程》，毛铭译，漓江出版社 2016 年版，第 9 页。
⑦ 余太山：《大宛和康居综考》，《西北民族研究》1991 年第 1 期；熊义民：《粟特昭武王室考》，《暨南学报》1993 年第 1 期。

所证实，其中最为典型的是碎叶古城。

（一）碎叶城遗址

碎叶城遗址在今吉尔吉斯斯坦托克马克城西南 8 公里处的阿克 - 贝希姆（Ak - Beshim）。对古城的考古发掘有着百余年的历史。1893—1894 年，俄国学者瓦·符·巴托尔德（V. V. Bathold）考察阿克 - 贝希姆古城时认为，该地是黑汗王朝与西辽王朝都城巴拉沙衮。20 世纪 80 年代以来，在阿克 - 贝希姆古城先后发现了两块刻有汉文的残碑，第一块发现于 1982 年，该残碑上有 "□西副都□碎叶镇压十姓使上柱国杜怀□" 等字样，据俄罗斯汉学家苏普南科的考证，"杜怀□" 即唐代曾任安西都护、碎叶镇压十姓使的杜怀宝。[①] 第一块碑的发现解决了仅据传统文献不易解决的一些疑难问题，为碎叶古城的准确认定及其与唐代文化之关联提供了有力的旁证。[②] 此外，考古工作者还发现了武则天时期修筑的大云寺。由此，证明了阿克 - 贝希姆古城就是碎叶镇。[③]

图 6 - 3　碎叶城遗址航拍图（杨林　图）

---

①　〔日〕内藤みとり：《吉尔吉斯斯坦发现杜怀宝碑铭》，于志勇译，《新疆文物》1998 年第 2 期。
②　张广达：《碎叶城今地考》，《西域史地丛稿初编》，第 22 页。
③　尚永亮：《唐碎叶与安西四镇百年研究述论》，《浙江大学学报》2016 年第 1 期。

1. 碎叶城遗址概貌及重要建筑

碎叶古城由子城（内城）、附城（罗城）、宫城及墓葬群四部分组成，[①]城市周围是关厢。城市的平面呈长方形或方形。城墙高大，有较复杂的防御设施，如马面、角楼、瓮城等，城外挖有堑壕。城内有居民区、手工业区和商业区，也存在许多宗教建筑。建筑多采用垛泥法和土坯法交替使用的方法建造，墙台基一般是用垛泥法砌筑。

古城最外层有缭墙和壕沟。缭墙有南、西、北三段，从三边环绕碎叶城。缭墙西段可能有马面建筑，二者一同组成了最外围的防御工事。缭墙西北角有一座正方形城堡或戍堡（Turtkil），现叫小阿克－贝希姆。参与考古发掘工作的努尔兰·肯加哈买提倾向认为，城堡是碎叶古城防御系统的组成部分，具有哨所的功能。[②]

碎叶古城具有鲜明的中原地区的建筑风格，在建筑技术、建筑形式、建筑材料、布局特征、规划特点、宗教艺术诸方面，受到中原地区的强烈影响，因而十分引人瞩目。

子城在古城西北隅，建立在丘岗之上，呈不规则的四边形，面积约 0.35 平方公里，是全城的要害位置。子城城垣转角处均发现土台基，可能均为角楼。子城发现的重要遗迹有宫城、第二景教堂等。宫城位于子城的西南角，是高约 8 米的四方形土岗，可能是当时该城统治者的住处。宫城始建于 7—8 世纪，在原有的子城城垣的基础上建造而成。早期宫城为拱顶建筑，带有围墙自成一区，四角有四座塔楼，中部是院落。宫城并不是建好之后就一直沿用到被废弃，而是持续有不同程度的改建。其早期文化层出土了属于 7—8 世纪的陶器以及部分建材、生活用具和钱币等。突骑施乌质勒移牙碎叶后，宫城成为突骑施汗庭。[③]

碎叶宫城的布局有两大特点：第一，作为防御工事，建造于原先的城垣基础上，而大部分粟特宫城是跟子城同期建造的；第二，相对于子城来说，面积很小，这与其他粟特城市的宫城不一样。

---

① Voronina, V. L., "Rannesrednevekovyy gorod sredney azii", *Sovetskaya Arheologiya*, 1959, c. 87, 转引自努尔兰·肯加哈买提《碎叶》，第 86 页。

② 努尔兰·肯加哈买提：《碎叶》，第 89 页。

③ 努尔兰·肯加哈买提：《碎叶》，第 182 页。第二景教堂位于碎叶子城东南角，约为 10—11 世纪建筑遗址。

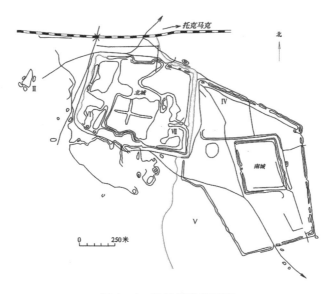

图 6-4　碎叶遗址平面图

图 6-5　碎叶子城遗址现状（杨林　图）

　　罗城修筑时间晚于子城，城内考古发掘中 8—9 世纪的文化堆积最为丰富，说明罗城兴盛主要是在 7 世纪下半叶、8 世纪初。这一区域重要的遗址有伯恩施塔姆遗址和第一景教堂遗迹两处。伯恩施塔姆遗址位于一座长方形生土台基上，面积约有 7232 平方米，台基北侧有僧房、库厨等建筑物与佛堂。遗址出土了大量瓦当、板瓦等遗物，绝大部分属于唐代，[1] 城墙弯曲不直，颇类史书中碎叶城"面三门，纡还多趣以诡出入"[2] 的记载。杜怀宝碑亦发现于此处。故可证明伯恩施塔姆遗址当为唐王方翼修建的碎叶城衙署所在。[3] 第一景教堂位于罗城西北边土岗上，教堂带有墓地，年代约在公元 8 世纪。[4]

考古发现的第一、第二佛寺以及摩尼教徒墓地和"寂静之塔"遗迹位于碎叶城外围关厢。第一佛寺遗址位于宫城西南 100 米处的土岗上。经发掘清理，遗址东西长 76 米，南北宽 22 米，可分为东、西两部分：东部包括大门旁的建筑（门楼）和院落遗迹；西部包括正殿、佛堂遗迹。佛寺墙壁残高约 3 米，坐西朝东。经考证，第一佛寺为武则天时期所建大云寺。根据文献记载，天授元年至神龙元年，唐王朝曾敕令各地建造大云寺。王孝杰于长寿元年收复四镇后，碎叶被列为"安西四镇"，升格为军级建制，碎叶的大云寺当是建造于这一时期。碎叶之建大云寺，是唐代政令及于边疆的强有力的证明。[5]

除第一佛寺和伯恩施塔姆两处遗址外，第二佛寺也是属于安西四镇时期的。第二佛寺位于第一佛寺东 250 米处的土岗上，土岗面积为 2750 平方米。形制与第一佛寺类似，皆为回字形佛寺，庭院式布局，院内十字折角型佛堂与高昌地区藏传佛教风格的佛堂颇为相似，或许该寺渊源可能来自西藏地区。[6] 这些佛寺的出现应该与在碎叶戍边的大批唐军及其家眷和吐蕃人有密

---

① Kyzlasov, L. R., "Arheologičeskie Issledovaniya Na Gorodiše Ak-Bešim v 1953 – 1954, g. g.", *Trudy Kirgizskoy Arheologo-Etnografičeskoy Ekspedicii* Ⅱ, Moskva, 1959, C. 126. 转引自努尔兰·肯加哈买提《碎叶》，第 174 页。

② 《旧唐书》卷八四《裴行俭传》，第 2803 页。

③ 努尔兰·肯加哈买提：《碎叶》，第 174 页。此外关于衙署遗址的具体地点，学界还有两种观点。第一种，张广达等认为碎叶子城为碎叶城；第二种，葛尔雅切娃和皮列葛多娃等认为王方翼扩建的碎叶城是五角形的罗城。

④ Kyzlasov, L. R., "Arheologičeskie Issledovaniya Na Gorodiše Ak-Bešim v 1953 –1954, g. g.", *Trudy Kirgizskoy Arheologo-Etnografičeskoy Ekspedicii* Ⅱ, Moskva, 1959, C. 231. 转引自努尔兰·肯加哈买提《碎叶》，第 117 页。

⑤ 张广达：《碎叶城今地考》，《西域史地丛稿初编》，第 22 页。

⑥ 努尔兰·肯加哈买提：《碎叶》，第 218 页。

切关系。《新唐书》中"安西都护府"条下注称"有保大军，屯碎叶城"，[①]表明在碎叶镇时期，这里有大量驻军。佛寺可能是为了满足碎叶城镇汉族官吏和内地汉兵宗教信仰需要而建。[②] 同时，戍边士卒将故乡的佛教信仰带到这里，有力地推动了碎叶的宗教文化交流。

"寂静之塔（dakhma）"发现于罗城西南垣半开垦的圆形台地上，是祆教徒用来举行葬礼的地方，遗址周边出现了大量突厥遗物，属于粟特—西突厥时期遗存。

2. 遗址的重要出土文物

20世纪80—90年代，碎叶古城相继发现两块刻有汉文的石碑。第一块由红花岗石制成，高约13厘米，宽约32.6厘米，厚约11厘米。残留汉字11行，每行4—6字。[③] 根据碑文内容推测，此碑系时任"安西都护、安西副都护""碎叶镇压十姓使"杜怀宝为其父母冥福所造造像碑基座，建造时间应该在调露元年至垂拱二年之间。[④] 这一时间杜怀宝与王方翼职任对调，"自金山都护更镇安西，遂失蕃戎之和"，[⑤] 随后阿史那车簿叛乱，碎叶第三次失陷。这块碑为证明阿克－贝希姆古城就是碎叶遗址提供了有力证据。

第二块碑于1997年由当地居民发现于阿克－贝希姆子城南侧耕地里，位于碎叶城第二佛寺附近。残碑系砂岩质，高约30.5厘米，宽约16厘米，厚约4厘米。从形状看，大概是一个汉式碑石的左下角。[⑥] 目前学术界对此碑并未形成统一意见，大致有裴行俭纪功碑、汉文墓志及室内雕刻品三种说法。但不可否认，从石碑的内容、形制等方面都可看到唐代中原与碎叶之间信息交流、文化交往之繁盛。

除了石碑，碎叶遗址还出土了5—11世纪各个时代的钱币，数量巨大。西突厥统治时期，碎叶流通的钱币是突厥—粟特钱币，由突厥可汗发行。安西四镇时期，大量往来的商人和僧侣将唐朝的货币带到这里，遗址中"开

① 《新唐书》卷四〇《地理四》，第1048页。

② 努尔兰·肯加哈买提：《碎叶》，第150页。

③ 努尔兰·肯加哈买提：《碎叶》，第184页。

④ 周伟洲：《吉尔吉斯斯坦阿克别希姆遗址出土唐杜怀宝造像题铭考》，《唐研究》第6卷，北京大学出版社2000年版，第383—394页。

⑤ 《新唐书》卷一一一《王方翼传》，第4135页。

⑥ 努尔兰·肯加哈买提：《碎叶》，第187页。

元通宝"屡见不鲜。此后突骑施汗国时期，出现了经过粟特人改动的具有唐朝钱币样式的突骑施钱币。[①] 此外还有和可汗名关系密切的其他钱币。如此种类繁多的钱币的出现，证明从突厥汗国到突骑施乃至葛逻禄时期，碎叶一直是西天山一带的商业重镇，突厥、粟特、唐等地的商人往来于此，大规模的人员流动有力地促进了碎叶的信息流通。

碎叶城如今已成为吉尔吉斯斯坦境内的著名历史遗存。19世纪时，对于楚河一带领土的管理和治理，面临内忧外患的清朝心有余而力不足。1864年，清政府与沙俄签订了《中俄勘分西北界约记》，此后，包括碎叶在内的楚河上游原属中国的领土均被俄国侵占。今天的我们，或许只能从《大唐西域记》等古籍中一窥当年中亚的风土人情和社会发展盛况。

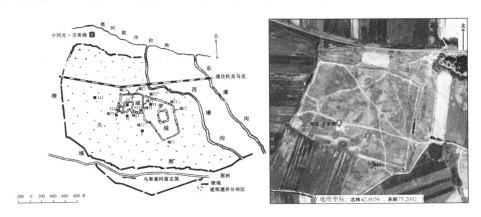

图6-6　阿克-贝希姆古城平面图与航拍图

资料来源：航拍图来自陈凌《丝绸之路的古城》，第254页。

2014年，碎叶古城再次被世界关注。当年6月，在卡塔尔多哈召开的第38届世界遗产大会宣布，由中国、哈萨克斯坦、吉尔吉斯斯坦三国联合申报的丝绸之路"长安—天山廊道路网"成功入选世界文化遗产名录。丝绸之路"长安—天山廊道路网"包括古丝绸之路沿线33处历史文化遗址，碎叶古城遗址名列其中。

---

① 努尔兰·肯加哈买提：《碎叶》，第158—160页。

（二）红河古城

红河古城遗址位于吉尔吉斯斯坦首都比什凯克市东部约 36 公里处，东距托克马克市约 36 公里，是中亚楚河流域最大的古代城址，是碎叶川古城遗址中保存得最好的一个。[①]

图 6 – 7 红河古城航拍图（杨林 图）

对于红河古城的调查已有百余年的历史。早在 19 世纪末，俄国学者巴托尔德在《中亚科学之旅报告》中曾经提到红河古城遗址。1939—1940 年，由伯恩施塔姆（A. N. Bernstam）领导的七河地区（Semirechinsk）考古队首次对该遗址进行了考古发掘，发掘主要集中在外城距城堡不远的地方和外城南侧的大型高地上。此后，吉尔吉斯斯坦科学院热穆亚克（P. N. Kozhemyako）、葛尔雅切娃（V. D. Goryacheva）等自 1970 年以来多次对红河古城进行了发掘，对古城内的墓葬、佛寺、城址等进行了考察，并且认为红河古城就是《新唐

---

① 陕西省考古研究院、吉尔吉斯斯坦科学院历史考古与民族学研究所：《吉尔吉斯斯坦红河古城西侧佛寺遗址 2018—2019 年度发掘简报》，《考古与文物》2020 年第 3 期。

书》中所记载的"新城"。① 根据《新唐书·地理志》，由安西到碎叶、怛逻斯的道路："自碎叶西十里至米国城，又三十里至新城。"② 碎叶城到新城为唐里 70 里，与今天两处碎叶城遗址与红河古城遗址的距离 36 公里相差不大。

该遗址中心部分由内城和外城组成，均呈长方形。外城利用了内城的北墙和西墙，将内城包在其中。外城东西长 980 米，南北宽 750 米；内城南北长 440 米，东西宽 360 米。整个遗址区东西最长 1800 米，南北最宽 1600 米，总占地面积约 2 平方公里。早期的测绘图显示，在外城的东、南、西三面，还有一个范围更大的外郭城，占地面积约 20 平方公里，现在除北墙还残存一些遗迹外，其余外郭城墙均无迹可寻。

西侧佛寺遗址位于外城的西南部，由 3 个土堆构成。东北侧的土堆即是 2010—2015 年吉俄联合考古队发掘的佛殿遗址。围绕大土堆的南、西、北三面，各有一道凸出的土梁，为寺院的围墙遗迹。中心大土堆位于寺院中部，其下部周围平面略呈"亚"字形，由东、南、西、北四面组成。虽然遗址发掘面积有限，但还是出土了大量的遗物。数量最多的是倒塌的泥砖，其次是残砖块和各类陶器残片，还有少量的铜耳环、钱币、壁画残块、铜片、玻璃残块等。

这种以塔院为中心或别置塔院的布局和结构在乌兹别克斯坦的铁尔梅兹（Termez）地区、塔吉克斯坦的库尔干秋别（Kurgan Tube）地区都有发现，而且两者的年代普遍偏早，约为公元 2—7 世纪。红河古城由内、外城构成，这与天山廊道沿途发现的托帕墩协海尔古城、多浪古城、托万阿帕克霍加古城、乌鲁木齐附近的乌拉泊古城、东天山的大河古城等由多结构的内外城或东西城组成类似，这些古城的年代多为唐代。红河古城的年代，据苏联学者的研究，基本断定在 7—12 世纪，不过因为之前未做过碳十四测年，尚未建立起一个遗迹、地层的年代序列。总体上看，所有标本的年代范围在 668—1018 年，相当于中国的唐代前期至北宋中期。2018—2019 年，陕西省考古研究院与吉尔吉斯斯坦科学院历史考古与民族学研究

---

① Philipp Rott, "The Research of the Kyrgyz Site Krasnaja Recka", *Preservation of Silk Road Sites in the Upper Chuy Valley Final Technical Report*, Freudne des Reiffe. v. Aachen Germany, 2008：1 - 2.

② 《新唐书》卷四三《地理七》，第 1150 页。

所联合对红河古城西侧佛寺遗址进行了两次发掘，发现了房址、圆形遗迹以及大量的倒塌堆积，出土了大量的建筑材料和陶片。初步推断该遗址的年代为 7—12 世纪。

图 6 - 8　红河古城西侧佛寺遗址位置

古城内所存宗教与民居建筑融合了突厥、印度、粟特以及中国文化风格，体现出古城在祆教、景教和佛教东传中的文化地位。古城亦是见证丝绸之路发展轨迹的一处重要遗存。① 2014 年 6 月，在卡塔尔多哈召开的第 38 届世界遗产大会上，红河古城作为丝绸之路"长安—天山廊道路网"之组成部分成功入选世界文化遗产名录。

（三）片治肯特古城

片治肯特古城位于塔吉克斯坦片治肯特城（Pendjkent）东南约 1.5 公里泽拉夫善河南岸一处较高的台地上，为 5—8 世纪遗存。

现存城址由城堡、城区、农庄以及墓地四部分组成。其中城堡位于城址

---

① 张安福：《环塔里木历史文化资源调查与研究》，上海人民出版社 2018 年版，第 229 页。

图 6 - 9　片治肯特古城遗址

西部，为三重城墙构筑，内部可见大殿与望楼遗迹。城区为城堡东面的高
地，遗存有东、南两面城墙，为土坯、泥土混筑，西、北两面居高临下以地
势据守。城区内建筑遗迹布局较为紧密，街道纵横交错构成街坊，部分有壁
画遗迹。农庄位于城区东部，仅相隔一渠。墓地位于城区南面，葬式遵循袄
教习俗：所葬尸骨均藏于方形陶棺之内，以钱币、器皿等物件随葬于地面上
的屋形墓内。

图 6 - 10　片治肯特古城航拍图（杨林　图）

20世纪70年代，考古工作者在城区的东南部商业与手工业中心出土多枚7—8世纪的仿汉圆形方孔铜制、银制的阿拉伯和粟特钱币。有学者认为钱币形制融合了希腊、伊朗以及中国唐代货币制造风格，由此推断该地与唐廷存在一定程度的交往。

此外，古城内还发掘出大量陶器、金属器、玻璃器和手工制品等，这对粟特历史及丝绸之路商贸活动的研究有着重要的价值。

（四）木鹿古城

木鹿古城位于土库曼斯坦境内穆尔加布河流域所孕育的木鹿绿洲地带，西南距拜拉姆阿里城约4公里，为公元前3世纪至公元13世纪遗存。①

图 6 – 11　木鹿古城遗址

古城地处东西方丝绸之路商道要冲，历史悠久，史前时期就有人类繁衍生息于此。公元前2世纪至公元3世纪，木鹿古城成为安息王国的中心城市。11—12世纪，木鹿古城最为繁荣，成为塞尔柱王朝的国都，随后又成为花剌子模国的中心城市。1222年，蒙古军队西征，木鹿古城从此废弃。

现存古城为二重城，由外郭、内城及城区三部分组成。外郭平面近似长方形，城垣均为土坯垒筑，每边各开城门一座。外郭周长约7.3公里，东城墙长约2公里，南城墙长约1.6公里，北城墙长约1.5公里，西城墙长约

①　张安福：《环塔里木历史文化资源调查与研究》，第235页。

2.2公里。这一长度与杜环在其《经行记》中对该城的记载大致相同。[1]内城位于北城墙中间，修筑时间较早，当地人称之为"埃尔克卡拉"。内城平面呈椭圆形，占地面积约1.2万平方米，中间遗存有一城堡，残高30余米。城堡南面为城区，占地面积约3.5万平方米。城区遗存两条呈十字形交叉的大道，交会处形成标志性建筑——城区中心建筑街坊。考古人员曾在此发现两座佛教寺庙及一座基督教修道院遗址，可见木鹿古城不仅是丝绸之路西段重要的商品中转站，而且是宗教传播重地。

图 6-12　木鹿古城航拍图

第二节　唐代碎叶的交通

中亚东部地区诸山的走向与河流的流向，决定了碎叶的交通以东西交通为主，南北交通不发达，东来道路在这里汇集，西去道路又经此扩散，实乃

---

① 杜环《经行记》中对木鹿古城的记载：其城方十五里，用铁为城门……其境东西百四十里，南北百八十里。《经行记笺注》，张一纯笺注，华文出版社2017年版，第72页。

襟山带河的咽喉之地。其地位与敦煌几同。[①] 以碎叶为中心，向东可接通天山南北两路，南路通过热海道进入塔里木盆地，北路可通过碎叶道到达庭州，再往北通过"草原之路"翻越阿尔泰山，横渡漠北；向西则通过粟特道进入昭武九姓之地，或继续西南行接通葱岭西路吐火罗道，或西北行远达拜占庭；向南可东转进入费尔干纳盆地到疏勒，也可沿纳林河谷直接与疏勒相交。在保障东西方交往、维护唐代西天山廊道安全的过程中发挥了重要作用。

一　东向：热海道、碎叶道、草原道

从碎叶向东行的道路主要有三条路，大体从南到北平行排列，依次为连接安西的"热海道"，直达庭州的"碎叶道"以及适合草原游牧族群长途奔袭的草原道。三条道路最终在碎叶交会。在此范围内，北部属于西突厥势力范围，五咄陆部都督府多置于此处；南部有唐设立的安西、北庭两大都护府并安西四镇，唐军实力略胜一筹；后突厥则可通过北方草原插手西天山事务。唐、西突厥及后突厥之间的战争，主要沿此线发生，三方力量聚焦于碎叶。

（一）热海道

西出龟兹至碎叶的道路被称为"热海道"，是天山南麓进出七河流域的便捷道路，是唐代丝绸之路中道进入中亚的道路之一。

图 6 – 13　热海道标识

①　许序雅：《唐代丝绸之路与中亚史地丛考——以唐代文献为研究中心》，商务印书馆 2015 年版，第 55 页。

1. 凌山

凌山即今新疆阿克苏地区乌什县西北 66 公里处的别迭里山口，唐代亦称为拔达岭、勃达岭。凌山是"热海道"中最难经过的区域，玄奘说该地"山谷积雪，春夏合冻，虽时消泮，寻复结冰。经途险阻，寒风惨烈，多暴龙，难凌犯。行人由此路者，不得赭衣持瓠大声叫唤，微有违犯，灾祸目观。暴风奋发，飞沙雨石，遇者丧没，难以全生"。[1] 一行人在此处损失惨重，"七日之后方始出山，徒侣之中馁冻死者十有三四，牛马逾甚"。[2]

图 6 – 14　进入凌山的别迭里山口道路

2. 热海

沙俄时期旅行家记载，越别迭里达坂后北行，过今阿克别里山口、喀什喀苏山口抵达伊塞克湖东岸，即唐代的"热海"，"伊塞克"有"热、温暖"之意，玄奘称其"对凌山不冻"。湖位于今吉尔吉斯斯坦东北部、天山西段，东西长 182 公里，南北宽 50 公里。"众流交凑，色带青黑，味兼咸苦，洪涛浩汗，惊波汩㶁，龙鱼杂处，灵怪间起。所以往来行旅，祷以祈福。水族虽多，莫敢渔捕。"[3]

伊塞克湖畔历来为兵家必争之地。汉代称伊塞克湖为"阗池"。据《汉

---

① 《大唐西域记校注》，第 67 页。
② 《大慈恩寺三藏法师传》，第 27 页。
③ 《大唐西域记校注》，第 69 页。

图 6 - 15　别迭里山口

书·陈汤传》，汉建昭三年（前36），陈汤远征康居，袭杀郅支单于。陈汤
与甘延寿引军分行，"别为六校，其三校从南道逾葱岭径大宛，其三校都护
自将，发温宿国，从北道入赤谷，过乌孙，涉康居界，至阗池西"。唐永淳
年间，西突厥阿史那车簿兵围弓月城，时任安西都护王方翼率军增援，与阿
史那车簿一同叛乱的三姓咽面部落交兵于热海湖畔。战争非常惨烈，流箭射
穿王方翼的手臂，王方翼用佩刀砍断箭杆继续作战，身旁的士兵竟然没有发
现主帅受伤了。最终王方翼大破西突厥及其联军。

　　湖"四面负山"，湖北有昆格·阿拉套山，《新唐书·地理志》载："傍
碎卜水五十里至热海。又四十里至冻城，又百一十里至贺猎城，又三十里至
叶支城。"① 则叶支城、贺猎城、冻城都在昆格山中。② 湖东南五十里有碎卜
戍，当是唐代在此驻军的重要见证。

<hr />

　　①　《新唐书》卷四三《地理七》，第1149页。
　　②　刘迎胜：《丝绸之路史研究论稿》，中国大百科全书出版社2018年版，第373页。

图 6－16　伊塞克湖

3. 裴罗将军城

穿过热海北部山区，到碎叶川口，向西北行可至裴罗将军城。"裴罗者，突厥种族中之人名也。"① 如突厥葛逻禄部有首领裴罗达干，黑姓突骑施可汗有阿多裴罗等。宋元时称为虎俟斛耳朵，为喀喇汗王朝和西辽的都城。裴罗将军城即今吉尔吉斯斯坦布拉纳，西距托克马克 18 公里，出城向西行约 6 公里即可到碎叶城，即今阿克－贝希姆遗址。

热海道虽地跨凌山，环境恶劣，道路崎岖难行，但由于从龟兹到碎叶直线距离最短，故人员往来频繁，唐军与突厥亦多在此交锋。景龙二年，阿史那忠节与突骑施娑葛相争，接受周以悌的意见入朝贿赂宰相宗楚客、纪处讷，朝中派遣御史中丞冯嘉宾安抚忠节，又派吕守素处置四镇，并派安西副都护牛师奖进兵讨伐娑葛。娑葛大怒，发兵四路攻打四镇，其中发兵五千骑出安西，五千骑出拨换，五千骑出焉耆，五千骑出疏勒。② 大军东出碎叶，最便捷的道路就是沿热海道翻越凌山东北直达拨换城，继而东进至安西、焉耆。

此后开元二年三月，碛西节度使阿史那献攻克碎叶，"顷服獯戎，绥其

① 王国维：《观堂集林》卷一四《西辽都城虎思斡耳朵考》，河北教育出版社 2003 年版，第 319 页。
② 《资治通鉴》卷二〇九，中宗景龙二年，第 6745 页。

种落"，① 擒获西突厥首领都担。阿史那献被册十姓可汗屯驻于焉耆是不容怀疑的，② 其平都担、收碎叶，就有可能是经由焉耆或从焉耆出发，即所谓"凌铁关之远塞"，③ 随后继续向西行军收复碎叶，极有可能走距离最短的热海道。

突骑施兴起后，以碎叶为大牙、弓月为小牙，唐中央将碎叶及其以西的管理权下放给突骑施。开元二十三年，唐深受突骑施东侵之扰，河西节度使牛仙客的军队与大食联合共讨突骑施，玄宗下令"宜密令安西征著汉兵一万人，仍使人星夜倍道，与大食计会，取叶护、勃达等路入碎叶"。④ 而此时碎叶道弓月至碎叶段已经成为突骑施领地，想要与大食密谋，"星夜倍道"，热海道无疑是最便捷的道路。

到天宝年间，杜环《经行记》记载："岭南是大唐北界，岭北是突骑施南界。西南至葱岭二千余里。其水岭南流者，尽过中国而归东海。岭北流者，尽经胡境，而入北海。"⑤ 可见杜环跟随高仙芝的军队前往怛逻斯，走的也是热海道。

（二）碎叶道

从碎叶东至庭州的道路被称为天山北路碎叶道。《元和郡县图志》"庭州"条记载，碎叶至庭州约有唐里二千二百二十里。⑥

《新唐书·地理志》详细记载了"碎叶道"经行的地区：

> 自庭州西延城西六十里有沙钵城守捉……渡石漆河，逾车岭，至弓月城。过思浑川、蛰失蜜城。渡伊丽河，一名帝帝河，至碎叶界。又西行千里至碎叶城，水皆北流入碛及夷播海。⑦

---

① 《文苑英华》卷四一七《授阿史那献特进制》，第2112页。
② 〔日〕松田寿男：《古代天山历史地理学研究》，第458页。
③ 刘安志：《敦煌吐鲁番文书与唐代西域史研究》，第192页。
④ 该路经由勃达路——从塔里木盆地到碎叶的主要道路，"叶护路"还不清楚具体方位。参见〔法〕沙畹《西突厥史料》。
⑤ 《经行记笺注》，第39—42页。
⑥ 《元和郡县图志》卷四〇《陇右道下》，第1033页。
⑦ 《新唐书》卷四〇《地理四》，第1047页。

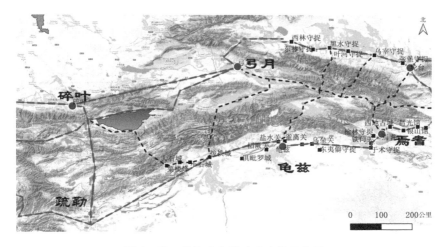

图 6－17　热海道和碎叶道交通示意图

1. 伊犁河谷地区

从碎叶城出发，向东行至弓月城的路线，史籍没有明确记载，但可以根据近年考古发现推测是沿伊犁河谷前进。哈萨克斯坦境内伊犁河中游比较重要的 8 世纪前后的古城遗址情况如下。

拉班（Laban）古城位于素木别（Sumbe）村北边，克特缅山（Ketmentau）北麓，西距阿拉木图 180 公里。古城平面形成南北走向的椭圆形，年代为 8—10 世纪。

剌瓦尔（Lavar）古城位于赤里克（Chilik）西边的同名城镇的附近。平面为方形，年代为 8—13 世纪。

阿噶什阿牙克（Agashayak）古城位于阿克塔木（Aqtam）西北 25—30 公里处。平面为正方形，年代为 8—12 世纪。

哈剌蔑尔干（Qaramergen）古城位于巴喀纳斯（Baqanas）东北 200 公里处，年代为 8—13 世纪。[1]

根据遗址分布点来看，8 世纪前后的古城主要沿伊犁河谷分布，主要交通路线亦不能偏离城镇过远。故可推测从碎叶前往弓月时可能沿伊犁河东北

---

① 努尔兰·肯加哈买提：《碎叶》，第 24—27 页。

行，至中游卡普恰盖东拐，继续沿河至今天的霍尔果斯口岸，从而进入今中国境内，绕过卡拉沙漠至弓月城。蛰失蜜城位置不详，思浑川当是今天的霍尔果斯河。①

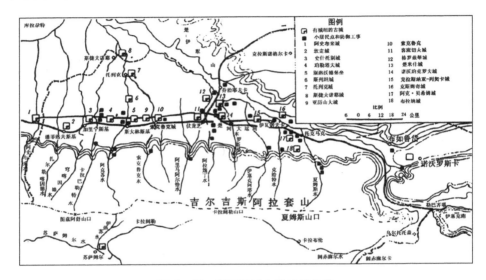

图 6-18　楚河流域古代城镇分布

资料来源：根据科热穆亚克绘制的地图翻译，转引自努尔兰·肯加哈买提《碎叶》，第6页。

2. 弓月城

沿碎叶道东行，可至《新唐书》记载的第一个大城弓月城，当时伊犁地区政治、军事、经济、交通的中心，先后有多个政权建牙于此，与碎叶遥相呼应。苏定方征讨阿史那贺鲁时，"至双河，与弥射、步真会，军饱气张，距贺鲁牙二百里，阵而行，抵金牙山。贺鲁众适猎，定方兵纵破其牙……贺鲁跳度伊丽水"，② 因此，贺鲁牙应在金牙山与伊丽水之间。金牙山即弓月山（或称车岭）。因此，靠近金牙山所建之牙当为弓月城。③ 此后统治碎叶的突骑施亦视碎叶为"大牙"，弓月为"小牙"。同时，弓月城亦是丝绸之

---

① 孟凡人：《丝绸之路史话》，第 97 页。
② 《新唐书》卷二一五《突厥传》，第 6062—6063 页。
③ 孟凡人：《北庭和高昌研究》，第 217 页。

图 6 - 19　弓月城遗存吐鲁番于孜旧城（刘华南　图）

路北道重要的商品集散地，过往商人在此囤积大量商品，《吐鲁番出土文书》中的《唐西州高昌县上安西都护府牒稿为录上讯问曹禄山诉李绍谨两造辩辞事》对各类商品的储存、贸易等有着详细的记载。①

弓月城地理位置还未确定，目前学界主要定位于伊宁市东北 26.2 公里处的吐鲁番于孜古城。② 以弓月城为中心，南向通过天山各条谷道与伊吾、高昌、焉耆相连，并由此进入塔里木盆地。据上文所提吐鲁番文书中"在弓月举取二百七十五匹绢向龟（兹）"可推知，还存在一条从龟兹到弓月城及其以西的"丝绸支路"，③ 东北则有回鹘道可通向漠北回鹘可汗牙帐，继续向东可前往庭州。

3. 双河都督府及其以东地区

从弓月城向东翻越科古琴山溯精河，即进入双河都督府范围。显庆三年，西突厥灭亡后，唐建双河都督府，至德元载又被葛逻禄占领，到开成五年（840）属喀喇汗王朝管辖。

过双河自西向东有西林、东林、黑水、叶河四守捉一字排开，皆位于今天乌苏市境内，但具体位置未定。叶河守捉以东有清镇军。

碎叶道地势相对平坦，视野广阔，适合军队千里奇袭，又横跨西突厥十姓诸部，地接弓月、碎叶二牙帐，是西突厥政治重心所在，唐朝用兵于此，常常能给突厥造成重大打击。早期唐朝与突厥之间数次大型战役都是沿碎叶道展开的。

显庆二年，唐朝征讨阿史那贺鲁，苏定方北出阿尔泰山，南下至塔城、博乐，至精河，继而走碎叶道；阿史那弥射从西州出发，经白水涧道至轮台达碎叶道，再西行至今精河附近转西北至双河与苏定方会师。其中，精河是经碎叶道向北至五咄陆诸部的主要岔路口。唐军距贺鲁所在百余里，列阵而行。时贺鲁众正在游猎，苏定方领兵突袭，大败之，贺鲁跳渡伊丽水，兵马多溺死。随后唐军沿伊丽水追击，苏定方追至碎叶水。萧嗣业军至千泉贺鲁

① 国家文物局古文献研究室、新疆维吾尔自治区博物馆、武汉大学历史系编《吐鲁番出土文书》第 6 册，第 470 页。

② 关于弓月城位置的考定，王国维在《长春真人西游记注》卷上《蒙古史料校注》中将之定位于元代阿力麻里城，即今伊宁霍尔果斯北面的废墟。

③ 孟凡人：《北庭和高昌研究》，第 217 页。

立牙帐之地继而南下在石国擒拿贺鲁。

调露元年，裴行俭平定阿史那都支与李遮匐的叛乱，领兵从莫贺延碛到西州，后奇袭兵至阿史那都支营帐，时阿史那都支为匐延都督，控五咄陆部，活动范围主要在碎叶水以东地区。擒获都支后，裴行俭又带领精兵沿碎叶道连夜进军碎叶，擒获遮匐。

永淳二年，阿史那车簿与三姓咽面反，高宗任命裴行俭为金牙道行军大总管，与将军阎怀旦等兵分三路前往征讨阿史那车簿。阿史那车簿围弓月城，王方翼领兵救之，到伊丽水。车簿军来迎，王方翼大破之。三姓咽面发兵十万南下与车簿合军，王方翼只得暂时屯兵热海，双方在热海展开激战，唐军大获全胜。王方翼从弓月城到热海当沿碎叶道伊犁河谷段行军。

（三）草原道

后崛起的东突厥也与西天山保持着联系。古突厥碑铭记载，还有一条从漠北突厥可汗的王庭出发，穿过阿尔泰山直达碎叶的道路。景云二年，后突厥大军西征，横穿漠北，长途跋涉而来，自南至北直插碎叶后背，大败人数一倍于己的突骑施军队，生擒突骑施可汗娑葛，令十箭部落均来投降。此后暾欲谷又挥师南下，南渡珍珠河（即今锡尔河），进入索格底亚那地区。毗伽可汗与阙特勤军队留在锡尔河北，平定黑姓突骑施余部势力。《阙特勤碑》东36—40记载：

> 当年，我们进军突骑施，越过金山，并渡过曳咥河。我们袭击尚在睡梦中的突骑施人。突骑施可汗的军队犹如烈火狂风般地从博勒济赶来，我们交战了。……我们在那里杀死了他们的可汗，夺取了他们的国土。黑姓突骑施全部臣服于我们，我们将这些人安置在塔巴尔。为了治理粟特人，我们渡过珍珠河，率军远至铁门。在此之后，黑姓突骑施发生反叛，前往投奔康曷利。[①]

《毗伽可汗碑》铭文内容与上文大体相似。芮传明先生考证，金山为今天阿尔泰山，博勒济为今博勒济尔河流域，塔巴尔今为塔尔巴哈台地区，康

① 芮传明：《古突厥碑铭研究（增订本）》，第183页。

曷利位于今伊塞克湖沿岸、楚河流域及塔拉斯河流域。① 沿途皆为荒山大漠，道路条件非常恶劣。又《暾欲谷碑》北Ⅰ-11碑文记载："我们翻过毫无通道的金山，渡过毫无渡口的曳咥河。我们在夜间派出一支突袭部队，黎明时分抵达博勒济。"② 可见突厥大军到达突骑施境内的速度非常快，并迅速结束了战斗。故此路仅有可能作为游牧族群相互攻伐、长途奔袭兵以速贵而走的道路。唐朝若与碎叶及河中地区进行贸易以及僧侣相互往来，通常不会选择此种凶险难行之路，故此路不见于中原王朝史籍中。

图6-20　达勒特古城遗址

二　西向：粟特道、新北道西段

从碎叶—怛逻斯—石国一线向西道分南北，向西南行接通葱岭西路吐火罗道，或西北行远达拜占庭。粟特道泛指从碎叶出发向西深入整个"昭武九姓"地区的交通路网。因诸国使用文字、服饰、风俗大体相似，玄奘将从素叶水城（碎叶城）至羯霜那国（铁门以北，今沙赫里沙勃兹）整个片区归为粟特地区。玄奘西行的道路也被称为"呼罗珊大道"。

> 自素叶水城至羯霜那国，地名窣利，人亦谓焉。文字语言，即随称矣。字源简略，本二十余言，转而相生，其流浸广。粗有书记，坚读其文，递相传授，师资无替。服毡褐，衣皮毡，裳服褊急，齐发露顶，或

---

①　芮传明：《古突厥碑铭研究（增订本）》，第217—218页。
②　芮传明：《古突厥碑铭研究（增订本）》，第245页。

总剪剃，缯彩络额。形容伟大，志性恇怯。风俗浇讹，多行诡诈，大抵贪求，父子计利，财多为贵，良贱无差。虽富巨万，服食粗弊，力田逐利者杂半矣。[①]

（一）粟特东部地区

粟特东部地区紧靠碎叶，途径千泉、怛逻斯、白水及石国等地，在政治、经济、交通等方面与碎叶一体相连，故对以碎叶为中心的西天山政局影响最深。

1. 千泉

出碎叶城继续向西，可至小城千泉。千泉故址位于今哈萨克斯坦梅尔克一带。[②] "泉池千所，故以名焉。"[③] 又以"既多池沼，又丰奇木，森沈凉润"[④]，被突厥可汗视为避暑之地。阿拉伯地理学家伊本·胡尔达兹比也记载这里环丘冒出水泉千眼，人们在此猎取黑雉。《大慈恩寺三藏法师传》中记为"屏聿"，学界多认为是突厥语的对音，基本都是取千泉之意。

2. 怛逻斯城

怛逻斯城是七河流域最大的城市。城址在今哈萨克斯坦江布尔城，今名塔拉斯。[⑤] 哈萨克斯坦学者定为扎木嘎特（Djamukat）城，该古城从公元6世纪一直存在到公元12世纪，为怛逻斯之战的发生地。[⑥]

江布尔东距托克马克60余公里。玄奘记载"千泉西行百四五十里，至咀逻私城"，然据《新唐书·地理志》："自碎叶西十里至米国城，又三十里至新城，又六十里至顿建城，又五十里至阿史不来城，又七十里至俱兰城，又十里至税建城，又五十里至怛罗斯城。"[⑦] 按今人考据，贾耽所言米国城似指加尔迪齐所指出的福特科雅勒（古达玛作胡特科帕勒）村。该村的首

---

① 《大唐西域记校注》，第72页。
② 许序雅：《唐代丝绸之路与中亚史地丛考——以唐代文献为研究中心》，第29页。
③ 《大唐西域记校注》，第76页。
④ 《大慈恩寺三藏法师传》，第29页。
⑤ 《大唐西域记校注》，第78页。
⑥ 刘迎胜：《丝绸之路史研究论稿》，第369页。
⑦ 《新唐书》卷四三《地理七》，第1150页。

领出身于突骑施部。① 俱兰城当在今莫因库姆沙漠的阿克尔托别城附近。②
此又与玄奘的记载里程有出入，但与 9 世纪游历中亚的穆斯林地理学家的记
载相差不远。《新唐书·地理志》主要参考贾耽的《皇华四达记》，成书于
8 世纪，而玄奘游历的时间在 7 世纪，或可推测这一时期碎叶至怛逻斯的路
线也许发生过变化，前后交通不一可能与这一时期当地政治形势发生变
化有关。③

　　怛逻斯"城周八九里，诸国商胡杂居也。土宜气序，大同素叶"。④ 初
唐时期，碎叶水和怛逻斯一带为五弩失毕部旧地，与阿史那贺鲁反叛所依靠
的五咄陆各部有旧怨。阿史那贺鲁兵败后仅带少数亲信西逃，不但无再起之
望，而且也得不到任何支持。苏定方等追至碎叶水，再破阿史那贺鲁，"尽
夺其众"。⑤ 此外，怛逻斯城也是粟特人活跃的中心之一。从种种迹象判断，
粟特人的东来是沿着怛逻斯河、楚河流域推进的。⑥ 这一带形成早期商业点
并逐渐发展为大城市，应当得益于粟特人的奠基。在突骑施统治时期，可汗
一度迁王庭于怛逻斯，故怛逻斯在西天山的重要性不亚于碎叶。正如沙畹所
言，"观碎叶及怛逻斯两城在西突厥历史中人物之重大，知其为应失毕诸部
落之两大中心"。⑦

　　怛逻斯以南又有一小孤城，是为突厥人所劫掠的中原地区的百姓聚集形
成的一个小城，"衣服去就，遂同突厥；言辞仪范，犹存本国"。⑧ 可见当时
自中原而来的移民之多，该地与内地往来之频繁。今地不详。

　　3. 白水城及恭御城一带

　　出怛逻斯城，沿塔拉斯河西南行可至唐白水城，即今哈萨克斯坦奇姆肯
特以东 13—15 公里处的赛拉姆村（Sairam），"城周六七里。土地所产，风

---

　　① 加尔迪齐《记述的装饰》俄译文，《巴托尔德文集》卷八，第 61—62 页，转引自张广达《碎叶
城今地考》，《西域史地丛稿初编》，第 7 页。
　　② 许序雅：《唐代丝绸之路与中亚史地丛考——以唐代文献为研究中心》，第 53 页。
　　③ 许序雅：《唐代丝绸之路与中亚史地丛考——以唐代文献为研究中心》，第 135 页。
　　④ 《大唐西域记校注》，第 77 页。
　　⑤ 孟凡人：《北庭和高昌研究》，第 90 页。
　　⑥ 张广达：《西域史地丛稿初编》，第 264 页。
　　⑦ 〔法〕沙畹：《西突厥史料》，第 196 页。
　　⑧ 《大唐西域记校注》，第 78 页。

气所宜，逾胜呾逻私。"① 白水城位于从天山北麓前往伏尔加河流域以至欧洲，或赴塔什干（石国）、西亚地区的岔路口。以其为中心，东北 180 公里可至江布尔（呾逻私），向南可至塔什干（石国），从而东入费尔干纳盆地。其很长时期内是穆斯林在西亚西北部的最前哨，因而多次被 10 世纪穆斯林地理学家所提及。

白水城西南行可至恭御城，"城周五六里。原隰膏腴，树林蓊郁"。② 城址当在阿拉伯地理学家伊斯塔赫里所说的"察赤—伊拉克"地区之内。但考古发掘成果还不足以确定恭御城的方位。③

出恭御城南行可至笯赤建国，苏联考古学家将此城比定为今塔什干地区的汗阿巴德。④ "地沃壤，备稼穑。草木郁茂，华果繁盛，多蒲萄，亦所贵也。城邑百数，各别君长，进止往来，不相禀命。虽则画野区分，总称笯赤建国。"⑤

4. 石国

出笯赤建国往西，可至石国，王治柘折城，又称柘支、赭时。国西临叶河，即今锡尔河。国治位于今天的乌兹别克斯坦塔什干，历史上发生过几次大的转移。605—750 年塔什干地区的政治中心迁移到明格鲁格（Mingrug），即石国的宫廷所在地阿克－特帕（Ak－Tepa）遗址。该遗址位于塔什干市中心东南方 15 公里处，整个遗址面积达 1 平方公里，其中心是衙署所在地。⑥ 从 750 年至 12 世纪上半叶，塔什干政治中心又迁至今塔什干市中心的宾卡特（Binkat）遗址所在地；从 12 世纪下半叶到蒙元时代，又迁至塔什干市西南约 50 公里的班那卡特遗址所在地。⑦

石国是粟特北部的交通枢纽。以石国为中心，向南有两条路前往撒马尔

---

① 《大唐西域记校注》，第 79 页。

② 《大唐西域记校注》，第 80 页。

③ 《大唐西域记校注》，第 81 页。

④ 〔苏联〕别列尼茨基：《中亚中世纪城市》。周连宽先生将笯赤建城定位于今塔什干以东约 25 公里的养吉—巴沙儿。而章巽先生将其定位于今哈萨克斯坦之奇姆肯特。参见许序雅《唐代丝绸之路与中亚史地丛考——以唐代文献为研究中心》，第 34 页。

⑤ 《大唐西域记校注》，第 81—82 页。

⑥ 刘迎胜：《"草原丝绸之路"考察简记》，《丝绸之路史研究论稿》，第 369 页。

⑦ 刘迎胜：《"草原丝绸之路"考察简记》，《丝绸之路史研究论稿》，第 369 页。

罕：或向南偏西渡过锡尔河至撒马尔罕（康国），或南偏东经过乌拉秋别（东曹）、片治肯特至撒马尔罕（康国）。石国向北可以连接奇姆肯特（白水城）。石国为粟特北部政治中心。"城邑数十，各别君长，既无总主，役属突厥。"① 突厥式微后倾向于唐，阿史那贺鲁兵败后与咥运欲投鼠耨设，在碎叶怛逻斯一带得不到支持后继续西逃至石国苏咄城，为其城主伊涅达干诈迎擒拿。萧嗣业兵至石国，与弥射之子袁非爽会兵，鼠耨设将贺鲁交给唐军，西域遂平。

显庆三年，唐派遣董寄生，在此设立大宛都督府。以其王瞰土屯摄舍替於屈昭穆为都督。从唐乾陵石像的衔名来看，石国不归濛池都护府管辖，而与康国、吐火罗、波斯等一道属安西都护府管辖。② 唐朝绕过距离更近的设于碎叶的濛池都护府，而让安西都护府直接统领大宛都督府，原因可能是濛池都护为突厥人，唐在河中地区设立羁縻府州的时候，不可能将其完全交给突厥人。③

石国乃粟特诸国门户，向北可统管碎叶—怛逻斯一线，向南可俯瞰整个九姓之地，向东则监控费尔干纳盆地，这样的咽喉之地、桥头之堡，唐朝选择由自己直接管理，可一定程度上阻拦突厥势力南下触及河中地区，体现了石国在唐朝西域边防体系中的重要地位。713—714 年，大食军攻陷石国，粟特诸国全境至此归大食所有。天宝年间，高仙芝率领军队攻伐石国引发了怛逻斯之战。

（二）以撒马尔罕为中心的诸国

以撒马尔罕为中心的河中地区，是粟特人的老家。这里经济繁荣，农业、商业极为发达，粟特胡商往来频繁，内外路网四通八达。同时，由于自身政治力量相对薄弱，在唐与西天山众多势力争夺中最易被波及。唐通过广设羁縻府州的方式，增强自身在中亚的影响力。

1. 东曹国

从石国西南行千余里可至窣堵利瑟那，亦称率都沙那、苏对沙那、劫布咀那、苏都识匿等，为唐代东曹国。

---

① 《大唐西域记校注》，第 82 页。
② 陈国灿：《唐乾陵石人像及其衔名的研究》，《陈国灿吐鲁番敦煌出土文献史事论集》。
③ 许序雅：《唐代丝绸之路与中亚史地丛考——以唐代文献为研究中心》，第 92 页。

城东靠叶河，"叶河出葱岭北原，西北而流，浩汗浑浊，汩淴漂急。土宜风俗，同赭时国。自有王，附突厥"。[①] 东曹国国治位于今为塔吉克斯坦的乌尔秋别（Uratube）市，存有唐代苏对刹那（Sutrishna）城的旧址。该遗址在一高地上，高约 20 米，面积达 2.5 万平方米，存续时间从公元 5 世纪至 10 世纪。[②] 此后统治中心南迁 25 公里至半制（Bunjikath）城。

《新唐书》对东曹国往周边国家的道里记载得较为详细且与实际相吻合。以东曹（乌拉秋别）为中心，向东 62 公里可抵忽毡（俱战提），向北 160 公里左右至塔什干（石国），向西 220 公里可达撒马尔罕（康国），向东北方向约 60 公里可进入费尔干纳盆地，向南约 240 公里可至铁门，从而到达吐火罗界。

唐代是否在此设立羁縻府，史书缺载。《资治通鉴》记载，显庆四年九月，"诏以石、米、史、大安、小安、曹、拔汗那、㤭㤭、疏勒、朱驹半等国置州县府百二十七"。[③] 东曹国与其他九姓诸国有相同的政治待遇，又对唐尽同样的军事义务，[④] 可推测东曹国也应当有羁縻府州设置。此外，《新唐书》中将东曹国视为汉代贰师城。但据岑仲勉考证，汉贰师城应当是吉扎克（Dsizak），位于撒马尔罕至乌拉秋别中间。[⑤] 该城西距撒马尔罕 102 公里，东南距乌拉秋别 132 公里。[⑥]

出东曹国继续西北行，入大沙碛，环境恶劣，道路艰险，"疆境难测，望大山，寻遗骨，以知所指，以记经途"。[⑦]

2. 康国

出大沙碛向西可到达飒秣建国，亦称撒马尔罕，即唐代康国。

撒马尔罕城始建于约公元前 6 世纪，6—8 世纪发展至鼎盛时期，10 世纪后趋于衰落。穆斯林地理学家记载，约在 951 年内堡尚存；约在 976 年，

---

① 《大唐西域记校注》，第 85 页。

② 刘迎胜：《丝绸之路史研究论稿》，第 362 页。

③ 《资治通鉴》卷二〇〇，高宗显庆四年，第 6317—6318 页。

④ 天宝四载，曹国国王向玄宗上表，"宗祖以来，向天可汗忠赤，常受征发"。参见《唐会要》卷九八《曹国》，第 1754 页。

⑤ 岑仲勉：《汉书西域传地里校释》，中华书局 1981 年版，第 189—193 页。常征认为，贰师城为大宛王城，即今吉尔吉斯斯坦奥什城。参见常征《谁是坎儿井的创造者？——兼辨大宛国式师城》，《历史研究》1982 年第 3 期。

⑥ 据刘迎胜考察整理。

⑦ 《大唐西域记校注》，第 87 页。

另一地理学家伊本·霍加勒所见内堡已经倾毁。到 13 世纪后已完全被蒙古人所摧毁。后来故址重建时将新城移至原撒马尔罕以北 3.5 公里名 Afrasiab 的高地上，即今天的乌兹别克斯坦撒马尔罕城，面积约 2.189 平方公里，遗存有城寨、防御工事、宫殿等。撒马尔罕阿弗拉西阿卜博物馆留存有著名的大使厅壁画，此厅当属于当时一富豪人家。南墙所绘为石国王新年出行祭祖图，东墙为印度神话史诗，北墙为唐高宗猎豹及武后龙舟图，西墙为粟特国王收到唐朝加封，接待大朝会上的丝路各国使臣的场景。在撒马尔罕周边还有一座哈伦（Kharun）城遗址，为天马都督府之忽伦城。[①]

以撒马尔罕为中心，南行经史国、铁门可到铁尔梅兹连通吐火罗道；向东道路分南北两线到达忽毡。东南经过片治肯特古城，至乌拉秋别即东曹国，再东北行 60 余公里至重要的交通要冲忽毡；北线至吉扎克，再北偏东可至塔什干，东亦至忽毡。[②] 西行可至布哈拉城。作为粟特地区两大国都所在地，布哈拉和撒马尔罕之间一直有交通往来，被称为"王家大路"（Shāh - rāh）[③]。

撒马尔罕在河中城国的政治生活中起着相当重要的作用。显庆三年唐平定阿史那贺鲁叛乱后，时任康国国王拂呼缦倾国投靠大唐，唐于此地设立"康居都督府"。大使厅壁画大约就创作于这一时期，唐朝使臣手拿蚕茧和生丝出现在西墙画面的中轴线上，暗示了唐朝作为天朝上国的核心地位。突厥武士们的角色似乎是保证引领唐朝使臣——如今的天可汗使臣——能够率先走向宝座朝贺，位列丝路其他国使臣之前。[④] 这展现了粟特人对其周边强国政治地位的主观认识。尽管九姓诸国一直不是统一的政治团体，但唐朝的册封使拂呼缦自此成为名义的"粟特九姓之王"。在很长一段时间尤其在大食西征期间，撒马尔罕的王象征着粟特诸国的政治首脑。

无论从人口还是面积来说，撒马尔罕都是河中地区第一大城市。"周千六七百里，东西长，南北狭。国大都城周二十余里，极险固，多居人"[⑤]，

① 刘迎胜：《丝绸之路史研究论稿》，第 358 页。
② 孟凡人：《丝绸之路史话》，第 175 页。
③ 为奈尔沙希所用，转引自〔俄〕巴托尔德《蒙古入侵时期的突厥斯坦》，张锡彤、张广达译，第 113 页。
④ 〔法〕葛乐耐：《驶向撒马尔罕的金色旅程》，第 19 页。
⑤ 《大唐西域记校注》，第 87 页。

其处在经巴里黑的印度商路、经马鲁的波斯商路和突厥人往来的各条商业干线的汇集之地。撒马尔罕肥沃的土壤也足够支撑起一个庞大的商业城市。[①]玄奘记载中的撒马尔罕经济非常繁荣，"异方宝货，多聚此国。土地沃壤，稼穑备植，林树蓊郁，花果滋茂。多出善马。机巧之技，特工诸国"。[②] 其内城之东门叫中国门，体现出其与唐王朝交流之兴盛。佛教、伊斯兰教、拜火教、基督教等宗教也随频繁往来的人群在此传播。712 年，撒马尔罕被大食军攻破。

图 6-21　夕阳下撒马尔罕土堡

3. 米国

　　出撒马尔罕向东南可至弭秣贺国，即唐代米国，也称弥末。都城钵息德城当在今乌兹别克斯坦喷赤干，亦译为片治肯特。[③] 与石国类似，米国亦存在迁都的可能，北魏时国治在米密城，距今撒马尔罕 60 公里，隋唐迁至钵息德城，距今撒马尔罕 50 公里。从理论上来说，片治肯特是撒马尔罕的东

---

① 〔俄〕巴托尔德：《蒙古入侵时期的突厥斯坦》，第 99 页。

② 《大唐西域记校注》，第 87—88 页。

③ 马小鹤：《米国钵息德城考》，《中亚学刊》第 2 辑，中华书局 1987 年版，第 65—78 页。也有学者持另外的观点。沙畹、巴托尔德、汤姆斯彻克、白鸟库吉等认为在朱马巴扎尔，参见〔法〕沙畹《西突厥史料》；〔俄〕巴托尔德《蒙古入侵时期的突厥斯坦》；〔德〕马迦特《乌浒水与那密水考》，转引自《大唐西域记校注》，第 90 页。另一种观点认为位于距古撒马尔罕东南大约 96 公里的麻坚（Maghin），章巽持此说，参见章巽、芮传明《大唐西域记导读》，巴蜀书社 1989 年版，第 29—30 页。

边门户，撒马尔罕以东以南的 50—60 公里处，再没有什么重要的城址可以像片治肯特那样配当米国都城钵息德了。①

玄奘记载唐代米国"周四五百里，据川中，东西狭，南北长。土宜风俗，同飒秣建国"。② 显庆三年平定阿史那贺鲁叛乱后，唐在此设立南谧州，以其君昭武开拙为刺史。根据城东约 70 公里处穆格山出土文书的记载推测，此后大约在 706 年至 720 年，由迪瓦什梯奇统治，他后被阿拉伯人所杀。③

4. 西曹国

出弭秣贺国继续西行可至劫布咀那国，即唐代西曹国。

西曹国"周千四五百里，东西长，南北狭。土宜风俗同飒秣建国"。④《新唐书·西域传》的记载中曹国有东曹、西曹和中曹之分，东曹治苏对沙那，西曹治瑟底痕城，中曹治迦底真城。⑤《隋书》中只有曹国，没有东、西、中之分。东西曹之区别，应相对于撒马尔罕而言。东曹国国治位于乌拉秋别，在撒马尔罕以东，西曹国国治位于今乌兹别克斯坦伊斯特汗市，⑥ 在撒马尔罕西北。

5. 何国

从西曹国继续西行，可至唐何国，又称屈霜你迦、贵霜匿，"即康居小王附墨城故地"。⑦ 国治在今乌兹别克斯坦库沙尼亚，东南约 75 公里可至撒马尔罕；东距伊斯特汗（西曹国）25 公里；西距卡尔干卡特（东安国）85公里，再西距布哈拉（安国）约 112 公里。

"周千四五百里，东西狭，南北长。土宜风俗同飒秣建国。"⑧ 阿拉伯地理学家伊斯塔赫里称其为"粟特的文化最高之城，粟特诸城之心脏"。⑨ 类似于撒马尔罕的大使厅，何国城楼壁画也绘有列王图。"城楼北壁画华夏天

---

① 〔法〕葛乐耐：《驶向撒马尔罕的金色旅程》，第 93 页。
② 《大唐西域记校注》，第 89 页。
③ 马小鹤：《米国钵息德城考》，《中亚学刊》第 2 辑。
④ 《大唐西域记校注》，第 91 页。
⑤ 《新唐书》卷二二一《西域传》，第 6245 页。
⑥ 《大唐西域记校注》，第 91—92 页注释 1。
⑦ 《新唐书》卷二二一《西域传》，第 6247 页。
⑧ 《大唐西域记校注》，第 93 页。
⑨ 《大唐西域记校注》，第 92—93 页。

子，西壁则画波斯、拂菻诸国王，东壁则画突厥、婆罗门诸国王"，体现了何国受各方文明影响之深。何国与中原王朝建立联系甚早，"大业中及大唐武德、贞观中，皆遣使来贡"。[①] 在阿史那贺鲁叛乱时，何国遣使上言"闻唐出师西讨，愿输粮于军"，[②] 是河中诸国中唯一明确表示愿意站在唐朝一方的国家。显庆三年，唐派董寄生在此设立贵霜州。后在屈底波东征时陷于大食。

6. 东安国

出何国西行可至唐东安国，又称小（安）国、喝汗或喝捍。位于那密水（泽拉夫善河）南岸，"周千余里。土宜风俗同飒秣建国"。[③] 国治在今乌兹别克斯坦克尔米涅市，向西 106 公里可至布哈拉（安国），[④] 向东二百 88 公里可至库沙尼亚（何国）。阿拉伯地理学家记载，安国可经东安国到何国。

东安国当为安国属地，8 世纪上半叶的东安国之王统很可能属于布哈拉的吐格什哈达家族。[⑤] 唐在安国都城阿滥谧城设立安息州，在东安国设木鹿州。

7. 安国

布哈拉为唐代安国都城所在地，是粟特地区又一政治、商业和交通重地，都城为阿滥谧、阿滥城。故城在布哈拉城西 40 公里处的瓦拉赫沙古城。以布哈拉为中心西偏北通向花剌子模，南偏西渡过阿姆河可至粟特地区要津查尔朱。自查尔朱南偏西至木鹿，今尚有古城遗迹留存，再从此南偏西行至波斯道。布哈拉东南行可至粟特南部重镇卡尔希（小史国），距卡尔希 10 公里处有埃尔库干古城，然后南偏东行过铁门可至铁尔梅兹，从而接通吐火罗道。[⑥]

唐代安国"周千六七百里，东西长，南北狭。土宜风俗同飒秣建国"[⑦]。显庆三年，唐在此设立安息州。7—8 世纪时达到鼎盛。在古城宫殿遗址有

① 《通典》卷一九三《边防九》，第 5257 页。
② 《新唐书》卷二二一《西域传》，第 6247 页。
③ 《大唐西域记校注》，第 93 页。
④ 〔俄〕巴托尔德：《蒙古入侵时期的突厥斯坦》，第 98 页。
⑤ 许序雅：《唐代丝绸之路与中亚史地丛考——以唐代文献为研究中心》，第 78 页。
⑥ 孟凡人：《丝绸之路史话》，第 174 页。
⑦ 《大唐西域记校注》，第 94 页。

王者接见图、重装骑士作战图和狩猎图等。709 年以后由阿拉伯人统治，9—10 世纪时期为萨曼王朝的都城。[①]

8. 伐地国

从布哈拉西行可至伐地国。"周四百余里，土宜风俗同飒秣建国。"[②] 古城位于今天布哈拉西南的拜坎德（Betik），[③] 是古代从布哈拉前往呼罗珊阿姆勒渡口的必经要道，位于泽拉夫善河下游的一条支流旁，古城由宫城和两个市区组成，面积 0.2 平方公里，8 世纪为其发展的顶点。伐地国虽为小国，但与中原王朝保持着密切的经济联系。古城遗址出土了中间凿孔模仿汉钱的粟特钱，以及正面有"开元通宝"字样、背面有粟特文的铜钱。[④] 706 年被大食军攻破。

9. 火寻

出伐地国继续西南行可至货利习弥伽国，即唐代火寻，又称货利习弥，曰过利，在乌浒水之阳，"及顺缚刍河两岸，东西二三十里，南北五百余里。土宜风俗同伐地国，语言少异"。[⑤] 古波斯语亦称为花剌子模（Khwarizmik），在今天咸海南基发（Khiva）一带。[⑥] 向东南六百里可到戊地，西南临近波斯，"西北抵突厥曷萨，乃康居小王奥鞬城故地"。[⑦]

10. 史国

史国，也称佉沙、羯霜那。国治位于今乌兹别克斯坦南部城市沙赫里·沙勃兹。向南距撒马尔罕（康国）75 公里，向南到达铁门，临近吐火罗地界。"周千四五百里。土宜风俗同飒秣建国。"[⑧] 始建于 7 世纪初。显庆三年设立佉沙州，以其王昭武失阿喝（曷）为州刺史。开元二十七年，参与碛西节度使盖嘉运平突骑施吐火仙的战争。天宝三载十月，唐玄宗诏改史国为来威国，是九姓诸国中唯一被授予新国号的国家。

---

① 孟凡人：《丝绸之路史话》，第 174 页。
② 《大唐西域记校注》，第 95 页。
③ 刘迎胜：《"草原丝绸之路"考察简记》，《中国边疆史地研究》1992 年第 3 期。
④ 刘迎胜：《丝绸之路史研究论稿》，第 354 页。
⑤ 《大唐西域记校注》，第 96 页。
⑥ 许序雅：《唐代丝绸之路与中亚史地丛考——以唐代文献为研究中心》，第 25 页。
⑦ 《新唐书》卷二二一《西域传》，第 6247 页。
⑧ 《大唐西域记校注》，第 97 页。

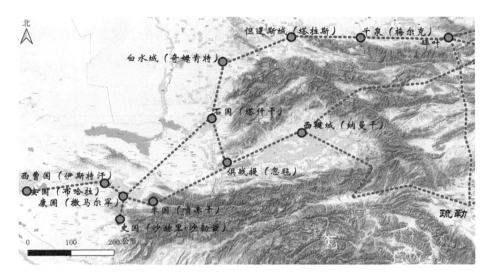

图 6 - 22　粟特道

（三）铁门以南诸国

铁门位于今乌兹别克斯坦苏尔尔汉洲达尔本脱（Derbent）西约 13 公里处的布兹伽拉（Buzgala）峡谷,[①] 至今仍是穿越拜孙套山脉的唯一孔道。玄奘描述："铁门者左右带山，山极峭峻，虽有狭径，加之险阻，两傍石壁，其色如铁。既设门扉，又以铁锢，多有铁铃，悬诸户扇，因其险固，遂以为名。"[②] 玄奘以铁门为界，以北为粟特，以南为吐火罗地。

1. 吐火罗

吐火罗，也称土豁罗、睹货逻，"元魏谓吐呼罗者。居葱岭西，乌浒河之南，古大夏地"。[③] 东扼葱岭，西接波斯，北据铁门，南达兴都库什山，南北宽约 500 公里，东西长约 1500 公里，是古代地中海地区、伊朗地区、中亚和印度相互交往的必经之地，商道网络形成较早。有吐火罗道贯穿全境。

---

① 章巽、芮传明：《大唐西域记导读》，第 30 页。
② 《大唐西域记校注》，第 98 页。
③ 《新唐书》卷二二一《西域传》，第 6252 页。

2. 吐火罗之地的唐朝羁縻设置

平定阿史那贺鲁叛乱后，唐政府通过设立羁縻府的方式加强对广大吐火罗地区的管控，所设都督府现根据史料整理如下（见表6–1）。[①]

表6–1　唐朝在吐火罗地区设置的羁縻都督府

国名	都督府名称	设置时间
吐火罗	月氏都督府	显庆三年
嚈哒	大汗都督府	龙朔元年
诃达罗支	条支都督府	龙朔元年
解苏	天马都督府	龙朔元年
骨咄施	高驸都督府	龙朔元年
罽宾	修鲜都督府	显庆三年
帆延	写凤都督府	显庆三年
石汗那	悦般州都督府	龙朔元年
护时犍	奇沙州都督府	龙朔元年
怛没	姑墨州都督府	龙朔元年
乌拉喝	旅獒州都督府	龙朔元年
多勒建	昆墟州都督府	龙朔元年
俱密	至拔州都督府	龙朔元年
护蜜	鸟飞州都督府	龙朔元年
久越得犍	王庭州都督府	龙朔元年
波斯	波斯都督府	龙朔元年

对于中原王朝来说，吐火罗过于偏远，所以唐对此地管理非常松散。开元六年十一月，吐火罗阿史特勒仆罗上书陈述其国对唐忠心耿耿，但是未能得到鸿胪寺应有的加封，"至今经一十四年。久被沦屈，不蒙准例授职，不胜苦屈之甚"[②]，请求玄宗提高品秩。玄宗听后，即令鸿胪卿准例定品秩。吐火罗遭到如此长时间的冷落实际上反映出阿姆河以南诸羁縻府州有名无实

---

① 根据《新唐书·地理志》之记载整理所得。其中吐火罗、罽宾、帆延三国的羁縻府在史传中记载设置于显庆三年。吴玉贵先生考证，《地理志》中也将其记为龙朔元年的原因是龙朔元年应当是第二次王名远前往吐火罗之地调整先前所设羁縻府的时间，设置时间应该在显庆三年。参见吴玉贵《突厥汗国与隋唐关系史研究》，第365页。

② 《册府元龟》卷九九九《外臣部·请求》，第11722页。

之事实，也反映出唐对所置羁縻府州地域之远近，控制之强弱所给予的重视程度。[1]

(四) 新北道西段

除以上交通干道外，突厥室点密可汗时期，为了摆脱萨珊波斯对贸易的垄断，突厥汗国联合东罗马新开辟了一条西行道路，主要位于波斯以北，穿越咸海与里海之间的荒漠地区。主要的通道大概有两条：一条是由锡尔河出发，通过咸海的北岸；另一条是沿着阿姆河，通过咸海南岸，两条道路大概是在乌拉尔河口附近会合，然后通向伏尔加河。从伏尔加河开始，或者沿着顿河和黑海北岸到达君士坦丁堡，或者穿过高加索，到达黑海的港口。这条路应当就是裴矩在《西域图记》中记载的所谓新"北道"的西段。

今阿兰地区发现了大量8—9世纪吐鲁番式的汉文文书、唐绢画以及唐丝绸。高加索山脉北塔拉依斯河（顿河）东有阿兰，[2] 阿兰在《史记》中被记载为"奄蔡"，《魏略》言其"西与大秦、东南与康居接"，[3]《隋书》中将其归于铁勒一部。这些出土文书特别是具有私人性质的文书，是8世纪中国商人在这里滞留的证据。[4] 也证实了在8—9世纪，有一条通道自西突厥、粟特，越阿拉尔海、里海北岸，过伏尔加河，至北高加索，至阿兰、可萨突厥一带，由此沿外高加索林道，越黑海可至君士坦丁堡。[5] 7—8世纪，这条路逐渐由粟特人掌控，他们将乌拉尔猎人手中的毛皮运抵拜占庭帝国东境。出土于北高加索的粟特锦袍，出土于乌拉尔山脉的拜占庭、波斯银器，都发现了粟特和花剌子模铭文。[6]

这条线路也是中国丝绸西传的重要线路。553—554年，景教徒取道高加索地区，把藏在空心禅杖里的蚕种带到了拜占庭。[7] 拜占庭由此得到生丝

---

① 李大龙：《唐朝和边疆民族使者往来研究》，黑龙江教育出版社2001年版，第35页。

② 〔日〕白鸟库吉：《西域史研究》（下），岩波书店1941年版，第478—479页，转引自姜伯勤《敦煌吐鲁番文书与丝绸之路》，第20页。

③ 岑仲勉：《汉书西域传地里校释》，第265—269页。

④ 姜伯勤：《敦煌吐鲁番文书与丝绸之路》，第18页。

⑤ 〔苏联〕皮古斯拉夫斯卡娅：《拜占庭通往印度之路》，第207页，转引自姜伯勤《敦煌吐鲁番文书与丝绸之路》，第22页。

⑥ 〔俄〕马尔夏克：《突厥人、粟特人与娜娜女神》，毛铭译，漓江出版社2016年版，第13页。

⑦ 〔法〕L.布尔努瓦：《丝绸之路》，耿昇译，新疆人民出版社1982年版，第165页。

原料。① 从 878 年开始，中国丝绸或通过中亚—可萨突厥和黑海一线，或直接通过中亚和伊朗的呼罗珊地区出口。②

三 南向：费尔干纳、五俟斤路、纳林河谷

碎叶以南的道路多与吐蕃息息相关。从石国向南可东转进入费尔干纳盆地到疏勒，也可出碎叶通过纳林河谷直接与疏勒相交，西天山山间草原或盆地之间纵横沟通的五俟斤路也能使吐蕃大军从疏勒前往五弩失毕部汗帐，于是有了第三股压迫碎叶的军事力量。

（一）费尔干纳盆地的宁远国

宁远国又称"拔汗那""钹汗"，汉代称为大宛，元魏时谓"破洛那"，《大唐西域记》中记为怖捍国。天宝三载玄宗更其名为宁远。

费尔干纳（Farghana）盆地北为恰特卡尔（Cotkal）山脉，南为阿赖（Lai）山脉，盆地东西长 350 公里，南北宽 150 公里，锡尔河自东向西穿盆地而过。《世界境域志》记载："费尔干纳，是一个繁荣、广阔、又令人喜爱的地区，有许多高山、平原、流水与城镇。……山中有许多金银铜铅……和药物矿藏。"③ "土地膏腴，稼穑滋盛。多花果，宜羊马。气序风寒，人性刚勇，语异诸国，形貌丑弊。自数十年无大君长，酋豪力竞，不相宾伏，依川据险，画野分都。"④ 此地物产富饶，交通便捷，往往为众多活动于西天山的势力所垂涎。

从石国东南行千里可至忽毡城，也称俱战提（Khojend），为费尔干纳盆地西部入口。经俱战提可西南去东曹国、康国，进入广大粟特地区；可西北去石国，再经石国可东北进入突厥领地。俱战提较晚的时候才被算入费尔干纳，10 世纪时成为一个独立的行政单位。费尔干纳盆地南沿自西向东依次坐落着浩罕、费尔干纳、奥什等城，北沿有安集延、纳曼干分据东西。宁远国都西鞬城故址阿克西肯特（Akhsikent）位于锡尔河右岸，距纳曼干 25 公里，

---

① 姜伯勤：《敦煌吐鲁番文书与丝绸之路》，第 21 页。
② 〔法〕L. 布尔努瓦：《丝绸之路》，第 227 页。
③ 佚名：《世界境域志》，王治来译注，上海古籍出版社 2010 年版，第 111 页。
④ 《大唐西域记校注》，第 84 页。

遗址面积达 0.4 平方公里，包括衙署、平面呈方形的市区和广大的郊区。[①] 古城西行约 170 公里可至忽毡，向东到奥什城可接通前往喀什的路线。[②]

奥什郊区有一大拉巴特，系各方圣战者们集结之处，此拉巴特或就是奥什城所依傍之山山头上的哨所。萨曼时期此哨所由突厥人驻守，可从山头对奥什居民准备圣战的活动加以监视。[③] 疏勒在唐代常常成为吐蕃西北扩张的重要突破口，因此拔汗那很容易受从疏勒北上经奥什进入费尔干纳的吐蕃干扰。北有突厥，南有吐蕃，如此一来，拔汗那就成为突厥与吐蕃相勾连的最便利的通道。在塔巴里《年代记》里，突厥可汗经常从拔汗那出发前往河中或吐火罗。从拔汗那到吐火罗曾经是乙毗咄陆可汗的领地，弥射系的西突厥可汗继承了这笔遗产，所以，阿史那俀子及其吐蕃盟友经常在这一带活动，[④] 对唐王朝的西天山军防造成了严重威胁。

拔汗那建城约在 6 世纪 70 年代。[⑤] 贞观二年，统叶护可汗的叔父莫贺咄杀了统叶护可汗，拔汗那王契苾不听从莫贺咄号令而被杀害。[⑥] 自此以后，拔汗那政治很长一段时间都由阿史那系人掌控。至契苾兄之子阿了参为王时期，拔汗那开始分而治之，一治呼闷城，一治渴塞城。显庆三年，唐朝设渴塞城于休循州，以阿了参为州刺史。此后，拔汗那"事唐最谨"，朝贡次数为粟特诸国之最。7 世纪末 8 世纪初，大食在河中地区的入侵使得拔汗那形成一种全新的分治的局面，"有两王，缚又大河当中，西流。河南一王属大实，河北一王属突厥所管"。[⑦] 开元二十七年，拔汗那王阿悉烂达干助平吐火仙，册拜奉化王。天宝三载，又封宗室女为和义公主降之，拔汗那成为突骑施覆灭后唐朝西天山军防体系中重要的依靠势力。

---

① 刘迎胜：《"草原丝绸之路"考察简记》，《丝绸之路史研究论稿》，第 365 页。

② 岑仲勉等认为西鞬城、渴塞城均为 Akhsikath 的对音。沙畹认为西鞬城和渴塞城为两城，冯承钧继承沙畹之说，认为 Akhsikath 为西鞬城，Kassan 为渴塞城。刘迎胜先生根据实地考察将西鞬城定为 Akhsikath。许序雅也持两城之说。笔者认为两城虽不一，但是在道里上极为相近，所起到的政治作用相当。参见岑仲勉《汉书西域传地里校释》、沙畹《西突厥史料》、冯承钧《西域地名》、刘迎胜《丝绸之路史研究论稿》、许序雅《唐代丝绸之路与中亚史地丛考——以唐代文献为研究中心》。

③ 〔俄〕巴托尔德：《蒙古入侵时期的突厥斯坦》，第 182 页。

④ 王小甫：《唐、吐蕃、大食政治关系史》，第 121 页。

⑤ 许序雅：《唐代丝绸之路与中亚史地丛考——以唐代文献为研究中心》，第 119 页。

⑥ 许序雅：《唐代丝绸之路与中亚史地丛考——以唐代文献为研究中心》，第 123 页。

⑦ 《往五天竺国传笺释》，张毅笺释，中华书局 2000 年版，第 131 页。

图 6-23　费尔干纳山

(二) 五俟斤路

7 世纪 60—90 年代，吐蕃是影响西天山政局的重要因素，其往往穿过青藏高原与北方的突厥联合，侵扰天山南北及塔里木盆地。其中"五俟斤路"是达成这一联军的重要通道。

万岁通天二年，吐蕃大论钦陵与唐使在野狐河谈判，求"去四镇兵，分十姓之地"①，并论述了突出这一要求的种种原因，"俟斤诸部密近蕃境，其所限者，唯界一碛。骑士腾突，旬月即可以蹂践蕃庭，为吐蕃之巨蠹者，唯斯一隅……则为好功名人崔知辨从五俟斤路乘我间隙，疮痏我众，驱掠牛羊，盖以万计，自此陵之国人大威栗和事矣"。② 所谓"五俟斤"，就是指西突厥五弩失毕部首领，分别为阿悉结阙俟斤、阿悉结泥熟俟斤、拔塞干暾沙钵俟斤、哥舒处半俟斤以及哥舒阙俟斤。唐乾陵石人像衔名中记载了其中三个人及其所领都督府，即右领军将军兼千泉都督泥孰俟斤阿悉吉度悉波、右卫金吾卫将军兼俱兰都督阙俟斤阿西及那靳、右卫军将军兼颉利都督拔塞干蓝羡。③ 千泉、俱兰、拔塞干皆位于西突厥政治经济中心碎叶及怛逻斯一线。

① 《旧唐书》卷九七《郭元振传》，第 3042 页。
② 《通典》卷一九〇《边防六》，第 5174—5175 页。
③ 陈国灿：《唐乾陵石人像及其衔名的研究》，《陈国灿吐鲁番敦煌出土文献史事论集》。

吐蕃经过"食盐之路"，过女国、羊同，穿过夹在昆仑山和喀喇昆仑山之间的"唯界一碛"阿克赛钦地区，再衔接"五俟斤路"翻越于阗南山，穿越昆仑山、帕米尔及西天山的山路或山间草原，即可到达西突厥政治中心，这是吐蕃人进入西域活动的主要路线。大论钦陵与郭元振谈判中求"分十姓之地"，也是意在保证"五俟斤路"的畅通，为其下一步进军西天山张本。

此外，碎叶与疏勒之间当还有一条不见史书明确记载的道路，今根据其间发生的重大的战争作一初步推测。永昌元年，吐蕃在寅识迦河与韦待价交战，韦待价不敌，"乃旋师弓月城，顿于高昌"。[1]　寅识迦河应在碎叶附近，故推测这一路吐蕃军是出于阗南山、攻陷疏勒后，向北推进到碎叶附近与唐军作战的。[2]

综上可得，唐代碎叶周边的道路主要从汉代延续而来，中间经历乱世，道路阻绝，待唐国力强盛之后得以恢复。同时，唐代又较汉代加强了对西天山系统的管理，不仅将碎叶列于安西四镇，也根据其战略重要性进行分层管理。

首先，对离碎叶最近、关系最为密切的"碎叶—怛逻斯—石国"一线，唐不仅直接设立碎叶镇守军驻守，而且设立大宛都督府直接划归安西都护府管辖，以隔断与西突厥势力更深的接触。后期突骑施势力多在这一线活动，唐军也在这一区域内与大食等其他外来势力直接爆发战争，这里可以说是西天山地区受唐军事管理最严格的地方。

其次，以撒马尔罕为中心的粟特地区及吐火罗地区由于多种文化杂糅，易受多方势力干扰。唐朝设立众多羁縻府州，代表中原王朝第一次将统治延伸到内亚。通过管理粟特诸国，唐朝获取了来自西天山信息前沿碎叶的重要信息源，从奇珍物产到多种宗教思想，再到周边族群军事动向等信息，很多都是由粟特诸国的贵族、使臣及商人等跋山涉水带到碎叶乃至长安的。但唐中央很少以军事方式干涉此地事务，而是将其视为广阔的战略缓冲带，从而避免了与大食等国直接发生冲突，以达到维持西天山战略纵深的目的。对于

---

① 《旧唐书》卷七七《韦待价传》，第 6272 页。
② 杨铭：《唐代吐蕃与西北民族关系史研究》，兰州大学出版社 2012 年版，第 117 页。

中央政府而言，边境发挥了缓冲地带的作用，缓冲地带可能具有自己独立的文化并发起独立，但该缓冲地带若被外部势力占领，则中国一方将会承受巨大压力。①

再次，吐蕃往往能通过自南到北的道路对西天山产生至关重要的影响，成为继东方的唐、北方的突厥、西方的粟特及大食之后的第四股重要力量，形成西天山"四方五强"会集的格局。切断吐蕃北上联兵突厥之路成为唐朝在西天山军事布局中重要的战略目标，在此目标的指引下，唐先后发动拔汗那之战、攻打小勃律等战争，以期阻断吐蕃北上，使整个西天山防线不断南移。

最后，碎叶以东虽然自然条件恶劣，但此一线交通随着唐军征讨西突厥的步伐渐次打通，碎叶道、热海道两条横贯天山南北的交通大道在碎叶交会，从而使围绕天山南北的交通大路自东向西形成一个完美的闭环，碎叶所获得的众多信息得以及时与安西、北庭大后方交换，碎叶自身也能及时得到补给，不至于孤悬西天山，从而保证了天山廊道西段的功能得以运行。

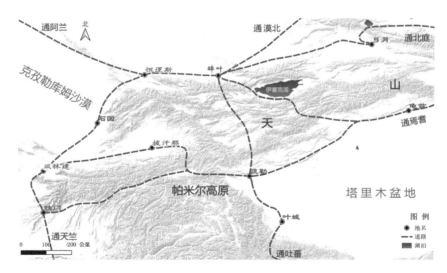

图 6 - 24　以碎叶为中心的西天山交通路网

---

① 〔日〕石见清裕：《唐代的民族、外交与墓志》，王博译，西北大学出版社 2019 年版，第 70 页。

第三节 唐代西天山的战略要地

唐朝在碎叶推行军镇治理模式，在其以西粟特地区及吐火罗地区推进羁縻府州管理模式。西天山两种治理模式并行的现象，源自唐、突厥、吐蕃、大食及粟特"四方五强"势力相互抗衡、斡旋的大背景。西天山多变的政局、广阔的战略纵深使得唐朝在此的统治模式灵活多变，防线应时伸缩，以便达成维护中、东部天山及塔里木盆地稳定，保证前沿信息畅通的最终目的。

一 碎叶镇守军的废置

高宗显庆年间，唐朝基本平定了西突厥势力，分其十姓部落置濛池、昆陵二都护府，居于碎叶川西的濛池都护府成为唐朝经营西天山的战略尝试。然而，自龙朔二年吐蕃势力正式进入塔里木盆地后，天山南北原本已归于平静的局面被打破，西突厥余部与吐蕃联合兵威四镇之地，唐朝被迫面临与吐蕃反复争夺四镇的局面。调露元年，唐朝在西天山置碎叶镇守军，以隔绝吐蕃与西突厥诸部的联系，稳固其在西天山的统治。开元七年，唐以焉耆代碎叶备四镇，碎叶结束了作为"安西四镇"之一的使命，前后历经 40 年，安西四镇也自此垂为定制。

1. 濛池都护府（658—667 年）

贞观十四年，唐朝平高昌，以其地设西州，置安西都护府。贞观二十二年，唐朝破龟兹；次年，设置瑶池都督府以稳定西突厥阿史那贺鲁部落。但到永徽二年，阿史那贺鲁趁太宗去世之机举兵叛唐，自称沙钵罗可汗，夺取了包括碎叶城在内的西突厥可汗故地。永徽四年三月，废瑶池都督府。唐政府很快做出了进一步尝试。经过前后三次出兵，显庆二年唐大将苏定方于碎叶水畔大破贺鲁军，次年将安西都护府迁回龟兹。"及讨平贺鲁，乃册立弥射为兴昔亡可汗兼右卫大将军、昆陵都护，分押贺鲁下五咄六部落，步真授继往绝可汗兼右卫大将军、濛池都护，仍分押五弩失毕部落。"[1] 以碎叶为

---

[1] 《旧唐书》卷一九四《突厥传》，第 5188 页。

濛池都护府的治所，统领五弩失毕诸部，下设羁縻都督府州，沿前往河中地区的交通干线分布。

设置濛池都护府与昆陵都护府是唐廷为实现对西天山的控制更进一步的措施。阿史那贺鲁独霸天山北麓使得唐朝更加意识到分化权力的重要性，结合突厥分东西二厢的传统，两相结合形成这一新的管理模式。由于唐王朝对中、西段天山战略资源的重新整合，经过分化的突厥势力很难再组合起来。这样唐廷确保了东天山战略基地不受西突厥势力的威胁，并达成统领绿洲诸国的最终目的。

作为一种尝试，唐政府这一新制度还是暴露了很大的问题。碎叶镇看似作为高规格军镇跻身天山廊道防御体系，但是自身实力非常薄弱。当时碎叶只作为驻防机构，驻扎了少量的防人，军事行动主要是靠焉耆以东的西州及河西的差兵并兴发当地的土著来进行的。碎叶稳定与否，实际上取决于土著突厥人的向背。

问题恰恰就在身为土著的突厥残部非常强大且十分不稳定。碎叶川西真珠叶护势力尚存，获封的阿史那步真无法立刻到碎叶赴任，直到显庆四年"三月壬午，西突厥兴昔亡可汗与真珠叶护战于双河，斩真珠叶护"，[①] 阿史那步真始正式接管碎叶。同年十一月，阿史那贺鲁残部联合疏勒、朱俱波及喝盘陀三国再次掀起叛乱。后叛军为苏定方击溃，碎叶城才真正归唐，成为阿史那步真的牙帐。[②] 此外，西突厥许多部落贵族并不甘心唐朝"分而治之"的统治，力图恢复其传统的对绿洲地区尤其是"十姓可汗故地"碎叶川的控制。这种情况下，一旦唐地方官员处理不好与突厥的关系，极容易引起突厥的倒戈。一旦土著与其他势力联合，安西四镇便岌岌可危，甚至不得不撤回西州。[③]

与此同时，作为威胁最大的"其他势力"的吐蕃亦已做好了从这场博弈中分得一杯羹的准备。龙朔二年，飚海道行军总管苏海政奉命讨伐龟兹，濛池都护阿史那步真与昆陵都护阿史那弥射一同出兵，步真借机诬告弥射谋反，苏海政遂诛杀弥射及其部下，并追平其逃走的鼠尼施、拔塞干二部。比及回

① 《资治通鉴》卷二〇〇，高宗显庆四年，第6425页。
② 薛宗正：《中亚内陆——大唐帝国》，新疆人民出版社2005年版，第400页。
③ 王小甫：《唐、吐蕃、大食政治关系史》，第55页。

师，"弓月部复引吐蕃之众来，欲与唐兵战"，[1] 苏海政以师老不敢与战，厚贿吐蕃以还。史书并未记载这次出征龟兹的原因，但是既然说"弓月部复引吐蕃"，那么可以推测该征讨龟兹一事的起因与其与吐蕃相勾连有关。[2]

　　唐军自身实力不足、突厥倒戈及吐蕃与突厥相勾连三方面因素综合，直接导致濛池都护府未能起到应有的作用。龙朔二年之战后，吐蕃夺取了龟兹及唐属西突厥，弥射旧部阿史那都支和步真旧部李遮匐"附于吐蕃"，碎叶很快陷为李遮匐牙帐。咸亨元年，吐蕃越过喀喇昆仑山，攻陷了西域十八州，天山南麓几乎被吐蕃收入囊中。由于能力所限，吐蕃需要与西突厥余部联兵才能与唐抗衡，其不仅与五俟斤部联系，还与牙帐应当在碎叶一带的阿史那都支联系。[3] 都支自称"十姓可汗"，向吐蕃臣服，并与吐蕃联合兵逼西域。吐蕃又与于阗联合，攻陷龟兹。唐朝罢安西四镇，其在西域的统治开始动摇。

　　综上，碎叶城的归属经历了从唐置濛池都护府到附于吐蕃李遮匐管控这一转变，唐朝在突厥和吐蕃两大外力的施压下被迫放弃碎叶。受限于补给、气候环境等条件，唐和吐蕃都是无法单独在西域展开大规模战争的，战斗力强劲的西突厥就成为双方争取的主要对象，能否掌控碎叶，实际上取决于西突厥之向背。但是因为唐朝驻西域将领措施失当及西突厥"阴附两端"，唐朝并未取得战略优势。同时，弓月城遭遇吐蕃军队标志着唐蕃在西域第一次正式交锋，唐朝开始意识到吐蕃对西域事务的介入。[4] 之后，唐朝又遭遇大非川之战的败绩，遭受吐蕃各方面连环打击的唐军连连败退，唐政府不得不重新审视在与吐蕃交锋中"安西四镇"尤其是碎叶的战略地位。

　　2. 一置一失（679—682 年）

　　仪凤四年，崔知辨抗击吐蕃收复四镇之地，按万岁通天二年吐蕃大论钦陵请和时对武则天所言：崔知辨从五俟斤路出兵，"疮痍我众，驱掠牛羊，盖以万计"。[5] 有了对吐蕃战争胜利的基础，唐政府开始展开下一步打击西

---

① 《资治通鉴》卷二〇一，高宗龙朔二年，第 6447 页。
② 余太山主编《西域通史》，第 171 页。
③ 王小甫：《唐、吐蕃、大食政治关系史》，第 74 页。
④ 王小甫：《唐、吐蕃、大食政治关系史》，第 57 页。
⑤ 《通典》卷一九〇《边防六》，第 5175 页。

突厥的行动。

调露元年安抚大使裴行俭以护送泥涅师回波斯的名义出兵，平定匐延都督阿史那都支等人的反叛，并逮捕了西突厥十箭各部和碎叶城当时的"酋长"，"将吏已下立碑于碎叶城以纪其功，擒都支、遮匐而还"。[①] 唐朝第二次在碎叶建置，恢复对西天山地区的控制。裴行俭留其副将安西都护王方翼统兵镇守，王方翼为了屯兵备战，开始修建碎叶衙署。碎叶城仿长安城而建，气派宏伟。"方翼筑碎叶城，面三门，纡还多趣以诡出入，五旬毕。西域胡纵观，莫测其方略，悉献珍货。"[②] 至此，碎叶入驻唐朝汉军，拥有了和塔里木盆地内其他三镇一样的高规格待遇。

碎叶镇的建置级别要高于一般边防驻屯军。军事长官为镇守使。镇守使官阶三品，统领兵马上万，初期碎叶镇守使由安西都护或金山都护兼领，如王方翼、杜怀宝等人，后期设专员，由高品阶大将兼领，如景龙二年担任碎叶镇守使的周以悌为四镇经略大使，景云元年吕休璟兼任北庭大都护，等等。证明碎叶镇守使乃属于都护一级的高官。安西四镇以显官拥众兵，实开河朔三镇之先河。[③] 此外，为了拥有足够的财力支持，碎叶城中还设置有屯军建置，"有保大军，屯碎叶城"，[④] 史书中虽未明确记载碎叶屯军规模，但比对同等规格之疏勒、龟兹、焉耆等地，碎叶屯田的数量应相当可观。同时碎叶又当丝路贸易之要道，商业自来就非常发达，"三十六国，承风朝谒"，[⑤] 不难推测官方可通过征收商税以养军。如此一来，碎叶就拥有了较为完备的建置体系及物质支撑。

碎叶镇守军建置很明显充分吸收了濛池都护府的经验教训。若说之前设立濛池都护府并由阿史那氏自治带有安抚地方意味的话，那么此次大量汉兵入驻强调的就是守卫边防的军事职能了。碎叶军事建置齐备，具备了替代焉耆的条件，唐廷方能以碎叶取代焉耆，将防线延展到西天山。唐朝经营重点亦随之发生了转移，于阗、疏勒、碎叶三镇一字排开，扼守着吐蕃与西突厥

① 《旧唐书》卷八四《裴行俭传》，第 2803 页。
② 《新唐书》卷一一一《王方翼传》，第 4135 页。
③ 薛宗正：《中亚内陆——大唐帝国》，第 442 页。
④ 《新唐书》卷四〇《地理四》，第 1048 页。
⑤ 《全唐文》卷二二八《唐故夏州都督太原王公神道碑》，第 2303 页。

余部联兵的整个五俟斤路。其意图主要是加强对十姓可汗故地的控制，从而在西域隔断二蕃，这成了唐朝以后经营西域的主要任务。①

但是这种军事布局仍然不稳固。王方翼建成碎叶城不久，与金山都护杜怀宝进行了一次职位对调，杜怀宝未能处理好与周边的关系，"遂失蕃戎之和"。②永淳元年，阿史那车簿与三姓咽面反，并围攻弓月城，碎叶城又落入阿史那车簿的控制之下。

王方翼与阿史那车簿战于热海，吐蕃忙于内乱而无暇顾及外面，与之并没有多少联系，③没有吐蕃掣肘，唐军最终得以击溃阿史那车簿的势力，突厥部落首领被擒，但没有明确的史料表明碎叶也随之回到唐军的管控之下。

综上，碎叶镇守军的设置发生在调露元年暂时压制吐蕃军事力量之后，裴行俭迅速收复四镇，碎叶始有了正规的军队镇守，军防中心西迁至碎叶并置镇，活动重心由镇抚地方转向防备入侵之敌，通过碎叶置军先一步压制吐蕃打通向北部草原的道路与西突厥诸部相连的意图。但轻微的官员调换就能引起如此巨大的反应，也一定程度上证明唐廷对碎叶的统治还是不够稳固。

3. 二置二废（686—690 年）

垂拱元年，西突厥阿史那他匐率领部众发动了叛乱。武则天重新起用羁縻可汗制度。垂拱二年，武则天任命步真之子阿史那斛瑟罗继任父亲濛池都护的职位，其为西突厥王族子弟，同时又长期在长安任职，两种身份实现了唐"国家有继绝之美，荒外无转输之役"④的目标。同年，阿史那斛瑟罗平定阿史那他匐叛乱，占领碎叶城，吐鲁番阿斯塔那 100 号墓出土的《氾德达告身》记载："准垂拱二年十一月三日敕：金牙军拔于阗、〔安西、疏〕（此三字残损。安字字首可辨，故据补入）勒、碎叶等四镇，每镇酬勋一转；破都历岭等阵，共筹勋三转。总七转。"⑤在收复碎叶城的同时，唐廷将防务完全交给阿史那斛瑟罗，在碎叶的一切军事及屯田建置已经全部撤销，不

① 王小甫：《唐、吐蕃、大食政治关系史》，第 77 页。
② 《新唐书》卷一一一《王方翼传》，第 4135 页。
③ 〔日〕佐藤长：《古代チベット历史研究》上卷，同朋舍，昭和 52 年（1977）再版，第 333 页，转引自王小甫《唐、吐蕃、大食政治关系史》，第 77 页。
④ 《旧唐书》卷八九《狄仁杰传》，第 2891 页。
⑤ 吴震：《从吐鲁番出土"氾德达告身"谈唐碎叶镇城》，《文物》1975 年第 8 期。

再设镇。①

　　唐朝拔四镇本意并非"弃四镇"，而是回撤镇将防人，把防务交给忠实于自己的羁縻府州、州长官等，从而减轻一些财政和人力负担。②就在阿史那车簿叛乱不久，原本安置在漠南的阿史那骨咄禄、阿史德元珍等召集余部叛唐，建立后突厥汗国，此后唐军被迫连年对外出兵征讨，边境上的军事压力再次增加。除了新出现的敌对势力和常年高昂的军费带来的压力，唐中央还要面对愈演愈烈的内部矛盾，国内徐敬业等人亦起兵反抗武则天的统治。武则天只能以"务在仁不在广，务在养不在杀，将以熄边鄙，休甲兵，行乎三皇五帝之事者也"③的名义，大规模回缩高宗时期拓展到极限的唐朝国境线，碎叶随之再次被废弃。

　　但是唐军主动回撤并没有带来武则天所希望的结果。垂拱三年，吐蕃大规模进入西域，"焉耆以西城堡无不降下，遂长驱东向，逾高昌壁，历车师庭，侵常乐县界，断莫贺延碛，以临我敦煌"。永昌元年，韦待价安西行军，兵败寅识迦河。天授元年，后突厥骨咄禄向西域展开猛烈进攻，"西突厥十姓，自垂拱以来为东突厥所侵掠，散亡略尽，濛池都护继往绝可汗斛瑟罗收其余众六七万人入居内地"。④碎叶失陷于后突厥汗国。

　　与之前不同的是，碎叶的第二次置与废受到了后突厥汗国这一新因素的影响。在这一新兴力量的压迫下，唐朝似乎想要做出一些回缩防线的调整，但是吐蕃虎视眈眈的现实已经不允许唐朝在对碎叶的控制上有一丝的松懈，西天山的安危已经成为影响唐朝整个天山边防系统的关键，放弃碎叶会导致整个西北防线的共振。此外，碎叶此次置废也令唐廷看到阿史那氏的衰弱，西突厥已经很难完成唐委以的戍守碎叶、羁縻天山以西的重任，唐廷不得不对碎叶管理做出新规划。

　　4. 三置三废（692—719 年）

　　天授元年后，吐蕃国内的动荡为唐朝赢得了转机。吐蕃赞普墀都松即位

---

① 薛宗正：《中亚内陆——大唐帝国》，第 445 页。
② 王小甫：《唐、吐蕃、大食政治关系史》，第 78 页。
③ 《全唐文》卷二一二《谏雅州讨生羌书》，第 2150 页。
④ 《资治通鉴》卷二〇四，则天后天授元年，第 6584 页。

后一些内部冲突削减了吐蕃在中亚地区的殖民事业并造成了灾难性后果。① 唐休璟凭借其与吐蕃长期接触积累的经验，觉到吐蕃国内形势的变化和在西域地区的式微，上书请求抓住机会收复四镇。② 武则天遂派王孝杰为武威军总管，与左武卫大将军阿史那忠节一同击破吐蕃，唐军势如破竹，"兵戈才冲，贼徒俄溃，如秋风之扫落叶，类春景之铄薄冰"。③ 长寿元年，唐军一举收复四镇。碎叶也随之重新回到唐政府管辖范围内，碎叶再一次建置，武则天大为高兴，对身边人说："昔贞观中具綾得此蕃城，其后西陲不守，并陷吐蕃。今既尽复于旧，边境自然无事。"④

王孝杰复四镇，不仅稳定了西域的乱局，也暂时结束了唐与吐蕃在塔里木盆地长久的拉锯战。唐派重兵驻守四镇，西天山形势逐渐稳定下来。在今托克马克遗址出土的左右武将石沙陁所佩带的龟符就证明了这一点。该龟符为铜质，长 4.2 厘米，宽长之比为 1:2，厚不足 0.5 厘米，重 16.6 克。最重要的信息是阴刻文字，从上至下，由右至左，为"左豹韬卫翊府右郎将员外置石沙陁"。据孟宪实先生考证，石沙陁应当是在武周长寿元年恢复四镇之后，奉命在碎叶统兵。且石沙陁应当是石国来的藩将，履行着唐将军的职务，蕃兵不在"三万"之数内。⑤

不久，吐蕃向唐提出和亲，这种情况下唐答应吐蕃求和，派遣郭元振出使吐蕃。双方长久的拉锯战终于告一段落，碎叶处于唐政府管理之下，少有大变故。开元七年，突骑施可汗苏禄南下楚河流域，攻陷碎叶，重建突骑施汗国，请居碎叶，安西都护汤嘉惠表以焉耆备四镇，让出碎叶为其牙帐。从调露元年唐平定阿史那都支，碎叶作为安西四镇之一的历史至此结束，前后共历 40 年。

自始至终，唐政府对碎叶从重视到建置，到再重视再重建，始终围绕着加强自身力量、打压及怀柔突厥势力、阻击吐蕃这三个方向。用濛池都护府替换薄弱的瑶池都督府、修建碎叶城、大规模驻兵、完善各项基础措施等都

---

① 〔美〕白桂思：《吐蕃在中亚：中古早期吐蕃、突厥、大食、唐朝争夺史》，第 34 页。
② 《旧唐书》卷九三《唐休璟传》，第 2978 页。
③ 《张怀寂墓志铭》，转引自岑仲勉《西突厥史料补阙及考证》，第 62 页。
④ 《旧唐书》卷九三《王孝杰传》，第 2977 页。
⑤ 孟宪实：《唐碎叶故城出土"石沙陁龟符"初探》，《西域文史》第 10 辑，科学出版社 2015 年版。

是为加强自身实力所做的努力。唐设立具有羁縻性质的濛池都护府，实现对西突厥残部的分化和归化。此外，唐军协调各方面军队，准确把握时机，设置碎叶镇构建军防线，打击了吐蕃在西天山的军事行动。随着唐王朝疆域空前的"帝国时代"进入尾声，边防政策逐渐回收，继续保持西天山战略纵深和信息前沿的地位，是唐政府边防政策的下一步调整方向。

二　突骑施入局与碎叶动态

突骑施是西突厥别部，十姓部落之一，散居伊犁河流域。显庆三年，唐朝于突骑施部落设置嗢鹿州和洁山两个都督府。武则天时，突骑施首领乌质勒逐渐崛起，尽有斛瑟罗故地。与此同时，之前徘徊在中亚内陆的大食发动了更加猛烈的东征。突骑施和大食两股新兴力量加入西天山纷繁复杂的战局中。唐廷对碎叶及其以西的天山地区做出了新一轮的战略调整。

（一）突骑施兴起

突骑施的兴起与这一时期吐蕃和唐的争斗有着密切联系。高宗武则天时期吐蕃势力由南至北扩张到于阗、疏勒以至碎叶地区，而唐朝势力则从东向西由西州、龟兹推进到碎叶。双方在碎叶、疏勒、于阗一线剧烈碰撞，陷于被唐蕃双方争抢境地的西突厥，自身实力受到极大的冲击，这种局面给突骑施的兴起创造了机会。

大约到长安四年，突骑施首领乌质勒控制了西突厥大部分领地：

> 突骑施乌质勒，西突厥别部也。自贺鲁破灭，二部可汗皆先入侍，虏无的君。乌质勒隶斛瑟罗，为莫贺达干。斛瑟罗政残，众不悦，而乌质勒能抚下，有威信，诸胡顺附，帐落浸盛，乃置二十都督，督兵各七千，屯碎叶西北。稍攻得碎叶，即徙其牙居之，谓碎叶川为大牙，弓月城、伊丽水为小牙，其地东临北突厥，西诸胡，东直西、庭州，尽并斛瑟罗地。①

---

① 《新唐书》卷二一五《突厥传》，第 6066 页。

圣历二年，碎叶陷于后突厥，乌质勒移牙碎叶。武则天授以乌质勒瑶池都督，表示了对突骑施立意取代西突厥之举的认可。但在转年，却又"以西突厥竭忠事主可汗斛瑟罗为平西军大总管，镇碎叶"。[①] 唐中央还是置西突厥于突骑施之上。

但是衰落的阿史那氏已经无法控制西域局面，斛瑟罗部众离散，被迫于长安三年回到长安。斛瑟罗子怀道同样不堪重任，长安四年，武则天册封其为十姓可汗，但他无法控制西突厥诸部，反而娑葛以劲卒入侵安西都护府，攻陷龟兹。唐政府看到西域的力量天平此时已经发生了倾斜，就将碎叶川一带的间接控制权转交到突骑施手中。景龙三年，娑葛与唐和解，唐最终承认突骑施汗国，是年北庭都护府晋升为北庭大都护府，碎叶转隶北庭，北庭都护吕休璟兼领碎叶镇守使。景龙四年，唐拟《命吕休璟等北伐制》，欲联合西北突骑施、黠戛斯等部落以抗衡后突厥。后突厥事先得知情报，先发制人，大军千里奔袭大破突骑施，杀娑葛。又追杀突骑施逃兵，渡过锡尔河进入粟特地区，甚至与阿拉伯军队发生了一场不期而遇的"遭遇战"。[②] 但后突厥并不想在此建立长久的统治，随着大军东归，以碎叶为中心的西天山出现了短暂的权力真空期，为唐、吐蕃、大食等强权势力提供了难得的机会。

（二）拔汗那之战与河中"三足鼎立"

在唐与突厥、吐蕃争夺碎叶时，西来的大食军队已经悄悄逼近了河中地区。从7世纪开始，唐与大食在中亚的矛盾已经逐步显现，有赖于西天山的战略纵深，唐对大食早期东征的反应略显懈怠。至8世纪初，大食军队入侵河中地区，并与吐蕃达成同盟，逼近唐朝边境，三方力量在拔汗那对决，最终形成"三足鼎立"的局面。

1. 唐对大食早期军事行动的应对

7世纪，大食军队曾在奥斯曼哈里发时期和穆阿维叶时期两次入侵中亚。永徽五年五月，"大食引兵击波斯及米国，皆破之"，河中地区最大的城市撒马尔罕也被殃及。唐朝与大食产生联系，最早也是在这一时期。永徽二年大食派遣了第一个使团来到长安。迫于大食的压力，九姓胡国一时间纷

① 《资治通鉴》卷二〇六，则天后久视元年，第6545页。
② 马小鹤：《七一二年的粟特》，《新疆大学学报》1986年第1期。

纷遣使进贡，希望求得唐朝的援助，然而唐中央始终没有给予明确的支持。唐太宗时期，由于突厥和吐蕃造成的边境压力，唐并不愿插手河中事务，唐太宗以"师行万里，岂不疲劳！劳百姓以取虚名，朕不为也"[①] 来应对西方的恳求。到高宗时期，唐外交政策开始走上积极外扩的道路。显庆三年，唐平叛阿史那贺鲁后，高宗派遣果毅董寄生前往九姓诸国地，于康国设康居都督府、石国设立大宛都督府，其他粟特城国亦列为羁縻州；龙朔元年六月，唐朝又在吐火罗地区建立羁縻州。看似唐朝在整个中亚和吐火罗地区建起了广泛的羁縻统治，名义上进行了慷慨的支持，但是唐朝对这些羁縻州的管理并不严格。唐中央更多只是想表明西域诸国对其的臣属关系。[②]

对于整个西天山防线而言，粟特及吐火罗地区是被泛泛纳入西天山防御体系的缓冲带，唐朝的正规军只会停留在西天山军事管控地带，并不直接介入这一地区的冲突。龙朔元年波斯王子卑路斯在向唐军请援以抗大食时，唐政府只是以疾陵城为波斯都督府，任命卑路斯为都督。调露元年，唐高宗册封泥涅师为波斯王，命裴行俭组成军队以反抗大食名义护送其回国，事成后令其自行回国。唐军止步于碎叶。唐中央尽管收到了粟特诸国的求救，但从根本上并不想直接和大食产生冲突。况且8世纪之前大食对阿姆河以北地区的入侵主要为掠夺性的远征，并没有进行真正的征服。[③] 大食军构成的威胁并不足以使唐军做出激烈的反应。

2. 大食对河中地区的征服

7世纪中叶至8世纪初，大食正式开始了对河中地区及锡尔河以北地区的大征服。在名将屈底波担任呼罗珊总督期间（704—715），军队以摧枯拉朽之势渡过阿姆河，并进入唐朝羁縻之地。

707年，屈底波向布哈拉绿洲进军。709年，首次攻下布哈拉城中古老的阿克要塞，阿拉伯军队占据了战争主导地位。[④] 710年，攻下吐火罗斯坦及塔卢坎。712年，大军远征当时河中地区最繁荣强大的城市撒马尔罕——

---

① 《资治通鉴》卷一九三，太宗贞观五年，第6203页。
② 吴玉贵：《突厥汗国与隋唐关系史研究》，第370页。
③ 余太山主编《西域通史》，第180页。
④ 〔英〕休·肯尼迪：《大征服：阿拉伯帝国的崛起》，孙宇译，民主与建设出版社2020年版，第331页。

粟特人实际上的首都。得益于其军队强大的情报能力，撒马尔罕人向石国国王和费尔干纳的援军发出的消息被屈底波得知，援军大败。[①] 最后撒马尔罕国王乌勒伽求和，与其他粟特城市的遭遇一样，撒马尔罕原有的神像被毁，阿拉伯军队缴获了大量金银财宝。但是屈底波并没有打破撒马尔罕原有的统治秩序，乌勒伽仍然是国王，但是屈底波自己在距撒马尔罕 40 公里的伊什蒂航驻扎，派弟弟领兵守在城中，并对城中的非穆斯林进行了更为严格的管理，不许其在城中逗留。[②]

开元二年，屈底波率领一支由阿拉伯军人以及从布哈拉、赭时、纳萨夫和花剌子模人中招募的 2 万多人的征召军共同组成的军队，继续东行。军队跨越了阿姆河，在粟特境内行军并未遭遇任何有效的抵抗。然后，当地征召军向北到达石国，屈底波率领自己的部队东达费尔干纳。阿拉伯的有些史料提到他曾达到唐王朝境内的喀什噶尔。大食君王曾经许诺，他安排在东方的将领无论是谁第一个抵达中国，他都会授予其中国总督的封号。[③] 这样，大食军队前所未有地接近唐朝的边境线。

开元元年，大食曾派使团抵达唐朝，由于礼仪冲突险些造成了外交事故。大食使臣按照本国风俗，坚持只站立行礼，不跪拜，中书令张说以"殊俗慕义，不可置于罪"[④] 化解，双方在军事和商贸方面达成某些合作。[⑤] 泰伯里的《编年史》记载，当屈底波的军队到达疏勒时，唐玄宗派人送信来说"你应派一将领来华，以便我们了解你们的宗教情况"。[⑥] 于是屈底波在军队中选出了 12 个杰出的善于辞令的人。虽然这种故事听上去颇有几分传奇史诗的感觉，但是我们从中可以看到阿拉伯人考虑到接触唐王朝这个强大的东方古国时需保持谨慎，以及对得到唐朝支持的期望，和对自己的宗教与军事实力的高度自信。

这样一支充满力量和信心的征伐之师逼近西国门时，唐政府不可能充耳

---

① 〔英〕休·肯尼迪：《大征服：阿拉伯帝国的崛起》，第 341 页。
② 〔英〕休·肯尼迪：《大征服：阿拉伯帝国的崛起》，第 342 页。
③ 〔英〕休·肯尼迪：《大征服：阿拉伯帝国的崛起》，第 343 页。
④ 《旧唐书》卷一九八《大食传》，第 5317 页。
⑤ 〔英〕休·肯尼迪：《大征服：阿拉伯帝国的崛起》，第 343 页。
⑥ al – Tabari, *Chronique de Tabari*, p. 198，转引自〔法〕张日铭《唐代中国与大食穆斯林》，姚继德、沙德珍译，宁夏人民出版社 2002 年版，第 7 页。

不闻。粟特诸国纷纷向唐政府求援,吐蕃也于此时重新回到唐蕃战场。开元二年秋,"吐蕃大将坌达焉、乞力徐等率众十万余寇临洮军,又进寇兰、渭等州,掠监牧羊马而去"。① 吐蕃又在唐蕃边境设置了一系列军事设施,姚崇、卢怀慎在奏疏中说:"顷者吐蕃以河为境,神龙中尚公主,遂逾河筑城,置独山、九曲两军,去积石三百里,又于河上造桥。"② 明显是在为下一步的军事行动做准备。但被唐军击溃以后吐蕃遣其大臣宗俄因矛至洮水边和谈,由于使用"敌国之礼"而被唐政府拒绝。吐蕃"自是连岁犯边"。③ 除了在东线持续侵扰唐军,吐蕃在西线的拓展也取得一定成效。704 年,白衣大食呼罗珊总督之子穆沙(Musa)联合吐火罗王公在今铁尔梅兹附近发动叛乱,吐蕃与突厥军都曾前去协助镇压。"挹怛人、吐蕃人、突厥人突然向他们进攻,这些人约有七万,他们头上戴着球顶尖盔,此外还有数不清的不穿甲胄者,有盔无冠者。"④ 从此次战争的记录来看,吐蕃的势力已经向西拓展到吐火罗附近,并有机会与大食建立外交关系。

唐玄宗对西域诸国请求抗击大食的求援并没有做出回应。对于唐王朝来说,遥远的大食从来不是直接的敌人,与大食相争主要是为了维持在西域的威望,不得不援救为大食所征服的国家,此乃问题的核心所在。⑤ 但是此时玄宗不想远征大食以保护西域诸国,这种做法太过冒险。唐朝很难分出精力去同时对付数个强国,只是做了一些名义上的奖赏去安抚鼓励他们,如"来乞师,天子不许。久之,请封其子咄曷为曹王,默啜为米王,诏许"。⑥ 在阿拉伯人的眼中,唐朝人并不愿直接干预这片距离自身权力中心过于遥远的地区,但他们对突骑施部族给予了一定支持,鼓励其入侵处于阿拉伯人之手的粟特故地以支援当地王公。⑦

---

① 《旧唐书》卷一九六《吐蕃传》,第 5228 页。
② 《资治通鉴》卷二一一,玄宗开元二年,第 6824 页。
③ 《资治通鉴》卷二一一,玄宗开元二年,第 6824 页。
④ See Tabari, *Annales* Vol. Ⅱ, p.1153,转引自蓝琪、赵永伦《中亚史》第 2 卷,商务印书馆 2018 年版,第 51 页。
⑤ 〔法〕张日铭:《唐代中国与大食穆斯林》,第 22 页。
⑥ 《新唐书》卷二二一《西域传》,第 6244 页。
⑦ 〔英〕休·肯尼迪:《大征服:阿拉伯帝国的崛起》,第 351 页。

3. "三足鼎立" 局面形成

唐军不支援粟特诸国，不代表放弃了整个西天山地区。在此之前，监察御史张孝嵩奉命出使廓州探访边情，回来后向玄宗陈述了碛西利害，请求前往察访，"上许之，听以便宜从事"。① 可见唐中央对此地的局势保持了一定警惕。同时在军事方面，开元二年，默啜可汗联合石国颉利发阿失毕围北庭都护府，败于唐军。石国颉利发担心默啜可汗怪罪而投靠了唐朝。紧接着，唐朝碛西节度使阿史那献攻克碎叶，擒获西突厥首领都担，"降其部落二万余帐"，西突厥各部掀起了一个涌到唐朝边境请降的浪潮。② 唐军控制了碎叶，就等于保持着对碎叶—怛逻斯—石国一线的军事控制，这是与众强博弈中有力的筹码。

大食军占领河中地区后一直保持着旺盛的东侵势头，一度攻入拔汗那，与吐蕃联手击败了拔汗那国王，立另一位新贵族阿了达。大食人还占有了他的所有财货。拔汗那老王兵败，奔安西请求支援。早在显庆三年，唐政府就已经表明了自己支持拔汗那老王的立场，设立休循县，驻守渴塞城。因此被驱逐的拔汗那王子向唐朝寻求支持。如此一来，大食与吐蕃的联军就站在了唐军对立面。

唐、吐蕃及大食三方势力至此在拔汗那的战争已经蓄势待发。唐军占领碎叶城，接通了安西、北庭的强大军事实力，战备充足。而大食方面，前线将领屈底波的死大大削弱了自身的力量。张孝嵩以"不救则无以号令西域"，率领周边部落万余人，自龟兹向拔汗那进军，连下数百城，长驱直入，攻破阿了达于连城。张孝嵩率军急攻，"自巳至西，屠其三城，俘斩千余级。阿了达与数骑逃入山谷"，③ 唐军大获全胜，终结了大食—吐蕃在拔汗那的统治，唐军得以据守拔汗那，将西天山防线推进到费尔干纳盆地以南的地区，为下一步高仙芝顺利平定小勃律打下坚实基础。"大食、康居、大宛、罽宾等八国皆遣使请降"，④ 唐廷保证了自己在这一地区的影响力。唐朝在拔汗那之战中取得胜利的基础，就是在开元二年击败东突厥，夺回碎叶

① 《资治通鉴》卷二一一，玄宗开元三年，第6832页。
② 〔美〕白桂思：《吐蕃在中亚：中古早期吐蕃、突厥、大食、唐朝争夺史》，第55页。
③ 《资治通鉴》卷二一一，玄宗开元三年，第6832页。
④ 《资治通鉴》卷二一一，玄宗开元三年，第6832页。

城，保持西天山一线的军事控制权。唐朝以此为落脚点，牢牢在中亚站稳脚跟，成为与大食和吐蕃争夺西天山的重要力量。

事实上，拔汗那之战已经成为欧亚大陆历史的里程碑式标志，即大食从西方，唐朝从东方，吐蕃从南方——中古早期最具扩张性的大国——齐聚于中央亚洲。[①] 一种大陆范围内的相当稳定的力量均衡最终在开元三年建立起来，这一重要进展中的唯一问题是相关的几个主要力量中，没有一个（尤其是唐朝）接受这种事态。西突厥人的突骑施联盟也没有接受。因为，从地理角度上讲，它是风暴的中心。[②]

（三）唐与大食对立中的突骑施

在唐、吐蕃、大食三股力量达成鼎足之势时，由苏禄可汗率领的突骑施迅速崛起并控制了西突厥十姓地区，已经有了相当的力量。玄宗选择利用主要活动在碎叶川的突骑施来增加其在西域的影响力，进而收复陷入大食的西域诸国。

开元三年，唐朝授以苏禄可汗左羽林大将军、金方道经略使，令突骑施干扰大食的东扩，在遥远的碎叶川构建了一道军事屏障，避免战火烧向唐王朝精心经营的塔里木盆地。苏禄可汗与大食对阵前后长达18年，事实证明，突骑施的军事活动确实对大食造成了一定的干扰。康国国王乌勒伽还趁机恢复了撒马尔罕的统治。虽然这是古老的"以夷制夷"的传统手段，但是玄宗的这一尝试获得了一定成效，突骑施军队有效阻止了大食军队在中亚疾风骤雨般的突进，唐朝保证了天山廊道尤其是西天山的稳定。

1. 唐朝防范突骑施

除了突骑施以外，唐朝还安抚和拉拢周边其他国家。开元四年，西突厥投靠唐朝，唐政府产生了重新册封阿史那子孙的想法，想要用阿史那氏替代突骑施，但是由于遭到突骑施强烈反抗而作罢。唐朝还通过册封国王封号、赏赐丝绸等方式安抚葱岭以西其他国家，其中最具代表性的是骨咄王。唐与吐火罗亦保持了相对较好的关系。开元六年，玄宗派遣使者前往吐火罗，并册封其王子。开元八年，唐册立乌苌国王、骨咄国王、俱位国王，并降册

---

① 〔美〕白桂思：《吐蕃在中亚：中古早期吐蕃、突厥、大食、唐朝争夺史》，第58页。
② 〔美〕白桂思：《吐蕃在中亚：中古早期吐蕃、突厥、大食、唐朝争夺史》，第58页。

文。此三国在安西以西，与大食相邻，大食煽动其叛乱，俱不从。

　　可以说突骑施介入唐、吐蕃与大食交锋的碎叶地区，实际上是唐以传统的"以夷制夷"原则平衡各方面势力的具体落实。"自是夷狄相攻，原非朝廷所遣，若大伤小灭，皆利在国家。"① 这一点也为粟特各国深知，"仍请敕下突骑施，令救臣等。臣即统领本国兵马，计会翻破大食"。② 唐想要将战争封锁在塔里木盆地以西的地方，就要给突骑施一些独立性，甚至做出一定的妥协与让步。但是这些都是在以唐朝为主体的臣属关系所能允许的范围内所做的变通。一旦突骑施所为超越了唐政府允许的范围，平衡关系就会被打破，唐王朝方面势必做出新的决策。

　　2. 唐廷对突骑施的笼络与妥协

　　开元六年，以苏禄为顺国公，充金三道经略大使，③ 并赐予其锦袍钿带鱼七事。④ 同年，苏禄可汗南下楚河流域，攻陷碎叶，在大食人尚未直接控制的西部地区重建突骑施汗国，史称黑姓突骑施汗国，并请居碎叶，安西都护汤嘉惠表以焉耆备四镇，让出碎叶为其牙帐。开元十年，唐玄宗以阿史那怀道的女儿为金河公主，嫁予苏禄为妻。金河公主既是原十姓可汗的王族之女，又经过唐朝册命，在名义上是唐朝的公主，唐朝将她嫁给苏禄，一方面是表示对苏禄的友好和信任，加强了唐廷与突骑施的联系，另一方面增强了苏禄对于西突厥各部的号召力。如此一来，突骑施在一定程度上替唐军镇守碎叶城，曾经的安西四镇之一成为双方共管地。唐朝既没有必要耗费人力、物力去驻军碎叶，又没有放弃碎叶的实际监管权。对唐中央来说，这不失为控制西天山的一种有效方式。

　　但是这种形式上的支持存在潜在的危险，突骑施对唐的态度成为很大的不确定因素。而且吐蕃并没有放弃征服塔里木盆地的计划，与突骑施暗中勾连。开元五年，突骑施联合吐蕃、大食围困了塔里木盆地北缘的拨换城和大石城，⑤ 唐安西副大都护汤嘉惠命令西突厥可汗阿史那献率领"三姓葛逻

① 《册府元龟》卷九九二《外臣部·备御五》，第11651页。
② 《册府元龟》卷九九二《外臣部·请求》，第11722页。
③ 《资治通鉴》卷二一二，玄宗开元六年，第6733页。
④ 《新唐书》卷二一五《突厥传》，第6067页。
⑤ 《资治通鉴》卷二一一，玄宗开元五年，第6728页。

禄"与敌军战，败之。大食军队逃回伊斯兰教控制区，并夺路逃往石国。几乎与此同时，吐蕃军队在九曲惨败于陇右节度使郭知运。

唐朝的一系列胜利短暂地打压了突骑施吐蕃联盟，突骑施继续向唐朝保持虔诚恭敬，"虽职供不乏，阴有窥边之志"。① 最终这场战争虽然以唐军的胜利收场，但唐朝也不能深究突骑施之过，十姓可汗阿史那献想发动葛逻禄之兵进攻突骑施，也被玄宗制止了。可以说这都是唐政府为了保证西边防御屏障的稳固而不得不做出的妥协。

三　唐朝与大食的正面交锋

唐朝与大食在西天山地区的关系，与其说是直接对立，倒不如说是代理人之间的对立。在大食灭掉波斯之后，唐朝采取了继续承认波斯政权的策略，以保持河中地区这一缓冲带。但是，当河中缓冲区被大食蚕食之后，驻防西天山的唐军就与大食迎头相撞了。不过，即便发生了怛逻斯之战这样的正面交锋，唐朝与大食都无意更深入对方区域，更大意义上，这次的正面交锋是一次遭遇战。

（一）交锋的前夜：剿灭突骑施残部

唐与大食相争主要是为了维持在西域的威望，不得不援救为大食所征服的国家，此乃问题的核心所在。② 突骑施与大食相争，并蹂躏其地，也早就被大食视为障碍。如此一来，突骑施成为唐与大食双方的敌人。唐玄宗可能开始谋划大食－唐朝反突骑施的同盟。虽然，这一计划在下一个十年才为人所知。③

1. 突骑施成为唐朝与大食的共敌

突骑施的叛乱可以说令唐玄宗坚定了联兵进攻的计划。开元十五年，突骑施会师吐蕃，发动对唐战争，围困了塔里木盆地腹地重镇龟兹。安西副都护赵颐贞试图打退进攻，但很快被逐回城中。突骑施劫掠了安西四镇及所属领地，发仓贮，掠人畜，只有龟兹坚守抵御，以致出现"安西仅全"的惨

---

① 《资治通鉴》卷二一一，玄宗开元五年，第6727页。
② 〔法〕张日铭：《唐代中国与大食穆斯林》，第22页。
③ 〔美〕白桂思：《吐蕃在中亚：中古早期吐蕃、突厥、大食、唐朝争夺史》，第62页。

状。① 突骑施与吐蕃联军的围攻一直持续到冬天才结束。这一事件不仅加深了吐蕃和突骑施在中亚战场上的同盟，而且所体现出的突骑施叛服无常的状态，消磨了唐玄宗最后的信任。唐政府之前迁就突骑施就是为了防止战火烧到塔里木盆地以内，如今突骑施联合吐蕃造成如此恶劣的后果，显然与唐最初扶植突骑施所寻求的结果背道而驰。唐本就忌惮吐蕃的军事实力，突骑施此举无疑令唐政府西北边境压力陡增。

开元二十二年，突骑施以北庭刘涣杀前来入朝贸易的阙俟斤与何羯达，扣押羊、马为由，大举进攻四镇。唐军反击，调集大军协同进攻在北庭的突骑施军队，对陇右道和河西道的军队下达总动员令："河西节度内发蕃汉二万人，取瓜州北高冏伯帐路西入，仍委卿简择骁将统率，仍先与西庭等计会，克日齐入。此已敕朔方军西受降城、定远城及灵州，兼取大家子弟，并丰安、新泉等军，共征二万，于瓜州北庭招托，就中简择骁健五千人先入，直赴北庭。从瓜州宜给一月熟粮，若至北庭，粮贮可支五年以上。凡此诸道征发，并限十二月上旬齐集西庭等州，一时讨袭，时不可失。兵贵从权，破虏灭胡，必在此举。"②

唐朝为了取得对突骑施的战略优势，命令河西节度使牛仙客的军队与大食联合进攻碎叶附近的突骑施汗庭："宜密令安西征蕃汉兵一万人，仍使人星夜倍道，与大食计会，取叶护、教达等路入碎叶。"③ 安西都护王斛斯与大食东方将军、呼罗珊总督达成共同对付突骑施的非正式联盟，时任大食呼罗珊总督阿萨德将总督府从木鹿迁移到了缚喝，并于同年十二月在唐朝与突骑施战争期间来到长安，其目的很可能是提供有关突骑施的情况，实现两国顺利结盟。

同时唐军出兵阻止了突骑施盟友吐蕃的援救。开元二十四年，吐蕃经小勃律西进，同时配合突骑施进攻四镇，张九龄认为："吐蕃纵实西行，苏禄不得相应，其败可必。"④ 唐军发兵从东北方向袭击吐蕃军队，有效阻止了

---

① 《旧唐书》卷一九四《突厥传》，第5191页。

② 《敕河西节度使牛仙客书》，《曲江集》，第424页。

③ 《敕河西节度使牛仙客书》，《曲江集》，第424页。〔法〕沙畹：《西突厥史料》，第143页。该路经由勃达路——从塔里木盆地到碎叶的主要道路。"叶护路"还不清楚具体方位。

④ 《贺贼苏禄遁走状》，《曲江集》，第545页。

吐蕃军队在西方与突骑施联合，在塔里木盆地的强大的生力军支援了对吐蕃的这次军事行动。但是安西唐军因为吐蕃军队的牵制，没有能够从勃达岭出兵，而大食军队也没有进一步从吐火罗北上，[①] 这一声势浩大的军事行动并未能按计划实施，但这已经足以震慑突骑施，玄宗为此感到骄傲。"苏禄反虏，敢为寇仇，犯我边城，初闻蚁附，投兵死地，果自冰销，朕始料之，一不差也。"

迫于两强联合带来的军事压力，苏禄可汗于开元二十四年派使臣胡禄达等人求和。玄宗清楚地意识到苏禄此次求和的真实目的，"今贼虽请和，恃我张势，以防大食之下，以镇杂虏之心，岂是真情？此其奸数"，[②] 并强调安西北庭的军队不能放松警惕，因利乘便。

2. 突骑施灭亡

唐和大食联盟对突骑施的打击是毁灭性的。开元二十六年，粟特人和大食人结盟，在哈里斯坦战役中战胜突骑施，这场战争标志着苏禄可汗和突骑施汗国强盛时代的结束。[③] 此后突骑施虽然还在碎叶一带活动，但陷入了严重的内部动荡。突骑施内部根深蒂固的黑黄两姓之间的矛盾彻底激化，大首领莫贺达干和都摩度早与苏禄不和，苏禄可汗兵败后，莫贺达干联合都摩度深夜谋杀苏禄。随后二人之间又产生矛盾，都摩度占据碎叶城，另立苏禄的儿子骨啜为吐火仙可汗。莫贺达干遂暗中联系安西都护盖嘉运。

唐朝利用两姓之间的矛盾，继续削弱突骑施实力。其实早在一开始，唐朝就已经意识到黑黄两姓之间的不同。长安元年，张说主持贡举："今赤曷既并于黄姓，默啜复觇于庭州，汉掖徒张，胡臂未断，而内匮积粮谷，外非足兵。于何出践更之师，奚使间穹庐之党，息人静国，有策存乎？"[④] 而今突骑施因内乱陷入分裂，唐朝自然要利用这个机会，重新平衡西天山的军政力量。

开元二十七年八月，莫贺达干与盖嘉运率领由石王莫贺咄吐屯、史王斯谨提组成的联军，进攻碎叶城，吐火仙弃城逃走未遂。随后疏勒镇守使夫蒙

① 余太山主编《西域通史》，第 186 页。
② 《敕瀚海军使盖嘉运书》，《曲江集》，第 425 页。
③ 〔英〕休·肯尼迪：《大征服：阿拉伯帝国的崛起》，第 368 页。
④ 《全唐文》卷二二二《兵部试沈谋秘算举人策问三道》，第 2240 页。

灵督挟锐兵与拔汗那王攻占怛逻斯城，"斩黑姓可汗与其拨斯，入曳建城，收交河公主及苏禄可敦、尔微可敦而还"。① 可以说从开元末年到天宝七载王正见破碎叶时，碎叶应该都是在黄姓突骑施的控制之下。② "天宝七载，北庭节度使王正见伐安西，毁之。"③

围绕着剿灭突骑施而引发的这一系列战争，对于碎叶及河中地区的破坏是严重的，杜环在《经行记》中记载了他看到的碎叶城："天宝七载，北庭节度使王正见薄伐，城壁摧毁，邑居零落，昔交河公主所居止之处，建大云寺犹存。"④ 此时的碎叶城已经是一片破败。

随着突骑施式微，唐朝开始有意无意地增加拔汗那在中亚诸胡中的号召力。开元二十七年，拔汗那王阿悉烂达干助碛西节度使盖嘉运平吐火仙，"悉收散发之民数万以与拔汉那王"；⑤ 十二月，和义公主下嫁宁远（拔汗那）王，这是唐朝与中亚诸胡唯一一次和亲。至德元载九月，唐肃宗在征发拔汗那兵马之时，又使"传谕城郭诸国，许以厚赏，使从安西兵入援"。⑥ 至德二载正月，大食派军队与拔汗那等国的军队随安西、北庭兵开进中原，加上回纥援兵，作为精锐部队，收复了长安、洛阳。

（二）唐与大食的正面交锋：怛逻斯之战

突骑施灭亡造成的直接后果就是大食与唐之间再也没有作为缓冲的中间势力，两个强国正面交锋了。实际上，类似的事件一再发生，当年唐朝与吐蕃联合攻灭吐谷浑，最后两个政权正面交锋后，不得不面对一场旷日持久的战争。

1. 战争爆发

显然大食已经意识到了这一巨大的安全隐患。早在天宝三载，一支阿拉伯使团便抵达中国，他们似乎旨在发展商贸交流关系，使团中有吐火罗斯坦、石国甚至是远至扎布列斯坦（今阿富汗南部）的各城市代表。双方并

---

① 《新唐书》卷二一五《突厥传》，第6068页。
② 毕波：《怛逻斯之战与天威健儿赴碎叶》，《历史研究》2007年第2期。
③ 《新唐书》卷二二一《西域传》，第6246页。
④ 《经行记笺注》，第46—47页。
⑤ 《资治通鉴》卷二一四，玄宗开元二十七年，第6958页。
⑥ 《资治通鉴》卷二一八，肃宗至德元载，第7116页。

不想爆发直接的冲突。但是，这种平静总是微妙的，在两个大国相邻的情况下，任何的风吹草动都会造成形势误判。导致误判的关键人物就是时任安西节度使高仙芝。

高仙芝好大喜功，介入了石国及拔汗那的战争。天宝九载，高仙芝曾表奏石国无藩臣礼，请求出兵击之，得到朝廷批准。高仙芝在安西都护府集结兵力，并动员西域诸国兵。碎叶镇也在这次战争中被充分动员。高仙芝不仅掳石国国王及人民，还大肆抢掠财物。"初，仙芝给石国王约为和好，乃将兵袭破之，杀其老弱，虏其丁壮，取金宝瑟瑟驼马等，国人号哭"，① "获石国大块瑟瑟十余石、真金五六驼驼"。②

图 6-25   怛逻斯遗址公园

遭遇灭国之痛的石国王子西奔，并将其遭遇告诉给中亚诸胡国，"群胡忿之，与大食连谋，将欲攻四镇"。当听说大食带兵攻打安西四镇的消息时，高仙芝立即征调西域各国的兵马与唐军联合西征，组成了三万余人的联军迎击大食。高仙芝可能是沿着勃达岭到达碎叶后，于此地同拔汗那、葛逻禄及其他西域国家联合，而后统率藩汉联军，去攻击怛逻斯城。

唐军在怛逻斯城与大食相持数日，最终由于葛逻禄部的阵前倒戈而大

---

① 《旧唐书》卷一〇九《李嗣业传》，第 3298 页。
② 《旧唐书》卷一〇四《高仙芝传》，第 3206 页。

败。兵败的高仙芝率领残兵败将越过葱岭，狼狈地返回安西。至此这场东西强国在西域的直接交锋以唐朝兵败而告终。

2. 怛逻斯之战对西天山格局的影响

首先，对于唐政府来说，怛逻斯之战后，其势力开始退出中亚，不过驻扎在碎叶等地的唐朝军队没有撤退，他们与唐朝政府之间的经济联系没有中断，碎叶遗址有唐朝"乾元重宝""大历元宝"出土。[①] 2011 年，在碎叶又出土了唐代鱼符，刻有"突骑施国第三"字样，俄罗斯学者别里牙耶夫研究了这个问题，证明唐朝军力于此存在的情况。[②]

图 6 - 26　碎叶出土的唐代"突骑施国第三"鱼符

资料来源：努尔兰·肯加哈买提《碎叶》，第 153 页。

其次，怛逻斯之战未能完全削弱唐政府在西域的影响。唐朝在这里所寻求的主要是威望，玄宗在战后册封诸多小国家，并频频收到他们的朝贡，证

---

① 王永生：《大历元宝、建中通宝铸地考——兼论上元元年以后唐对西域的坚守》，《中国钱币》1996 年第 3 期。

② Belyaev, Sidorovich, Tanskaya veritelnaya birka dlya poslantsev Tyurgeshskogo kaganata. Obshestvo i gosudarstvo v Kitae: XLII nauchnaya konferentsya. Instiut vostokovedeniya RAN. Moscow, 2012 (Ucheniye zapiski Otdela Kitaya IV RAN. Vyp. 4), C. 282 – 27.

明唐政府在西天山的威望没有因为一场战役而过多削减。①　贞元三年，李泌奏安西北庭使臣不愿归国，滞留长安 40 余年之事，说明这些人很有可能是在怛逻斯之战爆发前后来到长安的。

再次，怛逻斯之战没有完全断绝大食与唐之间的往来。战后大食很快就表明了自己追求和平的愿望，于天宝十一载十二月，十二载三月、四月、十二月，十三载四月，十五载七月派遣使臣向唐朝朝贡。②　其目的在于影响玄宗皇帝在处理昭武九姓国家上表要求进攻大食时的决策。并波悉林在外交方面的上述举措是成功的。③　安史之乱中阿拉伯还遣军队来协助平定叛乱。

最后，这场战争的失败对唐统治集团内部并没有产生多大影响，唐朝军费开支急剧增长，边境战争包括对南诏的战争失利颇多，怛逻斯之战和其他诸多发生在偏远的天山以西的战争一样，是众多败仗中的一场而已。753 年，大食使节位列东排首席向玄宗皇帝致贺，吐蕃使节居西排第二位，日本使节紧挨在大食使节之后。大食在唐对西域的政治考量中被列于第一位，唐政府并没有因一场普通战争产生的冲突疏远大食。怛逻斯之战在任何方面都未能确立穆斯林或中国的文化优势。④　对于中亚来说，决定他们命运的，更多的是唐朝力量的削弱，唐朝从边境招募游牧族群军队，致使其在西域诸国的威望丧失，以及吐蕃于 760 年入侵河西或者陇右地区。

3. 怛逻斯之战对中亚局势的影响

从大食的角度来说，到 750 年，其对河中的征服实际上已经结束，不可能再突破屈底波所取得的成就，此后穆斯林世界的东北边境线三个世纪内都没有更大的变化。对河中的征服是穆斯林军队所发起的最为艰苦的征服战。只有当他们有优秀的总督时，征服才成为可能。伊斯兰教固然战胜了原有的宗教，然而合众诸侯仍然对整个东部伊斯兰世界的文化以及其中伊朗文化的

---

① 〔法〕张日铭：《唐代中国与大食穆斯林》，第 79 页。
② 《册府元龟》卷九七一《外臣部·朝贡四》，第 11413—11414 页。
③ 〔法〕张日铭：《唐代中国与大食穆斯林》，第 80 页。
④ 〔法〕张日铭：《唐代中国与大食穆斯林》，第 43 页。

存续产生了深远影响。①

恒逻斯之战标志着一个时代的结束。阿拉伯军队再也没有入侵东北方的费尔干纳或东方的石国，更没能沿着丝绸之路进入新疆，穿越戈壁沙漠。同时，这也是唐朝军队最后一次向西进军到如此遥远的地区。恒逻斯之战后，唐军试图再战一雪前耻，但是很快安史之乱的爆发让唐军再也无法插手中亚事务。自此直到一千年后，中国军队才再次出现在喀什噶尔地区。粟特王公想要借助中国人的支持对抗阿拉伯帝国的希望就此永远破灭了。②

恒逻斯之战后，碎叶逐渐淡出了历史舞台。阿拉伯、波斯史料中有关碎叶的记载基本显示了这座城市衰颓没落的过程。其在《世界境域志》中已然成为规模较大的村落："Kukyal、Atlaligh、Lul. Gh，是三个繁荣而美丽的村庄，位于山坡上，他们的王（德赫干）是叶护的兄弟。"③尽管战争攻伐使得碎叶城遭到了严重破坏，但得益于区位优势，这一地区的政治、经济意义并没有丧失。所以粟特人在碎叶城废址附近再建商业据点乃至发展成为城市是完全可能的。④近年的考古材料表明，碎叶城遗址文化层的最上层始于10世纪。证明此后碎叶仍然发挥着其作为楚河上游一带政治、经济中心的作用。⑤

综上所述，碎叶在唐边防中经历了从"安西四镇"到与突骑施共治的转变。在"安西四镇"时期，碎叶作为安西四镇之一，在维护西天山军防稳定、保障丝绸之路畅通、抗击吐蕃的战役中起着重要的作用。碎叶城的置与废往往是唐与周边势力进退的风向标。玄宗时期，大食、吐蕃以及新崛起的突骑施在包括碎叶在内的中亚地区展开了拉锯战，唐政府不再直接对碎叶驻军管控，而是将控制权交给突骑施，给其最大的政治自由，突骑施以前方哨兵的身份平衡中亚各方力量。但这种政治自由是在唐政府所给予的"臣属关系"的范围内，其背后受到安西都护府及北庭都护府的制裁，实质上

---

① 〔英〕休·肯尼迪：《大征服：阿拉伯帝国的崛起》，第372页。

② 〔英〕休·肯尼迪：《大征服：阿拉伯帝国的崛起》，第373页。

③ 佚名：《世界境域志》，第70页。米诺尔斯基认为这只是碎叶及其附近的二村。而王小甫认为碎叶当是有两万士兵驻扎的大村庄Suyab。参见王小甫《试论碎叶城与八喇沙衮城的兴替》，《中亚研究资料》1984年第1期。

④ 王小甫：《试论碎叶城与八喇沙衮城的兴替》，《中亚研究资料》1984年第1期。

⑤ 张广达：《碎叶城今地考》，《西域史地丛稿初编》，第12页。

与其他羁縻府州无异。在突骑施的行为严重超过唐朝所能接受的范围后，唐政府会毅然决然地消灭这种威胁。诚然这种措施会让自己陷入两强相接的危险境地中，但是怛逻斯之战最终也未造成过多灾难性的后果，唐政府没来得及重新对碎叶进行布局以应对大食，内乱便迫使其彻底放弃了对碎叶的管控。

图 6 - 27　塔拉斯河航拍图（杨林　图）

第四节　唐代西天山的信息前沿

西天山的碎叶镇守军，不仅曾经作为唐朝安西四镇发挥着军镇职能，而且打通了连接中亚的信息渠道，使远在天山以西的信息直达唐廷。碎叶是军政重地，不仅唐朝设置碎叶军镇，突厥牙帐也常设于此，吐蕃更是常年觊觎此地，各方势力盘踞，波谲云诡。同时此地是昭武九姓重要的贸易点，商队络绎不绝，还是佛教、祆教、摩尼教等多种宗教传播之地，僧侣东来西往。唐朝从中央到地方非常重视来自碎叶等地的战略情报，以此了解西域动态，制定应对措施。

一　战争中的信息搜集

唐官方拥有一套从中央到地方的较为完备的情报搜集体系。为了根据碎叶以西及河中地区的局势变动准确制定出最佳的对外政策，同时亦为了满足中原王朝对域外的好奇心，各方势力会集的碎叶，自然也成为情报搜集的重要一环。

（一）朝贡使者的外交情报

官方获取外国信息的最直接方式自然是面见朝会中的各国使节。通过与外国使臣"奏对"和与本国臣民及外国访客"问对"这两种方式，唐朝君主直接向他们询问某个国家的具体事务。在面见过程中，皇帝可根据需要询问使臣不同的问题。九姓国家使臣朝贡觐见事实上也是他们向唐朝君主反映边情的最佳时机。

隋朝时，西域诸国就已经表现出了想要与中原王朝往来的意图，但经过碎叶的东向贡道由西突厥控制，他们只能"并因商人密送款诚"，这可谓早期通过朝贡传递投诚信息的一种替代形式。唐朝建立以后，西突厥可汗积极解冻对唐关系，也在一定程度上鼓励了中亚诸国，从武德七年开始，以康国为首的九姓诸国纷纷遣使朝贡。西突厥式微后，"西域诸国及敕勒先役属西突厥者皆叛之"。[1] 统叶护被杀不久，贞观五年康国即遣使臣。在没有受到来自西面的阿拉伯威胁的情况下，康国此举带有很明显的摆脱西突厥控制之倾向。[2]

平定阿史那贺鲁的战争中，往来东西的使臣也传递了重要的一线战报。永徽六年十一月，西突厥真珠叶护数次派遣使臣到唐朝，请求讨伐贺鲁，唐朝派遣元礼臣前往册封真珠叶护为可汗，但在碎叶城附近被阿史那贺鲁拦截。同年，何国遣使上言"闻唐出师西讨，愿输粮于军"[3]，表明自己坚定拥护唐朝的立场。显庆元年，葱山道行军总管程知节大败贺鲁部葛逻禄、处月于榆慕谷，周智度又败突骑施、处木昆等于咽城。很快拔汗那即朝贡于唐，不得不说这是在向唐朝及时表态。这些来自中亚的情报被及时送达唐廷，不仅有助于唐朝赢得对西突厥的战争，也在一定程度上鼓励唐朝在

---

①　《资治通鉴》卷一九三，太宗贞观三年，第 6061 页。

②　许序雅：《唐代丝绸之路与中亚史地丛考——以唐代文献为研究中心》，第 154 页。

③　《新唐书》卷二二一《西域传》，第 6247 页。

更西的地方拓展统治区域。因为吐蕃与突厥在西域频繁的军事活动，唐朝在碎叶的建置几经置废，信息渠道也一断再断，每次唐朝恢复碎叶建置时，朝贡之路会有短时间的恢复。咸亨二年四月，唐任命阿史那都支为匐延都督后，五月康国就遣使来贡方物。调露元年裴行俭恢复四镇，王方翼修建碎叶城后，丝路北道和中道重新畅通，当年七月，康国与拔汗那前来朝贡。直到692年唐朝再次恢复安西四镇时，九姓胡由于长时间的隔断与唐朝关系有所疏远，故696年和698年唐两次册封康国王，以期加强与九姓胡之首的康国的关系。①

玄宗即位后，随着来自西方大食的压力日益增加，九姓胡入贡进入高潮时期。这显然不是因历来"以献为名"的商业动机，而是由中亚的政治形势决定的。② 唐朝通过使臣带来的消息了解大食进军的动向，同时调整天山廊道最西段的防御战线，拉拢突骑施以备大食。随后又通过大食使者密谋，组成对抗突骑施的同盟。

早在永徽年间，大食征服中亚的消息已经通过使臣传到了长安。永徽五年传来了米国被大食军队攻破的消息。③《唐会要》卷九九"康国"条载："永徽中，其国频遣使，告为大食所迫，兼征赋税。"④ 当是康国亡国之前的最后一次朝贡，康国应当与米国破于同一年。调露元年，安国处于即将被大食攻陷的边缘，同年四月，安国向唐朝贡献两头犬，很可能是借此机会向唐朝求援。⑤ 屈底波担任呼罗珊总督期间，大食对中亚展开全方位的进攻，粟特诸国频频遣使上书告急。对于8世纪中期的九姓胡来说，主张联合突厥对抗大食，似乎是争取"自然安帖"的唯一策略。⑥

1932年发现于穆格山城堡中的穆格山文书记载了700—722年片治肯特最后的城主粟特王子戴瓦什提契夫与周边势力的情报往来。文书A–14中记载了军事情报是怎样由朝贡使臣一步步传递到唐中央的。

---

① 许序雅：《唐代丝绸之路与中亚史地丛考——以唐代文献为研究中心》，第159页。
② 蔡鸿生：《唐代九姓胡与突厥文化》，中华书局1988年版，第57页。
③ 《册府元龟》卷九九五《外臣部·交侵》，第11686页。
④ 《唐会要》卷九九《康国》，第1774页。
⑤ 许序雅：《唐代丝绸之路与中亚史地丛考——以唐代文献为研究中心》，第160页。
⑥ 蔡鸿生：《中外交流史事考述》，大象出版社2007年版，第12页。

（1）致爵爷，领主，伟大的栋梁，粟特王，飒秣建城主

（2）迪瓦什梯奇，由他的最卑微的

（3）奴隶法图法尔恩——呈报。

（4）爵爷，领主，向（你）荣耀的伟人，我致以崇高的敬意。

（5）爵爷，我到赭时领主这儿来了。爵爷，

（6）我既把信件亲手递交了，又把应该口头转述的话

（7）完全地，没有一点儿疏漏地复述

（8）给吐屯和"副王"。爵爷，给

（9）可汗和给拔汗那王的信

（10）我通过那位拔汗那都督之手给拔汗那

（11）王送去了。我后来更往

（12）上没有能去，因为，爵爷，那位可汗传说完全

（13）见不到。爵爷，从吐屯和从

（14）"副王"那儿我收到了信件和答复。爵爷，

（15）当我到′pwrtk′n去时，爵爷，关于下面（国家）

（16）连一点儿好消息我都没有听说。而且窜堵利瑟那

（17）地区完全认输了。爵爷，我孑然一身，

（18）没有旅伴，爵爷，我不敢前进。爵爷，后来，

（19）我重新回到赭时来了。爵爷，因为这一点，对领主（你）

（20）我诚惶诚恐。爵爷，那位吐屯根据与

（21）大食人的条约而退让了。爵爷，依照协定

（22）札姆拉瓦兹和那位波斯统帅往下去了，

（23）据传说，因为收到了赎金，从大食人那儿

（24）把军队调开了。爵爷，那个γw″nk，据传说，完全（?）不看

（25）见了。——因为他们向上去了。而且

（26）至今任何人也没有回来。爵爷，吐屯（早先）与塔尔班德

（27）签订了条约，爵爷，（那儿）土地全都被他收去了。爵爷，

（28）关于下面地区的条约传说那位"副王"很担忧，

（29）同时因为没有到你这儿来，他很害怕

（30）领主（你）。爵爷，后来从领主（你）那儿消息不再发出来。

（31）爵爷，于是我把这封信通过麦尔旺之手向坎德送去。

（32）致爵爷，领主，伟大的栋梁，粟特王，飒秣建城主，

（33）迪瓦什梯奇，由其最卑微的奴隶法图法尔恩

（34）——呈报①

这封信是片治肯特城主戴瓦什提契夫派遣使臣联络石国国王的求救信。信中石国副王也是一位城主，似乎是戴王与石国沟通的特别信使。戴王与他有金钱往来，可能主要用于筹措给援军的兵饷。② 戴王将自己面临的困境如实报告给石国王或石国副王。再由他们的朝贡使臣将实况上报唐中央。石国副王甚至可以进京朝贡直接面见唐玄宗。③ 故不难推测石国副王会在进贡时将与大食的战况报告给玄宗。这些上奏文书中包含中亚局势的第一手资料。由边地资料整理的书籍类似于档案，是静态的，具有延时性；从上书所获取的消息应当是动态的，具有及时性。

除了对抗大食东征，拟定其他作战计划时也有朝贡使臣的身影。开元十二年到二十一年，受突骑施威胁的大食曾六次遣使来华。开元二十三年十二月大食派使臣来到唐朝，此时是大食与突骑施交战至关重要的节点，也是唐与大食组建联盟的关键时期，此次使臣到来的目的很有可能是带来关于突骑施的一线战报，并促进联盟成立。很快，突骑施在唐朝与大食两个大国的夹击下分崩离析。开元二十七年，唐拟定与粟特诸国一同攻打吐火仙以收缴吐火仙及其残部的计划。四月"拔汉那王阿悉烂达干、史国王斯谨提、突骑施大将索俟斤并遣使献表起居"。④ 之后不久，盖嘉运亦遣使进京，这次遣使亦有可能是来向唐政府反映突骑施的现况并确定攻取吐火仙的计划。在攻打突骑施的战争中，他们都受到了玄宗皇帝的册封和嘉奖。

（二）大食战争中的前线战报

边将的情报是中央制定对边战略政策的重要参考，其内容包括边疆首领

---

① 马小鹤：《公元八世纪初年的粟特——若干穆格山文书的研究》，《中亚学刊》第3辑，中华书局1990年版，第129—131页。

② 〔法〕葛乐耐：《驶向撒马尔罕的金色旅程》，第98页。

③ 《册府元龟》卷九七一《外臣部·朝贡四》记载："石国副王伊捺吐屯屈遣使献方物。"（第11412页）

④ 《册府元龟》卷九七一《外臣部·朝贡四》，第11410页。

的上书以及使臣搜集到的边疆族群的有关情况等。有些使者的主要任务就是搜集情报，"因觇虏情"才能使政策具有实施依据。

碎叶是大食在河中地区进军的重要战报汇集地。戴王在片治肯特城倾覆之前曾经数次向驻扎于碎叶的突骑施苏禄可汗以及苏禄可汗背后的委派人玄宗求援。721年，戴瓦什提契夫获得"粟特九姓之王"的称号，代替已经向大食人妥协的撒马尔罕城主乌勒伽成为新一任粟特九国共抗大食的盟主，而他抵抗大食军队的一个强有力的后援就是随时能够南下的突骑施可汗的军队。

在穆格山文书 V－17 中，721 年戴王非常得意地向喀卡萨古城主阿弗孙夸耀：

> 眼下，突骑施可汗和我们粟特义军将要来投奔你，将要和你一起待在柔丝特地……下面是我们这边的战况新闻：我们粟特的信使刚从北方草原回来，突骑施可汗给我加封了一个更高的地位和荣耀，同时大批突骑施和唐朝（镇守安西碎叶城）的军队正从草原下来援助我们。拔汗那王阿朴瓦渴，来到这里突骑施营帐。我现在派遣一支军队出来，我如今在突骑施可汗的支持下，变成沙瓦达草原上前所未有的强悍之王。①

这封信所述内容恰好与突骑施－粟特联军早期的军事合作吻合。突骑施援兵依旧在泽拉夫善河谷巡视，至少是处于戴王喊一声立马就到的状态。②不久善变的粟特王公又转头支持已经被抛弃的老粟特王乌勒伽，为了应对孤立无援的情况，戴王不得不全力向突骑施可汗示好，派往突骑施的使臣亦更加频繁。据穆格山文书 V－18，722 年早些时候戴王写给阿弗孙的信件中能看出来这一窘态。

> 上次我在信里谈的计划；眼下我要派遣你去突骑施可汗那里作为一名信使，不过因为你的软弱和无知你一直按兵不动不听号令，我现在也

---

① 〔法〕葛乐耐：《驶向撒马尔罕的金色旅程》，第 80—81 页。
② 〔法〕葛乐耐：《驶向撒马尔罕的金色旅程》，第 82 页。

不想让你出发了，但是我将派遣别的信使去突骑施可汗那里，而你，回到我身边来吧。

不过你别再这么做傻事了，比如，唐朝的（碎叶城）？

关于那个谁，我已经关照过了，所以把他代替你作为信使派去见突骑施可汗吧

如果你还没有派他出发，那么不要派他了，也不要了，在

把这些信给突骑施可汗了。还有，你不用献忠心了，在你那里

你献上什么人什么物品，或者从什么人那里拿走什么物品，我都不

在乎了，我什么都不要你提供

那些托你保管的东西，你应该带回我身边来，毫发无损地，还有那些信

没有我的旨意，你擅自写信给维兹吉尔德，应该

我听说你已经寄走了这信而且做了什么，那么只要

我还活着，我就不愿见到你的脸！那些玉赞初人和

随在你身边的突骑施人，比你更知道在你的王国里正发生着什么，将会帮助

处于困境中的我们，突骑施人会来救出我们。

粟特九姓王戴瓦什提契，发给喀卡萨城主阿弗孙。[①]

可以看出，戴王非常重视向突骑施可汗发送信件一事，并且为此精心挑选使臣，以"粟特九姓之王"的口吻，对任务完成度不高的阿弗孙大发雷霆。可见突骑施可汗在戴王眼中堪比救命稻草。此外，戴王非常清楚在哪里能够找到苏禄可汗的军队，可汗军队虽在北方草原，但很快就能回兵来救自己，这一点他深信不疑。

对于戴王来说，突骑施可汗代表着强有力的军事援助，而站在他背后的是信中被反复提到的唐朝军队，即驻扎于碎叶的镇守军。这一点对于其他粟特国家是一样的。先天元年，屈底波军队攻占康国首都撒马尔罕的情报经由乌质勒向玄宗所呈的表文中传来：

---

① 〔法〕葛乐耐：《驶向撒马尔罕的金色旅程》，第84—85页。

臣种族及诸胡国旧来赤心向大国，不曾反叛，亦不侵损大国，为大国行神益士（事），从三十五年来，每共大食贼斗战，每年大发兵马，不蒙天恩送兵救助，经今六年，被大食元率将异密屈底波领众军兵来此，共臣等斗战。臣等大破贼徒，臣等兵士亦大死损。为大食兵马极多，臣等力不敌也。臣入城自固，乃被大食围城，以三百抛车傍城，三穿大坑，欲破臣等城国。伏乞天恩知委，送多少汉兵来此，救助臣苦难。其大食只合一百年强盛，今年合满，如有汉兵来此，臣等必是破得大食。①

开元七年二月，俱密国王那罗延上表曰：

臣曾祖父叔兄弟等，旧来赤心向大国。今大食来侵，吐火罗及安国、石国、拔汗那国并属大食。臣国内库藏珍宝及部落百姓物，并被大食征税将去。伏望天恩处分大食，令免臣国征税，臣等即得久长守把大国西门，伏乞照临，臣之愿也。②

开元二十九年，石国亦上书祈求唐军的援助。天宝四载，曹国王贡表曰：

宗祖以来向天可汗忠赤，尝受征发，望乞兹恩，将奴国土同为唐国小州，所须驱遣，奴身一心忠赤，为国征讨。③

这些文书不仅让玄宗看到了大食咄咄逼人的气势，也令他做出将与唐共同管理碎叶的突骑施作为一线抵抗大食的战略部署。唐政府并未直接派兵声援，而是将"西头事"委派给了苏禄可汗，由唐与突骑施共同管理碎叶城，因此，率领粟特军队的戴王会组建机密的情报网络以保持与苏禄可汗的紧密联系，并为保持这种密切关系殚精竭虑。这些战报大量汇集到碎叶城，不仅

① 《册府元龟》卷九九九《外臣部·请求》，第 11722—11723 页。
② 《册府元龟》卷九九九《外臣部·请求》，第 11722 页。
③ 《册府元龟》卷九七七《外臣部·降附》，第 11482 页。

传到实际调派援军南下的苏禄可汗手中，也能为共同管理碎叶的唐军得知。从这个角度来说，唐朝可以碎叶为据点，与突骑施共享从片治肯特传递到碎叶的战报。这一点也为九姓诸国所深知，从吐火罗可汗上书中"仍请敕下突骑施，令救臣等""又承天可汗处分突骑施可汗云：西头事委你，即须发兵除却大食"① 的表述中就可看出。

尽管戴王费尽心思地想要获取突骑施的援助，但他最终还是被苏禄可汗抛弃了。失去了支援的戴王很快陷入孤立无援的境地，片治肯特城迅速陷落，化为一片焦土，戴王惨死于大食铁蹄之下。

（三）情报共享的唐与大食联盟

突骑施势力逐渐膨胀，反复入侵塔里木盆地，给安西局势造成严重威胁，尤其苏禄可汗数次与吐蕃联盟，已经触及唐朝的根本利益，使得唐中央最终做出联合大食消灭突骑施的战略决策。在这一联盟建立的过程中，玄宗对北庭与安西的将领给予充分信任，不仅保证地方与中央情报的畅通，亦强调地方军政首领之间的合作及唐与大食之间情报共享。

开元二十二年与唐作战失败后，苏禄可汗向唐请和，但他已经失去了玄宗的信任："今贼虽请和，恃我张势，以防大食之下，以镇杂虏之心，岂是真情？此其奸数。卿可与王斛斯计会，伺其动静，因利乘便。"② 同时玄宗加强了安西和北庭的军备及物资供应，为下一步的军事行动做好铺垫。

开元二十二年秋，唐朝曾派使者张舒耀前去同大食商讨从吐火罗和勃达岭两路出兵夹击突骑施汗庭碎叶。或许由于呼罗珊境内动乱，张舒耀于开元二十三年秋天（或夏天）才返回，大食答应第二年四月出兵。③ 开元二十三年，在玄宗给牛仙客的敕书中，已经列出了一个清晰的联合大食以共同对付突骑施的计划。

> 宜密令安西征蕃汉兵一万人，仍使人星夜倍道，与大食计会，取叶护、敦达等路入碎叶；令王斛斯自领精骑取其家口。④

---

① 《册府元龟》卷九九九《外臣部·请求》，第 11723 页。
② 《敕瀚海军使盖嘉运书》，《曲江集》，第 425 页。
③ 王小甫：《唐、吐蕃、大食政治关系史》，第 156 页。
④ 《敕河西节度使牛仙客书》，《曲江集》，第 424 页。

此外，玄宗又向王斛斯下达了另一份备战敕书：

> 得卿表并大食东面将军呼逻散诃密表，具知卿使张舒耀计会兵马回此。此虽远蕃，亦是强国，观其意理，似存信义。若四月出兵是实，卿彼已合知之，还须量宜与其相应，使知此者计会，不是空言。且突骑施负恩，为天所弃，诃密若能助国破此寇仇，录其远劳，即合优赏。但未知事实，不可虚行。卿可观察蕃情，颇有定否，即须随事慰接，令彼知之。若舒耀等虚有报章，未得要领，岂徒不实？当有所惩。绝域行人，不容易也。①

至此，消灭突骑施的联盟正式成立。从以上玄宗的敕书中可以看到，在共抗突骑施的联盟中，唐与大食始终保持着较为畅通的信息往来。大食虽然是河中地区后来的"侵略者"，但是由于继承了萨珊波斯的邮政管理系统，信息传输能力非常强。② 其与唐朝应当存在信息交换通道，碎叶乃必经之所，唐廷的使臣可以从长安经过安西或北庭，"星夜倍道"到达呼罗珊，大食将军的信件也能直达玄宗手里。道路几乎畅通无阻，信息传递非常高效。

从敕书中也可以看出，玄宗非常信任自己的盟友，作为唐朝最高统治者，这种信任必定建立在玄宗对大食方面有清楚的了解基础上。除了大食将军在密表中的陈述，玄宗还可以随时通过王斛斯、盖嘉运等人的上表了解大食的情况。长期驻边的将领与外藩打交道，无疑掌握着西域诸邦的最新动态。他们在各自管辖范围内遇到外敌入侵或者其他政权派来的使者时，需要立即向中书省报告。③ 当其他政权的君主或部落首领希望与唐廷联系的时候，会派使臣和唐州一级官员联系。官府会将他们的请求汇总，然后上奏朝廷。④ 唐玄宗非常信任王斛斯等人，他们的表文是关于大食信息的重要参考。

---

① 《敕安西节度王斛斯书》，《曲江集》，第460页。
② 〔法〕葛乐耐：《驶向撒马尔罕的金色旅程》，第94页。
③ 《唐会要》卷六三《史馆》，第1089页。
④ 刘俊文：《敦煌吐鲁番唐代法制文书考释》，第278页；谢元鲁：《唐代中央政权决策研究》，北京师范大学出版社2019年版，第128—133页。

此外还有很多被派往边境的使臣，如寻求联盟的张舒耀就曾亲自到过大食，出访的主要目的可能各有差异，但是搜集信息是他们所肩负的共同使命。这些使臣出访过程中要搜集情报，回来后要向主客司提交报告，他们同样将关于大食的信息带给玄宗。因此，唐最高统治者心目中树立了一个"虽远蕃亦是强国，观其意理，似存信义"的盟友形象，与忘恩负义的突骑施天壤之别。

此外，唐玄宗非常重视唐军自身情报系统的经营。在军政首脑层面，边将在外有很大的自治权，"并委卿临事筹之"。自北庭节度使刘涣叛乱之后，玄宗就非常强调北庭、安西军政长官之间的合作。敕文中也反复强调"可数与王斛斯计会，每事先防"①，"并敕北庭计会，卿可与盖嘉运相知"②。开元二十四年，盖嘉运进攻突骑施之前不久又命其兼顾安西军务，"且西庭虽无节度，受委固是一家，有贼共除，有患相救"，③ 如此一来，保证了安西和北庭之间军事情报的及时沟通。最后还强调了情报的准确性，"若舒耀等虚有报章，未得要领，岂徒不实？当有所惩"④，"斥候须明，事必预知，动即无患耳"⑤。

综上，在建立与大食共同抗击突骑施的联盟的过程中，唐中央与大食、唐中央与地方、大食与地方、地方与地方之间，都保持了相当密切、高效且高质量的信息交流。这些高效及时的交流，对唐制定针对突骑施的战略方针起到了至关重要的作用。开元二十四年，北庭节度使盖嘉运发起进攻彻底击溃苏禄军，突骑施自此不再入侵四镇和北庭。

（四）唐朝对碎叶边情信息的收集

唐朝始终很重视对边地信息的收集整理，有些信息来自鸿胪寺及其官员，有些来自使臣，有些来自边区战报。唐廷将这些信息进一步整理，归入府库档案，作为应对西天山形势等时重要的参考资料。

1. 鸿胪寺

唐代设鸿胪寺专门负责外事，"凡四方夷狄君长朝见者，辨其等位，以

①《敕北庭领略使盖嘉运书》，《曲江集》，第 458 页。
②《敕安西节度王斛斯书》，《曲江集》，第 468 页。
③《敕北庭都护盖嘉运书》，《曲江集》，第 469 页。
④《敕安西节度王斛斯书》，《曲江集》，第 460 页。
⑤《敕安西节度王斛斯书》，《曲江集》，第 461 页。

宾待之。凡二王之后及夷狄君长之子袭官爵者，皆辨其嫡庶，详其可否，以上尚书。若诸蕃大酋渠有封建礼命，则受册而往其国"。① 唐令规定，外国使节到达后："鸿胪勘问土地风俗，衣服贡献，道里远近，并其主名字报。"② 这些外国使臣中不乏来自碎叶以西诸国的，鸿胪寺将他们提供的信息以档案的方式记录下来。

　　鸿胪寺官员是信息首要负责人。一般来说，鸿胪卿具有长期从事外交工作和在少数族群地区工作的经验，或直接由在边疆地区工作的高级军政要员兼任。③ 开天年间王忠嗣先后担任河西、陇右节度使，朔方、河东节度使，"佩四将印，控制万里，劲兵重镇，皆归掌握，自国初已来，未之有也。寻迁鸿胪卿"。④ 后玄宗攻打石堡城时，亦曾向王忠嗣求取意见。天宝六载，王忠嗣被弹劾卸任后，他的继任者哥舒翰，也因久在边地知晓边事而被任命为鸿胪卿。⑤ 他们的工作履历使其充分认识到收集边地信息的重要性，因而能够主动搜集、整理碎叶及其以西地区的信息。贾耽任职鸿胪卿期间，充分利用职权之便，搜集了大量有关西域的情况。"凡四夷之使及使四夷还者，必与之从容，讯其山川土地之终始。"⑥ 经过长期的采访调查，他获得了大量地理知识，"考方域迅理之数最详，从边州入四夷，通译于鸿胪者，莫不毕记"，先后撰成《古今郡国县道四夷述》、《陇古山南国》、《贞元十道录》、《皇华四达记》及《吐蕃黄河录》等。这其中就有大量关于碎叶的记载。《皇华四达记》共十卷，对当时唐和亚洲各国的交通做了详细记录。

　　为了保证信息沟通顺利而准确，专业的翻译人员成为信息传递中不可或缺的存在。鸿胪寺配有专业的翻译人员，并计译语20人。⑦ "译人"是唐代中央及地方官府专门负责与外国使节、使团成员传递口头信息的人，也被称为"译语人""译语""译使""舌人"等。他们表面上只是提供口译及笔

---

① 《唐六典》卷一八《大理寺鸿胪寺》，第505页。
② 《唐会要》卷六三《史馆》，第1089页。
③ 马国荣：《唐鸿胪寺述论》，《西域研究》1999年第2期。
④ 《旧唐书》卷一〇三《王忠嗣传》，第3199页。
⑤ 《旧唐书》卷一〇四《哥舒翰传》，第3212页。
⑥ 《旧唐书》卷一三八《贾耽传》，第3784页。
⑦ 《唐六典》卷三《尚书户部》，第35页。

译两种技术性服务，但有时其实发挥着外交捎客的作用。① 在西域使臣晋见、随行、递交国书、交流信息时，"诏宰相即鸿胪寺见使者，使译官考山川国风"，并"有诏以鸿胪寺所得缀著之"。② 西部边将身边也有很多"译者"，在和战中及时传递消息。"译人"以粟特人居多，由于长期来往于丝绸之路上，他们往往通晓多国语言。③ 开元时期，安西都护府中就有"译使"，时都护盖嘉运正在撰写《西域记》，"盖夷音有缓急。即传译语不同。其或称戛戛斯者。语急而然耳。访于译史云"。④ 盖嘉运之所以要确定黠戛斯和回鹘的准确对音，是因为这些资料会被当作文字或图片档案留存下来，有时用以核实外来使臣的身份等，故"译者"的重要性不言而喻。

2. 边将和边吏

常年在西域征战的将领们对包括碎叶在内的粟特地区军防信息的了解最为详尽，他们的意见经常能影响国家的战略方针。唐休璟在垂拱年间曾担任安西副都护，"尤谙练边事，自碣石西逾四镇，绵亘万里，山川要害，皆能记之"，⑤ 凭借与吐蕃长期接触的经验和对西域信息的掌握，唐休璟根据吐蕃国内形势的变化，上表请复四镇。长寿二年，王孝杰之所以能收复四镇，与唐休璟审时度势、对机遇的准确把握不无关系。长安中，占领碎叶城的乌质勒与诸蕃不和，发生战争，从而阻断了安西道路。武则天遂令唐休璟与宰相们商度，根据他的谋划很快起草好了应对政策，便遣施行。"后十余日，安西诸州表请兵马应接，程期一如休璟所画。"⑥

碎叶地区的战争结束后，将领返程所提交的报告也向唐朝反映了诸多有关这一地区的情报。"蕃夷入寇及来降。表状。中书录状报。露布，兵部录报。军还日。军将具录陷破城堡。伤杀吏人。掠掳畜产。并报。"⑦ 露布也称"捷书"。封常清就曾在高仙芝幕中作捷书。开元末年，达奚部曾聚众反

① 王贞平：《唐代宾礼研究：亚洲视域中的外交信息传递》，中西书局 2017 年版，第 101 页。

② 《新唐书》卷二一七《回鹘传》，第 6150 页。

③ 韩香：《唐代长安译语人》，《史学月刊》2003 年第 1 期。"译者"的身份同样出现在地方军镇部门。

④ 《唐会要》卷一〇〇《结骨国》，第 1785 页。

⑤ 《旧唐书》卷九三《唐休璟传》，第 2979 页。

⑥ 《旧唐书》卷九三《唐休璟传》，第 2979 页。

⑦ 《唐会要》卷六三《史馆》，第 1089 页。

叛，从黑山向北，兵锋直指碎叶，碎叶情势一度危急。夫蒙灵詧遂命高仙芝率领二千骑前往平叛。达奚部远途而来，人困马疲，被高仙芝斩杀殆尽。这场战争被详细记载在了封常清所作之捷书中，"具言次舍井泉，遇贼形势，克获谋略，事颇精审"。① 其详尽之程度，令诸将叹服。奉命出征或出使的人未完成这样的报告是失职行为。唐律规定"诸受制出使，不返制命，辄干他事者，徒一年半；以故有所废缺者，徒三年"。② 就是说出使要认真完成任务，做好沿途记录，否则会受到法律惩处。这是从法律制度上对上述行动做了详细规定。

唐朝不仅在中央设有搜集、保管边疆风土人情等信息的官员——主客郎中，负责收集和保存使者们所带回的关于边疆族群的各种信息，而且也向边疆地区派遣专门考察风土人情的使者。"采风俗之厚薄，询民事之劳逸"③，始于唐太宗时期。显庆二年，许敬宗等高宗的使节还前往康国、吐火罗，了解当地风俗、物产。"龙朔元年，吐火罗置州县，使王名远进西域图记，并请于阗以西、波斯以东十六国分置都督府及州八十、县一百、军府百二十六。"④

唐廷还以询问的方式在国外搜集情报。其实"为谍"，以正当或非常手段获得情报正是古代使节的职责所在。⑤ 贞观年间，韦机曾出使西突厥，同时册封俀设为可汗，适逢石国叛乱，道路阻断，韦机被困在西突厥三年不得返回。但身为使臣，韦机"裂裳录所经诸国风俗物产，名为《西征记》"。⑥ 唐太宗闻之大喜。

此外，还有其他官员在前往碎叶行军作战的途中收集了一些情报。其中影响最大的是杜环及其所著的《经行记》。杜环是德宗时代的宰相杜佑的侄子。天宝七载，杜环随高仙芝出征石国，后在怛逻斯之战中兵败被俘，被带往大食，直到代宗宝应元年才搭乘商船返回唐朝。杜环将自己沿途的见闻记

---

① 《旧唐书》卷一〇四《封常清传》，第3207页。
② 《唐律疏议笺解》卷一〇"受制出使辄干他事"，第203页。
③ 《册府元龟》卷六五二《奉使部·总序》，第7805页。
④ 《新唐书》卷五八《艺文二》，第1506页。
⑤ 王贞平：《唐代宾礼研究：亚洲视域中的外交信息传递》，第125页。
⑥ 《旧唐书》卷一八五《韦机传》，第4795页。

录下来编成《经行记》一书，后来该书内容在杜佑编写《通典·边防典》时被大量引用。书中所提到的樊淑、刘泚、织络者、吕礼诸人，当也是怛逻斯之战中和杜环一起被俘的人。这些俘虏也将中原文化传于域外。[①] 贞元元年，德宗希望通过联合黑衣大食请求其共同对付吐蕃，遂派遣杨良瑶出使大食。杨良瑶选择广州作为出发地，还有一个原因可能是了解杜环在阿拉伯地区的见闻和他回程所经的海路情况。杜环《经行记》中所带来的有关阿拉伯地区的信息，可作为唐使在天方之国的行动指南。[②]

二 作为信息传递者的粟特商队

河中地区传递信息最灵活且最庞大的团体为粟特商人。经济生活与瞬息万变的政治环境紧密结合在一起，对于希望全方位了解粟特商业扩张的人来说，考察军事力量平衡所带来的经济交流非常必要。[③]

（一）"粟特网络"的运作

粟特商人为了收集保证道路安全的信息，依靠广泛的人际关系，建立了强大的信息沟通网络。从成员构成到信息传递路径，再到据点营建，粟特人构建了一个完备的情报网络，各环节之间的密切配合保证了整个情报网络的高效运转。

对于长途跋涉的粟特商人来说，保证道路安全的信息非常重要，为了收集信息，需要有广泛的关系网。粟特商人们不得不以家属和亲戚再加上同一个城邦国家的同乡为基础，组成一个团队相互帮衬提携。[④] 他们的聚落主要集中在能发展农业绿洲以保证生产生活以及支撑商业活动的地方。粟特商人将自己的家属安置在这样的移民聚落里，才能先是短距离继而发展到中长距离，不断进行商品的中转，最后发展到进行长距离移动的贸易。这样的系统就是我们所说的"粟特网络"。[⑤] 这样的情报网络保证了信息在传输过程中

---

① 史念海：《隋唐时期域外地理的探索及世界认识的再扩大》，《中国历史地理论丛》1988 年第 2 期。
② 荣新江：《唐朝与黑衣大食关系史新证——记贞元初年杨良瑶的聘使大食》，《丝绸之路与东西文化交流》，北京大学出版社 2015 年版，第 89 页。
③ 〔法〕魏义天：《粟特商人史》，王睿译，广西师范大学出版社 2012 年版，第 134 页。
④ 〔日〕森安孝夫：《丝绸之路与唐帝国》，石晓军译，北京日报出版社 2020 年版，第 102 页。
⑤ 〔日〕森安孝夫：《丝绸之路与唐帝国》，第 93 页。

足够开诚布公、安全有效。

粟特2号古信札就详细记载了一个跨越河西走廊与天山廊道的邮传网络的运作方式。信件写于313年前后，是由身在河西走廊的仆人那你槃陀写给远在撒马尔罕的主人拔槎迦的。

信件中记载：

> 老爷们，酒泉的遏末婆支平安无事，姑臧〔武威〕的遏婆支也是一样。还有，老爷们，一个粟特人自（"内地"）〔即中原〕来此已有三年。我将胡耽娑支安置好了，他一切安好。他去了Kwr'ynk（居延？）……现在没有人从那边来，所以我可以写信告诉您那些去"内地"的粟特人的情况，他们近况如何（以及）都到过哪些地方。……还有，〔……在……有〕一百个来自撒马尔干的自由人……有四十人。
>
> ……
>
> 还有，老爷们，至于我们——住在从金〔城〕（？〈也可以复原成"姑臧"〉）到敦煌的这些人，无论是谁——我们仅仅是保住了性命只要……活着，而我们是没有家的，年事已高行将弃世的。若这一切不会（成真），我就不会准备给你们写信告知我们近况如何。而且，老爷们，如果我写信告诉了你们中国现在发生的所有事情，（这定会）令人不胜伤悲：对你们来说，那里已无利（可图）了。还有，老爷们，自从我送索勒和芬阿喝到"内地"已经八年了，而我们得到他们的一封回信也已是三年前的事了。他们当时平安无事……但现在，自从最近的不幸发生后，关于他们在那边过得怎样，我〔没〕有从那边收到只言片语。此外，四年前我又派走了另一个名叫遏帝呼架阳分的人。当商队离开姑臧，阿呼〔沙迦〕……小由在那里，当他们到达洛阳，不论那里的……还是印度人、粟特人，都死于饥荒。〔我还〕派了那斯延去敦煌，他到了"外面"（即出了中国地界）又进入敦煌，（但是）现在他未经我的允许就走了，他得到了不小的惩罚……①

---

① 〔法〕魏义天：《粟特商人史》，第23页。

　　从信件中可以看到，留在河西走廊的那你槃陀当为接受敦煌、姑臧、兰州乃至中原的信息的总负责人。其有权力向这些商业网点指派专员，如酒泉的遏末婆支、姑臧（武威）的遏娑支等，这些被派遣的人员，需要定期回信向那你槃陀报告现状。通过他们对所在城市的现状的反馈，那你槃陀会为撒马尔罕的主人分析商业前景。这种情况下，有关中原的信息就由这些粟特商人传递到碎叶乃至中亚。这些人往来也需要向那你槃陀报备，不得未经允许擅自离开。

　　除2号信札以外，1、3号信札是从敦煌寄往兰州，5号信札发于武威。故信札属于两个截然不同的网络，一个是区域网（包括甘肃和楼兰王国），2号古信札提到的则是在撒马尔罕和甘肃之间运转的国际网。[1] 西天山的碎叶城就是由商业市井之地发展起来的。[2] 从商业地理的角度看，自西徂东，碎叶、高昌、凉州三城，与贡品贩运有最密切的关系。[3] 这也就不难理解类似的商业信息会在碎叶大量汇集。

　　粟特商人为了谋求价格更低廉的中国商品，只能前往商品的始发地。从粟特古信札可以看到，有些粟特商人伪装成使节或者使团，前往中国。在达成商业目的以后，他们会在中国寻找适合建立聚落的地方长久驻扎下来。这样能够很方便地接近货源——低价且量足的中国商品。到4世纪，广大中原地区陷于战火，但是河西地区由五凉王朝先后接手，总体相对安定，粟特商人继续往来于中亚与河西地区，"粟特网络"大约也成型于这一时期。《魏书》载"粟特国，在葱岭（帕米尔高原）之西……其国商人先多诣凉土贩货"，[4] 从而保证了这一商业网络的完整性。到突厥时期，粟特商团通过与突厥人的合作实现了利益和安全的双重保障，粟特商业网络得以延续。从中亚到中国华北、东北地区，汉族商人、粟特商人、突厥系商人相互之间虽然存在竞争，但是他们之间也应该构筑了情报交换、商品交流等密切的关系。[5] 这一网络一直沿用到唐朝，在信息传递过程中继续发挥着重要作用。

---

① 〔法〕魏义天：《粟特商人史》，第26页。
② 王小甫：《试论碎叶城与八喇沙衮城的兴替》，《中亚资料研究》1984年第1期。
③ 蔡鸿生：《中外交流史事考述》，第4页。
④ 《魏书》卷一○二《西域传》，第2462页。
⑤ 〔日〕荒川正晴：《道路、国家与商人》，《读书》2004年第7期。

（二）粟特商人与多方势力合作

粟特网络的运作高效且有成效，使得丝路沿线很多国家都愿意与粟特合作。粟特商人为了谋求利益最大化，也乐于与各方政权进行合作。加之其自身通常拥有非常雄厚的经济实力，粟特商人在各国中扮演的政治角色日益重要。

粟特商队虽然来自九姓诸国，但政治选择并不完全影响粟特商队，商人在这方面有很大的自主权。如毕国裴肯特号称"商旅之城"，甚至多年没有王室统治。根据穆格山文书可知，片治肯特城收到过桥税所得的是"市民"，而不是国王。片治肯特古城除国王大权之外，还有自己的城市收入和政府办公室。[①] 可见强大的商人集团在各个阵营里的站队并不完全与自己母国的政治选择挂钩。西突厥统治时期也不例外，"悉授以颉利发，而命一吐屯监统，以督赋人"。[②]"在粟特第一汗国统治下的粟特本土，粟特人在政治上具有更大的独立性。"[③] 这是众多势力愿意与粟特商人合作的重要基础。

粟特商团通过商业与周边族群和国家建立联系的历史悠久。在丝路上各大强权如蠕蠕、白匈奴、突厥、吐蕃乃至后来的中原王朝，想要有所作为，都离不开粟特人牵线搭桥。至晚到 3 世纪初，粟特商业就已在距离索格底亚那 3000 公里外的地方发挥了巨大的政治作用。[④] 汉人与突厥人第一次接触，就有赖于粟特人安诺槃陀。魏晋时期，粟特商团游走于中亚内陆各大政治势力之间，寻求实现利益最大化的合作伙伴。《周书》记载西魏废帝二年（553），北齐与吐谷浑通使贸易，遭到凉州刺史史宁袭击，一次俘获"仆射乞伏触扳、将军翟潘密、商胡二百四十人、驼骡六百头、杂彩丝绢以万计"。[⑤] 这里面的商胡指的就是粟特商人。魏晋南北朝虽长期处于战乱中，但并没有阻断中亚与中原往来的路径。一些粟特人甚至参与了北朝政治活动。[⑥]

---

① 〔俄〕马尔夏克：《突厥人、粟特人与娜娜女神》，第 75 页。

② 《新唐书》卷二一五《突厥传》，第 6056 页。

③ 芮传明：《粟特人在东西交通中的作用》，《中华文史论丛》1985 年第 1 辑，上海古籍出版社 1985 年版，第 49—68 页。

④ 〔法〕魏义天：《粟特商人史》，第 35 页。

⑤ 《周书》卷五〇《吐谷浑传》，第 913 页。

⑥ 唐长孺：《魏晋杂胡考》，《魏晋南北朝史论丛》，商务印书馆 2010 年版，第 382—450 页。

　　与粟特人展开最广泛经贸合作的是突厥人。早在突厥帝国击败嚈哒占领索格底亚那地区时，粟特人已经开始与突厥人合作。突厥人最初就是作为粟特人的护卫战士。粟特人几乎垄断了突厥的贸易。粟特和突厥开始出现在东亚的时候，东亚的文官没有把两种人区分开来，以为他们是同一种人。直到唐代，还经常搞不清楚昭武九姓跟回鹘人及突厥人的差异。但是从西方人的记录看来，他们的区别是相当明显的。① 突厥人还允许熟悉丝绸之路的粟特人参与政治活动，承担外交职责，这些人在突厥的内政外交中发挥了重要的作用。②

图 6 - 28　乌兹别克斯坦卡拉塔乌山

　　既然主动或不自觉地承担了外交使臣这一职责，各方势力的信息也就由粟特商人之口传递。而粟特人自己也很陶醉于此。在北朝安伽墓出土石屏中绘有墓主在不同地点与突厥人、粟特人或者与二者一起交谈的场景。安伽想要展示给世人的是一个外交家的角色，或至少是一个被他的母国粟特、中原王朝和突厥汗国共同信任的人。他周旋于贵族之间，熟知上述三国的上流社会礼仪。③

　　① 刘仲敬：《中国洼地》，八旗文化出版社 2017 年版，第 36 页。
　　② 芮传明：《粟特人在东西交通中的作用》，《中华文史论丛》1985 年第 1 辑。
　　③ 〔法〕葛乐耐：《驶向撒马尔罕的金色旅程》，第 19 页。

（三） 中原王朝对粟特情报网的利用

对于粟特商团掌握大量信息这一事实，中原王朝早就有所了解和关注。碎叶城就是由商业市井之地发展起来的。[①] 这种情况下，碎叶无疑成为粟特商人汇集大量信息的地方。西天山的粟特地区是粟特人的老家，唐朝以羁縻方式控制着粟特诸国，无疑控制着最大的信息情报源。因此，隋唐两朝的统治者在处理对中亚诸国的外交问题时，都广泛吸收了粟特人所带来的情报，充分发挥了其信息传递者的作用。

裴矩撰写《西域图记》的时候，就利用了大量来自西域商胡提供的信息，"诱令言其国俗山川险易"，[②] 依据"富商大贾，周游经涉"之口数成书。粟特虽然处于突厥的统治之下，但是更容易与东方的唐朝产生政治、经济等各方面的联系。"突厥本淳易可离间，但由其内多有群胡，尽皆桀黠，教导之耳。"[③] 在裴矩眼中，狡猾的粟特人所带来的威胁甚至要大于只拥有强大军事力量的突厥人。事实上，突厥的灭亡在一定程度上可归咎于粟特人的背叛，"颉利每委任诸胡，疏远族类，胡人贪冒，性多翻覆，以故法令滋彰，兵革岁动，国人患之，诸部携贰"。[④] 在唐朝国力日渐强盛时，粟特诸国纷纷为了自己本国的利益，而寻求唐朝的支援，并接受唐朝的统治。

唐朝建立以后，西域诸国虽然想与中原王朝往来，但受制于突厥，他们为了努力摆脱这种处境，暗中派遣商人前来向唐"投诚"，"并因商人密送诚款，引领翘首，愿为臣妾"。[⑤] 粟特商团以贡使的身份往来唐境已屡见不鲜，他们采取朝贡贸易的方式，即将所携带的物品献上，然后由朝廷给予价值数倍的回赐。对于外国商人来说，以在利益和安全方面能够得到保障的朝贡身份来中国贸易是十分有利的。[⑥] "当时朝贡中国之使臣，其未著王名者，似皆有为商队冒充国使之可能。"[⑦]

显庆三年，唐设置康居都督府，将九姓诸国置于自己的统治之下。同时

---

① 王小甫：《试论碎叶城与八喇沙衮城的兴替》，《中亚资料研究》1984 年第 1 期。
② 《隋书》卷六七《裴矩传》，第 1770 页。
③ 《隋书》卷六七《裴矩传》，第 1774 页。
④ 《旧唐书》卷一九四《突厥传》，第 5159 页。
⑤ 《隋书》卷六七《裴矩传》，第 1772 页。
⑥ 〔日〕长泽和俊：《丝绸之路与东西文化交流》，张英莉译，胡锡年校，《西北史地》1984 年第 3 期。
⑦ 〔法〕沙畹：《西突厥史料》，第 263 页。

唐统治者积极地将粟特商人的商业信息网络吸收进来，对这一地区的粟特商人给予了许多优惠政策。对于从羁縻州新来的粟特商人并不将他们作为外国人来对待，而是视为"兴胡"，对之前就已经来到中原地区的粟特商人则将其作为内地人使其分属"百姓"或者"信客"，促使粟特人继续从事构筑丝绸之路网络的商业活动。在其往来途中发放"过所"或"公验"，使其享受官方的服务。① 在唐中央的交通、贸易管理体制中，如果是外国商人，原则上是被禁止自由往来于唐朝的领域内的。然而在这当中，粟特人却是个例外。与朝贡使节没有任何关系的外来粟特商人，首先在中亚取得过所，然后就可以很容易地到达长安了。②

粟特商人还可以向唐驻边军队运送薪俸。安西都护府统治内驻有大量唐军，士兵有从内地按规定征召者，亦有本地人。支持军费的庸调绢布每年从内地运送过来。7 世纪后半期，运送这些物品的队伍由作为徭役征发来的人和马匹组成。8 世纪前半叶以后，由于输送量急剧增加，运输任务也委托给了包括粟特商人在内的民间商人。

安禄山可能生活在依附唐朝的粟特人族群之内，能够利用粟特商业网络。他长期活跃在长距离贸易行业中，成为"诸蕃互市牙郎"；长途跋涉使他熟悉军事地理。安禄山的粟特背景成为其发动政变的重要依靠。在当时的幽州，粟特人以及粟特裔汉人或汉人经营叫作"行"的商人行会——"邸店"。粟特人从丝绸之路的商业网络中获得了庞大的资金，并得到充分训练的由突厥人、粟特人、粟特裔突厥人、奚人等组成的骑兵以及步兵。

三　僧侣

中亚的教团和神职人员既是宗教的传播者，又是当地经济规则的参与者或主导者，同时也是丝绸之路上重要的情报员和信息传递者。这些在宗教上有权势的人物，其地位不会因为宗教的改变而发生变化，因为他们的身份是多重的。③ 以碎叶为中心的河中之地是多元宗教汇集之地，往来于从碎叶出发

---

① 〔日〕森安孝夫：《丝绸之路与唐帝国》，第 310 页。

② 〔日〕荒川正晴：《唐代粟特商人与汉族商人》，《粟特人在中国——历史、考古、语言的新探索》，中华书局 2005 年版，第 102 页。

③ 刘仲敬：《中国洼地》，第 26 页。

的东西道路上的宗教徒有时不仅是宗教人士，也是军事方面的代理人、商人首领等，许多信息情报是通过他们来传递的。在这些宗教徒中，有祆教徒、摩尼教徒、佛教徒、伊斯兰教徒等。而在中亚历史上，颇有影响的首推玄奘，他和弟子撰写的《大唐西域记》与《大慈恩寺三藏法师传》，至今仍是研究碎叶历史地理的经典著述，是了解突厥社会和吐火罗地区的一手资料。

（一）玄奘

在这些僧侣中最知名的应当是玄奘。出行前玄奘曾上书朝廷，要求准予出行，但因为当时敦煌以西为西突厥控制，唐与突厥处于敌对状态，故其请求未获批准。贞观元年，玄奘从长安出发西行，次年正月到达高昌，又向西越过凌山到达大清池。

玄奘受到刚刚从西突厥统叶护可汗的宫廷来到唐朝的印度僧人波罗颇迦罗密多罗（Prabhākaramitra）的劝说，从唐朝长安出发，经过瓜州、东天山的伊吾、高昌，中天山的焉耆、龟兹、热海，西天山的碎叶、撒马尔罕、塔什干，到铁门南的吐火罗之地，曲曲折折，几乎围绕着天山廊道和西天山地区走了一圈。对沿途的各个国家、政治势力都有记载。因此说，玄奘的西行，实际上就是唐朝此后经营天山廊道路线的基础。

贞观三年，玄奘从长安出发经凉州抵瓜州（今甘肃安西），偷渡关隘，穿过莫贺延碛到伊吾（今哈密）。次年正月抵达高昌，又从热海西北行，翻越天山进入碎叶水流域。玄奘的记载留下了唐初碎叶及河中之地的第一手资料。

碎叶向西是怛逻斯河流域，复西行抵锡尔河畔。从碎叶到锡尔河流域是中亚最肥美的草原，当时受西突厥统叶护可汗控制。玄奘当时所看到的碎叶城，方圆六七里，"诸国商胡杂居也"，城西有几十座孤立的城池，各城池各自为政，但都属于突厥的势力范围。这里气候寒冷，人民多穿毡褐。玄奘在碎叶城见到正在游猎的突厥可汗时，兵马簇拥下的可汗"身着绿绫袍，露发，以一丈许帛练裹额后垂"，[1] 而其余的达官显贵二百余人，也都是穿锦袍、编发，围绕在可汗左右，加之周围"槊纛端弓"的士兵，衬托出可汗的尊贵身份。

---

① 《大唐西域记校注》，第 72 页。

玄奘亦在书中提到河中地区的经济生产方式。过赭时国西南行就进入了粟特农耕区，最重要的城市撒马尔罕就坐落于此。此城位于泽拉夫善河流域，是中亚最著名的古城。这里"土地沃壤、称精备植"，不但农业发达，而且"多出善马"，手工业也非常发达，"机巧之技，特工诸国"。

此外，玄奘亦对诸国语言文字的异同做了记录。从撒马尔罕继续向西，至粟特另一个重要的城市布哈拉，再转向南，穿过铁门，进入吐火罗故地。在吐火罗，玄奘发现其语言"稍异诸国"，与粟特语大同小异。其"字源二十五言，转而相生"，意即使用 25 个字符，相拼成文。吐火罗人比粟特人更长于书记，所以"文记渐多"。其书写从左向右横写。玄奘对西域诸国的宗教也进行了诸多描述。阿姆河北岸的怛蜜（今乌兹别克斯坦捷尔梅兹）是吐火罗最重要的城市之一。玄奘访问这里时其城周达 20 里，有佛寺 10 余所，僧徒千余人。

玄奘于 641 年启程回国，在外前后 17 年，最终返回长安。后来应唐太宗的要求，在辩机的帮助下写成的《大唐西域记》一书，保存了这一时期天山廊道交通信息、政治形势、山川地理、人情风物等总的情况，还包括了锡尔河、阿姆河流域的粟特地区、突厥部落的军队部署、风俗形势等内容。此书与其说这是一部游记，倒不如说是一部系统的有关西天山、河中地区军事情报、社会情报、国家信息的综合著述。太宗自称对佛教经文不能了解，但是对《大唐西域记》却"当自披览"，这也从侧面说明《大唐西域记》所具有的政治意涵。[①] 此后高宗平定阿史那贺鲁叛乱，也很大程度上参考了玄奘的见闻，"依奘法师《行传》、《王玄策传》及西域道俗，任土所宜，非无灵异。敕令文学士等总集详撰，勒成六十卷，号为《西国志》《图画》四十卷，合成一百卷"。[②] 玄奘所记为唐人认识西域、了解西域，尤其是了解沿途国家信息提供了重要资料。

（二）慧超

慧超为幼年时来到唐的新罗僧人，曾泛海到印度，后经陆路从西域返回唐，开元十五年到达安西，主要活动时间在 8 世纪初，其行纪主要记载了这

---

① 荣新江、文欣：《"西域"概念的变化与唐朝"边境"的西移——兼谈安西都护府在唐政治体系中的地位》，《北京大学学报》2012 年第 4 期。

② 《法苑珠林校注》卷二九《感通篇》，周叔迦、苏晋仁校注，中华书局 2003 年版，第 888 页。

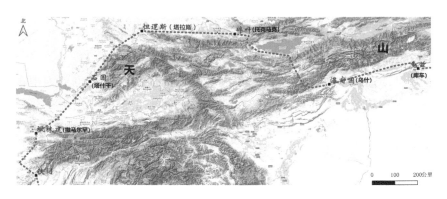

图 6 - 29　玄奘经行的西天山地区

一时期西域的情况。

慧超的行纪中描绘了开元十五年唐朝与吐蕃两大势力在西域对峙的情况，记载了大勃律国与小勃律国之间的关系。大勃律原先是小勃律王的驻地，后在吐蕃军事压力的胁迫下不得已放弃之。小勃律虽然"衣着、人风、饮食和语音"均与大勃律相同，但属于唐朝的管辖范围，大勃律则归吐蕃管辖。

随后慧超从迦叶弥罗西北行一月程到达犍陀罗，详细记载了周边地区的风俗与宗教信仰。言此处为西突厥征服后，"土人是胡"，而入驻的兵马是突厥人，甚至语言也是"半吐火罗、半突厥、半当土"。突厥人在此受当地文化影响，皈依佛教，"甚敬信三宝"。就算后来为大食所征服，但国王"及首领百姓"均"敬信三宝，有寺有僧"，流行小乘教法。

慧超还留下了许多关于波斯的记载。追述了波斯惨被大食灭国的经过，认为大食背叛了波斯，杀了波斯王并吞并了他的国家。同时这一地区保持着与唐朝的经贸往来，许多波斯商人乘船从今阿拉伯海到今印度洋水域，从狮子国（今斯里兰卡）和昆仑国（今东南亚一带）求购"诸宝物"与黄金，继续乘船到中国贩卖。

慧超归来后将自己的经历著成《往五天竺传》一书。唐代赴域外求法的僧人著述颇丰，几乎遍及各个时间段，其中《往五天竺传》可谓 8 世纪上半叶最为重要的著作。当时诸国在中亚地区互相征伐，中国僧侣通过西域陆路前往中亚各国非常困难，因而留存下来的行纪也寥寥无几。在这种情况下，《往五天竺传》详细记载了当时突厥各部及中亚诸国的具体情况，其中对大食人入侵波斯、印度等地的记载尤为珍贵，为今天研究中亚历史的重要参考资料。

　　隋唐时期前往域外的求法僧侣很多，他们的游历和讲述也成为中古时期的人们了解和认知域外世界的另一重要信息来源。正是由于这样一些使人和僧侣，以及其他有关的人等，向域外各国做了无尽的探索与了解，使得中土人士对于世界的认识再次得到扩大。①

图 6－30　斯坦因发现的粟特文书信（编号：TXⅡ. a. ii3）

资料来源：〔英〕奥雷尔·斯坦因《西域考古图记》第 4 卷，第 157 页。

---

① 史念海：《唐代文化》，中国社会科学出版社 2002 年版，第 1754—1756 页。

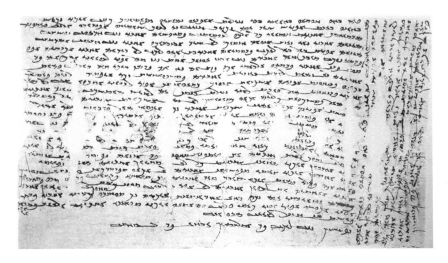

图 6 - 31　斯坦因发现的粟特文书信（编号：TXⅡ. a. ii2）

资料来源：〔英〕奥雷尔·斯坦因《西域考古图记》第 4 卷，第 155 页。

结语 天山廊道与唐朝经营西域

天山廊道军镇，东起伊州西至碎叶，不仅是西北边防的重要战略力量，而且在稳定西域地方、发展西域经济、巩固唐朝对西域的治理中发挥了关键作用。可以说，唐朝治理西域，就是沿着天山廊道进行屯戍、军事部署的。同时，天山廊道也是文化交往、商贸交流的廊道，在唐朝的对外交往格局中有着举足轻重的地位。有唐一代在西域的经略肇始于东天山，成就于中天山，鼎盛于西天山，其时间先后与天山东西地理经度相呼应，构成了唐朝经营西域重要历史事件的序列。

一 天山廊道与东西文明

天山廊道横亘于亚欧大陆中部，是游牧文明与绿洲文明交汇的区域，也是东西方文化融合的地方，是了解西域文明的关键地带。天山廊道复杂的地理环境和活跃于天山南北的多个族群，使得这里成为东西商贸往来、种族迁徙以及南北农牧经济相互沟通、多元文化传播互动的走廊和核心通道。天山廊道成为东西方交通走廊是由其地理格局决定的。"在干旱和半干旱地带的广阔内陆地带，大多数交通不可能使用河流与水路联运，陆路实际无可争辩成为最好的运输方式"，"幸运的是，在许多方面，狭长的草原地带、与世隔绝的绿洲、内亚大山脉的隘口和走廊起着原与海路、港口同样的作用"。①

（一）天山廊道是东西交往的重要通道

天山以北自古以来是游牧族群的活动区域，其单一、脆弱的游牧经济很难与绿洲社会形成统一的发展步调，其自身独特的生产方式难以形成固定的社会团体的特性，不具备与使团、商队等交往的介质，但因各种利益而时常

---

① 〔美〕丹尼斯·塞诺主编《剑桥早期内亚史》，蓝琪译，商务印书馆 2021 年版，第 22 页。

以天山廊道为军事冲突的前沿。新疆塔克拉玛干沙漠的南部，是连续不断的自然天险，从青藏高原到昆仑山、喀喇昆仑山，以及亚热带的丛林河谷和高山冰川，均不适宜古代族群大规模东西向往来；昆仑山以南自古也是难以逾越的无人区，平均海拔在 4500 米以上的羌塘草原，空气稀薄，地形复杂，很难成为东西交往理想的道路，中国有史记载的穿过羌塘草原进入中亚或印度次大陆的事迹寥寥无几①；至于丝绸之路南道的塔里木南缘诸绿洲国家，随着塔克拉玛干沙漠的不断南侵，许多国家逐渐被流沙吞噬，也很难继续成为通途。以上原因使得天山廊道对东西交通和多元文化传播所起到的作用进一步凸显。

古代中国穿过沙漠和草原与西方进行物质及生产技术交流时，因为自然地理的原因与印度河处于相互隔绝的状态，而通过天山廊道进行的东西文明的交往交流要早于南北向与印度河流域的交往交流。美国学者麦克尼尔以"网络"概念来观察古代欧亚大陆东西文明的交流情况，在这张网络中，美索不达米亚与中亚的交流、与印度的交流都很早，但中亚与印度的南北向交流一直相互隔绝，"东亚这个交往中心同尼罗河—印度河走廊处于相互隔绝的状态之中，甚至当它穿越二者之间的大草原和沙漠、从西方引进了各种创新以使自己的技艺和技术大大发展之后，仍然如此"。②

因此，在亚欧大陆最早的两个文明核心区域——中国与美索不达米亚之间是广袤的荒漠、草原和绿洲，以锡尔河、阿姆河流域为中心的广阔的中亚地区，包括吉尔吉斯斯坦、哈萨克斯坦、乌兹别克斯坦、土库曼斯坦、塔吉克斯坦五国及周边广大区域，其中分布着克孜尔库姆、哈拉库姆等沙漠，处于沙漠边缘的绿洲使得东西交往成为可能，而随水道变化的各大小绿洲又让这一带的路线具有多样化的选择。

天山廊道西向延伸至中亚地区之后，其北部为哈萨克丘陵，往南便是阿

---

① 参见刘迎胜《丝绸之路与"一带一路"》，《新丝路学刊》2018 年第 1 期，社会科学文献出版社 2018 年版。

② 〔美〕约翰·R. 麦克尼尔、〔美〕威廉·H. 麦克尼尔：《麦克尼尔全球史：从史前到 21 世纪的人类网络》，王晋新等译，北京大学出版社 2017 年版，第 55 页。作者指出，"尼罗河—印度河走廊"是历史上第一个大都市网络，包括位于美索不达米亚的底格里斯河和幼发拉底河地区、位于埃及的尼罗河地区和位于巴基斯坦的印度河及其支流地区这三个地区。而以中国为中心的东亚都市网络是欧亚大陆上的第二个大都市网络体系。

姆河与锡尔河流域的图兰低地，向西可达里海，向南越过沙漠和草原相间的中亚地区便是伊朗高原。在伊朗高原，东西走向的主要商道沿周边的丘陵而行，追随着绿洲长链，南北走向的道路交通则利用厄尔布尔士山脉与土库曼－呼罗珊山脉的诸山口，它们通常是残破的较易通行的山地，有湿润的山地森林区以及来自厄尔布尔士山脉大量的溪流和泉水浇灌。[①] 哈萨克斯坦与伊朗高原隔着数片沙漠和草原相望，哈萨克斯坦西北部为广阔的平原地带，构成了从多瑙河下游延伸至中国西部的欧亚大草原的一部分，包括里海低地、土尔盖台地以及哈萨克高地等。

综上所述，从中亚、西亚的亚洲中部交通看，只有东亚和西亚有广阔的交通地理空间。然而兴都库什山、帕米尔高原、昆仑山等高海拔地势的拦截，使得原本从这些区域进入新疆之后的道路骤然收缩，形成一个瓶颈般的隘口，原本宽阔的坦途变为狭窄的沙漠边缘绿洲通道，位于天山南部的塔克拉玛干沙漠及北部的准噶尔盆地两大干旱区域之间分布着的狭窄通道，最终促使天山廊道绿洲成为天然的交通廊道，成为自西亚、中亚进入东亚较为理想的道路。

因此，可以说，人类早期文明的形成与发展是依托亚欧大陆这个广阔地理板块所提供的陆路交通路线与区域展开和实现的。而随着东西文明交往的需求不断扩大，天山廊道逐渐成了这个区域交通路线中的核心通道，发挥了连接欧亚大陆东西交流唯一桥梁的作用，将地中海、西亚与古代中国联系了起来。

（二）天山廊道是商贸繁荣与文化交融的载体

欧亚内陆干旱少雨，沙漠、草原交替出现，东西交往时常受沙漠、雅丹等地貌的阻隔，辽阔的中亚地区不适合大规模发展农业，以"昭武九姓"的布哈拉、撒马尔罕为代表的地区，皆通过广泛的贸易和物资交流维持生活，因此这些地区的人成为丝绸之路贸易往来的承担者。玄奘在《大唐西域记》中载，怛逻斯城"城周八九里，诸国商胡杂居也"，[②] 素叶水城"城

---

① 〔法〕丹尼、〔法〕马松主编《中亚文明史》第 1 卷，芮传明译，中国对外翻译出版公司 2002 年版，第 11—12 页。

② 《大唐西域记校注》，第 71 页。

周六七里，诸国商胡杂居也"。[1] 从哈萨克斯坦的江布尔城到吉尔吉斯斯坦的阿克－贝希姆古城，多为商胡居所，他们通过丝绸之路换取粮食、丝织品和其他手工业产品以获取高额利润。其中粟特人几乎是东西贸易的垄断者，"凡利所在，无不至"，他们从拜占庭、波斯到长安、洛阳，或从中亚南下到印度河流域，沿怛逻斯河、楚河流域推进，[2] 进行长途贩运和文化交流。其进入东亚的大部分路程，是以天山廊道为重要的路径依赖。

大食侵入中亚后，"商人们避开大宛和喀什噶尔，自撒马尔罕取路向东北方，经由塔什干和鄂里亚·阿塔进入七河地区，直抵楚河河岸。之后，他们沿着伊塞克湖的南沿，越过柏达隘口，到阿克苏"。[3] 这也使得天山廊道成为当时唯一进入中国新疆的重要通道。

草原丝绸之路在天山廊道中也扮演了重要的角色。草原丝绸之路的开通要远远早于绿洲丝绸之路，为了满足游牧社会对定居社会的结构性需求，其开拓与游牧社会广阔的地理容量分不开。[4] 早在公元前 7 世纪至前 6 世纪，位于里海北岸的斯基泰人就曾与南俄草原、阿尔泰山直至蒙古高原一带的部落进行物资交流；7 世纪前后，西突厥甚至绕开波斯，在粟特人的帮助下与拜占庭帝国直接进行丝绸贸易，并夺取克里米亚的博斯普鲁斯海峡，控制了直抵黑海的草原丝绸之路。

伴随着东西方交往和商贸的发展，天山廊道曾有不同的聚落和族群生活，先后有月氏人、塞人、雅利安人、吐火罗人等，他们带动了宗教的传播与流动，也使得天山廊道各城址留下了宗教的痕迹。新疆地区是我国最早信仰佛教的，柯坪县阿恰勒镇克斯勒塔格佛寺遗址，时间为南北朝至唐，这里出土过完整的彩绘舍利罐。唐初，东天山地区以及塔里木南北两道的佛教发展已臻顶峰，有高昌国以及以龟兹为代表的北道小乘佛教，以疏勒、于阗等地为代表的大乘佛教，留下了诸如柏孜克里克千佛洞、克孜尔石窟、莫尔寺佛塔、达玛沟佛寺、热瓦克佛寺等佛教遗迹。天山以北位于吉木萨尔县城西

① 《大唐西域记校注》，第 77 页。
② 张广达：《唐代六胡州等地的昭武九姓》，《北京大学学报》1986 年第 2 期。
③ 〔俄〕巴透尔德：《七河史》，赵俪生译，中国国际广播出版社 2013 年版，第 16 页。
④ 葛根高娃、李晓：《历史时期草原丝绸之路相关问题研究》，《中央民族大学学报》2016 年第 2 期。

南 4 公里的千佛洞遗址，北庭故城西约 600 米的北庭西大寺（龙兴寺）遗址，① 皆是天山廊道宗教传播的直接见证。

族群流动也带动了物质文化的传播，从丝绸之路传入内地的有大宛马、葡萄、胡豆、核桃、石榴等；中原的物品也沿着丝绸之路走出去，包括粟、水稻等各种农作物以及麝香、丝织品，甚至中国先进的造纸技术、印刷技术等也传了出去。出土文书《唐天宝二年（743）交河郡市估案》记载，天宝年间，来自波斯、印度和中亚等地的商品已经广泛出现在西州市场上，其中有胡桃让、花烟支青黛、生石蜜、庵磨勒、诃黎勒、香料、石碌、质汗等。②

自汉代以来，从中原进入西域的道路除了频繁使用的河西走廊外，河南道－青海道也是通往西域的重要道路。这条道路虽然与塔里木南道交通最为便捷，但变动太大。因此，历代中央王朝经营西域时，都注意将青海道与天山廊道衔接起来，这样就将青海地区纳入了天山廊道的交通体系，避免塔里木南道、昆仑山北麓的道路因流沙南侵造成交通阻碍以及受到羌族等势力的侵扰而使得丝路阻绝。

西汉时，在伊循设置的伊循都尉正是敦煌郡的部都尉，而汉朝在伊循进行屯田的主旨，不仅是解决敦煌郡的军需，更重要的是支撑西汉在西域的驻屯。③ 因此，在行政区划上属于敦煌郡的伊循城，作为一块向西突入塔里木盆地的战略要地，是支撑西域驻防的重要后勤基地。

隋末唐初，粟特人东来，在原且末、鄯善一带修筑城市，伊循城即为"（古）屯城"，此外又有典合城、蒲萄城、新城、萨毗城等。敦煌写本《沙州伊州地志残卷》载："石城镇，东去沙州一千五百八十里……贞观中，康国大首领康艳典东来居此城，胡人随之，因成聚落，亦曰典合城。其城四面皆是沙碛。上元二年改为石城镇，隶沙州。"④"石城镇"即今若羌县且尔乞都克古城，是典型粟特风格的石头城。

---

① 参见李树辉《北庭大佛寺 S105 殿壁画绘制年代和相关史事研究》，《青海民族研究》2018 年第 2 期。他认为北庭大佛寺始建于 573 年，是突厥他钵可汗修建的伽蓝佛塔，也是"可汗浮图城"之称的由来。

② 〔日〕池田温：《中国古代籍帐研究》，第 313—314 页。

③ 贾丛江：《西汉伊循职官考疑》，《西域研究》2008 年第 4 期。

④ 唐耕耦、陆宏基编《敦煌社会经济文献真迹释录》第 1 辑，第 39 页。

上元元年，唐在且末设置播仙镇，次年又将康艳典所筑典合城改为石城镇，分别隶属于安西都护府和沙州。唐朝通过穿越塔克拉玛干沙漠的神山戍堡一线沿着塔里木河道将安西都护府与昆仑山北麓的于阗联系起来，不仅提升了于阗在安西四镇中的地位，而且将其与天山廊道连为一体，这些都可以看出唐朝试图将中原进入西域的通道以及塔里木南道纳入天山廊道，从而进行统一的军事管理的努力。

（三）穿越天山南北的纵向交流也是天山廊道文明的重要组成部分

农耕定居生活与草原游牧生活历来被视为世界历史的两极，但二者通过天山廊道进行了频繁的交流。天山的绿洲对于草原游牧生活是开放的，游牧族群可通过天山廊道的导引，迁徙并转变为生产模式相对稳定的农耕经济，两者之间的相互交流持续影响了上千年。

历来游牧势力对绿洲小国的控制与征服是通过穿越天山南北廊道收取税收与贡赋等形式实现的。匈奴曾在焉耆、危须至尉犁一带设置僮仆都尉，将绿洲诸国作为其征收物资的来源地；公元 7 世纪前期西域绿洲诸国都在西突厥的控制范围内，其对塔里木地区征收的赋税通过龟兹以北的山口运送到其牙帐。唐朝在天山南北分别设置安西都护府与北庭都护府作为军政中心，并设置了大量军镇，这些军事建置不仅发挥了防御游牧部落侵袭的作用，对于维持和促进天山南北廊道的交通也扮演了重要的角色。

一定程度上可以说，游牧族群和农耕族群长期持续不断的冲突与融合一直在推动着人类文明的形成和发展，是近现代之前世界文明格局演变以及族群分化、聚合乃至融合的主要动力之一。[①] 新疆伊犁哈萨克自治州博物馆藏有来自印度河谷文明时期的饰花红玉髓珠和青金石等装饰品，或为经阿姆河与锡尔河一带进入黑海，再通过中亚沿天山廊道进入伊犁的；[②] 天山北麓吉木萨尔小西沟遗址、阜康市北农场遗址以及吉木萨尔县大龙口墓地等都曾出土一种陶器，即一种耳在口沿之间的单耳罐，侈口、鼓腹、束颈，圆底或小

---

① 李大龙、李元晖：《多民族国家建构视角下游牧与农耕族群的互动》，《青海民族大学学报》2014 年第 1 期。

② 干福熹：《中国古代玻璃和古代丝绸之路——2004 年乌鲁木齐北方古玻璃研讨会主题报告》，《丝绸之路上的古代玻璃研究——2004 年乌鲁木齐中国北方古玻璃研讨会和 2005 年上海国际玻璃考古研讨会论文集》，复旦大学出版社 2007 年版。

平底，条纹为竖纹或网纹，这种风格的单耳罐在博格达山南麓的吐鲁番盆地，如艾丁湖、苏巴什、阿拉沟口等墓地出土物中也是一种较典型的器形。① 此外，大龙口墓地出土的素面铜镜与天山以南的轮台县群巴克墓地出土的素面弓形纽铜镜形制基本相同；在新源县巩乃斯河畔出土的青铜方座承兽铜盘，在天山南麓阿拉沟塞克墓葬中也有发现。这说明最迟在西汉时期，天山南北已开始了物质文化的交流，有着便利的交通通道。

1995 年，在吐鲁番交河故城沟西墓地出土了金项圈，这种最早出现于西亚两河流域的金项圈，曾广泛分布于西起南俄草原、东至阿尔泰山一带，迄今为止，吐鲁番是此类物品分布的最东南端。② 也就是说，此类物品从两河流域进入天山廊道最终落脚于吐鲁番，天山廊道是其传播最便捷的途径。

1997 年，新疆伊犁昭苏县发现了著名的波马黄金古墓，为公元 6—7 世纪西突厥贵族的墓葬群，这里出土过缀金珠绣织物残片、云气动物纹锦以及"富昌"织文锦，与天山以南墓葬出土的织锦具有相同的风格，西突厥贵族在进入天山以南绿洲诸国之时，也将塔里木盆地纺织品作为奢侈品带入了天山北麓。新疆阿拉沟墓群（春秋战国至汉）第 28 号墓出土的春秋时期的凤鸟纹刺绣，在长、宽均 20 多厘米的素色绢地上用绿色丝线锁绣出凤鸟图案，类似织物也曾出现在今俄罗斯巴泽雷克墓地（公元前 5 世纪），其刺绣技法、图案风格一致。③ 巴泽雷克墓地出土了世界上最早、最完整的地毯，而新疆考古学者在吐鲁番洋海墓地也发现了与其年代相近的地毯，有斑纹、三角形及锯齿形图案，纺织品也可能是经过天山廊道向北，翻越阿尔泰山去往北部的。④

公元前 4 世纪始，地中海东岸进入了希腊化时代，色诺芬长征使得希腊城邦古典文明与阿契美尼德王朝的两河文明有了日趋频繁的接触，直到亚历山大大帝东征。1978—1979 年，阿富汗 - 苏联考古队在阿姆河附近即阿富汗

① 新疆文物考古研究所、新疆维吾尔自治区博物馆编《新疆文物考古新收获（续）：1990—1996》，新疆美术摄影出版社 1997 年版，第 408 页。

② 李肖：《吐鲁番盆地青铜时代至初铁器时代与周边地区的文化交流》，《吐鲁番学研究》，上海古籍出版社 2010 年版，第 9 页。

③ 王炳华：《西汉以前新疆和中原地区历史关系考察》，《新疆大学学报》1984 年第 4 期。

④ 赵丰：《锦程：中国丝绸与丝绸之路》，黄山书社 2016 年版，第 46 页。

北部的什巴尔干附近发掘了一处墓葬，时间为公元前 10 世纪到公元前 5 世纪，其中出土了西罗马时期的遗物以及来自中原的铜镜。① 这些遗存不仅是亚历山大大帝入侵中亚的遗产，也是贵霜帝国时期东西交通状况的反映。亚历山大的东征，有史以来第一次彻底打破了东地中海与中东地区的军事平衡，使历史的天平向西方倾斜，西方的军事力量如此深入地进入了亚洲腹地。②

　　7 世纪，中亚又经历了一次剧烈的动荡，使得天山廊道的南北交通作用更为凸显，东西方文明在此交汇。632 年，穆罕默德死后，在四大哈里发和此后的倭马亚王朝时期，阿拉伯人征服了北非、西班牙南部以及伊朗地区；651 年，阿拉伯人击败了萨珊王朝，东进中亚并于 671 年首次占领撒马尔罕。705—715 年，阿拉伯将领屈底波攻打粟特地区，并在 712 年攻占了撒马尔罕。

　　1933 年，苏联考古学家在撒马尔罕穆格山发现了一处特别的遗迹。穆格山位于塔吉克斯坦片治肯特城东 60 公里、泽拉夫善河与其支流库姆河汇合处，是一处非常适合作堡垒的地方，库姆河和泽拉夫善河环绕堡垒的三面，居民修筑了内墙和外墙作为进一步的防御设施，这里也是大食攻入粟特之后粟特人的最后一处堡垒。穆格山文书从被征服者的角度，描述了一位统治者为了阻挡阿拉伯军队，在已无退路的情况下，急切地向突厥、中国以及其他当地统治者求援的情形。③ 在伊斯兰教对中亚漫长而又不稳定的推进过程中，唐朝扮演了一定的角色。投降大食的"粟特之王、撒马尔罕之主"Devastich，在给撒马尔罕西南 12—16 公里的 Khākhsar 的统治者 Afshūn 的信中提到"突厥和中国大军都来了"。显然，突骑施人、部分中国人以及东边的拔汗那（费尔干纳）人组成了一支对抗大食的联军，穆格山文书中的书信提供了唐朝卷入这一事件的唯一证据。④ 从目前的考古发现看，唐朝在七河流域所设的最远的军镇并非楚河流域的碎叶城，而是塔拉斯河流域的怛逻

---

　　① Karen S. Rubinson, *Out of East: Chinese and Eastern Eurasian Components in the Tilllya Tepe Assemblage Found in Northern Afghanistan*,《吐鲁番学研究》，第 88 页。

　　② 〔古希腊〕阿里安：《亚历山大远征记》，〔英〕E. 伊利夫·罗布逊英译，李活译，商务印书馆 1985 年版。

　　③ 穆格山文书的具体出土情况，见马小鹤《公元八世纪初年的粟特——若干穆格山文书的研究》，《中亚学刊》第 3 辑，第 109 页；黄振华《粟特文及其文献》，《中国史研究动态》1981 年第 9 期。

　　④ 〔美〕韩森：《从吐鲁番、撒马尔罕文书看丝绸之路上的贸易》，王锦萍译，《吐鲁番学研究》，第 636—637 页。

斯城。2014 年，哈萨克斯坦国家科学院历史学院祖蒙·斯马伊洛夫院士发现了一处唐代石构宫殿遗址。该遗址出土了唐代"开元通宝"、突骑施钱、粟特铜币等，为唐代遗存，这座唐代石构建筑或为黑姓突骑施可汗的宫殿。[①]

图 7 - 1　唐代风格的怛逻斯宫殿遗址

资料来源：林梅村《西域考古与艺术》，第 291 页。

二　天山内部廊道在唐朝西域军防中的重要性

天山内部廊道的交通主要是指穿行在天山内部的道路，最初是由游牧族群开发使用的，如匈奴、突厥都曾将王庭设置在天山内部水草丰美的盆地中。由于汉代以来中原人对天山内部廊道并不了解，所以史籍记载语焉不详。直到清代统一整个天山廊道后，对于天山内部道路的记载才逐渐明晰起来。而唐朝在西域军防中，充分利用了少数族群熟悉山间道路的优势，以阿史那社尔、契苾何力等带领唐朝军队进行了多次行军，发挥了出其不意的战争效果。

---

① 林梅村：《西域考古与艺术》，北京大学出版社 2017 年版，第 290—291 页。

（一）游牧群体在东西文化交往中扮演重要角色

根据考古发现，西天山的巴泽雷克墓地发现了东方丝绸和漆器，说明至少在公元前 6 世纪天山北麓的草原地带就已成为东西方文化交往的通道，而游牧族群在其中发挥了关键作用。此后，有文献记载的匈奴、乌孙、柔然、高车、突厥等游牧族群，相继登上历史舞台，成为天山北部廊道的主人，将东西方文化传布各地。

东西向横亘于亚欧腹地的天山山脉，将昆仑山与阿尔泰山之间的区域分为两个相对封闭的地理单元。但这一天然屏障很容易被人类加强交往的意愿所打破，人们利用天山山脉各垭口、南北山麓绿洲，最终将天山廊道纳入亚欧文明交流的庞大交通路网之中。当然，这一路网亦成为农耕文明与游牧文明千年博弈的前沿，这体现在双方的战争、贸易、赋税等多种接触活动中。

对以匈奴、突厥为代表的天山北麓游牧势力而言，天山廊道是其赖以生存发展之地，亦是其有效控制南麓绿洲，获取经济补给的关键路径。而对中原政权而言，天山廊道的路网犹如人体的毛细血管，既是输送各类战略物资与传递政令信息的渠道，又是抵御或攻伐敌对势力的军事通道。而这一各自依靠天山廊道进行战略博弈的历史态势，肇始于西汉时期，经过魏晋南北朝的逐渐发展，至李唐时期随着唐廷在天山南北广泛设置军镇进行治理而达到高峰。

作为有文字记载的族群，突厥人尤其是后突厥开始用碑铭形式记载与唐朝、吐蕃、吐火罗、粟特等进行战争和交通的历史，如有名的《阙特勤碑》所记载的内容涉及亚洲东部、中部和西部的情况，内容庞杂，但是关于围绕天山廊道的交通地理信息则十分明晰，择录部分如下：

南面

（南1）我，象天一般的，以及由天所生的突厥毗伽可汗，此时继承了君主之位。你们得完全听从我的话，首先是你们这些人，我的兄弟们，我的孩子们，以及我的族人和普通民众，还有你们，右方的失毕们、伯克们，左方的达干们、梅录们和伯克们，还有你们，三十……

（南2）以及你们，九姓乌古斯与普通民众。务必好好地记住我的这些话，专心地听着！向东到达日出之处，向南到达日中之处，向西远抵日落之处，向北到达午夜之处，在此范围之内的所有人们（均臣属

于我）。这许多民族

（南3）我业已将其完全组织起来。这些民族如今并不反叛。只要突厥可汗在于都斤山实施统治，境内便无忧患。我曾向东征伐，直至山东平原，我几乎抵达大洋；我向南征伐，直至九曲，我几乎达到吐蕃；向西方

（南4）我曾征伐到珍珠河外的铁门；向北方，我则曾征伐到拔野古之居地。我曾率军到达所有这些地方。没有任何地方比于都斤山更好。能够最有效控制诸部的地方即是于都斤山。正是待在这里，我与汉人建立了友好的关系。①

上述录文中"九姓乌古斯""向南征伐，直至九曲""向西方""我曾征伐到珍珠河外的铁门""向北方，我则曾征伐到拔野古之居地"等内容，后突厥类似的记载很多，体现了突厥部落在天山廊道的经营情况和对亚洲大陆地理交通的熟悉程度。② 当然，在唐朝经营天山廊道的过程中，尤其值得称道的是其在天山北麓设置军镇进行屯田。贞观年间，太宗在攻伐高昌后，在天山北麓的可汗浮图城即汉代金满城之地设置庭州，其后又设置北庭都护府和北庭节度使，管理天山廊道。天山北麓的准噶尔盆地、伊犁河谷一度是北庭的管辖范围。这些做法极大拓展了唐朝对天山廊道的认识，尤其是与西突厥十姓可汗、葛逻禄、黠戛斯等，与昭武九姓、大食、后突厥等有了多方面的接触和交流，从而使得天山廊道的交通更为便捷，文化交流更为多元。唐代的西域文明，因为有了便捷的交通和更多族群的参与显得绚丽多姿。

（二）少数族群将领和商人所经行的天山内部廊道

在唐朝贞观年间攻伐龟兹的战争中，阿史那社尔、契苾何力充分发挥了熟悉地形的优势，利用天山内部廊道行军，达到了出其不意的作战效果。贞观二十一年，唐太宗"遣左骁卫大将军阿史那社尔为昆山道行军大总管，与安西都护郭孝恪、司农卿杨弘礼率五将军，又发铁勒十三部兵十余万骑，

---

① 芮传明：《古突厥碑铭研究（增订本）》，第177页。
② 出土的突厥碑铭有：《阙特勤碑》《毗伽可汗碑》《暾欲谷碑》《翁金碑》《阙利啜碑》，参见芮传明《古突厥碑铭研究（增订本）》。

以伐龟兹。社尔既破西蕃处月、处密，乃进师趋其北境，出其不意，西突厥所署焉耆王弃城而遁，社尔遣轻骑追擒之"。①"社尔既破西蕃处月、处密，乃进师趋其北境，出其不意"，这句话很值得玩味。怎样才能于今天的乌鲁木齐附近"破西蕃处月、处密"部后对龟兹"进师趋其北境，出其不意"呢？答案只能是：沿着今天乌鲁木齐河而上，进入天山内部，利用内部廊道，从龟兹北天山盆地南伐龟兹，这样才能达到出其不意的效果。"社尔进屯碛口"，说的就是熟悉天山内部廊道的阿史那社尔派唐军控制了龟兹北逃天山山口的道路。在这种情况下，龟兹王只好南逃到三百里外的拨换城。②可见，此时天山内部廊道已经被唐朝熟练使用。这条道路也引起后人注意，清人认为从"迪化城西八里旧满城，西南行三十里入山，有径路通伊犁"。③开元十四年，因突骑施"市马"事件，苏禄发兵寇四镇，当时杜暹入朝，"赵颐贞代为安西都护，婴城自守；四镇人畜储积，皆为苏禄所掠，安西仅存"。在"安西仅存"的情况下，突骑施是怎样攻伐焉耆的呢？换言之，龟兹周围设置有大量的守捉、烽燧，突骑施到焉耆的道路是哪条路？很有可能就是突骑施充分发挥了游牧族群熟悉山间道路的优势，经行天山内部廊道，从尤尔都斯盆地沿开都河而下，进攻焉耆。

天山内部廊道在唐代常被用作商道，进行商业贸易运输。前揭阿斯塔那29号墓出土文书《唐垂拱元年（685）康义罗施等请过所案卷》说的是来自高昌以西的"康尾义罗施""吐火罗拂延"等一行由二十多人、二十六头驴、两峰骆驼以及一匹马所组成的庞大商队，从中亚至西州沿途没有遇到任何唐朝官府的查检，完全脱离了疏勒、龟兹、焉耆等四镇关防机构的管理，径直到了西州，才被发现。文书中"康义罗施""西来"之一行商胡，"欲向东兴易""入京"，但随身没有带过所，违背了唐朝"凡行人车马出入，据过所为往来之节"④ 的规定，因而被阻禁在高昌县。该商队从西部进入伊犁河谷后，就沿伊犁河支流巩乃斯河谷的天山内部廊道行走，经大小尤尔都斯河谷，从阿拉沟口出天山，然后到达西州，直到这时才被发现。

① 《旧唐书》卷一九八《龟兹传》，第5303页。
② 《资治通鉴》卷一九七，贞观二十二年，第6375页。
③ 《新疆图志》卷七九《道路一》，第1510页。
④ 《新唐书》卷四九《百官四》，第1321页。

　　总之，天山连接亚洲东西，是东西交流的航标，天山廊道是人员流动和东西交通的重要媒介。唐代在经营西域的过程中，以开放的姿态将少数族群纳入"天可汗"的统治体系中，充分发挥了各少数族群的地域优势和行军特点，兼容并蓄，成为中原王朝团结西域各族群、吸收多元文化的经典时期；同时，唐朝充分利用了天山廊道，对吐鲁番盆地、准噶尔盆地、塔里木盆地、楚河盆地、费尔干纳盆地等沿着天山廊道进行经营，加强了东西方的联系，繁荣发展了对外交往的道路，天山廊道成为唐朝经营西域的路径依赖。

参考文献

一　史料

（汉）司马迁：《史记》，中华书局 2013 年版。

（汉）班固撰，（唐）颜师古注《汉书》，中华书局 1962 年版。

（南朝宋）范晔撰，（唐）李贤等注《后汉书》，中华书局 1965 年版。

（晋）陈寿撰，（南朝宋）裴松之注《三国志》，中华书局 1959 年版。

（唐）房玄龄等：《晋书》，中华书局 1974 年版。

（北齐）魏收：《魏书》，中华书局 2017 年版。

（唐）令狐德棻等：《周书》，中华书局 1971 年版。

（唐）李延寿：《北史》，中华书局 1974 年版。

（唐）魏征等：《隋书》，中华书局 2019 年版。

（后晋）刘昫等：《旧唐书》，中华书局 1975 年版。

（宋）欧阳修、宋祁：《新唐书》，中华书局 1975 年版。

（晋）袁宏：《后汉纪校注》，周天游校注，天津古籍出版社 1987 年版。

（北魏）郦道元：《水经注校证》，陈桥驿校证，中华书局 2007 年版。

（唐）徐坚等：《初学记》，中华书局 1962 年版。

（唐）李吉甫：《元和郡县图志》，贺次君点校，中华书局 1983 年版。

（唐）张九龄：《曲江集》，刘斯翰校注，广东人民出版社 1986 年版。

（唐）长孙无忌：《唐律疏议笺解》，刘俊文笺解，中华书局 1996 年版。

（唐）玄奘、辩机：《大唐西域记校注》，季羡林等校注，中华书局 2000 年版。

（唐）慧立、彦悰：《大慈恩寺三藏法师传》，孙毓棠、谢方点校，中华书局 2000 年版。

（唐）慧超：《往五天竺国传笺释》，张毅笺释，中华书局 2000 年版。

（唐）许敬宗：《日藏弘仁本文馆词林校证》，罗国威整理，中华书局 2001 年版。

（唐）释道世：《法苑珠林校注》，周叔迦、苏晋仁校注，中华书局 2003 年版。

（唐）李林甫等：《唐六典》，陈仲夫点校，中华书局 2014 年版。

（唐）杜佑：《通典》，王文锦等点校，中华书局 2016 年版。

（唐）杜环：《经行记笺注》，张一纯笺注，华文出版社 2017 年版。

（宋）王溥：《唐会要》，中华书局 1955 年版。

（宋）王钦若等编《册府元龟》，中华书局 1960 年版。

（宋）李昉等编《文苑英华》，中华书局 2011 年版。

（宋）乐史：《太平寰宇记》，王文楚等点校，中华书局 2007 年版。

（宋）宋敏求编《唐大诏令集》，中华书局 2008 年版。

（宋）司马光：《资治通鉴》，中华书局 2011 年版。

（金）刘祁：《归潜志》，崔文印点校，中华书局 1983 年版。

（元）脱脱等：《宋史》，中华书局 1977 年版。

（明）陈诚：《西域行程记　西域番国志》，周连宽点校，中华书局 2000 年版。

（清）林则徐著，中山大学历史系中国近代现代史教研组、中山大学历史系中国近代现代史研究室编《林则徐集·日记》，中华书局 1962 年版。

（清）董诰编《全唐文》，中华书局 1983 年版。

（清）黄文炜编《重修肃州新志》，甘肃省酒泉县博物馆 1984 年版。

（清）汤球辑补《十六国春秋辑补》，商务印书馆 1985 年版。

（清）萧雄：《听园西疆杂述诗》，中华书局 1985 年版。

（清）陶保廉：《辛卯侍行记》，刘满点校，甘肃人民出版社 2000 年版。

（清）傅恒等：《西域图志校注》，钟兴麒等校注，新疆人民出版社 2002 年版。

（清）徐松：《西域水道记（外二种）》，朱玉麒整理，中华书局 2005 年版。

（清）顾祖禹：《读史方舆纪要》，贺次君、施和金点校，中华书局 2005 年版。

（清）彭定求等编《全唐诗（增订本）》第 2 册，中华书局 2016 年版。

（清）祁韵士：《大唐创业起居注（外七种）》，马山明点校，上海古籍出版社 2016 年版。

（清）王树枏等纂修《新疆图志》，朱玉麒等整理，上海古籍出版社2015年版。

张星烺编注，朱杰勤校订《中西交通史料汇编》，中华书局2003年版。

《清代诗文集汇编》编纂委员会编《清代诗文集汇编》，上海古籍出版社2010年版。

佚名：《世界境域志》，王治来译注，上海古籍出版社2010年版。

二　出土文献

中国科学院历史研究所编《敦煌资料》第1辑，中华书局1961年版。

国家文物局古文献研究室、新疆维吾尔自治区博物馆、武汉大学历史系编，唐长孺主编《吐鲁番出土文书》十卷本，文物出版社1981—1991年版。

唐耕耦、陆宏基编《敦煌社会经济文献真迹释录》第1辑，书目文献出版社1986年版。

唐耕耦、陆宏基编《敦煌社会经济文献真迹释录》第2辑，全国图书馆文献缩微复制中心1990年版。

唐耕耦、陆宏基编《敦煌社会经济文献真迹释录》第4辑，全国图书馆文献缩微复制中心1990年版。

周绍良主编《唐代墓志汇编》，上海古籍出版社1992年版。

张沛：《昭陵碑石》，三秦出版社1993年版。

陈国灿、刘永增编《日本宁乐美术馆藏吐鲁番文书》，文物出版社1997年版。

柳洪亮：《新出吐鲁番文书及其研究》，新疆人民出版社1997年版。

侯灿、吴美琳：《吐鲁番出土砖志集注》，巴蜀书社2003年版。

上海古籍出版社、法国国家图书馆编《法藏敦煌西域文献》第29卷，上海古籍出版社2003年版。

〔日〕池田温：《中国古代籍帐研究》，龚泽铣译，中华书局2007年版。

荣新江、李肖、孟宪实主编《新获吐鲁番出土文献》，中华书局2008年版。

毛阳光、余扶危主编《洛阳流散唐代墓志汇编》，国家图书馆出版社2013年版。

赵力光主编《西安碑林博物馆新藏墓志续编》，陕西师范大学出版社

2014 年版。

王振芬、孟宪实、荣新江主编《旅顺博物馆藏新疆出土汉文文献》，中华书局 2020 年版。

小田義久『大谷文書集成』第一卷、法蔵館、1984 年。

小田義久『大谷文書集成』第二卷、法蔵館、1990 年。

小田義久『大谷文書集成』第三卷、法蔵館、2003 年。

三 考古文物资料

新疆维吾尔自治区博物馆、西北大学历史系考古专业：《1973 年新疆吐鲁番阿斯塔那古墓群发掘简报》，《文物》1975 年第 7 期。

新疆博物馆考古队：《1975 年吐鲁番哈喇和卓古墓群发掘简报》，《文物》1978 年第 6 期。

中国社会科学院考古研究所编著《殷墟玉器》，文物出版社 1982 年版。

孙秉根、陈戈、冯承泽、中国社会科学院考古研究所新疆工作队：《新疆吉木萨尔北庭古城调查》，《考古》1982 年第 2 期。

黄文弼：《新疆考古发掘报告 (1957—1958)》，文物出版社 1983 年版。

新疆文物考古研究所：《乌鲁木齐乌拉泊古墓葬发掘研究》，《新疆社会科学》1986 年第 1 期。

阿克苏地区文管所：《新和县文物普查资料》，《新疆文物》1987 年第 1 期。

楼兰文物普查队：《罗布泊地区文物普查简报》，《新疆文物》1988 年第 3 期。

新疆维吾尔自治区博物馆文物队、轮台县文教局：《轮台县文物调查》，《新疆文物》1991 年第 2 期。

臧昕：《阿克苏市古遗址调查记》，《阿克苏市文史资料》第 5 辑，中国人民政治协商会议新疆阿克苏市委员会文史资料委员会 1991 年版。

柳洪亮：《吐鲁番阿斯塔那古墓群 360 号墓出土文书》，《考古》1991 年第 1 期。

新疆维吾尔自治区文物普查办公室、喀什地区文物普查队：《喀什地区文物普查资料汇编》，《新疆文物》1993 年第 3 期。

王毅民主编《哈密文物志》，新疆人民出版社 1993 年版。

〔日〕香川默识编，大谷光瑞序《西域考古图谱》影印版，学苑出版社 1999 年版。

新疆文物考古研究所：《2002 年小河墓地考古调查与发掘报告》，《新疆文物》2003 年第 2 期、第 8 期。

中国新疆维吾尔自治区档案馆、日本佛教大学尼雅遗址学术研究机构编《中瑞西北科学考察档案史料》，新疆美术摄影出版社 2006 年版。

吐鲁番地区文物局：《新疆吐鲁番地区木纳尔墓地的发掘》，《考古》2006 年第 12 期。

李肖、陈云华主编《鄯善县文物志》，新疆人民出版社 2008 年版。

新疆维吾尔自治区文物局编《新疆维吾尔自治区第三次全国文物普查成果集成·新疆古城遗址》，科学出版社 2011 年版。

新疆维吾尔自治区文物局编《新疆维吾尔自治区第三次全国文物普查成果集成·哈密地区卷》，科学出版社 2011 年版。

新疆维吾尔自治区文物局编《新疆维吾尔自治区第三次全国文物普查成果集成·昌吉回族自治州卷》，科学出版社 2011 年版。

冉万里：《新疆巴里坤大河古城遗址调查简报》，《西部考古》2011 年第 5 期。

新疆维吾尔自治区文物局编著《新疆维吾尔自治区长城资源调查报告》，文物出版社 2014 年版。

新疆维吾尔自治区文物局编《不可移动的文物·哈密地区卷》（1—3），新疆美术摄影出版社 2015 年版。

新疆维吾尔自治区文物局编《不可移动的文物·乌鲁木齐卷》，新疆美术摄影出版社 2015 年版。

新疆维吾尔自治区文物局编《不可移动的文物·昌吉回族自治州卷》（1—2），新疆美术摄影出版社 2015 年版。

喀什地区巴楚县文物管理所等编《巴楚县文物管理所藏龟兹语木简与据史德语陶罐肩部铭刻》，《西域历史语言研究集刊》第 8 辑，科学出版社 2015 年版。

新疆维吾尔自治区文物局编《不可移动的文物·吐鲁番地区卷》（1—

5)，新疆美术摄影出版社 2015 年版。

吐鲁番学研究院、新疆文物考古研究所：《吐鲁番市鄯善县东湖烽火台发掘简报》，《吐鲁番学研究》2016 年第 2 期。

新疆文物考古研究所、吐鲁番学研究院：《新疆吐鲁番木尔吐克萨依遗址发掘简报》，《吐鲁番学研究》2017 年第 2 期。

陕西省考古研究院、吉尔吉斯斯坦科学院历史考古与民族学研究所：《吉尔吉斯斯坦红河古城西侧佛寺遗址 2018—2019 年度发掘简报》，《考古与文物》2020 年第 3 期。

吴勇等：《新疆库车龟兹故城穷特音墩遗址 2017 年发掘简报》，《文物》2020 年第 8 期。

张海峰：《汉代"疏勒城"重现真身——考古发掘揭开奇台石城子遗址身世之谜》，《新疆日报》2020 年 5 月 5 日。

郭物：《北庭故城遗址考古新进展》，《中国社会科学报》2020 年 11 月 27 日。

王瑟：《探秘新疆北庭故城格局——专家判断其为唐代统治西域时期建设完成》，《光明日报》2020 年 12 月 9 日。

四　研究著作

岑仲勉：《西突厥史料补阙及考证》，中华书局 1958 年版。

岑仲勉：《突厥集史》，中华书局 1958 年版。

岑仲勉：《中外史地考证》，中华书局 1962 年版。

冯承钧编译《西域南海史地考证译丛一编》，商务印书馆 1962 年版。

〔俄〕尼·费·杜勃罗文：《普尔热瓦尔斯基传》，吉林大学外语系俄语专业翻译组译，商务印书馆 1978 年版。

岑仲勉：《汉书西域传地里校释》，中华书局 1981 年版。

黄文弼：《西北史地论丛》，上海人民出版社 1981 年版。

唐长孺主编《敦煌吐鲁番文书初探》，武汉大学出版社 1983 年版。

〔俄〕威廉·巴托尔德：《中亚突厥史十二讲》，罗致平译，中国社会科学出版社 1984 年版。

〔法〕戴密微：《吐蕃僧诤记》，耿昇译，甘肃人民出版社 1984 年版。

孟凡人：《北庭史地研究》，新疆人民出版社 1985 年版。

杨建新主编《古西行记选注》，宁夏人民出版社 1987 年版。

〔日〕松田寿男：《古代天山历史地理学研究》，陈俊谋译，中央民族学院出版社 1987 年版。

郁贤皓：《唐刺史考》，江苏古籍出版社 1987 年版。

苏北海：《西域历史地理》，新疆大学出版社 1988 年版。

蔡鸿生：《唐代九姓胡与突厥文化》，中华书局 1988 年版。

刘俊文：《敦煌吐鲁番唐代法制文书考释》，中华书局 1989 年版。

罗振玉：《罗雪堂先生全集三编》，大通书局 1989 年版。

章巽、芮传明：《大唐西域记导读》，巴蜀书社 1989 年版。

方英楷：《新疆屯垦史》，新疆青少年出版社 1989 年版。

黄文弼：《黄文弼历史考古论集》，文物出版社 1989 年版。

〔日〕仁井田陞著，栗劲等编译《唐令拾遗》，长春出版社 1989 年版。

程喜霖：《汉唐烽堠制度研究》，三秦出版社 1990 年版。

唐长孺主编《敦煌吐鲁番文书初探二编》，武汉大学出版社 1990 年版。

王炳华：《吐鲁番的古代文明》，新疆人民出版社 1992 年版。

王小甫：《唐、吐蕃、大食政治关系史》，北京大学出版社 1992 年版。

王尧、陈践译注《敦煌本吐蕃历史文书（增订本）》（藏文），民族出版社 1992 年版。

中国大百科全书出版社编辑部：《中国大百科全书·民族卷》，中国大百科全书出版社 1992 年版。

乌鲁木齐市党史志编纂委员会编《乌鲁木齐市志》第 1 卷，新疆人民出版社 1994 年版。

姜伯勤：《敦煌吐鲁番文书与丝绸之路》，文物出版社 1994 年版。

〔英〕马克·奥里尔·斯坦因：《沙埋和阗废墟记》，殷晴等译，新疆美术摄影出版社 1994 年版。

李锦绣：《唐代财政史稿》上卷，北京大学出版社 1995 年版。

陈国灿：《斯坦因所获吐鲁番文书研究》，武汉大学出版社 1995 年版。

张广达：《西域史地丛稿初编》，上海古籍出版社 1995 年版。

薛宗正：《安西与北庭——唐代西陲边政研究》，黑龙江教育出版社

1995 年版。

乌鲁木齐市党史志编纂委员会编《乌鲁木齐市志》第 3 卷,新疆人民出版社 1997 年版。

薛宗正:《吐蕃王国的兴衰》,民族出版社 1997 年版。

王素:《高昌史稿·统治编》,文物出版社 1998 年版。

〔英〕奥雷尔·斯坦因:《西域考古图记》,巫新华等译,广西师范大学出版社 1998 年版。

〔法〕勒内·格鲁塞:《草原帝国》,蓝琪译,商务印书馆 1998 年版。

巫新华:《吐鲁番唐代交通路线的考察与研究》,青岛出版社 1999 年版。

〔俄〕普尔热瓦尔斯基:《走向罗布泊》,黄健民译,新疆人民出版社 1999 年版。

〔德〕阿尔伯特·冯·勒柯克:《新疆的地下文化宝藏》,陈海涛译,新疆人民出版社 1999 年版。

朱雷:《敦煌吐鲁番文书论丛》,甘肃人民出版社 2000 年版。

程喜霖:《唐代过所研究》,中华书局 2000 年版。

王素:《高昌史稿·交通编》,文物出版社 2000 年版。

陈寅恪:《唐代政治史述论稿》,三联书店 2001 年版。

荣新江:《中古中国与外来文明》,三联书店 2001 年版。

卢向前:《唐代西州土地关系述论》,上海古籍出版社 2001 年版。

李大龙:《唐朝和边疆民族使者往来研究》,黑龙江教育出版社 2001 年版。

史念海:《唐代文化》,中国社会科学出版社 2002 年版。

陈国灿:《敦煌学史事新证》,甘肃教育出版社 2002 年版。

吕建福:《土族史》,中国社会科学出版社 2002 年版。

李方:《唐西州行政体制考论》,黑龙江教育出版社 2002 年版。

〔法〕张日铭:《唐代中国与大食穆斯林》,姚继德、沙德珍译,宁夏人民出版社 2002 年版。

〔法〕沙畹:《西突厥史料》,冯承钧译,中华书局 2003 年版。

王国维:《观堂集林》,河北教育出版社 2003 年版。

余太山主编《西域通史》,中州古籍出版社 2003 年版。

〔俄〕李特文斯基主编《中亚文明史》第 3 卷,马小鹤译,中国对外翻译出版社 2003 年版。

张平编著《龟兹：历史文化探秘》，新疆人民出版社 2004 年版。

孟宪实：《汉唐文化与高昌历史》，齐鲁书社 2004 年版。

荣新江、张志清：《从撒马尔干到长安——粟特人在中国的文化遗迹》，北京图书馆出版社 2004 年版。

〔芬兰〕马达汉：《马达汉西域考察日记》，王家骥译，中国民族摄影艺术出版社 2004 年版。

〔英〕斯坦因：《亚洲腹地考古图记》，巫新华等译，广西师范大学出版社 2004 年版。

黄永年：《六至九世纪中国政治史》，上海书店出版社 2004 年版。

薛宗正：《中亚内陆——大唐帝国》，新疆人民出版社 2005 年版。

托克逊县史志编纂委员会编《托克逊县志》，新疆人民出版社 2005 年版。

梁启超：《清代学术概论》，上海古籍出版社 2005 年版。

〔日〕日野强：《伊犁纪行》，华立译，黑龙江教育出版社 2005 年版。

荣新江、华澜、张志清主编《法国汉学》第 10 辑《粟特人在中国：历史、考古、语言的新探索》，中华书局 2005 年版。

陈海涛、刘惠琴：《来自文明十字路口的民族——唐代入华粟特人研究》，商务印书馆 2006 年版。

乜小红：《唐五代畜牧经济研究》，中华书局 2006 年版。

林梅村：《丝绸之路考古十五讲》，北京大学出版社 2006 年版。

周伟洲、丁景泰主编《丝绸之路大辞典》，陕西人民出版社 2006 年版。

李吟屏：《和田考古记》，新疆人民出版社 2006 年版。

严耕望：《唐代交通图考》第 2 卷《河陇碛西区》，上海古籍出版社 2007 年版。

蔡鸿生：《中外交流史事考述》，大象出版社 2007 年版。

石云涛：《三至六世纪丝绸之路的变迁》，文化艺术出版社 2007 年版。

张广达：《文书、典籍与西域史地》，广西师范大学出版社 2008 年版。

〔法〕费尔南·布罗代尔：《论历史》，刘北成、周立红译，北京大学出版社 2008 年版。

〔德〕勒柯克：《中国新疆的土地和人民》，齐树仁译，耿世民校，中华书局 2008 年版。

薛宗正：《丝绸之路北庭研究》，新疆人民出版社 2008 年版。

王炳华：《丝绸之路考古研究》，新疆人民出版社 2009 年版。

〔英〕奥雷尔·斯坦因：《古代和田——中国新疆考古发掘的详细报告》，巫新华等译，山东人民出版社 2009 年版。

黄文弼：《吐鲁番考古记》，线装书局 2009 年版。

黄文弼：《塔里木盆地考古记》，线装书局 2009 年版。

贺灵主编《丝绸之路之伊犁研究》，新疆人民出版社 2009 年版。

王炳华：《西域考古文存》，兰州大学出版社 2010 年版。

张平：《龟兹文明——龟兹史地考古研究》，中国人民大学出版社 2010 年版。

马大正等整理《新疆乡土志稿》，新疆人民出版社 2010 年版。

薛宗正：《北庭历史文化研究》，上海古籍出版社 2010 年版。

王世江主编《中国新疆河湖全书》，中国水利水电出版社 2010 年版。

唐长孺：《魏晋南北朝史论丛》，商务印书馆 2010 年版。

李方：《唐西州官吏编年考证》，中国人民大学出版社 2010 年版。

〔英〕阿诺德·汤因比著，D.C. 萨默维尔编《历史研究》，郭小凌等译，上海人民出版社 2010 年版。

〔瑞典〕斯文·赫定：《我的探险生涯》，孙仲宽译，新疆人民出版社 2010 年版。

〔日〕橘瑞超：《橘瑞超西行记》，柳洪亮译，新疆人民出版社 2010 年版。

李忠智：《纪晓岚与四库全书　纪晓岚乌鲁木齐杂诗详注》，现代教育出版社 2010 年版。

〔俄〕巴托尔德：《蒙古入侵时期的突厥斯坦》，张锡彤、张广达译，上海古籍出版社 2011 年版。

孟凡人：《丝绸之路史话》，社会科学文献出版社 2011 年版。

王尧：《王尧藏学文集》，中国藏学出版社 2011 年版。

刘安志：《敦煌吐鲁番文书与唐代西域史研究》，商务印书馆 2011 年版。

〔法〕伯希和等：《伯希和西域探险记》，耿昇译，人民出版社 2011 年版。

许序雅：《唐朝与中亚九姓胡关系史研究》，兰州大学出版社 2012 年版。

尚永琪：《胡僧东来——汉唐时期的佛经翻译家和传播人》，兰州大学出版社2012年版。

〔美〕白桂思：《吐蕃在中亚：中古早期吐蕃、突厥、大食、唐朝争夺史》，付建河译，新疆人民出版社2012年版。

〔美〕J. G. 马勒：《唐代塑像中的西域人》，王欣译，兰州大学出版社2012年版。

〔俄〕魏义天：《粟特商人史》，王睿译，广西师范大学出版社2012年版。

杨铭：《唐代吐蕃与西北民族关系史研究》，兰州大学出版社2012年版。

程喜霖、陈习刚编《吐鲁番唐代军事文书研究·文书篇》，新疆人民出版社2013年版。

陈凌：《突厥汗国与欧亚文化交流的考古学研究》，上海古籍出版社2013年版。

〔俄〕巴透尔德：《七河史》，赵俪生译，中国国际广播出版社2013年版。

〔美〕亨廷顿：《亚洲的脉搏》，王彩琴、葛莉译，新疆人民出版社2013年版。

李方：《唐西州官僚政治制度研究》，黑龙江教育出版社2013年版。

荣新江：《中古中国与粟特文明》，三联书店2014年版。

〔法〕鲁保罗：《西域文明史》，耿昇译，中国藏学出版社2014年版。

许建英：《近代英国和中国新疆：1840—1911》，黑龙江教育出版社2014年版。

陈凌：《丝绸之路的古城》，三秦出版社2015年版。

许序雅：《唐代丝绸之路与中亚史地丛考——以唐代文献为研究中心》，商务印书馆2015年版。

张新胜主编《哈密地区志1990—2010》（上），中州古籍出版社2015年版。

黄文弼著，黄烈编《西域史地考古论集》，商务印书馆2015年版。

向达：《唐代长安与西域文明》，商务印书馆2015年版。

冯承钧撰，邬国义编校《冯承钧学术论文集》，上海古籍出版社2015年版。

张云、林冠群主编《西藏通史·吐蕃卷》，中国藏学出版社2015年版。

〔德〕阿尔伯特·格伦威德尔著，新疆文物考古研究所、吐鲁番学研究院编著《高昌故城及其周边地区的考古工作报告》，管平译，文物出版社2015年版。

刘子凡:《瀚海天山——唐代伊、西、庭三州军政体制研究》,中西书局 2016 年版。

薛宗正、霍旭初:《龟兹历史与佛教文化》,商务印书馆 2016 年版。

〔法〕葛乐耐:《驶向撒马尔罕的金色旅程》,毛铭译,漓江出版社 2016 年版。

〔俄〕马尔夏克:《突厥人、粟特人与娜娜女神》,毛铭译,漓江出版社 2016 年版。

〔美〕梅耶·布里萨克:《谁在收藏中国:美国猎获亚洲艺术珍宝百年记》,张建新、张紫薇译,中信出版社 2016 年版。

陈戈:《新疆考古论文集》,商务印书馆 2017 年版。

王贞平:《唐代宾礼研究:亚洲视域中的外交信息传递》,中西书局 2017 年版。

努尔兰·肯加哈买提:《碎叶》,上海古籍出版社 2017 年版。

吴玉贵:《突厥汗国与隋唐关系史研究》,商务印书馆 2017 年版。

〔日〕池田雄一:《中国古代的聚落与地方行政》,郑威译,复旦大学出版社 2017 年版。

刘仲敬:《中国洼地》,八旗文化出版社 2017 年版。

芮传明:《古突厥碑铭研究(增订本)》,商务印书馆 2017 年版。

刘迎胜:《丝绸之路史研究论稿》,中国大百科全书出版社 2018 年版。

张安福:《环塔里木历史文化资源调查与研究》,上海人民出版社 2018 年版。

蓝琪、赵永伦:《中亚史》第 2 卷,商务印书馆 2018 年版。

谢元鲁:《唐代中央政权决策研究》,北京师范大学出版社 2019 年版。

〔日〕石见清裕:《唐代的民族、外交与墓志》,王博译,西北大学出版社 2019 年版。

孟凡人:《北庭和高昌研究》,商务印书馆 2020 年版。

马雍:《西域史地文物丛考》,商务印书馆 2020 年版。

〔英〕休·肯尼迪:《阿拉伯帝国的崛起》,孙宇译,民主与建设出版社 2020 年版。

〔日〕森安孝夫:《丝绸之路与唐帝国》,石晓军译,北京日报出版社

2020 年版。

〔美〕白桂思:《丝绸之路上的帝国:青铜时代至今的中央欧亚史》,付马译,中信出版社 2020 年版。

〔加拿大〕王贞平:《多极亚洲中的唐朝》,贾永会译,上海文化出版社 2020 年版。

〔德〕卡恩·德雷尔:《丝路探险——1902—1914 年德国考察队吐鲁番行记》,陈婷婷译,上海古籍出版社 2020 年版。

〔英〕F. W. 托马斯:《敦煌西域古藏文社会历史文献》,刘忠、杨铭译注,商务印书馆 2020 年版。

〔美〕丹尼斯·塞诺主编《剑桥早期内亚史》,蓝琪译,商务印书馆 2021 年版。

五　研究论文

武伯纶:《新疆天山南路的文物调查》,《文物参考资料》1954 年第 10 期。

劳幹:《汉代的西域都护与戊己校尉》,《中央研究院历史语言研究所集刊》第 28 本上,1956 年。

黄文弼:《新疆考古的发现》,《考古》1959 年第 2 期。

向达:《西域见闻琐记》,《文物》1962 年第 Z2 期。

阎文儒:《吐鲁番的高昌故城》,《文物》1962 年第 Z2 期。

阎文儒:《新疆天山以南的石窟》,《文物》1962 年第 Z2 期。

李征:《新疆阿斯塔纳三座唐墓出土珍贵绢画及文书等文物》,《文物》1975 年第 1 期。

吴震:《从吐鲁番出土"氾德达告身"谈唐碎叶镇城》,《文物》1975 年第 8 期。

周伟洲:《略论碎叶城的地理位置及其作为唐安西四镇的历史事实》,《新疆历史论文集》,新疆人民出版社 1977 年版。

林必成:《唐代"轮台"初探》,《新疆大学学报》1979 年第 4 期。

陈国灿:《唐乾陵石像及其衔名的研究》,《文物集刊》第 2 辑,文物出版社 1980 年版。

胡戟:《唐代粮食亩产量——唐代农业经济述论之一》,《西北大学学报》1980 年第 3 期。

王炳华：《新疆阿拉沟竖穴木椁墓发掘简报》，《文物》1981 年第 1 期。

陈国灿：《跋〈武周张怀寂墓志〉》，《文物》1981 年第 1 期。

陈戈：《唐轮台在哪里》，《新疆大学学报》1981 年第 3 期。

钱伯泉：《轮台的地理位置与乌鲁木齐渊源考》，《新疆社会科学》1982 年第 1 期。

常征：《谁是坎儿井的创造者？——兼辨大宛国式师城》，《历史研究》1982 年第 3 期。

韩翔：《焉耆国都、焉耆都督府治所与焉耆镇城——博格达沁古城调查》，《文物》1982 年第 4 期。

朱雷：《跋敦煌所出〈唐景云二年张君义勋告〉》，《中国古代史论丛》1982 年第 3 辑，福建人民出版社 1982 年版。

姜伯勤：《唐西州寺院家人奴婢的放良》，《中国古代史论丛》1982 年第 3 辑，福建人民出版社 1982 年版。

杨德炳：《关于唐代对患病兵士的处理与程粮等问题的初步探索》，《敦煌吐鲁番文书初探》，武汉大学出版社 1983 年版。

王小甫：《试论碎叶城与八喇沙衮城的兴替》，《中亚资料研究》1984 年第 1 期。

侯灿：《论楼兰城的发展及其衰废》，《中国社会科学》1984 年第 2 期。

〔日〕长泽和俊：《丝绸之路与东西文化交流》，张英莉译，胡锡年校，《西北史地》1984 年第 3 期。

薛宗正：《唐碎叶建置诠索》，《新疆社会科学》1984 年第 4 期。

柳洪亮：《唐天山县南平乡令狐氏墓志考释》，《文物》1984 年第 5 期。

黄小江：《若羌县文物调查简况（上）》，《新疆文物》1985 年第 1 期。

穆舜英、王明哲：《论新疆古代民族考古文化》，《新疆古代民族文物》，文物出版社 1985 年版。

芮传明：《粟特人在东西交通中的作用》，《中华文史论丛》1985 年第 1 辑，上海古籍出版社 1985 年版。

郑炳林：《试论唐贞观年间所并的大碛路——兼评〈大唐西域记史地研究丛稿〉》，《敦煌学辑刊》1985 年第 1 期。

杨际平：《从敦煌文书看唐代前期的和籴制度》，《中国社会经济史研究》1985 年第 1 期。

朱雷：《出土石刻及文书中北凉沮渠氏不见于史籍的年号》，《出土文献研究》，文物出版社 1985 年版。

〔日〕西嶋定生：《从吐鲁番出土文书看实施均田制的状况——以给田文书和退田文书为中心》，姜镇庆、那向芹译，《敦煌吐鲁番学研究译丛》，甘肃人民出版社 1985 年版。

吴玉贵：《唐代西域羁縻府州建置年代及其与唐朝的关系》，《新疆大学学报》1986 年第 1 期。

马小鹤：《七一二年的粟特》，《新疆大学学报》1986 年第 1 期。

新疆博物馆、和硕县文化馆：《和硕县新塔拉、曲惠原始文化遗址调查》，《新疆文物》1986 年第 1 期。

李征：《安乐城考》，《中国史研究》1986 年第 1 期。

吴疆：《"薛行军"陶罐考》，《新疆社会科学》1986 年第 1 期。

芮传明：《〈西域图记〉中的"北道"考》，《铁道师院学报》1986 年第 3 期。

金祖同：《流沙遗珍》，《敦煌丛刊初集》（5），新文丰出版公司 1986 年版。

新疆吐鲁番地区文馆所：《高昌墓砖拾遗》，《敦煌吐鲁番文献研究论集》第 3 辑，北京大学出版社 1986 年版。

鲁才全：《跋武周袁公瑜墓志》，《魏晋南北朝隋唐史资料》第 8 辑，武汉大学学报编辑部 1986 年版。

侯灿：《麻札塔格古戍堡及其在丝绸之路上的重要位置》，《文物》1987 年第 3 期。

马小鹤：《米国钵息德城考》，《中亚学刊》第 2 辑，中华书局 1987 年版。

杜斗城、郑炳林：《高昌王国的民族和人口结构》，《西北民族研究》1988 年第 1 期。

史念海：《隋唐时期域外地理的探索及世界认识的再扩大》，《中国历史地理论丛》1988 年第 2 期。

钱伯泉：《高昌国郡县城镇的建置及其地望考实》，《新疆大学学报》

1988 年第 2 期。

　　薛宗正：《以儒家为主体的高昌汉文化》，《新疆文物》1989 年第 1 期。

　　戴良佐：《唐代庭州守捉城略考》，《新疆文物》1989 年第 1 期。

　　陈国灿：《唐五代敦煌县乡里制的演变》，《敦煌研究》1989 年第 3 期。

　　张平：《若羌县"石头城"勘查记》，《新疆文物》1990 年第 1 期。

　　孙继民：《吐鲁番所出〈唐尚书省牒〉残卷考释》，《敦煌研究》1990
年第 1 期。

　　张平：《唐乌垒州城及其关戍遗址》，《新疆社会科学》1990 年第 2 期。

　　张玉忠：《伊犁河谷新发现的古城堡及相关遗迹》，《文博》1990 年第 2 期。

　　姜伯勤：《高昌麴朝与东西突厥——吐鲁番所出客馆文书研究》，《敦煌
吐鲁番文献研究论集》第 5 辑，北京大学出版社 1990 年版。

　　荣新江：《新出吐鲁番文书所见西域史事二题》，《敦煌吐鲁番文献研究
论集》第 5 辑，北京大学出版社 1990 年版。

　　郁越祖：《高昌王国政区建置考》，《历史地理研究》第 2 辑，复旦大学
出版社 1990 年版。

　　马小鹤：《公元八世纪初年的粟特——若干穆格山文书的研究》，《中亚
学刊》第 3 辑，中华书局 1990 年版。

　　孙晓林：《试探唐代前期西州长行坊制度》，《敦煌吐鲁番文书初探二
编》，武汉大学出版社 1990 年版。

　　孟凡人：《尉犁城、焉耆都城及焉耆镇城的方位》，《中国边疆史地研
究》1991 年第 1 期。

　　余太山：《大宛和康居综考》，《西北民族研究》1991 年第 1 期。

　　王炳华：《从考古资料看丝路开拓及路线变迁》，《西域研究》1991 年
第 3 期。

　　孙晓林：《关于唐前期西州设"馆"的考察》，《魏晋南北朝隋唐史资
料》第 11 辑，武汉大学出版社 1991 年版。

　　薛宗正：《唐四镇都督府的建置》，《中国边疆史地研究》1992 年第 3 期。

　　荣新江：《于阗在唐朝安西四镇中的地位》，《西域研究》1992 年第 3 期。

　　殷晴：《古代于阗的南北交通》，《历史研究》1992 年第 3 期。

　　羊毅勇：《唐代伊州考》，《西北民族研究》1993 年第 1 期。

熊义民：《粟特昭武王室考》，《暨南学报》1993 年第 1 期。

新疆维吾尔自治区文物普查办公室、巴音格楞蒙古自治州文物普查队：《巴音格楞蒙古自治州文物普查资料》，《新疆文物》1993 年第 1 期。

李志敏：《"纳职"名称考述：兼谈粟特人在伊吾活动的有关问题》，《西北史地》1993 年第 4 期。

钟兴麒：《伊吾军驻所甘露川考》，《西域研究》1993 年第 4 期。

薛宗正：《唐代安西建置级别的变化、反复与安西四镇的废弃》，《中国边疆史地研究》1993 年第 4 期。

薛宗正：《唐碛西节度使的置废——兼论唐开元时期对突骑施、大食政策的变化》，《历史研究》1993 年第 6 期。

陈国灿：《唐麟德二年西域道行军的救于阗之役——对吐鲁番阿斯塔那四号墓部分文书的研究》，《魏晋南北朝隋唐史资料》第 12 辑，武汉大学出版社 1993 年版。

余太山：《汉魏通西域路线及其变迁》，《西域研究》1994 年第 1 期。

娄安如等：《新疆天山中段植被分布规律的初步分析》，《北京师范大学学报》1994 年第 4 期。

苏北海：《唐轮台位置考》，《中国历史地理论丛》1995 年第 4 期。

苏北海：《唐代四镇、伊西节度使考》，《西北史地》1996 年第 2 期。

王永生：《大历元宝、建中通宝铸地考——兼论上元元年以后唐对西域的坚守》，《中国钱币》1996 年第 3 期。

王守春：《历史时期塔里木河下游河道的一次大变迁》，《干旱区地理》1996 年第 4 期。

张平：《唐安西"故达干城"及其相关遗址的考实》，《新疆文物》1996 年第 4 期。

刘玉峰：《论安西北庭行营军》，《陕西师范大学学报》1997 年第 1 期。

巫新华：《唐代西州沟通周边地区的主要交通路线》，《中国边疆史地研究》1997 年第 4 期。

刘安志：《库车出土唐安西官府事目历考释》，《西域研究》1997 年第 4 期。

陈国灿：《吐鲁番出土文献所见之唐代军府》，《魏晋南北朝隋唐史资料》第 16 辑，武汉大学出版社 1998 年版。

李文瑛：《营盘遗址相关历史地理学问题考证——从营盘遗址非"注宾城"谈起》，《文物》1999 年第 1 期。

马国荣：《唐鸿胪寺述论》，《西域研究》1999 年第 2 期。

〔德〕勒寇克：《普鲁士皇家第一次（即德国第二次）新疆吐鲁番考察队的缘起、行程和收获》，陈海涛译，杨富学校，《敦煌研究》1999 年第 3 期。

唐长孺：《魏晋杂胡考》，《魏晋南北朝史论丛》，河北教育出版社 2000 年版。

殷晴：《汉唐时期西域屯垦与吐鲁番盆地的开发》，《吐鲁番学研究》2000 年第 2 期。

周伟洲：《吉尔吉斯斯坦阿克别希姆出土唐杜怀宝造像题铭考》，《唐研究》第 6 卷，北京大学出版社 2000 年版。

陈国灿：《唐西州蒲昌府防区内的镇戍与馆驿》，《魏晋南北朝隋唐史资料》第 17 辑，武汉大学出版社 2000 年版。

钟兴麒：《唐代安西碎叶镇位置与史事辨析》，《中国边疆史地研究》2001 年第 1 期。

陈国灿：《辽宁省档案馆藏吐鲁番文书考释》，《魏晋南北朝隋唐史资料》第 18 辑，武汉大学出版社 2001 年版。

李炳泉：《西汉西域渠犁屯田考论》，《西域研究》2002 年第 1 期。

刘安志：《唐代龟兹白寺城初考》，《敦煌学辑刊》2002 年第 1 期。

杜培华：《麦得克城的发现》，《东方艺术》2002 年第 2 期。

刘安志：《读吐鲁番所出〈唐贞观十七年（643）西州奴俊延妻孙氏辩辞〉及其相关文书》，《敦煌研究》2002 年第 3 期。

王炳华：《阿拉沟古堡及其出土唐文书残纸》，《唐研究》第 8 卷，北京大学出版社 2002 年版。

韩香：《唐代长安译语人》，《史学月刊》2003 年第 1 期。

刘安志：《敦煌所出张君义文书与唐中宗景龙年间西域政局之变化》，《魏晋南北朝隋唐史资料》第 21 辑，武汉大学文科学报编辑部 2004 年版。

〔日〕荒川正晴：《道路、国家与商人》，《读书》2004 年第 7 期。

李方：《关于唐西州都督府是否有"士曹"问题》，《敦煌吐鲁番研究》

第 8 卷，中华书局 2005 年版。

薛天纬：《岑参诗与唐轮台》，《文学遗产》2005 年第 5 期。

刘再聪：《从吐鲁番文书看唐代西州县以下行政建制》，《西域研究》2006 年第 3 期。

李正宇：《玄奘瓜州、伊吾经行考》，《敦煌研究》2006 年第 6 期。

李肖：《古代龟兹地区矿冶遗址的考察与研究》，《龟兹学研究》第 1 辑，新疆大学出版社 2006 年版。

毕波：《怛罗斯之战与天威健儿赴碎叶》，《历史研究》2007 年第 2 期。

努尔兰·肯加哈买提：《碎叶出土唐代碑铭及相关问题》，《史学集刊》2007 年第 6 期。

张平：《龟兹考古中所见唐代重要驻屯史迹》，《龟兹学研究》第 2 辑，新疆大学出版社 2007 年版。

乜小红：《试论唐代马匹在丝路交通中的地位和作用》，《唐史论丛》第 9 辑，三秦出版社 2007 年版。

陈国灿：《唐西州在丝绸之路上的地位和作用》，《唐史论丛》第 9 辑，三秦出版社 2007 年版。

孟宪实：《唐碎叶故城出土"石沙陁龟符"初探》，《西域文史》第 10 辑，科学出版社 2007 年版。

徐畅：《敦煌吐鲁番出土文献所见唐代城主新议》，《西域研究》2008 年第 1 期。

刘安志：《唐初对西州的管理——以安西都护府与西州州府之关系为中心》，《魏晋南北朝隋唐史资料》第 24 辑，武汉大学文科学报编辑部 2008 年版。

薛宗正：《阿史那献生平辑考》，《新疆大学学报》2009 年第 1 期。

凌文超：《普林斯顿大学葛斯德图书馆藏两件天山县鸜鹆仓牒考释》，《吐鲁番学研究》2009 年第 2 期。

殷晴：《汉代丝路南北道研究》，《新疆社会科学》2010 年第 1 期。

邢春林：《唐代安西都护府渭干河西岸遗址群的调查与研究》，《新疆师范大学学报》2010 年第 1 期。

李正宇：《"莫贺延碛道"考》，《敦煌研究》2010 年第 2 期。

刘安志：《伊西与北庭——唐先天、开元年间西域边防体制考论》，《魏晋南北朝隋唐史资料》第 26 辑，武汉大学文科学报编辑部 2010 年版。

王炳华：《唐置轮台县与丝绸之路北道交通》，《唐研究》第 16 卷，北京大学出版社 2010 年版。

王炳华：《阿拉沟古堡与唐鸲鸽镇》，《西域考古文存》，兰州大学出版社 2010 年版。

张宇：《吐鲁番文书所见唐西州"城主"考》，《南京师范大学学报》2011 年第 2 期。

薛宗正：《安西大都护府治所考——兼论豆勒豆尔奥库尔古建筑群》，《史学集刊》2011 年第 3 期。

薛宗正：《伊吾归唐与伊州创置》，《中国边疆民族研究》第 4 辑，中央民族大学出版社 2011 年版。

孟宪实：《于阗：从镇戍到军镇的演变》，《北京大学学报》2012 年第 4 期。

荣新江、文欣：《"西域"概念的变化与唐朝"边境"的西移——兼谈安西都护府在唐政治体系中的地位》，《北京大学学报》2012 年第 4 期。

陈国灿：《库车出土汉文文书与唐安西都护府史事》，《龟兹学研究》第 5 辑，新疆大学出版社 2012 年版。

王启明：《清代新疆冰岭道研究》，《中国历史地理论丛》2013 年第 1 期。

陈国灿：《唐安西都护府驻军研究》，《新疆师范大学学报》2013 年第 3 期。

林梅村：《考古学视野下的西域都护府今址研究》，《历史研究》2013 年第 6 期。

郭声波：《渠黎、阗甄、姁塞：唐中期新置西域羁縻都督府新探》，《中国历史地理研究》第 5 辑，西安地图出版社 2013 年版。

庆昭蓉：《龟兹石窟现存题记中的龟兹王》，《敦煌吐鲁番研究》第 13 卷，上海古籍出版社 2013 年版。

王炳华：《"天山峡谷古道"刍议》，《唐研究》第 20 卷，北京大学出版社 2014 年版。

林梅村：《龟兹王城古迹考》，《西域研究》2015 年第 1 期。

王欣：《北魏对西域的经营与治理》，《西北民族论丛》2015 年第 2 期。

程喜霖：《略论唐朝治理西域的战略思想与民族政策》，《西域研究》2015 年第 4 期。

刘子凡：《法藏敦煌 P. 2754 文书为西州都督府长史袁公瑜判集考》，《敦煌研究》2015 年第 5 期。

荣新江：《唐朝与黑衣大食关系史新证——记贞元初年杨良瑶的聘使大食》，《丝绸之路与东西文化交流》，北京大学出版社 2015 年版。

尚永亮：《唐碎叶与安西四镇百年研究述论》，《浙江大学学报》2016 年第 1 期。

马大正：《外国探险家新疆探险考察的档案文献资料整理与研究评述》，《西部蒙古论坛》2016 年第 2 期。

张荣强、张慧芬：《新疆吐鲁番新出唐代貌阅文书》，《文物》2016 年第 6 期。

〔日〕松井太：《吐鲁番诸城古回鹘语称谓》，杨富学、陈爱峰译，《吐鲁番学研究》2017 年第 1 期。

王忻、李宇奇：《新疆和静查汗通古烽燧遗址调查》，《吐鲁番学研究》2017 年第 2 期。

王庆卫：《唐贞观二十二年昆丘道行军再探讨——以新出〈杨弘礼墓志〉为中心》，《魏晋南北朝隋唐史资料》第 35 辑，上海古籍出版社 2017 年版。

黄楼：《唐代西州鸜鹆镇文书研究》，《西域研究》2019 年第 1 期。

胡耀飞：《行营之始：安西、北庭行营的分期、建置及其意义》，《新疆大学学报》2019 年第 1 期。

李树辉：《丝绸之路"新北道"中段路线及唐轮台城考论》，《中国边疆史地研究》2019 年第 3 期。

董学浩：《从唐与突厥的几场战事探索漠北通往西域的交通路线》，《西夏研究》2019 年第 4 期。

刘子凡：《北庭西海县新考》，《新疆大学学报》2020 年第 1 期。

田海峰：《唐代轮台与西海置地新考》，《文博》2020 年第 1 期。

赵晓芳、郭振：《唐前期西州邻保组织与基层社会研究——以吐鲁番出土文书与砖志为中心》，《敦煌学辑刊》2020 年第 2 期。

田春艳、徐丽萍：《天山北麓绿洲扩张与区域水资源变化时空关联性研究》，《石河子大学学报》2020 年第 4 期。

王炳华：《深一步认识阿拉沟》，《西域研究》2020 年 11 月网络首发论文。

胡兴军：《新疆尉犁县克亚克库都克烽燧遗址出土〈韩朋赋〉释析》，《西域研究》2021 年第 2 期。

六　外文文献

佐藤長「初代磧西節度使の起源と其の終末—碎叶焉耆更換事情の一考察」（上）（下）『東洋史研究』7-6、8-2、1942 年。

菊池英夫「節度使制確立以前における『軍』制度の展開」『東洋学報』第 44 巻第 2 号、1961 年。

池田温「中国古代の租佃契」（中）『東洋文化研究所紀要』第 65 号、1975 年。

佐藤長『古代チベット歴史研究』上巻、同明舍、1977 年。

嶋崎昌「高昌国の城邑について」『隋唐時代の東トウルスタン研究—高昌国史研究を中心として』東京大学出版会重印本、1983 年。

白須淨真「高昌、闞爽政権と縁禾紀年文書」『東洋史研究』第 45 巻第 1 号、1986 年。

松崎光久「隋末唐初焉耆王統考」『内陸アジア史研究』第 5 号、1989 年。

Skrine, F. H. and Ross, E. D. , *The Heart of Asia*, London, 1899.

Minorsk, Tamim , *Ibn Bahr's Jouney to the Uyghurs*, London, 1948.

Voronina, V. L. , "Rannesrednevekovyy Gorod Sredney Azii," *Sovetskaya Arheologiya*, 1959.

Dandamaev, M. A. , *A Political History of the Achaemenid Empire*, translated into English by Vogelsang, W. J. and Brill Leiden, E. J. , the Netherlands, 1989.

Eric Trombert, Ikeda On et Zhang Guang-da, *Les Manuscrits Chinois de Koutcha*, Fonds Pelliot de la Bibliothbque Nationale de France, Paris, 2000.

Philipp Rott, "The Research of the Kyrgyz Site Krasnaja Recka," Preservation of Silk Road Sites in the Upper Chuy Valley Final Technical Report,

Freude des Reiffe. v. Aachen Germany，2008：1 - 2.

Belyaev，Sidorovich，Tanskaya veritelnaya birka dlya poslantsev Tyurgeshskogo kaganata. Obshestvo i gosudarstvo v Kitae：XII nauchnaya konferentsya. Instiut vostokovedeniya RAN. Moscow，2012（Ucheniye zapiski Otdela Kitaya IV RAN. Vyp. 4）.

后　记

　　天山山脉横贯亚洲中部，与南北山麓的绿洲盆地形成的天山廊道，成为欧亚大陆的重要通道。从远古时代起，天山廊道就是族群迁徙、商贸往来、文化交流、文明互动的交通要道，在汉唐时期更是大放异彩，被形象地比喻为亚洲文化的"传输器"和"永动机"。通过梳理历史脉络可以发现，古代亚洲凡是具有代表性的势力，都与天山廊道关系密切，并以此"十字点"为轴心进行活动。

　　唐朝国力强盛、经济繁荣、军事强大、文化多元、社会包容，其通过天山廊道与波斯、大食、东罗马帝国等保持着持久、密切的联系。当时沿天山廊道而展开的丝绸之路盛极一时，波斯人、粟特人、大食人、印度人频繁行走在这条道路上，他们突破文化和自然的界限，带来了新的思想、宗教和家乡故地的时兴商品。

　　这些新传来的思想文化和宗教改变了唐人的生活，甚至为了一心向佛，饮茶之风在整个世俗社会迅速普及。这些异域商品也在长安西市中受到欢迎，以至于成为唐代人们茶余饭后的谈资和笔记小说的重要题材，甚至影响着自庙堂至民间的生活方式和饮食结构。新疆吐鲁番阿斯塔那古墓出土的唐代糕点，造型精美，丝毫不亚于今天上海城隍庙售卖的食品；而形象、着装各具特色的唐俑，犹如改革开放后的弄潮儿，体现着人性的本真和对身体美感的时尚追求。

　　从区域史角度研究全球史已经成为学界研究的重要视角，譬如俾斯麦的欧洲、地中海世界、印度洋、大西洋，对这些区域的研究，或从大陆霸权、海上贸易等角度，或从跨区域合作、宗教传播等角度，视角各异，成果丰硕。在全球史视野下，天山廊道则更具有研究潜质和历史内涵。在自然地理上，天山是世界上最大的独立纬向山系，包含了世界上几乎所有的山地、河流、湿地等地理特征；在文明内涵中，天山廊道对游牧文化、农耕文化、绿洲文化、大陆文化甚至海洋文化都有着相当程度的开放性和包容性，是波斯文化、印度文化、希腊和罗马文化、贵霜文化和中原文化的融合之地。

但从目前的研究成果来看，学界对天山廊道的关注程度还有待加强，相关研究成果甚至还不如研究地中海西西里岛的厚重。在这种背景下，天山廊道作为交通路网以及文化交流、文明互动、民族融合的区域，既有与地中海地区、欧洲、大西洋、印度洋地区区域交流的共性，也有贯通天山南北绿洲和游牧地区的个性，代表着中古时期亚洲的历史，因而更值得拥有全球史视角下经济学、人类学、宗教学、传播学乃至更加复杂的交叉学科的书写方式。

这部书稿，是多年教学研究的一个积累。在为研究生开设西域课程以及指导他们撰写天山廊道相关论文的过程中，考察天山廊道丰富的历史资源所得的资料和不断推向深入的研究问题越来越多，如唐代伊州在天山廊道中的桥头堡地位，西州作为西域的后勤保障基地、人才培养摇篮，中宗北伐战略与庭州军防体系，焉耆的交通，龟兹屯戍的战略中枢地位，碎叶作为唐代西天山信息廊道和情报触角等问题，是对唐代西域军镇遗存的进一步思考。令人欣慰的是，在此基础上，我的学生们也各尽所长，先后撰写了相关研究论文，推进了天山廊道多维的研究旨趣。

多年前在新疆工作的时候，我带领研究生曾对天山南北的屯戍遗址进行调研，围绕天山廊道进行过一些探索和研究。2010 年 8 月，我和李鹏、刘少虎、朱丽娜等在伊犁师范学院参加完"清代新疆历史"学术研讨会之后，前往新疆生产建设兵团六十六团调研。该地是中哈边境区，在霍尔果斯口岸我们见到了中哈边境 324 号界碑，历史上这一带就是天山廊道交通路网的重要节点，如今新时代国家的强大令人豪情满怀："我们会是天山的主人。"十多年过去了，我们深感每个人只能是天山的仰望者、探索者，天山才是历史的主人、亚洲大陆的主人，天山走廊见证了人类几千年来南来北往、东来西去的历史。

社会科学文献出版社的郑庆寰先生对西域研究有着非常浓厚的兴趣，得益于他的鼓励、帮助和支持，本书成功入选 2019 年"国家哲学社会科学成果文库"。感谢各位评审专家的厚爱，能让拙著以这样高层次的形式问世。

在编校过程中，编辑赵晨、梁赟、郑彦宁细致认真，使本书减少了很多谬误。我的博士生党琳、侯晓晨以及马悦、张慧洁、牛齐培、王佳磊等硕士生在查询史料、撰稿、绘图等方面做出了较大贡献，没有他们就没有现在相对完备的书稿，更不会碰撞出这么多灵感的火花；山东正元航空遥感技术有限公司为书稿绘图提供了技术支持；文中的交通图、路线图除特殊标识外，都是由硕士生王卓绘制的，在此一并表示感谢。

张安福

2021 年 3 月

图书在版编目（CIP）数据

天山廊道军镇遗存与唐代西域边防 / 张安福著. ——
北京：社会科学文献出版社，2021.8（2023.11 重印）
（国家哲学社会科学成果文库）
ISBN 978 - 7 - 5201 - 8109 - 9

Ⅰ.①天…　Ⅱ.①张…　Ⅲ.①天山 - 边防 - 军事史 -
唐代　Ⅳ.①E289.45

中国版本图书馆 CIP 数据核字（2021）第 047212 号

· 国家哲学社会科学成果文库 ·
天山廊道军镇遗存与唐代西域边防

著　　者 / 张安福

出 版 人 / 冀祥德
责任编辑 / 郑庆寰　赵　晨　梁　赟　郑彦宁
责任印制 / 王京美

出　　版 / 社会科学文献出版社 · 历史学分社（010）59367256
　　　　　地址：北京市北三环中路甲 29 号院华龙大厦　邮编：100029
　　　　　网址：www.ssap.com.cn
发　　行 / 社会科学文献出版社（010）59367028
印　　装 / 北京虎彩文化传播有限公司

规　　格 / 开　本：787mm × 1092mm　1/16
　　　　　印　张：40.5　字　数：658 千字
版　　次 / 2021 年 8 月第 1 版　2023 年 11 月第 2 次印刷
书　　号 / ISBN 978 - 7 - 5201 - 8109 - 9
定　　价 / 168.00 元

读者服务电话：4008918866